KB162023

애덤 스미스(1723~1790)

조지 3세(1738~1820, 재위 1760~1820) 조지 3세가 즉위할 무렵 교수였던 스미스는 대학교의 의뢰를 받아 글을 썼다.

프랑수아 케네(1694~1774) 프랑스의 경제학자로 중농주의 창시자. 애덤 스미스와 함께 자유방임주의를 주장한 것으로 유명하다. 저서로는 《경제표》(1758)가 있다.

▲흄(1711~1776)
1750년 열 살 아래인 애덤
스미스와 처음 만나 철학·
경제·종교 등 여러 방면에
서 교분을 쌓으며 가장 절
친한 친구가 되었다. 저서
로는 《인성론》(1740)·《도덕
원리 탐구》(1751) 등이 있
다.

◀흄의 무덤

▲에든버러 하이스트리트
가운데 보이는 건물이
트론 커크 교회. 이 거리
의 건물들은 1824년 대
화재 이후 재건되었다.

▶18세기 후반 세인트 자
일스 성당 뒤 광장 모습
그 무렵 에든버러의 특
징을 보여주는 그림이다.

제임스 와트(1736~1819) 스미스가 글래스고 대학교 교수 시절이었던 1756년 제임스 와트는 이 대학의 도움으로 주거문제를 해결하고, 증기기관의 개량에 성공한다. 더욱이 스미스가 대학의 재무위원으로 대학 재정을 관리했기 때문에 와트도 스미스의 수완으로 혜택을 본 사람 가운데 하나일 것이다.

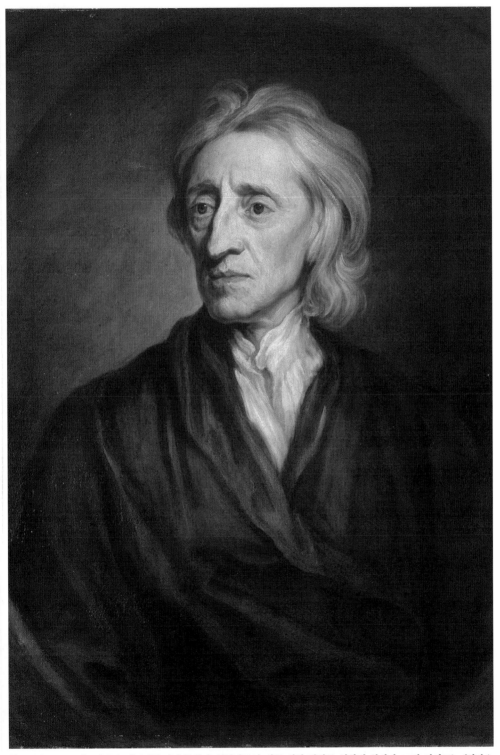

존 로크(1632~1704) 영국의 대표적인 자유주의자, 철학자로서 계몽 철학·경험론 철학의 창시자. 그의 저서로는 《인간오성론》(1690) 등이 있다.

▲프랜시스 허치슨(1694~1746)
영국의 도덕감각학파의 대표
자. 글래스고 대학을 졸업하고
모교의 교수가 되었다. 저서로
는 《미와 덕의 관념 기원》
(1725)·《도덕 철학 체계》(1755)
등이 있다.

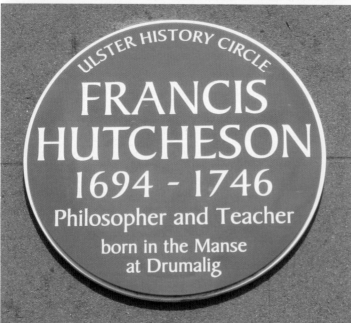

ULSTER HISTORY CIRCLE

FRANCIS HUTCHESON
1694 - 1746
Philosopher and Teacher
born in the Manse at Drumalig

◀프란시스 기념 명판

세계사상전집022
Adam Smith
AN INQUIRY INTO THE NATURE AND
CAUSES OF THE WEALTH OF NATIONS
국부론 II
애덤 스미스/유인호 옮김

동서문화사

디자인 : 동서랑 미술팀

국부론 I II

차례

국부론 II

국부론 I

일러두기
이 책의 구상

제1편 노동 생산력 개선과 노동 생산물이 국민 여러 계층에 자연적으로 분배되는 질서에 대하여

제6장
통상조약에 대하여

어떤 국민이 조약에 의해 다른 모든 나라에서의 수입을 금지하고 있는 어떤 재화를 어느 한 나라에서 수입하는 것을 허가하기로 약속하거나, 또는 다른 모든 나라의 재화에 부과하고 있는 세금을 어느 한 나라의 재화에는 면제하기로 약속하는 경우에는, 자기의 상업을 그렇게 우대받는 나라, 또는 적어도 그 나라의 상인과 제조업자는 그 조약에 의해 필연적으로 큰 이익을 얻을 것이 틀림없다. 그런 상인과 제조업자는 그들에 대해 그와 같이 너그러운 나라에서 일종의 독점을 누리는 것이다. 그 나라는 그들의 재화에 있어서 더 드넓고 더 유리한 시장이 된다. 더 드넓다는 것은 다른 나라 국민의 재화는 배제되거나, 아니면 더 무거운 세금이 부과되므로, 그 나라는 그들의 재화를 더욱 많은 양으로 사들이게 되기 때문이다. 더 유리하다는 것은 우대받은 나라의 상인은 그곳에서 일종의 독점을 누리기 때문에 다른 모든 국민과 자유 경쟁 속에 놓여 있는 경우보다, 흔히 더 비싼 값으로 자신들의 재화를 팔 것이기 때문이다.

그러나 그런 조약은 우대를 받고 있는 나라의 상인과 제조업자에게는 유리하겠지만, 우대하고 있는 나라의 상인과 제조업자에게는 필연적으로 불리하다. 그들에게 불리한 독점이 이렇게 하여 한 외국에 주어지고, 그들은 때때로 자신들이 필요로 하는 외국의 재화를, 다른 여러 나라의 자유 경쟁이 인정되고 있는 경우보다 비싸게 사지 않으면 안 된다. 그런 국민 자신의 생산물 중에서 외국산 재화를 구입하는 데 충당하는 부분은, 따라서, 그만큼 싸게 팔릴 것이 틀림없다. 왜냐하면 두 가지의 물건이 서로 교환될 경우, 한쪽이 싼 것은 다른 쪽이 비싼 것의 필연적인 결과라기보다는 오히려 그것과 같은 일이기 때문이다. 그러므로 그 국민의 연간 생산물의 교환가치는 그런 조약이 생길 때마다 감소하기 쉽다. 그러나 이 감소는 확실한 손실이 되는 일은 거의 없으며,

그렇지 않을 경우에 얻을 수 있는 이익을 감소시킬 뿐이다. 이 국민은 자국의 재화를, 그것이 없는 경우보다 싸게 판다고는 해도 그 비용 이하로 팔지는 않을 것이고, 또 장려금의 경우처럼 재화를 시장으로 가지고 오는 데 쓴 자본을 통상적인 이윤과 함께 회수하지 않은 값으로 팔지도 않을 것이다. 만일 그렇게 한다면 그 무역은 오래 가지 못할 것이다. 따라서 우대하는 나라에 있어서도 자유 경쟁이 있는 경우보다 적다 하더라도 또한 무역에 의해 이익을 얻을 것이다.

그러나 이런 것과는 매우 다른 여러 원리에 의해 유리한 것으로 상정되어 온, 몇몇 통상조약도 있다. 때때로 어떤 상업 국가가 어떤 외국의 어떤 재화에 대해, 자국에 불리한 이런 종류의 독점을 주어 왔다. 그것은, 이 상업국은 두 나라 사이의 통상 전체에서는 해마다 사는 것보다 많이 팔 것이고, 그 차액이 해마다 금은으로 자국에 돌아올 것이라고 기대했기 때문이다. 메수엔*¹에 의해 1703년에 체결*²된 잉글랜드와 포르투갈 사이의 통상조약이 절찬을 받은 것도 이 원리에 의한 것이다.

다음에 드는 것은 불과 3개 조항으로 이루어진 그 조약의 축어역(逐語譯)이다.

제1조

신성한 포르투갈 국왕 폐하는 폐하 자신 및 그 계승자들의 이름으로, 브리튼인의 모직물 및 그 밖의 양모 제품이, 일찍이 법에 의하여 금지되기 전까지 늘 수입되고 있었던 것처럼, 앞으로 영구히 포르투갈에 수입되는 것을 인가할 것을 약속한다. 단, 다음의 조건에 따르는 것으로 한다.

제2조

즉, 신성한 그레이트브리튼의 여왕 폐하는, 폐하 및 그 계승자들의 이름으로, 포르투갈산 포도주를 그레이트브리튼에 수입하는 것을 앞으로 영원히 허가할 의무를 진다. 따라서 그레이트브리튼과 프랑스, 두 왕국 사이의 화전(和

---

*1 메수엔(Sir Paul Methuen, 1672~1758)은 영국의 외교관으로, 1697~1708년, 포르투갈 공사 및 대사를 지냈다.

*2 스코틀랜드와 잉글랜드의 합방은 1707년이므로, 이 조약에는 스코틀랜드는 포함되지 않는다.

戰)에 상관없이, 또한 그 포도주가 그레이트브리튼에 크고 작은 어떠한 통으로 수입되더라도, 같은 양 또는 같은 부피의 프랑스 포도주에 대해 요구되는 것 이상으로는, 관세·소비세, 그 밖의 어떤 명칭으로도, 직접적이든 간접적이든, 아무것도 요구하지 않으며, 또한 그 관세 또는 소비세의 3분의 1을 공제 또는 감액하는 것으로 한다. 다만 어떤 때라도 앞에서 말한 것처럼 이루어져야 할 관세의 공제 또는 감액이, 어떤 방법으로든 방해받거나 침해당하는 일이 있으면, 신성한 포르투갈 국왕 폐하에게 있어서, 모직물 및 그 밖의 브리튼인의 양모 제품의 수입을 다시 금지하는 것은 정당하고도 합법적인 것이다.

제3조

두 나라의 전권대사 각하는 전기(前記)한 두 군주가 이 조약을 비준하고 2개월 이내에 비준서를 교환할 것을 약속하고 또한 그 책임을 지는 것으로 한다.

이 조약에 의해 포르투갈 국왕은 잉글랜드산 모직물의 수입을, 그 금지 이전과 같은 입장에서 허가할 의무, 즉 금지 이전에 납부되고 있었던 세금을 증액하지 않을 의무를 지게 된다. 그러나 국왕은 잉글랜드산 모직물을 다른 어떤 나라, 이를테면 프랑스 또는 네덜란드의 모직물보다 좋은 조건으로 수입을 허가하지 않으면 안 된다는 것은 아니다. 이에 반해, 그레이트브리튼의 국왕은 포르투갈 포도주의 수입을, 그것과 가장 경합하기 쉬운 프랑스 포도주에 대해 납부되고 있는 세금의 3분의 2만 납부하면 허가할 의무를 지게 된다. 그러므로 그런 점에 한해서는 이 조약은 명백하게 포르투갈에 유리하고 그레이트브리튼에 불리하다.

그러나 이 조약은 잉글랜드 상업정책 결작의 하나로서 찬사를 들어 왔다. 포르투갈은 브라질*³에서 해마다 주화의 형태이든, 판금의 형태이든, 국내 상업에서는 다 쓸 수 없을 정도도 많은 양의 금을 들여오고 있다. 이 잉여(剩餘)는 금고 속에 넣어 잠재워 두기에는 너무나 고가인 데다 국내에는 유리한 시장이 없으므로, 아무리 금지하더라도 반드시 외국으로 보내져 국내에 더 유리한 시장이 있는 재화와 교환될 것이 틀림없다. 그 잉여의 큰 부분은 잉글랜

---

*3 스미스는 브라질을 the Brazils 라고 썼는데, 당시에 그렇게 쓰는 것은 드문 일이 아니었고, 또 특별한 의미도 없다.

드산 재화와 교환으로, 또는 잉글랜드를 통해 대가를 얻고 있는 다른 유럽 각국의 재화와 교환으로, 해마다 잉글랜드에 들어온다. 바레티[4]가 들은 바로는, 리스본에서 매주 오는 정기선(定期船) 우편은 매주 평균 5만 파운드 이상의 금을 잉글랜드로 가져온다고 한다. 이 금액은 아마 과장되었을 것이다. 그렇다면 1년에 260만 파운드 이상이 되며, 그것은 브라질이 제공할 수 있다고 상정되는 것보다 많은 것이다.

우리의 상인들은 몇 년 전 포르투갈 국왕에 대해 감정이 좋지 않았다. 조약에 의해서가 아니라, 그 국왕의 무상(無償)의 호의로 그들에게 주어지고 있었던 약간의 특권이 침해당하거나 철회되었기 때문이다. 그 특권은 대부분 그레이트브리튼 국왕의 간청에 의해, 방위와 보호[5]라는 훨씬 큰 혜택과 교환으로 주어져 있었던 것이었다. 그러므로 평소에 포르투갈 무역을 찬양하는 데 가장 열심이었던 사람들이, 이제는 그것은 사람들이 흔히 생각했던 것보다 유리하지는 않다고 말하고 싶은 기분이 되어 있었다. 이 해마다 수입하는 금의 대부분, 아니 거의 모두는 그레이트브리튼에 의한 것이 아니라, 다른 유럽 각국의 국민에 의한 것이며, 그레이트브리튼에 해마다 수입되는 포르투갈의 과일과 포도주는 그곳으로 보내지는 브리튼의 재화가치를 거의 상쇄하고 있다고 그들은 주장했다.

그러나 이 수입된 금의 모두가 그레이트브리튼에 의한 것이고, 게다가 바레티가 상상하고 있는 금액보다 더 큰 금액이라고 상정한다 해도, 그렇다고 해서 우리가 보낸 가치와 교환하여 같은 가치의 소비재를 들여오는 다른 어느 무역보다 이 무역이 유리한 것이 되지는 않을 것이다.

이 수입액 가운데 이 왕국의 금 그릇 또는 주화에 대해 해마다 추가로 쓰인다고 상정할 수 있는 것은 매우 작은 부분에 지나지 않는다. 나머지는 모두 국외로 보내져 이런저런 종류의 소비재와 교환되는 것이 분명하다. 그러나 만일 그런 소비재가 직접적으로 잉글랜드의 근로 생산물로 구입된다면 그 쪽이, 먼저 그 생산물로 포르투갈의 금을 구입하고 나중에 그 금으로 그런 소비재를

---

*4 바레티(Guiseppe Marcantonio Baretti, 1719~1789)는 이탈리아 근대문학의 개척자로 불리는 문예평론가로, 1751~1760년에 런던에서 살았다. 스미스가 인용한 것은 그의 *Journey from London to Genoa, through England, Portugal, Spain and France*, London, 1770.

*5 포르투갈은 특히 이웃 나라인 에스파냐의 위협에 대항하기 위해 영국과의 동맹을 원했다.

구입하는 것보다 잉글랜드에 유리할 것이다. 소비재의 직접 외국무역은 언제나 우회무역보다 항상 유리하며, 같은 가치의 외국산 재화를 국내 시장에 반입하는 데는, 전자의 방법이 후자보다 자본이 훨씬 적게 든다. 따라서 포르투갈 시장에 적합한 재화를 생산하는 데 근로의 더 작은 부분을 쓰고, 그레이트브리튼에서 수요가 있는 소비재를 구입해야 하는 다른 여러 시장에 적합한 재화를 생산하는 데 더 큰 부분을 썼더라면, 그 편이 잉글랜드에 더 유리했을 것이다. 자국에서 쓰는 데 필요한 금과 소비재를 이런 방법으로 획득한다면, 현재보다 훨씬 작은 자본만으로 가능할 것이다. 그러므로 다른 여러 목적에 쓰여, 추가량의 근로를 자극하여 더 많은 양의 연간 생산물을 낳게 되는 잉여자본이 생기는 것이다.

브리튼이 포르투갈 무역에서 전면적으로 제외되었다 하더라도, 그릇이나 주화, 외국무역에 필요로 하는 금이 해마다 공급되는 전량을 입수하는 데는 거의 아무런 어려움도 없을 것이다. 금은 다른 모든 상품과 마찬가지로, 그것과 교환으로 주어야 할 가치를 가지고 있는 사람들이라면, 항상 어디서든지 입수할 수 있는 것이다. 게다가 포르투갈에서의 금의 연간 잉여는 여전히 국외로 보내질 것이고, 설령 그레이트브리튼이 가져가지 않아도 어딘가 다른 국민이 가져갈 것이다. 그 나라는 현재 그레이트브리튼이 하고 있는 것과 같은 방법으로, 그 값과 교환하여 기꺼이 그것을 전매할 것이다. 포르투갈의 금을 살 때, 우리는 분명히 그것을 직접 사고 있지만, 에스파냐를 제외한 다른 나라의 국민한테서 살 경우에는, 우리는 간접적으로 사지 않으면 안 되며, 따라서 조금 비싸게 지불하게 될지도 모른다. 그러나 이 차액은 매우 적어 공공의 주의를 끌 만한 것이 아닌 것은 확실하다.

우리의 금은 거의 모두 포르투갈에서 온다고 한다. 다른 나라와의 무역차액은 우리에게 있어서 역조이거나, 그렇지 않다 하더라도 그리 유리한 편은 아니다. 그러나 어떤 한 나라에서 수입하는 금이 많으면 많을수록, 필연적으로 우리는 그만큼 다른 모든 나라에서 수입하는 금을 줄여야 한다는 것을 잊어서는 안 된다. 금에 대한 유효수요는 다른 모든 상품에 대한 유효수요와 마찬가지로, 어떤 나라에서도 일정량으로 한정되어 있다. 이 양의 10분의 9가 한 나라에서 수입된다고 하면, 다른 모든 나라에서 수입되는 것은 10분의 1밖에 남지 않는다. 그릇과 주화에 필요한 양을 넘어서, 그 이상으로 많은 금이 어딘가 특정한 나라에서 해마다 수입된다면, 필연적으로 그만큼 많은 금을 다른 나라에 수출하지 않으면 안 된다. 그리고 근대의 정책의 가장 무의미한 목적, 즉 무역차액이 어떤 특정한 나라들과의 관계에서 우리에게 유리하다는 것이 밝혀질수록, 필연적으로 다른 대부분의 나라와의 관계에서는 우리에게 불리하다는 것이 밝혀질 것이 틀림없다.

그러나 잉글랜드는 포르투갈 무역이 없이는 존속할 수 없다고 하는 이 어리석은 견해에 입각하여, 최근의 전쟁 말기에 프랑스와 에스파냐는 모욕이나 도발, 어느 쪽도 구실로 삼지 않고, 포르투갈 국왕에 대해 브리튼의 모든 선박을 그 여러 항구에서 배제하고, 그 배제의 보증을 위해 그런 항구에 프랑스와 에스파냐의 수비대를 받아들일 것을 요구했다. 만일 포르투갈 국왕이, 그의 의형제인 에스파냐 국왕이 제안한 이 명예롭지 않은 조건에 굴복했더라면, 브리튼은 포르투갈 무역을 잃는 것보다 훨씬 큰 불편, 즉 매우 악한 동맹자를 지원해야 하는 부담에서 해방되었을 것이다. 이 동맹자는 자신을 방위하기 위한 준비가 아무것도 없었기 때문에, 잉글랜드가 그 단일한 목적에 전력을 기울였다 하더라도, 다음 전쟁에서는 아마 그 나라를 지킬 수 없었을 것이다. 포르투갈 무역의 상실은, 당시 그 무역에 종사하고 있었던 상인들을 상당히 곤혹스럽게 만들었을 것임은 의심의 여지가 없다. 그들은 아마 1, 2년 동안은, 자신들의 자본을 마찬가지로 유리하게 쓰는 방법을 발견하지 못했을지도 모르지만, 잉글랜드가 이 저명한 상업정책 때문에 입을 수 있는 불편은 아마 이 정도였을 것이다.

금은을 해마다 많은 양으로 수입하는 것은 금은 그릇을 위해서도 아니고 주화를 위해서도 아니며, 다만 외국무역을 위한 것이다. 소비재의 우회무역은 이런 금속을 다루는 것이 다른 어떤 재화보다 유리할 수 있다. 그것은 상업의 보편적인 용구이므로 다른 어떤 재화보다 모든 상품과 쉽게 교환할 수 있고, 양은 작고 가치는 크기 때문에 다른 어떤 종류의 상품보다 적은 비용으로, 한 곳에서 다른 곳으로 보내거나 가져올 수 있고, 또 그런 수송에 의해 잃는 가치도 적다. 그러므로 다른 외국에서 팔거나 다른 재화와 교환하는 것만을 목적으로, 어떤 외국에서 구매되는 모든 상품 가운데 금은만큼 편리한 것은 없다. 포르투갈 무역의 주요한 이점은, 그레이트브리튼에서 이루어지는 갖가지 소비재의 우회무역을 손쉽게 하는 데 있으며, 이것은 근본적인 이점은 아니지만 상당한 이점인 것만은 틀림없다.

이 왕국의 금은 그릇과 주화에 대해 필요한 것으로 상정해도 타당한 해마다의 추가를 위해서는, 금은의 매우 적은 수입만으로 충분하다는 것은 이미 증명되었다고 생각하며, 이 적은 양의 금은은 우리가 포르투갈과 직접적으로 무역을 하지 않더라도, 언제나 어딘가에서 매우 쉽게 입수할 수 있을 것이다.

금세공사(金細工師)라는 직업은 그레이트브리튼에서는 매우 중요한 것이지만, 그들이 해마다 파는 새로운 금은 그릇의 거의 대부분은 다른 묵은 금은 그릇을 녹여서 만든 것이고, 따라서 왕국의 금은 그릇 전체에 대한 해마다의 추가는 그리 대단한 양이 아닐 것이며, 해마다의 수입도 매우 적은 양밖에 필요하지 않을 것이다.

주화에 대해서도 사정은 마찬가지이다. 최근에 금화를 개주하기 전 10년 동안, 해마다 금으로 80만 파운드가 넘었던 주조의 대부분까지, 그때까지 왕국에서 유통하고 있었던 화폐에 대한 추가였다고 생각하는 사람은 아무도 없을 거라고 나는 믿는다. 화폐주조의 비용이 정부에 의해 지불되는 나라에서는, 주화의 가치는 금은의 법정중량이 완전히 들어 있을 때조차도, 화폐로 주조되지 않은 같은 양의 금은의 가치보다 특별히 클 수는 없다. 왜냐하면 일정한 양의 주조되지 않은 금은을 같은 양의 금은화로 바꾸기 위해서는, 조폐국에 가는 수고와 몇 주일 동안의 유예가 필요할 뿐이기 때문이다.

그러나 어떤 나라에서도 유통주화의 대부분은 거의 언제나 마멸과 그 밖의 원인으로 그 표준중량을 밑돌고 있다. 그레이트브리튼에서는 최근의 개혁 전에는 그 경향이 매우 뚜렷하여, 금은 2퍼센트 이상, 은은 8퍼센트 이상 표준중량을 밑돌았다. 그러나 완전 표준중량 즉, 1파운드의 금이 들어 있는 44기니 반으로, 화폐로 주조되지 않은 금을, 중량 1파운드를 거의 넘지 않는 양밖에 구입할 수 없다면, 중량의 일부가 부족한 44기니 반으로는 중량 1파운드의 금을 구입할 수 없으며, 부족분을 보충하기 위해서는 일정한 양이 추가되어야 할 것이다.

따라서 시장에서의 금 지금(地金)의 시가는 조폐국가격, 즉 46파운드 14실링 6펜스가 아니라, 당시에 약 47파운드 14실링, 때로는 약 48파운드였다. 그러나 주화의 대부분이 이렇게 열악한 상태에 있었을 때, 조폐국에서 금방 나온 44기니 반이, 시장에서 다른 일반적인 기니화보다 많은 재화를 구매하지는 않앉을 것이다. 왜냐하면 그런 새 화폐도 상인의 금고 속에 들어가면, 다른 화폐와 섞여 버리기 때문에, 그 차액 이상의 수고를 들이지 않으면 나중에는 구별할 수 없었기 때문이다. 그것은 다른 기니화와 마찬가지로 46파운드 14실링 6펜스의 가치밖에 없었다.

그러나 만일 그것을 도가니 속에 던져 넣으면 두드러진 손실 없이 1중량 파운드의 표준금이 되었고, 그것은 용해된 것과 마찬가지로 주화의 모든 목적에 맞는 금화 또는 은화의 47파운드 14실링 내지 48파운드와 언제라도 교환할 수 있었다. 따라서 새 주화를 녹이면 명백하게 이익이 있었고, 그것은 즉시 용해되어, 정부의 어떤 예방책도 그것을 방지할 수 없었다. 이런 까닭으로 조폐국이 하는 일은 페넬로페의 베짜기*6와 어느 정도 비슷한 것으로, 낮에 한 일은 밤 사이에 원상태로 돌아가고 말았다. 조폐국은 매일 주화를 추가하는 일을 하고 있었다기보다, 주화 가운데 가장 좋은 부분이 매일 용해되는 것을 벌충하는 일을 하고 있었던 셈이다.

자신의 금은을 조폐국으로 가지고 가는 개인이 주조 비용을 스스로 부담해야 한다면, 그것은 금은 그릇의 세공이 그 가치를 증대시키는 것과 마찬가지로, 그 금은의 가치를 증대시킬 것이다. 주조된 금은은 주조되지 않은 금은보다 가치가 있을 것이다. 조폐료(造幣料 : 화폐를 만드는 데 드는 비용, 즉 주조 비용)는, 터무니없이 비싸지 않으면, 그 세금의 전 가치를 지금에 추가할 것이다. 왜냐하면, 정부는 어디서나 화폐주조의 배타적인 특권을 가지고 있으므로, 정부가 시장에 내는 것이 적당하다고 생각하는 것보다 싼 값에, 주화가 시장에 나오는 일은 결코 없기 때문이다. 분명히, 그 세금이 터무니없이 높다면, 즉, 그것이 주조에 필요한 노동과 비용의 실질가치를 훨씬 웃돈다면, 나라 안팎의 가짜 돈을 만드는 사람들은, 지금의 가치와 주화의 가치 사이의 큰 차이에 용기를 얻어, 정부 화폐의 가치를 감소시킬 수도 있는 많은 양의 위조화폐를 투입할지도 모른다. 그러나 프랑스에서는 조폐료가 8퍼센트인데도, 거기서 이런 종류의 불편이 두드러지게 일어나지는 않고 있다.

위조화폐범이 주화를 위조하고 있는 나라에 살고 있는 경우에는 어디에 있

*6 페넬로페는 호메로스의 《오디세이아》(ASL 801-5)에 나오는 오디세우스의 아내로, 오디세우스가 트로이 전쟁에 출정한 사이, 구혼자들을 물리치기 위해 시아버지의 수의를 다 짠 뒤에 구혼에 응하겠다 하고는, 낮에 짠 베를 밤이면 풀면서 3년을 보냈다.

어도 처하는 위험, 또 외국에 살고 있는 경우에는 그의 대리인이나 거래처가 처하는 위험은 매우 커서, 6퍼센트나 7퍼센트의 이윤으로는 수지가 맞지 않는다.

프랑스의 조폐료는 주화가치를, 주화에 들어 있는 순금 양의 비율 이상으로 높이고 있다. 즉 1726년 1월의 칙령에 의해, 24캐럿*7의 순금 조폐가격*8은 8 파리 온스와 같은 1마르당 740리브르 9수 1드니에 11분의 1로 정해졌다. 프랑스의 금화는 조폐국의 공차(公差)를 고려하면 순금 21캐럿 4분의 3이 들어 있으며, 비금속 2캐럿 4분의 1이 들어 있다. 따라서 표준금 1마르는 약 671리브르 10드니에 이상의 가치를 갖지 않는다. 그러나 프랑스에서는 이 표준금 1마르는 각 24리브르의 루이 금화*9 30개, 즉 720리브르에 주조된다. 따라서 주조는 표준금 지금의 1마르의 가치를 671리브르 10드니에와 720리브르의 차액, 즉 48리브르 19수 2드니에만큼 증가시키는 것이다.

조폐료는 대부분의 경우, 새 주화를 용해하는 이윤을 완전히 없앨 것이고, 또 모든 경우에 그것을 감소시킬 것이다. 이 이윤은 언제나 일반적인 통화에 당연히 들어 있어야 하는 지금의 양과, 실제로 들어 있는 양의 차이에서 생긴다. 만일 이 차이가 조폐료보다 적다면 이윤은커녕 손실이 생길 것이다. 만일 그것이 조폐료와 같다면 이윤도 손실도 없을 것이다. 만일 그것이 조폐료보다 많다면 확실히 약간의 이윤이 있겠지만 조폐료가 없는 경우보다 적을 것이다. 이를테면 만일 최근에 금화가 개주되기 전에 화폐주조에 대해 5퍼센트의 조폐료를 받고 있었다면, 금화를 용해하면 3퍼센트의 손해를 보았을 것이다. 만일 조폐료가 2퍼센트였다면 이윤도 손실도 없었을 것이다. 만일 조폐료가 1퍼센트였다면 이윤은 있었겠지만 2퍼센트가 아니라 겨우 1퍼센트에 지나지 않았

---

*7 캐럿(carat)은 아라비아어에서 전화한 중량단위로, 보석에 대해 쓰이지만(현재는 200밀리그램이 1캐럿), 동시에 24캐럿을 순금으로 한 금의 순도의 단위로서도 쓰이며, 아메리카에서는 전자를 carat, 후자를 karat 라고 표현한다.

*8 Dictionaire des Monnoies, tom. ii. article Seigneurage, p. 489. par M. Abot de Bazinghen, Conseiller-Comissaire en la Cour des Monnoies à Paris를 참조할 것. Abot de Bazinghen, *Traité des monnoies, et de la jurisdiction de la Cour des Monnoies en forme de dictionnaire*, Paris, 1764, vol. 2, p. 589. (ASL 128) 스미스는 초판에서 tom. i.로 되어 있었던 것을 정정했으나 Dictionaire 의 스펠과 페이지 수는 정정하지 않았다.

*9 루이 금화(Louis d'or)는 국왕 루이의 초상화가 들어간 금화.

을 것이다. 그러므로 화폐가 중량이 아니라 개수로 받아들여지는 곳에서는 조폐료는 주화의 용해에 대한 가장 효과적인 예방책이고, 또 같은 이유에서 주화의 수출에 대해서도 그러하다. 보통 용해되든가 수출되는 것은 가장 좋고 가장 무거운 주화이다. 왜냐하면 그와 같은 주화에서 최대의 이윤을 올릴 수 있기 때문이다.

화폐주조에 세금을 부과하지 않음으로써 그것을 장려하는 법률은, 찰스 2세 시대에 한시법(限時法)으로 처음 제정되었다.*10 그것은 1769년까지 몇 번인가 연장되어, 그때 항구적인 것이 되었다. 잉글랜드 은행은 그 금고에 화폐를 보충하기 위해 때때로 조폐국에 지금을 가지고 가지 않으면 안 되었는데, 아마 이 은행은 주조를 자신들의 비용으로 하는 것보다 정부의 비용으로 하는 것이 자신들에게 이익이 될 거라고 생각했으리라. 정부가 이 법률을 항구화하는 것에 동의한 것은 아마 이 큰 회사에 대한 호의에서였을 것이다. 그러나 금을 저울에 다는 습관이, 그 불편함 때문에 사라질 가능성이 매우 높을 거라고 예상되는 대로 폐지된다면, 또 잉글랜드의 금화가, 최근에 개주되기 전에 그랬던 것처럼 개수로 계산된다면, 이 큰 회사는 다른 몇몇 경우와 마찬가지로 아마 이 경우에도 자신들의 이해관계를 적지 않게 오산하고 있었음을 깨닫게 될 것이다.

최근의 개주 전에 잉글랜드의 금화가 그 표준중량을 2퍼센트 밑돌고 있었을 때는, 조폐료가 없었기 때문에, 그 금화는 당연히 들어 있어야 하는 표준금 지금 양의 가치를 2퍼센트 밑돌고 있었다. 그러므로 이 큰 회사가 주화로 만들기 위해 지금을 살 경우에는, 주조한 뒤의 가치보다 2퍼센트 많이 지불하지 않을 수 없었다. 그러나 만일 주조에 대해 2퍼센트의 조폐료가 있다면 보통의 금화는 설령 표준중량을 2퍼센트 밑돈다 하더라도, 그럼에도 불구하고 당연히 들어 있어야 하는 양의 표준금의 가치와 같았을 것이다. 이 경우에는 가공(加工)의 가치가 중량의 감소를 보상하기 때문이다. 잉글랜드 은행은 확실히 조폐료를 지불하지 않으면 안 되며, 그것은 2퍼센트이므로 이 거래 전체에서 입는 은행의 손실은 2퍼센트가 될 것이고, 이것은 실제의 금액과 똑같은 금액으로, 그 이상은 아니었을 것이다.

---

*10 1666년의 법률 제5호.

만일 조폐료가 5퍼센트이고 금화는 표준중량을 2퍼센트밖에 밑돌지 않는다면, 은행은 이 경우, 지금의 값에 대해 3퍼센트를 번 셈이 된다. 그러나 은행은 주조에 대해 5퍼센트의 조폐료를 지불하지 않으면 안 되었으므로, 거래 전체에 있어서의 그들의 손실은 마찬가지로 정확하게 2퍼센트였을 것이다.

만일 조폐료가 고작 1퍼센트이고, 금화가 그 표준중량을 2퍼센트 밑돌고 있었다면, 이 경우 은행은 지금의 값에 대해 1퍼센트밖에 손해를 보지 않을 것이다. 그러나 은행은 마찬가지로 1퍼센트의 조폐료를 지불하지 않으면 안 되었으므로, 거래 전체에서의 그들의 손실은 다른 모든 경우와 마찬가지로 정확하게 2퍼센트였을 것이다.

만일 조폐료가 타당한 금액이고, 동시에 주화가 최근의 개주 이래 거의 표준중량이 들어 있었던 것처럼 표준중량이 완전히 들어 있다면, 이 은행은 조폐료에서 아무리 손해를 보더라도, 지금의 값에서 그만큼 벌고, 또 지금의 값에서 아무리 벌어도, 조폐료에서 그만큼 손해를 볼 것이다. 따라서 은행은 거래 전체에서는 손득이 없을 것이다. 그리고 이 경우에도 앞의 모든 경우와 마찬가지로 은행은 조폐료가 없는 것과 완전히 똑같은 상태에 있을 것이다.

어떤 상품에 대한 세금이 가벼워서 밀무역을 유발하지 않을 정도일 때는, 그 상품을 다루는 상인은 세금을 선불하더라도, 상품값에 넣어서 되찾기 때문에 사실은 세금을 내는 셈이 아니다. 세금은 결국은 최종 구매자, 즉 소비자가 납부하는 것이다. 그러나 화폐는 그것과 관련된 사람이 모두 상인인 것과 같은 상품이다. 아무도 그것을 또다시 팔기 위해서가 아니면 사지 않으며, 그것에 관해서는 통상의 경우, 최종 구매자, 즉 소비자가 없다. 따라서 주조에 대한 세금이 가벼워서 위조를 유발하지 않는 정도의 것이 아닌 경우에는, 모든 사람이 그 세금을 선납한다 하더라도 최종적으로는 그것을 납부하는 사람은 없으며, 그것은 주화의 상승한 가치로 누구나가 그 세금을 되찾기 때문이다.

그러므로 가벼운 조폐료는 어떤 경우에도 그 은행의 비용, 또는 자신의 지금으로 주조하기 위해 조폐국으로 가지고 가는 다른 어떤 개인의 비용도 증가시키는 일이 없을 것이다. 또 가벼운 조폐료가 없어도, 그 비용이 감소하는 일은 결코 없다. 조폐료가 있든 없든, 통화가, 표준중량이 완전히 들어 있다면, 주조는 누구에게도 비용이 들지 않는다. 만일 이 중량이 부족하면, 주조에는 언제나, 그 통화에 들어 있어야 하는 지금의 양과, 실제로 들어 있는 지금의 양 사이의 차이만큼 비용이 드는 것이 틀림없다.

따라서 정부가 주조 비용을 지불하는 경우에는, 정부는 일정한 소액의 경비를 부담할 뿐만 아니라, 타당한 세금에 의해 취득한 몇 가지 적은 수입도 잃어버리게 된다. 이 한 조각의 쓸모없는 공공적(公共的) 너그러움으로부터는, 은행이든 다른 개인이든 아무런 혜택도 입지 않는다.

그러나 그 은행의 임원들은 아무런 이익도 약속하지 않고, 다만 손해를 보게 하지 않을 것은 보증한다는 추측을 근거로, 조폐료의 부과에 자진해서 동의하는 일은 아마 없을 것이다. 금화의 현재 상태에서는, 그리고 금화가 계속하여 중량으로 수령되는 한, 그 은행이 그와 같은 변경에 의해 얻는 것은 확실히 아무것도 없을 것이다. 그러나 금화의 무게를 다는 관행은 사라질 가능성이 매우 크므로, 가령 그렇게 된다고 치면, 또 혹시 금화가 만일 최근의 개주전과 같은 열악한 상태에 빠지게 된다면, 조폐료를 부과한 결과 얻을 수 있는 은행의 이득, 또는 더욱 적절하게 말해 절약은, 아마 매우 클 것이다. 잉글랜드은행은 매우 많은 양의 지금을 조폐국에 보내는 유일한 회사이며, 연간 주조의 부담은 전액, 또는 거의 전액이 그 은행에 넘어가게 된다. 이 해마다의 주조가 주화의 불가피한 분실과 필연적인 마멸을 보충할 뿐이라면, 그 금액은 5만 파운드 또는 많다 해도 10만 파운드를 넘기는 일은 좀처럼 없을 것이다. 그러나 주화가 표준중량 이하로 마멸할 때는, 해마다의 주조는, 그 위에 수출과 용해로 인해 생기는 유통주화 속의 커다란 공백을 메우지 않으면 안 된다. 최근의 금화개주 직전의 10년 내지 12년 동안, 1년의 주조가 평균 85만 파운드 이상에 이른 것은 이 때문이었다. 그러나 만일 금화에 대해 4 내지 5퍼센트의 조폐료가 부과되었더라면, 당시의 실상에서도 수출과 용해 양쪽의 사업을 효과적으로 정지시켰을 것이다. 그 은행은 85만 파운드 이상의 금화로 주조되어야 하는 지금에 대해, 해마다 2.5퍼센트를 잃는 것이 아니라, 즉 해마다 2만 1250 파운드 이상을 손해 보는 것이 아니라 아마 그 10분의 1도 손해 보지 않았을 것이다.

주조비를 조달하기 위해 의회가 할당한 공공 수입은 1년에 불과 1만 4천 파운드로, 주조가 정부에 부담하게 하는 실제 비용, 즉 조폐국 직원의 봉급은, 통상의 경우, 그 금액의 반을 넘지 않을 거라고 나는 확신한다. 그런 적은 금액을 절약하는 것, 또는 도저히 그보다 훨씬 많은 금액일 수 없는 것을 버는 것은 너무나 사소한 일이므로, 정부가 진지하게 주의를 기울여야 할 사항은 아니라고 생각될지도 모른다. 그러나 일어날 수 없는 일이 아니라 전에는 때때로 일어났고, 또 앞으로도 일어날 가능성이 매우 큰 사건이 일어난 경우에, 해마다 1만 8천 내지 2만 파운드의 절약은 잉글랜드 은행 같은 큰 회사에 있어서도 진지한 주의를 기울일 가치가 충분한 일이다.

위와 같은 추론과 관찰 가운데 어떤 것은, 어쩌면 제1편 속의, 화폐의 기원과 사용을 다루는 장이나 상품의 실질가격과 명목가격의 차이를 다루는 장속에 두는 편이 적절할지도 모른다. 그러나 주조를 장려하는 법률은 중상주의에 의해 도입된 통속적인 편견에 유래하는 것이므로, 나는 이 장을 위해 유보해 두는 것이 적절하다고 판단했다. 모든 국민의 부를 구성한다고 중상주의가 상정하는 바로 그, 화폐의 생산에 대한 일종의 장려금만큼 중상주의 정신에 합치하는 것은 없을 것이다. 그것은 나라의 부를 증대시키기 위한 중상주의의 여러 훌륭한 정책의 하나이다.

제7장

식민지에 대하여

제1절 새 식민지 건설의 동기에 대하여

유럽이 아메리카와 서인도 제도에서 맨 처음 식민지*¹를 건설하게 된 이해
관계는, 반드시 고대 그리스와 로마가 식민지를 건설한 이해관계처럼 간단명
료한 것은 아니었다.

고대 그리스의 다양한 나라들은, 각각 매우 작은 영토밖에 소유하지 않았
고, 그 가운데 어느 나라의 국민이 영토를 쉽게 유지할 수 있는 한도를 넘어
서 증가하면, 그들의 일부는 새로운 거주지를 찾아 세계의 먼 벽지로 보내졌
다. 사방을 에워싸고 있는 호전적인 이웃으로 인해, 어느 나라도 본국의 영토
를 매우 크게 확대하는 것은 어려웠기 때문이다. 도리아인의 식민지는 주로
이탈리아와 시칠리아로 확대되었는데, 로마가 건설되기 전에는 야만적이고
미개한 민족이 살고 있던 곳이었다. 그리스의 2대 종족인 이오니아인과 아이
올리스인의 식민지는 소아시아와 에게 해의 섬들에 많이 세워졌는데, 그곳
주민들도 그 시대에는 시칠리아와 이탈리아의 주민들과 거의 같은 상태에 있
었던 것으로 생각된다.

모도시(母都市)*²는 식민지를, 항상 많은 은혜와 원조를 받을 자격을 가지
고, 그 대가로 커다란 감사와 존경을 표해야 하는 의무를 가진 자식으로 여
겼으나, 독립된 자식으로 생각하여 그것에 대해 직접적인 권위와 사법권(司法

---

*1 스미스는 식민지를 나타내는 말로서 colony, plantation, settlement라는 세 가지 용어를 썼다.
콜로니는 행정단위 또는 특허장의 대상 같은 매우 넓은 지역, 플랜테이션은 일반적으로 농
장이라 불리는 경영단위 또는 그 집단, 세틀먼트는 그 전 단계인 정주지로 생각해도 무방할
것이다. 그러나 스미스의 용어법은 반드시 항상 엄격한 구별을 하고 있는 것은 아니다.
*2 고대 그리스에는 수많은 도시국가가 있었다. 가장 유명한 것이 아테네와 스파르타이다.

權)을 주장하지 않았다. 식민지는 한 독립국으로서 자신의 통치 형태를 정하고 자신의 법률을 제정하며, 자신의 위정자들을 선출하고 이웃 나라와의 화전(和戰)을 결정하는 데 모도시의 승인 또는 동의를 기다릴 필요가 없었다. 그런 식민지 건설의 각각을 이끈 이해관계만큼 단순하고 명백한 것은 없었다.

로마는 다른 대부분의 고대 공화국과 마찬가지로, 본디는 농지법에 바탕을 두고 건설되었는데, 그 법률은 공공의 영토를, 나라를 구성하는 여러 시민들 사이에 일정한 비율로 분할했다. 그러나 인간사(人間事)의 흐름에 따라 결혼과 상속, 또는 양도에 의해 이 처음의 분할은 필연적으로 교란되어, 다수의 다양한 가족의 유지를 위해 할당되었던 토지가 때때로 단 한 사람의 소유로 돌아가는 일이 일어났다. 당시에 무질서하게 생각된 이 상태를 시정하기 위해 어떤 시민이라도 한 개인이 소유할 수 있는 토지의 양을 500유게라, 즉 영국의 약 350에이커로 제한하는 법률이 제정되었다. 그러나 이 법률은 한두 가지의 경우에 실시된 기록은 있지만, 무시되거나 회피되어 재산의 불평등은 계속 증대해 갔다. 대부분의 시민은 토지를 갖지 않았다. 토지가 없으면 당시의 풍습과 관행에서 보아, 자유인으로서 독립을 유지하는 것은 어려운 일이었다.

현대에는 가난한 사람은 자신의 토지를 갖지 않아도, 약간의 자산만 가지고 있으면 남의 토지를 빌릴 수도 있고, 아니면 작은 소매상을 경영할 수도 있다. 또 자산을 가지고 있지 않더라도, 농촌 노동자나 수공업자로서 일거리를 찾을 수가 있다. 그러나 고대 로마인들은 부자들의 토지는 모두 노예들에 의해 경작되고 있었고, 노예들은 한 사람의 감독 밑에서 일했는데, 그 감독도 마찬가지로 노예였기 때문에, 가난한 자유민은 농업 경영자로서도, 노동자로서도 고용될 기회가 거의 없었다. 모든 상업과 제조업 및 소매업까지 부자의 노예에 의해 그 주인의 이익을 위해 영위되었으므로, 주인의 부와 권위와 보호 때문에 가난한 자유인이 그와 경쟁을 계속하는 것는 매우 어려운 일이었다. 따라서 토지를 가지지 않은 시민들은 해마다 선거가 있을 때, 후보자들의 주는 선심 외에는 거의 아무런 생활 수단이 없었다.

호민관*³들이 부자와 귀족에 대항하여 민중을 선동하려는 생각을 가졌을

---

*3 호민관(tribune)은 로마 공화국에서 귀족에 대해 평민의 권리를 보호하기 위해 설치된 관직. 바르게는 tribune of the people.

때는, 옛날의 토지분할을 그들에게 상기시켜 이런 종류의 사유재산을 제한하는 법률이야말로 공화국의 기본법이라고 주장했다. 민중은 토지를 손에 넣으려고 떠들어 댔고, 부자와 귀족들은 자신들의 토지를 한 조각도 빼앗기지 않겠다고 굳게 결심했을 것이다.

그래서 그들은 민중을 어느 정도 만족시키기 위해 새로운 식민(植民)을 내보낼 것을 때때로 제안했다. 그러나 그런 경우에도 정복자 로마에 있어서는, 자국의 시민들을 몰아 내어, 이렇게 표현해도 된다면, 목적지도 모르는 채 넓은 세상에 나가서 행운을 찾게 할 필요는 없었다. 로마는 흔히 그들에게 이탈리아가 정복한 여러 속주의 토지를 할당했는데, 그곳에서는 로마 공화국의 영토 안이었기 때문에 결코 독립국가를 형성하지 못했고, 고작 일종의 자치체로서 그 자치체의 통합을 위한 지방조례(地方條例)를 제정할 권한은 갖고 있었으나, 모도시의 수정권(修正權)·사법권·입법권에 복종하고 있었다. 이 종류의 식민을 내보내는 것은, 민중에게 다소의 만족을 주었을 뿐만 아니라, 그렇게 하지 않으면 복종이 의심스러울지도 모르는 새로운 속주에 흔히 일종의 수비대를 두는 일이 되기도 했다.

따라서 로마의 식민지는 제도 자체의 성질로 보나, 그것을 창설한 동기로 보나, 그리스의 식민지와는 전혀 다른 것이었다. 그러므로 그런 서로 다른 제도를 나타내는 원어(原語)도 매우 다른 의미를 지니고 있다. 라틴어의 콜로니아라는 말은 단순히 개척지를 의미한다. 이에 비해, 그리스어의 아포이키아라는 말은 주거의 분리, 고향을 떠나는 것, 집에서 나가는 것을 의미한다. 그러나 로마의 식민지가 많은 점에서 그리스의 식민지와 다르기는 하지만, 식민지 건설을 촉진한 이해관계에서는 그리스 식민지와 똑같이 간단명료했다. 둘 다 불가피한 필요성이나 명백한 유용성에 기원을 가지고 있었다.

유럽이 아메리카와 서인도 제도에서 여러 식민지를 건설한 것은 필요 때문이 아니었다. 또 거기서 초래된 효용은 매우 컸지만, 그다지 명백한 것은 아니었다. 그것은 식민지 건설 초기에는 이해되지 않았고, 그 건설의 동기도 아니었으며 설립을 촉진한 발견의 동기도 아니었다. 그 효용의 성질·규모, 한계는 오늘날에도 잘 이해되지 않고 있다.

베네치아인은 14세기와 15세기를 통해, 향료와 그 밖의 다른 동인도의 재화를 유럽의 다른 국민들에게 분배하여 매우 유리한 사업을 영위했다. 그들은 그런 재화를 주로*⁴ 이집트에서 구입했는데, 당시 이집트는 터키인의 적 맘루 크족*⁵의 지배하에 있었고, 베네치아인도 터키인의 적이었다. 그리고 이 이해 관계의 일치가 베네치아의 재력의 도움으로 베네치아인에게 이 무역을 거의 독점하게 하는 관계를 형성한 것이다.

베네치아인의 커다란 이윤은 포르투갈인의 탐욕을 부추겼다. 그들은 15세 기 내내 무어인*⁶이 사하라 사막을 횡단하여 상아와 사금을 가지고 온 나라 들에 대한 해로(海路)를 발견하려고 노력하고 있었다. 그들은 마데이라 제도· 카나리아 제도·아조레스 제도·베르데 곶 제도*⁷·기니 해안·로앙고 해안·콩고 해안·앙골라 해안·벵겔라 해안*⁸을 발견하고, 마지막으로는 희망봉을 발견했 다. 오랫동안 베네치아인의 유리한 무역에 끼어들고 자기네 몫을 챙기고 싶어 했던 그들에게 이 마지막 발견은 그 가능성을 열어 주었다. 1497년에 바스코 다가마*⁹는 네 척의 선단을 이끌고 리스본 항구를 출범하여 11개월의 향해 끝 에 인도의 해안*¹⁰에 이른 것을 시작으로, 약 1세기 동안 매우 착실하게, 게다 가 거의 중단하는 일 없이 계속된 일련의 발견을 완성한 것이다.

이보다 몇 년 전, 포르투갈인의 이 계획의 성공이 의심스럽게 생각되어, 이 에 대한 유럽의 기대가 아직 불안정했을 무렵, 제노바의 한 물길 안내인이 서 쪽을 돌아 동인도로 항해하려고 하는 더욱 대담한 계획을 세웠다. 그 나라들 의 상황은 당시의 유럽에서는 매우 불완전하게밖에 모르고 있었다. 그곳에 간 적이 있는 소수의 유럽인 여행가들은 그곳까지의 거리를 과장하여 전했다. 실 제로 그리 먼 거리는 아니었지만, 아마 단순함과 무지 때문에 거리를 측정할

---

*4 '주로'는 제2판의 추가.

*5 맘루크(Mameluke)는 1254년에 이집트의 정권을 장악한 군사세력으로, 1811년에 멸망했다.

*6 무어인(Moors)은, 아프리카 북서부의 이슬람교도로, 베르베르족과 아랍인의 혼혈. 8세기에 이베리아 반도를 정복하여 그리스 문화를 유럽에 전했다.

*7 베르데 곶 제도(Cape de Verde Islands)는, 세네갈의 다카르 앞바다에 있다.

*8 로앙고·콩고·앙골라·벵겔라는 모두 현재의 양 콩고 및 앙골라의 대서양 연안에 있는 지명. 로앙고(Loango)는 현재의 루안다(Luanda)가 아닌가 추정되며, 콩고(Congo)는 콩고민주공화 국, 콩고공화국 양국 내의 지명인 듯하지만, 모두 확인된 것은 아니다. 앙골라(Angola)는 현 재의 카빈다(Cabinda)이며, 앙골라국 북쪽에 있는 작은 독립국으로, 같은 이름의 수도가 있 다. 벵겔라(Benguela)는 앙골라국의 대서양 쪽에 있는 항구도시.

*9 바스코다가마(Vasco da Gama, c. 1469~1524/1525)는 포르투갈의 항해가.

*10 '인도의 해안'은 아라비아 해 연안의 캘리컷(Calicut).

수 없는 사람들에게는 거의 무한하게 보였을 것이고, 또는 유럽에서 그토록 멀리 떨어진 곳을 방문한 자신들의 모험을 더욱 경탄스러운 것으로 만들기 위하여 그렇게 했을 것이다. 동쪽으로 돌아가는 길이 멀면 멀수록 서쪽으로 도는 길은 그만큼 가까울 거라고 콜럼버스는 매우 정당하게 판단했다. 그래서 그는 가장 짧고 동시에 가장 확실한 것으로서 그 길을 선택할 것을 제안했다. 다행히 카스티야의 이사벨 여왕*¹¹에게 그의 계획이 유망함을 설득할 수 있었다. 그는 바스코다가마의 원정대가 포르투갈에서 출발하기 5년 전인 1492년 8월에 팔로스*¹² 항을 출범하여 2, 3개월의 항해 뒤에 처음에는 소(小) 바하마, 즉 루카야 제도 가운데 한 섬을 발견했고, 그 뒤 거대한 섬 산토도밍고를 발견했다.

그러나 콜럼버스가 이 항해인가 그 뒤의 항해에서 발견한 나라들은 그가 찾고 있던 지방과는 전혀 다른 곳이었다. 중국과 인도스탄의 부와 경작, 인구 대신, 그가 산토도밍고와 그 밖에 방문한 신세계의 다른 지역에서 발견한 것은, 그저 숲으로 뒤덮여서 농사도 짓지 않고 발가벗고 있는 약간의 비참한 종족만이 살고 있는 나라에 지나지 않았다. 그러나 그는 그 땅이 중국 또는 동인도를 방문하거나, 적어도 그 땅에 대해 조금이나마 기록을 남겼던 최초의 유럽인인 마르코 폴로가 기술(記述)한 어떤 지방과도 같지 않다는 것을 스스로 믿으려 하지 않았다. 그리고 산토도밍고에 있는 시바오라는 산의 이름과, 마르코 폴로가 얘기한 지팡구(일본)라는 명칭에서처럼 매우 실낱 같은 유사점을 발견하면 그것만으로, 명백하기 짝이 없는 반증이 있음에도 불구하고 그 마음에 끌리는 선입견으로 때때로 되돌아가 버리는 것이었다.

페르난도*¹³와 이사벨에게 보낸 몇 통의 편지 속에서 그는 자기가 발견한 나라들을 인도라고 불렀다. 그는 이 지방들이 마르코 폴로가 서술한 여러 지방의 끝이며, 갠지스 강에서도, 또는 알렉산드로스가 정복한 지방에서도 그리 멀지 않다는 것을 조금도 의심하지 않았다. 그 지방들이 다른 곳이라는 사실

---

*11 이사벨(Isabel)은 카스티야의 여왕(재위 1474~1504). 카스티야와 아라곤의 합방으로 1479년에 에스파냐가 태어났다. 스미스는 Isabella라고 쓰고 있다.

*12 팔로스(Palos)는 지중해 연안 카르타헤나 부근의 항구.

*13 페르난도(Fernando)는 아라곤 왕(재위 1479~1516)으로, 이사벨의 남편. 스미스는 Ferdinand 라고 쓰고 있다.

을 마침내 납득했을 때도 그는 여전히 그 부유한 나라가 멀지 않은 곳에 있다고 남몰래 생각하며, 그 지방을 찾아 그 뒤의 항해에서 테라 피르마*14 해안을 따라 다리엔 지협(地峽)*15을 향했던 것이다.

콜럼버스의 이 오류의 결과, 그때부터 줄곧 이 불행한 나라들에는 인도라는 이름이 붙어 버리고 말았다. 그리고 새로운 인도가 낡은 인도와는 전혀 다르다는 것이 마침내 확실하게 밝혀졌을 때, 전자는 동인도라 불린 후자와 반대로 서인도라 불리게 되었다.

그러나 콜럼버스에게 중요했던 것은 그가 발견한 나라들이 어떤 것이었든 매우 중요한 것이라는 사실을 에스파냐 궁전에 설명하는 것이었다. 그리고 모든 나라의 진정한 부를 구성하는 것, 즉 토양의 동식물 생산에 대해 그런 설명을 충분히 정당화할 수 있는 것은 당시에는 아무것도 없었다.

쥐와 토끼의 중간 정도의 것으로, 뷔퐁*16이 브라질의 아페리아와 똑같은 것으로 생각했던 코리는 산토도밍고에서 가장 큰 태생(胎生) 네발짐승이었다. 이 종류의 동물은 결코 매우 많지는 않았던 것 같으며, 에스파냐인의 개와 고양이가 그것을, 다른 몇 가지 종류의 더 작은 동물과 마찬가지로, 훨씬 오래 전에 거의 절멸시켜 버렸다고 한다. 그러나 이들이 이바나 또는 이구아나라 불리는 매우 큰 도마뱀과 함께 그 토지가 제공하는 동물성 식품의 주요 부분을 이루고 있었다.

주민의 식물성 식품은 그들이 그다지 부지런하지 않았기 때문에 그리 풍부하지는 않았으나 동물성 식품만큼 부족한 것은 아니었다. 그것은 옥수수·참마·감자·바나나 같은, 당시의 유럽에는 전혀 알려져 있지 않은 식물이었다. 그것은 그 이후에도 유럽에서 크게 주목을 받지 못했으며, 기억에 없는 옛날부터 세계의 한 지방에서 재배되어 온 일반적인 종류의 곡물과 콩류에서 얻을 수 있는 영양에 필적할 만한 영양이 있다고도 생각되지 않았다.

목화는 확실히 매우 중요한 제조업의 원료를 제공했고, 그 당시 유럽인에게

---

*14 테라 피르마(Terra Firma)는 서인도 제도에 대해 남아프리카 북안의 육지(특히 콜롬비아)를 가리킨다.

*15 다리엔 지협(Isthmus of Darien)은 파나마 지협의 옛 이름. 1698~1700년에 스코틀랜드의 식민계획이 있었지만 실패로 끝났다.

*16 뷔퐁은 《자연지(自然誌)》의 저자.

는, 그런 섬들의 모든 식물성 생산물 가운데 의심할 여지없이 가장 가치가 있는 것이었다. 그러나 15세기 말에는 동인도의 모슬린과 그 밖의 면제품이 유럽의 곳곳에서 크게 중요시되기는 했지만, 면공업 자체는 유럽의 어느 지방에서도 육성되지 않았다. 그래서 이 생산물도 그때는 유럽인의 눈에 그리 중요한 것으로 보이지 않았다.

새롭게 발견된 나라들의 동식물에서도 그런 것이 매우 이로운 것이라는 설명을 정당화할 수 있는 것을 아무것도 발견하지 못했기 때문에, 콜럼버스는 그런 나라들의 광물로 눈을 돌렸다. 그리고 이 세 번째 영역의 풍부한 생산물 속에서 다른 두 영역의 부족한 생산물을 충분히 보상해 주는 것을 찾았다고 그는 생각했다. 주민들의 의복을 장식하고 있는 금싸라기가 산에서 흘러내리는 개천이나 계곡 속에서 때때로 발견된다는 얘기를 듣고, 그런 산들이 가장 풍부한 금광으로 가득차 있다고 생각한 그는 충분히 만족했다. 그래서 산토도밍고는 금이 풍부한 나라이며, 그 때문에(현대뿐만 아니라 당시의 편견에 의해) 에스파냐의 국왕과 왕국의 진정한 부의 무진장한 원천으로 설명되었다.

콜럼버스가 최초의 항해에서 돌아와 개선식과 같은 의례로 카스티야와 아라곤의 군주들을 알현했을 때, 그가 발견한 나라들의 주요 생산물이 그의 앞에 엄숙한 행렬을 지어 운반되었다. 그 가운데 가치가 있는 것은 금으로 만든 리본 몇 개, 팔찌, 그 밖의 장식품과 몇 자루의 면화(綿花)뿐이었다. 나머지는 놀랄 만큼 큰 갈대, 깃털이 매우 아름다운 새, 거대한 악어와 물소의 박제 같은, 그저 놀랍고 신기하기만 한 것들뿐이었다. 그런 모든 것의 선두에는 예닐곱 명의 가련한 원주민이 걷고 있었는데, 그 기이한 피부색과 용모가 이 구경거리의 진기함을 더욱 북돋아 주었다.

콜럼버스가 설명한 결과, 카스티야의 추밀원은 주민에게 자위력이 없는 것이 분명한 그 나라들을 점령하기로 결정했다. 그들을 그리스도교로 개종시킨다는 경건한 목적이 이 부정한 계획을 신성화했다. 그러나 그 땅에서 황금이라는 재보를 발견하고자 하는 기대가 이 계획의 실행을 촉진한 유일한 동기였다. 그리고 이 동기에 더욱 큰 무게를 주기 위해 콜럼버스는, 그곳에서 발견되는 모든 금은의 절반을 왕실의 소유로 하는 것을 제안했다. 추밀원은 그 제안을 승인했다.

최초의 모험가들이 유럽에 가지고 온 금의 모두, 또는 대부분이 무방비 상태의 원주민들한테서 약탈이라는 매우 손쉬운 방법으로 획득된 한, 이 무거운 세금을 내는 것도 그리 어려운 일은 아니었을 것이다. 그런데 산토도밍고와 그밖에 콜럼버스가 발견한 다른 모든 지방에서 6년이나 8년 동안, 일단 원주민이, 가지고 있던 금을 거의 모두 빼앗겨 버리고, 그 이상의 금을 발견하기 위해서는 광산을 채굴할 필요가 생겼을 때는, 이 세금을 바칠 가능성이 전혀 없었다. 따라서 세금의 엄격한 징수를 위해, 먼저 산토도밍고의 여러 광산이 전면적으로 방치되었고, 그 이래 전혀 채굴되지 않았다고 한다. 그래서 이 세금은 곧 금광의 총생산량의 3분의 1로 떨어지고, 이어서 5분의 1, 나중에는 10분의 1, 그리고 마침내 20분의 1로 떨어졌다. 은에 대한 세금은 오랫동안 총생산량의 5분의 1이었다. 그것이 10분의 1로 떨어진 것은 이윽고 금세기에 들어선 뒤의 일이었다.*17 그러나 최초의 모험가들은 은에는 그다지 관심을 두지 않았던 것 같다. 금보다 귀중하지 않은 것은 그들의 주의를 끌지 못했던 것으로 생각된다.

　콜럼버스에 뒤이어 신세계에서 에스파냐인이 계획한 다른 모든 사업은 똑같은 동기에 의해 촉진되었던 것 같다. 오헤다·니쿠에사·바스코 누녜스 데 발보아를 다리엔 지협으로 보낸 것도, 코르테스를 멕시코로, 알마그로와 피사로*18를 칠레와 페루로 보낸 것도, 황금에 대한 성스러운 갈망 때문이었다. 그 모

---

*17 '그것이……들어선 뒤의 일이었다'는 제2판의 추가.
*18 오헤다에서 피사로까지 모두 에스파냐의 탐험가로, 약력은 다음과 같다.
　오헤다(Alonso de Ojeda, 1471~1515)는 콜럼버스의 아메리카 항해에 동행한 뒤, 베스푸치와 함께 남아메리카 북안을 탐험하고, 아마존 하구를 발견했다.
　니쿠에사(Diego de Nicuesa, ?~1511)는 서인도 총독 오반도와 함께 산토도밍고로 건너가 식민지 대표로서 본국 의회에 참가한 적도 있지만, 카리브해 제도의 지배를 둘러싸고 본국 정부와 대립하다가 쿠바에서 원주민에게 살해되었다고 한다.
　발보아(Vasco Núñez de Balboa, 1475~1517)는 다리엔 지협과 태평양의 발견자.
　코르테스(Hernán Cortés, 1485~1548)는 멕시코 정복으로 유명하다. 아스테카 왕조의 몬테수마 2세를 볼모로 삼아, 쿠바 총독 벨라스케스가 코르테스를 체포하기 위해 파견한 부대를 격파했다. 스미스도 이 일에 대해 뒤에 언급하고 있다.
　알마그로(Diego de Almagro, 1464~1538)는 알마그로에서 태어나 버려졌다 하여 지명을 성으로 삼았다. 파나마에서 피사로의 탐험대에 들어가 페루와 칠레를 탐험했으나, 피사로와 싸워서 처형되었다.
　피사로(Francisco Pizarro, 1478~1541)는 발보아의 태평양 발견에 동행한 뒤, 안데스 산맥을 넘어 페루를 정복했다.

험가들이 어디든 미지의 해안에 다다랐을 때 첫 번째로 물은 것은 언제나, 그곳에서 금을 얼마나 손에 넣을 수 있는가 하는 것이었다. 그리고 이점에 관하여 그들이 얻는 정보에 따라 그들은 다른 곳으로 떠날 것인가, 그곳에 정착할 것인가를 결정했다.

그러나 거기에 종사하는 사람들의 대부분을 파산시키는, 비용이 드는 데다 불확실한 모든 기획 중에서도 새로운 은광과 금광을 찾는 것만큼 완벽하게 파멸적인 것은 없을 것이다. 그것은 아마 전세계에서 가장 수지가 맞지 않는 복권, 즉 당첨되는 사람들의 이득이 낙첨되는 사람들의 손실의 비해 가장 비율이 적은 복권이다. 왜냐하면 당첨되는 것이 소수이고 낙첨되는 것이 다수인데도, 한 장의 복권의 일반적인 값이 매우 큰 부자의 전재산과 같기 때문이다. 광산기획은 거기에 쓰이는 자본을 자산의 통상적인 이윤과 함께 회수하기는커녕 자본과 이윤을 함께 흡수해 버리는 것이 보통이다. 따라서 그것은 자국민의 자본 증가를 원하는 사려 깊은 입법자가, 다른 모든 기획 중에서도 뭔가 특별한 장려를 하는 것을 선택하거나 자연히 흘러가는 것 이상으로 큰 자본을 그곳으로 돌리는 것을 선택하는 일이 가장 적은 기획이다. 실제로는 거의 모든 사람들이 자신의 행운에 어리석은 자신감을 가지고 있기 때문에, 눈곱만큼이라도 성공 가능성이 있으면, 그 자본의 지나치게 큰 부분이 저절로 그곳으로 가 버리는 경향이 있다.

그러나 그런 계획에 관해서는 진지한 이성과 경험에 의한 판단은, 항상 매우 비호의적이었지만, 인간의 탐욕에 의한 판단은 흔히 그것과는 전혀 달랐다. 그토록 많은 사람들에게 현자의 돌*19이라고 하는 어리석은 관념을 시사한 것과 같은 정념(情念)이 다른 사람들에게 한없이 풍부한 금은 광산이라고 하는, 똑같이 어리석은 생각을 시사했다. 그들은 그런 금속의 가치가, 어느 시대, 어느 나라에서나 주로 희소성(稀少性)에서 생겼다는 것, 그리고 그 희소성은 자연이 어디든 한 곳에는 매우 적은 양밖에 저장하지 않았다는 것, 자연이 그 적은 양을 거의 어디서나 너무 단단하여 처리하기 힘든 물질로 둘러싸 놓았다는 것, 그리고 따라서 거기에 어떻게든 이르기 위해서는 어디서나 노동과 비용을 필요로 한다는 것에서 생겼다는 것을 고려하지 않았다. 그들은 이

---

*19 현자의 돌(philosopher's stone)은 중세의 연금술이 낳은 공상의 돌로, 비금속을 황금으로 바꾸는 힘이 있다고 했다.

들 금속의 광맥이, 납과 구리와 주석과 철에 대해 보통 발견되는 광맥과 마찬가지로, 많은 곳에서 매우 풍부하게 발견될 것으로 믿고 있었다. 월터 롤리 경*[20]이 황금의 도시 엘도라도*[21]의 나라에 대해 꿈꾸었다는 것은, 현명한 사람들조차 반드시 그런 기묘한 환상을 벗어난 것은 아니라고 우리를 안심시킬지도 모른다. 그 위대한 사람이 죽은 지 100년 이상이 지난 뒤에도 예수회 수사 구밀라*[22]는 그 신비한 나라의 실재(實在)를 믿고 커다란 열정을 담아, 나 또한 감히 말하거니와, 매우 진지하게 그들*[23] 선교사의 경건한 노력에 그토록 훌륭하게 보답한 사람들에게 복음의 빛을 가져다 줄 수 있었다면 얼마나 행복하겠느냐고 말했던 것이다.

에스파냐에 의해 최초로 발견된 지방들에는 현재 채굴할 가치가 있는 것으로 상정되는 금은 광산은 전혀 알려져 있지 않다. 최초의 모험가들이 그곳에서 발견한 것으로 전해지는 이들 금속의 양은 매우 과장된 것 같으며, 발견 직후에 채굴된 광산의 풍요함도 마찬가지였을 것이다. 그런 모험가들이 발견한 것으로 전해진 것은 그들 나라의 모든 사람들의 탐욕을 불태우는 데 충분했다. 북아메리카를 향해 출범한 에스파냐인은 누구나 엘도라도의 발견을 꿈꾸고 있었다. 운명의 여신도 다른 극소수의 경우에 했던 것처럼 이 경우에도 해주었다. 즉 그녀는 자기 신자들의 어처구니없는 희망을 어느 정도 실현시켜 주어, 멕시코와 페루의 발견과 정복(그 가운데 전자는 콜럼버스의 최초의 원정 이후 약 30년 뒤에, 후자는 약 40년 뒤에 일어났다) 때는 그들이 찾고 있던 풍부한 귀금속과 아주 딴판은 아닌 것을 그들에게 주었다.

따라서 동인도와의 통상이라는 계획이 서인도의 최초의 발견을 이끈 것이

---

*20 월터 롤리 경(Sir Walter Raleigh, 1552?~1618)은 엘리자베스 1세의 신하이자 탐험가. 다음의 저서에서 엘도라도를 영국에 소개했다. *The discoverie of the large, rich, and bewtiful empyre of Guiana, with a relation of the great and golden citie of Manoa(which the Spanyards call El Dorado)*, London, 1596.

*21 엘도라도(El Dorado)는 에스파냐인이 아마존 강변에 있다고 믿었던 황금 도시.

*22 구밀라(José Gumilla, 1690~1758)는 에스파냐의 예수회 신부로, 다음과 같은 저서가 있다. *El Orinoco ilustrado y clefendo. Historia natural, civil y geographica de este gran rio y de sus caudalosas vertientes*, Madrid, 1741. *Histoire naturelle, civile et géographique de l'Orénoque*, Avignon, 1758. 캐넌과 글래스고 판 편자는 프랑스어 번역 vol. 2, pp. 130~142를 해당 페이지로 든다.

*23 '그들'이라는 것은 아마 '예수회'라는 의미겠지만, 어쨌든 공상 속의 이야기이다. 또한 당시의 선교가 약탈과 함께 표리일체를 이루었다는 것은 널리 알려져 있다.

다. 정복의 기도가, 새롭게 발견된 그런 지방에 에스파냐인의 모든 식민지 건설을 탄생시켰다. 그들을 이 정복으로 내몬 동기는 금은 광산을 찾고자 하는 기획이었다. 그리고 사람의 지혜로는 예견할 수 없었던 여러 가지 사건들이, 사업가들의 합리적인 근거를 가진 기대를 훨씬 넘어서서 이 기획을 성공시켰던 것이다.

아메리카에 식민지를 만들려고 기도한 다른 유럽 각국의 최초의 모험가들도, 이와 같은 환상적인 기대에 가슴이 부풀었지만, 그들도 마찬가지로 성공을 거둔 것은 아니었다. 금·은 또는 다이아몬드 광산이 브라질에서 발견된 것은, 브라질에 식민지가 건설된 지 100년 이상이 지난 뒤의 일이었다. 영국·프랑스·네덜란드·덴마크의 식민지에서는 지금까지 하나도, 적어도 오늘날 채굴할 만한 가치가 있다고 상정되는 광산은 하나도 발견되지 않았다. 그러나 북아메리카에서의 잉글랜드 최초의 입식자(入植者)들은 자신들에게 특허장을 교부하게 하는 동기로서, 그곳에서 발견되는 금은의 5분의 1을 국왕에게 헌상하겠다고 제안했다. 그에 따라서 롤리 경과 런던 회사 및 플리머스 회사·플리머스 시의회 등에 대한 특허장에서는 이 5분의 1이 왕실에 유보되었다. 그 최초의 입식자들은 금은 광산을 발견하려는 기대에, 동인도에 대한 북서 항로를 발견하려는 기대를 결합시켰다. 그들은 그때까지 그 양쪽에서 모두 실망만 맛보아 온 것이다.[24]

제2절 새 식민지 번영의 여러 원인

황무지 또는 인구가 적어 원주민이 새로 들어오는 정주자를 쉽게 받아들이는 지방을 문명국이 영유하는 경우, 그 식민지는 다른 어떤 인간사회보다 급속하게 부강을 향해 전진하는 법이다.

식민자들은 미개하고 야만적인 여러 민족들 사이에서 몇 세기나 걸려 자연히 육성되는 것보다 훨씬 뛰어난, 농업과 그 밖의 쓸모 있는 기술에 대한 지식을 가지고 간다. 그들은 또 복종의 습관과 그들 자신의 나라에서 시행되고 있는 정규적인 통치, 그것을 지탱하는 법체계, 정규적인 사법 운영에 대한 어떤

---

[24] 런던 회사도 프리머스 회사도, 주로 각각의 도시의 시민에 대한 특허장을 얻어 1606년에 출발했지만 성공하지 못했다.

관념도 가지고 간다. 그들은 당연히 새로운 정주지에서도 같은 종류의 것을 확립한다.

그러나 미개하고 야만적인 민족들 사이에서는 기술의 보호에 필요한 정도로 법과 통치가 확립된 뒤에도, 법과 통치의 자연적인 진보는 아직 기술의 자연적인 진보보다 느리다. 각 식민자는 자신의 힘으로는 도저히 다 경작할 수 없는 토지를 획득한다. 그는 지대를 지불할 필요가 없고, 세금을 낼 필요도 거의 없다. 생산물을 나눠야 할 지주도 없고 지배자의 몫도 매우 적은 것이 보통이다. 생산물은 그리하여 거의 모두 자기 것이 되므로, 그에게는 그것을 될 수 있는 대로 증대시킬 모든 동기가 있는 셈이다. 그러나 그의 토지는 보통 매우 드넓어, 그가 아무리 부지런히 일해도, 또 그가 고용할 수 있는 다른 사람들이 아무리 부지런히 일해도, 그 토지가 생산할 수 있는 것의 10분의 1도 좀처럼 생산할 수 없을 정도이다.

따라서 그는 모든 곳에서 노동자를 그러모으려 하고, 또 가장 넉넉한 임금으로 그들에게 보답하고자 한다. 그러나 그런 높은 임금과, 토지가 풍부하고 값이 싼 것이 결합하여, 곧 그런 노동자들도 그를 떠나 스스로 지주가 된다. 그리고 마찬가지로 다른 노동자들에게 넉넉한 임금을 주는 것이다. 그 노동자들도 또한 곧 그들로부터 떠나는데, 그 이유는 그들이 최초의 주인을 떠난 것과 같다. 노동에 대한 넉넉한 보수는 결혼을 장려한다. 아이들은 어릴 때는 먹을 것도 풍부하고 세심한 보살핌을 받는다. 그들이 성장하면 그들의 노동가치는 그의 생활비를 훨씬 웃돈다. 성년에 이르면 노동의 높은 값과 토지의 낮은 값이 그들의 아버지들이 전에 했던 것과 마찬가지로, 그들이 자립하는 것을 가능하게 한다.

다른 나라들에서는 지대와 이윤이 임금을 다 잡아먹고, 두 상류층 사람들이 하층민을 억압한다. 그러나 새 식민지에서는 두 상류층의 이해관심이 그들에게 하층민을 더욱 너그럽고 인도적으로 다루게 한다. 적어도 그 하층민이 노예 상태에 있지 않은 곳은 그러하다. 얼마 안 되는 금액으로 자연적으로 가장 기름진 미개척지를 획득할 수 있다. 언제나 기업가이기도 한 소유자가 토지개량에서 기대하는 수입의 증가는 그의 이윤을 구성하는 것이며, 그것은 이런 사정 아래서는 매우 큰 것이 보통이다. 그러나 그 큰 이윤은 토지의 개간과 경작에 다른 사람들의 노동을 쓰지 않고는 얻을 수가 없다. 또 새 식민지에서는 흔히 일어나는 현상인, 드넓은 토지와 적은 일꾼 사이의 불균형 때문에, 그가 이 노동을 손에 넣기란 무척 어려운 일이다. 따라서 그는 임금에 대해서는 불평을 하지 않고 어떤 값으로든 기꺼이 노동을 고용한다. 높은 노동임금은 인구증가를 촉진한다. 좋은 토지가 싸고 풍부한 것은, 개량을 장려하고 소유자가 그런 높은 임금을 지불하는 것을 가능하게 한다. 토지값의 거의 전체를 그런 임금이 차지하며, 그것은 임금으로 생각하면 비싸지만, 그토록 가치 있는 것의 값으로 생각하면 싼 것이다. 인구와 개량의 진보를 촉진하는 것은 진정한 부강을 촉진한다.

그러므로 고대 그리스의 수많은 식민지는 부강을 향해 매우 빠른 속도로 진보했던 것으로 생각된다. 그런 식민지 가운데 몇몇은 1, 2세기가 지나는 동안 모도시와 대등해졌고, 나아가서는 능가하기에 이른 듯하다. 시칠리아의 시라쿠사와 아그리젠토, 이탈리아의 타란토와 로크리, 소아시아의 에페수스와 밀레토스*25는 어떤 기록을 보아도 고대 그리스의 어떤 도시에 못지않았던 것 같다.

그런 식민지는 나중에 건설되었음에도 불구하고 세련미·철학·시, 웅변에서의 모든 기량이 모국의 어떤 지방에도 뒤지지 않을 만큼 일찍부터 육성되어, 똑같은 고도의 수준으로 개량된 것으로 생각된다. 두 사람의 가장 오래된 그리스 철학자, 즉 탈레스와 피타고라스*26 학파가, 고대그리스에서가 아니라 한쪽은 아시아의 식민지에서, 또 한쪽은 이탈리아의 식민지에서 창시되었다는 것은 주목할 만한 사실이다. 이 모든 식민지는 미개하고 야만적인 민족이 살고 있었던 지방에 건설되었고, 그들은 간단하게 새 식민자들에게 그들의 자리를 양보하고 말았다. 그 식민지들은 좋은 땅이 풍부한 데다 모도시에서 완전히 독립해 있었기 때문에, 자신들의 이익에 가장 적합하다고 판단한 방법으로

---

*25 여기에 열거된 여섯 개의 식민지 가운데 시라쿠사, 아그리젠토는 유적을 가진 대도시이고, 타란토는 군항으로 유명하므로 설명을 생략하고, 로크리는 이탈리아 반도 남쪽 끝의 이오니아 해를 향한 항구 도시, 에페수스와 밀레토스는 그리스의 사모스 섬과 가까운 터키에 유적으로 남아 있다.

*26 탈레스(Thales, 기원전 624~546)는 밀레토스에서 태어난 이오니아 자연철학의 창시자로, 세계는 물에서 생성되었다고 주장한 것으로 유명하며, 측량기술자, 경제적 기업가이기도 했던 것 같다. 피타고라스(Pythagoras, 기원전 582~497)는 사모스 섬에서 태어나, 크로토네 등 남이탈리아의 그리스 식민지에서 교단을 만들어 정치활동을 했다.

자신들의 문제를 자유롭게 처리할 수 있었다.

로마 식민지의 역사는 결코 그렇게 훌륭한 것은 아니었다. 사실 그 중에는, 이를테면 피렌체처럼 여러 시대를 거쳐, 또 모도시가 몰락한 뒤에 상당한 나라로 성장한 것도 있었다. 그러나 그 가운데 어느 하나도 진보가 매우 급속했다고는 결코 생각되지 않는다. 그것은 모두 정복당한 속주에 건설되었는데, 대부분의 경우, 전부터 주민들이 가득 살고 있었던 곳이다. 각 식민자에게 할당된 토지가 매우 넓은 경우는 드물었고, 또 식민지는 독립해 있지 않았기 때문에 그들은 자신들의 문제를 반드시 언제나 자신들의 이해관계에 가장 적합하다고 스스로 판단한 방법으로 자유롭게 처리할 수가 없었다.

좋은 토지가 풍부하다는 점에서는, 아메리카 및 서인도에 설립된 유럽 식민지는 고대 그리스의 여러 식민지와 비슷했고, 그것을 크게 능가하기도 했다. 그들이 모국에 종속되어 있는 점에서는 고대 로마의 여러 식민지와 비슷하지만, 그들이 유럽에서 멀리 떨어져 있다는 지리적 조건이 많든 적든 이 종속의 효과를 감쇄시켜 왔다. 그 위치를 보아도, 그들은 모국의 감시와 권력이 로마의 경우보다 훨씬 덜 미치는 곳에 있었다. 자신들의 이익을 자신들의 방법으로 추구하더라도, 그들의 행동이 유럽에 알려지지 않거나 이해되지 않아서인지 대부분의 경우 묵인되었고, 몇몇 경우에는 거리가 멀어서 규제하기가 어려웠기 때문에 매우 이해해 주고, 또 감수(甘受)하기도 했다. 포학하고 독선적인 에스파냐 정부조차, 식민지 통치를 위해 내렸던 명령을, 전면적인 반란이 두려워 철회 또는 완화하지 않을 수 없는 경우가 많았다. 그리하여 모든 유럽 식민지의 부와 인구와 개량은 크게 진보할 수 있었다.

에스파냐 왕실은 식민지 창설 초기부터 금은의 몫을 통해 식민지에서 약간의 수입을 얻고 있었다. 그것은 인간의 탐욕 속에 더 큰 부를 얻고자 하는 가장 터무니없는 기대를 부추기는 성질을 가진 수입이었다. 따라서 에스파냐의 식민지는 건설된 초기부터 모국의 주의를 크게 끌었지만, 이에 비해 다른 유럽 각국의 식민지는 오랫동안 거의 무시되고 있었다. 그렇다고 전자가 이 주목의 결과만으로 매우 번영한 것도 아니고, 후자가 이 무시의 결과만으로 쇠퇴한 것도 아니었다. 에스파냐의 식민지는 그것이 어느 정도 소유하고 있는 지역의 넓이에 비해서는, 유럽의 다른 어느 나라의 식민지보다 인구도 적고 번영면에서도 뒤쳐진 것으로 여겨지고 있다. 그러나 그 에스파냐의 식민지에서조차,

인구와 개량의 진보는 확실히 매우 빠르고 매우 큰 것이었다. 정복 뒤에 건설된 리마 시에는, 우요아에 의하면,*²⁷ 거의 30년 전에 5만 명의 주민이 있었다고 한다. 인디언의 비참한 마을에 지나지 않았던 키토는, 같은 저자에 의하면, 그 시대에 리마와 비슷한 정도의 인구였다고 한다. 본인도 스스로 여행가라고 말하고는 있지만, 사실 어디에 대해서도 매우 뛰어난 정보를 바탕으로 쓴 것으로 생각되는 제멜리 카레리*²⁸는 멕시코의 주민은 10만 명이었다고 했다. 그 수는 에스파냐의 저자들에게서 흔히 볼 수 있는 과장을 감안하더라도 아마 몬테수마*²⁹ 시대 인구의 5배 이상일 것이다. 이런 수는 잉글랜드 식민지 중의 3대 도시인 보스턴·뉴욕·필라델피아의 인구를 훨씬 능가한다.

에스파냐인이 정복하기 전까지, 멕시코와 페루에는 짐마차를 끄는 데 알맞은 가축이 없었다. 라마는 그들의 유일한 가축이었지만, 그 힘은 보통 당나귀의 힘보다 매우 약했던 것으로 생각된다. 그들에게는 쟁기는 알려져 있지 않았다. 그들은 쇠를 사용할 줄도 몰랐다. 그들은 주조된 화폐를 가지지 않았고, 어떤 종류의 확립된 상업 용구도 가지지 않았다. 그들의 상업은 주로 물물교환을 통해 이루어졌다. 일종의 나무로 만든 호미가 그들의 중요한 농업 용구였다. 뾰족하게 간 돌이 물건을 자르는 칼이나 손도끼로 쓰였고, 물고기뼈나 동물의 단단한 힘줄이 바늘로 쓰이고 있었다. 그리고 이런 것이 그들의 중요한 직업 용구였던 것 같다.

이런 사정 아래에서는 그들 제국 중의 어떤 나라도, 모든 종류의 유럽 가축을 풍부하게 소유하고, 철과 쟁기와 수많은 유럽의 기술이 도입되어 있는 오늘날만큼 잘 개량되거나 경작되고 있었다고 생각할 수는 없다. 그러나 모든 나라의 인구는 그 나라의 개량과 경작 정도에 비례하는 것이 틀림없다. 정복에 이어 원주민을 참혹하게 살해했음*³⁰에도 불구하고, 이 두 대제국은 지금은 이

---

*27 우요아에 대해서는 제1편 제11장 〈주〉 37을 참조할 것.

*28 카레리(Gemelli Carreri)의 보고는 A voyage round the world로서 A. and J. Churchill(eds.), *A collection of voyages and travels*, some now first printed from original manuscripts, others now first published in English, 6 vols, London, 1744~1746(ASL 360)에 포함되어 있었다.

*29 몬테수마 2세(Montezuma Ⅱ, 1466~1520)는 멕시코의 아즈텍족 최후의 왕(재위 1504~1520)으로, 에르난 코르테스의 멕시코 정복 때 희생되었다.

*30 원주민 살해에 대해서는 바르톨로메 데 라스 카사스(1484~1566) 등의 혹독한 비판이 있지만, 스미스는 아마 레나르의 앞의 책에서 인용한 것이다. 산토도밍고와 멕시코에 대해서는

전의 어느 때보다 인구가 많고, 또 그 주민들은 확실히 전과는 매우 달라졌다. 왜냐하면 내가 생각하기로는, 에스파냐계 크레올*31은 많은 점에서 옛날의 인디언보다 뛰어나다는 것을 우리는 인정하지 않을 수 없기 때문이다.

에스파냐인의 정주지(定住地) 다음으로는, 브라질의 포르투갈인 정주지가 아메리카에서의 어떤 유럽 국민의 것보다 오래되었다. 그러나 최초의 발견 뒤, 그곳에는 오랫동안 금광도 은광도 발견되지 않았고, 그 때문에 왕실에는 오랫동안 거의 또는 전혀 수입을 가져다 주지 않았으므로 그것은 오랫동안 매우 무시되었다. 이 무시 상태가 계속되는 동안, 그것은 강대한 식민지로 성장했던 것이다. 포르투갈이 에스파냐의 지배하에 있는 동안, 브라질은 네덜란드인의 공격을 받았고, 네덜란드인은 14개로 분할되어 있던 속주 가운데 7개 주를 점령했다. 그들은 곧 나머지 7개 주를 정복하려고 했으나. 그때 포르투갈은 브라간자 집안을 왕위에 옹립하여 독립을 회복했다. 그래서 네덜란드인은 에스파냐인의 적이었으므로 마찬가지로 에스파냐의 적이었던 포르투갈의 친구가 되었다. 따라서 네덜란드인은 브라질에서 자기들이 정복하지 않은 지방을 포르투갈 국왕에게 맡기는 데 동의하고, 포르투갈 국왕은 그런 우호적 동맹자와 다툴 필요가 없는 문제로서, 그들이 이미 정복한 지방을 그들에게 맡기는 데 동의했다.

그런데 네덜란드 정부가 곧 포르투갈인 식민자를 억압하기 시작하자, 그들은 불평을 터뜨려 스스로 위로하는 대신 새로운 지배자에게 무기를 들고 대항했다. 그들은 자신들의 용기와 결단으로, 분명히 모국의 묵인은 있었지만 공공연한 원조는 받지 않고, 그들을 브라질에서 몰아 내고 말았다. 그러므로 네덜란드인은 그 나라의 일부도 보유할 수 없다는 것을 알고, 그 전체가 다시 포르투갈 왕실의 것이 되는 것을 달게 받아들였다. 이 식민지에는 60만 명이 넘는 사람들이 있다고 하는데, 그들은 포르투갈인이나 포르투갈인의 자손, 즉 크레올, 백인과 흑인 사이의 혼혈, 포르투갈인과 브라질인 사이의 혼혈이다. 아메리카의 한 식민지에서 유럽계 사람들이 이렇게 많이 있을 거라고 상정되는 곳은 한 군데도 없다.

15세기 말부터 16세기 대부분을 통해 에스파냐와 포르투갈은 대양(大洋)의

---

liv. 6, chs. 120~124, 페루에 대해서는 liv. 7, ch. 1을 참조할 것.
*31 에스파냐계 크레올은 서인도와 아메리카에 이주한 에스파냐인.

2대 해군국이었다. 베네치아의 상업은 유럽의 모든 지방에 미치고는 있었으나, 그 선단(船團)이 지중해를 건너 그 바깥으로 나가는 일은 거의 없었기 때문이다. 에스파냐인은 최초의 발견에 의해 아메리카 전역은 자신들의 것이라고 주장했다. 그리고 포르투갈 같은 강력한 해군국이 브라질에 뿌리내리는 것을 저지할 수는 없었지만, 당시 에스파냐인의 이름은 공포의 대상이었기 때문에, 유럽의 다른 나라의 국민들은 대부분, 그 대륙의 어느 지방에도 정착하는 것을 두려워했다. 플로리다에 정주하려 한 프랑스인은 에스파냐인에게 모두 살해되고 말았다. 그런데 16세기 말, 후자의 해군력이 그들의 이른바 무적함대의 패배와 실패*32의 결과, 쇠퇴했기 때문에, 더 이상 다른 유럽 국민들의 입식을 저지할 수 없게 되었다. 그래서 17세기 내내, 잉글랜드인·프랑스인·네덜란드인·덴마크인·스웨덴인 등 그 대양을 향해 어쨌든 항구를 가진 모든 대국의 국민들은 이 신세계에 새로운 정주지를 마련하려고 시도했던 것이다.

스웨덴인은 뉴저지에 정착했다. 지금도 그곳에서 다수의 스웨덴인 가족이 있는 것은, 만일 모국의 보호가 있었더라면 이 식민지가 아마 번영을 누렸을 것임을 충분히 증명해 주고 있다. 그러나 스웨덴이 중요시하지 않기 때문에 그것은 네덜란드 식민지 뉴욕*33에 병합되었고, 그것 또한 1674년에 잉글랜드인의 지배하에 들어가고 말았다.

세인트토머스와 산타크루스라는 작은 섬들*34이 이 신세계에서 덴마크인이 소유했던 유일한 지방이다. 이런 작은 정주지도 배타적인 회사의 통치하에 있었으며, 그 회사는 식민자들의 잉여 생산물 구입과 그들이 필요로 하는 다른 나라 재화의 공급, 양쪽에 대해 독점권을 가지고 있었고, 따라서 그 구매와 판매에서 그들을 억압할 힘을 갖고 있었을 뿐만 아니라, 그렇게 하는 데 대한 가장 큰 유혹에 사로잡혀 있기도 했다. 상인의 배타적인 회사의 통치는 무릇 어떤 나라에 있어서도 모든 통치 가운데 최악의 것이다. 그러나 그것은 그런 식

---

*32 무적함대(Invincible Armada)라고 불린 것은 에스파냐의 펠리프 2세가 잉글랜드 공격에 파견한 함대로, 그 자신은 이 함대를 위대하고 가장 행운이 있는 함대(Grande y Felicísima Armada)라고 명명했다. 그러나 함대는 1588년에 프랜시스 드레이크가 지휘하는 영국 함대의 요격과 폭풍으로 인해 패배당하여 좌절되고 말았다. 아르마다가 내습했다는 소문에 놀라, 토머스 홉스의 어머니는 그를 조산했다고 한다.

*33 뉴욕은 1664년까지 뉴암스테르담이라고 불렸다.

*34 현재는 아메리카령 버진 제도. 1917년에 덴마크로부터 양도되었다.

민지의 진보를 완만하고 활기 없는 것으로 만들기는 하지만, 완전히 정지시켜 버리지는 못했다. 덴마크 전(前) 국왕은 이 회사를 해산시켰고, 그때부터 그런 식민지는 크게 번영하기 시작했다.

서인도의 네덜란드인 정주지는 동인도의 그것과 마찬가지로 본디는 하나의 배타적인 회사의 통치하에 있었다. 따라서 그들 가운데 어떤 것의 진보는 일찍 부터 주민들이 살고 있고 자립해 있었던 대부분의 나라에 비교해도 상당한 편 이었지만, 새로운 식민지의 대부분에 비하면 활기가 없고 완만했다. 수리남은 식민지로서 매우 중요하기는 하지만, 다른 유럽 각국의 설탕식민지의 대부분 에 비하면 아직도 뒤처져 있다. 현재 뉴욕과 뉴저지라는 두 개의 속주로 분리 되어 있는 식민지 노바벨기아*35 또한, 네덜란드인의 통치하에 남아 있더라도 아마 곧 매우 주목을 받게 될 것이다. 좋은 토지가 풍부하게 있고 값이 싸다 는 것은, 그와 같이 번영의 매우 유력한 원인이며, 아무리 최악의 통치라도 그 작용의 효과를 완전히 저지하는 것은 거의 불가능하다. 모국에서 거리가 멀다 는 것도 이 회사가 식민자들에 대해 누린 독점권을, 그들이 밀수에 의해 조금 이나마 회피하는 것을 가능하게 했다. 현재 이 회사는 화물 가치의 2.5퍼센트 의 특허료를 내면, 모든 네덜란드 선박에 수리남과의 무역을 인가하고 있으며, 아프리카에서 아메리카로 가는, 거의 모두 노예무역인 직접무역만을 자사에 확보하고 있다. 그 식민지가 현재 누리고 있는 번영은, 이 회사의 배타적인 특 권의 이런 완화가 아마 중요한 원인일 것이다. 네덜란드인의 소유인 두 개의 중 요한 섬 큐라소와 에우스타시아는 모든 국민의 선박에 대하여 개방된 자유항 이며, 또 그 자유는, 두 개의 불모의 섬이 한 나라의 선박에만 항만을 개방하 는 양호한 여러 식민지들 속에서 번영을 누리고 있는 큰 원인이었다.

캐나다의 프랑스 식민지는 전(前)세기의 대부분과 현세기의 어느 부분을 통 해 하나의 배타적인 회사의 지배하에 있었다. 그처럼 매우 불리한 통치 아래 서 그 진보는, 다른 새 식민지의 진보에 비해 필연적으로 무척 완만했지만, 이 른바 미시시피 계획*36이 실패한 뒤, 이 회사가 해산한 이후부터는 훨씬 빨라 졌다. 잉글랜드인이 이 지방을 소유했을 때 2, 30년 전에 샤를부아 신부가 추

---

*35 노바벨기아는 뉴네덜란드라고 불렸다. 이 경우는 네덜란드 주에 한하지 않고 네덜란드와 벨기에를 포함하게 된다.

*36 미시시피 계획에 대해서는 제2편 제2장 〈주〉 12, 13 참조.

정한 수의 두 배*37의 주민이 살고 있었다. 이 예수회 회원은 모든 지방을 여행했으며, 주민 수를 실제보다 적게 말하려는 의도는 없었다.

산토도밍고의 프랑스 식민지는 해적과 약탈자들이 건설한 것이며, 그들은 오랫동안 프랑스의 보호를 요청하지도 않고 그 권위를 인정하지도 않았다. 그리고 도적의 집단이 시민화하여 그 권위를 인정하게 된 뒤에도, 오랫동안 그 권위는 매우 온화하게 행사하지 않으면 안 되었다. 그 기간 동안 이 식민지의 인구와 개량은 매우 급속도로 증가했다. 프랑스의 다른 모든 식민지와 함께, 이 식민지도 잠시 동안 배타적인 회사의 억압 아래 있었는데, 그 억압은 진보를 의심할 여지없이 지연시키기는 했지만 전적으로 정지시킬 수는 없었다. 그 억압에서 해방되자마자 이 식민지는 다시 번영의 길을 걷게 되었다. 현재 그것은 서인도의 설탕식민지 가운데 가장 주요한 곳으로, 그 생산고는 잉글랜드의 모든 설탕식민지의 생산고를 합친 것보다 큰 것으로 알려져 있다.

그러나 북아메리카의 잉글랜드 식민지만큼 급속한 진보를 이룩한 식민지는 없다. 좋은 토지가 풍부하다는 것과 자신의 문제를 자신의 방식대로 처리할 수 있는 자유가 모든 새 식민지 번영의 2대 원인으로 생각된다.

좋은 토지가 풍부하다는 점에서는 북아메리카의 잉글랜드 식민지는 확실히 충분한 혜택을 받고는 있지만, 그래도 에스파냐인이나 포르투갈인의 식민지에 비해서는 뒤쳐져 있으며, 최근의 전쟁 전에 프랑스인이 소유하고 있었던 몇몇 식민지보다도 못하다고 할 수 있다.

그러나 잉글랜드 식민지의 여러 정치제도는 이 토지개량과 경작에 있어서 다른 세 나라의 어떤 제도보다 유리했다.

첫째로, 잉글랜드 식민지에서는, 미경작지의 독점을 완전하게 방지할 수는 없었지만 다른 어느 식민지보다 제한되어 왔다. 식민지법은 모든 토지소유자에 대해 일정 기간 안에 토지의 일정 비율을 개량하고 경작할 의무를 부과하고 있고, 만일 그것이 이행되지 않을 때는 그 방치된 토지는 다른 누구에게라

---

*37 샤를부아(P. F. X. de Charlevoix, 1682~1761)는 1713년의 인구를 2만 내지 2만 5천으로 추정하고 있다(Histoire et description générale de la Nouvelle France, avec le journal historique d'un voyage fait par ordre du roi dans l'Amérique Septentrionale, 6 vols., Paris, 1744) (ASL 343). 캐나다의 퀘벡이 영국군의 공격에 항복한 것은 1759년의 일이다.

도 양여될 수 있다고 선언했다. 이 법률은 아마 매우 엄격하게 실시되지는 않았어도 일정한 효과를 거두고 있었다.

둘째로, 펜실베이니아에서는 장자상속권이 없으며, 토지는 동산과 마찬가지로 그 가족의 모든 자식들 사이에 균등하게 분할된다. 뉴잉글랜드의 여러 주 가운데 세 주에서는 가장 연장자가 모세의 율법과 마찬가지로 2배의 몫을 차지할 뿐이다.*38 따라서 그런 속주에서는 매우 드넓은 토지가 특정한 개인에게 독점되는 경우가 가끔 있기는 하지만, 한두 세대가 지나는 동안 충분히 재분할되는 것 같다. 확실히 다른 잉글랜드 식민지에서는 장자상속권이 잉글랜드 법에 있어서와 마찬가지로 실시되고는 있다. 그러나 모든 잉글랜드 식민지에서는 자유농역토지보유제(自由農役土地保有制)*39에 의해 보유되고 있는 토지는 쉽게 양도할 수 있으며, 또 넓은 면적의 토지를 교부받은 자는 약간의 부역면제 지대(地代)*40를 보유해 두기만 하고 될 수 있으면 대부분의 토지를 빨리 양도하는 편이 자신에게 이익이 된다고 생각했다.

에스파냐와 포르투갈의 식민지에서는 어떤 명예로운 칭호가 붙어 있는 대영지의 상속에는 이른바 마요라초권(權)*41이라는 것이 생긴다. 그런 영지는 모두 한 사람의 소유가 되며, 사실상 상속이 한정되어 양도가 불가능하다. 프랑스의 식민지에서, 토지상속에 있어서는 잉글랜드의 법률보다 차남 이하의 아들에게 훨씬 유리한 파리의 관습을 따르고 있다는 것은 분명한 사실이다. 그러나 프랑스의 여러 식민지에서는 기사(騎士)제도와 복종의무라고 하는 귀족

---

*38 모세의 율법이란 구약성서의 모세 5경(〈창세기〉〈출애굽기〉〈레위기〉〈민수기〉〈신명기〉)에 모세를 통해 여호와가 명령했다는 사항을 가리킨다. 중복이동(重複異同)이 있지만, 장남의 권리에 대해서는 〈신명기〉 제21장 15~17절에 다음과 같이 규정되어 있다. '한 남자가 두 아내를 거느리는데 하나는 사랑을 받고 하나는 미움을 받는다고 하자.……맏아들이 미움받는 아내의 아들일 경우에……미움받는 아내의 아들을 맏아들로 인정해 주고 자기에게 있는 모든 것을 나누어 그에게 두 몫을 주어야 한다.'

*39 자유농역토지보유제(free socage) 가운데 socage 는 농역에 의한 보유로, 군역에 의한 보유와 구별된다. 자유라는 것은 불명예가 아니라는 뜻.

*40 부역면제 지대(quit rent)는 자유토지보유자 또는 토지보유자가 부역면제의 대가로 지불하는 지대. 토지를 양도한 뒤에도 보유자는 소유자(국왕)에게 이것을 계속 지불해야 한다.

*41 Jus Majoratus란 장자권으로, 스미스는 Majorazzo라고 쓰고 라틴어로 주기했지만 에스파냐어로는 Mayorazgo라고 한다.

적 보유권에 의해 보유되고 있는 토지가 일부라도 양도되는 경우에는, 그 토지는 일정 기간 상급 영주의 상속인이나 그 가족의 상속인의 재매입권(再買入權)에 따르지 않으면 안 된다. 그리고 이 나라 최대의 영지는 모두 그런 귀족적 보유권에 의해 소유되어 있으므로, 그것은 필연적으로 양도를 방해하게 된다. 그러나 새 식민지에서는 넓은 경작되지 않는 대영지는 상속보다는 양도에 의해 훨씬 급속하게 분할되는 것 같다. 이미 얘기한 것처럼, 좋은 토지가 풍부하고 값이 싼 것이 새 식민지의 급속한 번영의 주요 원인이다.

토지의 독점은 사실상, 이 풍부함과 염가를 파괴해 버린다. 게다가 미경작지의 독점은 그것의 개량에 가장 큰 걸림돌이 된다. 그러나*42 토지개량과 경작에 쓰이는 노동은 사회에 가장 크고 가장 가치가 있는 생산물을 제공한다. 이 경우, 노동 생산물*43은 그 자체의 임금과 그것을 고용하는 자산의 이윤을 지불할 뿐만 아니라, 노동이 쓰이는 토지의 지대도 지불한다. 따라서 토지개량과 경작에 쓰이는 잉글랜드 식민자의 노동은, 토지의 독점에 의해 많든 적든 다른 일에 전용되고 있는 다른 3국의 어느 식민자의 노동보다 많으므로, 그보다 가치가 있는 생산물을 많은 양으로 제공하게 되기 쉽다.

셋째로, 잉글랜드 식민자의 노동은 가치가 높은 생산물을 훨씬 많이 제공할 수 있을 뿐만 아니라, 그들의 조세가 얼마 안 되기 때문에 이 생산물의 더 많은 부분이 자신의 것이 되며, 그들은 그것을 저축하여 더 많은 양의 노동력을 활동시키는 데 쓸 수 있다. 잉글랜드의 식민자는 모국의 방위에도, 그 국내 통치*44의 재정적 부담에도, 이제까지 전혀 이바지한 것이 없었다. 반대로 그들 자신은 이제까지 거의 전적으로 모국의 비용으로 방위되어 왔다. 그러나 육해군의 비용은 국내 통치에 필요한 비용에 비교도 할 수 없을 정도로 크다. 그들 자신의 국내 통치 비용은 언제나 매우 소극적인 것이었다. 그것은 일반적으로 총독·재판관, 그 밖의 약간의 생활행정 관리*45에게 충분한 봉급을 지불

---

*42 '좋은……그러나'는 초판에서는 '그러나 미경작지의 독점은 그 개량과 경작의 가장 큰 장애이고, 그리고'.

*43 '노동 생산물'은 초판에서는 '그 생산물'.

*44 국내 통치는 civil government 의 역어. 군사적이지도 종교적이지도 않은 국내의 일반통치를 의미한다.

*45 생활행정 관리는 officers of police 의 역어. 스미스는 《법학강의》에서 police 를 다음과 같이

하고, 소수의 가장 유용한 공공사업을 유지하는 데 필요한 것에 한정되어 있었다. 매사추세츠만의 행정기구*⁴⁶의 경비는 현재의 분쟁이 시작되기 전에는 1년에 약 1만 8천 파운드에 지나지 않았다. 뉴햄프셔와 로드아일랜드의 그것은 각각 3500파운드, 코네티컷의 그것은 4천 파운드, 뉴욕과 펜실베이니아의 그것은 각각 4500파운드, 뉴저지의 그것은 1200파운드, 버지니아와 사우스캐롤라이나의 그것은 각각 8천 파운드, 노바스코샤와 조지아의 행정기구의 경비는 일부는 해마다의 의회보조금으로 유지되고 있다. 그러나 이밖에 노바스코샤는 1년에 약 7천 파운드를 공적 비용으로서 지출하고 조지아는 1년에 약 2500파운드를 지출하고 있다. 요컨대 정확한 기록을 얻을 수 없었던 메릴랜드와 노스캐롤라이나의 행정기구의 비용을 제외하면, 북아메리카의 모든 행정기구의 경비는, 주민에게 있어서 현재의 분쟁이 시작되기 전에는 1년에 약 6만 4700파운드를 넘지 않았다. 이것은 얼마나 적은 비용으로 300만 명의 국민이 통치될 수 있는가, 또 얼마나 훌륭하게 통치될 수 있는가를 보여 주는 영구히 기억될 만한 실례이다.

통치 비용의 가장 중요한 부분인 방위와 보호의 비용은 확실히 언제나 모국의 부담으로 되어 있었다. 신임총독의 환영과 새 의회의 개회 등 식민지의 정치적 통치상의 의식(儀式)도 또한 충분히 예의를 갖춘 것이기는 하였으나, 돈이 드는 화려하고 장대한 행사를 곁들이지 않았다.

그들의 교회행정도 마찬가지로 검소한 방법으로 실시되었다. 10분의 1세는 그들 사이에서는 알려져 있지 않았고, 성직자의 수도 결코 많지 않았으며, 빠듯한 성직록(聖職祿)이나 민중의 자발적인 기부에 의해 부양되었다. 이에 비해 에스파냐와 포르투갈의 권력은 식민지에 부과되는 세금에서 비용을 어느 정도 끌어 내고 있다. 확실히 프랑스는 결코 식민지에서 많은 수입을 얻지는 않았다. 식민지에 부과하는 세금은 일반적으로 식민지에서 쓰이기 때문이다.

그러나 이들 세 나라의 식민지 통치는, 잉글랜드의 경우보다 훨씬 비용이 드는 계획과 훨씬 비용이 드는 의식을 통해 이루어지고 있다. 이를테면 페루의 새 총독을 환영하기 위해 쓰인 비용은 이따금 막대한 금액에 이르렀다. 그런 의식들은, 식민지의 특정한 경우에 부유한 식민자들이 지불하는 실질적인 세

정의했다. '폴리스의 목적은 상품의 싼 값과 공공의 안전보장, 그리고 청결이다'(LJB 5)
*46 행정기구는 civil establishment의 역어. 〈주〉 44의 역어에 대응한다.

금일 뿐만 아니라, 그들 사이에 다른 모든 경우의 허영과 지출의 습관을 조장한다. 그런 세금은 임시적인 가혹한 세금일 뿐만 아니라, 나아가서 같은 종류의 더욱 가혹하고 영구적인 세금, 즉 사적인 사치와 낭비라는 파멸적인 세금을 확립하는 데 이바지한다. 이 3국 모두의 식민지에서는 교회의 통치도 극도로 억압적이다. 그 모두에 10분의 1세가 있고, 에스파냐와 포르투갈의 식민지에서는 특히 엄격하게 징수되고 있다. 뿐만 아니라, 이들은 모두 무수한 탁발수도사들에게 억압받고 있는데, 그들의 걸식 행위는 공인되어 있을 뿐만 아니라, 종교에 의해 신성화되어 있다. 그들에게 자선을 베푸는 것은 의무이며, 그것을 거절하는 것은 매우 큰 죄악이라고 매우 용의주도하게 가르침을 받은 가난한 민중에게는 가장 가혹한 세금이다. 이 모든 것 외에도 성직자는 모든 식민지에서 최대의 토지점유자이다.

넷째로, 잉글랜드의 식민지는 잉여 생산물, 즉 식민지 자체의 소비를 넘어서는 생산물을 처분하는 데 있어서 유럽의 다른 어느 나라의 식민지보다 혜택받고 있으며, 더욱 드넓은 시장을 제공받고 있었다. 유럽의 어느 나라도 자국 식민지의 상업을 많든 적든 독점하려고 노력하고, 그 때문에 외국 선박이 그들 식민지와 거래하는 것을 금지하고, 또 그들이 유럽의 재화를 다른 외국에서 수입하는 것을 금지해 왔다. 그러나 이 독점의 방법은 나라에 따라 매우 다양했다.

몇몇 나라는 자국 식민지의 모든 상업을 하나의 독점(獨占) 회사에 맡기고, 식민지*47는 그들에게 필요한 모든 유럽 재화를 그 회사로부터 사고, 모든 잉여 생산물을 그 회사에 의무적으로 팔아야 했다. 따라서 전자를 될 수 있는 대로 비싸게 팔고, 후자를 될 수 있는 대로 싸게 사는 것이 그 회사의 이익이었을 뿐만 아니라, 후자를 이 싼 값으로도, 회사가 유럽에서 매우 비싼 값으로 처분할 수 있는 것보다 많이 사지 않은 것이 이익이었다. 모든 경우에 식민지의 잉여 생산물의 값을 낮추는 것뿐만 아니라, 대부분의 경우 그 양의 자연적 증가를 방해하고 억제하는 것이 그들의 이익이었다.

새 식민지의 자연적 성장을 방해하기 위해 계획할 수 있는 모든 방법 가운

데, 이 배타적인 회사라는 방법이야말로 의심할 여지없이 가장 효과적이다. 이것이 네덜란드가 채택해 온 정책이었다. 하지만 그들의 회사는 현세기의 진행 중에 많은 점에서 그 배타적 특권의 행사를 포기해 버렸다. 이것은 또 전 국왕의 시대까지 덴마크의 정책이기도 했다. 또 그것은 때로는 프랑스의 정책이기도 했다. 그리고 최근인 1755년 이후, 다른 모든 나라가 그 부조리 때문에 그것을 포기한 뒤, 적어도 브라질의 중요한 두 속주, 즉 페르남부쿠와 마라뇬에 대해 실시한 포르투갈의 정책이었다.[*48]

다른 여러 국민은 배타적 회사를 설립하지 않고 자국 식민지의 모든 상업을 모국의 한 특정 항구에 한정했다. 그곳에서 출항하려면 특정한 계절에 선단을 짜거나, 단독일 경우에는 대부분 매우 비쌌던 특허장이 있어야 했다. 이정책은 확실히 식민지 무역을 특정한 항구에서 특정한 계절에 특정한 선박으로 무역하는 것을 조건으로, 모든 모국인에게 개방했다. 그러나 특허 받은 선박을 운영하기 위해 자기들의 자산을 합친 모든 상인들은 공동으로 행동하는 것이 자기들에게 이익이라는 것을 알았을 것이므로, 이 방법으로 이루어진 무역은 필연적으로 배타적인 회사와 거의 같은 원리로 영위되었을 것이다. 그런 상인들의 이윤은 거의 마찬가지로 터무니없고 억압적인 것이었으리라. 식민지는 불충분하게 공급되는 것을 매우 비싸게 사거나, 자신의 재화를 매우 싸게 팔도록 강요당했을 것이다. 그러나 이것이 몇 년 전까지[*49] 언제나 에스파냐의 정책이었으며, 따라서 에스파냐령 서인도의 모든 유럽산 재화의 값은 터무니없는 것이었다[*50]고 한다.

우요아가 말하는 바에 의하면,[*51] 키토에서 철 1파운드는 영국 정화로 약 4실링 6펜스, 강철 1파운드는 약 6실링 9펜스에 팔렸다[*52]고 한다. 그러나 식민지가 자신들의 생산물을 팔려고 내놓는 것은 주로 유럽의 재화를 구매하기

---

*48 '그들은 이미 1755년 6월 6일부터 마라뇬 회사를 설립했는데, ……4년 뒤에는 페르남부쿠 회사를 설립하여 브라질 북부를 모두 쇠사슬 아래 두었다'(G. T. F. Raynal, op. cit., vol. 2, 0. 246). Maranhão와 Pernambuco는 브라질 북부의 주.

*49 '몇 년 전까지'는 제2판의 추가.

*50 '이었다'는 초판에서는 '이다'.

*51 우요아는 '1키날의 철이 100달러 이상, 같은 양의 강철이 150달러'라고 했다. Ulloa, op. cit., bk. 5, ch. 8.

*52 '팔렸다'는 초판에서는 '팔리고 있다'.

위해서이다. 따라서 그들이 한쪽에 대해 많이 지불하면 지불할수록 그만큼 다른 쪽을 적은 양밖에 손에 넣을 수 없고, 한쪽이 비싼 것은 다른 한쪽이 싼 것과 같다. 이 점에서 포르투갈의 정책은 페르남부쿠와 마라논을 제외한 모든 식민지에 대해 에스파냐의 옛 정책*53과 같으며, 두 지방에서는 최근에 더욱 나쁜 정책을 채용하고 있다.

다른 여러 국가는 식민지 무역을 모든 국민에게 개방하여, 그들은 모국의 모든 항구에서 무역을 할 수 있고, 또 통상적인 세관의 수속 이외의 허가를 필요로 하지 않는다. 이 경우 여러 무역상인은 그 수가 매우 많고 소재지가 분산되어 있어서 전원이 결속할 수가 없고, 또 그들의 경쟁은 터무니없는 이윤을 챙기는 것을 방해하는 데 충분하다. 그렇게도 자유로운 정책 아래에서는, 식민지는 타당한 값으로 자신들의 생산물을 팔 수 있고, 유럽의 재화를 살 수도 있다. 그러나 우리의 식민지가 아직 채 성숙하지 않았던 무렵 프리머스 회사가 해체된 이래, 이것이 한결같은 잉글랜드의 정책이었다. 그것은 또 일반적으로 프랑스의 정책이기도 하여, 잉글랜드에서 흔히 미시시피 회사라고 불리고 있는 그들의 회사가 해산한 이후 일관되게 그러하였다. 따라서 프랑스와 잉글랜드가 자국의 식민지와 영위하는 무역의 이윤은, 확실히 다른 모든 나라에 있어서도 경쟁이 자유로운 경우보다 조금은 비싸지만 결코 터무니없는 것은 아니다. 따라서 유럽 재화의 값은 양국 대부분의 식민지에서도 터무니없이 비싼 값은 아닌 것이다.

그레이트브리튼의 식민지가 그 잉여 생산물의 수출에서도, 모국의 시장으로 제한당하고 있는 것은, 어떤 일정한 상품에 대해서뿐이다. 이런 상품은 항해조례와 그 뒤의 다른 몇 가지 법률에 열거(列擧 : 하나씩 들어 말함)되어 있기 때문에, 열거상품이라 불리고 있다. 그 밖의 것은 비(非)열거상품이라 불리고 있는데, 선주와 선원의 4분의 3이 브리튼 국민인, 그레이트브리튼 또는 그 식민지의 선박으로 수출하는 한, 직접적으로 다른 여러 나라로 수출할 수 있다.

비열거상품 중에는 아메리카와 서인도에 가장 중요한 생산물 몇 가지가 들어 있다. 모든 종류의 곡물·목재·소금 절인 식품·생선·설탕·럼주가 그것이다.

곡물은 당연히 모든 신식민지 최초의, 그리고 중요한 경작 대상이다. 그 법

---

*53 '옛 정책'은 초판에서는 '그것'.

률은 이들 식민지에 대하여 곡물에 대한 매우 드넓은 시장을 허용함으로써 그 경작을 인구가 희박한 나라의 소비를 훨씬 넘어서서 확대하고, 그리하여 늘 증대하는 인구를 위해 충분한 생활 자재를 미리 준비하도록 장려하는 것이다.

거의 숲으로 덮여 있어서 재목이 거의 또는 전혀 가치가 없는 나라에서는, 토지를 개간하는 비용이 개량에 있어서 중요한 걸림돌이 된다. 그 법률은 식민지에 그 목재에 대한 매우 드넓은 시장을 허용함으로써, 그렇게 하지 않았으면 거의 가치가 없었을 상품값을 인상시키고, 그렇게 하지 않았으면 단순한 지출에 지나지 않았을 것에서 뭔가 이윤을 만드는 것을 가능하게 하여, 개량을 촉진하려고 노력하고 있다.

절반도 사람이 살지 않고 절반도 경작되지 않는 지방에서는 가축은 당연히 주민의 소비를 넘어서서 증식하여, 그 때문에 거의 또는 전혀 가치를 가지지 않는 일이 때때로 있다. 그러나 이미 제시한 것처럼, 어느 나라에서나 토지의 대부분이 개량되기 위해서는, 그 전에 가축값이 곡물값에 대해 일정한 비율을 갖는 것이 필요하다. 그 법률은 생사(生死)를 불문하고 모든 형태의 아메리카산 가축에 매우 광범한 시장을 허용함으로써, 높은 값이 개량에 있어서 매우 중요한 한 상품의 가치를 끌어올리려고 노력하고 있다. 그러나 이 자유의 뛰어난 효과는, 각종 피혁을 열거상품에 넣어, 그로 인해 아메리카산 가축의 가치를 끌어올리는 경향을 가진 조지 3세 4년(1763)의 법률 제15호에 의해 어느 정도 감소되었음이 틀림없다.

우리 식민지의 어업을 확대하고, 그로 인해 그레이트브리튼의 해운과 해군력을 증강하는 것은 입법부가 거의 언제나 추구해 온 목적인 것 같다. 그 때문에 그 어업은 자유가 줄 수 있는 모든 장려를 받으며 번영해 왔다. 특히 뉴잉글랜드의 어업은 최근의 분쟁 전에는 세계에서 가장 중요한 어업의 하나였을 것이다. 포경은 그레이트브리튼에서는 터무니없는 장려금에도 불구하고 거의 뚜렷한 효과를 올리지 못한 채 영위되고 있으며, 그로 인해 많은 사람들의 의견으로는(다만 나는 그것을 보증할 생각은 없다), 해마다 포경용으로 지출되고 있는 장려금의 가치를 크게 상회하지는 않지만, 모든 생산물이 뉴잉글랜드에서는 장려금을 받지 않고 매우 활발하게 영위되고 있다. 어류는 북아메리카인이 에스파냐나 포르투갈 및 지중해 연안의 각국과 교역하는 중요 품목의 하나이다.

설탕은 본디는 그레이트브리튼에만 수출할 수 있는 열거상품이었다. 그러나 1731년에 설탕농원주들의 진정에 의해 설탕 수출은 전세계 어느 곳에나 허용되었다. 그러나 이 자유가 인정될 때 붙여진 제한이, 그레이트브리튼에서의 설탕의 높은 값과 아울러 이 자유의 효과를 크게 손상시키고 말았다. 그레이트브리튼과 그 식민지는 아직도 브리튼의 식민농원에서 생산되는 모든 설탕의 거의 유일한 시장이다. 설탕 소비는 매우 급속도로 증가하여, 그 때문에 자메이카와 할양제도(割讓諸島)[54]의 토지개량이 증진된 결과, 설탕 수입이 지난 20년 동안 매우 크게 증가했지만, 외국으로의 수출은 전보다 그리 증가하지 않았다고 한다.

럼주는 아메리카인이 아프리카 해안과 영위하는 무역에서 매우 중요한 품목으로, 그들은 그 대신 흑인 노예를 데리고 돌아온다.

만일 아메리카의 모든 종류의 곡물, 소금 절인 식품 및 어류의 잉여 생산물이 열거상품에 들어가, 그로 인해 그레이트브리튼의 시장에 강제적으로 반입되었다면, 우리 자신의 민중의 근로 생산품에 너무나도 큰 방해가 되었을 것이다. 그런 중요한 상품이 열거상품에 들어가지 않았을 뿐만 아니라, 쌀 이외의 모든 곡류와 소금 절인 식품이, 그 법률의 일반적인 상태에서 그레이트브리튼에 수입이 금지되어 온 것은, 아마도 아메리카의 이해관계에 대한 배려에서라기보다 이런 방해를 염려해서였다.

비열거상품은 본디는 세계의 모든 지역으로 수출할 수 있었다. 목재와 쌀은 일찍이 열거상품에 들어간 적이 있었으므로, 나중에 거기서 제외되었을 때도 유럽 시장에 대해서는 피니스테레 곶 남쪽에 있는 여러 지방에 한정되어 있었다. 조지 3세 6년(1765)의 법률 제52호에 의해 모든 비열거상품도 이것과 같은 제한을 받게 되었다. 피니스테레 곶 남쪽의 유럽 여러 지방은 공업국이 아니기 때문에, 식민지의 선박이 그곳에서 우리 자신의 것과 충돌할 수 있는 제품을 본국으로 가지고 돌아오는 것을, 우리는 지나치게 걱정할 필요가 없었다.

열거상품에는 두 가지 종류가 있다. 첫 번째는 아메리카의 특산품[55]이나 모국에서는 생산할 수 없는 것, 또는 적어도 생산되고 있지 않은 것이다. 이 종

*54 할양제도(Ceded Island)는 1763년의 평화조약으로 영국에 할양된 서인도 제도(그레나다 등).
*55 다음에 열거되는 상품 중에는 아메리카가 아니라 서인도 특산인 것도 있다.

류에 속하는 것은 당밀·커피·카카오 씨앗·담배·피멘토*⁵⁶·생강·고래수염·생사(生絲)·면화·비버와 그 밖의 아메리카산 모피, 쪽·황목(黃木)*⁵⁷과 그 밖의 염료(染料 : 옷감 따위에 빛깔을 들이는 물질)용 재료이다. 두 번째는 아메리카 특산품이 아니라, 모국에서 생산되고 있고 또 생산될 수 있는 것으로, 다만 그 양이 모국의 수요를 채우는 데 부족하여 주로 외국에서 공급되고 있는 것이다. 이 종류에는 모든 선박용 자재·돛대·활대·타르·역청·테레빈유·선철·봉철·동광(銅鑛), 생가죽 및 무두질한 가죽, 항아리 및 진주회(眞珠灰)이다.

첫 번째 종류의 상품은, 최대한으로 수입해도, 모국이 생산물의 생산을 억압하거나 그 판매를 방해하지는 않는다. 그런 상품을 국내 시장에 한정함으로써 기대되었던 것은, 우리의 상인이 그런 것을 식민농원에서보다 싸게 사고, 따라서 국내에서 팔아 더 많은 이윤을 올릴 뿐만 아니라, 식민농원과 여러 외국 사이에 유리한 중계무역을 확립함으로써, 그레이트브리튼은 그런 상품이 최초로 수입되는 유럽의 나라로서 필연적으로 그 중심, 또는 집산지가 되는 것이었다.

또 두 번째 종류의 상품 수입도 또한 본국에서 생산된 같은 종류의 상품이 아니라, 여러 외국에서 수입되는 상품의 판매를 방해하도록 운영할 수 있을 거라고 예상되었다. 왜냐하면 적당한 세금에 의해 그것들을 본국에서 생산된 같은 종류의 상품보다 언제나 조금 비싸게, 그러면서도 여러 외국에서 수입되는 같은 종류의 상품보다는 매우 싸게 할 수 있을 것이기 때문이다. 따라서 그와 같은 상품을 본국의 시장에 한정함으로써, 그레이트브리튼의 생산물을 저해하는 것이 아니라, 그레이트브리튼에 있어서 무역차액이 불리할 것으로 보이는 약간의 외국 생산물을 저해하는 것이 제안된 것이다.

돛대·활대·타르·역청·테레빈유를 식민지에서 그레이트브리튼 외의 어느 나라에도 수출하는 것을 금지한 것은, 당연히 식민지의 목재값을 하락시켰고, 따라서 개량에 대한 그곳의 중요한 걸림돌인 개간 비용을 증가시키는 경향을 초래했다. 그러나 현세기 초, 즉 1703년에 스웨덴의 역청과 타르 회사가 그것의 수출을 그들 자신의 선박에 의해, 그들 자신이 정하는 가격으로, 그들이 적절

---

*56 피멘토(pimento)는 서인도산 도금양과(科)의 올스파이스 나무의 열매. 피망을 이렇게 부르기도 한다.
*57 황목(fustick)은 열대 아메리카산 거목으로 황색 염료를 채취한다.

하다고 생각하는 양인 경우 외에는 금지함으로써, 그레이트브리튼에서의 그 상품값을 인상하려고 노력했다. 이 유명한 중상주의 정책에 대항하기 위해, 또 스웨덴뿐만 아니라 다른 모든 북방의 각국으로부터 될 수 있는 대로 자립하기 위해, 그레이트브리튼은 아메리카로부터의 선박용 자재의 수입에 장려금을 주었다. 그리고 이 장려금의 효과에 의해, 아메리카에서의 목재값은 본국 시장에 한정됨으로써 하락한 값을 넘어서 훨씬 인상되었다. 그리고 양쪽의 규제도 동시에 법률화했기 때문에, 그 복합적인 효과는 아메리카에서의 토지개간을 저해하는 게 아니라 오히려 촉진하게 되었다.

선철과 봉철도 열거상품 속에 들어 있었다고는 하지만, 아메리카에서 수입될 때는 다른 외국에서 수입될 때 부과되는 상당한 세금이 면제되므로, 이 규제는 일부분이 아메리카에서의 제철소 건설을 저해하는 것 이상으로, 다른 부분이 그 건설을 촉진하는 데 이바지하고 있다. 제조업 가운데 제철소만큼 나무의 대량 소비를 불러오는 것은 없으니, 즉 수목이 과잉인 지방의 개척에 이토록 이바지할 수 있는 것은 없다고 하겠다.[58]

이런 규제 가운데 어느 것이 아메리카에서의 목재의 가치를 인상시키고, 그로 인해 토지개간을 촉진하는 경향을 가진다는 것은, 입법부는 아마 의도하지도 않고 이해하지도 않았을 것이다. 그러나 그런 규제의 유익한 결과는, 이 점에서는 우연한 것이었다고는 하나, 그 때문에 현실성이 줄어든 것은 아니다.

아메리카와 서인도의 브리튼 식민지 사이에는 열거상품에 대해서도 비열거상품에 대해서도 가장 완전한 무역 자유가 허용되고 있다. 그런 식민지는 지금은 인구가 매우 많아지고 번영하고 있으므로, 서로 상대편의 어딘가에서 자신들의 생산물의 각각에 대한 드넓은 시장을 찾아 내고 있다. 그런 것들을 전체적으로 보면 서로의 생산물에 대한 거대한 국내 시장을 형성하고 있는 것이다.

그러나 자국 식민지의 무역에 대한 잉글랜드의 너그러움은, 주로 그 생산물의 미가공 상태에서의, 아니면 제조의 초기 단계에서의 시장에 한정되어 있었다. 더욱 진보된, 즉 더욱 정제된 제품의 경우에는, 아무리 식민지의 생산물에 의한 것이라도 그레이트브리튼의 상인과 제조업자는 자신들이 보유하고 있기

---

[58] 제철 연료를 목재에서 석탄으로 전환하는 데는 17세기 초부터 18세기 말 가까이까지 걸렸다. 1784년 헨리 코트가 교반식정련법을 개발할 때까지 주요 연료는 목재였는데, 특히 아메리카에서는 스미스가 얘기한 것과 같은 사정 때문에 그랬을 것이다.

위해 입법부를 설득하여, 때로는 높은 비율의 세금으로, 또 때로는 절대적 금지로, 그런 제조업이 식민지에 확립되는 것을 저지하려고 애써 왔다.

이를테면 브리튼의 식민농장에서 오는 흑설탕의 수입에는 1헌드레드웨이트당 불과 6실링 4펜스밖에 과세되지 않는데도, 백설탕은 1파운드 1실링 1페니가 과세되고, 정제가 1단계이든 2단계이든,*59 막대 모양의 정제당은 4파운드 2실링 5펜스 20분의 8이 과세된다. 이렇게 높은 관세가 부과된 경우, 그레이트브리튼은 브리튼의 식민지의 설탕이 수출될 수 있는 유일한 시장이었고, 지금도 계속해서 중요한 시장이다. 따라서 높은 관세는 처음에는 모든 외국 시장을 위해 설탕을 표백 또는 정제하는 데 대한 금지와 마찬가지였고, 현재는 전 생산물의 10분의 9 이상을 떠맡는 시장을 위해 설탕을 표백 또는 정제하는 것에 대한 금지와 마찬가지이다. 그러므로 설탕을 표백 또는 정제하는 제조업은 프랑스의 모든 설탕식민지에서는 번영했으나 잉글랜드의 설탕식민지에서는 식민지 자체의 시장을 제외하고 어디에서도 거의 육성되지 않았다. 그레나다가 프랑스인의 수중에 있었던 동안은 거의 모든 식민농원에도 적어도 표백을 위한 설탕정제소가 있었다. 그곳이 영국인의 수중에 들어간 이래 이런 종류의 작업장의 거의 모두 방치되어, 1773년 10월 현재는 그 섬에 남아 있는 것은 두세 군데를 넘지 않는다고 나는 확신한다. 그러나 현재는 세관이 너그럽게 보아 주어서 표백 또는 정제된 설탕이라도 막대설탕에서 가루설탕으로 만들어진 것이라면 보통 흑설탕으로서 수입되고 있다.

그레이트브리튼은 아메리카에서 선철과 봉철의 제조업을, 같은 상품이 다른 나라에서 수입되는 경우에는 부과하고 있는 세금을 면제함으로써 장려하고 있지만, 아메리카 식민지의 어디에도 제강소(製鋼所 : 강철을 만드는 공장)나 제철(製鐵 : 철광을 절단하거나 마를질함) 공장을 건설하는 것을 전면적으로 금지하고 있다. 그레이트브리튼은 자국의 식민자가 그들 자신의 소비를 위해서라도 그런 정교한 제조업에서 일하는 것을 허용하려 하지 않고, 그들이 필요로 하는 이런 종류의 모든 재화를 본국의 상인이나 제조업자로부터 구입할 것을 주장하고 있다.

그레이트브리튼은 아메리카산 모자·양모·모직물을 한 주에서 다른 주로 수로를 통해 수출하는 것을 금지하고, 말이나 짐마차에 실어서 육로로 수출하

---

*59 조당(粗糖)에서의 증류와 결정을 한 번 하거나 두 번 한다는 뜻.

는 것도 금지하고 있다. 이 규제는 원거리 판매를 위한 그런 상품 제조업을 설립하는 것을 효과적으로 저지하는데, 식민자의 산업을 그렇게 하여 개인의 가족이 스스로 쓰기 위해 만들거나, 같은 주의 이웃들을 위해 만드는 거친 가정용 제품에 한정하게 된다.

그러나 거대한 국민에 대해, 자국 생산물의 어떤 부분으로든 만들 수 있는 것을 만드는 것을 금지하거나, 자신들의 자산과 근로를 자신들에게 가장 유리하다고 생각하는 방법으로 쓰는 것을 금지하는 것은 인류의 가장 신성한 권리의 명백한 침해이다. 그러나 그런 금지는 부정한 일이기는 하지만, 이제까지는 식민지에 있어서 매우 해로운 것은 아니었다. 그곳에서는 토지는 아직도 매우 싸고 따라서 노동은 매우 비싸므로, 거의 모든 세련되고 잘 만들어진 제조품은 자력으로 만드는 것보다 모국에서 수입하는 편이 더 쌌던 것이다. 따라서 그들이 그런 제조업을 설립하는 것을 금지당하지 않았다 하더라도, 그들의 현재의 개량 상태에서는 그들 자신의 이해에 대한 관심이 아마도 그렇게 하는 것을 저지했을 것이다. 식민지의 개량 상태에서는 그런 금지는, 어쩌면 그들의 근로를 구속하지도 않고, 근로가 자연히 어떤 방향을 향하는 것을 억제하지도 않는데, 단순히 모국의 상인과 제조업자의 근거 없는 질투가 충분한 이유도 없이 식민지에 노예 상태라는 무례한 각인을 가한 것에 지나지 않는다. 좀 더 진보한 상태에서 그렇게 한다면 그것은 정말로 억압적이고 견딜 수 없는 일일 것이다.

그레이트브리튼은 또, 식민지의 가장 중요한 생산물 가운데 몇 가지를 자국 시장에만 한정하고 있기 때문에, 그 대가로서 그 가운데 어떤 것에 자국 시장에서 이로운 편의를 제공하고 있다. 다시 말해, 때로는 다른 나라에서 같은 종류의 생산물이 수입되는 경우에는 더 비싼 세금을 부과하고, 또 때로는 식민지에서 그런 생산물을 수입할 때 장려금을 주는 것이다. 이 첫 번째 방법으로는 자국 식민지의 설탕·담배·철을, 두 번째 방법으로는 생사·대마·아마·쪽·선박용 자재·건축용 자재를 본국 시장에서 유리하게 다루고 있다. 수입 장려금에 의해 식민지 생산을 장려하는 두 번째 방법은, 내가 알아 낸 바로는, 그레이트브리튼 특유의 것이다. 첫 번째 방법은 그렇지 않다. 포르투갈은 다른 나라에서의 담배 수입에 대해 더 높은 세금을 부과하는 것만으로는 만족하지 않고 가장 엄격한 형벌로 그것을 금지하고 있다.

잉글랜드는 유럽*[60]에서의 재화 수입에 대해서도 마찬가지로 다른 어느 나라보다도 자국의 식민지를 너그럽게 다루어 왔다.

그레이트브리튼은 외국산 재화의 수입에 대해 지불되는 세금의 일부, 거의 언제 그 반액, 일반적으로는 그 이상, 때로는 전액을, 그 재화가 어디든 외국으로 재수출될 때 환급해 주도록 하고 있다. 거의 모든 외국산 재화가, 그레이트브리튼에 수입될 때 부과되고 있는 무거운 세금을 짊어진 채 들어온다면, 어떤 독립 외국도 그 재화를 받아들이지 않을 것임은 쉽게 예견할 수 있는 일이었다. 그런 세금의 일부가 수출될 때 환급되지 않았다면, 중상주의가 그토록 우대한 중계무역은 소멸해 버렸을 것이다.

그렇지만 우리의 식민지는 결코 독립된 외국이 아니고, 그레이트브리튼은 유럽의 모든 재화를 자국 식민지에 공급하는 배타적인 권리를 가지고 있었으므로(다른 나라들이 자국의 식민지에 대해서 한 것과 마찬가지로), 모국에서 지불한 것과 같은 금액의 세금을 짊어진 채, 그런 재화를 식민지가 받아들이도록 강제할 수도 있었을 것이다. 그런데 반대로, 1763년까지는 우리의 식민지에 수출되는 대부분의 외국 재화에 대해서는 독립 외국에 수출하는 경우와 똑같은 세금환급이 행해졌다. 1763년에 조지 3세 4년(1763)의 법률 제15호에 의해, 분명히 이 너그러운 조치는 크게 축소되어, '유럽 또는 동인도에서 산출·생산, 또는 제조하는 재화 가운데 이 왕국에서 아메리카의 브리튼 식민지 또는 식민농원에 수출되는 것에 대해서는, 포도주·흰 무명·모슬린을 제외하고, 구 상납금이라 불리는 세금의 환급을 모두 금지한다'고 규정되었다. 이 법률이 제정되기 전에는 각종 외국산 재화는 식민지에서 모국에서보다 싸게 살 수 있었을 것이고 어떤 것은 지금도 그러하다.

식민지 무역에 관한 여러 규제의 대부분에 대해서는 그것을 경영하는 상인들이 주된 조언자였다는 점에 유의하지 않으면 안 된다. 따라서 그 대부분에 있어서, 식민지 또는 모국의 이해관계보다 그들의 이해관계가 더 많이 고려되었다 해도 이상하게 여길 것 필요가 없다. 그들의 배타적인 특권 때문에, 식민지가 원하고 있는 유럽의 재화를 식민지에 공급하는 데 대해서도, 식민지의 잉여 생산물 가운데 그들 자신이 본국에서 영위하고 있는 어떤 영업과도 충돌

---

*60 유럽 대륙을 가리킨다.

하지 않는 부분만 구입하는 데 대해서도, 식민지의 이익은 그런 상인의 이익에 희생되었다. 유럽과 동인도의 재화의 대부분을 식민지로 재수출하는 경우에, 어디든 독립국으로 재수출하는 경우와 똑같은 세금환급에 있어서도, 모국의 이익은 그들의 이익에 희생되었고, 그 이익에 대한 중상주의적인 사고방식에 의해서도 그것은 마찬가지였다.

상인들에게 있어서는, 자신들이 식민지에 보내는 외국산 재화에 대해서는 될 수 있는 대로 적게 지불하고, 자신들이 그런 재화를 그레이트브리튼에 수입할 때 선불한 세금은 될 수 있는 대로 많이 되찾는 것이 이익이었다. 그에 따라 그들은 식민지에서 같은 양의 재화를 파는 것보다 큰 이윤을 올릴 수 있고, 같은 금액의 이윤으로 더 많은 양의 재화를 팔 수도 있게 되어, 어떤 방식으로든 돈을 벌 수 있었던 것이다. 마찬가지로 그런 모든 재화를 될 수 있는 대로 싸게 될 수 있는 대로 많이 획득하는 것이 식민지의 이익이었다. 그러나 그것은 반드시 모국의 이익이 되었던 것은 아닐 것이다. 모국은 그런 재화를 수입할 때 받은 세금의 큰 부분을 되돌려 줌으로써 수입에 손해를 입고, 또 세금환급 때문에 외국의 제조품을 식민지로 들여오는 조건이 쉬워져서, 식민지 시장에서 자국의 제품보다 싸게 팔리므로 제조업에서도 손해를 보는 일이 때때로 있었을지도 모른다. 그레이트브리튼의 마직물 제조업의 진보는 독일 마직물을 아메리카 식민지로 재수출할 때의 세금환급에 의해 적잖이 지연되었다고 널리 알려져 있다.

그러나 그레이트브리튼의 식민지 무역에 관한 정책은 다른 여러 나라의 그것과 똑같은 중상주의 정신의 지도를 받아오기는 했으나, 전체적으로는 어느 나라의 정책보다 편협하지도 억압적이지도 않았다.

외국무역을 제외한 모든 사항에서 잉글랜드 식민자가 자신들의 문제를 자신들의 방식으로 처리하는 자유는 완전한 것이다. 그것은 모든 점에서 본국의 동포의 그것과 동등하며, 또 식민지 정부를 지원하기 위해 세금을 부과하는 유일한 권리를 주장하는 민중대표협의회에 의해, 똑같은 방법으로 보장되고 있다. 이 의회의 권위는 행정 권력을 위압하고 있어서, 가장 비천하고 가장 불쾌한 식민자라도 법을 준수하는 한, 그 주의 총독이든, 그 밖의 어떤 문무의 관리이든, 그 분노를 두려워할 필요가 전혀 없다. 식민지협의회는 잉글랜드의 하원과 마찬가지로 반드시 민중의 평등한 대표자는 아니지만, 그것보다 훨씬 그 성격에 가깝다. 또*61 식민지의 행정부는 그것을 부패시킬 수단을 가지고 있지 않으며, 모국에서 재정적 원조를 받고 있으므로 그럴 필요도 없기 때문에, 일반적으로 선거인의 의향에 영향을 받기 쉬운 것 같다. 식민지의 입법부 가운데 그레이트브리튼의 상원에 해당하는 고문회의는 세습 귀족으로 구성되는 것은 아니다.

식민지 가운데서 몇몇, 이를테면 뉴잉글랜드의 여러 정부 가운데 세 정부에서는, 그 고문회의는 국왕에 의해 임명되는 것이 아니라 민중의 대표에 의해 선출되고 있다. 잉글랜드의 식민지 가운데 세습 귀족이 있는 곳은 아무 데도 없다. 확실히 그 모든 것에 있어서, 다른 모든 자유국가와 마찬가지로, 오래된 식민 가족의 후손이 동등한 공로와 재산이 있어 벼락출세한 사람보다 존경받고 있지만, 그는 더 많은 존경을 받고 있을 뿐, 이웃에게 피해를 줄 수 있는 특권을 가지고 있는 것은 아니다. 현재의 분쟁이 시작되기 전에는, 식민지협의회는 입법권뿐만 아니라 행정권의 일부도 가지고 있었다.

코네티컷과 로드아일랜드에서 그들은 총독을 선거로 뽑았다. 다른 식민지에서는 각각의 협의회에 의해 부과되는 세금을 징수하는 수입 관리를 그들이 임명하고, 그들은 협의회에 직접적으로 책임을 지고 있었다. 따라서 잉글랜드의 식민자들은 모국의 주민들보다 더 많은 평등을 누렸던 것이다. 그들의 생활태도는 더욱 공화주의적이었고, 그들의 통치도, 특히 뉴잉글랜드의 여러 주 가운데 세 정부의 통치는 지금까지로는 훨씬 공화주의적이었다.

이와는 반대로, 에스파냐와 포르투갈 및 프랑스의 절대적인 통치*62는 그들의 식민지에서도 실시되고 있다. 그런 정부가 보통 모든 하급 관리에게 위임하는 재량권은, 본국에서의 거리가 멀기 때문에 자연히 통상적인 경우보다 폭력적으로 행사되게 마련이다. 모든 절대적 통치 아래에서는, 수도에는 그 나라의 다른 어떤 곳보다 많은 자유가 있다. 주권자 자신이 정의의 질서를 어지럽히거나, 국민 대중을 억압하는 이해관계나 의향을 가지는 일은 있을 수가 없다. 수도에서는 그의 존재가 많든 적든 그의 하급 관리를 위압하지만, 국민의 불만이 그에게 전달되기 힘든 원격지에서는, 그들은 훨씬 안전하게 압정을 휘두를

＊61 '그것보다……또'는 제2판의 추가.

＊62 절대적인 통치(absolute government)라는 것은, 전제정치라고 하는 편이 이해하기 쉽지만, 절대주의·절대왕정 등이 용어로서 정착되어 있으므로 그것에 따랐다.

수 있다.

그런데 아메리카의 유럽 식민지는, 지금까지 알려진 가장 큰 제국들의 가장 먼 지방보다도 더 멀리 떨어져 있다. 잉글랜드의 식민지 정부는, 아마 유사 이래에, 이렇게 멀리 떨어진 곳의 주민들의 안전을 완전히 보장해 줄 수 있었던 유일한 정부일 것이다. 다만 프랑스 식민지의 행정은 언제나 에스파냐와 포르투갈의 그것보다 온화하고 신중하게 처리되어 왔다. 이 뛰어난 행위는, 프랑스 국민의 성격과, 각 국민의 성격을 형성하는 그들의 통치 스타일 양쪽에 잘 어울리는 것으로, 그레이트브리튼의 통치에 비하면 자의적이고 폭력적이기는 하지만, 에스파냐나 포르투갈의 그것에 비하면 합법적이고 자유로운 것이다.

그러나 잉글랜드의 정책의 우월성을 볼 수 있는 것은 주로 북아메리카 식민지의 진보에 있어서이다. 프랑스의 설탕식민지의 진보는 잉글랜드의 설탕식민지 대부분의 진보에, 적어도 비슷하거나, 어쩌면 그보다 뛰어났다. 그래도 잉글랜드의 설탕식민지에는 북아메리카의 잉글랜드 식민지와 거의 같은 종류의 자유로운 통치가 시행되고 있다. 그러나 프랑스의 설탕식민지에서는 잉글랜드의 설탕식민지처럼 자신들의 설탕을 정제하는 것을 저지당하고 있지는 않으며, 더 중요한 것은 그들의 통치 재능이 자연히 흑인 노예의 뛰어난 관리(管理)를 도입하고 있다는 점이다.

유럽의 모든 식민지에서는 사탕수수의 재배는 흑인 노예들에 의해 이루어진다. 유럽의 온대에서 태어난 사람들의 체질은 서인도의 타는 듯한 태양 아래에서 땅을 파는 노동은 견딜 수 없을 것으로 생각되고 있으며, 사탕수수의 재배는, 많은 사람의 의견으로는 파종 쟁기를 도입하면 매우 편리할 것이라고 하지만, 현재로서는 모두 사람 손으로 이루어지고 있다. 그러나 가축을 써서 경영되고 있는 경작의 이윤과 성공이 가축을 잘 관리하고 안하고에 매우 크게 의존하는 것처럼, 노예에 의해 경영되는 경작의 이윤과 성공은 그들 노예의 양호한 관리에 마찬가지로 의존할 것이 틀림없다. 그리고 노예 관리에 있어서는 프랑스의 식민농원주가 잉글랜드의 그들보다 뛰어나다는 것은 일반적으로 인정받고 있다고 나는 생각한다.

법률은, 노예를 주인의 폭력으로부터 다소나마 보호해 준다는 점에서는, 통치가 완전히 자유로운 식민지보다 매우 전제적인 식민지 쪽에서 더 잘 집행되는 것 같다. 불행한 노예법이 제정되어 있는 어느 국가에서나 위정자가 노예를 보호하는 경우에는, 주인의 사유재산 관리에 어느 정도 개입하게 된다. 이 경우에 그 주인이 식민지협의회의 의원이거나 그런 의원의 선거인인 자유국가에서는, 위정자가 구태여 그것을 할 때는 최대의 경계와 조심성을 기울이지 않을 수 없다. 그가 노예의 소유자에게 존경을 표시하지 않으면 안 된다는 것은, 노예의 보호를 그만큼 어렵게 한다. 그런데 통치가 매우 전제적이어서 위정자가 개인의 사유재산 관리에까지 개입하여, 위정자의 기호에 따라 관리하지 않으면 구인(拘引 : 법원이 신문을 위해 관계
인을 강제로 데리고 감) 영장을 발부하는 나라에서는, 노예를 어느 정도 보호해 주는 것은 훨씬 쉬운 일일 것이고, 또 보편적인 인간성에서도 자연히 위정자는 그렇게 하고 싶은 마음이 들게 된다. 위정자의 보호가 있으면 노예는 주인의 눈에 마냥 경멸해도 되는 존재가 아니게 되므로, 주인은 노예를 좀더 존중하고, 좀더 부드럽게 다루게 된다. 부드러운 대우는 노예를 더욱 충실하게 할 뿐 아니라 말귀도 더 잘 알게 함으로써, 이 이중의 이유에서 더욱 유용해지는 것이다. 노예는 훨씬 자유로운 하인의 상태에 가까워져서, 주인의 이해관심에 대해 어느 정도 성실하고 헌신적이 될 수 있다. 이런 미덕은 자유로운 하인에게서는 때때로 볼 수 있는 것이지만, 주인이 완전히 자유롭고 안전한 신분이고 노예가 노예로 다루어지는 것이 일반적인 곳에서는 결코 노예의 것일 수가 없다.

노예의 상태가, 자유로운 통치하에서보다 전제적인 통치하에서가 더 좋다고 하는 것은 모든 시대와 모든 국민의 역사에 증거가 있다고 나는 믿는다. 로마의 역사를 보아도, 노예를 주인의 폭력으로부터 보호하기 위해 위정자가 간섭했다는 것을 처음으로 읽게 되는 것은 제정 시대이다. 베디우스 폴리오*63가 아우구스투스의 면전에서 사소한 실수를 저지른 자기 노예를 난도질하여 연못에 던져 물고기 밥이 되게 하라고 명령했을 때, 그 황제는 격분하여 당장 그 노예뿐만 아니라 그의 소유였던 다른 모든 노예들까지 해방하라고 그에게 명령했다. 공화정 아래에서는 어떤 위정자에게도 노예를 보호할 권한이 없었고, 하물며 노예의 주인을 처벌할 권한은 더더욱 없었다.

프랑스의 설탕식민지, 특히 산토도밍고의 대식민지의 토지를 개량한 자산

---

*63 베디우스 폴리오(Vedius Pollio, ?~기원전 15)는 아우구스투스의 친구로, 부자인 데다 잔인하여, 자기 노예가 잘못을 저지르면 산 채로 물고기 밥이 되게 했다. 캐넌은 스미스가 세네카와 디오카시우스가 쓴 이 사건의 기록을 정확하게 전하지 않았다고 했다.

이, 거의 모두 그런 식민지의 점진적인 개량과 경작에서 조달되었다는 것은 주목할 만한 사실이다. 그것은 거의 모두 그 토지의 식민자들의 근로가 만들어 낸 것, 또는 그것과 같은 말이지만, 뛰어난 운영에 의해 차츰 축적되어, 더욱 많은 양의 생산물을 만들어 내는 데 쓰인 생산물의 값이었다. 그런데 잉글랜드의 설탕식민지를 개량하고 경작한 자산은 대부분 잉글랜드에서 보내온 것으로, 결코 모두가 식민자들의 토지와 근로의 생산물이었던 것은 아니다. 잉글랜드의 설탕식민지의 번영은 대부분 잉글랜드의 막대한 부에 의한 것이었고, 만일 이렇게 말해도 된다면, 그 일부가 그런 식민지로 흘러넘친 것이었다. 그런데 프랑스의 설탕식민지의 번영은 오로지 식민자들의 훌륭한 행위에 의한 것으로, 따라서 이 점은 잉글랜드 식민자들의 행위보다 어느 정도 훌륭했던 것이 틀림없다. 그리고 이 우월성은 무엇보다도 그들의 노예에 대한 좋은 관리에 나타나 있었다.

유럽 여러 나라 식민지 정책의 개요는 위와 같은 것이었다.

따라서 유럽의 정책은 아메리카에 최초로 식민지를 건설함에 있어서도, 또 내부 통치에 관한 한*⁶⁴ 그 뒤의 번영에서도 자랑할 만한 것이 거의 없다.

어리석은 행위와 부정이 그런 식민지를 설립하는 최초의 계획을 지배하고 지도한 원리였던 것으로 생각된다. 금은의 광산을 찾아 헤맨 어리석은 행위와, 유럽인에게 위해를 가하기는커녕, 최초의 모험가들을 친절과 환대의 모든 표시를 다하여 맞이했던 무해한 원주민의 국토를 영유하고자 갈망한 부정이다.

확실히 그 뒤 식민지를 몇 군데 건설한 모험가들은, 금은 광산의 발견이라는 망상 같은 계획에, 좀더 그럴듯하고 좀더 칭찬할 만한 다른 동기를 부여하기는 했지만, 그런 동기마저 유럽의 정책에는 거의 명예가 되지 않는 것이었다.

잉글랜드의 청교도*⁶⁵는 본국에서 억압*⁶⁶을 받고 자유를 찾아 아메리카로

---

*64 '내부 통치에 관한 한'은 제2판의 추가.

*65 헨리 8세가 로마와 절연하고 국교회(Church of England)의 수장이 된 뒤에도, 그의 딸인 메리 튜더(1516~1558)는 가톨릭을 부활시켰고, '피의 메리'라고 불릴 정도로 프로테스탄트를 탄압했다. 탄압을 피해 제네바로 망명한 사람들이 칼뱅의 영향을 받아 귀국한 뒤 청교도(Puritan)라 불리게 된다. 메리가 죽은 뒤 왕위에 오른 엘리자베스 1세(1533~1603)는, 국교회를 부활시켜 청교도와 가톨릭을 동시에 탄압했다. 그때부터 그들의 아메리카 망명과 이민이 시작된다. 청교도 이민으로 가장 유명한 것은 제임스 1세(1566~1625)의 박해를 피해

건너가서, 그곳에 뉴잉글랜드의 네 개의 정부를 수립했다. 잉글랜드의 가톨릭 교도*67는 이보다 훨씬 더*68 부당한 취급을 받았기 때문에 메릴랜드에 정부를 수립했고, 퀘이커 교도*69는 펜실베이니아 정부를 수립했다. 포르투갈의 유대인*70은 종교재판에서 박해 받다 재산을 박탈당하고 브라질로 추방되었으나, 스스로 모범을 보여 줌으로써, 그 식민지 최초의 거주자였던 유형의 중죄인과 매춘부들 사이에 일종의 질서와 부지런함을 도입하여, 그들에게 사탕수수 재배를 가르쳤다. 이런 모든 다양한 경우에서 아메리카에 입식하고 그것을 경작한 것은, 유럽 여러 정부의 지혜와 정책이 아니라 무질서와 부정이었던 것이다.

이런 식민지 가운데 가장 중요한 것 몇 가지를 실현하는 데 있어서, 유럽의 각 정부는 그것을 계획할 때와 마찬가지로 거의 공적이 없었다. 멕시코의 정복*71은 에스파냐 추밀원의 계획이 아니라 쿠바의 한 총독의 기획이고, 더욱이 그것을 실현한 것은, 그런 인물에게 맡긴 것을 총독이 후회하고 모든 방해를 했음에도 불구하고, 그 책임을 맡은 대담한 모험가의 열의였다. 칠레와 페루, 그 밖에 아메리카 대륙의 거의 모든 에스파냐 정주지의 정복자들은, 에스파냐 국왕의 이름으로 정주지를 건설하여 정복을 실행하는 일반적인 허가를 받

1620년에 메이플라워호로 이주한 필그림 파더스이다.

＊66 '억압'은 초판에서는 '박해'.

＊67 메릴랜드는 1632년에 찰스 1세(1600~1649)가 볼티모어 경 조지 캘버트에게 토지를 준 것에서 시작되어, 왕비 헨리에타 마라이아(마리아)의 이름을 따서 메릴랜드가 되었다. 볼티모어의 의도는 이 식민지를 가톨릭 교도의 망명지로 하는 것이었으나, 실제로는 프로테스탄트 이민 쪽이 많았다.

＊68 '이보다 훨씬 더'는 초판에서는 '이것과 마찬가지로'.

＊69 퀘이커는 영국 시민혁명 속에서 발생한 반국교파의 하나로, 펜실베이니아는 퀘이커의 지도자의 한 사람 윌리엄 펜(William Penn, 1644~1718)에 의해 1682년 퀘이커 식민지로서 건설되었다. 펜의 숲의 토지라는 의미이다.

＊70 그리스도교로 개종하지 않은 유대인도 1548년의 이단규문(異端糾問) 강화에 의해 브라질로 망명했다. 그들이 브라질에 사탕수수 재배를 도입함으로써 이 식민지에 대한 본국의 평가가 바뀐 것은, 레날의 앞의 책 제2권 186쪽에 있다. 레날에 의하면 그 당시 본국에서는 브라질을 왕국의 쓰레기장쯤으로 생각하고 있었다.

＊71 코르테스는 에스파냐의 쿠바 총독 벨라스케스의 명령을 받아 멕시코를 정복했다(1521). 전부터 그와 사이가 좋지 않았던 벨라스케스는 코르테스를 저지하고 체포하기 위해 부대를 파견했지만 코르테스에게 격파당하고, 거꾸로 코르테스는 카를로스(칼) 5세(에스파냐 왕, 독일 황제)에 의해 멕시코(누에바 에스파냐) 총독에 임명되었다.

았을 뿐, 그 밖에는 아무런 공적인 장려를 받은 것도 아니었다. 그런 모험은 모두 모험가의 개인적인 위험과 비용으로 실행되었다. 에스파냐 정부는 그런 모험 가운데 어느 것에 대해서도 거의 아무런 도움도 주지 않았다. 잉글랜드 정부도 북아메리카에 가장 중요한 식민지를 몇 군데 건설하는 데 있어서, 마찬가지로 거의 아무런 도움도 주지 않았다.

그런 식민지 건설이 완성되어, 모국의 주의를 끌 정도로 중요성이 커졌을 때, 그들에 대해 모국이 가한 최초의 규제는 언제나, 그런 상업의 독점을 자기에게 확보하는 것, 그런 시장을 제한하고, 그런 희생에 의해 자기의 시장을 확대하는 것, 따라서 또한 식민지 번영의 걸음을 빨리하고 촉진하기보다는, 오히려 그것을 둔화시키고 저지하는 것을 목표로 하고 있었다. 유럽 각국민의 각 식민지에 관한 정책에서 가장 본질적인 차이의 하나는, 이 독점 행사의 방식의 차이에 있다. 그런 모든 방법 가운데 가장 좋은 것, 즉 잉글랜드의 독점 방법도, 인색하고 억압적인 정도가 다른 어느 것보다 조금 적었던 것에 지나지 않는다.

그렇다면 유럽의 정책은 아메리카 식민지의 최초의 설립, 또는 현재의 성대함에 대해 어떤 이바지를 했을까. 그것은 하나의 방법으로, 그리고 하나의 방법으로만 크게 이바지했다. 즉 위대한 인류의 어머니!*72 라고 하는 것이다. 그것은 그처럼 위대한 사업을 이룩하고, 그처럼 위대한 제국의 기초를 쌓을 수 있었던 사람들을 배출하고 양성한 것으로, 그 밖에 그 정책이 그런 사람들을 형성할 수 있고, 또 실제로 형성한 지역은 세계의 어디에도 없었다. 여러 식민지는 활동적이고 진취적인 창설자의 교육과 위대한 식견을 유럽의 정책 덕분에 획득했으며, 내정에 관한 한에서는,*73 가장 크고 가장 중요한 몇몇 식민지에서조차 유럽의 정책에 은혜를 입은 바가 그밖에는 거의 아무것도 없다.

---

*72 '위대한 인류의 어머니'는 베르길리우스의 《전원시》 제2편 173~174에서 인용한 것으로, 이탈리아의 국토를 찬양한 말. 스미스는 Magna virûm Mater!로써 인용하고 있다. (ASL 1729~1737)

*73 '내정에 관한 한에서는'은 제2판의 추가.

제3절 아메리카와 동인도 항로의 발견에서 유럽이 이끌어 낸 이익에 대하여

아메리카의 여러 식민지가 유럽의 정책에서 이끌어 낸 이익은 위와 같은 것이었다. 그렇다면 유럽이 아메리카의 발견과 식민지화에서 이끌어 낸 이익은 무엇일까.

그런 이익의 첫째로는 하나의 대국으로 생각된 유럽이, 아메리카의 발견과 식민지화라는 두 가지의 커다란 사건에서 얻은 전반적 이익과, 둘째로는 식민지에 대해 식민지화하는 각국이 행사하는 권위 또는 지배권의 결과로서, 자국에 속하는 개별적인 식민지에서 얻은 개별적 이익으로 나눌 수 있다.

하나의 대국으로 생각된 유럽이 아메리카의 발견과 식민지화에서 얻은 일반적인 이익은, 첫째로는 그 욕망 충족의 증가이고, 둘째로는 그 산업의 확대이다.

아메리카의 잉여 생산물이 유럽에 수입되면, 이 커다란 대륙의 주민들에게 그렇지 않았으면 소유하지 못했을 다양한 상품을 공급하여, 그 가운데 어떤 것은 편리와 실용에, 어떤 것은 쾌락에, 또 어떤 것은 장식에 제공되며, 그것으로 인해 그들의 욕망을 충족시키는 데 이바지한다.

아메리카의 발견과 식민지화는, 누구나 쉽게 인정할 수 있듯이, 첫째로 그들과 직접 교역하는 모든 나라들, 이를테면 에스파냐·포르투갈·프랑스·잉글랜드 같은 나라의 산업 증대에 이바지했고, 둘째로는 그들과 직접 무역하지는 않지만, 다른 나라를 통해 자국에서 생산되는 재화를 아메리카로 보내고 있는 모든 나라들, 이를테면 오스트리아령 플랑드르와 독일의 몇몇 주처럼, 위에서 말한 나라들을 통해 아메리카에 많은 양의 마직물과 그 밖의 재화를 보내고 있는 나라의 산업 증대에 이바지했다. 그런 나라들은 모두 자국의 잉여 생산물을 위한 더욱 넓은 시장을 손에 넣었고, 따라서 그 양을 더욱 증가시키도록 자극을 받았음이 틀림없다.

그러나 그런 큰 사건이, 이를테면 헝가리나 폴란드처럼, 자국의 생산물을 어쩌면 단 하나도 아메리카로 보낸 적이 없을지도 모르는 나라들의 산업 진흥에 마찬가지로 이바지했다는 것은, 아마도 그다지 확실하지는 않은 것 같다. 그러나 그런 사건이 이바지한 것은 의심할 수 없는 일이다. 아메리카의 생산물 중의 어떤 부분은 헝가리와 폴란드에서 소비되고 있고, 그곳에는 세계의 이 신세계에서 나는 설탕·초콜릿*74·담배에 대한 약간의 수요가 있다. 그러나 그런 상품은 헝가리와 폴란드의 산업이 생산한 것이나, 그런 생산물의 어떤 부분으로 구입된 것으로 구입되지 않으면 안 된다. 그런 아메리카 상품은 헝가리와 폴란드의 잉여 생산물과 교환되기 위해 그런 나라에 반입되는 새로운 가치, 새로운 등가물(等價物 : 가격이나 가치가 같은 물건)이다. 그런 상품은 그곳에 반입됨으로써, 그 잉여 생산물에 대한 새롭고 더욱 넓은 시장을 만들어 낸다. 그런 상품은 그 잉여 생산물의 가치를 끌어올리고, 그로 인해 그 증산을 장려하는 데 기여한다. 그 잉여 생산물은, 그 일부분도 아메리카로 수출되지 않더라도, 다른 여러 나라로는 운반되고 있을 것이므로, 그런 나라는 아메리카의 잉여 생산물 가운데 자국의 몫의 일부로 그것을 구입하게 된다. 그리하여 그것은 아메리카의 잉여 생산물에 의해 시작된 무역의 순환을 통해 시장을 발견하게 되는 것이다.

그런 큰 사건은 상품을 아메리카로 보낸 적이 없을 뿐만 아니라, 아메리카에서 들여온 적도 없는 나라에 대해서조차, 욕망 충족을 증가시키고 산업을 증대시키는 데 이바지했을지도 모른다. 그런 나라들에서도 아메리카와의 무역에 의해 잉여 생산물이 증가한 나라들로부터, 다른 상품을 더욱 풍부하게 받았을지도 모른다. 이렇게 더욱 윤택해진 상품은 필연적으로 그런 나라의 욕망 충족을 증가시켰을 것이 틀림없는 것처럼, 그런 나라의 산업을 증대시켰음이 틀림없다. 이런저런 종류의 다수의 새로운 등가물이 그 산업의 잉여 생산물과 교환되기 위해, 그들 나라에 제공되었을 것이 분명하다. 그 잉여 생산물을 위해 훨씬 넓은 시장이 개척되고, 그 결과 그 가치를 끌어올림으로써 그것의 증가를 장려했을 것이다. 유럽의 커다란 상업권에 해마다 투입되어, 그 다양한 회전을 통해 그 권내의 모든 국민들 사이에 해마다 분배되는 많은 양의 상품은, 아메리카의 전체 잉여 생산물에 의해 증대했을 것이 틀림없다. 따라서 이렇게 훨씬 많아진 상품 가운데 그런 국민 각자의 손에 들어가는 양도 많아져서 그들의 욕망을 충족시키고, 그 산업을 증대시켰을 것이다.

모국의 배타적 무역은 그런 나라 전반의 욕망 충족과 산업, 특히 아메리카 식민지의 욕망 충족과 산업을 감퇴시키는 경향이 있고, 적어도 그것이 없는 경우에 상승하는 것보다 낮게 억제하는 경향이 있다. 그것은 인류의 사업의 대

---

*74 초콜릿(chocolate)은 앞에 나온 카카오 열매(cacao-nuts)로 만드는데, 당시에는 주로 음료였다. 현재 프랑스에서는 쇼콜라라고 하고, 한국에서는 코코아라고 하는 것이 그것이다.

부분을 활동시키는 커다란 원동력의, 하나의 운동에 가하는 무거운 압력이다. 그것은 식민지 생산물을 다른 모든 나라에서 값을 올림으로써 그 소비를 감소시키고, 그로 인해 식민지의 산업을 위축시키며, 다른 모든 나라의 욕망 충족과 산업을 위축시킨다. 다른 모든 나라는, 욕망 충족의 대가가 비싸지면 그것을 줄이고, 생산물 대신 얻는 것이 적어지면 생산을 줄인다. 그것은 마찬가지로, 다른 모든 나라의 생산물을 식민지에서 훨씬 비싸게 팖으로써, 다른 모든 나라의 산업을 위축시키고 식민지의 욕망 충족과 산업을 위축시킨다.

그것은 어떤 특정한 나라들의 상상 속의 이익을 위해 다른 모든 나라의 쾌락을 방해하고, 산업의 걸림돌이며, 다른 어느 나라보다도 식민지에서 더욱 그러하다. 그것은 다른 모든 나라를 어떤 특정한 시장에서 될 수 있는 대로 배제할 뿐만 아니라,*75 식민지를 될 수 있는 대로 어떤 특정한 시장에 한정하는 것이며, 다른 모든 것이 개방되어 있을 때 어떤 특정한 시장에서 배제되는 것과, 다른 모든 것이 폐쇄되어 있을 때 어떤 특정한 시장에 한정되는 것 사이에는 매우 큰 차이가 있다. 그러나 식민지의 잉여 생산물은, 유럽이 아메리카의 발견과 식민지화에서 이끌어 내는 욕망 충족과 산업의 모든 증대의 근본적인 원천이고, 모국의 배타적인 무역은 그 원천을 그것이 없는 경우에 비해 훨씬 빈약하게 만드는 경향이 있다.

식민지를 건설하는 각국이 소속 식민지에서 이끌어 내는 특정한 이익에는 두 가지 종류가 있다. 첫째는 모든 제국이 지배 아래 두고 있는 속주에서 이끌어 내는 일반적인 이익, 둘째로는 유럽의 여러 아메리카 식민지처럼, 매우 특수한 성질의 속주에 나오는 것으로 상정되는 특수한 이익이다.

모든 제국이 그 지배 아래 있는 속주에서 이끌어 내는 일반적인 이익은, 첫째로 제국의 방위를 위해 속주가 제공하는 병력이고, 둘째로 제국의 국내 통치를 유지하기 위해 속주가 제공하는 수입이다. 로마의 식민지는 때에 따라 이 양쪽을 동시에 제공했다. 그리스의 식민지는 때로는 병력을 제공했지만 수입을 제공하는 일은 거의 없었다. 그들은 모도시의 지배 아래 있는 것을 좀처럼 인정하지 않았다. 그들은 전시에는 모도시의 동맹자였지만 평시에 모도시

---

*75 '배제할 뿐만 아니라'는 제3판까지는 '배제할 뿐이지만'으로 되어 있었다.

의 신하인 경우는 매우 드물었다.

유럽의 아메리카 식민지는 모국의 방위를 위해 병력을 제공한 적은 지금까지 한 번도 없었다. 그런 병력은 자위에도 충분했던 적이 지금까지 한 번도 없었고, 모국이 여러 번 전쟁에 휘말렸을 때, 모국의 병력은 보통 식민지의 방위 때문에 크게 분산되지 않을 수 없었다. 따라서 이 점에서는, 유럽의 식민지는 예외 없이 각각의 모국에 강대함의 원천이 아니라 약체의 원인이 되었다.

모국의 방위 또는 국내 통치를 지지하기 위해 다소나마 수입을 제공한 것은 에스파냐와 포르투갈의 식민지뿐이다. 다른 유럽 국가의 식민지, 특히 잉글랜드의 식민지에 부과된 세금은, 평시에 식민지에 투입된 비용과 같은 경우는 좀처럼 없었고, 전시에 식민지가 필요로 하는 경비를 충당하는 데 충분한 경우는 결코 없었다. 따라서 그런 식민지는 각각의 모국에 있어서 지출의 원인이지 수입의 원인은 아니었다.

그런 식민지가 각각의 모국에 유리한 것은, 유럽의 아메리카 식민지 같은 매우 특수한 성질의 속주에서 생기는 것으로 상정되는 특수한 이점뿐이며, 배타적 무역이 그런 특수한 이점 전체의 유일한 원인이라는 것은 널리 알려져 있는 그대로다.

이 배타적 무역의 결과로서, 이를테면 잉글랜드 식민지의 잉여 생산물 가운데 이른바 열거상품은 모두 잉글랜드 이외의 어느 나라에도 보낼 수가 없다. 다른 나라들은 나중에 잉글랜드에서 그것을 사지 않으면 안 된다. 따라서 이것은 잉글랜드에서 다른 어느 나라보다도 값이 쌀 것이고, 다른 어느 나라의 욕망 충족보다도 잉글랜드의 욕망 충족을 증가시키는 데 이바지할 것이다. 마찬가지로 이것은 잉글랜드의 산업 발전에 매우 이바지할 것이 틀림없다. 잉글랜드는 자국의 잉여 생산물 가운데, 그런 열거상품과 교환하는 모든 부분에 대해, 타국이 자국의 잉여 생산물을 똑같은 열거상품과 교환하는 경우보다 높은 값을 얻을 수 있다. 이를테면, 잉글랜드의 제품은 자국 식민지의 설탕과 담배를, 타국의 제품이 그 설탕이나 담배를 사는 것보다 많이 살 수 있다. 따라서 잉글랜드의 제품과 타국의 제품이 다 같이 잉글랜드 식민지의 설탕이나 담배와 교환된다면, 이 값의 우월은 잉글랜드의 제품에, 후자가 이런 사정 속에서 누릴 수 있는 것보다 많은 장려를 주게 된다. 따라서 식민지와의 배타적인 무역은, 그것을 가지지 않은 나라들의 욕망 충족과 산업을 감퇴시키거나,

적어도 그것이 없는 경우보다 낮게 억제하므로, 그것을 가진 나라는 그런 타국에 비해 명백하게 유리해지는 것이다.

그러나 이 유리함은 절대적인 것이 아니라 상대적인 것이라고 할 수 있다는 것, 즉, 그것을 누리는 개별 국가에 우월성을 주는 것은, 자유무역의 경우에 그 나라의 산업과 생산물이 자연히 상승할 것보다 그것을 더욱 높이는 것에 의해서가 아니라, 다른 나라들의 그것을 쇠퇴시키는 것에 의해서라는 것을, 아마 이해할 수 있을 것이다.

이를테면 메릴랜드와 버지니아의 담배는 잉글랜드가 누리고 있는 독점 때문에, 잉글랜드가 통상적으로 그 상당한 부분을 팔고 있는 프랑스보다 싼 값에 잉글랜드로 올 것이 분명하다. 그러나 만일 프랑스와 그 밖의 모든 유럽 각국에 메릴랜드나 버지니아와의 자유무역이 지금까지 계속 허용되고 있었다면, 그런 식민지의 담배는 오늘날까지 그 모든 다른 나라들뿐만 아니라, 마찬가지로 잉글랜드로도 현재보다 더욱 싼 값에 왔을 것이다. 그렇다면 담배 생산은, 지금까지 누렸던 것보다 훨씬 넓은 시장을 얻을 수 있었을 것이므로 지금쯤은 크게 증가했을지 모르고, 아마 틀림없이 증가했을 것이다. 그 결과, 아직도 곡물 재배 농장의 이윤에 대한 자연적 수준을 어느 정도 넘은 것으로 상정되고 있는 담배 재배 농장의 이윤은, 그 자연적 수준까지 내려갔을 것이다. 담배값은 지금까지, 현재보다 어느 정도 내려갔을지 모르고, 아마 틀림없이 내려갔을 것이다. 잉글랜드와 다른 나라들의 같은 양의 상품은, 메릴랜드나 버지니아에서 현재보다 많은 양의 담배를 구매할 수 있었을 것이고, 따라서 그만큼 비싼 값에 팔 수 있었을 것이다.

따라서 그 잡초*76가 싸고 풍부한 것이, 잉글랜드와 그 밖의 나라의 욕망 충족을 증가시키고 산업을 증대시킬 수 있다면, 자유무역의 경우에는 아마 이런 두 가지 결과를 현재보다 더욱 많이 가져다 주었을 것이다. 분명히 잉글랜드는 이 경우, 타국보다 유리한 것이 아무것도 없다. 잉글랜드는 식민지의 담배를 현재보다 조금 싸게 사고, 따라서 자국의 상품 가운데 어떤 것을 현재보다 조금 비싸게 팔 수 있었을지도 모른다. 그러나 잉글랜드는 다른 어느 나라보다 담배를 싸게 살 수도, 자국의 상품 가운데 어떤 것을 비싸게 팔 수도 없

---

*76 잡초(weed)라는 것은 담배의 별명으로, 경멸해서 그렇게 부르는 것은 아니지만, 스미스가 여기서만 이 말을 쓴 이유는 알 수 없다.

었을 것이다. 잉글랜드는 아마 절대적인 이점은 획득할 수 있더라도 상대적인 이점은 틀림없이 상실했을 것이다.

그렇지만 잉글랜드는 식민지 무역에서 이 상대적 이익을 획득하기 위해, 즉 다른 나라가 그 몫을 챙기는 것을 될 수 있는 대로 배제한다는 불공정하고 악의적인 계획을 수행하기 위해, 다른 모든 나라는 물론이고 자국이 그 무역에서 얻을 수도 있는 절대적 이익의 일부를 희생했을 뿐만 아니라, 거의 모든 다른 무역 부문에서 절대적으로나 상대적으로 불이익을 입었다고 믿을 만한 매우 타당한 이유가 있다.

잉글랜드가 항해조례에 의해 식민지 무역의 독점권을 손에 넣자, 그때까지 식민지 무역에 쓰이고 있었던 외국자본은 필연적으로 거기서 회수되었다. 전에는 식민지 무역의 일부밖에 운영하지 않았던 잉글랜드의 자본은, 이제 그 전부를 하게 되었다. 전에는 식민지가 유럽으로부터 필요로 하는 재화의 일부밖에 식민지에 공급하지 않았던 자본이, 이제 그 전체로 식민지에 모든 것을 공급하지 않으면 안 되게 되었다. 그러나 그것이 모든 것을 공급할 수는 없었기 때문에, 실제로 식민지에 공급한 재화는 필연적으로 매우 비싼 값에 팔렸다. 전에는 식민지의 잉여 생산물의 일부밖에 사지 않았던 자본이, 이제 모든 잉여 생산물을 사는 데 쓰이는 전부가 되었다. 그러나 그 자본으로는 본디의 값에 가까운 값으로 그 모든 것을 살 수 없었으므로, 그것이 실제로 산 것은 모두 매우 싼 값이었다.

이렇게 상인이 매우 싸게 사서 매우 비싸게 판다면 그 자본의 이윤은 매우 클 것이고, 무역의 다른 여러 부문의 통상적인 이윤 수준을 훨씬 넘었을 것이다. 식민지 무역의 이윤이 이렇게 우월하니, 다른 무역 부문에서 쓰이고 있던 자본의 일부를 끌어들이지 않을 수 없었다. 그러나 자본의 이 전환은, 식민지 무역에서 자본 경쟁을 차츰 증대시켰을 것이고, 따라서 다른 모든 무역 부문에서 경쟁을 차츰 감소시켰을 것이 틀림없다. 그것은 한쪽의 이윤을 차츰 저하시켰을 것이고, 따라서 다른 쪽의 이윤을 차츰 상승시켰을 것이 틀림없다. 그리고 결국은 전 무역 부문의 이윤은 그때까지와는 다른, 그리고 그때까지보다 조금 높은 새로운 수준에 이르렀다.

다른 모든 무역 부문에서 자본을 끌어들이고, 또 모든 무역 부문에서의 이윤율을 그렇지 않은 경우보다 조금 끌어올리는 이 이중의 효과는, 이 독점이 처음 제도화되었을 때 나타났을 뿐만 아니라, 그때부터 계속해서 나타나고 있다.

첫째로, 이 독점은 식민지 무역에 쓰기 위해 다른 모든 무역에서 자본을 끊임없이 끌어들이고 있다.

그레이트브리튼의 부는 항해조례가 제정된 이래 크게 증가했지만, 식민지의 부와 같은 비율로 증가하지 않은 것은 확실하다. 그러나 어느 나라의 외국무역도 그 나라의 부에 비례하여 자연히 증가하고, 그 나라의 잉여 생산물은 그 나라의 총생산물에 비례하여 증가한다. 그리고 그레이트브리튼은 식민지 외국무역이라고 부를 수 있는 것을 거의 모두 독점했고, 그러면서도 그레이트브리튼의 자본은 그 무역의 확대와 똑같은 비율로 증대하지는 않았기 때문에, 다른 무역 부문에서 거기서 이전에 쓰이고 있었던 자본의 일정한 부분을 끊임없이 빼가거나, 그렇지 않으면 다른 무역 부문으로 흘러갔을 더욱 많은 자본을 끊임없이 억제하지 않으면 그 무역을 영위할 수 없었던 것이다.

항해조례가 제정된 이래, 식민지 무역은 끊임없이 증대해 왔지만, 외국무역의 다른 많은 부문, 특히 유럽의 다른 모든 지방과의 무역은 끊임없이 쇠퇴해 온 것은 이 때문이다. 우리의 대외 판매용 제품은 항해조례 이전처럼, 인근의 유럽 시장 또는 지중해 주변*77 각국의 그보다 먼 시장에는 더 이상 적합하지 않고, 그 대부분은 더 먼 곳에 있는 식민지 시장, 즉 많은 경쟁자가 있는 시장보다 독점권을 가지고 있는 시장에 적합하게 되어 버렸다. 매슈 데커 경*78과 다른 저자들은 과중하고 부적절한 징세 방법, 노동의 높은 값, 사치의 증대 등에 돌려 왔지만, 외국무역의 다른 여러 부문이 쇠퇴한 원인은 모두 식민지 무역의 과대한 성장에서 찾을 수 있다. 그레이트브리튼의 상업 자본은 매우 크기는 하지만 무한한 것은 아니고, 또 항해조례 이래, 크게 증대했다 하더라도 식민지 무역과 똑같은 비율로 증대한 것은 아니므로, 무역 다른 각 부문에서 그 자본의 일정한 부분을 빼내지 않고는, 따라서 그런 다른 무역 부문을 어느

---

*77 지중해 주변이라는 것은 북아프리카와 근동 각국을 말한다.

*78 데커는 외국무역 쇠퇴의 원인으로 불공평하고 억압적인 과세를 들었지만, 고임금과 사치에 대해서는 말하지 않았다. Mathew Decker, op. cit., pt. I.

정도 쇠퇴시키지 않고는, 식민지 무역은 영위될 수 없었을 것이다.

주의해야 할 것은 항해조례가 식민지 무역의 독점을 확립하기 전에는 물론이고, 그 무역이 그토록 성대해지기 전에도 잉글랜드는 커다란 무역국이었고, 그 상업자본은 매우 컸으며 날이 갈수록 더욱 커질 전망이 있었다는 점이다. 크롬웰 정권 중에 있었던 대(對)네덜란드 전쟁*79에서는 잉글랜드의 해군은 네덜란드 해군보다 앞섰고, 찰스 2세 시대 초기에 일어난 대 네덜란드 전쟁*80에서는 잉글랜드의 해군은 프랑스와 네덜란드 연합해군에 적어도 비슷하거나 아니면 우세했다. 그 우위는, 만일 현재 아직 네덜란드 해군이 네덜란드 상업에 대해 당시와 같은 비율을 유지하고 있다면, 현재는 아마 거의, 그 당시보다 더 낫다고 생각할 수는 없을 것 같다. 그러나 이 대해군력은 그런 전쟁의 어느쪽에서도 항해조례에 의한 것은 결코 아니다. 최초의 전쟁 동안, 그 조례의 법안은 이제 막 제정된 참이었고, 다음 전쟁이 일어나기 전에 이 법은 입법당국에 의해 완전히 법제화되었지만, 그 어느 부분도 어느 정도 큰 효과를 낳을 만한 시간적 여유를 가지지 못했으며, 식민지에 대한 배타적 무역을 제정한 모든 부분에서 특히 더 그러했다.*81

당시에는 식민지와 그 무역은 오늘날에 비하면 그리 대단한 것은 아니었다. 자메이카 섬은 좋지않은 황무지였고 주민도 적었으며 경작도 얼마 되지 않았다. 뉴욕과 뉴저지는 네덜란드가 차지하고 있었고, 세인트크리스토퍼 섬*82의 반은 프랑스인이 차지하고 있었다. 안티가 섬·두 캐럴라이나·펜실베이니아·조지아·노바스코샤는 아직 식민지가 되기 전이었다. 버지니아·메릴랜드·뉴잉글랜드는 이미 식민지화되어 매우 번영하고 있었으나, 부와 인구와 개량에 있어서, 그런 토지가 그 뒤 이룩한 급속한 진보를 예견한 사람도, 상상한 사람조차도, 아마 당시에는 유럽에도 아메리카에도 한 사람도 없었을 것이다. 요컨대, 어느 정도 중요성을 가지고 있었고, 당시의 상태가 오늘날의 상태와 조금이라

---

*79 1651년 항해조례에 대한 네덜란드의 반발에서, 이듬해 7월에 개전(The First Anglo—Dutch War, 1652~1654).

*80 전쟁을 시작한 것은 1664년이지만, 영국에 대한 네덜란드와 프랑스의 해군 동맹은 1662년에 맺어져 있었다(The Second Anglo—Dutch War, 1664~1667).

*81 여기 설명되어 있는 역사적 경과는 앞의 주79, 80과 일치하지 않고 있다.

*82 세인트크리스토퍼 섬(St. Christopher's)은, 현재 St. Kitts & Nevis라 불리며, 안티가 섬과 함께 소(小) 앤틸리스 열도에 속한다.

도 비슷한 브리튼 식민지는 바베이도스 섬뿐이었다.

항해조례가 제정된 뒤에도 한동안 잉글랜드는 식민지 무역의 일부분밖에 누리지 못했기 때문에(왜냐하면 항해조례는 제정된 지 몇 년 뒤까지 그다지 엄격하게 실시되지 않았으므로), 식민지 무역은 당시에는 잉글랜드의 큰 무역의 원인일 수 없었고, 그 무역에 의해 유지된 대해군력의 원인일 수도 없었다. 당시 그 대해군력을 유지하고 있었던 무역은 유럽과의 무역이었고, 지중해 주변 각국과의 무역이었다. 그러나 그레이트브리튼이 현재 누리고 있는 정도의 그 무역의 몫으로는 그만한 해군력을 유지할 수 없었을 것이다. 만일 계속 증대하는 식민지 무역이 모든 나라에 자유롭게 개방되어 있었더라면, 그레이트브리튼의 수중에 들어간 부분이 얼마가 되었든 아마 그것은 매우 컸을 것이고, 그 모든 것은 그 이전에 그레이트브리튼이 소유하고 있던 무역에 대한 추가를 가져왔다기보다, 무역의 방향을 전면적으로 바꾸게 된 것이다.

둘째로, 이 독점은 필연적으로 브리튼의 모든 무역 부문의 이윤율을, 그레이트브리튼의 식민지와의 자유무역이 모든 나라에 허용된 경우에 자연히 그렇게 되었을 비율보다 높게 유지하는 데 이바지했다.

식민지 무역의 독점은 필연적으로, 그레이트브리튼의 자본 가운데 그것으로 자연히 향하는 것보다 큰 비율을 그 무역으로 끌어들이고, 그것과 마찬가지로, 모든 외국자본을 몰아냄으로써 필연적으로, 그 무역에 쓰이는 자본의 총량을, 자유무역의 경우에 자연히 쓰였을 양 이하로 떨어뜨리고 말았다. 그러나 그 무역 부문에서 자본 사이의 경쟁을 감소시킴으로써, 그것은 필연적으로 그 부문에서의 이윤율을 끌어올렸다. 다른 모든 무역 부문에서도 그레이트브리튼의 자본 경쟁을 감소시킴으로써, 그것은 필연적으로 그런 모든 다른 부문에서의 브리튼의 이윤율을 끌어올렸다. 항해조례가 제정된 이후, 어떤 특정한 시기에 그레이트브리튼의 상업자본의 상태 또는 규모가 어떠했든지, 식민지 무역의 독점은, 그 상태가 계속되는 한, 브리튼의 통상적인 이윤율은 확실히 매우 내려갔지만, 이 조례에 의해 확립된 독점이 이윤율의 유지에 이바지하지 않았더라면 틀림없이 더 내려갔을 것이다.

그러나 어느 나라에서도 그렇지 않은(독점이 없는) 경우보다 통상적인 이윤율을 끌어올리는 것은, 무엇이든, 그 나라가 독점권을 가지지 않는 모든 무역 부문에서, 반드시 그 나라를 절대적으로도 상대적으로도 불리한 입장에 서게 한다.

그 나라를 절대적으로 불리한 입장에 서게 하는 까닭은, 그런 무역 부문에서는, 그 나라의 상인은 자신들이 자국에 수입하는 외국 재화도, 자신들이 외국으로 수출하는 자국 재화도, 그렇지 않은 경우보다 비싸게 팔지 않으면 이보다 큰 이윤을 획득할 수 없기 때문이다. 그들 자신의 나라는 그렇지 않은 경우보다 비싸게 사서 비싸게 팔지 않으면 안 되고, 더 적게 사서 더 적게 팔지 않으면 안 되며, 더 적게 욕망을 충족하고 더 적게 생산하지 않으면 안 되는 것이다.

그 나라를 상대적으로 불리한 입장에 서게 하는 까닭은, 그런 무역 부문에서는, 그 나라와 같은 절대적 불리한 입장에 서있지 않은 다른 나라들을, 그렇지 않은 경우에 비해 훨씬 우위로 만들거나, 또는 이미 뒤떨어져 있다면 그 정도를 줄이거나 하기 때문이다. 그것은 그런 나라들이 그 나라 이상으로 욕망을 충족하고 생산하는 것을 가능하게 한다. 그것은 그런 나라들의 우위도를 높이거나, 열위도(劣位度 : 남보다 못한 위치나 지위 정도)를 낮춘다. 그 나라 생산물의 값을 그렇지 않은 경우보다 높임으로써, 다른 나라들의 상인이 외국 시장에서 그 나라보다 싸게 파는 것을 가능하게 하고, 그로 인해 자국이 독점권을 가지고 있지 않은 거의 모든 무역 부문에서, 그 나라를 몰아 내는 것을 가능하게 한다.

우리의 상인들은 브리튼의 노동임금이 비싼 것을, 그들의 제품이 외국 시장에서 싸게 팔리는 원인이라 하며 때때로 불평하지만, 그들은 자산의 이윤이 높은 것에 대해서는 입을 다물고 말하지 않는다. 그들은 타인의 터무니없는 돈벌이에 대해서는 불평하지만, 자신들의 그것에 대해서는 아무 말도 하지 않는 것이다. 그러나 브리튼 자산의 높은 이윤이 브리튼 제품의 값을 높이는 데 이바지하고 있다는 점에서는, 대부분의 경우, 브리튼의 높은 노동임금과 마찬가지이며, 경우에 따라서는 그 이상일지도 모른다.

그레이트브리튼의 자본이, 독점권을 가지지 않은 여러 가지 무역 부문의 대부분, 특히 유럽의 무역과 지중해 주변 각국과의 무역에서, 일부는 회수되고 일부는 쫓겨난 것은 이렇게 해서라고 할 수 있다.

그것이 그런 무역 부문에서 회수된 것은, 일부는 식민지 무역의 계속적인 증대와, 어떤 해의 자본으로는 이듬해에는 부족해지는 자본의 계속적인 부족의 결과인 우월한 이윤의 매력 때문이었다.

그것이 그런 무역 부문에서 쫓겨난 것은, 일부는 그레이트브리튼에서 확립된 높은 이윤율이, 그레이트브리튼이 독점권을 가지지 않은 모든 무역 부문에서 다른 나라들을 유리하게 만들었기 때문이다.

식민지 무역의 독점은 그레이트브리튼의 자본 일부를, 그것이 없으면 쓰이고 있었을 다른 여러 무역 부문에서 끌어들였는데, 그것과 마찬가지로 식민지 무역에서 쫓겨나지 않았으면 유입해 오지 않았을 많은 외국자본을 그런 부문에 밀어넣었다. 그것은 그런 다른 여러 무역 부문에서 브리튼 자본의 경쟁을 감소시키고, 그렇게 함으로써 브리튼의 이윤율을, 그것이 없는 경우보다 끌어올렸다. 거꾸로 그것은, 외국자본의 경쟁을 증가시키고, 그렇게 함으로써 독점이 없는 경우보다 외국자본의 이윤율을 끌어올렸다. 어느 경우에도 그것은, 그런 모든 다른 무역 부문에서 그레이트브리튼을 명백하게 상대적으로 불리한 입장에 서게 한 것이다.

그러나 아마 사람들은 이렇게 말할지도 모른다. 즉 식민지 무역은 다른 어떤 무역보다도 그레이트브리튼에 유리하고, 독점은 그것이 없는 경우에 유입했을 것보다 큰 비율의 그레이트브리튼 자본을 그곳에 밀어넣음으로써, 그 자본이 발견할 수 있는 다른 어떤 용도보다도 나라에 유리한 용도로 돌리게 되었다는 것이다.

어떤 자본도 그것이 속한 나라에서 가장 유리한 용도는, 가장 많은 양의 생산적 노동을 그 나라에서 부양하고, 그 나라의 토지와 노동의 연간 생산물을 가장 증가시키는 용도이다. 그러나 소비재의 외국무역에 쓰이는 자본이 부양할 수 있는 생산적 노동의 양은, 제2편에서 제시한 것처럼, 그 자본을 회수한 횟수와 정확하게 비례한다. 이를테면, 소비재의 외국무역에 쓰이고, 회수가 규칙적으로 1년에 한번 이루어지는 천 파운드의 자본이, 그것이 속한 나라에서 지속적으로 고용할 수 있는 생산적 노동의 양은, 천 파운드의 자본이 같은 나라에서 1년 동안 부양할 수 있는 양과 같다. 회전이 1년에 두 번 내지 세 번 이루어진다면, 그것은 2천 내지 3천 파운드가 같은 나라에서 1년 동안 부양할 수 있는 양과 같은 양의 생산적 노동을 계속해서 고용할 수 있다. 이런 이유에서, 이웃 나라와의 사이에서 영위되는 소비재의 외국무역은 먼 나라와의 사이에서 영위되는 것보다 일반적으로 유리하다. 또 같은 이유에서, 소비재의 직접 외국무역은 마찬가지로 제2편에서 설명한 것처럼 우회 외국무역보다 일반적으로 유리하다.

그런데 식민지 무역의 독점은, 그레이트브리튼 자본의 용도에 영향을 미친 한에서는, 모든 경우에 자본의 어떤 부분을, 이웃 나라와의 사이에서 영위되는 소비재의 외국무역에서 더 먼 나라와의 사이에서 영위되는 그 무역으로 밀어넣고, 또 대부분의 경우에, 소비재의 직접 외국무역에서 그 우회 외국무역으로 돌린 것이다.

그것은 모든 경우에, 그 자본의 어떤 부분을 유럽과의 무역이나 지중해 주변 국가와의 무역에서, 아메리카나 서인도 같은 더 멀리 떨어진 지역과의 무역으로 돌렸으나, 그런 지역과의 무역에서는, 거리가 멀 뿐만 아니라 그런 지방의 특유한 사정 때문에 자금회수의 빈도는 필연적으로 내려간다. 이미 말한 것처럼, 새 식민지는 늘 자산이 부족하다. 그곳에 있는 자산은, 토지개량이나 경작에 써서 큰 이윤이나 이익을 올리기에는 언제나 턱없이 모자란다. 따라서 새 식민지에는 자신들이 가지고 있는 것보다 많은 자본에 대한 끊임없는 수요가 있다. 그리고 자신들의 자본 부족을 채우기 위해, 새 식민지는 가능하면 모국에서 많이 빌리려 하므로 늘 모국에 채무를 지고 있다.

식민자들이 돈을 빌리는 가장 일반적인 방식은 모국의 부자한테서 차용증서를 써 주고 빌리는 것이 아니다. 때로는 그렇게 하는 경우도 있지만, 자신들이 유럽에서 재화를 공급받고 있는 거래처에 대해 지불을, 거래처가 허용하는 한 연기하는 것에 의한다. 그들의 연간 상환금은 때때로 빚의 3분의 1 이상이 되지 않고, 때로는 그 정도의 비율에도 못 미칠 때가 있다. 따라서 그들의 거래처가 그들에게 가불해 준 자본의 전액이 3년 안에 그레이트브리튼에 회수되는 일은 거의 없고, 때로는 4년 내지 5년 안에도 회수되지 않는 경우가 있다. 그러나 이를테면, 5년에 한 번밖에 그레이트브리튼에 회수되지 않는 천 파운드의 브리튼 자본은, 만일 그 자본이 1년에 한 번 회수된다면 부양할 수 있는 브리튼 근로의 5분의 1밖에 계속적으로 고용할 수가 없다. 천 파운드가 1년 동안 부양할 수 있는 근로의 양이 아니라, 200파운드가 1년 동안 부양할 수 있는 양밖에 계속적으로 고용할 없는 것이다.

식민농원주는 의심할 여지없이 유럽의 재화에 대해 높은 가격을 지불하고, 자신이 발행하는 장기어음에는 이자를 지불하며, 단기어음의 갱신에는 수수료를 지불함으로써, 자신의 거래처가 이런 지불의 지연에서 받는 모든 손실을 보상하고, 어쩌면 또 보상하는 것에만 머무르지 않을지도 모른다. 그러나 그는 거래처의 손실은 보상할지 모르지만, 그레이트브리튼의 손실을 보상할 수 있는 것은 아니다. 대금회수에 시간이 많이 걸리는 무역이라도, 상인의 이윤은, 대금회수가 매우 빈번하고 단기에 이루어지는 무역과 같거나, 아니면 그 이상일 때도 있지만, 그 상인이 존재하는 나라의 이익, 그 나라에서 계속적으로 유지되는 생산적 노동의 양, 토지와 노동의 연간 생산물은 항상 훨씬 적을 것이 틀림없다. 아메리카와의 무역, 하물며 서인도와의 무역의 대금회수는, 일반적으로 유럽의 어느 지방과의 무역과 비교해도, 나아가서는 지중해 주변 국가와의 무역과 비교해도, 시간이 많이 걸릴 뿐만 아니라, 더 불규칙하고 더 불확실하다는 것은, 내가 살펴본 바로는, 그런 다양한 무역 부문에 대해 조금이라도 경험이 있는 사람이면, 누구나 쉽게 인정할 것이다.

셋째로, 식민지 무역의 독점은 대부분의 경우, 그레이트브리튼 자본의 일부분을 소비재의 직접 외국무역에서 우회무역으로 돌렸다.

그레이트브리튼 이외의 시장에는 보낼 수 없는 열거상품 중에는, 그 양이 그레이트브리튼의 소비를 훨씬 넘고, 따라서 그 일부가 타국으로 수출되지 않으면 안 되는 것이 몇 가지 있다. 그러나 그러기 위해서는, 그레이트브리튼 자본의 일부분을 소비재의 우회무역으로 돌려야 한다. 이를테면, 메릴랜드와 버지니아는 그레이트브리튼에 해마다 9만 6천 통이 넘는 담배를 보내고 있고, 그레이트브리튼의 소비는 1만 4천 통을 넘지 않는다고 한다. 따라서 8만 2천 통 이상은 다른 나라들, 즉 프랑스·네덜란드·발트 해나 지중해 주변국가로 수출되지 않으면 안 된다. 그러나 그레이트브리튼의 자본 가운데, 그 8만 2천 통을 그레이트브리튼에 다 가지고 와서, 거기서 그것을 다른 나라로 재수출하여, 그 나라에서 그레이트브리튼으로 재화나 화폐를 가지고 돌아오는 부분은, 소비재의 우회무역에 쓰이고 있으며, 이 많은 잉여를 처리하기 위해 필연적으로 그 용도로 돌려지는 것이다.

몇 년이 지나면 이 자본이 모두 그레이트브리튼으로 돌아올 전망을 계산하기 위해서는, 우리는 아메리카에서의 대금회수 기간에 다른 나라에서의 회수 기간을 더하지 않으면 안 된다. 만일 우리가 아메리카와 영위하고 있는 소비재의 직접 외국무역에서 쓰이는 모든 자본이 3년이나 4년 안에 돌아오지 않는 경우가 때때로 있다면, 이 우회무역에 쓰이는 모든 자본이 4년이나 5년 안에 돌아오는 일은 없을 것으로 생각된다. 만일 한쪽의 무역이 1년에 한 번 회수되는 자본이 유지할 수 있는 국내 근로의 3분의 1이나 4분의 1밖에 계속적으로 고용할 수 없다면, 다른 쪽의 무역은 그 근로의 4분의 1이나 5분의 1밖에 계속적으로 고용할 수 없게 된다.

런던 이외의 몇몇 수출항에서는 담배 수출 상대인 외국 거래처에 신용이 주어지는 것이 보통이다. 물론 런던항에서는 현금 판매가 일반적이다. '저울에 달자마자 지불하라'가 원칙인 것이다. 따라서 런던항에서는 모든 우회무역의 최종 대금회수는 아메리카에서에 비해, 재화가 팔리지 않고 창고에 남아 있을지 모르는 시간만큼 늦어지지만, 때로는 그 시간이 매우 길 때도 있다.*[83] 그러나 식민지가 담배 판로에 대해 그레이트브리튼의 시장에만 한정되어 있지 않았더라면, 국내 소비에 필요한 양을 아마 매우 조금밖에 넘지 않는 양이 들어왔을 것이다. 그레이트브리튼이 현재 국내소비용으로 다른 나라에 수출하고 있는 많은 양의 잉여 담배로 구매하고 있는 재화는, 이 경우에는 아마 자국 산업의 직접 생산물, 즉 자국의 제품 가운데 어떤 부분으로 구입했을 것이다. 그 생산물 즉 그 제품은, 현재처럼 거의 전면적으로 거대한 시장에 적합한 것이 아니라, 아마 다수의 더 작은 시장용이 되었을 것이다. 그레이트브리튼은 소비재의 커다란 우회무역을 단 한번 영위하는 것이 아니라, 아마 같은 종류의 소규모 직접무역을 많이 영위하게 되었을 것이다. 대금회수는 빈번해지므로, 현재 이 커다란 우회무역을 하고 있는 자본의 일부, 아마 매우 작은 부분, 어쩌면 3분의 1이나 4분의 1이 넘지 않는 부분으로, 그런 모든 소규모 직접무역을 영위하는 데 충분했을 것이고, 브리튼의 같은 양의 근로를 계속적으로 고용할 수도 있었을 것이며, 그레이트브리튼의 토지와 노동의 연간 생산물을 같은 수준으로 유지할 수도 있었을 것이다.

이렇게 하여, 매우 적은 자본으로 이 무역의 모든 목적이 이루어질 수 있으므로, 그레이트브리튼의 토지개량, 제조업의 증가, 상업의 확대 같은 다른 여러 목적에 충당되는 커다란 예비자본이 조성될 수 있다. 이 자본은 적어도 그

*[83] '런던 이외의'부터 여기까지는 제2판의 추가.

런 다양한 방면에서 쓰이고 있는 그레이트브리튼의 다른 자본과 경쟁하여, 그 모든 것에서의 이윤율을 내리고, 그로 인해 그레이트브리튼이 그 모든 것에서 누리고*84 있는 다른 나라에 대한 우위를 한층 더 높여 주었을 것이다.

식민지 무역의 독점은 또, 그레이트브리튼 자본의 일정한 부분을 모든 소비재 외국무역에서 중계무역으로 돌리고, 따라서 많은 적든 그레이트브리튼의 산업을 유지하던 것에서, 일부는 식민지 산업에, 다른 일부는 어느 다른 나라의 산업의 유지에 전부가 쓰이도록 돌린 것이다.

이를테면 그레이트브리튼에서 해마다 재수출되는 8만 2천 통의 막대한 잉여 담배로 해마다 구매되는 재화는, 모두 다 그레이트브리튼에서 소비되는 것은 아니다. 그 일부, 이를테면 독일이나 네덜란드에서 구입된 마직물은 식민지로 보내 거기서 소비된다. 그러나 그레이트브리튼의 자본 가운데, 담배를 구입하여, 나중에 그 담배에서 이 마직물을 구입하는 부분은 필연적으로, 그레이트브리튼의 산업을 유지하던 것에서 회수되어, 일부는 식민지 산업을 유지하는 데, 일부는 자국 산업의 생산물로 담배 대금을 지불하는 각국의 산업을 유지하기 위해 모두 쓰이는 것이다.

식민지 무역의 독점은 그뿐만 아니라, 그레이트브리튼의 자본 가운데, 자연히 그리로 갔을 것보다 훨씬 큰 부분을 무리하게 그곳으로 향하게 함으로써, 그렇지 않으면 그레이트브리튼 산업의 모든 부문에서 성립했을 자연적인 균형을 전면적으로 파괴해 버린 것으로 생각된다. 그레이트브리튼의 산업은 다수의 작은 시장에 적응하는 대신, 주로 하나의 큰 시장에 적응하는 것이 되고 말았다. 그 상업은, 다수의 작은 수로를 흐르는 대신, 주로 하나의 거대한 수로를 흐르는 것을 배우고 말았다. 그러나 그렇게 됨으로써, 그 산업과 상업의 전체 체계는 그렇지 않은 경우에 비해 더욱 불안정해지고, 그 정치체제 전체의 상태는 더욱 나빠지고 말았다. 현재의 상황으로는 그레이트브리튼은 중요한 기관(器官) 가운데 어떤 것이 지나치게 성장하여, 그로 인해 모든 기관이 더욱 정확하게 균형을 유지하고 있으면 좀처럼 일어나지 않는 수많은 위험한 부조(不調 : 건강이 고르지 못함)에 빠지기 쉬운 건강하지 않은 몸의 하나와 비슷하다.*85 자연스

─────────────

*84 '누리고'는 초판에서는 '소유하고'.

*85 흄은 런던에서 《국부론》의 출판을 서두르고 있는 스미스에게 보낸 편지(1776년 2월)에서 다음과 같이 썼다. '아무리 생각해도 자네의 책은 벌써 오래 전에 인쇄되었을 텐데, 어디에

러운 크기 이상으로 인위적으로 팽창하여, 그 속을 나라의 산업과 상업이 부자연스러운 비율로 억지로 순환하고 있는 커다란 혈관에 조금이라도 정체가 일어나면, 정치체제 전체에 가장 위험한 부조가 초래될 우려가 매우 크다.

따라서 식민지와의 단절이 예상되었을 때, 그레이트브리튼의 민중은 에스파냐의 무적함대와 프랑스의 침입에 대해 느꼈던 것보다 더 큰 두려움에 휩싸였다. 충분한 근거가 있었는지 여부는 제쳐 두고, 이 두려움으로 인해 인지조례 *86의 폐지는 적어도 상인들 사이에서 인기를 얻게 되었다. 식민지 시장에서 전면적으로 배제된다면, 그것이 불과 몇 년밖에 지속되지 않더라도, 우리 상인들의 대부분은 그들의 영업이 전면적으로 정지될 거라고 예견하고, 제조업자의 대부분은 그들의 사업이 완전히 파멸할 것으로, 노동자의 대부분은 그들의 고용은 끝났다고 예견하게 마련이었다. 대륙의 근린(近隣 : 가까운 이웃) 제국 가운데 어느 한 나라와의 단교도 또한, 그런 다양한 계층의 모든 사람들 가운데 몇몇 사람들의 업무에 약간의 정지나 중절이 초래될 것이 예견된다 하더라도, 그다지 전반적인 흔들림을 불러일으키지는 않는다. 비교적 가느다란 혈관의 어딘가에서 순환이 막혀 버려도 혈액은 아무런 위험한 부조를 일으키지 않고 굵은 혈관으로 쉽게 흘러들어가지만, 굵은 혈관의 어딘가에서 순환이 멈춰 버리면, 경련과 뇌졸중, 죽음이 직접적이고 불가피한 결과로 나타나게 된다. 장려금이나 본국과 식민지 시장의 독점에 의해 인위적으로 부자연스러운 높이까지 끌려올라가 과대성장한 제조업에서, 그 가운데 하나만이라도 뭔가 업무의 사

도 그다지 광고가 되지 않고 있더군. 어찌된 일인가. 만일 자네가 아메리카의 운명이 결정될 때까지 기다릴 생각이라면, 아마 자네는 오래 기다려야 할 걸세. ……바쿠르 후작은 나에게 자네가 아메리카 문제에 열중해 있다고 말하더군. 내 생각에는, 그것은 사람들이 생각하는 것만큼 중요한 일은 아니네. ……우리의 해운과 상업은 전반적으로 우리의 제조업보다 큰 타격을 받을 걸세. 런던이 내가 '병 때문에' 그렇게 된 것처럼 작아진다면 다행이지. 그것은 악질적이고 불결한 체액으로 가득한 비만체에 지나지 않네.'《국부론》은 한 달 뒤인 3월 9일에 출판되고, 7월 4일에는 미국이 독립을 선언한다. 흄은 8월 25일에 암으로 사망했다.

*86 인지조례(Stamp Act)는 1765년 3월에 식민지 지배의 경비에 충당하기 위해 본국 정부가 제정한 것으로, 소정의 문서(신문, 법률과 상업문서, 공문서 등)에 소정의 수입인지를 붙일 것을 의무화했다. 그러나 해당 식민지의 동의를 얻지 않았기 때문에 반대운동이 일어나, 이 듬해 3월에 폐지되었다. 이 반대운동이 격화하여 식민지 무역 자체가 단절되는 것을 본국의 상인들이 두려워했다고 스미스는 말하는 것이다.

소한 정지나 중단이 일어나면, 정부를 경악시키고 입법부의 심의에도 분규를 일으키는 폭동과 무질서가 흔히 일어난다. 따라서 우리의 중요한 제조업의 그토록 큰 부분의 업무가 갑자기 완전히 정지된다면, 그것이 필연적으로 불러일으킬 무질서와 혼란이 얼마나 클 것인가 하고 생각하지 않을 수 없었던 것이다.

그레이트브리튼에 배타적인 식민지 무역을 허가하고 있는 법률을, 적당히 그리고 서서히 완화하여, 이윽고 대폭적인 자유를 주는 것은, 장차 영원히*[87] 이 위험에서 그것을 해방할 수 있는 유일한 방책이고, 또 그 자본 가운데 어떤 부분을 적당하게 성장한 이 사업에서 회수하여, 이윤은 적더라도 다른 사업으로 돌리는 것을 가능하게 하거나 강요까지 하는 유일한 방책이며, 그 산업의 어떤 한 부문을 서서히 축소시키고 다른 모든 부문을 서서히 확장시킴으로써, 모든 산업 부문을, 완전한 자유가 필연적으로 확립하고 또 완전한 자유만이 유지할 수 있는 자연스럽고 건전하며 적정한 균형으로 차츰 복귀시킬 수 있는 유일한 방책으로 생각된다.

식민지 무역을 지금 당장 모든 국민에게 개방하게 되면, 조금 과도기적인 불편을 불러일으킬 수 있을 뿐만 아니라, 현재 거기에 근로 또는 자본을 투자하고 있는 대부분의 사람들에게 항구적인 큰 손해를 끼칠지도 모른다. 그레이트브리튼의 소비를 웃도는 8만 2천 통의 담배를 수입하는 선박이 갑자기 일거리를 잃는 것만으로도 매우 심각하게 느껴질지도 모른다. 중상주의의 모든 규제의 불행한 결과란 바로 이런 것이다! 그것은 정치체제의 상태에 매우 위험한 무질서를 초래할 뿐만 아니라, 적어도 일시적으로는 더 큰 무질서를 불러일으키지 않고는 구제하기 힘든 무질서를 초래한다. 따라서 식민지 무역은 어떻게 하여 차츰 개방되어야 하는 것인지, 가장 먼저 철폐되어야 하는 제한은 무엇이고, 가장 마지막으로 철폐되어야 하는 제한은 무엇인지, 또는 완전한 자유와 정의의 자연적 체계는 어떻게 하여 차츰 회복되어야 하는 것인지, 우리는 그 결정을 미래의 정치가와 입법자의 지혜에 맡기지 않으면 안 될 것이다.

현재 그레이트브리튼이 1년이 넘도록(1774년 12월 1일부터) 식민지 무역의 매우 중요한 부문, 즉 북아메리카의 12개 연합속주와의 무역에서 완전히 배제되

---

*87 '장차 영원히'는 제2판의 추가.

어 있다는 것은, 매우 다행하게도, 전혀 예견도 생각도 하지 못했던 다섯 가지 사건이 동시에 일어났기 때문에, 일반적으로 예상되었던 것만큼 심각하게 느껴지지는 않았다. 첫째로, 그런 식민지는 수입거부협정에 대비하여 자신들의 시장에 적합한 온갖 상품을 그레이트브리튼에서 다 사들이고 말았다. 둘째로, 올해는 에스파냐 함대의 임시수요가, 브리튼 시장에서도 그레이트브리튼의 제품과 늘 경쟁했던 많은 상품, 특히 마직물을 독일 및 북유럽에서 모조리 사들였다. 셋째로, 러시아와 터키 사이에 맺어진 강화가 터키시장에서 이례적인 수요를 불러일으킨 것으로, 그 시장은 그 나라가 어려움 속에 있었을 때, 러시아 함대가 다도해*[88]를 순항하는 동안 매우 빈약한 공급밖에 받지 않았던 것이다. 넷째로, 그레이트브리튼의 제품에 대한 북유럽의 수요는 지난 얼마동안 해마다 증가해 왔다. 그리고 다섯째로, 최근의 폴란드 분할*[89]과 그 결과인 평화가 그 대국의 시장을 개방함으로써, 올해는 북유럽에서의 수요 증가에 그곳에서의 이례적인 증가까지 가세하게 되었다.

네 번째 원인을 제외하면, 이런 사건들은 그 성질상 일시적이고도 우발적인 것으로, 만일 이토록 중요한 식민지 무역 부문에서의 배제가 불행하게도 더욱 오래 계속된다면, 아무래도 어느 정도 어려움이 초래될 것이다. 그러나 이 어려움은 서서히 찾아올 것이므로, 갑자기 찾아오는 경우보다 그렇게 심각하게 느껴지지는 않을지도 모른다. 그리고 그러는 사이, 이 나라의 근로와 자본은 새로운 용도와 방향을 찾아내어, 이 어려움의 수위가 조금이라도 더 높아지는 것을 억제할 것이다.

따라서 식민지 무역의 독점은 그레이트브리튼의 자본을 그렇지 않은 경우보다 더 많은 양을 그 무역에 돌린 한, 그 자본을, 모든 경우에 이웃 나라와의 소비재 무역에서 먼 나라와의 그것을 향하게 하고, 대부분의 경우에 소비재의 직접 외국무역에서 우회무역으로, 또 몇몇 경우에는, 모든 소비재 외국무역에서 중계무역을 향하게 했다. 따라서 그것은, 모든 경우에 그 자본을, 더 많은 양의 생산적 노동을 유지했을 방향에서, 훨씬 적은 양의 생산적 노동밖에 유지할 수 없는 방향으로 돌린 것이다. 뿐만 아니라 그것은 그레이트 브리튼의 산업과 상업의 그토록 큰 부분을, 하나의 특정한 시장에만 적합시킴으로써,

---

*88 다도해(Archipelago)는 에게 해의 옛 이름.
*89 1772년에 폴란드는 영토의 3분의 1을 러시아·프로이센·오스트리아에 할양했다.

그 산업과 상업의 전체 상태를 그 생산물이 더 다양한 시장에 적응되어 있는 경우보다 불안정하고 불확실하게 만들고 말았다.

우리는 식민지 무역의 효과와 그 무역의 독점 효과를 신중하게 구별하지 않으면 안 된다. 전자는 항상 그리고 필연적으로 유익하고, 후자는 항상 그리고 필연적으로 유해하다. 그러나 전자는 매우 유익한 것으로 인해 독점되어 있어도, 그리고 그 독점이 유해한 결과를 가져옴에도 불구하고, 그렇지 않은 경우보다 유익함은 크게 감소하지만, 그래도 여전히 전체적으로는 유익하고, 그것도 크게 유익하다.

자연스럽고 자유로운 상태에서의 식민지 무역의 효과는, 브리튼의 산업 생산물 가운데, 유럽이나 지중해 주변국가 같은 자국에 더 가까운 시장의 수요를 넘어설지도 모르는 부분에 대해, 먼 곳에서는 훨씬 큰 시장을 여는 것이다. 자연스럽고 자유로운 상태에서는, 식민지 무역은 이때까지 그런 시장에 보내고 있었던 생산물을 그곳에서 조금도 끌어들이지 않고, 그레이트브리튼이 그 잉여를 끊임없이 증가시키도록 촉진하기 위해, 그것과 교환할 새로운 등가물을 끊임없이 제공한다. 자연스럽고 자유로운 상태에서의 식민지 무역은, 그레이트브리튼의 생산적 노동의 양을 증가시키는 경향이 있지만, 그 노동이 전에 그곳에서 쓰이고 있던 방향을 변경하지는 않는다. 자연스럽고 자유로운 상태에서의 식민지 무역에서는, 다른 모든 국민과의 경쟁이, 새로운 시장과 새로운 사업에서의 이윤이 통상적인 수준을 넘어서는 것을 저지할 것이다. 이 새로운 시장은 옛날의 시장에서 아무것도 끌어들이지 않고, 그 자신에게 공급해야 할 새로운 생산품을, 만일 이렇게 말해도 된다면, 창조하는 것이다. 그 새로운 생산물은 새로운 사업을 운영하기 위한 새로운 자본이 되고, 그 새로운 사업도 마찬가지로 이전의 사업에서 아무것도 회수하지 않을 것이다.

이에 반해, 식민지 무역의 독점은, 다른 여러 국민의 경쟁을 배제하여, 그로 인해 새로운 시장과 새로운 사업에서도 이윤율을 높임으로써, 옛 시장에서는 생산물을, 옛 사업에서는 자본을 빼낸다. 식민지 무역에서의 우리의 몫을 그것이 없는 경우보다 증가시키는 것이 독점의 공공연한 목적이다. 만일 그 무역에서의 우리의 몫이 독점이 없는 경우보다 커지지 않는다면 독점을 확립할 이유가 없는 것이다. 그러나 어떤 나라의 자본 가운데 자연히 그곳으로 향하는 것보다 많은 부분을, 다른 대부분의 무역보다 회수가 늦고 거리가 먼 무역으로 억지로 돌리는 것은, 무엇이든, 필연적으로 거기서 해마다 유지되는 생산적 노동의 총량, 그 나라의 토지와 노동의 연간 생산물의 총량을 그렇지 않은 경우보다 감소시킨다. 그것은 그 나라 주민의 수입을 자연히 상승하는 것보다 낮게 억제하여, 그로 인해 또 주민의 저축력을 감소시킨다. 그것은 언제나 그들의 자본이, 그렇지 않은 경우에 증가할 속도로 증가하는 것을 방해하고, 따라서 더 많은 양의 생산적 노동을 유지하는 것도 방해한다.

그러나 식민지 무역의 자연적인 좋은 영향은, 그레이트브리튼으로서는 독점의 악영향을 상쇄하고도 남을 정도이므로, 독점과 그 밖의 모든 것은 그대로 두고 식민지 무역이 현재의 상태 그대로 영위된다 해도, 그것은 단순히 유리할 뿐만 아니라, 매우 유리하다. 식민지 무역에 의해 열리는 새로운 시장과 새로운 사업은 독점에 의해 잃는 옛 시장과 옛 사업의 부분보다 훨씬 크다. 식민지 무역에 의해 창조된 새로운 생산물과 새 자본은, 그레이트브리튼에서, 회수가 더 자주 있는 무역에서의 자본 철수에 의해 고용에서 배제되는 것보다 더 많은 양의 생산적 노동을 유지한다. 그러나 식민지 무역이 현재 영위되고 있는 상태에서도 그레이트브리튼에 유리하다면, 그것은 독점 때문이 아니라, 독점에도 불구하고서이다.

식민지 무역이 새로운 시장을 여는 것은 유럽의 원생산물에 대해서가 아니라 제조품에 대해서이다. 농업은 모든 새 식민지 본디의 사업이며, 그것은 토지가 싸기 때문에 다른 어떤 사업보다 유리하다. 따라서 새 식민지에는 토지 원생산물이 풍부하여, 그것을 타국에서 수입하기는커녕 수출해야 할 많은 잉여가 있는 것이 보통이다. 새 식민지에서는 농업은 다른 산업에서 일손을 끌어오거나, 아니면 뭔가 다른 산업으로 유출하지 않도록 억제하고 있다. 그곳에서는 필수제조품을 위해 할애할 일손도 적고, 장식용 제품을 위해 할애할 일손은 전혀 없는 형편이다. 그 두 가지 제품의 대부분은 자신들이 직접 만드는 것보다 다른 나라에서 구입하는 편이 싸게 친다는 것을 그들은 알고 있다. 식민지 무역이 간접적으로 유럽의 농업을 장려하는 것은, 주로 유럽의 제조업을 장려하는 것을 통해서이다. 식민지 무역이 일자리를 제공하고 있는 유럽의 제조업자는, 토지의 생산물을 위한 새로운 시장을 만들어 내며, 모든 시장 가운데서도 가장 유리한 시장, 즉 유럽의 곡물과 가축, 빵과 식육을 위한 국내 시장은 그와 같이 하여 아메리카와의 무역에 의해 크게 확장되는 것이다.

그런데 인구가 많고 번영하고 있는 식민지와의 무역을 독점하는 것만으로는, 어디든 한 나라의 제조업을 확립하는 것은 말할 것도 없고 유지조차 할 수 없다는 것은, 에스파냐와 포르투갈의 예가 충분히 증명하고 있다. 에스파냐와 포르투갈은 매우 큰 식민지를 가지기 전까지는 공업국이었다. 그런 그들이 세계에서 가장 풍요롭고 가장 기름진 식민지를 가지고부터는, 둘 다 더 이상 그런 나라가 아니었다.

에스파냐와 포르투갈에서는 독점의 악영향이 다른 여러 원인에 의해 더욱 가중되어, 식민지 무역의 자연스러운 좋은 영향을 거의 상쇄*90하고 말았다. 그 여러 원인이란, 종류가 다른 여러 가지 독점인 것으로 생각된다. 즉 금은의 가치를 다른 대부분의 나라에서의 그것보다 하락시킨 것, 수출에 대한 부적절한 세금 때문에 외국 시장에서 배제된 것, 국내의 한 지방에서 다른 지방으로 재화를 수송하는 데 대한 더욱 부적절한 세금에 의해 국내 시장을 좁게 만든 것 등이다. 그러나 무엇보다도, 일관성이 없고 불공평한 사법행정이, 때때로 부유하고 유력한 채무자를 그의 피해자인 채권자의 소추로부터 보호하고, 또 국민 가운데 부지런한 자들이 안심하고 그런 교만한 고위층의 소비를 위한 재화를 조달할 수 없도록 한 것이 그 원인이다. 그들은 그런 사람들에 대해 외상 판매를 거부할 용기가 없었고, 지불을 받을 수 있을지 어떨지 전혀 믿을 수가 없었던 것이다.

이에 비해 잉글랜드에서는, 식민지 무역의 자연적인 좋은 영향이 다른 여러 원인의 도움을 받아 독점의 악영향을 크게 극복했다. 그런 원인이란 무역의 일반적인 자유라고 볼 수 있는 것으로, 그것은 약간의 제약에도 불구하고 다른 어느 나라에 비해서도, 적어도 같거나 어쩌면 더 뛰어난 것이었다. 그것은 곧, 국내 산업의 생산물인 거의 모든 종류의 재화를, 거의 모든 외국으로 관세 없이 수출하는 자유이며, 또 어쩌면 더욱 중요한 것은, 그런 재화를 어떤 관청에도 신고할 의무도 없고, 또 어떤 종류의 검문이나 검사를 받을 필요도 없이, 국내의 한 지방에서 다른 지방으로 수송할 수 있는 무제한의 자유이다. 하지만 무엇보다 중요한 것은, 평등하고 공정한 사법행정으로, 그것은 브리튼의 가장 비천한 주민의 권리를 가장 유력한 사람들도 존중하게 하고, 각자에게 그들

---

*90 '거의 상쇄'는 초판에서는 '완전히 극복'.

의 근로 성과에 대한 안전을 보장하며, 그런 것을 통해 모든 종류의 근로를 가장 크고 가장 효과적으로 장려하는 것이었다.

그러나 그레이트브리튼의 제조업이 식민지 무역에 의해 발전했다 하더라도, 또 사실 발전했지만, 그것은 그 무역의 독점 때문이 아니라, 독점에도 불구하고 그렇게 된 것이다. 독점의 효과는 그레이트브리튼의 제조품의 양을 증가시킨 것이 아니라 그 일부의 질과 형태를 바꾸어, 독점이 없으면 대금회수가 빈번한 단거리 시장에 적합했을 것을, 회수가 느린 장거리 시장에 적응시키는 것이었다. 따라서 그 효과는 그레이트브리튼 자본의 일부를 더욱 많은 양의 제조업의 근로를 유지하는 용도에서, 훨씬 적은 양의 근로를 유지하는 용도로 돌리고, 그로 인해 그레이트브리튼에서 유지되는 제조업의 근로의 총량을 증가시키기는커녕 감소시키는 것이었다.

따라서 식민지 무역의 독점은, 중상주의의 다른 모든 비천하고 악의적인 방책과 마찬가지로, 그것이 이익을 주려고 한 나라의 산업을 조금도 증대시키지 않고, 반대로 축소시키면서, 다른 모든 나라의 산업, 특히 주로 식민지 산업을 쇠퇴시킨다.

독점은, 어떤 특정한 시기에 그 나라의 자본 규모가 어떻든, 그것이 없는 경우에 유지할 수 있는 양의 생산적 노동을 유지하는 것을 방해하고, 또 그것이 없는 경우에 제공할 수 잇는 크기의 수입을 일하는 주민에게 제공하는 것을 방해한다. 그런데 자본은 수입에서 저축하는 것에 의해서만 증가할 수 있으므로, 독점은 그것이 없는 경우에 그 자본이 제공할 수 있는 크기의 수입을 제공하는 것을 방해함으로써, 필연적으로, 그것이 없는 경우처럼 자본이 급격하게 증가하는 것을 방해하고, 따라서 더욱 많은 양의 생산적 노동을 유지하여, 그 나라의 일하는 주민에게 더 큰 수입을 제공하는 것을 방해한다. 따라서 독점은 언제나, 수입의 기본적인 큰 원천인 노동임금을, 그것이 없는 경우에 비해 필연적으로 감소시켰을 것이 틀림없다.

독점은, 상업이윤의 비율을 끌어올림으로써 토지개량을 저해한다. 토지개량의 이윤은, 그 토지가 실제로 생산하고 있는 것과, 일정한 자본의 적용에 의해 그 토지가 생산할 수 있는 것의 차이에 의존한다. 만일 이 차이가, 같은 금액의 자본이 어떤 상업적 사업에서 이끌어 내는 것보다 많은 이윤을 제공한다면, 토지개량은 상업상의 모든 용도에서 자본을 끌어들일 것이다. 반대로 이윤이 그것보다 적다면, 상업적 사업이 토지개량에서 자본을 끌어들일 것이다. 따라서 상업이윤의 비율을 끌어올리는 것은 모두, 토지개량의 이윤의 우위를 낮추고, 열세에 있다면 그것을 더욱 낮추며, 전자의 경우에는, 자본이 토지개량으로 향하는 것을 막고, 후자의 경우에는 토지개량에서 자본을 끌어들인다. 그러나 독점은 필연적으로 토지개량을 막음으로써, 수입의 또 하나의 기본적인 큰 원천인 지대(地代)의 자연적 증가를 지연시킨다. 독점은 또 필연적으로 이윤율을 끌어올림으로써, 그것이 없는 경우보다 시장 이자율을 높인다. 그런데 토지가 제공하는 지대에 비례하는 토지값, 즉 토지에 대해 통상적으로 지불되는 일정 연간수익*91은, 이자율이 올라가면 필연적으로 떨어지고, 이자율이 떨어지면 필연적으로 올라간다. 따라서 독점은 지주의 이익을 두 가지의 다른 방법으로 손상시킨다. 첫째로 지대의 자연적 증가를 지연시키거나, 둘째로 토지가 제공하는 지대에 비례하여 획득할 수 있는 토지값의 자연적인 증가를 지연시키는 것을 통해서이다.

분명히 독점은 상업이윤의 비율을 끌어올려, 그로 인해 우리의 상인들의 수입을 어느 정도 증가시킨다. 그러나 그것은 자본의 자연적 증가를 방해하므로, 이 나라 주민들이 자산에 의한 여러 가지 이윤에서 끌어 내는 수입의 총액을 증가시기키보다는 오히려 감소시키는 경향이 있다. 소자본에 대한 큰 이윤보다 대자본에 대한 작은 이윤 쪽이 일반적으로 더 많은 수입을 제공하기 때문이다. 독점은 이윤율을 끌어올리지만, 이윤 금액이 그것이 없는 경우의 수준으로 상승하는 것을 방해한다.

독점은, 수입의 모든 원천, 즉 노동임금과 토지지대, 그리고 자산에 의한 이윤을, 그것이 없는 경우보다 훨씬 감소시킨다. 한 나라의 낮은 계층 사람들의 보잘것 없는 이익을 촉진하기 위해, 그것은 그 나라의 다른 모든 계층 사람들의 이익, 그리고 다른 모든 나라의 모든 사람들의 이익을 저해하는 것이다.

그것이 어느 한 계층 사람들에게 유리하다는 것을 증명했거나, 또는 증명할 수 있다 해도, 그것은 통상의 이윤율을 끌어올림으로써만 가능하다. 그러나 높은 이윤율의 필연적인 결과라고 이미 설명한, 그 나라 전반에 대한 모든 악영향 외에, 그런 모든 것을 합친 것보다도 어쩌면 더욱 치명적일 수 있고, 게다

---

*91 일정 연간 수익은 the number of years purchase의 역어로, 토지의 연수입 또는 일정 연한의 지대를 토지값으로 하는 것을 말한다.

가 경험에서 판단해도 된다면, 그것과 떼어놓을 수 없을 정도로 결부된 또 하나의 악영향이 있다. 높은 이윤율은 어디서나, 다른 상황에서는 상인의 성격에 있어서 자연스러운 절약을 파괴하는 것처럼 보인다. 이윤이 높을 때는, 그 견실한 미덕은 공연한 것으로 생각되어, 돈이 드는 사치가 그의 유복한 처지에 더 잘 어울린다고 생각된다. 그러나 대규모 상업자본의 소유자들은 필연적으로, 각 나라의 산업 전체의 지도자이고 지휘자이며, 그들이 보여 주는 모범은 그 나라의 모든 근로자의 생활 양식에, 다른 어떤 계층 사람들의 그것보다 훨씬 큰 영향을 준다. 만일 고용주가 세심하게 절약한다면 노동자들도 그것을 본받을 가능성이 매우 크지만, 만일 주인이 방종하고 무절제하다면, 그가 지시하는 대로 일을 처리하는 하인은, 자신의 생활까지 주인이 보여 주는 실례대로 따라할 것이다. 그리하여 축적은, 본디 그런 성향을 가장 많이 가지고 있는 모든 사람들의 손 안에서 저지되고, 생산적 근로를 유지하는 데 충당되는 기금은, 자연히 그것을 가장 증가시키는 사람들의 수입에서 아무런 증가도 일으키지 않는다. 그 나라의 자본은 증가하기는커녕 차츰 줄어들어서, 그것으로 유지되는 생산적 노동의 양도 날마다 줄어든다.

카디스*92와 리스본 상인들의 터무니없는 이윤은 에스파냐와 포르투갈의 자본을 증가시켰을까? 그것은 그 두 나라 거지나 다름없는 빈곤을 완화했을까? 그 산업을 진흥시켰을까? 그런 터무니없는 이윤이 그 나라의 총자본을 증가시키는 것은 바랄 수도 없고, 그런 이윤을 낳은 모든 자본을 유지하는 데 충분한 경우도 좀처럼 없는 것으로 생각하게 만드는 것은, 그 두 무역 도시의 상인들의 씀씀이였다. 외국자본이 카디스와 리스본의 무역에 날이 갈수록—만일 이렇게 말해도 된다면—침입하고 있다. 에스파냐인과 포르투갈인이 어리석은 독점이라는 지긋지긋한 올가미를 날마다 더욱더 졸라매려고 노력하고 있는 것은, 자신들의 자본이 날이 갈수록 그것을 영위하는 데 부족해지고 있는 무역에서 그런 외국자본을 몰아 내기 위해서이다.

카디스와 리스본 상인들의 생활 태도를 암스테르담 상인들의 생활 태도와 비교해 보면, 상인의 행동과 성격이 자산의 이윤의 높고 낮음에 따라 어떻게 다른 영향을 받는지 알 수 있다. 분명히 런던 상인들은 전반적으로는 아직도

---

*92 카디스(Cadiz)는 대서양에 면한 에스파냐 최대의 무역항.

카디스와 리스본의 상인들만큼 호사스러운 거물은 되지 않았지만, 그들은 일반적으로 암스테르담의 상인들만큼 세심하게 절약하는 시민도 아니다. 그러나 그들은, 대부분 전자의 대부분보다 훨씬 부유하기는 하지만, 후자의 대부분만큼 부유하지는 않은 것으로 여겨지고 있다. 하지만 그들의 이윤율은 일반적으로 전자의 그것보다 훨씬 낮고, 후자의 그것보다 매우 높다. 쉽게 얻는 것은 쉽게 잃는다는 속담처럼, 통상적인 씀씀이는 어디서든 실제로 쓰는 능력보다는 그 돈을 얼마나 쉽게 획득하는가에 따라 다른 것으로 보인다.

독점이 단 하나의 계층 사람들에게 주는 단 하나의 이점은, 이렇게 때때로 다양한 방법으로, 그 나라의 전반적인 이익에 있어서 해롭다.

고객인 국민을 육성하는 것을 유일한 목적으로 대제국을 건설하는 것은, 얼핏 보기에 상점주(商店主) 국민*93에게만 적합한 계획이라고 생각될지도 모른다. 그러나 그것은 상점주 국민에게는 전혀 적합하지 않는 계획이며, 정부가 상점주 영향 아래 있는*94 국민에게는 매우 적합한 계획이다. 그런 정치가*95는, 그리고 그런 정치가만이, 그런 제국을 건설하고 유지하기 위해 동포시민*96의 피와 재물을 투자하는 것에 무언가의 이점이 있을 거라고 공상할 수 있다. 어떤 상점주에게 이렇게 말해 보라. '내게서 좋은 토지자산을 사시오, 그러면 나는 다른 상점보다 조금 비싸더라도 항상 당신 상점에서 옷을 사겠소.' 그러면 그는 당신의 제안을 그리 탐탁해하지 않는다는 것을 알 수 있을 것이다. 그런데 만일 누군가 다른 사람이 당신에게서 그런 토지자산을 사 주고, 옷은 모두 그의 가게에서 사라고 당신에게 명령한다면, 그 상점주는 당신의 은인에게 매우 감사할 것이다.

잉글랜드는 국민 가운데 국내에서 정착할 수 없는 사람들을 위해 멀리 떨어진 곳에 커다란 토지자산을 구입했다. 확실히 그 값은 매우 싸서, 현재의 통상적인 토지값인 30년분의 수익 대신, 그 지방을 최초로 발견하여, 연안을 답사하고, 의제적(擬制的 : 다른 어떤 사물과 동일한 것으로 인정하는)으로 점령하는 데 쓰인 다양한 장비의 비용

---

*93 상점주 국민은 a nation of shopkeepers의 역어. 상점주라는 것은 소상인이라는 멸칭에 가까운 의미의 용어이다.

*94 '정부가 상점주 영향 아래 있는'은 초판에서는 '상점주에 의해 통치되고 있는'.

*95 '정치가(statesmen)'는 두 번 다 초판에서는 '주권자(sovereign)'.

*96 '동포시민(fellow citizens)'은 초판에서는 '국민(subjects)'.

을 거의 넘지 않았다. 토지는 매우 좋고 드넓었으며, 경작자들은 경작 대상으로서 양호한 토지를 많이 가졌고, 당분간 자신들의 생산물을 어디에 팔든 자유였으므로, 거의 3, 40년 안에(1620~1660년 사이) 매우 인구가 늘어나 번영하는 국민이 되었다.

그리하여 잉글랜드의 상점주와 다른 상인*97들은 그들을 고객으로서 독점하고 싶어했을 정도였다. 그래서 그들은 최초의 토지구입비와 그 뒤의 토지개량비의 일부를 냈다고까지 주장하지는 않았지만, 아메리카의 경작자들이 첫째로는 필요로 하는 모든 재화를 유럽에서 사는 것도, 둘째로는 그들 자신의 생산물 가운데 그런 상인이 사는 것이 좋겠다고 생각하는 부분만 파는 것도, 앞으로 자신들의 가게에 한정해 달라고 의회에 청원했다. 왜냐하면, 그들은 그 생산물의 모든 부분을 사는 것은 좋지 않다고 생각했기 때문이었다. 그 생산물 가운데 어떤 부분이 잉글랜드에 수입되면, 그들 자신이 본국에서 영위하고 있는 상업과 충돌할지도 몰랐다. 그러므로 그들은, 그 특정한 부분은 입식자들이 팔 수 있는 곳에 팔면 되고, 그곳은 멀면 멀수록 좋다고 생각했으며, 그 때문에 그들의 시장은 피니스테레 곶*98 이남의 여러 지방에 한정되어야 한다고 제안했다. 유명한 항해조례의 한 조항은, 이와 같이 참으로 상점주다운 제안을 법으로서 확립한 것이다.

이 독점을 유지하는 것은, 지금까지는 그레이트브리튼이 식민지에 대해 장악해 온 지배권의 중요한, 또는 더욱 적절하게 말한다면 아마 유일한, 목표이고 목적이었다. 이 배타적인 무역 속에, 지금까지는 모국의 국내 정치와 방위를 지원하기 위해 수입이나 병력을 한 번도 제공한 적이 없는 여러 속주의 커다란 이점이 있는 것으로 생각된다. 이 독점은 그런 종속(從屬)의 중요한 표시이고, 종속에서 지금까지 채취된 유일한 결실이다. 이 종속을 유지하기 위해 그레이트브리튼이 이제까지 지출해 온 경비는, 사실 모두 이 독점을 유지하기 위해 지출된 것이었다. 현재의 분쟁이 시작되기 전에는, 식민지의 일상적인 평시(平時) 시설유지비는 보병 20연대의 급여, 포병대의 경비, 군용품, 그들에게

---

*97 여기의 상인은 trader로, 이 말은 상점주 이하의 소상인(행상인 등)을 의미하는 경우가 많지만 무역상을 의미하기도 한다.

*98 피니스테레 곶(Cape of Finisterre)는 이베리아 반도 서북단의 곶으로, 에스파냐령.

지급해야 했던*99 비상식량, 다른 나라의 밀수선에서 북아메리카와 우리의 서인도 제도의 장대한 해안선을 지키기 위해 준비했던 매우 큰 해군병력의 경비였다.

이런 평시 시설유지비의 총액은 그레이트브리튼의 수입으로 충당되고 있었지만, 동시에 식민지 지배가 모국에 요구했던 경비의 최소 부분이었다. 만일 그 경비의 전액을 알고 싶다면, 이 평시 시설의 연간 유지비에, 식민지를 지배하의 속주로 여긴 결과, 그레이트브리튼이 그 방위를 위해 다양한 기회에 지출해 온 금액의 이자를 보태지 않으면 안 된다. 우리는 거기에, 특히 최근의 모든 전쟁 경비와, 그것에 앞선 전쟁 경비의 대부분을 보태야 한다. 최근의 전쟁*100은 완전히 식민지 다툼이었고, 그 모든 경비는 세계의 어느 지역에서 지출되었든, 독일이든, 동인도이든, 당연히 식민지의 계산에 넣어야 하는 것이다. 그것은 신규 기채(起債 : 공채를) 뿐만 아니라, 1파운드당 2실링의 추가 지조(地租 : 토지수익에 대해)와 감채기금(減債基金 : 국채·회사채를 갚기)에서의 해마다의 차입금을 포함하여 9천만 파운드 이상이 되었다.

1739년에 시작된 에스파냐 전쟁*101은 주로 식민지 다툼이었다. 그 주요 목적은 에스파냐령 메인*102과 밀무역을 영위하고 있었던 식민지 선박이 검색당하는 것을 방지하는 것이었다. 이 모든 경비는 실은, 독점을 유지하기 위해 주어진 장려금이다. 그 표면적인 목적은 그레이트브리튼의 제조업을 장려하고 상업을 증대시키는 것이었다. 그러나 그 실제 효과는 상업이윤의 비율을 높이고, 우리의 상인들이 다른 대부분의 무역 부문보다 대금회수가 느리고 원거리인 무역 부문으로 그렇지 않은 경우보다 큰 자본을 돌리는 것을 가능하게 한 것이다. 만일 장려금으로 그것을 방지할 수 있었다면, 어쩌면 그 두 가지 사건은 그런 장려금을 줄 만한 매우 큰 의미가 있었을지도 모른다.

＊99 초판에서는 여기와 다음의 '상비된'이 현재형이었다.
＊100 7년 전쟁(1756~1763)은 분명히 영국과 프랑스의 식민지 쟁탈전이었지만, 다른 한편, 유럽에서는 영국의 동맹국인 프리드리히 대왕의 프로이센의 활동이 있었다.
＊101 에스파냐 전쟁(1739~1743)은 '젠킨스의 귀 전쟁'이라 불리는 것으로, 카리브 해에서의 양국의 세력다툼이다.
＊102 에스파냐령 메인(Spanish Main)은 파나마 지협에서 오리노코 강에 이르는 지역과 해역을 가리키며, 에스파냐 식민지의 주요 부분이라는 의미로 영국인이 명명했다. 스미스는 main이라 쓰고 있다.

따라서, 현재의 운영 방식하에서는, 그레이트브리튼이 식민지에 대해 가지는 지배에서 얻은 것은 손실 외에는 아무것도 없는 것이다.

그레이트브리튼은 자발적으로 식민지에 대한 모든 권위를 포기해야 하며, 그들이 자신들의 위정자(爲政者 : 정치를 하는 사람)를 선출하고, 자신들의 법률을 제정하고, 자신들이 적절하다고 생각하는 바대로 화전(和戰)을 결정하는 것을 방임해야 한다고 제안하는 것은, 이제까지 세계의 어느 나라에서도 채용된 적이 없고, 또 앞으로도 결코 채용되는 일이 없을 방책을 제안하는 셈이 될 것이다. 속주를 통치하는 것이 아무리 골치 아프고, 또 그것이 필요로 하는 경비에 비해 그것이 제공하는 수입이 아무리 작아도, 그것에 대한 지배를 자발적으로 포기한 국민은 지금까지 어디에도 없었다.

그런 희생은 때때로 국민의 이익에 합치하는 수가 있다 하더라도, 언제나 어느 국민의 자존심에나 상처를 줄 것이고, 어쩌면 더 중요한 것은, 그런 것은 항상 그 속의 지배적 부분의 사적 이해관계에 반하여, 그들은 그것에 의해, 신뢰와 이득이 따르는 대부분의 지위와, 부와 명예를 획득하는 대부분의 기회에 대한 처분권을 빼앗긴다는 것이다. 이 처분권은, 가장 불온하고 또 모든 국민에게 있어서는 가장 불이익이 되는 속주라도, 그것을 영유하고 있으면 거의 반드시 제공되는 것이다. 아무리 몽상적이고 열광적인 자라도, 그런 정책을, 적어도 언젠가는 채용될 거라는 진지한 기대를 조금이라고 가지고 제안하는 것은 좀처럼 불가능한 일일 것이다.

그러나 만일 그런 제안이 채용된다면, 그레이트브리튼은 식민지에서 해마다 지출되는 모든 평시 시설비에서 당장 해방될 뿐만 아니라, 식민지와의 사이에 자유무역을 효과적으로 보장하는 통상조약을 체결할 수 있을 것이다. 그 자유무역은 상인에게는 그레이트브리튼이 현재 누리고 있는 독점보다 불리하지만, 모든 국민에게는 더 유리한 것이다. 그리하여 좋은 친구와 헤어지게 되면, 아마 최근의 우리의 불화가 거의 소멸시켜 버린, 모국에 대한 식민지의 자연적인 애정은 급속하게 부활할 것이다. 그 애정은 그들을, 분리할 때 우리와 맺은 통상조약을 영원히 존중하고 싶은 기분이 들게 할 뿐만 아니라, 무역에 있어서는 물론 전쟁에 있어서도, 우리를 지지하여, 불온하고 당파적인 국민이 되는 대신, 우리의 가장 성실하고 애정에 넘치며 너그러운 동맹자가 되고자 하는 마음을 불러일으킬 것이다. 그렇게 되면, 고대 그리스의 식민지와 그것을 건설한 모도시 사이에 늘 존재했던 것과 같은 종류인, 한쪽의 어버이로서의 애정과 다른 쪽의 자식으로서의 존경이, 그레이트브리튼과 그 식민지 사이에 부활할 것이다.

속주를 그것이 속하는 제국에 유리한 것으로 만들려면, 평시에는 그 자신이 평시 시설의 모든 경비를 감당할 뿐만 아니라, 제국의 일반통치를 지원하기 위한 분담액에 이바지할 수 있는 공공수입을 제공하지 않으면 안 된다. 모든 속주는 많든 적든 일반통치비를 증가시키지 않을 수 없다. 따라서 어디든 한 속주가 이 경비를 충당하기 위한 분담액에 이바지하지 않으면, 제국의 어딘가 다른 속주에 불공평한 부담이 돌아가지 않을 수 없다. 전시에 각 속주가 공공사회에 제공하는 임시 공공수입도 제국 전체의 임시수입에 대해, 유추해 보건대, 평시의 경상 공공수입의 경우와 같은 비율을 유지하지 않으면 안 된다. 그레이트브리튼이 식민지에서 이끌어 내는 경상 공공수입이나 임시 공공수입도 브리튼 제국의 모든 공공수입에 대해 이런 비율을 유지하고 있지 않다는 것을 이내 인정할 수 있을 것이다.

분명히 독점은 그레이트브리튼 국민의 개인수입을 증가시키고, 그로 인해 더 많은 세금을 지불할 수 있게 하여 식민지 공공수입의 부족분을 보충하는 것으로 상정되어 왔다. 그러나 내가 설명하고자 노력해 온 것은, 이 독점은 식민지에 대한 매우 가혹한 세금으로, 그레이트브리튼의 특정한 계층 사람들의 수입을 증가시킬지는 모르지만, 국민 전체의 수입을 증가시키는 것이 아니라 감소시키는 것이며, 따라서 조세 지불 능력을 증가시키지 않고 감소시킨다는 것이다. 독점에 의해 수입이 증가하는 사람들도 특정한 계층을 이루고 있고, 내가 다음 편에서 설명하고자 하는 대로, 다른 모든 계층 이상의 비율로 과세하는 것은 결코 불가능하며, 또 그 비율 이상으로 과세하려고 시도하는 것조차 극도로 이롭지 않은 계책이다. 따라서 이 특정 계층에서 특별한 재원을 이끌어 내는 것은 불가능하다.

식민지에는, 그 자체의 협의회에 의해, 또는 그레이트브리튼의 의회에 의해 과세할 수 있다.

식민지협의회를, 그 자체의 민정 및 군사 시설을 항상 유지할 뿐만 아니라, 브리튼 제국의 일반통치비의 적절한 비율을 지불하는 데 충분한 공공수입을 선거민한테서 징수하도록 움직이는 것은 거의 불가능한 일이라고 생각된다. 잉글랜드의 의회조차, 주권자의 직접적인 감시하에서 그런 관리제도를 두게 되는 데는, 즉, 자국의 민정과 군사 시설 유지비를 충분히 관대하게 인정하게 되기까지는, 오랜 세월이 걸렸다. 잉글랜드의 의회에 대해서도, 그런 관리제도가 확립될 수 있었던 것은, 이 민정과 군사 시설에서 발생하는 관직과 그 임면권의 대부분을 특정한 의원들에게 배분함으로써 가능했다. 그런데 식민지협의회는 주권자의 시야에서 멀리 떨어진 곳에 있고, 그 수도 많고 각지에 분산되어 있으며, 또 그 기구도 다양하기 때문에, 주권자가 본국과 같은 수단을 가지고 있어도 그것을 같은 방법으로 처리하는 것은 매우 어려운 일이고, 더욱이 그 수단이 결여되어 있었던 것이다.

전 식민지협의회의 모든 지도적 의원들에게 브리튼 제국의 일반통치에서 발생하는 관식이나 임면권의 몫을 분배하고, 그 결과 그들을 국내에서의 인기를 희생시키고, 그 이득의 거의 모두가 자신들로서는 알지도 못하는 사람들 사이에 분배되는 일반통치를 지원하기 위해, 자신들의 선거민에게 과세할 마음을 먹게 하는 것은 결코 불가능할 것이다. 뿐만 아니라, 그런 다양한 협의회의 다양한 의원의 상대적 중요성에 대한 본국 정부의 피할 수 없는 무지와 툭하면 일어날 것이 틀림없는 반감, 또 그런 방법으로 식민지협의회를 움직이려다가 늘 범하게 마련인 실패가, 그들에 대해 이런 운영 방식을 실행하는 것을 완전히 불가능하게 만들어 버리는 것으로 생각된다.

뿐만 아니라, 식민지협의회는 제국 전체의 방위와 지지를 위해 무엇이 필요한지에 대해 적절한 판단을 내릴 수 있다고 생각할 수 없다. 그 방위와 지지에 대한 배려는 그들 의회에 맡겨진 일이 아니다. 그것은 그들의 일이 아니며, 식민지협의회는 그것에 대해 정보를 얻을 수 있는 정규 수단을 가지고 있지 않다. 한 속주의 협의회는 한 교구의 교구위원회와 마찬가지로, 자신들의 개별 지역의 문제에 대해서는 매우 적절하게 판단할 수 있지만, 제국 전체의 문제에 대해 판단하기 위한 적절한 수단을 가질 수가 없다. 그것은 그 속주가 제국 전체에 대해 어느 정도의 비율을 가지고 있는가, 즉, 다른 여러 속주와 비교한 자기들의 부와 중요성이 어느 정도인가에 대해서조차 적절한 판단을 내리기가 불가능하다. 왜냐하면, 다른 속주들은 한 개별 속주협의회의 심사와 감독 하에 있지 않기 때문이다. 제국 전체의 방위와 지지를 위해 무엇이 필요한지, 또 각 부분이 어떤 비율로 거기에 이바지해야 하는지는, 제국 전체의 문제를 조사하고 감독하는 집회만이 판단할 수 있는 사항이다.

그리하여, 식민지는 징발령에 의해 과세되어야 하며, 그레이트브리튼 의회는 각 식민지가 지불해야 할 금액을 결정하고, 속주협의회는 그것을 그 속주의 사정에 가정 적절한 방법으로 부과하고 징수하게 하자는 제안이 나왔다. 제국 전체에 관련된 사항을 이 방식에 따라 처리하면, 제국 전체의 문제를 조사하고 감독하는 의회에 의해 결정되고, 각 식민지의 지방적인 문제는 종전대로 식민지 자체 협의회에 의해 결정될 수 있다. 이 경우, 식민지는 브리튼의 의회에 대표를 가지지 않지만, 우리는 경험에 의해, 의회의 징발령이 타당성을 잃을 우려는 없는 것으로 판단해도 무방할 것이다.

잉글랜드 의회는 어떤 경우에도 의회에 대표를 보내지 않는 제국의 각 지방에 과중한 부담을 주려는 의향을 내비친 적이 한 번도 없었다. 건지 섬과 저지 섬은 의회의 권위에 저항할 수단을 아무것도 가지고 있지 않지만, 그레이트브리튼의 어느 지방보다 세금이 적다. 의회는, 그 근거의 적부(適否 : 알맞음과 알맞지 아니함)는 제쳐 두고, 식민지에 과세한다는 상정상의 권리를 행사하고자 할 때, 이제까지 본국의 동포시민의 납세액에 대한 정당한 비율에 가까운 금액조차 요구한 적이 없었다. 뿐만 아니라, 만일 식민지의 분담액을 지조(地租)의 증감에 비례하여 증감하도록 한다면, 의회는 자신의 선거민에게 동시에 과세하지 않고는 식민지에 과세할 수 없게 되며, 식민지는 이 경우, 사실상 의회에 대표를 보내고 있는 것으로 여길 수 있을 것이다.

이런 표현이 허락된다면, 다양한 속주 모두를 일괄하여 과세하는 것이 아니라, 주권자는 각 속주가 지불해야 하는 납세액만 정하고, 어떤 속주에 대해서는 주권자가 적절하다고 판단한 대로 과세하고 징수하지만, 다른 속주에 대해서는 각각의 의회가 결정하는 대로 과세하고 징수하도록 맡기는 실례를 여러 제국에서 볼 수 있다. 프랑스의 몇몇 속주에서는, 국왕은 자신이 적절하다고 생각하는 세금을 부과할 뿐만 아니라, 자신이 적절하다고 생각하는 방법으로 그것을 부과하고 징수한다. 다른 속주로부터는, 국왕은 일정액을 요구하지만, 그 금액의 부과와 징수는 각 속주의 신분제의회가 적절하다고 판단하는 방식에 맡기고 있다. 징발령에 의한 과세 방식에 따르면, 그레이트브리튼 의회는 식민지협의회에 대해, 프랑스 왕이 여전히 그 자신의 신분제의회를 가질 특권을 누리는 각 속주, 즉 가장 잘 통치되고 있는 것으로 상정되는 프랑스의 각 속주에 대한 입장과 거의 같은 입장에 서는 셈이 된다.

그러나 이런 방식에 의하면, 식민지는 자신들의 공적 부담에 대한 분담액이, 본국의 동포시민의 분담액에 대한 적절한 비율을 조금이라도 넘을까봐 우려할 만한 정당한 이유는 있을 리가 없겠지만, 그레이트브리튼에는 식민지의 분담액이 그 적절한 비율에 결코 이르지 않을 것을 우려할 정당한 이유가 있을지도 모른다. 그레이트브리튼 의회는 각 식민지에 대해, 프랑스 왕이 여전히 자신의 신분제의회를 가질 특권을 누리는 각 속주에 대해 가지고 있는 확고한 권위를 한동안 가지고 있지 않았다. 식민지협의회는, 본국에 대해 매우 호의적이지 않은 한(지금까지보다 더욱 능숙하게 대처하지 않는 한, 호의를 가지는 일은 거의 있을 것 같지 않지만), 본국 의회의 징발령이 아무리 합리적이라 해도 여전히 그것을 회피하거나 거부할 구실을 얼마든지 찾아 낼 수 있을 것이다.

프랑스와 전쟁이 일어났다고 가정하자. 제국의 중추를 방위하기 위해 즉시 천만 파운드를 조달하지 않으면 안 된다. 이 금액은 이자 지불을 보장하기 위한 의회의 어떤 기금의 신용*[103]을 담보로 빌려오지 않으면 안 된다. 의회는 이 기금의 일부를 그레이트브리튼에서 징수되는 세금으로 조달하고, 다른 일부는 아메리카와 서인도의 모든 식민지협의회에 대한 징발령으로 조달할 것을 제안한다. 과연 사람들은 그런 기금을 신용하여, 자신의 화폐를 기꺼이 선불할 것인가. 그 기금은 부분적으로는 그런 모든 식민지협의회의 마음에 달려 있는데, 전쟁터에서 아득하게 떨어져 있는 그 협의회는 때로는, 전쟁이 어떻게 되든 자기들과는 그다지 관계가 없다고 생각할지도 모른다. 그런 기금에 대해서는, 그레이트브리튼에서 징수되는 세금으로 상환될 수 있다고 상정되는 금액 이상은 아마 선불되지 않을 것이다.

전쟁을 위해 계약된 모든 채무의 부담은 이렇게 하여, 지금까지 늘 그랬던 것처럼, 그레이트브리튼에, 즉 제국 전체가 아니라 제국의 일부에 돌아갈 것이다. 그레이트브리튼은 그 제국을 확대하면서, 아마 세계가 시작된 이래 재원을 한 번도 증가시키지 않고 오로지 지출만 확대해 온 유일한 나라일 것이다. 다른 나라들은 일반적으로, 제국 방위비의 가장 큰 부분을, 신하로서 복종하는 종속 관계에 있는 속주에 전가하고 자신에게는 그것을 면제하고 있었다. 그레

---

*103 당시의 투자가들에게는 원금보다 오히려 이자가 더 중요한 문제였다.

이트브리튼은 지금까지, 그런 종속 관계에 있는 속주가 이 비용의 거의 전액을 본국에 전가하는 것을 참아왔다. 그레이트브리튼을, 법률이 지금까지 종속적인 것으로 상정해 온 자국 식민지와 대등한 위치에 두기 위해서는, 본국 의회의 징발령에 근거한 과세안을 식민지협의회가 회피 또는 거부하려고 할 경우에, 그 징발령을 즉시 유효한 것으로 할 수 있는 어떤 수단을 가지고 있을 필요가 있다고 생각되지만, 막상 그 수단이 무엇인지 떠올리는 것은 그리 쉬운 일이 아니며, 그것은 아직 명백하게 규정된 적이 한 번도 없다.

동시에, 그레이트브리튼 의회가 식민지 자체 협의회의 동의도 없이 식민지에 과세할 권리를 완전히 확립했다면, 그 순간부터 그런 협의회의 중요성은 사라지고, 그와 함께 브리튼령 아메리카의 모든 지도적 인물의 중요성도 끝날 것이다. 사람이 공적인 일의 운영에 종사하고 싶어하는 것은, 주로 그것이 그들에게 주는 사회적 지위 때문이다. 모든 자유로운 통치제도의 안정과 존속은, 각국의 지도적 인물의 대부분, 즉 자연적인 귀족층이 각자의 지위를 유지 또는 방위하는 힘에 의존한다. 그런 지도적인 인물이 서로 상대의 사회적 지위는 무너뜨리려 하고 자신의 사회적 지위는 방위하려는 것이, 국내의 당파와 야망이 연출하는 행위의 전부이다. 아메리카의 지도적인 사람들도 다른 모든 나라의 지도적인 사람들과 마찬가지로, 자신의 사회적 지위를 유지하고 싶어한다. 그들은 자신들의 식민지협의회를 의회라고 부르며 그레이트브리튼의 의회와 동등한 권위를 가지는 것으로 생각하고 싶어하기 때문에, 그것이 의회의 미미한 대리인이나 행정직원이 되는 수준으로 영락한다면, 자신들의 사회적 지위의 대부분도 끝날 거라고 느끼고 상상한다. 따라서 그들은 의회의 징발령에 의한 과세안을 거부하고, 다른 야심적이고 활동적인 사람들과 마찬가지로, 자신들의 사회적 지위를 지키기 위해 차라리 칼을 뽑는 쪽을 선택한 것이다.

로마 공화국이 쇠퇴하던 무렵, 국가를 방위하고 제국을 확대하는 중요한 부담을 떠안고 있었던 동맹국들은 로마 시민의 모든 특권을 자신들에게도 주도록 요구했다. 그것이 거부당하자 동맹시 전쟁*104이 일어났다. 그 전쟁이 벌어

---

*104 동맹시 전쟁(Social War, 기원전 91~88)은 시민권을 둘러싼 로마와 동맹 도시들 사이의 전쟁으로, 로마는 율리우스법(기원전 90)에 의해 친로마적 도시에 플라우티아 파빌리아법(기원전 89)에 의해 그것을 희망하는 도시에 시민권을 주었다. 바울로가 체포되었을 때, 로마 시민의 특권에 따라 로마로 이송되었다(신약성서 〈사도행전〉 제22~28장).

지는 동안, 로마는 그런 특권을 그들의 대부분에게 차례차례로, 또 총연합에서 이탈하는 정도에 따라 주고 있었다. 그레이트브리튼 의회는 여러 식민지에 과세할 것을 주장하고, 그들은 자신들이 대표를 가지지 않는 의회에 의해 과세되는 것을 거부한다.

만일 그레이트브리튼이 이 총연합에서 탈퇴하는 각각의 식민지에 대해, 본국의 동포시민과 똑같은 세금이 부과되는 결과로서, 또 똑같은 무역 자유를 인정받는 대가로서, 제국의 공공수입에 이바지하는 정도에 합당한 수의 대표를 인정하고, 그 이바지가 나중에 증가하는 정도에 따라 그 대표도 증가하는 것으로 한다면, 각 식민지의 지도적인 사람들에 대해, 사회적 지위를 획득할 수 있는 새로운 방법, 새롭고 더욱 매력적인 야심의 대상이 주어지는 셈이 될 것이다. 그렇게 되면 그들은, 식민지 당파의 인색한 제비뽑기라고 불러야 마땅한 것 속에 들어 있는 자그마한 당첨권을 구하여 시간을 허비하는 대신, 자기 자신의 능력과 행운에 대해 인간이 자연히 품게 마련인 억측에서, 브리튼의 정치라는 큰 국영복권의 회전판에서 어쩌다가 걸리는 고액 당첨권을 맞추기를 기대할지도 모른다.

아메리카의 지도적인 사람들의 사회적 지위를 유지하고, 그들의 야심을 만족시키는 방법으로서 더 이상 확실한 것은 없다고 생각되지만, 이것이나 뭔가 다른 방법이 생각나지 않는 한, 그들이 행여라도 우리에게 자발적으로 복종하는 일은 그다지 있을 것 같지 않다. 그리고 그들을 억지로 복종시키려고 할 때 흘리지 않으면 안 되는 피는 그 한 방울 한 방울이 실제로 그들의 동포시민인 사람들, 또는 우리가 동포시민으로 맞이하고 싶은 사람들의 피라는 것을, 우리는 잊어서는 안 된다. 상황이 이런데도, 우리의 식민지를 힘만으로 쉽게 정복할 수 있다고 자만하고 있는 사람들은 매우 머리가 나쁜 것이다. 현재, 그들이 자신들의 대륙의회라고 부르는 것의 결의를 좌우하고 있는 사람들은, 유럽의 가장 위대한 국민들조차 좀처럼 느끼지 않는 사회적 지위를, 이 시점에 자기 속에서 느끼고 있는 것이다. 그들은 상점주나 소상인, 변호사에서 정치가나 입법자가 되어, 드넓은 제국을 위한 새로운 정치 형태를 창조하는 데 몰두하고 있으며, 이 제국은 지금까지 세계에 존재한 가장 위대하고 강력한 제국의 하나가 될 것으로 자부하고 있고, 실제로 그렇게 될 가능성도 매우 높다.

다양한 방법으로 직접 이 대륙의회에서 활동하고 있는 약 500명과, 그 500

명 밑에서 활동하고 있는 약 50만 명은, 전원이 똑같이 자신들의 사회적 지위가 그에 상응하여 상승한 것을 느끼고 있다. 아메리카의 지배적인 정당에 속하는 거의 모든 개인은, 현재, 그들의 상상 속에서는, 자신이 일찍이 누렸던 어떤 지위보다 나을 뿐만 아니라, 자신이 기대하고 있던 어떤 지위보다 나은 지위에 올라 있으며, 뭔가 새로운 야심의 대상이 그 또는 그의 지도자들에게 제시되지 않는 한, 만일 그에게 인간으로서의 평균적인 기력만 있다면, 그는 목숨을 걸고 그 지위를 지키려 할 것이다.

재판소장 에노[105]가 말한 바에 의하면, 우리는 가톨릭 동맹[106]의 대부분의 작은 사건에 대한 기록을 오늘날에는 흥미진진하게 읽고 있지만, 그런 사건들이 일어난 당시에는, 아마 그리 중요한 정보라고 생각되지는 않았을 것이다. '그러나' 하고 그는 말한다. 당시에는 누구나 자신을 어느 정도 중요한 인물이라고 생각하고 있었고, 당시부터 전해져 온 무수한 회상록은 대부분, 자신들이 상당한 역할을 해냈다고 자랑스럽게 생각한 사건을 기록하고 과장하기를 좋아한 사람들이 쓴 것이다. 그 경우에, 파리 시가 얼마나 완강하게 스스로를 방위했으며, 또 모든 프랑스 국왕 가운데 후세에 가장 사랑받은, 가장 훌륭한 국왕에게도 굽히지 않고 그 무서운 기아를 어떻게 견뎠는가 하는 것이 널리 알려져 있다.[107]

자신들의 사회적 지위를 지키기 위해 싸웠던 시민의 대부분, 또는 시민의 대부분을 움직이고 있었던 사람들은, 본디의 정부가 부활하면 그것은 언제라

---

* 105 스미스가 president Henaut라 쓰고 있는 에노(Charles Jean François Hénault, 1685~1770)는 파리 고등법원 예심부장이자 아카데미 회원으로, 여기에 언급되어 있는 것은 그의 주저(主著)이다. *Nouvel abrégé chronologique de l'histoire de France, contenant les événements de notre histoire depuis Clovis jusqu'à la mort de Louis ⅩⅣ, Paris,* 1744(ASL 768). 캐넌은 그 1589년 항목에서 다음과 같이 인용했다. '이제까지 어느 시대에도, 이만큼 많은 책, 소문 이야기, 도판, 수필 등을 탄생시킨 일은 없었다. 그 모든 것 중에는 도움이 되지 않는 것도 많지만, 앙리 3세는 그 국민 속에서 살았기 때문에, 그의 행동 하나하나가 호기심의 대상이 되었으며, 파리는 가톨릭 동맹의 중요한 사건의 무대였으므로, 이에 대해 큰 역할을 한 시민들은, 눈앞에서 일어난 사소한 사건까지 꼼꼼하게 기록했다. 그들이 목격한 모든 것은 자신들이 직접 참가한 만큼 중대한 일로 생각되었지만, 우리가 액면 그대로 믿으며 읽는 것은 대부분 세계의 대사건으로 다뤄지지는 않았던 사항이다.'
* 106 가톨릭 동맹(the Lique)은 프랑스의 종교전쟁 속에서 1576년에 기즈 공이 조직한 동맹.
* 107 이 사건은 가톨릭 동맹의 지배하에 있었던 파리가, 나바르 왕 앙리(나중의 앙리 4세, 1553~1610)에 의해 포위된(1590~1594) 것을 가리킨다.

도 사라져 버린다는 것을 예견하고 있었던 것이다. 우리의 식민지를 합방에 동의하도록 설득할 수 없는 한, 그들은 일찍이 파리 시가 가장 훌륭한 국왕에 대해 한 것과 마찬가지로, 모든 모국 중에서도 가장 좋은 모국에 대해 완강하게 스스로를 지키려고 할 가능성이 매우 높다.

대의제라는 개념은 고대에는 알려져 있지 않았다. 어떤 나라의 국민이 다른 나라의 시민권을 인정받았을 때, 그들은 무리지어 찾아와서 그 다른 나라의 국민과 함께 투표하고 심의하는 것 외에는 그 권리를 행사할 방법이 없었다. 이탈리아 주민의 대부분에게 로마시민의 특권을 인정한 것이 로마 공화국을 완전히 멸망시켰다. 누가 로마시민이고, 누가 그렇지 않은지 식별하는 것은 이제 불가능했다. 어느 부족*[108]도 자신들의 구성원을 알 수 없었다. 어떤 종류의 천민이라도 시민집회에 끼어들 수 있었고, 실제 시민을 몰아 내고 마치 자신들이 그런 시민인 것처럼 공화국의 일을 결정할 수 있었던 것이다. 그러나 아메리카가 50명이나 60명의 새 대표를 의회에 보낼 수 있게 되었다 하더라도, 누가 의원이고 누가 그렇지 않은지 하원의 문지기가 식별하는 데는 아무런 어려움이 없을 것이다.

따라서, 로마의 국가체제는 로마와 이탈리아의 여러 동맹국가의 합방에 의해 필연적으로 파괴되었지만, 브리튼의 국가체제가 그레이트브리튼과 그 식민지의 합방에 의해 손상될 가능성은 전혀 없다. 그렇기는커녕 그 국가체제는 오히려 그로 인해 완성될 것이고, 또 그것 없이는 불완전한 것이라고 생각된다. 이 제국의 모든 지방의 일에 대해 심의하고 결정하는 회의가 적절한 정보를 얻기 위해서는, 각 지방의 대표가 없으면 안 되는 것은 확실하다. 그러나 나는, 이 합방이 쉽게 실현될 것이라거나, 그것을 실시함에 있어서 어려움이, 그것도 큰 어려움이 일어날 일은 없을 거라고 말할 생각은 없다. 그렇지만, 나는 극복할 수 없는 어려움에 대해서는 아직 한 번도 들은 적이 없다. 아마 주된 어려움은 일의 성질이 아니라, 대서양을 사이에 두고 양쪽에 있는 사람들의 선입견이나 의견에서 생길 것이다.

바다 이쪽의 우리는, 아메리카의 대표 수가 많아져서 국가체제의 균형을 무

---

*108 부족(tribe), tribus는 고대 로마의 정치적 단위집단으로, 처음에는 민족적인 3부족이었지만, 나중에는 4도시부족과 31농촌부족의 지역 집단이 되었다.

너뜨리고, 한편으로는 왕권의 영향력을, 다른 한편으로는 민주주의의 힘을 지나치게 증대시키지 않을까 우려하고 있다. 그러나 아메리카의 대표 수를 아메리카에서의 세금징수 성과에 비례하도록 하면, 통치되는 사람들의 수는 통치하는 수단에, 또 통치하는 수단은 통치되는 사람들의 수에 정확하게 비례하여 증가할 것이다. 국가체제의 군주제적 부분과 민주제적 부분은, 합방 뒤에도 그 이전과 완전히 똑같은 힘 관계를 유지할 것이다.

바다 저편의 사람들은, 자신들이 정치의 중심에서 멀리 떨어져 있기 때문에, 많은 억압에 처하지 않을까 두려워하고 있다. 그러나 의회에서의 그들의 대표는 처음부터 수가 매우 많을 것이므로, 모든 억압으로부터 그들을 쉽사리 보호할 수 있을 것이다. 멀리 떨어져 있는 것이 선거민에 대한 대표의 의존성을 그다지 약화시키지는 않을 것이고, 대표는 여전히 의회에서의 자신의 의석도, 거기서 그가 이끌어 내는 모든 결과도, 선거민의 호의에 힘입고 있다는 것을 느낄 것이다. 따라서 대표로서는, 제국의 그런 원격지에서 문무 관료가 횡포를 부리는 일이 있기라도 하면, 모든 것을 입법부의 일원으로서의 모든 권위로 박탈함으로써, 선거민의 호의를 쌓아가는 것이 이익이 될 것이다. 게다가, 아메리카가 정치의 중심에서 멀리 떨어져 있는 일이 그리 오래 계속되지는 않을 거라고, 그 나라 출신의 사람들*[109]은 자만하고 있을지도 모르고, 또 거기에는 어느 정도 타당성도 있다. 그 나라의 부와 인구와 개량이 지금까지 보여 준 진보는 너무나 급속하여, 어쩌면 1세기도 거의 지나기 전에, 아메리카의 징수세액이 브리튼의 그것을 넘어설지도 모를 정도이다. 그때는 제국의 중심은, 제국 중에서 전체의 일반적 방위와 유지에 가장 이바지하는 지방으로 당연히 이동할 것이다.*[110]

아메리카의 발견과 희망봉을 거쳐서 동인도로 가는 항로를 발견한 것은, 인류 역사에 기록된 가장 크고 가장 중요한 두 가지 사건이었다. 그 여러 가지 결과는 지금까지 이미 매우 컸지만, 그런 발견 이래의 2, 3세기라는 짧은 기간

---

*109 '그 나라 출신의 사람들(the natives of that country)'는, 초판에서는 '그 나라의 여러 민족(the nations of the country)'.

*110 합방에 의한 수도 이전은 당시 때때로 화제가 되곤 했다. 스미스와 가까운 그 주장자로는 벤저민 프랭클린이 있지만, 그밖에도 토머스 파우늘과 조사이아 태커 등이 이 문제를 거론했다.

으로는, 양자의 결과의 모든 범위를 아는 것은 불가능했다. 그런 대사건에서, 앞으로 어떤 은혜와 불운이 인류에게 초래될 것인지 인간의 지혜로는 예견할 수 없는 일이다. 양쪽의 결과의 일반적인 경향은, 세계의 가장 멀리 떨어진 여러 지방을 어느 정도 이어주고, 그런 지방이 서로의 부족함을 보완하고, 서로의 행복을 증가시키며, 서로의 산업을 장려할 수 있도록 함으로써 유익한 것으로 생각될 것이다.

그러나 동서 인도의 원주민들에게는, 그런 사건이 낳을 수 있었던 모든 상업적 이익은, 그것이 불러일으킨 무서운 불운 속에 묻혀 사라져 버렸다. 그렇지만, 이런 불운은 그런 사건 자체의 본성 속에 있는 어떤 사항 때문이 아니라, 오히려 우연히 일어난 것으로 생각된다. 이런 발견이 이루어진 특정한 시기에는 마침 유럽인의 힘이 훨씬 컸기 때문에, 그들은 그렇게 멀리 떨어진 각국에서 모든 종류의 부정을 저지르고도 처벌을 받지 않을 수 있었다. 아마 이제부터는 그런 나라의 주민은 더욱 강해지고 유럽 주민은 더욱 약해지며, 세계 모든 지역의 주민들은 힘과 용기에 있어서 평등해지고, 그 사실이 서로의 두려움을 부추겨, 그것만으로도 독립제국의 부정을 억제하고 서로의 권리에 대한 일종의 존경심도 갖게 할 수 있을 것이다. 그러나 모든 나라와 나라 사이의 광범한 상업이 자연히, 또는 오히려 필수적으로 따르는 지식과 모든 종류의 개량의 상호교류만큼 이 힘의 평등을 확립하는 것은 없을 것이다.

그 동안, 그런 발견의 중요한 결과의 하나가, 중상주의를, 그렇지 않으면 도저히 이룩할 수 없었을 빛남과 명예로까지 높이게 되었다. 토지개량이나 경작보다도 오히려 상업과 제조업에 의해, 농촌의 산업보다는 도시의 상업에 의해, 대국민을 부유하게 하는 것이 중상주의의 목적이다.

그러나 그런 발견의 결과, 유럽의 상업적인 도시는, 세계의 매우 작은 부분(유럽 가운데 대서양의 파도가 닿는 지방과 발트 해와 지중해의 주변국가)만을 위한 제조업자와 운송업자가 아니라, 이제 아메리카의 다수의 부유한 경작자를 위한 제조업자가 되었고, 또 아시아·아프리카·아메리카의 거의 모든 국민을 위한 운송업자는 물론, 어떤 면에서는 제조업자도 되었다. 두 신세계는 그들의 산업을 위해 열렸으며, 그 어느 쪽도 구세계보다 훨씬 크고 더욱 넓으며, 또 그 가운데 하나의 시장은 날이 갈수록 더욱 더 커져가고 있는 것이다.

아메리카의 식민지를 영유하며 동인도와 직접무역을 하고 있는 나라들은,

분명히 이 큰 상업의 모든 위용과 영광을 누리고 있다. 그러나 다른 나라들도 그들을 배제하는 것을 목적으로 하는 모든 불공평한 제한에도 불구하고, 때때로 이 상업의 실질적인 은혜의 몫을 얻어가고 있다. 이를테면 에스파냐와 포르투갈의 식민지는 에스파냐와 포르투갈의 산업보다 다른 나라의 산업을 실질적으로 많이 장려하고 있다. 마직물이라는 품목 하나만 보아도, 그들 식민지의 소비, 나는 숫자를 보증할 생각은 없지만, 1년에 영국 정화 300만 파운드가 넘는다고 한다. 그러나 이 많은 양의 소비는 거의 모두 프랑스·네덜란드·독일에 의해 공급되고 있다. 에스파냐와 포르투갈은 그 중 매우 작은 일부분을 제공하고 있을 뿐이다. 식민지에 이 많은 양의 마직물을 공급하고 있는 자본은 그런 타국의 주민들에게 해마다 분배되어, 그들에게 수입을 주고 있다. 그 이윤만이 에스파냐와 포르투갈에서 소비되며, 그것은 카디스와 리스본 상인들이 호사스럽게 낭비할 수 있도록 돕고 있는 셈이다.

각 국민이 자국 식민지의 배타적 무역을 확보하려고 애쓰는 여러 규제도, 그것을 통해 대항해야 할 상대국보다도 그것이 지지하고자 하는 해당 국가에 더 해로운 경우가 때때로 있다. 다른 나라들의 산업에 대한 부정한 억압은, 오히려 억압자의 머리 위로, 만일 이렇게 말해도 무방하다면, 되돌아와서, 다른 나라의 산업 이상으로 자국의 산업을 무너뜨리게 된다. 이를테면 그런 규제 때문에 함부르크의 상인은 아메리카 시장에 팔 마직물을 런던으로 보내지 않으면 안 되고, 그곳에서 독일 시장에 팔 담배를 가지고 오지 않으면 안 된다. 그는 마직물을 직접 아메리카로 보낼 수도 없고, 담배를 아메리카에서 직접 가지고 올 수도 없기 때문이다. 이 제한 때문에, 아마 그는 그 제한이 없는 경우보다 전자는 조금 싸게 팔지 않을 수 없고, 후자는 조금 비싸게 사지 않을 수 없으며, 그로 인해 그의 이윤은 아마 조금 손해를 볼 것이다.

그러나 그는, 함부르크와 런던 사이의 이 무역으로, 아메리카와 직접 거래하는 것보다 훨씬 신속하게 자신의 자본을 회전시킬 수 있는 것은 확실하며, 그것은 아메리카의 지불이 런던의 지불 못지않게 기한이 지켜질 것이라는, 결코 있을 수 없는 일을 상정하더라도 마찬가지이다. 따라서 그의 자본은, 그런 규제가 함부르크의 상인을 구속하고 있는 무역 쪽에서, 그가 배제당하고 있는 무역에서 할 수 있는 것보다 훨씬 많은 양의 독일 근로를 계속적으로 고용할 수 있다. 따라서 전자의 자본 용도는 후자의 그것보다 그에게는 아마 이윤이 적겠지만, 그의 나라로 봐서는 결코 불리한 것은 아니다. 독점이 런던 상인의 자본을, 만일 이렇게 말해도 무방하다면, 자연히 끌어당기는 용도의 경우에는 사정은 완전히 달라진다. 그런 용도는 아마 그에게는 다른 대부분의 용도보다 유리하겠지만, 그의 나라에 있어서는 자금회수가 늦기 때문에 결코 더 유리할 수가 없다.

따라서 유럽의 어떤 나라도 자국 식민지의 무역 이익을 모두 독점하려고 온 갖 부정한 노력을 다했지만, 식민지에 대한 압제적 권력을 평시에는 유지하고 전시에는 방위하기 위한 경비 외에는, 지금까지 아무것도 독점할 수 없었던 것이다. 식민지의 영유에서 오는 불편은, 어느 나라도 완전히 독점했고, 식민지 무역에서 나오는 이익은 어느 나라도 다른 대부분의 나라와 나눠 갖지 않으면 안 되었다.

얼핏 보아 아메리카의 대상업의 독점은 의심할 여지없이, 당연히 최고로 가 치 있는 사냥감인 것처럼 생각된다. 경솔한 야심가의 흐려진 눈에는, 이 독점 은 당연히 정치와 전쟁의 혼란스러운 투쟁의 한복판에서, 쟁취해야 할 매우 매력적인 대상으로 나타난다. 그러나 이 대상의 매력적인 찬란함, 즉 이 상업 의 거대한 규모야말로 그것의 독점을 해로운 것으로 만드는 성질 그 자체이며, 그 성질상, 그 나라에 있어서 다른 대부분의 용도보다도 필연적으로 이익이 적은 용도에, 독점이 없는 경우보다 훨씬 큰 비율의 자본을 흡수시키는 것이다.

어느 나라에서나 상인의 자산은, 그 나라에 가장 유리한 용도를, 만일 이렇 게 말해도 무방하다면, 자연히 찾게 마련이라는 것은 제2편에서 이미 설명했 다. 만일 그것이 중계무역에 쓰인다면, 그것을 소유한 나라는, 그 자산이 무역 을 하는 모든 나라의 재화의 집산지가 된다. 그러나 그 자산소유자는 필연적 으로 그런 재화의 될 수 있는 대로 큰 부분을 국내에서 처분하고 싶어한다. 그 것으로 인해 그는, 수출하는 수고와 위험과 비용을 줄이게 되고, 따라서 그는, 그런 재화를 외국으로 보냄으로써 기대할 수 있는 것보다 값이 훨씬 쌀 뿐만 아니라, 나아가서는 이윤이 조금 낮더라도 기꺼이 국내에서 팔 것이다. 그로 인해 그는, 당연히 그의 중계무역을 소비재의 외국무역으로 될 수 있는 대로 바꾸려고 노력한다.

또 그의 자산이 소비재의 외국무역에 쓰이고 있다면, 그는 같은 이유로, 어 디든 외국 시장으로 수출하기 위해 모으는 국산 재화의 될 수 있는 대로 많은 부분을 기꺼이 국내에서 처분할 것이고, 그리하여 소비재의 외국무역을 국내 거래로 될 수 있는 대로 바꾸려고 노력할 것이다. 이렇게 하여, 모든 나라의 상인의 자산은 자연히 가까운 용도를 찾고 먼 곳의 용도는 피하며, 자연히 대금회수의 빈도가 높은 용도를 찾고 대금회수가 길고 느린 용도는 피하며, 자연히 그 자산이 소속된 나라 또는 그 소유자가 거주하는 나라에서 가장 많은 양의 생산적 노동을 유지할 수 있는 용도를 찾고, 가장 적은 양의 생산적 노동밖에 유지할 수 없는 나라는 피하게 된다. 즉 자연히, 통상적인 경우에 그 나라에 가장 유리한 용도를 찾고, 통상적인 경우에 가장 이익이 적은 용도는 피하는 것이다.

그러나 통상의 경우에는 그 나라에 이점이 적은 원격지의 용도 가운데 어떤 것에 있어서, 마침 이윤이 상승하여, 근린의 용도에 주어져 있는 자연의 우위를 상쇄하는 데 충분한 것보다 조금 높아진다면, 이윤의 이 우위는 모든 용도에서의 이윤이 적정한 수준으로 돌아갈 때까지, 근린의 용도에서 자산을 유인할 것이다. 하지만 이윤의 이 우위는, 그 사회의 현실적인 상태에서, 그런 원격지의 용도가 다른 용도에 비해 자본이 조금 부족하고, 그 사회의 자산이 그곳에서 영위되고 있는 다양한 사업*¹¹¹ 사이에 가장 적절하게 분배되고 있지 않다는 증거이다. 그것은 또, 어떤 재화가, 적정한 수준보다 싸게 사지거나 비싸게 팔리고 있으며, 또 어떤 특정한 계급의 시민이 모든 시민계급 사이에 자연히 성립해야 하고 또 자연히 성립하게 마련인 평등상태에 적정한 수준보다 더 많이 지불하거나 더 적게 취득하는 것에 따라 많든 적든 억압받고 있다는 증거이다. 같은 금액의 자본이 원격지의 용도와 근린의 용도에서 같은 양의 생산적 노동을 유지하는 일은 결코 없지만, 원격지의 사업도 그 사회의 복지를 위해서는 근린의 사업과 마찬가지로 필요할 것이다. 그것은, 원격지에서 거래되는 재화는 근린의 사업의 대부분을 영위하는 데 필요한 것이기 때문이다.

그러나 그런 원격지의 재화를 거래하는 사람들의 이윤이 적정한 수준을 넘어선다면, 그 재화는 당연히 적정한 값보다 비싸게, 즉 그 자연값보다 조금 비싸게 팔리고, 근린의 사업에 종사하는 사람들은 모두 이 높은 값 때문에 많든 적든 억압받을 것이다. 따라서 이 경우에 그들의 이해관계가 요구하는 것은,

---

*111 여기서는 employment를 자본의 '용도'와 그것을 사용한 '사업'으로 구분해서 번역하지만, 물론 같은 것을 가리킨다.

이 근린의 사업에서 조금의 자산을 회수하여 원격지의 사업으로 돌림으로써, 그곳에서의 이윤을 적정한 수준으로 내리고, 다루는 재화의 값을 그 자연값까지 내리는 것이다. 이 특별한 경우에 공공의 이해관계는, 통상적인 경우에는 공공사회에 있어서 더 유리한 용도에서 조금의 자산을 회수하여, 통상적인 경우에는 더 불리한 용도로 돌릴 것을 요구한다. 그리고 이 특별한 경우에는, 사람들의 자연적인 이해관계와 성향은 다른 모든 통상적인 경우와 마찬가지로, 공공의 이해관계와 정확하게 일치하며, 그것이 그들을 이끌어, 근린의 사업에서 자산을 회수하여 원격지 사업으로 돌리게 하는 것이다.

그리하여, 개인의 사적인 이해관계와 정념이 자연히 그들을 움직여, 통상적인 경우, 그들의 자산을 사회에 가장 유리한 사업으로 돌리고 싶다는 생각을 갖게 한다. 그러나 만일 이 자연적인 선호에 의해 그들이 너무 많은 것을 그런 사업으로 돌린다면, 그 사업에서는 이윤이 내려가고 다른 모든 사업에서는 이윤이 상승하기 때문에, 그들은 즉시 이 잘못된 분배를 변경하고 싶은 마음이 들게 된다. 그러므로 법률의 간섭이 전혀 없어도, 사람들의 개인적인 이해관계와 정념이 자연히 그들을 이끌어, 각 사회의 자산을 그 속에서 영위되는 모든 사업 사이에, 될 수 있는 대로 사회 전체의 이익에 가장 합치되는 비율로 분할하고 분배시키는 것이다.

중상주의의 다양한 규제는 모두 필연적으로, 자산의 이런 자연스럽고 가장 유리한 분배를 많든 적든 교란시킨다. 그러나 아메리카 및 동인도와의 무역에 관한 규제는 아마 다른 어떤 규제보다도 그것을 교란시킬 것이다. 이런 두 큰 대륙과의 무역이, 다른 어떤 두 부문의 무역보다도 많은 양의 자산을 흡수하기 때문이다. 그러나 그 두 부문의 무역에서 교란을 일으키고 있는 규제는 완전히 똑같은 것은 아니다. 독점은 양쪽의 커다란 동력이기는 하지만 그 종류는 다르다. 어떤 종류의 것이든, 독점은 바로 중상주의의 유일한 동력이다.

아메리카와의 무역에서 각국은, 자국 식민지와의 어떤 직접무역에서도 타국을 완전히 배제함으로써 그 식민지의 시장 전체를 되도록 많이 점유하려고 노력하고 있다. 16세기의 대부분을 통해, 포르투갈인은 동인도로 가는 항로를 최초로 발견한 공적을 내세워 인도양의 독점 항행권을 주장함으로써 동인도와의 무역을 그와 같이 운영하려고 노력했다. 네덜란드인은 여전히, 그들의 향료

제도*[112]와의 어떤 직접무역에서도 다른 모든 유럽 국민을 계속 배제하고 있다. 이런 종류의 독점은 명백하게, 다른 모든 유럽 국민을 배제하기 위해 수립된 것으로, 그로 인해 그들은, 자국 자산의 일부를 돌리는 것이 편리할지도 모르는 무역에서 배제될 뿐 아니라, 그 무역이 다루는 재화를 생산국에서 직접 수입할 수 있는 경우보다 조금 비싸게 사지 않을 수 없는 것이다.

그러나 포르투갈의 국력이 약화된 이래, 유럽의 국민 가운데 인도양의 독점적 항행권을 주장하는 자는 없어지고, 지금은, 그 중요한 항구는 유럽 국민의 선박에 모두 개방되어 있다. 그러나 포르투갈과 지난 몇 년의 프랑스를 제외하고, 동인도 무역은 유럽의 모든 나라에서 하나의 배타적인 회사에 지배되고 있다. 이런 종류의 독점은, 실은 독점을 수립한 해당 국민에 대한 것이다. 그 국민의 대부분은 그것에 의해 자신들의 자산의 일부를 돌리는 것이 편리할지도 모르는 무역에서 배제되는 것은 물론이고, 조금 비싸게 사지 않을 수 없다. 이를테면, 잉글랜드가 동인도 회사를 설립한 이래, 그 이외의 잉글랜드 주민은 그 무역에서 배제된 것은 물론, 자신들이 소비한 동인도 재화의 값 속에, 이 회사가 독점을 통해 그 재화를 입수한 모든 특별이윤뿐만 아니라, 그런 큰 회사의 운영과는 불가분의 관계에 있는 사기와 남용이 반드시 불러일으키게 마련인 모든 터무니없는 낭비에 대해서도 지불한 것이 틀림없다. 따라서 이 두 번째 종류의 독점의 부조리는 첫 번째 종류의 그것보다 훨씬 명백하다.

이 두 종류의 독점은, 사회자산의 자연적인 배분을 조금이나마 교란시키지만, 교란의 방법은 항상 똑같은 것은 아니다.

첫 번째 종류의 독점은, 사회자산 가운데 자연히 향하는 것보다 큰 비율을, 독점이 확립한 개별 무역으로 항상 유인한다.

두 번째 종류의 독점은, 사정에 따라 때로는 독점이 확립하고 있는 개별 무역으로 자산을 유인하고, 또 때로는 그것을 그 무역에서 배제한다. 가난한 나라에서는, 독점은 독점이 아닌 경우에 그곳으로 향하는 것보다 많은 자산을, 그 무역으로 자연히 유인한다. 부유한 나라에서는, 독점은 그렇지 않은 경우에 그곳으로 향하는 것보다 많은 자산을 그 무역에서 배제해 버린다.

이를테면 스웨덴이나 덴마크 같은 가난한 나라들은, 그 무역이 배타적인 회

---

*112 향료제도(Spice Islands)는 몰루카 제도의 옛 이름.

사의 지배하에 있지 않았더라면 아마 동인도로 한 척의 배도 보내지 않았을 것이다. 그런 회사의 창설은 필연적으로 모험가들을 장려한다. 그들의 독점은 국내 시장의 모든 경쟁자로부터 그들을 보호해 주고, 또 그들은 외국 시장에 대해 다른 나라의 상인들과 똑같은 기회를 가진다. 그들의 독점은 상당한 양의 재화로 큰 이윤을 올리는 것의 확실성과, 많은 양의 재화에 대해 상당한 이윤을 올릴 가능성을 그들에게 보여 준다. 그런 터무니없는 장려책이 없었다면, 그런 가난한 나라의 가난한 무역상인들이, 동인도 무역처럼 그들에게는 당연히 매우 멀고 불확실한 것으로 느껴졌을 모험에 그들의 소자본을 과감하게 던질 생각을 하는 일은 결코 없었을 것이다.

이에 반해, 네덜란드처럼 부유한 나라는 자유무역의 경우에 현재보다 아마 훨씬 많은 선박을 동인도로 보낼 것이다. 네덜란드 동인도 회사의 한정된 자산은, 독점이 없으면 그곳으로 향할 매우 많은 상업자본을 아마 그 무역에서 배제했을 것이다. 네덜란드의 상업자본은 매우 크기 때문에, 때로는 여러 외국의 공채로, 때로는 여러 외국의 개인 무역상인이나 모험가에 대한 대부로, 때로는 가장 우회적인 소비재의 외국무역으로, 또 어떤 때는 중계무역으로, 말하자면 끊임없이 넘쳐나고 있다. 근린 사업은 이미 완전히 채워져 있고, 상당한 이윤과 함께 투하될 수 있는 자본은 이미 모조리 투하되어 있기 때문에, 네덜란드의 자본은 필연적으로 가장 먼 원격지 사업으로 흘러가게 된다. 동인도 무역은, 만일 완전하게 자유롭다면 아마도 이 넘쳐나는 자본의 대부분을 흡수할 것이다. 동인도는 유럽의 제조품에도, 아메리카의 금은이나 그 밖의 몇몇 생산물에도, 유럽과 아메리카를 합친 것보다 넓은 시장을 제공하고 있는 것이다.

자산의 자연적인 분배의 교란은 모두, 그것이 이루어지는 사회에 필연적으로 해롭다. 어떤 개별적인 상업에서, 그렇지 않으면 그곳으로 갈 자산을 밀어 내기 때문이든, 어떤 개별적인 상업으로, 그렇지 않으면 오지 않을 것을 유인하기 때문이든, 어쨌든 해로운 것이다. 네덜란드의 동인도 무역이, 배타적인 회사가 전혀 없을 경우, 지금보다 더 번성했을 거라고 한다면, 그 나라는 그 자본의 일부분을, 그 부분에 있어서 가장 편리한 사업에서 배제되어 있음으로 해서 상당한 손해를 입고 있는 것이 틀림없다. 또 마찬가지로, 만일 배타적인 회사가 없을 경우, 스웨덴과 덴마크의 동인도 무역이 현재보다 축소될 거라고 한다면, 또는 더욱 가능성이 높지만, 전혀 존재하지 않게 된다면, 양국은 그 자본의 일부가 양국의 현 상황에 조금은 적합하지 않은 사업으로 돌려지고 있음으로 해서, 마찬가지로 상당한 손해를 입고 있을 것이 분명하다. 양국의 현 상황에서는, 자국의 작은 자본의 매우 큰 부분을, 그토록 먼 원격지와의 무역을 향하는 것보다, 조금 비싸게 들더라도 다른 나라에서 동인도의 재화를 사는 쪽이, 아마 양국에 유리할 것이다. 그 무역에서는 대금회수가 매우 느리고, 자본이 국내에 있는 적은 양의 생산적 노동밖에 유지하지 못하며, 더욱이 국내에서는 생산적 노동이 매우 부족하여, 해야 할 일은 매우 많은데 매우 조금밖에 이루어지지 않고 있는 것이다.

따라서 어떤 개별 국가가, 배타적인 회사가 없으면 동인도와의 직접무역을 영위할 수 없다고 해도, 그것이 그곳에 그런 회사를 설립해야 하는 이유는 되지 않으며, 그런 나라는, 그런 상황에서는 직접적으로 동인도와 무역을 해서는 안 된다는 결론에 이를 수밖에 없다. 동인도 무역을 영위하기 위해서는 그런 회사는 일반적으로 필요하지 않다는 것은, 포르투갈인의 경험에 의해 충분히 증명되어 있다. 그들은 어떤 배타적인 회사도 없이 1세기가 넘도록 그것의 거의 모든 것을 누렸던 것이다.

개인 상인은 아무도, 동인도의 여러 항구에 중개인이나 대리인을 상주시켜, 그가 이따금 그곳으로 보내는 배를 위해 재화를 준비하게 할 만한 자본을 가질 수 없고, 게다가, 그렇게 하지 못하면 화물을 구하기 어려워서, 그의 배는 때때로 돌아갈 계절을 놓쳐 버리게 되므로, 그만한 지연 비용이 투자의 모든 이윤을 잠식해 버릴 뿐만 아니라, 때때로 큰 손실을 불러일으키게 된다고 생각되어 왔다. 그러나 이 논의는, 어쨌든 무언가를 증명하는 것이라고 한다면, 배타적인 회사 없이는 큰 무역 부문은 아무것도 할 수 없다는 것을 증명한다고 하고 싶지만, 그것은 모든 국민의 경험에 반하는 것이다.

큰 무역 부문의 경우, 그 주요 부문을 영위하기 위해 반드시 있어야 하는 모든 종속 부문을 영위하는 데, 어떤 상인이든 한 개인의 자본으로 충분한 것은 하나도 없다. 그러나 어떤 국민이 성장하여 어떤 큰 무역 부문을 영위하게 되면, 자신의 자본을 자연히 주요 부문으로 돌리는 상인들도 있는가 하면, 종속 부문으로 돌리는 자도 있게 마련이어서, 그리하여 다양한 부문들이 모두 영위되는데, 그 모든 것이 한 개인 상인의 자본으로 영위되는 일은 거의 없다. 따라서 어떤 국민이 성장하여 동인도 무역을 영위하게 되면, 그 나라 자본의 일정한 부분은 자연히 그 무역의 모든 부문들 사이에 분할될 것이다.

그 나라의 상인들 가운데 어떤 사람은, 동인도에 살면서 거기서 유럽에 사는 다른 상인들이 보내오는 배에 실을 재화를 준비하는 데 자신들의 자본을 쓰는 편이 이익이 된다는 것을 알 것이다. 여러 유럽 국민이 동인도에서 획득한 정주지는, 그것이 현재 소속된 배타적인 회사에서 몰수하여 주권자의 직접적인 보호하에 둔다면, 적어도 그 정주지가 소속된 각 나라의 상인들에게는 안전하고 쾌적한 거주지가 될 것이다. 만일 한 나라의 자본 가운데, 어떤 특정한 시기에, 만일 이렇게 말해도 무방하다면 자연히 동인도를 향해 기울어지는 부분이, 그런 다양한 부문 모두를 영위하는 데 충분하지 않다면, 그것은 그 특정한 시기에 그 나라가 동인도 무역을 영위할 정도로 성숙하지 않았으면, 한동안은 필요한 동인도산 재화를 직접 동인도에서 수입하는 것보다, 설령 값이 더 비싸더라도 다른 유럽 각국에서 사는 편이 유리하다는 증거일 것이다. 그런 재화를 비싼 값으로 사는 것에 의한 손실이, 그 나라의 사정이나 정황에서 그 나라 자본의 큰 부분을, 동인도와의 직접무역보다 필요하거나 유용하거나 또는 적당한 그 밖의 용도로부터 다른 곳으로 돌림으로써 입는 손실과 같은 일은 거의 있을 수 없는 일이다.

유럽인은 아프리카의 해안과 동인도에 다수의 중요한 정주지를 소유하고 있지만, 아직 그 어느 지방에도, 아메리카의 섬들이나 대륙에서 볼 수 있듯이 인구가 많고 번영하고 있는 식민지를 건설하지 못하고 있다. 그러나 동인도라는 일반적인 명칭 아래 포괄되고 있는 몇몇 지방은 물론이고, 아프리카에도 야만적인 여러 민족들이 살고 있다. 하지만 그런 민족은, 비참하고 무력한 아메리카인만큼 무력하고 무방비한 것은 결코 아닐 뿐만 아니라, 그들이 살고 있는 지방의 자연적인 비옥도에 비해 훨씬 인구가 많았다.

아프리카든 동인도든, 가장 야만적인 민족은 목축민족으로, 호텐토트*¹¹³ 또한 마찬가지였다. 그런데 아메리카의 어떤 지방의 원주민도, 멕시코와 페루를

---

*113 호텐토트(Hottentot)는 코이코이(Khoikhoi)라고도 불리는 아프리카 서남부(케이프타운 북쪽)의 원주민으로, 키가 작은 것이 특징으로 알려져 있었다. '호텐토트 또한'이라고 한 것은, 당시에는 호텐토트라는 말이 일반적으로 문명사회를 모르는 것에 대한 총칭(비문명의 극치)이었기 때문이다. 레날에 의하면, '호텐토트는 부(富)도 없고 부의 조짐조차 없으며, 소와 양만이 그들의 재산으로, 그것은 공유이기 때문에 그들 사이에는 싸움이 일어나는 일이 거의 없다.' (op. cit., liv. 2, ch. 36)

제외하고는 수렵민족에 지니지 않고, 비옥도가 똑같고 같은 면적을 가진 지역이 부양할 수 있는 목축민족과 수렵민족의 차이는 매우 크다. 따라서 아프리카와 동인도에서는, 원주민을 몰아 내고 본디 거주자들의 토지 대부분에 유럽인의 식민농장을 여는 것은 아메리카의 경우보다 어려운 일이었다. 게다가 배타적인 회사의 특성은, 이미 설명한 것처럼 신식민지의 성장에는 불편한 것이었고, 동인도의 식민지가 조금밖에 발전하지 못한 것의 주원인도 그것이었다.

포르투갈인은 전혀 배타적인 회사가 없이도 아프리카·동인도와도 무역을 했고, 아프리카 해안의 콩고·앙골라·벵겔라와 동인도의 고아*114에 있는 그들의 정주지는 미신과 온갖 종류의 악정에 크게 시달리기는 했지만, 조금이나마 아메리카 식민지와 닮은 데가 있어, 몇 세대에 걸쳐 정착해 온 포르투갈인이 그 일부에 살고 있다.

희망봉과 바타비아*115의 네덜란드 정주지는, 현재 유럽인이 아프리카 또는 동인도에 건설한 가장 중요한 식민지로, 이런 이주지는 모두 그 위치상 특별한 혜택을 누리고 있다. 희망봉에는 아메리카 원주민과 거의 마찬가지로 야만적이고 자위력이 전혀 없는 종족이 살고 있었다.

더욱이 그곳은 유럽과 동인도 사이에 있는 이른바 중간 역참으로, 거의 모든 유럽 선박이 왕복 모두 그곳에서 잠시 정박한다. 그들의 배에 모든 종류의 생선 식품을 과일과 함께, 때로는 포도주와 함께 공급하는 것만으로도, 식민자의 잉여 생산물을 위한 매우 큰 시장을 제공하는 셈이다. 희망봉이 유럽과 동인도의 모든 지방 사이에 있는 것처럼, 바타비아는 동인도의 주요 지방 사이에 있다. 그것은 인도스탄에서 중국과 일본으로 가는, 교통이 가장 빈번한 항로에 있으며, 그 항로의 거의 중간에 있다. 유럽과 중국 사이를 항행하는 거의 모든 선박이 기항하는 바타비아는, 그 모든 것과 아울러 동인도의 이른바 지방무역의 중심을 이루는 주요 시장이다. 또 그것은 그 무역 가운데 유럽인에 의해 영위되는 부분뿐만 아니라, 토착 인도인에 의해 영위되는 부분에 대해서도 그런데, 중국과 일본의 주민과, 통킹·말라카·코친차이나·셀레베스 섬*116의

─────────

＊114 고아(Goa)는 인도의 아라비아 해 연안에 있으며, 1961년까지 포르투갈령이었다.

＊115 바타비아(Batavia)는 현재 인도네시아의 수도 자카르타(Jakarta)의 네덜란드 이름. 본디는 네덜란드 및 독일의 한 지방의 라틴명이었다.

＊116 통킹(Tonquin)은 중국 남부(하이난 섬 부근)의 항구 도시로 동경(東京)이라고 썼다. 말라카

주민이 운항하는 배를 그곳의 항구에서 때때로 볼 수 있다. 그런 유리한 위치 덕분에, 그 두 식민지는 배타적인 회사의 억압적인 특성이 때로는 그 성장을 방해했을지도 모르는 걸림돌을 모두 극복할 수 있었고, 특히 바타비아는 어쩌면 세계에서 가장 좋지않은 기후라고 할 수 있는 추가적인 불이익까지 극복할 수 있었다.

잉글랜드와 네덜란드의 회사는 위에서 설명한 두 곳을 제외하면 중요한 식민지를 건설하지 않았지만, 동인도에서는 둘 다 상당한 정복을 이룩해 왔다. 그러나 두 나라에 의한 새로운 국민의 통치 방법에, 배타적인 회사가 가진 본디의 특성이 가장 확실하게 나타났다. 향료제도에서 네덜란드인은, 풍작으로 인해 향료 생산이, 자신들이 충분하다고 생각하는 이유으로 유럽에서 팔 수 있을 거라고 생각하는 것보다 많아지면 그것을 모두 태워 버린다고 한다.*[117] 자신들의 정주지가 없는 섬에서는, 그곳에 자생하는 정향나무와 육두구의 어린 꽃봉오리나 새순을 수집해 온 자에게 상금을 주고 있는데, 이 난폭한*[118] 정책 때문에 이런 나무는 지금은 거의 절멸해 버렸다고 한다. 그들의 정주지의 모든 섬에서 그들은 그런 나무의 수를 크게 감소시키고 만 것이다. 자기 자신들의 섬에서조차, 그 생산물이 자신들의 시장에 적정한 양을 크게 넘으면, 그들은 원주민이 그 가운데 어떤 부분을 다른 나라 사람들에게 넘겨주는 수단을 찾을지도 모른다고 의심하고, 자신들의 독점을 확보할 수 있는 가장 좋은 방법은 자신들이 시장에 내갈 수 있는 양 이상으로는 키우지 않도록 하는 것이라고 그들은 생각한다. 다양한 방법을 통한 억압에 의해, 그들은 몰루카 제도 속의 몇몇 섬의 인구를, 거의 그들 자신의 빈약한 수비대와 향료의 싣기 위해 가끔 찾아오는 그들의 배에 생선 식품이나 다른 생활필수품을 공급하는 데 적당한 수로 줄이고 말았다. 그러나 포르투갈인의 통치하에 있었을 때도 이런 섬들에는 상당한 수의 주민이 있었다고 한다. 잉글랜드의 회사는 아직, 벵골에 그 정도로 완전하게 파괴적인 체제를 확립할만한 시간을 갖지 못했다.

(Malacca)는 말레이시아 서안의 멜라카(Melaka)를 가리키는데, 앞에 나온 향료제도의 몰루카(Molucca) 또는 말루쿠(Maluck)와 혼동되는 일이 있다. 코친차이나(Cochin-China)는 인도차이나 반도의 다른 이름, 셀레베스(Celebes)는 인도네시아 술라웨시(Sulawesi)의 옛 이름.

*117 '고 한다'는 제2판의 추가.

*118 '난폭한(savage)'는 초판에서는 '야만적인(barbarous)'.

그러나 그들의 통치 방식은, 바로 그것과 같은 경향을 가지고 있었다. 내가 확실하게 들은 바로는, 회사 출장소의 주임, 즉 수석 직원이 농부에게 명령하여, 기름진 양귀비 밭을 갈아엎고, 쌀이나 뭔가 다른 곡류의 씨앗을 뿌리게 하는 일이 드물지 않았다고 한다. 구실은 식량 부족을 방지한다는 것이었지만, 진짜 이유는 그 주임에게 그가 그때 가지고 있던 많은 양의 아편[119]을 더 비싼 값에 팔 기회를 주는 것이었다. 다른 경우에는 거꾸로, 양귀비를 재배할 여유를 만들기 위해 쌀 또는 다른 곡류의 기름진 밭을 갈아엎었다. 이 경우는 주임이 아편으로 엄청난 이익을 올릴 수 있을 거라고 판단했을 때였다. 이 회사의 사용인들은, 여러 가지 경우에 그 나라의 외국무역뿐만 아니라 국내 상업에 대해서도, 그 가장 중요한 몇몇 부문에 자신들의 이익이 되는 독점을 수립하려고 시도했다. 만일 그들이 그것을 추진하는 것에 대해 허락을 받고 있었다면, 그들이 언젠가, 자신들이 그렇게 하여 독점권을 빼앗은 특정 품목의 생산을 자신들이 구입할 수 있는 양으로 제한할 뿐 아니라, 자신들이 충분하다고 생각하는 이윤으로 팔 수 있을 거라고 기대되는 양으로 제한하는 것을 시도하지 않고 그냥 있을 리가 없는 것이다. 1, 2세기가 지나는 동안, 잉글랜드 회사의 정책도 이렇게 네덜란드 회사의 정책처럼 완전히 파괴적이라는 것이 드러났을 것이다.

그러나 이들 회사를 그것이 정복한 나라들의 주권자로 생각한 경우에, 이런 파괴적인 계획만큼 회사의 실질적인 이익에 직접 반하는 것은 결코 없다. 거의 모든 나라에서, 주권자의 수입은 국민의 수입에서 이끌어 낸다. 따라서 국민의 수입이 크면 클수록, 즉 그들의 토지와 노동의 연간 생산물이 크면 클수록, 그들이 주권자에게 제공할 수 있는 것도 크다. 따라서 연간 생산물을 될 수 있는 대로 증가시키는 것이 그의 이익이다. 그러나 만일 이것이 어떤 주권자에게도 이익이라면, 벵골의 주권자처럼 수입이 주로 지대에서 나오는 주권자에 대해서는 특히 더욱 그러하다. 그 지대는 반드시 생산물의 양과 가치에 비례하며, 그 양쪽 다 시장의 크기에 의존한다. 그 양은 그것에 대해 지불할 수 있는 사람들의 소비와 항상 조금이나마 정확하게 합치할 것이고, 그들이 지불하는 값은 언제나 그들의 경쟁의 치열함에 비례할 것이다. 따라서 사는 사람의 수

---

[119] 아편은 양귀비 열매로 만든다.

와 경쟁을 될 수 있는 대로 늘리기 위해 자국 생산물에 가장 드넓은 시장을 개방하고, 가장 완전한 상업의 자유를 인정하는 것이, 그런 주권자들에게 이익이며, 따라서 모든 독점을 폐지할 뿐만 아니라, 국내 생산물의, 그 나라의 한 지방에서 다른 지방으로의 수송, 여러 외국으로의 수출, 그것과 교환될 수 있는 모든 종류의 재화의 수입에 대한, 모든 제한의 폐지가, 그런 주권자에게 있어서의 이익이다. 그는 이 방법으로 그 생산물의 양과 가치를, 따라서 그 생산물에 대한 그 자신의 몫, 즉 그 자신의 수입을 증가시킬 가능성이 가장 높다.

그러나 상인들의 회사는, 자신들이 그렇게 된 뒤에도 자신들을 주권자라고 생각할 수 없는 것처럼 보인다. 그들은 아직도 상업, 즉 다시 팔기 위해 사는 것을 자신들의 주요업무로 여기고 있으며, 게다가 기묘한 불합리에 의해, 주권자의 성격을 상인의 성격의 부속물에 지나지 않는다고 생각하고, 상인의 성격에 봉사해야 하는 것, 즉, 자신들이 인도에서 싸게 사고, 따라서 유럽에서 더 많은 이윤을 남기고 팔기 위한 수단으로 여기고 있다. 그들은 이 목적을 위해, 그들이 통치하는 지방의 시장에서 모든 경쟁자를 될 수 있는 대로 내쫓고, 따라서 그런 지방의 잉여 생산물의 적어도 일정한 부분을 그들 자신의 수요를 간신히 채울 수 있는 데까지, 즉 그들이 타당하다고 생각하는 이윤으로 유럽에서 팔 수 있을 거라고 기대하는 데까지 감소시키려고 노력하는 것이다.

그들의 상인적인 습관은, 이렇게 하여 그들을 이끌고, 아마 무의식적이기는 하겠지만 거의 필연적으로, 통상의 경우에는 언제나 주권자의 항구적인 커다란 이윤보다, 독점자의 얼마 안 되는 일시적인 이윤을 선택하여, 차츰 자신들의 통치에 복종하고 있는 지방을, 네덜란드인이 몰루카 제도를 다루는 것과 거의 마찬가지로 다루게 만들 것이다. 주권자라고 생각되었던 동인도 회사의 이익은, 그런 인도의 여러 영토로 운반되는 유럽의 재화가 인도에서 될 수 있는 대로 싸게 팔리고, 그곳에서 가져가는 재화가 유럽에서 좋은 값을 낳는 것, 즉 될 수 있는 대로 비싸게 팔리는 것이다. 그러나 이 반대가 상인으로서의 그들의 이익이다. 주권자로서 그들의 이익은, 자신들이 통치하는 나라의 이익과 완전히 같다. 상인으로서의 그들의 이익은 그 나라의 이익과 정면으로 대립하는 것이다.[120]

---

[120] '주권자라고 생각되었던'에서 여기까지는 제2판의 추가.

그러나 만일 그런 통치의 특성이, 유럽에서의 방침과 관련된 것에 대해서조차, 이렇게 본질적으로, 또 어쩌면 구제할 수 없을 정도로까지 잘못된 것이라면, 인도에서 그것을 실시하는 정신은 더 말할 것도 없는 일이다. 그 실시기관은 필연적으로 상인들의 협의회로 구성되어 있고, 상인이라는 직업은 매우 존경받을 만한 것이지만, 세계 어느 나라에서도 힘을 쓰지 않고 국민들이 자연히 외경심을 품고 자발적으로 복종하게 하는 종류의 권위를 가지는 것은 아니다. 그런 협의회가 국민을 복종시키려면, 그것에 따르는 무력에 의하는 수밖에 없고, 그로 인해 그들의 통치는 필연적으로 군사적이고 전제적인 것이 된다. 그러나 그들의 본디의 업무는 상인의 업무이다. 그것은 주인의 계산에서 자신들에게 맡겨진 유럽의 재화를 팔고, 그 대신 유럽 시장에 팔 인도산 재화를 사는 것이다. 그것은 전자를 될 수 있는 대로 비싸게 팔고, 후자를 될 수 있는 대로 싸게 사는 것이며, 따라서 자신들이 영업을 하고 있는 특정한 시장에서 모든 경쟁자를 될 수 있는 대로 배제하는 것이다. 그러므로 이 실시기관의 특성은, 회사의 영업에 관한 한 그 방침의 특성과 같다. 그것은 통치를 독점의 이익에 종속시키고, 따라서 나라의 잉여 생산물 가운데 적어도 일정한 부분의 자연적 증가를 방해하여, 겨우 회사의 필요에 대응할 수 있는 정도로 억제하는 경향을 가지고 있다.

뿐만 아니라, 이 실시기관의 모든 구성원은, 많든 적든 자신의 계산대로 영업을 하고 있으며, 그것은 금지해도 소용이 없다. 1만 마일이나 멀리 떨어져 있어서 눈길이 거의 미치지 않는 곳에 있는 대규모 영업소의 직원들이, 주인의 명령 하나로 자신의 계산대로 하고 있는 어떤 종류의 일이든 즉시 중지하고, 재산을 이룰 수 있는 수단을 수중에 가지고 있으면서도 그 기대를 영원히 포기한 채, 주인이 인정하는 적당한 봉급으로 만족하기를 기대하는 것만큼 어리석은 일은 없다. 게다가 그 봉급은, 적정한 수준이라 하더라도 회사의 영업에서 올리는 실제 이윤이 충당할 수 있는 한 높은 급여인 것이 보통이므로, 여간해서 올라갈 수 없는 것이다. 그런 사정하에서, 회사의 고용인이 자신의 계산대로 거래하는 것을 금지하는 것은, 상급 고용인이 주인의 명령을 수행한다는 구실로 운 나쁘게 그들의 심기를 건드린 하급 고용인을 억압할 수 있게 하는 것 외에는 거의 아무런 효과도 있을 수 없다. 고용인은 당연히 자신들의 개인적인 거래를 위해, 회사의 공적인 거래를 위해서와 같은 독점을 확립하려고 노력한다. 만일 그들이 생각하는 대로 행동하도록 허용된다면, 그들은 자신들이 거래하고자 하는 품목의 거래를 다른 모든 사람들에게 확고하게 금지함으로써 이 독점을 공공연하게, 또한 직접적으로 확립할 것이고, 아마 그것은 독점을 확립할 수 있는 가장 비억압적인 최선의 방법이다. 그러나 만일 유럽에서의 명령으로 그들이 그것을 금지당한다면, 그들은 그럼에도 불구하고 같은 종류의 독점을 비밀리에, 또 간접적으로, 나라에 있어서 훨씬 파괴적인 방법으로 확립하려고 노력할 것이다.

그들은 자신들이 대리인을 사용하여 숨기거나, 적어도 공공연하게 인정하지 않고 영위하고자 하는 상업 부문에서, 자신들과 충돌하는 사람들을 곤경에 빠뜨리거나 파멸시키기 위해, 정부의 모든 권위를 행사하며 사업행정을 악용할 것이다. 그러나 고용인들의 개인적인 영업은 당연히 회사의 공적인 영업보다 훨씬 드넓은 품목으로 확대될 것이다. 회사의 공적인 영업은 유럽과의 무역 이상으로 확대되지는 않으며, 그 나라의 외국무역의 일부를 포함하는 데 지나지 않는다. 그러나 고용인들의 개인적인 영업은 이 나라의 국내 거래와 외국무역의 모든 부문에 걸칠 수가 있다. 회사의 독점은 잉여 생산물 가운데 자유무역의 경우에 유럽에 수출되는 부분의 자연적인 증가를 방해하는 경향밖에 가질 수 없다.

고용인들의 독점은, 수출용은 물론이고 국내소비용에 이르기까지, 그들이 거래하고자 하는 생산물의 어느 부분에 대해서도 그 자연적 증가를 방해하는 경향이 있고, 따라서 나라 전체의 경작을 쇠퇴시키고 주민의 수를 감소시키는 경향이 있다. 그것은 모든 종류의 생산물의 양, 생활필수품의 양마저, 회사의 고용인들이 거래하려고 하면 언제든지, 그들이 살 수 있고 또 원하는 이윤으로 팔 수 있다고 생각하는 양으로까지 감소시켜 버리는 경향이 있다.

또한 고용인들은 그 입장의 성질상, 자신들이 지배하는 나라의 이익에 반하더라도 자신들의 이익을 어떻게든 지키려고 하는 경향을, 그들의 주인 이상으로 가지고 있을 것이 분명하다. 그 나라는 그들의 주인들의 것이고, 주인들은 자신들에게 속해 있는 것의 이익을 어느 정도 고려하지 않을 수 없다. 그러나 그것은 고용인들에게 속하는 것이 아니다. 그들의 주인들의 실제적인 이익은, 만일 주인들에게 그것을 이해하는 능력이 있다면 그 나라의 이익과 같으며,*121 주인들이 그것을 억압하기라도 한다면, 그것은 주로*122 무지 때문이고 어리석은 개인적 편견 때문이다. 그러나 고용인들의 진정한 이익은 나라의 이익과 결코 같지는 않으며, 가장 완전한 지식도 반드시 그들의 억압을 종식시킨다고는 할 수 없다. 따라서 유럽에서 보내오는 규제는 때때로 미력하기는 했지만, 대부분의 경우*123 선의에 의한 것이었다. 인도에 있는 고용인들이 정한 규제에는, 그 이상의 지식이, 그리고 어쩌면 그 이하의 선의가 나타나는 경우가 있었다. 그것은 매우 기묘한 정부로, 그 행정부의 모든 구성원은 될 수 있는 대로 빨리 그 나라에서 탈출하여 정부와 손을 떼고 싶어한다. 그리고 그들의 이해관계에 있어서는, 그곳을 떠나 버리고 나면, 그리고 전 재산을 가지고 가 버리면, 그 이튿날 나라 전체가 지진에 무너져 버린다 해도 아무 상관 없는 일이다.

그러나 여기서 설명한 것을 통해, 나는 동인도 회사의 고용인들의 일반적인 성격에 불쾌한 비난을 퍼부을 생각은 없으며, 하물며 특정한 사람들에 대해

---

*121 그러나 인도주(株)의 각 소유자(동인도 회사의 주주)의 이해는 그가 투표를 통해 정치에 어느 정도 영향력을 가지는 나라의 이해와 결코 같지 않다. 제5편 제1장 제3절 참조. 이 주는 제3판에 추가된 것으로 제2판에서는 다음과 같이 되어 있었다.
'만일 주인들이 인도주 소유자로서의 그들의 것인 이해관심 외에는 어떤 이해관심도 결코 갖지 않았다면, 이것은 정확하게 진실일 것이다. 그러나 그들은 종종, 그것보다 훨씬 중요한 다른 이해관심을 가진다. 대(大)재산가는 종종, 보통 재산가도 이따금, 주주총회에서 한 표를 가짐으로써 획득하기를 기대하는 영향력을 위해, 1300~1400파운드(인도주 1000파운드의 시가(時價))를 기꺼이 내민다. 그것은 그에게, 약탈에 대해서는 아니지만 인도에서의 약탈자들의 임명에 대해 참가권을 준다. 이사들은 그들이 그런 임명을 행사하기는 하지만, 많든 적든 주주총회의 영향력 아래 있고, 총회는 이사들을 선거할 뿐만 아니라 때로는 그들이 행사하는 임명을 부결한다. 대재산가 또는 보통 재산가도, 몇 년에 걸쳐 이 영향력을 누리며, 그로 인해 일정한 수의 친구를 인도에서 취직시켰다면, 그만큼 소액자본에서 기대할 수 있는 배당에 대해, 또는 그의 투표권의 기초가 되고 있는 자본 자체의 손익에 대해서도 거의 신경 쓰지 않는 일이 때때로 있다. 그 투표권에 의해 자신이 통치에 참가할 권리를 가진 대제국의 영고성쇠에 대해, 그가 조금이라도 관심을 두는 일은 좀처럼 없다. 일찍이 다른 어떤 주권자도 자신의 국민들의 행불행, 자기 영토의 개량과 황폐, 자기 행정의 영광과 불명예에 대해, 그런 상사회사의 주주들의 대부분이 불가피한 정신적 이유에 의해 필연적으로 그런 정도로까지 무관심하지는 않았고, 사물의 성질상 그럴 수도 없었다.'
*122 '주로'는 초판에서는 '오로지'.
*123 '대부분의 경우'는 초판에서는 '보통은'.

그렇게 할 생각은 더더욱 없다. 내가 비난하고자 하는 것은 통치제도이고 그들이 처한 지위이지, 그 지위에서 행동한 사람들의 성격은 아니다. 그들은 자신들의 지위가 자연히 시키는 대로 행동한 것이며, 그들을 가장 큰 목소리로 비난한 사람들도 아마 그들보다 훌륭하게 행동하지는 않았을 것이다. 전쟁에 있어서도 교섭에 있어서도, 마드라스와 캘커타의 협의회는 몇몇 경우에 로마 공화국 전성기의 원로원에서도 명예가 되었을 결단과 명석한 지혜를 가지고 행동했다. 그런 협의회의 구성원들은 전쟁이나 정치와는 매우 다른 직업을 위해 육성된 사람들이었다. 그러나 그들의 지위만이, 교육도 경험도 선례조차 없는 가운데 그 지위에 필요한 커다란 자질을 별안간 그들 전원에게 주어, 그들 자신도 미처 깨닫지 못했던 능력과 덕성을 그들에게 부여한 것으로 생각된다. 따라서 만일 어떤 경우에, 그들이 그 지위에 따라, 그들한테서는 도저히 기대할 수 없는 도량이 있는 행위를 하면서, 다른 경우에는, 그 지위에 따라 그것과는 조금 다른 성질의 행위를 한다 하더라도 이상하게 여길 필요는 없을 것이다.

따라서 그런 독점회사는 모든 점에서 난처한 존재로, 그것이 설립되어 있는 나라로서는 항상 어느 정도 불편한 것이고, 불행하게도 그 통치하에 있는 나라들에는 파괴적인 것이다.

제8장

중상주의에 대한 결론*¹

　수출 장려와 수입 억제는 각 나라의 부를 증대시키고자 하는 중상주의(重
商主義 : 상업을 중히 여기는 주의)의 두 가지 큰 장치이기는 하지만, 몇 가지 특정한 상품에 대
해서는 반대의 방침, 즉 수출을 억제하고 수입을 장려하는 방침을 채택하고
있는 것으로 보인다. 그러나 그 궁극적인 목적은 언제나 같으며, 유리한 무역
차액을 통해 나라의 부를 증대시키는 것이라고 그것은 주장한다. 그것은 우리
의 노동자들을 유리하게 하고, 모든 외국 시장에서 다른 나라의 노동자들을
싸게 팔도록 하기 위해, 제조업의 원료와 직업 용구의 수출을 저지하고, 또 그
로 인해 값이 그리 비싸지 않은 몇몇 상품 수출을 제한함으로써, 다른 상품들
을 훨씬 많이, 그리고 비싼 값으로 수출을 노리는 것이다. 그것은, 우리나라의
국민이 제조업의 원료를 더 싸게 가공할 수 있게 되어, 그로 인해 제조품 수입
이 더 많고 더 비싸지는 것을 방지할 수 있도록 제조업의 원료 수입을 장려한
다. 적어도 우리 법령집 속에는, 직업 용구의 수입을 장려한 일을 나는 본 적이
없다.

　제조업이 어느 정도의 규모에 이르면, 직업 용구의 제조는 그 자체가 다수
의 매우 중요한 제조업의 목적이 된다. 그런 용구의 수입에 대해 뭔가 특별한
장려를 하는 것은 그런 제조업의 이익을 방해하는 경우가 너무 많게 된다. 따
라서 그런 수입은 장려되기는커녕 때때로 금지되어 왔다. 그리하여 소모구(梳
毛具 : 짐승의 긴 털을 고르게 하는 용구)의 수입은, 아일랜드에서 오는 것과, 표착물(漂着物 : 표류해 온 물건) 또는
몰수품(沒收品)*²으로 반입된 경우를 제외하고, 에드워드 4세 3년(1463) 법률

---

*1 이 장 전체는 제2판에 대한 보충으로서 별책으로 출판되었고, 제3판부터 본문에 편집되
　었다.
*2 '표착물(wreck) 또는 몰수품(prize)'은 난파선에서 흘러온 것, 또는 밀수품이 몰수된 것을
　말한다.

에 의해 금지되었고, 이 금지는 엘리자베스 39년의 법률에 의해 갱신되어, 그 뒤의 여러 법률에 의해 계속되고 항구화되었다.

제조업의 원료 수입은, 때로는 다른 재화에는 부과되는 세금을 면제함으로써, 또 때로는 장려금에 의해서 장려되어 왔다.

몇몇의 다른 나라*³의 양모, 모든 나라의 면화, 아일랜드 또는 브리튼령 식민지의 가공하지 않은 아마, 대부분의 염료·생가죽, 브리튼령 그린란드 어장의 바다표범 가죽, 브리튼의 여러 식민지의 선철과 봉철, 그 밖의 몇 종류의 제조업 원료의 수입은, 세관에 정식으로 신고하면 모든 세금을 면제해 주는 혜택이 주어졌다. 아마, 우리 상인이나 제조업자의 개인적인 이해관계가, 그 밖에 우리 상업상의 여러 규제의 대부분과 마찬가지로, 이런 면제를 입법부에서 억지로 획득한 것일 것이다. 그러나 이런 면제는 완전히 정당하고 합리적이며, 국가의 필요와 양립하면서 다른 모든 제조업 원료에까지 확장할 수 있다면, 공공은 확실히 이득을 볼 수 있을 것이다.

그러나 우리의 대형 제조업자의 탐욕은 몇몇 경우에 이런 면제를, 자기들 제품의 미가공 원료라고 정당하게 여길 수 있는 범위를 크게 넘어서 확장시켰다. 조지 2세 24년(1750) 법률 제46호에 의해, 외국산 생마사(生麻絲)*⁴ 수입에 대해, 전에 부과되고 있었던 훨씬 비싼 세금, 즉 범포용(帆布用) 실에는 1파운드당 6펜스, 모든 프랑스 및 네덜란드제 실에는 1파운드당 1실링, 모든 프러시아*⁵ 또는 러시아제*⁶ 실에는 1헌드레드웨이트당 2파운드 13실링 4펜스를 대신하여, 1파운드당 불과 1페니라는 소액의 세금밖에 부과되지 않게 되었다.

그런데 우리 제조업자는 이 감세에 그리 오랫동안 만족하지는 않았다. 같은 국왕의 29년 법률 제15호, 즉 값이 1야드당 18펜스가 넘지 않는 브리튼 및 아일랜드의 마직물 수출에 장려금을 주기로 한 법률에 의해, 생마사의 수입에 대한 이 소액의 세금조차 철폐되었다. 그러나 마사를 만드는 데 필요한 다양한 작업에는, 그 뒤에 마사로 마직물을 만드는 작업보다 훨씬 많은 근로가 쓰

---

*3 '몇몇의 다른 나라'란 아일랜드와 에스파냐를 말한다.

*4 생마사(brown linen yarn)는 아마로 만든 직물용 실로, 탈색하지 않은 것.

*5 프러시아(Prussia)를 스미스는 스프루스(spruce)라고 쓰고 있는데, 이것은 15세기 초부터의 어형으로, 지리적으로는 당시의 프로이센, 즉 북독일과 발트 해 지방을 가리킨다.

*6 러시아(Russia)도 스미스는 모스크바(Moscovia)라고 쓰고 있다. 물론 이것은 당시의 모스크바 대공국이며, 오늘날의 러시아는 아니다.

인다. 한 사람의 직조공이 끊임없이 취업할 수 있게 하려면, 아마의 재배와 가공의 근로는 생각하지 않더라도, 적어도 3, 4명의 방적공이 필요하며, 마직물의 완성에 필요한 전체 노동량이 5분의 4 이상이 마사의 생산에 쓰인다. 그러나 우리의 방적공은 지원도 보호도 받지 못한 채 이 나라의 다양한 지방에 분산되어 있다. 가난한 사람들로, 보통은 여성이다.

우리의 대형 제조업자가 이윤을 올리는 것은 그런 사람들의 제품을 판매함으로써가 아니라, 직조공들의 완성품을 판매하는 것을 통해서이다. 완성된 제조품을 될 수 있는 대로 비싸게 파는 것이 그들의 이익이듯이, 원료를 될 수 있는 대로 싸게 사는 것도 그러하다. 그들 자신의 마직물의 수출에 대한 장려금과, 모든 외국산 마직물의 수입에 대한 높은 세금, 그리고 몇 가지 종류의 프랑스산 마직물에 대한 국내 소비의 전면적 금지를 입법부에서 따냄으로써, 그들은 자신들의 재화를 될 수 있는 대로 비싸게 팔려고 노력한다. 그들은 외국산 마사의 수입을 장려하고, 그것을 우리의 민중이 만드는 것과 경쟁시킴으로써, 가난한 방적공의 제품을 될 수 있는 대로 싸게 사려고 노력한다. 그들은 가난한 방적공의 수입을 낮추고 싶어하는 것과 마찬가지로, 자신들의 직물공의 임금을 낮추고 싶어하며, 그들이 완성품의 값을 인상하거나 미가공 원료의 값을 내리려고 노력하는 것은 결코 노동자의 이익을 위한 것이 아니다. 우리의 중상주의가 주로 장려하는 것은, 부자와 유력자의 편익을 위해 영위되는 산업이다. 가난하거나 무력한 사람의 편익을 위해 영위되는 산업은 너무나 자주 무시되거나 억압받고 있다.

마직물 수출에 대한 장려금과 외국산 실의 수입에 대한 면제도, 모두 15년 동안만 인정되었지만, 그 뒤 두 번의 연장에 의해 계속되어 1786년 6월 24일 직후의 의회 회기 종료와 함께 소멸하기로 되어 있다.

제조업 원료 수입의 장려금에 의한 장려는 주로, 우리의 아메리카 식민지에서 수입되는 것에 한정되어 있다.

이런 종류의 최초의 장려금은, 현세기 초 아메리카에서 수입하는 선박용 자재에 대해 주어졌다. 이 종목에는 돛대·활대·대마·타르·역청·테레빈유가 들어 있었다. 그러나 돛대용 재목 톤당 1파운드의 장려금과 대마 톤당 6파운드의 장려금은, 스코틀랜드에서 잉글랜드로 수입되는 것에까지 확장되었다. 어느 쪽 장려금도 아무런 변경도 없이 같은 비율을 유지한 채, 각각의 기한이 올 때까지 계속되었다. 즉 대마에 대한 것은 1741년 1월 1일까지, 돛대용 재목에 대한 것은 1781년 6월 24일 직후 의회 회기가 종료될 때까지 계속된 것이다.

타르·역청·테레빈유의 수입에 대한 장려금은 계속되는 기간 중에 몇 번 변경되었다. 본디는 타르에 대한 그것은 톤당 4파운드, 역청에 대해서도 같은 금액, 테레빈유에 대한 그것은 톤당 3파운드였다. 타르에 대한 톤당 4파운드의 장려금은 나중에 특정한 방법으로 조제된 것에 한정되고, 이물질이 섞이지 않은 양질의 판매용 타르에 대한 그것은 톤당 2파운드 4실링으로 인하되었다. 역청에 대한 장려금도 마찬가지로 톤당 1파운드로, 테레빈유에 대한 그것은 톤당 1파운드 10실링으로 인하되었다.

제조업 원료의 수입에 대한 시기적인 순서로 두 번째의 장려금은, 조지 2세 21년(1747) 법률 제30호에 의해 브리튼 식민지에서 수입된 쪽에 대해 주어졌다. 식민농원에서 생산된 쪽의 값이, 가장 좋은 프랑스산 쪽값의 4분의 3이 되는 경우에는, 이 법률에 의해 1파운드당 6펜스의 장려금이 주어졌다. 이 장려금은 다른 대부분의 장려금과 마찬가지로 한정된 기간만 주어졌고, 몇 차례의 연기로 지속되었으나 1파운드당 4펜스로 감액되었다. 그것은 1781년 3월 26일 이후의 의회 회기 종료와 함께 소멸된 채 오늘에 이르고 있다.

이런 종류의 세 번째 장려금은(대체적으로 우리가 아메리카 식민지에 대해 때로는 비위를 맞추고, 때로는 싸우기 시작한 무렵) 조지 3세 4년(1763) 법률 제26호에 의해, 브리튼 식민지에서의 대마 또는 미가공 아마의 수입에 대해 주어졌다. 이 장려금은 1764년 6월 24일부터 1785년 6월 24일까지 21년에 걸쳐 주어졌다. 최초의 7년 동안은 톤당 8파운드의 비율, 다음 7년 동안은 6파운드, 세 번째 7년 동안은 4파운드의 비율이었다. 이 장려금은 스코틀랜드로는 확장되지 않았는데, 그곳의 기후는(그곳에서도 대마가 재배되기는 하지만 적은 양이고 질도 낮다) 이 생산물에 그다지 적합하지 않다.*7 잉글랜드의 스코틀랜드 아마 수입에 대한 그런 장려금은, 연합왕국 남부의 옛날부터의 생산물에 대해 매우 큰 방해가 되었을 것이다.

이런 종류의 네 번째 장려금은 조지 3세 5년(1764) 법률 제45호에 따라, 아메리카에서 들여오는 목재의 수입에 대해 1766년 1월 1일부터 1775년 1월 1일까

---

*7 아마의 재배와 마직물의 생산은 스코틀랜드의 토착산업으로, 특히 병합 및 재커바이트 반란 뒤에는 적극적으로 장려되었다. 단, 하이랜드에서의 진흥은 1766년에 중단되었다.

지 9년에 걸쳐 주어졌다. 최초의 3년 동안은 상질의 전나무 판재 120장당 1파운드의 비율, 그 밖의 각재는 50평방피트를 실을 때마다 12실링의 비율로 되어 있었다. 다음 3년 동안은 전나무 판재에는 15실링, 다른 각재에는 8실링의 비율, 그리고 세 번째 3년 동안은 전나무 판재에는 10실링, 그 밖의 각재에는 5실링의 비율로 되어 있었다.

이런 종류의 다섯 번째 장려금은 조지 3세 9년(1768) 법률 제38호에 따라, 브리튼의 식민지에서 들여오는 생사 수입에 대해 1770년 1월 1일부터 1791년 1월 1일까지 21년에 걸쳐 주어졌다. 최초의 7년 동안은 100파운드의 가치마다 25파운드의 비율, 다음 7년 동안은 20파운드, 세 번째 7년 동안은 15파운드의 비율로 되어 있었다. 양잠과 제사(製絲)는 매우 많은 일손을 필요로 하며, 더욱 이 아메리카에서는 노동이 매우 비쌌기 때문에 이런 높은 금액의 장려금도 별다른 효과가 없었던 것 같다는 얘기를 나는 들었다.

이런 종류의 여섯 번째 장려금은 조지 3세 11년(1770) 법률 제50호에 따라, 브리튼 식민지에서 들여오는 포도주용 술통·큰 통·통용 판재·통바닥 판재의 수입에 대해 1772년 1월 1일부터 1781년 1월까지 9년에 걸쳐 주어졌다. 최초의 7년 동안은 각각의 소정량에 대해 6파운드, 다음 3년 동안은 4파운드, 세 번째 3년 동안은 2파운드의 비율이었다.

이런 종류의 일곱 번째, 그리고 마지막 장려금은 조지 3세 19년(1778) 법률 제37호에 따라, 아일랜드에서의 대마 수입에 대해 주어졌다. 그것은 아메리카로부터의 대마 및 미가공 아마의 수입에 대해서와 같은 방법으로, 1779년 6월 24일부터 1800년 6월 24일까지 21년에 걸쳐 주어졌다. 이 기간도 마찬가지로 각각 7년의 3기로 분할되었고, 각 기간의 아일랜드 장려금은 아메리카 장려금과 같은 비율이다. 다만 그것은 아메리카 장려금처럼 미가공 아마의 수입에까지 미치지는 않았다. 그것은 그레이트브리튼에서 그 식물을 재배하는 데 있어서는 너무나 큰 장애였을 것이다. 이 마지막 장려금이 주어졌을 때, 브리튼과 아일랜드의 입법부는 이전에 브리튼과 아메리카의 입법부가 그랬던 것처럼 좋은 관계에 있지 않았다. 그러나 아일랜드에 주어진 이 혜택이 아메리카에 주어진 모든 혜택보다 좋은 미래를 약속하는 것이라고 기대하고 싶다.

같은 상품이 아메리카에서 수입되는 경우에는 이렇게 장려금을 주어지고 있었는데, 어디든 다른 나라에서 수입되는 경우에는 상당한 세금이 부과되었다. 우리의 아메리카 식민지의 이해는 모국의 이해와 같다고 여겨진 것이다. 그들의 부는 우리의 부로 여겨졌다. 아메리카로 화폐가 얼마나 보내지든, 그것은 무역차액에 의해 모두 우리에게 돌아오는 것이고, 그들에게 어느 정도의 경비를 투입하더라도, 우리가 그것으로 인해 1파싱이라도 가난해지는 일은 결코 없다고 했다. 그들은 어떤 점에서도 우리 자신의 것이므로, 그것은 우리 자신의 재산을 개량하기 위해 투입된 경비이고, 우리 자신의 국민의 유리한 사업을 위해 투입된 경비라는 것이다. 치명적인 경험*8이 벌써 충분히 폭로해 버린 제도의 어리석음을 폭로하기 위해, 더 이상 아무 말도 할 필요가 없다고 나는 생각한다. 만일 우리의 아메리카 식민지가 정말로 그레이트브리튼의 일부였다면, 그런 장려금은 생산에 대한 장려금으로 생각할 수 있을지도 모르지만, 그럼에도 여전히, 그런 피장려금에 대한 모든 반대론에 맞닥뜨리겠지만, 그 이외의 반대는 받지 않았을 것이다.

제조업의 원료 수출은 때로는 절대적 금지에 의해, 때로는 높은 비율의 세금에 의해 억제된다.

우리의 모직물 제조업자는, 이 국민의 번영은 자신들의 특정한 사업의 성공과 확대에 의존한다는 것을 입법부가 믿게 하는 데, 다른 어떤 종류의 노동자보다도 성공을 거두어 왔다. 그들은 어떤 외국에서도 모직물 수입을 절대적으로 금지하는 것에 의해 소비자에 대한 독점권을 획득했을 뿐만 아니라, 양과 양모 수출에 대한 똑같은 금지에 의해 목축업자와 양모 생산자에 대해서도 독점권을 획득했다. 공공수입을 확보하기 위해 제정된 법률의 대부분은 가혹함에 대해, 그 법률이 범죄라고 선언하기 전에는 언제나 무죄로 생각되고 있었던 행위에 대해 무거운 형벌을 가하는 것이라 하여, 불평을 터뜨리고 있는 것은 매우 당연한 일이다. 그러나 우리 상인과 제조업자가 그들 자신의 불합리하고 억압적인 독점을 옹호하기 위해 목청을 높여 입법부에서 따낸 어떤 법률에 비하면, 공공수입에 관한 우리 법률 가운데 가장 가혹한 것도 너그럽고 온당한 것이라고 나는 감히 단언하고 싶다. 이런 법률은 드라콘의 법률*9처럼 모두

---

*8 아메리카 독립선언이 나온 것은 1776년 7월이고, 《국부론》 초판은 같은 해 3월에 출판되었는데, 1783년에 영국은 아메리카 13식민지의 독립을 승인했고, 이 장은 제2판 보충 (1784)으로 추가되었다.

*9 드라콘(Dracon)은 기원전 7세기 아테네의 입법자. 공평함과 엄격함으로 유명하며, 법을 위

피로 쓴 것이라 해도 지나친 말이 아닐 것이다.

엘리자베스 8년(1565) 법률 제3호에 의해 양, 즉 새끼양 또는 숫양을 수출한 자는, 초범일 경우 그 재산을 영구히 몰수당하고, 1년 동안 투옥되며, 그 뒤 장날 저잣거리에서 왼손이 잘린다. 그리고 그 왼손은 그 자리에 못 박힌 채 구경거리가 되었다. 재범은 중죄 선고를 받고 사형에 처해졌다. 우리 양의 품종이 외국에서 번식하는 것을 방지하는 것이 이 법률의 목적이었던 것으로 생각된다. 찰스 2세 13~14년(1672~1673) 법률 제18호에 의해 양모 수출은 중죄가 되었고, 수출한 자는 중죄인과 똑같은 형벌과 재산 몰수에 처해졌다.

국민의 인간성의 명예를 위해 이런 법률은 모두 결코 집행된 적이 없었던 것으로 믿고 싶다. 그러나 위의 것 가운데 첫 번째 것은 내가 아는 한, 직접적으로 폐지된 적이 없고, 상급 법정 변호사 호킨스*10는 그것은 아직도 유효하다고 생각하는 것 같다. 그러나 아마 그것은 찰스 2세 12년(1671) 법률 제32호 제3조에 의해 실질적으로는 폐지된 것으로 생각해도 무방하며, 그 법률은 선행하는 여러 법률에 의해 부과되어 있었던 형벌을 명시적으로 폐지하지는 않았지만, 새로운 형벌을 부과하고 있다. 즉, 수출한 또는 수출하려고 한 양 한 마리당 20실링의 벌금이 부과되며, 그와 아울러 그 양과 수출 선박에 대한 양 소유자의 지분이 몰수된다고 한 것이다. 두 번째 것은, 윌리엄 3세 7~8년(1696~1697) 법률 제28호 제4조에 의해, 명문으로 폐지되었다. 그 법률은 다음과 같이 선언하고 있다. '양모의 수출에 대해 제정된 찰스 2세 13~14년(1672~1673) 법률은, 동법(同法)이 규정한 다른 모든 사항과 함께 그것을 중죄로 여기지만, 그 형벌이 가혹하여 위반자의 기소가 효과적으로 이루어지지 않았다. 그러므로 동법 가운데 당해 범죄를 중죄로 하는 것과 관련되는 한, 이를 폐지하고 무효로 한다.'

그러나 이 완화된 법률에 의해 부과된 형벌도, 그때까지의 법률에 의해 부과된 형벌 가운데 이 법률로 폐지되지 않은 것도, 여전히 충분히 가혹하다. 양모 수출자는 재화의 몰수 외에 수출한, 또는 수출하려 한 양모 1파운드당 3실

반하면 사형에 처하는 일이 많았다.

*10 호킨스(William Hawkins, 1682~1750)는 옥스퍼드 출신의 법률가. 주저는 *Treatise of pleas of the crown*, London, 2 vols., 1716~1721(ASL 757). 스미스가 비교 대조하고 있는 것은 vol. 1, pp. 119~120.

링의 벌금, 즉 가치의 약 4, 5배의 벌금이 부과된다. 이 범죄로 유죄판결을 받은 상인과 그 밖의 사람은 중개인과 그 밖의 사람에 대해, 자기가 소유한 채권 또는 대금지불을 청구할 수 없게 된다. 그의 재산이 얼마가 되든, 그가 무거운 벌금을 지불할 능력이 있든 없든, 이 법률의 의도는 그를 완전히 파멸시키는 데 있다.

그러나 국민 전체의 풍습은 아직도 이 법률의 입안자의 그것처럼 부패해 있지는 않아서, 나는 이 조항이 적용되었다는 말은 들은 적이 한 번도 없다. 만일 이 범죄로 유죄판결을 받은 자가 판결 뒤 3개월 안에 벌금을 지불하지 못하면 7년의 유형에 처해지고, 또 만일 그가 그 형기가 끝나기 전에 돌아온다면, 성직자의 재판 특전이 없이 중죄인의 벌을 받는다. 이 범죄를 알고 있었던 선주는 그 선박과 비품을 몰수당한다. 이 범죄를 알고 있었던 선장과 선원은 모든 소유물을 몰수당하고 3개월 동안 투옥된다. 그 뒤의 법률에 의해 선장은 6개월 동안 투옥되었다.

양모 수출을 방지하기 위해 양모의 국내 상업 전체가 매우 번거롭고 억압적인 규제하에 놓여 있다. 양모는 가죽이나 포장용 천으로 싸는 것 외에 상자·통·자루·큰 상자, 그 밖의 어떤 포장도 허용되지 않으며, 그 겉면에는 양모 또는 실*11이라는 말을 3인치 이상의 큰 글씨로 기입해 두어야 하고, 그것을 위반하면 양모와 그 포장은 몰수되며, 소유주 또는 그 짐을 꾸린 자는 무게 1파운드당 3실링을 내야 한다. 그것을 말이나 짐마차에 실어서는 안 되며, 해가 떠서 질 때까지 외에는 해안에서 5마일 이내의 육로로 수송해서는 안 되며, 위반하면 말과 짐마차는 몰수된다. 해안에 인접한 촌락은, 거기서 또는 그곳을 거쳐 양모가 수송 또는 수출되는 경우에, 그 양모가치가 10파운드 이하라면 20파운드의 벌금이 부과되고, 그 이상이면 그 가치의 세 배의 벌금이 비용의 세 배와 같이 부과되는데, 1년 이내라면 그것에 대해 소송을 할 수 있다.

이 형의 집행은 먼저 그 주민 가운데 누군가 두 사람에 대해 이루어지는데, 그런 다음 치안판사 재판소는 그것을 나머지 주민에게 부과하여, 그것으로 최초의 두 사람에게 배상하며, 이것은 절도범의 경우와 같다. 또 만일 누군가가 이 벌금 이하의 금액으로 그 촌락과 합의를 보아 무마해 버린다면, 누구라도

---

*11 양모(wool)와 실(yarn)은 이탤릭체. 본문에서 이탤릭체가 사용된 것은, 이것과 열거상품을 나열한 부분뿐이다.

그것을 고발할 수 있고, 그는 5년간의 징역에 처해진다. 이런 규제는 왕국 전체를 통해 시행되고 있다.

그러나 켄트와 서식스,*¹² 이 두 개의 특정한 주에서는 이 제한은 더욱더 복잡하다. 해안에서 10마일 이내의 양모소유자는 누구든지 양모를 깎은 뒤 사흘 안에, 그 양모의 수량과 저장 장소에 대해 세관 차장에게 서면으로 보고해야 한다. 또 그 일부라도 이동시킬 경우에는, 그 전에 양모의 수량과 무게, 매수인의 주소와 성명 및 그 수송지에 대해 같은 보고를 제출해야 한다. 이 두 주에서, 해안에서 15마일 안에 사는 자는, 양모를 살 때, 그 전에 자신이 사고자 하는 양모를 해안에서 15마일 안에 사는 누구에게도 팔지 않는다는 것을 국왕에 대해 서약하지 않으면 안 된다. 이 두 주에서, 얼마가 되든 양모를 해안으로 운반하다가 발각되면, 앞에서 말한 보고와 보증이 없는 한 그것은 몰수되고, 위반자는 또한 무게 1파운드당 3실링의 벌금이 부과된다. 만일 누군가가 위에서 말한 신고를 하지 않은 양모를 해안에서 15마일 안에 조금이라도 둔다면, 그것은 압류당하고 몰수당한다. 그리고 만일 압류당한 뒤에 그것을 돌려달라고 요구하려면, 그는 재무재판소에 대해, 만일 자신이 패소하면 소송비용의 세 배를, 그 밖의 모든 벌금과 함께 지불하겠다는 것을 보증하지 않으면 안 된다.

그런 제한이 국내 거래에 적용되고 있을 때, 연안무역이 매우 자유로운 일은 결코 없다고 믿어도 될 것이다. 양모소유자는 누구나 양모를 어딘가의 항구나 해안 지점으로 수송하거나, 아니면 수송시키고, 그곳에서 해안의 다른 장소 또는 항구로, 해로를 통해 수송하려 할 때는, 먼저 발송하고자 하는 항구에 대해, 그 항구에서 5마일 이내의 장소에 양모를 반입하기 전에 화물의 무게·기호·개수를 기입하여 신고하지 않으면 안 된다. 이것을 위반하면, 그 양모는 말·짐마차 및 그 밖의 수송 수단과 함께 몰수당하고, 나아가서 양모 수출을 저지하는 다른 현행법이 정하는 형벌과 몰수처분을 받게 된다.

그러나 이 법률(윌리엄 3세 1년(1689) 법률 제32호)은 매우 너그럽게 다음과 같이 명기하고 있다. '이 법률은 양모를 깎은 장소가 해안에서 5마일 안이라도, 그 양모를 그곳에서 자기 집으로 운반하는 것을 방해하는 것은 아니다. 단, 깎

---

*12 켄트와 서식스는 런던 남쪽의 연해주로서 양모의 대륙 수출에 적합했다.

은 뒤 열흘 안에, 또한 양모를 이동시키기 전에, 깎은 실질적인 수량과 저장 장소를 자필로 세관 차장에게 증명해야 한다. 또 양모를 이동시킬 경우에는, 그 사흘 전에 이동하는 의도를 자필로 그 관리에게 증명해야 한다.' 해안을 따라 운반하는 양모는, 서면으로 신고되어 있는 특정한 항구에서 양륙(揚陸 : 배의 짐을 물으로 뭍에 내림)해야 하며, 이를 위반하면, 다른 재화의 경우와 마찬가지로, 양모는 몰수될 뿐만 아니라, 양모 무게 1파운드마다 3실링이라는 통례의 벌금이 추징된다.

우리의 모직물 제조업자는, 그런 이례적인 제한과 규제에 대한 그들의 요구를 정당화하기 위해, 자신감을 가지고 다음과 같이 주장했다. 즉, '잉글랜드의 양모는 다른 어느 나라의 양모보다 뛰어나고 독특한 품질을 지니고 있으며, 다른 나라의 양모는 잉글랜드산 양모를 어느 정도 섞지 않으면 일정한 수준의 제품으로 완성할 수가 없고, 고급 복지는 그것 없이는 만들 수가 없다. 따라서 만일 그 수출을 완전히 저지할 수 있다면, 잉글랜드는 세계의 모직물업을 거의 모두 독점할 수 있고, 따라서 경쟁 상대가 없어지므로 원하는 값으로 팔 수 있으며, 가장 유리한 무역차액에 의해 단기간에 가장 믿기 어려운 부를 획득할 수 있다.' 이 설은, 상당수의 사람들이 자신감을 가지고 주장하고 있는 다른 대부분의 설과 마찬가지로, 그것보다 훨씬 많은 사람들에 의해 매우 굳게 신뢰받았고, 계속해서 신뢰받을 것이다. 다만, 그런 사람들은 거의 대부분 모직물업에 대해서 아무것도 모르거나, 아니면 특별한 조사를 하지 않은 것이다. 그런데 잉글랜드산 양모가 고급 복지를 만드는 데 모든 점에서 필요하다는 것은 완전히 그릇된 것으로, 고급 복지에는 전혀 맞지 않는다. 고급 복지는 오로지 에스파냐산 양모로 만들어진다. 잉글랜드산 양모는, 아무리 에스파냐산 양모와 합성하듯이 섞어도, 복지의 조직을 어느 정도 조악하게 될 수밖에 없다.

앞에서 밝힌 것처럼, 이런 규제의 결과, 잉글랜드산 양모의 값은 현재 자연히 그 값을 밑돌고 있을 뿐만 아니라, 에드워드 3세 시대의 실제가격을 크게 밑돌고 있다. 스코틀랜드의 양모값은, 병합의 결과 이것과 똑같은 규제를 받게 되었을 때, 약 반으로 하락했다고 한다. 〈양모 비망록〉의 매우 정확하고 총명한 저자인 존 스미스 목사가 말한 바에 따르면,[13] 가장 좋은 잉글랜드산 양

---

*13 John Smith, *Chronicon rusticum commerciale* ⋯, op. cit., vol. 2, p. 418.

모의 잉글랜드에서의 값은 일반적으로 암스테르담의 시장에서 보통 판매되고 있는, 품질이 매우 낮은 양모값을 밑돌고 있다. 이 상품의 값을 자연스럽고 적정한 값이라고 할 수 있는 것 이하로 내리는 것이 그런 규제의 공개연한 목적이었다. 그리고 그것이, 기대한 만큼 성과를 올렸음은 의심할 여지가 없는 것으로 생각된다.

이 값 인하는 양모 생산을 저해함으로써, 이 상품의 연간 생산량을 크게 감소시켰을 것이고, 설령 전보다 감소시키지는 않는다 하더라도 공개적이고 자유로운 시장의 귀결로서 자연히 적정한 값까지 상승하는 것이 허용되어 있었더라면, 사물의 현 상태에서 이르렀을 것보다는 감소시켰음이 틀림없다고 생각될지도 모른다. 그러나 나는, 이런 규제에 의해 연간 생산량은 조금 영향을 받았을지 몰라도, 그리 큰 영향을 받았을 리는 없다고 믿고 싶은 마음이다. 양모 생산은 목축 농가가 자신의 근로와 자산을 사용하는 중요한 목적은 아니다. 그가 이윤을 기대하는 것은 깎은 양모의 값보다는 양의 체구에 의한 값이며, 또 전자의 평균가격 또는 통상가격이 아무리 부족하더라도, 후자의 평균가격 또는 통상가격이 높으면 그것까지 보상해 줄 것이 틀림없다.

이 책의 내용 중에 다음과 같이 설명된 부분이 있다. '양모 또는 생가죽값을 자연적인 값 이하로 끌어내리기 쉬운 규제는, 무엇이든, 개량되고 경작된 나라에서는 식육값을 올리는 무언가의 경향을 가지고 있을 것이 틀림없다. 개량되고 경작된 토지에서 사육되는 크고 작은 가축의 값은 모두, 개량되고 경작된 토지에서 당연히 지주가 기대하는 지대와 농업자가 기대하는 이윤을 지불하는 데 충분한 것이 아니면 안 된다. 만일 그렇지 않으면, 그들은 곧 가축을 사육하지 않게 될 것이다. 그러므로 이 값 중에서 양모와 생가죽으로 지불되지 않는 부분은 사체로 지불되어야만 한다. 전자에 대해 지불되는 것이 적으면 그만큼 후자에 대해 많이 지불되어야 한다. 이 가격이 그 동물의 여러 부분에 대해 어떻게 배분되는지는, 지주와 농업 경영자로 봐서는 아무래도 상관없는 사항이다. 따라서 개량되고 경작된 나라에서는, 지주나 농업 경영자로서의 그들의 이해관계가 그런 규제로 큰 영향을 받는 일이 없는 것이다. 다만, 소비자로서의 그들의 이해관계는, 식료품값의 상승으로 영향을 받을지도 모른다.'

따라서 이 추론에 의하면, 양모값의 이 인하는 진보되고 경작된 나라에서는, 그 상품의 연간 생산고에 아무런 감소도 불러일으키지 않을 것 같다. 하기는, 양고기값을 인상함으로써, 그 특정한 종류의 식육에 대한 수요를, 따라서 그 생산도 조금 감소시킬지도 모른다는 것은 제외하고서의 이야기이지만, 이런 방법에서의 영향도 아마 그리 크지는 않을 것이다.

그러나 연간 생산량에 대한 영향은 그리 크지 않았다 하더라도, 아마 품질에 대한 영향은 필연적으로 매우 컸을 거라고 생각될 것이다. 잉글랜드산 양모의 품질은, 전 시대보다는 낮지 않다 해도 개량과 경작의 현 상태에서 자연히 그렇게 될 것이라는 것보다는 떨어지고, 그 저하는 값의 저하와 거의 비례할 것이 틀림없다고 아마 상정될 수 있을 것이다. 그 품질은 목초에, 그리고 양모의 생장기간 전체에 걸친 양의 관리와 청결에 의존하는 것이므로, 이런 사정에 대한 배려는, 그 배려가 필요로 하는 노동과 비용에 대해 양모값이 제공할 보상과 비례하는 정도를 넘어서는 일은 결코 없을 거라고 생각하는 것은 매우 당연한 일이다. 그러나 양모의 품질은 이 동물의 건강과 성장과 체구의 크기에 크게 의존하며, 그 체구의 개량에 필요한 배려는, 동시에 몇 가지 점에서 양모의 개량에도 충분하다. 값 저하에도 불구하고 잉글랜드의 양모는 현세기 동안에도 매우 개량되었다고 한다. 만일 값이 더욱 높았다면 아마 더욱 개량되었을지도 모르지만, 낮은 값은 그 개량을 방해했을지 모른다 하더라도 완전히 막지는 않았던 것은 확실하다.

따라서 이런 규제의 폭력은 양모의 연간 생산량과 질에도, 기대된 만큼의 영향을 미치지 않았을 것으로 여겨진다(하기는, 나는 양보다 질에 상당히 큰 영향을 미쳤을 거라고 생각하지만). 그리고 양모 생산자의 이익은 어느 정도는 침해되었을 것이 분명하지만, 전체적으로는 충분히 상상할 수 있는 것보다는 훨씬 적게 침해되었을 것으로 생각된다.

하지만, 이런 고찰이 양모 수출의 절대적인 금지를 정당화하지는 않을 것이다. 다만 그것은, 그 수출에 대해 상당한 세금을 부과하는 것을 충분히 정당화할 것이다.

어떤 계층 시민의 이익만을 추진하기 위해, 어느 정도이든 다른 모든 계층 시민의 이익을 해치는 것은, 주권자가 국민의 모든 계층을 대하는 데 있어서 지녀야 할 정당성과 평등에 명백하게 위반된다. 그런데 이 금지는 제조업자의 이익만을 추구할 목적으로 양모 생산자의 이익을 어느 정도 확실하게 해치는 것이다.

다양한 시민 계층은 어떤 것이든 모두, 주권자 또는 공공사회의 유지에 이바지할 의무를 가지고 있다. 양모 1톤의 수출마다 부과되는 5실링, 심지어 10실링이나 되는 세금은, 주권자에 대해 매우 큰 수입을 제공할 것이다. 그것은 금지보다 양모 생산자의 이익을 해치는 일이 약간 적을 것이다. 그것은 아마 양모값을 금지하는 경우만큼 저하시키지는 않을 것이기 때문이다. 그 사실은 제조업자를 충분히 유리하게 할 것이다. 제조업자는 금지의 경우만큼 양모를 완전히 싸게 살 수는 없다 해도, 어떤 외국의 제조업자보다 적어도 5실링이나 10실링은 싸게 살 수 있고, 더욱이 다른 쪽이 지불해야 하는 운임이나 보험료를 절약할 수 있기 때문이다. 주권자에게 상당한 수입을 가져다 주고, 동시에 모두에게 이토록 적은 불편밖에 끼치지 않는 세금을 고안하는 것은 좀처럼 쉬운 일이 아니다.

이 금지는, 그것을 지키기 위해 어떤 형벌을 규정하더라도 양모 수출을 방지하는 것은 아니다. 누구나 알고 있듯이, 그것은 대량으로 수출되고 있다. 국내가격과 외국 시장에서의 가격에 대한 큰 차이가 밀수의 큰 원인이기 때문에, 법률을 아무리 엄격하게 정해도 그것을 막지는 못하는 것이다. 이 불법 수출은, 밀수업자를 제외하면 누구에게나 유리한 것은 아니다. 세금이 부과되는 합법적인 수출은 주권자에게 수입을 제공하고, 그것을 통해 다른, 아마도 더 귀찮고 불편한 세금을 면하게 함으로써, 국가의 다양한 국민 모두에게 유리하다는 것을 입증할 것이다.

모직물의 가공과 세정에 없어서는 안 되는 표백토 또는 표백점토(漂白粘土)*14 수출에는, 양모 수출과 거의 같은 형벌이 부과되어 왔다. 담배 파이프용 점토조차 표백점토와는 다른 것임이 인정되고 있는 데도, 그것과 비슷하기 때문에, 또 표백점토가 담배 파이프용 점토로서 수출되는 일도 있을지도 모른다는 이유에서, 똑같은 금지와 형벌이 규정되어 있었다.

찰스 2세 13~14년(1672~1673) 법률 제7호에 의해, 생가죽뿐만 아니라 다룸가죽의 수출도 장화·신발, 또는 슬리퍼 형태로 되어 있는 것을 제외하고는 금지되었다. 이 법률은 우리의 장화 제조업자와 단화 제조업자에게, 목축업자에

---

*14 표백토 또는 표백점토라는 것은 fuller's earth or fuller's clay의 번역으로, 정역(定譯)이 되어 있지만, 말 그대로 축융공(縮絨工)의 흙 또는 점토로 하는 편이 이해하기 쉽다. 축융공에 대해서는 제1편 제4장 〈주〉 8 참조.

대한 독점권뿐만 아니라 다룸가죽 제조업자에 대한 독점권도 주었다. 그 뒤의 법률에 의해, 우리의 다룸가죽 제조업자는 무게 112파운드의 다룸가죽에 대해 1헌드레드웨이트*¹⁵당 불과 1실링이라는 적은 세금을 내고 이 독점을 면하게 되었다. 그들은 그와 마찬가지로, 그 이상 가공하지 않고 수출하는 경우에도, 자신들의 상품에 부과되어 있는 국내소비세의 3분의 2를 환급받을 수 있는 권리를 획득했다.

모든 가죽제품은 무세로 수출되고, 더욱이 수출자는 국내소비세의 전액을 환급받을 수 있는 권리가 주어졌다. 우리의 목축업자는 아직도 옛 독점에 따르고 있다. 목축업자는 여전히 서로 멀리 떨어져서 국내 각지에 분산해 있기 때문에, 그들의 동포시민에게 독점을 가하기 위해서든, 다른 사람들의 독점을 면하기 위해서든, 단결하는 데 큰 어려움이 뒤따르지 않을 수 없다. 모든 종류의 제조업자는 모든 대도시에 커다란 집단으로 모여 있으므로, 쉽게 그것이 가능하다. 가축의 뿔조차 수입이 금지되어 있어 뿔 세공인과 빗 제조인 같은, 그리 눈에 띄지 않는 직업도 이 점에서 목축업자에 대해서는 독점을 누리고 있는 것이다.

부분적으로 제조되어 있고 완성되지 않은 재화의 수출을 금지나 세금을 통해 억제하는 것은, 가죽 제조업에 특유한 것은 아니다. 우리의 제조업자들은 어떤 상품이든, 그것을 직접적으로 사용하고 소비할 수 있는 형태로 하기 위해서는 뭔가 해야 할 일이 남아 있으면, 그것은 자신들이 해야 한다고 생각한다. 방모사(紡毛絲 : 짧은 짐승의 털을 자아 만든 실)나 소모사는 양모와 똑같은 형벌로 수출이 금지되어 있다. 하얀 무지(無地 : 전체가 한 빛깔로 색깔이 없는 천)조차 수출할 때는 세금이 부과되며, 그런 면에서 우리의 염색업자는 우리의 직물업자에 대해 독점권을 가지고 있다. 우리의 직물업자는 그것에 대해 아마 자위(自衛)할 수 있었겠지만, 다행히 우리의 중요한 직물업자들은 대부분 염색업자를 겸하고 있다. 회중시계와 기둥시계의 테와 문자판은 수출이 금지되어 왔다. 우리의 기둥시계와 회중시계 제조업자는 이런 제품의 값이 외국인의 경쟁에 의해 인상되는 것을 좋아하지 않는 것 같다.

에드워드 3세·헨리 8세·에드워드 6세의 몇몇 오래된 법률*¹⁶에 의해, 모든

＊15 112파운드와 1헌드레드웨이트는 같다.
＊16 해당하는 법률은 각각 1354·1541·1548년의 것.

금속의 수출은 금지되어 있었다. 납과 주석만은 제외되고 있었는데, 그것은 아마 두 금속이 매우 풍부했기 때문인 듯하고, 당시에 왕국의 무역을 상당한 부분 차지하고 있던 것은 그 수출이었다. 윌리엄·메리 5년(1694) 법률 제17호는 광업을 장려하기 위해, 브리튼의 광석으로 만들어지는 철·구리·황화금속을 이 금지에서 풀어 주었다. 브리튼산이든 외국산이든, 모든 종류의 봉동(棒銅)의 수출이 나중에 윌리엄 3세 9~10년(1697~1698) 법률 제26호에 의해 허용되었다. 미가공 황동,*17 즉 이른바 포금(砲金 : _{청동의}_{일종})·종청동·부스러기 황동의 수출은 지금도 계속해서 금지되고 있다. 모든 종류의 황동제품은 세금 없이 수출할 수 있다.

제조업 원료의 수출은, 전면적으로 금지되어 있지 않은 것에 대해서는 대부분 상당한 세금이 부과되고 있다.

조지 1세 8년(1721) 법률 제15호에 의해, 모든 재화의 수출, 즉 그때까지의 법률에 의해 무언가의 세금이 부과되고 있었던 그레이트브리튼의 생산물 또는 제조품의 수출은 무세(無稅)가 되었다. 단 다음의 재화는 제외되었다. 명반(明礬)·납·납광·주석·다룸가죽·녹반(綠礬 : _{황산제}_{일철})·석회·소모구(梳毛具)·흰색 무지 모직물·능아연석(菱亞鉛石)·모든 종류의 동물가죽·아교·토끼 모피 또는 털·산토끼의 털·모든 종류의 모발·말·일산화납이 그것이다. 말을 제외하면, 모두 제조업 원료나 미완성품(다시 가공되기 위한 원료로 여길 수 있다), 또는 직업 용구이다. 이 법률은 이제까지 부과되어 온 옛 세금·옛 상납금·100분의 1 수출세를 그대로 그런 것들에 부과하고 있다.

이것과 같은 법률에 의해, 다수의 염색업자용 외국산 염료가 모든 수입세를 면제받고 있다. 그러나 그것은 모두 나중에 수출할 때, 분명히 중세는 아니지만 일정한 세금이 부과되고 있다. 우리의 염색업자는, 모든 세금을 면제함으로써 그런 염료 수입을 장려하는 것이 자신들의 이익이라고 생각하면서, 한편으로는 그 수출을 약간 저해하는 것도 마찬가지로 자신들의 이익이라고 생각한 것으로 보인다. 그러나 이 주목할 만한 중상주의적 창의성을 발휘하게 한 탐욕은 명백하게 빗나간 것 같다. 그것은 필연적으로 수입업자에 대해, 자신들의

＊17 황동(brass)은 구리와 아연의 합금이지만, 당시에는 구리와 주석의 합금인 청동(bronze)과 구별되지 않았다. 바로 다음에 나오는 포금(gun−metal)은 초기의 대포의 소재로 사용된 청동이고, 종청동(bell−metal)은 bell−bronze라고도 한다.

수입이 국내 시장을 채우는 데 필요한 정도를 넘어서지 않도록, 그렇지 않은 경우보다 주의하는 것을 가르쳤다. 국내 시장의 공급은 언제나 전보다 부족하기 쉬워졌고, 그런 상품은, 수출이 수입과 마찬가지로 자유로운 경우보다 항상 조금 비싸지는 경향이 있었다.

위에서 말한 법률에 의해, 세네갈고무 또는 아라비아고무는 열거염료[18]에 들어가기 때문에 세금 없이 수입할 수 있었다. 분명히 재수출할 때는 1헌드레드웨이트당 불과 3펜스라는 소액의 파운드세가 부과되고 있었다. 당시 프랑스는 세네갈 강 유역[19]의 그런 염료를 가장 많이 생산하는 지방과 배타적 무역을 누리고 있었고, 브리튼의 시장은 그런 것을 원산지에서 직접 수입하는 것이 그리 쉽지 않았다. 조지 2세 25년(1751) 법률에 의해, 세네갈고무는 (항해조례의 전반적 정신에 반하여) 유럽의 어느 지방에서도 수입하는 것이 허용되었다. 그러나 이 법률이 의도하는 것은, 잉글랜드의 중상주의 정책의 일반적인 원리에 이토록 위배되는 이런 종류의 무역을 장려하는 것이 아니기 때문에, 그런 수입에 대해 1헌드레드웨이트당 10실링의 세금을 부과하고, 그것을 수출할 때 이 세금을 전혀 환급하지 않기로 했다.

1755년에 시작된 전쟁[20] 승리에 의해 그레이트브리튼은 그런 지방과, 프랑스가 그때까지 누리고 있었던 것과 똑같은 배타적 무역을 영위하게 되었다. 화평이 성립되자마자, 우리의 제조업자들은 이런 이점을 이용하여, 이 상품의 생산자와 수입업자 양쪽에 대해 자신들에게 유리한 독점을 확립하려고 노력했다. 그리하여 조지 3세 5년(1764) 법률 제37호에 의해, 아프리카에서의 국왕 폐하의 영토에서 세네갈고무를 수출하는 것은 그레이트브리튼에 한정되었고, 아메리카와 서인도의 브리튼 식민지의 열거상품과 완전히 똑같은 제한·규제·몰수·형벌이 부과되었다. 분명히 그 수입에는 1헌드레드웨이트당 6펜스의 적은 세금밖에 부과되지 않았지만, 그것을 재수출할 때는 1헌트레드웨이트당 1파운드 10실링이나 되는 거액의 세금이 부과되었다. 우리의 제조업자들의 의

---

*18 고무는 물론 염료가 아니지만 편의상 열거염료(enumerated dying drugs) 속에 열거된 것. 오늘날의 녹말처럼 천을 빳빳하게 하는 데 쓰인 듯하다.

*19 세네갈 강은 아프리카 중부의 모리타니아와 세네갈 국경에 있는 강으로, 상류는 말리, 기니 양국을 흐른다. 모두 옛 프랑스 식민지.

*20 이 해에는 아메리카에서의 영국과 프랑스의 식민지 쟁탈이 심화되어, 이듬해부터 7년 전쟁이 시작되었다.

도는 그런 지방의 모든 생산물을 그레이트브리튼에 수입하게 하여, 그들 자신이 자신들이 정하는 값으로 살 수 있도록 하기 위해, 재수출을 망설이게 하기에 충분한 비용을 들임으로써 재수출을 완전히 막는 것이었다. 그러나 그들의 탐욕은 다른 대부분의 경우와 마찬가지로 이 경우에도 빗나갔다. 이 거액의 세금은 밀수에 대한 큰 유혹이 되어, 그 많은 양의 상품이 유럽의 모든 제조업국, 특히 네덜란드에, 그레이트브리튼뿐만 아니라 아프리카에서도 밀수출되었다. 이 때문에 조지 3세 14년(1773) 법률 제10호에 의해, 이 수출액은 1헌드레드웨이트당 5실링으로 감액되었다.

옛 상납금의 과세기준이 된 세율표에서는 비버 가죽은 한 장에 6실링 8펜스로 평가되고, 1722년 이전에 그것의 수입에 부과되었던 여러 가지 상납금과 수입세는, 이 평가액의 5분의 1, 즉 가죽 한 장당 16펜스가 되어 있었다. 그래서 옛 상납금의 반액, 즉 불과 2펜스를 제외하고 그 전액은 수출할 때 환급되었다. 제조업에서 그렇게 중요한 원료의 수입에 대한 이 세금은 너무 높다고 생각되어, 1722년에는 그 평가액이 2실링 6펜스로 인하되고, 따라서 수입세도 6펜스로 인하되어, 그 반액만이 수출할 때 환급되었다. 또 같은 전승(戰勝)은 비버가 가장 많은 지방을 그레이트브리튼의 지배하에 두었고,*21 비버 가죽은 열거상품의 하나이므로 아메리카에서의 그 수출은 그레이트브리튼의 시장에 한정되었다. 우리의 제조업자들은 곧 이런 사정을 이용할 수 있을지도 모른다는 것을 깨닫고, 1764년에 비버 가죽의 수입세는 1페니로 인하되었지만, 수출세는 가죽 한 장당 7펜스로 인상되었고, 게다가 수입세에는 환급이 없었다. 같은 법률에 의해, 비버의 털 또는 뱃가죽의 수출에는 1파운드당 18펜스의 세금이 부과되었으나, 이 상품의 수입세에는 아무런 변경이 없었는데, 그것은 그 당시 브리튼인에 의해 브리튼의 선박으로 수입되는 경우에는 한 개당 4펜스 내지 5펜스였다.

석탄은 제조업의 원료라고 볼 수도 있고 직업 용구로도 여겨질 수 있다. 따라서 그 수출에는 중세가 부과되어 왔고, 현재(1783)는 톤당 5실링 이상, 즉 뉴캐슬의 도량형으로 1촐드론*22당 15실링인데, 이것은 대부분의 경우, 탄갱에서

---

*21 7년 전쟁이 파리조약에 의해 끝나고 프랑스의 캐나다 식민지가 영국령이 된 것을 가리킨다.

*22 촐드론(chaldron)은 영국에서 석탄 등을 재는 부피의 단위. 32 또는 36부셸.

의 이 상품의 원가를 넘어서고, 수출을 위한 적출항(積出港 : 화물을 선박으로 실어내는 항구)에서의 원가도 넘는 것이다.

그러나 직업 용구라고 정당하게 부를 수 있는 것의 수출이 억제되고 있는 것은, 보통 높은 세금 때문이 아니라 절대적 금지 때문이다. 그리하여 윌리엄 3세 7~8년(1695~1696) 법률 제20호 제8조에 의해, 장갑이나 긴 양말을 짜는 편물기의 틀 또는 장치의 수출이 금지되어, 수출하거나 수입하려고 한 편물기는 몰수될 뿐만 아니라 40파운드의 벌금이 부과되며, 그 반액은 국왕에게, 나머지 반액은 통보자 또는 고발자에게 주어진다. 마찬가지로, 조지 3세 14년(1773) 법률 제71호에 의해, 목면·마·양모·비단의 제조업에서 쓰이는 모든 용구의 수출은, 그런 용구의 몰수뿐만 아니라, 그 위반자에게 200파운드가 부과되고, 나아가서는 그런 용구가 자신의 배에 실리는 것을 알면서도 묵인한 선장에게도 마찬가지로 200파운드가 부과되는 형벌에 의해 금지되어 있다.

무생물인 직업 용구의 수출에 대해 그토록 무거운 형벌이 부과되어 있는 정도이니, 생명이 있는 용구, 즉 수공업자가 자유롭게 외국에 나가는 것은 도저히 기대도 할 수 없는 일이다. 따라서 조지 1세 5년(1718) 법률 제27호에 의해, 그레이트브리튼의 어떤 수공업자, 또는 어떤 제조업의 어떤 수공업자를 부추겨서, 자신의 사업을 실행하거나 가르치기 위해 외국에 보낸 혐의로 유죄판결을 받은 자는, 초범은 100파운드 이하의 벌금과 3개월 및 벌금의 지불이 끝날 때까지 징역에 처해지고, 재범은 재판소의 판결에 의한 금액의 벌금과 12개월 및 벌금의 지불이 끝날 때까지 징역에 처해진다. 조지 2세 3년(1729) 법률 제13호에 의해 이 형벌은 더욱 강화되어, 초범은 그렇게 교사당한 수공업자 1명당 500파운드의 벌금과, 12개월 및 벌금의 지불이 끝날 때까지의 징역에 처해지고, 재범은 1000파운드의 벌금과 2개년 및 벌금의 지불이 끝날 때까지 징역에 처해진다.

이 두 가지 법률 가운데 전자에 의해 누구든지, 수공업자를 부추겨 외국으로 보내려 하거나, 수공업자가 앞에서 말한 목적으로 외국으로 도항(渡航)할 것을 약속하고 계약한 증거가 있으면, 그 수공업자는 재판소의 판단에 의해 바다를 건너지 않는다는 보장을 제출하는 것이 의무화되며, 그런 보장을 제출할 때까지 징역에 처해진다.

만일 어떤 수공업자가 해외로 건너가, 어느 외국에서 폐하의 공사 또는 영사 가운데 누군가, 또는 그때의 폐하의 국무대신 가운데 한 사람이 그에게 경고했음에도, 자신의 사업을 영위하거나 가르치는 경우에는, 만일 그가 그런 경고 뒤 6개월 안에 이 나라로 돌아오지 않고, 그 뒤에도 그곳에 계속해서 주소를 가지고 거주하고 있지 않다면, 그때부터 그는 이 왕국 안에서 주어지는 어떤 유증(遺贈 : 유언으로 재산을 무상으로 물려줌)을 받는 것도, 누군가의 유언집행인 또는 재산관리인이 되는 것도, 상속·유증 또는 구입을 통해 이 왕국 안에 토지를 소유하는 것도 불가능한 것으로 선언된다. 마찬가지로 그는 자신의 모든 토지와 전재산을 국왕에게 몰수당하고 모든 점에서 외국인으로 선언되어, 국왕의 보호 밖에 있게 된다.

그런 규제가, 국민이 자랑으로 여기는 자유에 얼마나 반하는지에 대해서는 새삼 얘기할 필요도 없다고 나는 생각한다. 그것은 우리가 열심히 지키고 있는 척하고 있기는 하지만, 이 경우, 우리의 상인이나 제조업자의 헛된 이해관계 때문에 이토록 명백하게 희생되고 있는 것이다.

이런 모든 규제의 그럴듯한 동기는, 우리의 제조업을, 그 자체의 개량에 의해서가 아니라 모든 이웃 나라들의 제조업의 쇠퇴에 의해, 그런 가증스럽고 불쾌한 상대와의 성가신 경쟁을 될 수 있는 한 끝냄으로써, 확장하는 것이다. 우리의 제조업자는 자신들의 모든 동포의 기능을 독점하는 것을 당연한 일로 여기고 있다. 몇몇 직업에서 동시에 고용할 수 있는 도제(徒弟)의 수를 제한하고, 또 모든 직업에서 장기적인 도제수업을 필요로 함으로써, 그들은 예외 없이 모두, 그들 각자의 직업상의 지식을 될 수 있는 대로 적은 인원에게 한정하려고 노력하고 있지만, 그 소수자의 어느 일부분이라도 외국인에게 가르쳐 주기 위해 외국으로 나가는 것을 좋아하지 않는 것이다.

소비는 모든 생산의 유일한 목표이고 목적이며, 생산자의 이익은 그것이 소비자의 이익을 촉진하는 데 필요한 한에서만 유의되어야 한다. 이 명제는 완전히 자명하여 그것을 증명하려고 시도하는 것은 어리석은 일일 것이다. 그런데 중상주의에서는, 소비자의 이익은 거의 언제나 생산자의 이익에 희생되고 있고, 소비가 아니라 생산이 모든 산업과 상업의 궁극적인 목표이고 목적이라고 사람들은 생각하고 있는 것 같다.

우리 자신이 생산하거나 제조하는 상품과 경쟁할 수 있는 모든 외국 상품의 수입에 대한 제한에서는, 국내소비자의 이익은 명백하게 생산자의 이익에 희생되고 있다. 이 독점이 거의 언제나 불러일으키는 가격 상승에 대해 국내 소비자가 지불하지 않을 수 없도록 되어 있는 것은, 완전히 생산자에게 이익을 주기 위한 것이다.

생산자의 생산물 가운데 어떤 것의 수출에 대해 장려금이 주어지고 있는 것은, 오로지 그에게 이익을 주기 위한 것이다. 국내소비자는 첫째로는 장려금을 지불하는 데 필요한 세금을 내지 않으면 안 되고, 둘째로는 국내 시장에서 그 상품값이 상승하는 데 필연적으로 발생하는 더 많은 세금을 내지 않을 수 없다.

포르투갈과의 유명한 통상조약*²³에 의해 소비자는 우리나라의 기후에서는 생산되지 않는 상품을 이웃 나라*²⁴에서 수입하는 것을 높은 세금 때문에 방해받고, 먼 나라의 상품이 이웃 나라의 상품보다 질이 떨어진다는 것을 알면서도 그 먼 나라에서 그것을 구매하지 않을 수 없다. 국내소비자가 어쩔 수 없이 이런 불이익을 당해야 하는 것은, 생산자가 자신의 생산물의 어떤 것을, 그런 조약이 없는 경우보다 유리한 조건으로 그 먼 나라로 가져갈 수 있도록 하기 위해서이다. 그리고 소비자는, 이 강요된 수출이 국내 시장에서 생산물값을 얼마나 상승시키게 되든지간에 그것을 지불하지 않으면 안 되는 것이다.

그러나 우리의 아메리카 및 서인도 식민지의 운영을 위해 만들어진 법체계에서는, 국내소비자의 이익은 다른 모든 상업상의 규제보다 터무니없이 후하게, 생산자의 이익의 희생물로 제공되어 왔다. 우리의 온갖 생산자의 점포에서 그들이 공급할 수 있는 모든 재화를 사지 않을 수 없는 고객국민(顧客國民)을 만들어 내는 것을 유일한 목적으로, 거대한 제국이 건설된 것이다. 이 독점이 우리의 생산자에게 제공할 수 있는 값의 작은 상승을 위해, 국내소비자는 그 제국을 유지하고 방위하기 위한 모든 경비를 부담하지 않을 수 없었다. 이 목적을 위해, 그리고 이 목적만을 위해, 최근의 두 번의 전쟁에서 2억 파운드 이상이 소비되었고, 나아가서는 이제까지의 전쟁에서 같은 목적을 위해 지출된 것과 합쳐서 1억 7천만 파운드 이상의 신규 국채가 발행되었다. 이 국채의 이자만 해도, 식민지 무역이 독점을 통해 얻을 수 있었다고 적어도 주장할 수 있는 특별이윤의 총액보다 클 뿐만 아니라, 그 무역의 가치총액, 또는 해마다 식

---

*23 제6장에 소개된, 이른바 메슈엔조약을 가리킨다.
*24 프랑스를 말한다.

민지로 수출되어 온 재화의 평균적인 가치총액보다 크다.

이 중상주의 전체의 고안자가 누구였는지 결정하는 것은 결코 어려운 일은 아니다. 우리는 그것이, 이익이 완전히 무시되어 온 소비자가 아니라 이익이 그토록 신중하게 배려되어 온 생산자였다고 믿어도 될 것이다. 그리고 이 후자 가운데 우리의 상인과 제조업자야말로 특별히 중요한 그 구축자였다. 이 장에서 주목해 온 중상주의의 모든 규제에서는, 우리의 제조업자의 이익에 매우 각별한 주의가 기울어져 왔다. 그리고 소비자의 이익이라기보다는, 오히려 그 밖의 생산자들의 이익이 제조업자의 이익에 희생되어 온 것이다.

(이 뒤에, 제3판부터 제4편 제5장을 위한 부록이 추가되었다. 이것은 제2판 보충의 본문 속에 있었던 것으로, 이 번역서에는 제5장 끝에 들어가 있다.)

제9장*1
농업주의에 대하여,*2
즉 토지 생산물을 모든 나라 부의 유일한, 또는
한 원천이라고 보는 정치경제학 여러 체계에 대하여

　정치경제학의 중농주의(重農主義 : _{국민 복리와 산업을 증진시키기 위해 특히 농업을}
_{중시하고 농업만이 유일한 생산업이라 하는 주의})에 대하여는, 내
가 중상주의(重商主義 : _{국가 보호 무역주의에 의해 유리한 무역차}
_{액을 얻어 나라를 부강하게 하려는 주의}), 즉 상업주의에 대해 필요하다고
생각했던 것만큼 긴 설명을 필요로 하지는 않을 것이다.

　토지 생산물을 모든 나라의 수입과 부의 유일한 원천으로 보는 체계는, 내
가 아는 한, 어떤 국민에 의해서도 채용된 적이 없으며, 현재는 프랑스에서 큰
학식과 창의성을 지닌 몇몇 사람들의 생각 속에 존재할 뿐이다. 세계 어디서도
일찍이 아무런 해를 끼친 적이 없고, 아마 앞으로도 결코 끼치지 않을 체계의
오류를 장황하게 검토해 보았자 아무런 의미가 없다는 것은 분명하다. 그러나
나는 이 매우 독창적인 체계의 개요를 될 수 있는 대로 명확하게 설명할 생각
이다.

　루이 14세의 유명한 재상인 콜베르는 성실하고 매우 부지런하며 유능할 뿐
만 아니라, 국가재무의 검토에 뛰어난 경험과 상세한 지식 및 예리함을 갖추고
있어, 요컨대 공공수입의 징수와 지출에 대해 뛰어난 방법과 질서를 도입하는
데 모든 점에서 적합한 인물이었다. 불행하게도 그 재상은 중상주의의 모든 편
견을 품고 있었다. 중상주의는 그 본성과 진수에 있어서 제한과 규제의 체계이
며, 모든 관청의 다양한 부국(部局)을 규제하여 각각을 본디의 영역에 한정하
는 데 필요한 억제와 통할을 확립하는 것에 익숙한, 부지런하게 노력하는 실무

---

*1 제2판까지는 제8장이었다.

*2 농업주의라고 번역한 것은 agricultural systems 이지만, 이하는 관용에 따라 중농주의라 한
　다. 또한, 표제와 최초의 문단에서 시스템(주의 또는 체계라 번역해 둔다)이 복수형으로 되
　어 있는 이유는 알 수 없다. 중상주의의 경우는 모두 단수이다.

자들의 뜻에 맞지 않는 일은 거의 있을 수 없는 체계였다. 그는 한 대국의 상공업을 한 관청의 여러 부국과 똑같은 방식으로 규제하려고 노력했다. 그리고 각자가 자신의 방법으로, 평등과 자유와 정의라는 너그러운 원칙에 따라 자신의 이익을 추구하는 것을 허용하는 것이 아니라, 어떤 산업의 여러 부문에는 이례적인 특권을 주는 한편, 다른 여러 부문에는 이례적인 제한을 가했다. 그는 다른 유럽의 재상들과 마찬가지로, 농촌 산업보다 도시 산업을 장려하려 했을 뿐만 아니라, 도시 산업을 지원하기 위해 농촌 산업을 쇠퇴시키고 억압까지 하려고 했다. 도시 주민의 식료품을 싸게 하여, 그것을 통해 제조업과 대외 상업을 장려하기 위해, 그는 곡물 수출을 전면적으로 금지하고, 그로 인해 농촌 주민들은 그들의 근로 생산물 가운데 특히 중요한 부분을 위해 모든 외국 시장에서 배제당하고 말았다.

이 금지는 프랑스의 낡은 속주법에 의해 곡물을 어떤 속주에서 다른 속주로 수송하는 데 부과된 여러 제한, 또 거의 모든 속주의 경작자에게 부과되는 자의적이고 굴욕적인 세금과 결부하여, 그 나라의 농업을 저해하고, 그토록 기름진 토지와 그토록 혜택 받은 기후에서 자연히 상승하는 상태보다 훨씬 낮은 상태로 억제했다. 이 저해와 부진의 상태가 많든 적든 온 나라의 곳곳에서 느껴지자, 그 원인에 대해 다양한 조사가 착수되었다. 그런 원인의 하나는 콜베르의 여러 제도에 의해 도시 산업이 농촌 산업보다 우대받은 것에 있다고 생각되었다.

만일 장대가 한쪽으로 너무 구부러졌을 경우, 그것을 똑바로 하려면 같은 정도로 반대쪽을 향해 구부려야 한다는 속담이 있다. 농업을 모든 나라의 부와 수입의 유일한 원천으로 보는 체계를 제창한 프랑스 철학자들은, 이 속담의 원칙을 채용한 것 같다. 그리고 콜베르의 방식으로는 확실히 도시 산업이 농촌 산업에 비해 과대평가되고 있었던 것처럼, 그들의 체계에서는 도시 산업은 또한 확실히 과소 평가되고 있는 것으로 보인다.

그 나라의 토지와 노동의 연간 생산물에 어떤 면에서 이바지하는 것으로 그때까지 생각되어 온 다양한 계층의 사람들을 그들은 세 계급으로 구분한다. 첫째는 토지소유자 계급이다. 둘째는 경작자·농업 경영자·농촌 노동자의 계급으로, 그들은 이들에게 생산적 계급이라는 특별한 명칭을 주고 경의를 표한다. 셋째는 수공업자·제조업자·상인의 계급으로, 그 지위를 그들은 불임(不姙)계급 또는 비생산적 계급이라는 굴욕적인 명칭으로 폄하하려고 애쓰고 있다.

소유자 계급은 토지개량, 즉 건물·배수구·담장, 그 밖의 개량 설비에 대한 그때그때의 지출에 의해 연간 생산에 이바지하고 있다. 그런 것을 그들은 토지 위에 만들거나 유지하며, 그런 것들에 의해 경작자는 같은 자본으로 더 많은 생산물을 수확하고, 따라서 더 큰 지대를 지불할 수 있다. 이 증가한 지대는, 토지소유자가 그렇게 하여 그의 토지개량을 위한 지출 즉 자본에 대해 그에게 당연히 지불되어야 하는 이자 또는 이윤으로 여길 수 있다. 그런 비용은 이 체계에서는 토지비용*3이라고 불리고 있다.

경작자 또는 농업 경영자는 그들이 토지 경작에 투입하는, 이 체계에서 원비용(原費用) 및 연비용(年費用)*4이라 불리고 있는 것을 통해 연간 생산에 이바지한다. 원비용은 농업 용구·가축·씨앗과 농업 경영자가 토지점유 첫해의 적어도 대부분의 기간, 즉 그가 토지에서 어느 정도 수확을 취득할 수 있을 때까지 드는 그의 가족·하인·가축의 유지비이다. 연비용은 씨앗, 농업 용구의 소모, 농업 경영자의 하인과 가축의, 또 그의 가족 가운데 경작에 사용되는 하인으로 여길 수 있는 부분의 연간 유지비이다. 토지 생산물 가운데 지대를 지불한 뒤에 그의 수중에 남는 부분은, 첫째로 타당한 기간 안에, 적어도 그의 토지점유 기간 안에, 그의 원비용의 총액을 자산의 통상적인 이윤과 함께 회수하고, 둘째로 그의 연간 총비용을 마찬가지로 자산의 통상적인 이윤과 함께 회수하는 데 충분한 것이 아니면 안 된다.

그 두 종류의 비용은, 농업 경영자가 경작에 쓰는 두 가지의 자본으로, 그런 자본이 타당한 이윤과 함께 그에게 규칙적으로 돌아오지 않는다면, 그는 다른 직업과 동등하게 자신의 직업을 영위할 수가 없으며, 따라서 자기 자신의 이익을 생각하여 될 수 있는 대로 빨리 그 일을 버리고, 뭔가 다른 일을 찾을 것이 틀림없다. 토지 생산물 가운데 이렇게 농업 경영자가 자신의 일을 계속할 수 있도록 하는 데 필요한 부분은 경작에 투입된 원자로 여겨져야 하며, 만일 지주가 그것을 침해하면, 그는 필연적으로 자기 자신의 토지 생산물을

---

*3 토지비용(ground expenses)에는 depenses foncieres 라는 프랑스어가, 이와 같은 형태로 묶음표 안에 표기되어 있다.

*4 원비용 및 연비용에 대해서도 앞의 〈주〉 3과 마찬가지로 depenses primitives et depenses annuelles 라고 프랑스어가 표기되어 있다.

감소시켜, 몇 년 안에 농업 경영자가 이 높은 비율의 지대를 지불할 수 없게 할 뿐만 아니라, 그렇지 않을 경우 지주가 자신의 토지에서 취득할 수 있는 타당한 지대도 지불할 수 없게 한다. 정당하게 지주에게 귀속되는 지대는, 총생산물 즉, 모든 생산물을 만들기 위해 미리 투입되지 않으면 안 되는 모든 필요경비를 완전히 지불한 뒤에 남는 순생산물뿐이다.

이 체계에서 이 계급의 사람들이 생산적 계급이라는 명예로운 명칭으로 특별히 구별되고 있는 것은, 경작자의 노동이 그런 모든 필요경비를 완전히 지불한 뒤에, 더욱 이런 종류의 순생산물을 제공하기 때문이다. 그들의 원비용과 연비용은, 같은 이유에서, 이 체계에서는 생산적 비용으로 불리고 있는데, 그것은 그 자체의 가치를 회수한 뒤에 더욱 이 순생산물의 재생산을 해마다 불러일으키기 때문이다.

그들의 이른바 토지비용, 즉 지주가 자신의 토지개량에 투입하는 것도 이 체계에서는 또한 생산적 비용이라는 이름으로 존중되고 있다. 그 비용의 전액이 자산의 통상적인 이윤과 함께, 지주가 자신의 토지에서 얻는 증가지대(增加地代)에 의해 완전히 상환될 때까지는, 그 증가지대는 교회에 의해서도 국왕에 의해서도 신성불가침한 것으로 여겨져야 하며, 10분의 1세와 조세도 부과해서는 안 된다. 그렇게 하지 않으면, 토지개량을 막기 때문에 교회는 교회 자신의 10분의 1세의 장차 있을 증가를 막고, 국왕은 국왕 자신의 조세의 장차 있을 증가를 막게 된다. 따라서 사물의 질서가 잘 정비된 상태에서는, 그런 토지비용은 그 자체의 가치를 완전한 방법으로 재생산한 뒤에, 다시 일정 기간이 지나면 마찬가지로 순생산물의 재생산을 낳게 되므로, 이 체계에서는 생산적인 비용으로 생각되고 있다.

그러나 지주의 토지비용, 농업자의 원비용 및 연비용이라는 세 종류의 비용만이, 이 체계에서 생산적이라고 생각되는 비용이다. 그 밖의 비용이나 그 밖의 계층의 사람들은 모두, 통상적인 이해(理解)에서는 가장 생산적이라고 여겨지고 있는 사람들조차, 이런 사고방식에서는 완전히 무가치하고 비생산적인 것이 된다.

특히 수공업자와 제조업자는, 사람들의 통상적인 이해에서는, 그 근로가 토지 원생산물의 가치를 크게 증가시키지만, 이 체계에서는 완전히 무가치하고 비생산적인 종류의 사람들로 생각되고 있다. 그들의 노동은, 그들을 고용하는 자산을 그 통상적인 이윤과 함께 회수하기만 하는 것으로 알려져 있다. 그 자산은 그들의 고용주에 의해 그들에게 선불되는 원료·용구·임금이고, 그들의 고용과 생활유지에 충당되는 원자이다. 그 이윤은 그들의 고용주의 생활유지에 충당되는 원자이다. 그들의 고용주는 그들의 고용에 필요한 원료·용구·임금으로 이루어진 자산을 그들에게 선불하는 것과 마찬가지로, 자기 자신의 생활유지에 필요한 것을 자기 자신에게 선불하는 것이며, 그 생활유지비를 그는 일반적으로 그들의 제품값에 의해 얻을 수 있을 것으로 그가 기대하는 이윤에 비례시킨다. 그 값이, 그가 그의 노동자들에게 선불하는 원료·용구·임금은 물론이고, 자기 자신에게 선불하는 생활유지비까지 회수해 주지 않는 한, 그것은 그가 투입한 모든 경비를 그에게 회수해 준 것이 아님이 명백하다. 따라서 제조업의 자산이윤은, 토지지대처럼 이윤을 얻기 위해 투입되어야 하는 모든 비용을 완전히 회수한 뒤에 남는 순생산물이 아니다. 농업 경영자의 자산은 농업 경영자에 대해, 제조업자의 자산과 마찬가지로 이윤을 낳고, 또 다른 사람에게도 마찬가지로 지대를 낳지만, 제조업자의 이윤은 그렇지 않다. 따라서 수공업자와 제조업자의 고용과 생활유지를 위해 투입된 비용은, 이른바 그 자신의 가치의 존재를 존속시킬 뿐, 새로운 가치는 아무것도 생산하지 않는다. 따라서 그것은 완전히 무가치하고 비생산적인 비용이다. 이에 반해, 농업 경영자와 농촌 노동자를 취업시키는 데 투입된 비용은, 그 자신의 가치 존재를 존속시킬 뿐만 아니라, 나아가서 그 위에 새로운 가치, 즉 지주의 지대를 창출한다. 따라서 그것은 생산적인 지출이다.

상인의 자산은 제조업의 자산과 마찬가지로 무가치하고 비생산적이다. 그것은 새로운 가치는 아무것도 창출하지 않고 그 자신의 가치 존재를 존속시킬 뿐이다. 그것의 이윤은, 그것의 사용자가 사용하는 동안 또는 회수가 이루어질 때까지, 자기 자신에게 선불하는 생활유지비의 상환에 지나지 않는다. 그것은 그 자산을 쓰는 데 투입되지 않으면 안 되는 비용의 일부 상환에 지나지 않는 것이다.

수공업자와 제조업자의 노동은 토지 원생산물의 연간 총량의 가치에 아무것도 부가하지 않는다. 그것이 그 몇몇 특정한 부분의 가치에 크게 부가하고 있는 것은 사실이다. 그러나 그 노동이 그 동안 다른 부분에 대해 발생시키는 소비는, 그 어떤 특정 부분에 부가하는 가치와 정확하게 일치하므로, 총량의 가치는 언제 어떤 때에도 그 노동에 의해 조금이라도 증가되는 것은 아니다. 이를테면 한 쌍의 멋진 주름장식이 달린 레이스를 만드는 사람은, 아마도 1페니만큼의 가치밖에 없는 아마의 가치를 때로는 영국 정화 30파운드로 끌어올릴 것이다. 그러나 얼핏 보기에, 그는 그것으로 원생산물의 일부분의 가치를 약 7200배나 증가시킨 것처럼 보이지만, 실제로는 원생산물의 연간 총량의 가치에 아무것도 부가하지 않은 것이다. 그 레이스를 완성하는 데 그는 아마 2년 동안 노동을 해야 할 것이다. 그 레이스가 완성되었을 때, 그것과 교환하여 그가 손에 넣는 30파운드는, 그가 그 일에 종사하는 2년 동안, 자기 자신에게 선불한 생활비의 환불에 지나지 않는다.

그가 매일·매월·매년의 노동으로 아마에 부가하는 가치는, 그 자신이 그날, 그달, 또는 그해 동안 소비한 가치를 회수할 뿐이다. 따라서 그 기간 중의 어떤 때에도, 그는 토지 원생산물의 연간 총량의 가치에 아무것도 부가하지 않는 것이다. 원생산물 가운데 그가 끊임없이 소비하고 있는 부분은, 그가 끊임없이 생산하고 있는 가치와 항상 같기 때문이다. 이 하잘것없지만 값비싼 제품의 제조업에 종사하고 있는 사람들의 대부분이 매우 가난하다는 것은, 그들의 제품 가치가 통상의 경우, 그들의 생계가치를 넘지 않는다는 것을 우리에게 납득시켜 준다. 농업 경영자와 농촌 노동자의 일에서는 사정이 다르다. 지주의 지대는 그것이 통상적인 경우에, 노동자와 그들의 고용주 양쪽의 모든 소비, 즉 양쪽의 고용과 생활 유지를 위해 투입된 모든 비용을 가장 완전한 방법으로 회수한 뒤에 끊임없이 계속 산출하는 가치이다.

수공업자와 제조업자와 상인은 절약에 의해서만 자기들 사회의 수입과 부를 늘릴 수 있다. 또는, 이 체계의 표현을 빌리면 결핍에 의해, 즉 그들 자신의 생계에 충당되는 원자(原資 : 투자의 기초가 되는 자금의 바탕)의 일부를 그들 자신에게서 빼앗음으로써만 그렇게 할 수 있다. 그들이 해마다 재생산하는 것은 이 원자뿐이다. 따라서 매년의 원자의 일부를 절약하지 않는 한, 즉 그 일부를 누리는 혜택을 해마다 그들 자신에게서 빼앗지 않는 한, 그들 사회의 수입과 부는, 그들의 근로에 의해 조금이나마 증가되는 일은 결코 없는 것이다. 이에 반해 농업 경영자와 농촌 노동자는, 자기 자신들의 생계에 충당되는 원자를 모두 누리면서도, 동시에 그들 사회의 수입과 부를 증가시킨다. 그들 자신의 생활에 충당되는 것

*⁵ 외에, 그들의 근로는 연간 순생산물을 공급하고, 그 증가는 필연적으로 그들 사회의 수입과 부를 증가시킨다. 따라서 프랑스와 잉글랜드처럼 상당한 부분이 토지소유자와 경작자인 국민은, 근로와 욕망 충족을 통해 부유해질 수가 있다. 이에 반해, 네덜란드나 함부르크처럼 주로 상인이나 수공업자와 제조업자로 구성된 국민은 절약과 결핍을 통해서만 부유해질 수 있다. 이렇게 처지가 다른 여러 국민의 이해관계가 매우 다른 것처럼, 국민의 공통적인 성격도 마찬가지이다. 전자에게는 너그러움·솔직함·우애가 자연히 그런 공통적인 성격의 일부가 되고, 후자에게는 모든 사회적 쾌락과 욕망 충족을 혐오하는 편협함·비열함·이기적인 성향이 그러하다.

비생산적 계급, 즉 상인·수공업자·제조업자의 계급은, 다른 두 계급, 즉 토지소유자 계급과 경작자 계급의 전면적 부담으로 유지되고 취업하고 있다. 그에 대해 그들은 직업의 원료와 생계의 원자, 즉 취업하고 있는 동안 소비할 곡물과 가축을 공급한다. 최종적으로는 토지소유자와 경작자가 비생산적 계급의 모든 노동자의 임금과 그들의 모든 고용주의 이윤을 지불하는 것이다. 그런 노동자과 그들의 고용주는, 정확하게 말하면 토지소유자와 경작자의 하인이다. 일반 하인이 집 안에서 일하는 것처럼, 그들은 집 밖에서 일하는 하인에 지나지 않는다. 그러나 양쪽 다 같은 주인의 부담으로 유지되고 있다. 양쪽의 노동은 모두 똑같이 비생산적이다. 그것은 토지 원생산물의 전체 가치에 아무것도 부가하지 않는다. 그것은 그 전체 가치를 늘리기는커녕, 그 가치에서 지불되지 않으면 안 되는 부담이고 비용이다.

그러나 비생산적인 계급은 다른 두 계급에 있어서 그냥 유용한 것이 아니라 크게 유용하다. 토지소유자와 경작자는 상인·수공업자·제조업자의 근로에 의해, 자신들이 필요로 하는 외국산 재화와 자국산 제조품을 살 수 있는 것이며, 그들이 직접 쓰기 위해 서투르고 익숙지 않은 방법으로 한쪽을 수입하거나 다른 한쪽을 만들기 위해서는 반드시 사용하지 않을 수 없는 것보다 훨씬 적은 자신들의 노동 생산물로 그렇게 할 수 있는 것이다. 비생산적인 계급 덕택에 경작자는, 그렇지 않으면 토지 경작에서 그들의 주의를 돌려 버리게 되는 많은 배려에서 해방될 수 있다. 이런 주의력 집중의 결과, 그들이 획득할 수 있

＊5 '것'은 초판에서는 '원자'.

는 생산의 우위는, 비생산적 계급의 유지와 고용을 위해 토지소유자 또는 경작자 자신에게 드는 모든 경비를 충분히 충당할 수 있다. 상인·수공업자·제조업자의 근로는, 그 자체적 성질로서는 완전히 비생산적이라 하더라도, 이렇게 간접적인 방법으로 토지 생산물을 늘리는 데 이바지한다. 그것은 생산적 노동이 토지 경작이라는 본디의 직업에 전념할 수 있도록 함으로써, 생산적 노동의 생산력을 증가시키고, 쟁기는 때때로, 쟁기와 가장 거리가 먼 일을 하고 있는 사람의 노동에 의해, 그만큼 쉽고 그만큼 능숙하게 움직이는 것이다.

상인·수공업자·제조업자의 근로를 어떤 점에서든 억제하거나 마는 것은, 결코 토지소유자와 경작자의 이익이 될 수 없다. 이 비생산적 계급이 누리는 자유가 크면 클수록, 이 계급을 구성하는 모든 직업에서의 경쟁은 심해지고, 다른 두 계급이 공급받는 외국의 재화와 자국의 제조품은 모두 그만큼 싸질 것이다.

다른 두 계급을 억압하는 것은 결코 비생산적 계급의 이익이 될 수 없다. 비생산적 계급을 유지하고 고용하는 것은 토지의 잉여 생산물, 즉 첫째로 경작자의, 다음으로는 토지소유자의 생활유지비를 공제한 뒤에 남는 것이다. 이 잉여가 크면 클수록 비생산적 계급의 유지와 고용도 마찬가지로 증대할 것이 틀림없다. 완전한 정의, 완전한 자유, 완전한 평등의 확립이 세 계급 모두에게 가장 큰 번영을 가장 유효하게 보장하는 매우 단순한 비결이다.

네덜란드와 함부르크처럼, 주로 이런 비생산적 계급으로 구성되는 상업 국가의 상인과 수공업자와 제조업자는, 같은 방법으로, 오로지 토지소유자와 경작자의 부담에 의해 유지되고 고용되고 있다. 유일한 차이는, 그런 토지소유자와 경작자의 대부분이, 그들의 직업의 원료와 생활 자료의 원자를 공급하는 상인, 수공업자. 제조업자로부터 멀리 떨어져 있어서 매우 불편한 다른나라의 주민이고, 다른나라 정부의 국민이라는 점이다.

그러나 그런 상업국은 그 다른나라의 주민에게 있어서 단순히 유용할 뿐만 아니라, 매우 유용하다. 상업국은, 그 다른나라의 주민들이 국내에 찾아야 하지만 정책상의 어떤 결함 때문에 국내에는 없는 상인·수공업자·제조업자를 대신하여, 매우 중요한 부족을 어느 정도 채워 주는 것이다.

만일 그렇게 불러도 된다면 그런 농업 국가에 있어서, 그 상업국의 무역, 즉 그 나라가 공급하는 상품에 높은 세금을 부과함으로써 그런 나라의 산업을 막거나 곤궁에 빠뜨리는 것은 결코 이익이 될 수 없다. 그런 세금은, 그 상품들의 값을 올림으로써, 그 상품을 그 값으로 구매하는 자국의 토지 잉여 생산물의 실질가치를 떨어뜨릴 뿐이다. 그런 세금은 그 잉여 생산물의 증가를, 따라서 그들 자신의 토지개량과 경작을 막을 뿐이다. 이와는 반대로, 그 잉여 생산물의 가치를 끌어올리고, 그 증가를 촉진하며, 따라서 그들 자신의 토지개량과 경작을 촉진하는 가장 효과적인 정책은, 그런 모든 상업 국가의 무역에 가장 완전한 자유를 인정하는 일일 것이다.

이 완전한 무역의 자유는, 그들이 국내에서 필요로 하는 모든 수공업자와 제조업자와 상인을 머지않아 공급하고, 그들이 국내에서 느꼈던 매우 중요한 결핍을 가장 유리한 방법으로 메우기 위한 가장 효과적인 방책도 될 것이다.

그들의 토지 잉여 생산물이 끊임없이 증가하면 이윽고, 통상적인 이윤율로 토지개량과 경작에 사용할 수 있는 것보다 큰 자본이 조성될 것이다. 그리고 그 자본의 잉여 부문은 자연히 국내에서 수공업자와 제조업자를 고용하는 데 향할 것이다. 그러나 그런 수공업자와 제조업자는, 그들의 직업의 원료와 생계의 원자가 국내에 있기 때문에, 기술과 숙련은 훨씬 뒤떨어져도, 그런 것을 모두 훨씬 먼 곳에서 가지고 오지 않으면 안 되는 상업국의 같은 업종의 수공업자나 제조업자와 마찬가지로, 싼 비용으로 당장 일을 할 수 있게 된다. 기술과 숙련의 부족으로 인해 한동안은 그다지 싸게 일할 수 없더라도, 국내에 시장이 있으므로 그들은 자신들의 제품을 그곳에서, 매우 멀리서 그 시장으로 가지고 와야 하는 상업국의 수공업자나 제조업자의 제품과 같은 정도로 싸게 팔 수 있다. 그리고 기술과 숙련이 개량됨에 따라, 그들은 곧 그것보다 더 싸게 팔 수 있게 될 것이다. 따라서 그런 상업국의 수공업자와 제조업자는 그런 농업 국가의 시장에서 직접 경쟁자를 만나 헐값에 팔아치우지 않을 수 없게 되고, 이내 그곳에서 완전히 밀려날 것이다. 기술과 숙련이 차츰 개량된 결과, 그런 농업 국가의 제조품값이 내려가면, 이윽고 판로는 국내 시장을 넘어서 확대되어 많은 외국 시장으로 진출하게 된다. 또 외국 시장에서도 같은 방법으로, 차츰 그런 상업 국가의 제조품을 대부분 몰아낼 것이다.

그런 농업 국가의 원생산물과 제조품 양쪽의 이 계속적인 증가는 머지않아 농업과 제조업에서도, 통상적인 이윤율로 쓰일 수 있는 것보다 큰 자본을 만들어 낼 것이다. 이 자본의 잉여는 자연히 외국무역을 향하게 되어, 자국의 원생산물과 제조품 가운데 국내 시장의 수요를 넘는 부분을 외국으로 수출하는 데 쓰일 것이다. 자국 생산물의 수출에 대해서는, 농업 국가의 상인은 상업 국가의 상인에 대해, 농업 국가의 수공업자와 제조업자가 상업 국가의 수공업자와 제조업자에 대해 가지는 것과 같은 종류의 이점을 가지게 된다. 즉, 상대편이 먼 곳에서 찾지 않으면 안 되는 화물과 비품과 식료품이 국내에 있다는 이점이다. 따라서 항해 기술과 숙련은 뒤떨어져도, 그들은 외국 시장에서, 그런 상업 국가의 상인과 마찬가지로 화물을 싸게 팔 수 있고, 기술과 숙련이 같으면 더 싸게 팔 수 있을 것이다. 따라서 그들은 곧, 외국무역의 이 부문에서 상업 국가와 경쟁하게 되어, 이윽고 이 부문에서 상업 국가를 곧 몰아내 버릴 것이다.

따라서 이 자유롭고 너그러운 체계에 의하면, 농업 국가가 자국의 수공업자·제조업자·상인을 육성할 수 있는 가장 유리한 방법은, 다른 모든 나라의 수공업자·제조업자·상인에 대해 가장 완전한 영업 자유를 인정하는 것이다. 농업 국가는 그것을 통해 자국의 토지 잉여 생산물의 가치를 끌어올리고, 그 계속적인 증가가 차츰 어떤 원자를 확립하여, 머지않아 필연적으로 국가가 필요로 하는 모든 수공업자·제조업자·상인을 육성하는 것이다.

반대로 농업 국가가 높은 관세 또는 금지에 의해 외국무역을 억압한다면, 그 국민은 필연적으로 다음의 두 가지 방법으로 자신의 이익을 손상시킨다. 그것은 첫째로는 모든 외국산 재화와 모든 종류의 제조품값을 인상함으로써 필연적으로 자국 토지의 잉여 생산물의 실질가치를 인하시킨다. 농업 국가는, 그 잉여 생산물 또는 같은 말이지만 그 값으로 외국산 재화와 제조품을 사는 것이다. 두 번째로는 국내 시장의 일종의 독점을 자국의 상인·수공업자·제조업자에게 줌으로써, 농업의 이윤율에 적절한 수준 이상으로 상업 및 제조업의 이윤율을 높이고, 그 결과 이제까지 농업에 쓰고 있었던 자본의 일부를 거기서 회수하거나, 그렇지 않으면 농업으로 갔을 자본의 일부를 못 가도록 막는다.

따라서 이 정책은 두 가지의 다른 방법으로 농업을 저해한다. 첫째로는 농업 생산물의 실질가치를 인하하고, 그것을 통해 또 농업의 이윤율을 저하시키고, 또 둘째로는 다른 모든 직업의 이윤율을 상승시키는 것에 의해서이다. 이 정책이 없는 경우보다 농업은 불리해지고 상업과 제조업은 유리해진다. 그리고 각 개인은 자신의 이해관계에 따라 자신의 자본과 근로를 될 수 있는 대로 전자에서 후자로 대체하고자 한다.

이 억압적인 정책에 의하면, 농업 국가는 자유무역에 의한 것보다 조금 빨리, 자국의 수공업자와 제조업자와 상인을 육성할 수 있다 해도, 적지 않게 의심스럽지만 만일 그것이 가능하다 해도, 그것은 이른바 조숙한 것으로, 시기가 완전히 무르익기 전에 그들을 육성하는 것이 될 것이다. 그것은 어떤 종류의 근로를 너무 성급하게 육성함으로써 더욱 가치가 있는 다른 종류의 근로를 억압하게 된다. 또, 고용하는 자산을 통상의 이윤과 함께 회수하는 데 지나지 않는 종류의 근로를 너무나 성급하게 육성함으로써, 또 하나의 다른 근로, 즉 이윤과 함께 자산을 회수할 뿐 아니라, 지주에 대해 순생산물, 즉 무상(無償)의 지대를 제공하는 종류의 근로를 억압하게 될 것이다.

이 체계에 의하면 어떻게 하여 토지 연간 생산물의 총액이 위에서 말한 세 계급 사이에 분배되는 것인지, 또 어떻게 하여 비생산적 계급의 노동이 그 총액의 가치를 어떤 점에서도 증가시키지 않고, 그 자신이 소비한 것의 가치를 회수하는 데 지나지 않는 것인지는, 이 체계의 매우 독창적이고 심원한 창시자인 케네*6에 의해, 몇 가지의 산술적 표식(表式)으로 제시되어 있다. 이런 표식 가운데 첫째는, 그가 특별히 '경제표'*7라는 이름으로 다른 것과 구별하여 강조하고 있는 것으로, 가장 완전한 자유의 상태, 따라서 최고의 번영 상태에서, 즉 연간 생산물이 가능한 최대의 순생산물을 낳고, 각 계급이 연간 생산물 전체 가운데 적절한 몫을 누리는 상태에서, 이 분배가 어떻게 이루어진다고 그가 상정하는지를 보여 주고 있다. 그것에 이어지는 몇 가지 표식은 다양한 제한과 규제의 상태에서, 즉 토지소유자 계급 또는 무가치하고 비생산적인 계급이 경작자 계급보다 우대받고, 그 한쪽이나 다른 쪽이 본디 이 생산적 계급의 것이야 하는 몫을 다소나마 침해하는 상태에서, 이 분배가 어떻게 이루어진다고 그가 상정하는지를 보여 주고 있다.

---

*6 케네(François Quesnay, 1694~1774)는 루이 15세의 애인 퐁파두르 부인의 시의(侍醫)이자 중농학파 경제학의 창시자. 파리에서 그를 만난 스미스는 그를 존경하여 《국부론》을 그에게 헌정할 생각도 했다고 한다.

*7 《경제표》(Tableau économique, [Versailles, 1758])는 케네의 주저로, 농업생산자·토지소유자·상공업자의 세 계급에 의해 구성되는 사회의 경제순환을 나타낸 것. 원표(原表)·약표(略表)·범식(範式)이 있다.

이 체계에 의하면, 그런 침해가 있을 때마다, 즉 가장 완전한 자유가 확립하는 자연적 분배가 침해될 때마다, 연간 생산물의 가치와 총액을, 많든 적든 해가 갈수록 감소시켜, 사회의 실질적인 부와 수입의 점차적인 감소를 필연적으로 불러일으키게 될 것이다. 그 감소의 진행이 빠른가 느린가는, 이 침해의 정도, 즉 가장 완전한 자유에 의해 확립되는 자연적 분배가 침해되는 정도에 좌우된다. 그런 후속 표식은 감퇴의 다양한 정도를 나타내는 것으로, 이 체계에 의하면, 그 정도는 사물의 자연적 분배가 침해되는 다양한 정도에 대응하는 것이다.

어떤 이론적인 의사들은, 인체의 건강은 식사와 운동에 대한 일정하고 정확한 양생법(養生法 : 건강하게 오래 살 기를 꾀하는 방법)에 의해서만 유지될 수 있으며, 그것을 조금이라도 위반하면 그 위반의 정도에 비례해서 반드시 어느 정도의 질병과 부조가 일어난다고 생각한 것 같다. 그러나 경험이 보여 주는 바로는, 인체는 온갖 종류의 양생법하에서는 물론이고, 일반적으로 도저히 건강적이라고 할 수 없는 양생법하에서도, 적어도 외견상으로는 아무리 보아도 가장 완전한 건강 상태를 유지하고 있는 경우가 흔히 있는 것 같다. 하지만 인체의 건강한 상태는, 그 자체 속에 어떤 미지의 건강유지 원리를 내포하고 있어서, 매우 그릇된 양생법의 나쁜 결과까지 대부분 방지하고 시정할 수 있는 듯하다. 스스로 의사이고, 또 매우 이론적인 의사였던 케네는, 정치체에 대해서도 인체에 대해서와 같은 종류의 생각을 가지고, 정치체는 일정하고 정확한 양생법, 즉 완전한 자유와 완전한 정의라는 엄밀한 양생법하에서만 번영하는 것이라고 생각했던 모양이다. 각자가 자신의 상태를 개선하기 위해 끊임없이 하고 있는 자연적인 노력이, 정치체에 있어서는 어느 정도 불공평하고 억압적인 경제정책의 나쁜 결과를, 대부분의 점에서 방지하고 시정할 수 있는 건강유지 원리라는 것을 그는 고려하지 않았던 것 같다. 그런 경제정책은, 부와 번영을 향한 어떤 국민의 자연적인 진보를 다소나마 늦춘다는 것은 의심할 여지가 없다 하더라도, 반드시 항상 완전히 정지시킬 수 있는 것은 아니며, 하물며 그것을 후퇴시킬 수 있는 것은 더더욱 아니다.

만일 어떤 국민이 완전한 자유와 완전한 정의를 누리지 않으면 번영할 수 없다고 한다면, 지금까지 번영을 누렸던 국민은 세계에 하나도 없었던 것이 된다. 그러나 정치체에 있어서는, 인간의 어리석은 행동과 부정의 거의 모든 나쁜 결과를 수정하기 위해, 자연의 지혜가 다행히 충분한 준비를 해 주었으며, 그것은 자연체에 있어서, 인간의 나태와 부절제의 나쁜 결과를 치료하기 위해 자연의 지혜가 그렇게 해준 것과 마찬가지이다.

그러나 이 체계의 중요한 잘못은 수공업자와 제조업자와 상인의 계급을 완전히 무가치하고 비생산적이라고 한 점에 있는 것으로 생각된다. 다음의 고찰은 그 설명이 부적절하다는 것을 이해하는 데 도움이 될 것이다.

첫째로, 이 계급이 그 자신이 해마다 소비하는 것을 해마다 재생산하고, 이 계급을 유지하고 고용하는 자산 또는 자본의 존재를 적어도 존속시킨다는 것은 널리 인정되고 있다. 그러나 이 이유만으로도, 무가치하다거나 비생산적이라는 표현을 이 계급에 적용하는 것은 매우 부적절한 것으로 생각된다. 어떤 결혼이 아들 한 명과 딸 한 명을 낳은 아버지와 어머니를 갱신할 뿐, 인류의 수를 증가시키지 않고 다만 종전대로 존속시킬 뿐이라 해도, 우리는 그 결혼을 무가치하다거나 비생산적이라고 말해서는 안 된다. 분명히 농업 경영자와 농촌 노동자는 자신들을 유지하고 고용하는 자산 외에 순생산물, 즉 지주에 대한 불로지대(不勞地代)를 해마다 재생산한다. 세 아이를 낳은 결혼이 두 아이밖에 낳지 않은 결혼보다 분명히 생산적인 것처럼, 농업 경영자와 농촌 노동자의 노동이 상인이나 수공업자, 제조업자의 노동보다 생산적인 것은 틀림없다. 그러나 한쪽 계급이 많이 생산하는 것이 다른 쪽 계급을 불모하거나 비생산적으로 만드는 것은 아니다.

둘째로, 이런 이유에서 수공업자·제조업자·상인을 일반 하인과 동일시하는 것은 완전히 부적절하다고 생각된다. 일반 하인의 노동은 자신들을 유지하고 고용하는 원자의 존재를 존속시키지 않는다. 그들의 유지와 고용은 오로지 그들의 주인들의 부담에 의한 것이며, 그들이 하는 일은 그 비용을 회수하는 성질의 것이 아니다. 그 일은 일반적으로 시행한 순간 소멸해 버리는 노역으로, 그들의 임금과 유지비의 가치를 회수할 수 있고 판매할 수 있는 어떤 상품으로 고정되거나 실현되는 것이 아니다. 이에 비해 수공업자·제조업자·상인의 노동은, 당연히 뭔가 그런, 판매할 수 있는 상품으로 고정되고 실현될 수 있다.

내가 생산적 노동과 비생산적 노동을 다룬 장*8에서, 수공업자·제조업자·상인을 생산적 노동자로 분류하고, 일반 하인을 무가치하고 비생산적인 노동자로 분류한 것은 이 때문이다.

셋째로, 수공업자·제조업자·상인의 노동이 사회의 실질수입을 증가시키지 않는다는 것은, 어떤 상정에 입각하더라도 부적절한 것으로 생각된다. 이를테면, 이 체계에서 상정되고 있는 것으로 생각되는 대로, 이 계급의 매일·매월·매년의 소비가치가, 그 매일·매월·매년의 생산가치와 정확하게 같다고 상정하더라도, 그렇다고 해서 이 계급의 노동이 그 사회의 실질수입에, 즉 그 사회의 토지와 노동의 연간 생산물이 지닌 실질가치에 아무것도 부가하지 않았다고 할 수는 없다. 이를테면, 수확한 뒤 최초의 6개월 동안 10파운드 가치의 일을 수행하는 어떤 수공업자는, 이 기간 중에 10파운드 가치의 곡물과 그 밖의 생활필수품을 소비한다 해도, 그래도 그 사회의 토지와 노동의 연간 생산물에 10파운드의 가치를 실제로 추가하고 있는 것이다. 그는 10파운드 가치의 곡물과 그 밖의 필수품이라고 하는 반년치의 수입을 소비하는 동안, 그 자신이 누군가 다른 사람을 위해 마찬가지로 반년치의 수입을 구매할 수 있는 같은 가치의 재화를 생산한 것이다. 따라서 이 6개월 동안 소비되고 생산된 것의 가치는 10파운드가 아니라 20파운드와 같다. 분명히 이 기간 중의 어느 순간에도 이 가치 가운데 10파운드밖에 존재하지 않았다고 할 수는 있다.

그러나 만일 이 수공업자가 소비한 10파운드 가치의 곡물과 그 밖의 필수품이 병사(兵士)나 일반 하인에 의해 소비되었다고 한다면, 연간 생산물 가운데 6개월의 끝에 존재한 부분의 가치는, 이 수공업자의 노동의 결과로서 실제로 존재하는 가치보다 10파운드만큼 적었을 것이다. 따라서 수공업자가 생산하는 것의 가치는 이 기간의 어느 시점에서도, 그가 소비하는 가치보다 크다고 생각할 수는 없다 해도, 시장에 실제로 존재하는 재화의 가치는 이 기간의 어느 시점에서도, 그가 생산하는 것의 결과로서 그렇지 않은 경우보다 큰 것이다.

이 체계의 지지자들이 수공업자·제조업자·상인의 소비는 그들이 생산하는

---

*8 제2편 제3장.

것의 가치와 같다고 주장할 때 그들이 의미하는 것은, 아마 그들의 수입, 즉 그들의 소비에 충당되는 원자가 그것과 같다는 것뿐일 것이다. 그러나 만일 그들이 더욱 정확하게 표현하여, 이 계급의 수입은 그들이 생산하는 것의 가치와 같다고만 주장했다면, 독자는 이내 이 수입에서 자연히 저축되는 것은, 조금이나마 필연적으로 그 사회의 실질적인 부를 증가시킬 것이 틀림없다는 것에 생각이 미칠 것이다. 따라서 뭔가 논의다운 것을 내세우기 위해, 그들은 그런 표현을 하지 않으면 안 되었던 것이며, 이 논의는, 설령 실제의 사태도 이 논의에서 추정되고 있는 것과 같다 하더라도 매우 애매한 것이 되어버린다.

넷째로, 농업 경영자와 농촌 노동자도 절약하지 않으면 그들 사회의 실질수입, 즉 토지와 노동의 연간 생산물을 증가시킬 수 없는 것은, 수공업자·제조업자·상인과 마찬가지이다. 어느 사회에서도, 토지와 노동의 연간 생산물은 두 가지 방법으로만 증가시킬 수 있으며, 그것은 첫째로는 그 사회에서 실제로 유지되고 있는 유용한 노동 생산력의 어떤 개량이나, 둘째로는 그 노동의 양의 어떤 증대이거나, 둘 중의 하나에 의한다.

유용한 노동의 생산력 개량은, 첫째로는 노동자의 능력 개량에 의존하고, 둘째로는 그가 일을 할 때 쓰는 기계장치의 개량에 의존한다. 그런데 수공업자와 제조업자의 노동은, 농업 경영자와 농촌 노동자의 노동보다 재분할이 가능하며, 각각의 노동자의 노동은 더욱 단순하게 조작하는 것이 가능하므로, 이 두 종류의 개량을 훨씬 고도로 실행하는 것도 마찬가지로 가능하다.*9 따라서 이 점에서, 경작자 계급은 수공업자와 제조업자 계급에 대해 어떤 종류의 장점도 가질 수가 없다.

어느 사회에서도, 그 사회 속에서 실제로 고용되고 있는 유용한 노동의 양의 증가는, 그것을 고용하는 자본의 증가에 완전히 의존하지 않을 수 없고, 그 자본의 증가는 또 그 자본의 사용을 관리하고 지휘하는 특정한 사람들, 또는 그들에게 그 자본을 빌려 주는 다른 사람들의 수입에서 저축하는 금액과 정확하게 같을 것이 분명하다. 만일 상인·수공업자·제조업자가, 이 체계가 상정하고 있는 것으로 생각되는 것처럼, 토지소유자와 경작자보다 절약하고 저

---

*9 제1편 제1장을 참조할 것.

축하는 성향을 자연히 가지고 있다면, 그들이 자신들의 사회 속에서 고용되는 유용한 노동의 양을 증가시키고, 따라서 그 사회의 실질적 수입, 즉 그 토지와 노동의 연간 생산물을 증가시킬 전망도 그만큼 커진다.

　다섯째이자 마지막으로, 모든 나라의 주민의 수입은 이 체계가 상정하고 있는 것으로 생각되는 것처럼, 그들이 근로를 통해 입수하는 생활 자료의 양뿐이라고 상정하더라도, 상공업*10국의 수입은, 그 밖의 사정이 같은 한, 무역도 제조업도 없는 나라의 수입보다 항상 훨씬 클 것이 틀림없다. 어떤 개별적인 나라는, 상공업을 통해 그 나라 안의 토지가 경작의 현 상태에서 제공할 수 있는 것보다 많은 생활 자료를 해마다 수입할 수 있다. 도시 주민은 때때로 자신의 토지를 가지지 않는다고는 하지만, 자신들의 근로로, 다른 사람들의 토지 원생산물이 자신들의 직업의 원료뿐만 아니라 생활 자료의 원자까지 자기들에게 공급해 줄 수 있는 만큼의 양을 자기들에게 유인한다.

　하나의 독립국가 또는 지역*11은, 때때로 다른 독립국가 또는 지역들에 대해, 도시가 항상 가까운 농촌에 대해 가지는 것과 같은 관계를 가질 수 있다. 네덜란드가 생활 자료의 대부분을 여러 외국에서 수입하고 있는 것도 바로 이런 방법을 통해서이며, 축우는 홀스타인이나 유틀란트*12에서, 곡물은 유럽의 거의 모든 나라에서 수입하고 있다. 적은 양의 제조품은 많은 양의 원생산물을 수입한다. 따라서 상공업국은 당연히 자국의 적은 양의 제조품으로 여러 외국의 많은 양의 원생산물을 수입하지만, 반대로 상공업이 없는 나라는 일반적으로, 자국의 많은 양의 원생산물을 투입하여 여러 외국의 적은 양의 제조품을 수입하지 않으면 안 된다. 한쪽은 매우 적은 사람들의 생활 자료와 편의품을 수출하고, 많은 사람들의 생활 자료와 편의품을 수입한다. 다른 쪽은 많은 사람들의 편의품과 생활 자료를 수출하고 매우 적은 사람들의 그것을 수입한다. 한쪽의 주민은 언제나, 그들 자신의 토지가 경작의 현 상태에서 제공할

---

*10 상공업(trade and industry)이라는 것은, 공업과 그 제품의 무역을 가리킨다.

*11 독립 국가 또는 지역(independent state or country)이라고 할 때의 '지역'은 식민지처럼 떨어진 지방을 가리킨다.

*12 홀스타인은 독일과 덴마크 국경의 남쪽. 유틀란트는 그 북쪽의 덴마크령 윌란(Jylland)을 가리킨다.

수 있는 것보다 훨씬 많은 생활 자료를 누릴 것이고, 다른 쪽 주민은 언제나 훨씬 조금밖에 누리지 못할 것이 틀림없다.

그러나 이 체계는 매우 불완전하기는 하지만, 이제까지 정치경제학을 주제로 공표된 것으로는 아마 가장 진리에 가깝고, 또 그 이유로, 이 매우 중요한 학문의 여러 원리를 주의 깊게 검토하고 싶은 모든 사람이 충분히 고찰할 만한 가치가 있다. 토지에 대해 쓰이는 노동이 유일한 생산적 노동이라는 점에서, 그것이 주장하는 여러 견해는 아마 너무나 좁게 국한되어 있다 해도, 여러 국민의 부는 화폐라는 소비할 수 없는 재산이 아니라, 그 사회의 노동에 의해 해마다 재생산되는 소비 가능한 재화라고 하는 점에서 보아, 또 완전한 자유가 이 해마다의 재생산을 될 수 있는 대로 증대할 수 있는 유일하게 유효한 성책으로 하고 있다는 점에서 보아, 이 학설은 모든 점에서 너그럽고 자유로운 동시에 정당하다고 생각된다.

그것의 지지자가 매우 많고, 또 사람은 역설을 좋아하고, 보통 사람들의 이해를 넘어서는 것을 이해하고 있는 것처럼 보이는 것을 좋아하는 법이므로, 그것이 제조업 노동의 비생산적인 성질에 대해 주장하는 역설은, 아마 그 찬양자를 많이 확보하는 데 적지 않게 이바지할 것이다. 그들은 지난 몇 년 동안 매우 중요한 일파를 이루어 왔으며, 프랑스의 언론계*13에서는 '이코노미스트*14라는 이름으로 알려져 있다. 그들의 저작은 이제까지 충분히 검토된 적이 없는 많은 주제에 대해 일반적인 논의를 불러왔을 뿐만 아니라, 농업에 유리해지도록 행정에 어느 정도 영향을 줌으로써, 그 나라들에 어느 정도 도움이 된 것은 확실하다. 따라서, 프랑스의 농업이 이제까지 시달려 왔던 여러 가지 억압에서 구원받은 것은, 그들의 주장의 결과였다.

미래의 어느 토지구입자 또는 토지소유자에 대해서도 유효한 차지권(借地權 : 남의 땅을 빌려 사용하는 임차권)이 주어질 수 있는 기간은 9년에서 27년으로 연장되었다. 이 왕

---

*13 스미스는 언론계를 republick of letters 라고 부르고 있는데, 이 말은 피에르 벨의 월간지 《문예 공화국 신보(Nouvelles de la république des lettres)》(Amsterdam, 1685~1687)에서 일반화되어 계몽사상의 특징적인 용어가 되었다.

*14 이코노미스트 (Oeconomists 또는 Oeconomistes)라고 대문자로 시작되는 말은 중농주의자의 별칭으로, 거의 동시대에 철학자(Philosophes)라는 말이 이른바 프랑스 유물론자를 중심으로 한 철학자에 대해 쓰인 것과 비슷하지만, 스미스가 쓴 대로 전자가 학파(sect)로서의 성격이 강하다.

국의 어느 속주에서 다른 속주로 곡물을 수송하는 것에 대한 속주의 옛날부터의 억제는 전면적으로 폐지되고, 그것을 모든 외국으로 수출할 수 있는 자유가, 모든 통상의 경우에 대한 이 왕국의 보통법으로 확립되었다. 이 학파의 저작은 매우 많으며, '정치경제학'으로 불러 마땅한, 즉 여러 국민의 부의 성질과 원인을 다룰 뿐만 아니라, 국내 통치조직의 다른 모든 부문도 다루고 있는데, 그런 것은 모두 암암리에, 또 눈에 띄는 변경 없이 케네의 학설에 따르고 있다. 이 때문에 그들의 저작은 대부분 특별한 차이가 없다. 이 학설에 대한 가장 명확하고 가장 체계적인 설명은, 일찍이 마르티니크 섬의 지사를 지낸 메르셰 드 라 리비에르가 쓴 《정치사회의 자연적 본질적 질서》라는 제목의 작은 저작 속에 있다.*15 가장 겸허하고 간소한 사람이었던 그들의 스승에 대한 이 학파 전체의 찬양은, 고대 철학자들이 각각의 체계의 창시자에게 바친 그 어느 찬양에 못지않다. 매우 부지런하고 존경할 만한 저자인 미라보 후작*16은 이렇게 말했다.

'세계가 시작된 이래, 정치사회를 풍요롭게 장식한 다른 대부분의 발명과는 별도로, 그 사회에 주로 안정성을 준 세 가지 대발명이 있었다. 첫째는 문학의 발명으로, 그것은 그 자체만으로 인간의 본성에 법률·계약·역사·발견을 왜곡하지 않고 전달하는 힘을 준다. 둘째는 화폐의 발명으로, 여러 문명사회 사이의 모든 관계를 이어준다. 셋째는 위의 두 가지 발명의 결과인 《경제표》로, 양자의 목적을 달성시킴으로써 양자를 완성한다. 이것은 우리 시대의 대발견이지만, 그 은혜를 수확하는 것은 우리의 자손들일 것이다.'

근대 유럽의 여러 국민들의 경제정책이 농촌의 산업인 농업보다, 도시의 산

---

*15 르 메르셰 드 라 리비에르(Pierre François Joachim Henri Le Mercier de la Rivière, 1719~1794)는 법률가로, 마르티니크 섬(카리브 해 남부)의 지사가 되었다가 실각, 귀국하여 케네의 가장 충실한 제자가 되었다. 스미스가 작은 저작이라고 한 주저는, 익명의 4절판 511페이지의 2권짜리로, 작은 저작이라고 할 만한 책이 아니다. 캐넌은 스미스가 같은 해에 낸 12절판을 가리키는 말일 거라고 추정하고 있지만, 그것도 작은 저작이라고는 할 수 없다. 이로써 스미스가 2권짜리 책을 가지고 있었던 것은 알 수 있지만, 소재(所在)와 판형(版型)은 알 수 없다. *L'ordre naturel et essentiel des sociétés politiques*, London, 1767(ASL 970).

*16 미라보(marquis de Mirabeau, Victor Riquetti, 1715~1789)는 처음에는 군인이었으나, 저작을 통해 중농주의 보급에 이바지했다. '3대발명'론의 출전은 다음과 같다. [Mirabeau, marquis de], *Philosophie rurale ou économie générale et politique de l'agriculture, réduite à l'ordre immuable, des loix physiques & morales qui assurent la prospérité des empires*, Amsterdam, 1763, pp. 52~53(ASL 1164).

업인 제조업과 외국무역을 우대해 온 것처럼, 다른 여러 국민의 경제정책은 다른 방책을 채택하여 제조업이나 외국무역보다 농업을 우대해 왔다.

중국의 정책은 다른 모든 직업보다 농업을 우대하고 있다. 중국에서는 노동자의 상황이, 유럽 대부분의 지방에서 수공업자의 상황이 노동자보다 좋은 것과 마찬가지로, 수공업자의 상태보다 낫다고 한다. 중국에서 모든 사람이 품고 있는 소망은, 소유하든 빌리든 아무튼 약간의 토지를 손에 넣는 것이었다. 중국에서의 차지권은 매우 타당한 조건으로 주어지며, 그것은 차지인에 대해 충분히 보장되고 있다고 한다. 중국인은 외국무역을 거의 중시하지 않고 있다. 그것에 대해 베이징*17의 관리들은 러시아 공사 드 랑주*18에게, '당신들의 하찮은 상업'이라고 말하는 것이 보통이었다.*19 일본에 대해서는 다르지만, 중국인은 직접, 또 자기 나라의 배로는 거의 또는 완전히 외국무역을 하지 않고 있고, 외국 배의 입항을 인정하는 것조차 그들 왕국의 한둘의 항구에 한정되어 있다. 따라서 중국에서의 외국무역은, 자기나라 배에 의해서든 외국 배에 의해서든, 더 많은 자유가 허용되었다면 자연히 확대했을 것보다 훨씬 좁은 범위에 한정되어 있다.

제조품은 부피는 작아도 큰 가치를 가지는 일이 때때로 있고, 그로 인해 대부분*20의 원생산물보다 적은 비용으로 한 나라에서 다른 나라로 수송할 수 있기 때문에, 거의 모든 나라에서 외국무역의 지주가 되고 있다. 그뿐만 아니라, 중국보다 좁고 국내 상업의 조건도 뒤떨어진 나라들에서는, 제조업은 외국무역의 지원을 필요로 한다. 국토가 좁은 국내 시장밖에 제공할 수 없는 넓이의 나라들과, 하나의 속주와 다른 속주 사이의 교통이 매우 불편하여, 어딘가 한 지방의 재화가 그 나라가 제공할 수 있는 모든 국내 시장을 이용할 수 없

---

*17 베이징(Pekin)은 청(1644~1911)의 수도.

*18 '대부분(most parts)'은 초판에서는 '대개의 종류(most sorts)'.

*19 드 랑주는 초판에서는 랑구르.

*20 《벨의 여행기》 제2권, 258, 276, 293쪽 드 랑주의 일기를 참조할 것. 이 주는 제2판의 추가. 벨(John Bell, 1691~1780)은 스코틀랜드 출신 여행가로, 러시아 황제 사절단에 참가하여 베이징에 파견되었다. 그의 여행기는 윌리엄 로버트슨의 도움으로 글래스고의 바울스 출판사에서 간행되어 스미스도 예약했다. 드 랑주 공사가 쓴 일기의 번역은 제2권의 159~321쪽에 수록되어 있다. John Bell, *Travels from St. Petersburg in Russia, to diverse parts of Asia*, Glasgow, 1763, 2 vols. (ASL 140) '상업이니 하는 하찮은 것(beggarly commerce)에 대한 회의에 항상 따라다니는 것은 용서해 주시오……이것이 그들의 회답이었다.'(vol. 2, p. 293)

는 나라들에서는, 드넓은 외국 시장이 없는 한 제조업은 도저히 번영할 수 없을 것이다. 제조업의 완성이 완전히 분업에 의존하고 있다는 것을 잊어서는 안 된다. 그리고 어느 제조업이든, 거기에 분업이 도입될 수 있는 정도는, 이미 보여 준 바와 같이, 필연적으로 시장의 넓이에 의해 규제된다. 그러나 중국이라는 제국의 드넓은 면적과 엄청난 수의 주민, 다양한 기후, 따라서 다양한 속주의 다양한 생산물, 그런 속주의 대부분 사이의 수로에 의한 편리한 교통이, 그 매우 드넓은 나라의 국내 시장을, 그것만으로도 매우 큰 여러 제조업을 유지하고, 노동의 뚜렷한 세분을 허용할 수 있게 하는 것이다.

중국의 국내 시장은, 아마 넓이라는 점에서는 유럽의 다양한 나라들을 모두 합친 시장에 그리 못지않을 것이다. 그러나 이 큰 국내 시장에 세계의 나머지 모든 외국 시장을 추가한, 훨씬 드넓은 외국무역은, 특히 이 무역의 상당한 부분이 중국 선박으로 이루어진다면, 중국의 제조품을 대폭으로 증가시켜 그 제조산업의 생산력을 크게 개량시킬 것이 거의 틀림없을 것이다. 항해의 확대에 의해, 중국인은 자연히 다른 나라들에서 쓰이고 있는 모든 기계를, 스스로 사용하고 건설할 수 있는 기술을 습득하게 될 것이고, 마찬가지로 세계의 다양한 모든 지방에서 이루어지고 있는 기술과 산업의 다른 여러 개량[21]도 익힐 것이다. 그들의 현재의 방법으로는, 일본인을 모범으로 하는 것 말고는, 다른 어떤 국민의 모범에 의해서도 자신을 개량해 갈 기회가 거의 없을 것이다.

고대 이집트의 정책 또한, 그리고 인도스탄의 힌두교도 정부의 정책도, 다른 모든 직업보다 농업을 중시하고 있었던 것 같다.

고대 이집트와 인도스탄[22]에서도 국민 전체가 다양한 카스트[23] 또는 부족으로 갈라져 있고, 그 각각은 자손 대대로 특정한 직업 또는 특정한 종류의 직업에 갇혀 있었다. 제사장의 아들은 반드시 제사장이 되고, 군인의 아들은 군인, 노동자의 아들은 노동자, 직조공의 아들은 직조공, 재단사의 아들은 재단사 등등이었다. 어느 나라에서도 제사장 계급이 최고위를 차지하고, 군인 계급이 그 뒤를 이었다. 그리고 어느 나라에서도 농업 경영자와 노동자 계급

---

*21 초판에서는 '다른 모든 개량'.

*22 초판에서는 '고대'는 이집트에만 걸린다.

*23 카스트(caste)는 세습신분을 가리킨다. 특히 인도 고대부터의 것이 유명하다.

*²⁴은 상인과 제조업자의 계급보다 위였다.

어느 나라의 정부도 농업의 이해에 특히 유의했다. 나일 강의 물을 적절하게 분배하기 위해 이집트의 고대 군주들이 구축한 토목공사가 고대에 유명했는데, 그 가운데 몇몇 유적은 지금도 여행자들의 경탄의 대상이 되고 있다. 갠지스 강 및 그 밖의 많은 강의 물을 적절하게 분배하기 위해 인도스탄의 고대 군주들이 구축한 같은 종류의 토목공사는, 유명함에서는 덜하지만 위대함에서는 다를 바 없었던 것으로 생각된다. 따라서 두 나라는 때로는 식량이 부족할 경우도 있었지만, 풍요로운 경작으로 널리 알려져 있었다. 두 나라 다 인구가 매우 많았으나, 평년작인 해에는 많은 양의 곡물을 이웃 나라로 수출할 수 있었다.

고대 이집트인은 바다를 미신적으로 싫어했다. 또 힌두교는 신도들에게 물 위에서 불을 피우는 것을, 따라서 물 위에서는 어떤 음식의 조리도 허용하지 않기 때문에, 사실상 신도들에게 모든 원양 항해를 금하고 있다. 이집트인도 인도인도 자국의 잉여 생산물 수출에 대해, 거의 전면적으로 타국민의 항해에 의존한 것이 분명하고, 이 의존은 시장을 제한했을 것이므로 이 잉여 생산물의 증가를 저해했을 것이 틀림없다. 그것은 또, 제조 생산물의 증가를 원생산물의 증가 이상으로 저해했을 것이다. 제조업은 토지 원생산물의 가장 중요한 부분보다 훨씬 넓은 시장을 필요로 한다. 제화공은 혼자서 1년 동안 300켤레 이상의 신을 만들 수 있지만, 자신의 가족들이 1년에 여섯 켤레를 소비하는 일은 아마 없을 것이다. 따라서 그는 자신의 가족과 같은 50가족의 고객이 없으면, 자신의 노동 생산물을 모두 팔 수가 없다. 큰 나라에서는 가장 인원수가 많은 종류의 노동자라도, 그 나라 안의 모든 가족수의 50분의 1 또는 100분의 1이 넘는 일은 거의 없을 것이다. 그러나 프랑스와 잉글랜드 같은 큰 나라에서 농업에 이용되는 사람들의 수는, 그 나라의 전체 주민의 반으로 산정하는 저자들도 있는가 하면, 3분의 1로 산정하는 저자들도 있지만, 내가 아는 저자 가운데 5분의 1 이하로 산정하는 사람은 아무도 없다. 그러나 프랑스와 잉글랜드에서도 농산물은, 거의 대부분이 국내에서 소비되므로, 이런 계산에 따르면 거기에 쓰이는 각 개인은 자기 노동의 모든 생산물을 팔아치우기 위해, 구매

---

* 24 농업 경영자(라기보다 농민)와 노동자는 합쳐서 하나의 카스트를 구성한다.

자로서 자신의 가족과 같은 가족을 하나나 둘, 아니면 아무리 많아도 넷 이상은 거의 필요로 하지 않는다. 따라서 농업은 한정된 시장이라는 불리한 상황 속에서도 제조업보다 훨씬 더 쉽게 자립할 수 있다.

고대 이집트와 인도스탄에서도 외국 시장이 한정되었다는 점이, 어느 정도, 많은 내륙 수운의 편리함에 의해 보상되고 있었던 것은 확실하다. 내륙 수운은 가장 유리한 방법으로, 양국의 모든 지역의 모든 생산물에 대해 국내 시장의 전역을 개방했다. 인도스탄의 드넓은 면적 또한, 같은 나라의 국내 시장을 매우 넓은 것으로 만들어 다양한 제조업을 충분히 지탱할 수 있게 했다. 그러나 고대 이집트의, 잉글랜드보다 좁은 면적으로 인해, 그 나라의 국내 시장은 모든 시대에, 다양한 제조업을 지탱하기에는 너무 비좁았을 것이 틀림없다. 따라서 통상적으로 가장 많은 양의 쌀을 수출하는 인도스탄의 한 속주인 벵골은, 곡물의 수출보다 매우 다양한 제조품의 수출로 항상 돋보이고 있었다. 이에 반해 고대 이집트는 몇 가지 제조품, 특히 고급 마직물과 그 밖의 약간의 재화를 수출하고는 있었지만, 많은 양의 곡물 수출로 가장 널리 알려져 있었다. 고대 이집트는 오랫동안 로마제국의 곡창이었다.

중국·고대 이집트 및 다양한 시대에 다양하게 분할되어 있었던 인도스탄 각 왕국의 군주들은, 항상 그 수입의 모두 또는 가장 중요한 부분을, 일종의 지조(地租) 또는 지대(地代)에서 얻어 왔다. 이 지조 또는 지대는 유럽의 10분의 1세처럼, 토지 생산물의 5분의 1이라고 하는 일정한 비율로, 일정한 평가에 의해 현물이나 화폐로 지불되었고, 따라서 생산량의 모든 변동에 따라 해마다 변동했다. 그러므로 그런 나라의 군주들이 농업의 이해관계에 특별한 주의를 기울인 것은 당연한 일이었다. 그들 자신의 연간 수입의 증감이 그것의 성쇠에 의존하고 있었기 때문이다.

고대 그리스의 여러 공화국과 로마의 정책은, 제조업이나 외국무역보다 농업을 존중하기는 했으나, 후자를 직접 또는 의식적으로 장려했다기보다는 전자를 저해하고 있었던 것으로 보인다. 그리스의 몇몇 고대 국가에서는 외국무역은 전면적으로 금지되었고, 다른 몇몇에서는 수공업자와 제조업자가 하는 일은, 인간의 강하고 민첩한 몸에 해롭고, 군사 및 체육 훈련에 의해 형성하고자 노력하고 있는 여러 관습을 불가능하게 하며, 그로 인해 또한 전쟁 중의 피로와 위험을 견디는 힘을 많든 적든 저해하는 것으로 여겨졌다.

그런 직업은 노예에게만 적합한 것이었고, 그 국가의 자유시민은 그런 일을 하는 것이 금지되었다. 로마와 아테네처럼, 그것이 금지되지 않았던 나라에서 조차 모든 국민은, 지금은 널리 도시의 하층민이 영위하고 있는 모든 직업에서 사실상 배제되어 있었다. 그런 직업은 아테네와 로마에서는 모두 부자의 노예들에게 돌아갔고, 그들은 자기 주인의 편익을 위해 그런 일을 영위했다. 주인들의 부와 권력과 보호를 위해, 가난한 자유인의 제조품은, 만일 부자의 노예들의 제조품과 경쟁하게 되면 시장을 찾는 일은 거의 불가능했다. 그러나 노예에게 발명의 재능이 있는 일은 거의 드물어서, 기계장치이든 일의 절차와 배분이든, 노동을 쉽게 하고 단축할 수 있게 해 주는 가장 중요한 개량은 모두 자유인이 발견했다. 노예가 이런 종류의 어떤 개량을 제안했다 하더라도, 주인은 거의 틀림없이 그 제안을 노예의 게으름과 주인의 부담으로 노동을 줄이고자 하는 잔꾀라고 생각할 것이다. 가엾은 노예는 대가는커녕, 틀림없이 몹시 학대당하고, 어쩌면 뭔가 벌을 받을지도 모른다.

따라서 노예에 의해 영위되는 제조업에서는, 같은 양의 일을 하는 데, 일반적으로 자유인에 의해 영위되는 제조업보다 많은 노동이 사용되었을 것이 분명하다. 따라서 전자의 제품은 후자의 제품보다 일반적으로 비싸지 않을 수 없다. 몽테스키외의 설명에 의하면,[25] 헝가리의 광산은 인근의 터키 광산보다 부유한 광산은 아니지만, 항상 더 적은 비용으로, 따라서 더 많은 이윤을 올리며 가동되어 왔다. 터키의 광산은 노예들에 의해 가동되고 있고, 그런 노예의 팔은 터키인이 이제까지 사용해야겠다고 생각한 유일한 기계였다. 헝가리의 광산은 자유인에 의해 가동되고 있고, 그들은 자신들의 노동을 쉽게 하고 단축할 수 있게 해 주는 기계를 많이 쓰고 있다. 그리스인이나 로마인 시대의 제조품값에 대해 매우 조금밖에 알려져 있지 않은 사실에서 판단하면, 고급의 제조품은 터무니없이 값이 비쌌던 것으로 생각된다.

견직물은 같은 무게의 금과 교환되었다. 분명히 견직물은 당시에는 유럽 제품이 아니었고 모두 동인도에서 가져왔기 때문에, 그 운송 거리가 어느 정도 높은 값을 설명할 수 있을지도 모른다. 그러나 귀부인이 때로는 극상품의 마직물 한 필에 지불했다는 가격도 이것과 마찬가지로 터무니없는 것이었던 모양

---

*25 몽테스키외 《법의 정신》 제3부 제15편 제8장.

이다. 그리고 마직물은 항상 유럽산이나, 아니면 아무리 멀어도 이집트산 제품이었으므로, 이 높은 가격은 그것에 사용되었을 것이 틀림없는 노동의 비용이 컸던 것으로밖에 설명이 되지 않으며, 또 이 노동의 비용 역시, 그 노동이 사용한 기계가 형편없었다는 것에 의해서밖에 발생할 수 없었다. 고급 모직물의 가격도 역시, 그 정도로 터무니없는 것은 아니었다 하더라도, 오늘날의 가격보다 훨씬 높았던 것 같다. 플리니우스가 설명한 바로는, 특수한 방법으로 염색된 어떤 직물은 무게 1파운드당 100데나리우스, 즉 3파운드 6실링 8펜스였다고 한다.

다른 방법으로 염색된 직물은 1천 데나리우스, 즉 33파운드 6실링 8펜스나 되었다. 로마의 1파운드는 우리의 상형(常衡)으로 불과 12온스밖에 함유하고 있지 않았던 것을 상기해 주기 바란다. 이 높은 값은 틀림없이 주로 염료에 의한 것이었던 것 같다. 그러나 직물 자체가 현재 만들어지고 있는 어떤 것보다 훨씬 고가가 아니었다면, 그토록 비싼 염료는 아마 쓰이지 않았을 것이다. 만일 그랬다면 주체의 가치와 첨가물의 가치의 불균형이 너무 커져버렸을 것이다. 같은 저자가 어떤 트리클리나리아, 즉 식탁 옆에 있는 긴 의자에 몸을 기댈 때 쓴 일종의 모직물 베개 또는 쿠션에 대해 얘기한 값은 도저히 믿기 어려운 것으로, 어떤 것은 3만 파운드가 넘고, 또 어떤 것은 30만 파운드가 넘었다고 한다. 이 높은 값 또한 염료 때문이라고 하지는 않았다. 상류층 남녀의 복장은 근대보다 고대 쪽이 훨씬 다양성이 부족했던 것 같다고 아버스노트 박사*[26]는 말했는데, 고대 조상들의 복장에서 볼 수 있는 다양성의 결핍이 그의 말을 확증하고 있다.

이 사실에서 그는, 그들의 의복은 전체적으로 우리의 의복보다 쌌을 것이 틀림없다고 추정하고 있지만, 당연하게 그런 결론을 내릴 수 있는 것은 아니라고 생각된다. 유행하는 의복의 비용이 매우 비싼 경우에는 그 다양성이 매우 적은 것은 틀림없다. 그러나 제조업의 기술과 근로 생산력의 개량을 통해 한 벌의 의복의 비용이 매우 타당한 수준이 되면, 다양성은 자연히 매우 커질 것이다. 부자는 한 벌의 의복의 비용으로는 과시할 수가 없기 때문에, 자연히 의복

---

*26 아버스노트(John Arbuthnot, 1667~1735)는 스코틀랜드 출신의 의사이자 평론가. 여기서 이용된 것은 *Tables of antient coins, weights, and measures, explained and exemplified in several dissertations*, London, 1727, 2nd ed., 1754, pp. 140~148(ASL 70).

의 수와 다양성으로 과시하려고 노력할 것이다.

어떤 국민의 상업에서도 가장 크고 가장 중요한 부문은, 이미 말했듯이 도시 주민과 농촌 주민 사이에서 이루어지는 상업이다. 도시 주민은 농촌으로부터 그들의 직업의 원료가 되고 생활 자료의 원자가 되는 원생산물을 끌어들인다. 그들은 이 원생산물에 대해, 그 일정한 부분을 직접 쓸 수 있도록 제조하고 가공하여 농촌으로 돌려보냄으로써 그 대가를 지불한다. 그 두 가지 다른 부류의 사람들 사이에서 이루어지는 거래는, 결국은 일정량의 원생산물과 일정량의 제조품의 교환이다. 따라서 후자가 값이 비싸면 비쌀수록 전자는 값이 싸며, 어느 나라에서도 제조품의 값을 끌어올리는 경향을 가지는 것은 모두, 토지 원생산물의 값을 끌어내리고, 따라서 농업을 저해하는 경향을 가진다. 일정량의 원생산물이, 또는 같은 말이지만 일정량의 원생산물의 값이 구매할 수 있는 제조품의 양이 적으면 적을수록, 그 일정량의 원생산물의 교환가치*²⁷는 작아지고, 지주가 토지개량에 의해, 또는 농업 경영자가 토지 경작에 의해 그 양을 증가시키도록 장려하는 힘도 작아진다. 그리고 어느 나라에서든, 수공업자와 제조업자의 수를 감소시키는 경향을 가지는 것은 모두, 토지 원생산물에 있어서 모든 시장 가운데 가장 중요한 국내 시장을 축소하고, 그로 인해 농업을 더욱더 저해하는 경향을 가진다.

따라서 다른 모든 일보다 농업을 우선시키고, 그것을 추진하기 위해 제조업과 외국무역에 제한을 가하는 이 체계는, 자신이 시도하는 목적 자체에 반대로 작용하여, 스스로 추진하고자 하는 해당 종류의 산업을 간접적으로 저해한다. 그런 한에서 그것은 중상주의에 비교해도 훨씬 모순되고 있다. 그 체계는 농업보다 제조업과 외국무역을 장려함으로써, 그 사회의 자본의 일정한 부분을, 더욱 유리한 종류의 산업을 지지하는 것에서 더 불리한 종류의 산업을 지지하는 것으로 돌리고 만다. 하지만 그것은, 자신이 추진하고자 하는 종류의 산업을 실제로, 또 결국 장려하고 있다. 이에 반해 중농주의의 여러 체계는, 그것이 지지하는 종류의 산업을 실제로, 또 결국 저해하고 있는 것이다. 특별한 장려에 의해 어떤 특정한 종류의 산업에, 그 사회의 자본 가운데 자연히 그곳으로 향하는 것보다 많은 부분을 끌어들이려고 노력하거나, 특별한 제한에

＊27 '교환가치'는 초판에서는 '실질가치(real value)'.

의해 어떤 특정한 종류의 산업에서, 그 자본 가운데 그렇지 않으면 그곳에서 쓰일 부분을 떼어 놓으려 하는 체계는, 모두 실제로는 그것이 추진하려고 하는 큰 목적을 파괴한다. 그것은 참된 부강을 향한 그 사회의 진보를 가속시키지 않고 늦추는 것이며, 토지와 노동의 연간 생산물의 실질가치를 증가시키지 않고 감소시킨다.

따라서 우선의 체계이든 억제의 체계이든, 모든 체계가 이렇게 완전히 제거되면, 명백하고 단순하고 자연적인 자유의 체계가 자연히 확립된다. 누구든지 정의의 법을 어기지 않는 한, 자기 자신의 방식대로 자신의 이익을 추구하고, 자신의 근로와 자본을 다른 어떤 사람 또는 어떤 계층의 사람들의 근로 및 자본과 경쟁시킬 수 있도록 완전한 자유에 맡겨진다. 주권자는, 수행하려고 시도하면 언제나 무수한 미망에 사로잡히고, 또 적절하게 수행하기 위해서는 인간의 어떤 지혜와 지식으로 충분하지 않은 하나의 의무, 즉 개인의 근로를 감독하여 그것을 그 사회의 이익에 가장 합당한 용도로 향하게 하는 의무에서 완전히 해방된다.

자연적 자유의 체계에 의하면 주권자가 유의해야 할 의무는 세 가지뿐이며, 이 세 가지 의무는 매우 중요하지만, 보통의 이해력에 있어서는 매우 분명하고 이해하기 쉬운 것이다. 즉, 첫째로는 그 사회를 다른 독립된 여러 사회의 폭력과 침략으로부터 보호해야 하는 의무, 둘째로는 그 사회의 각각의 구성원을, 다른 각각의 구성원의 부정과 억압으로부터 될 수 있는 대로 보호해야 하는 의무, 즉 엄정한 사법제도를 확립해야 하는 의무, 그리고 셋째로는 어떤 개인 또는 소수의 개인에게도 그 설립과 유지가 결코 이익이 될 수 없는, 특정한 공공사업과 특정한 공공기관을 설립하고 유지해야 하는 의무로, 왜냐하면 그것에 의한 이익이 큰 사회에서는 흔히 비용을 보상하고도 남는 것일 수 있는 데도, 어느 개인 또는 소수의 개인에게도 이윤이 비용을 보상하는 일은 결코 있을 수 없기 때문이다.

주권자가 그런 각각의 의무를 적절하게 수행하기 위해서는 반드시 일정한 비용이 필요하고, 이 비용은 또 필연적으로 그것을 충당하기 위한 일정한 수입을 필요로 한다. 그래서 제5편에서, 나는 다음과 같은 것을 설명하고자 노력할 것이다. 첫째로, 주권자 또는 공동사회의 필요경비는 어떤 것인가. 또 그런 경비 가운데 사회 전체의 일반적인 갹출을 통해 충당해야 하는 것은 어느 것인가. 또 그 가운데 그 사회의 어떤 특정한 부분만의, 또는 어떤 특정한 구성원의 갹출을 통해 충당되어야 하는 것은 어느 것인가. 둘째로, 전체 사회가 책임져야 하는 경비를 감당하기 위해, 전체 사회에 부담시키는 다양한 방법은 어떤 것이고, 그런 방법 각각의 주된 이점과 결점은 무엇인가. 그리고 셋째로, 근대의 거의 모든 정부가 이 수입의 어떤 부분을 저당잡히거나, 채무를 지게 된 이유와 원인은 무엇이고, 그런 채무가 그 사회의 실질적 부, 즉 토지와 노동의 연간 생산물에 미치는 영향은 어떤 것인가. 따라서 다음 편은 세 장으로 구성될 것이다.

제5편

주권자 또는 국가의 수입에 대하여

제1장
주권자 또는 국가의 비용에 대하여

제1절 방위비에 대하여

주권자의 첫 번째 의무, 즉 그 사회를 다른 독립된 여러 사회의 폭력과 침략에서 보호해야 하는 의무는 군사력을 통해서만 수행할 수 있다. 그러나 평시에 이 군사력을 준비하는 비용이나 전시에 그것을 사용하는 비용은, 사회의 갖가지 상태에 따라, 또 진보의 갖가지 시기에 따라 커다란 차이가 있다.

북아메리카의 여러 원주 종족 사이에서 볼 수 있는, 사회의 가장 낮고 가장 미개한 상태에 있는 수렵민족은 각자 사냥꾼인 동시에 전사이다. 자신의 사회를 지키기 위해서든, 다른 사회에서 입은 침해에 보복하기 위해서든, 그가 전쟁하러 갈 때는 집에서 생활하고 있을 때와 마찬가지로 자신의 노동으로 생활을 유지한다. 사물의 이런 상태에서는 정확하게 말하면 주권자도 공동사회도 없기 때문에, 그의 사회는 그가 전쟁을 위해 대비하고 전쟁터에 있는 동안 그의 생활을 유지하는 데 어떤 종류의 경비도 부담하지 않는다.

타타르인이나 아라비아인들에게서 볼 수 있는, 사회의 더욱 진보한 상태에 있는 유목민족들*1 사이에서도, 각자는 마찬가지로 전사이다. 그런 민족은 일반적으로 정주지를 두지 않고, 텐트나 간편하게 여기저기 끌고 다닐 수 있는 덮개가 있는 수레 같은 것 속에서 생활하고 있다. 종족 전체 또는 민족 전체가 각각의 계절에 따라, 그 밖의 우발적인 일에 따라서와 마찬가지로, 거주지를 바꾼다. 소나 양 떼들이 그 나라의 한 지방의 목초(牧草)를 다 먹어치우면,

---

*1 '유목민족들'은 nations of shepherds 의 역어로, 원어의 정확한 의미는 양을 치는 '목양민족들'이지 떠돌아다니는 '유목민족들'은 아니다. 그러나 여기서 다뤄지고 있는 것은 유목민족이므로, 그들의 침략은 서유럽 제국을 위협했다. 스미스는 'wandering shepherds(유목민족)'이라는 언어도 사용하고 있다.

그들은 다른 지방으로 옮겨가고, 그곳에서도 다시 또 다른 지방으로 옮겨간다. 건기에는 강가로 내려오고, 우기에는 고지로 후퇴한다. 그런 민족이 싸울 때는, 전사들은 소와 양 떼들을 그들의 노인과 여성, 어린이들의 미덥지 않은 방위에 맡기지 않을 것이고, 노인·여성·어린이는 방위력과 생활 자료도 없이 뒤에 남겨지지는 않을 것이다. 게다가 전 민족은 평시에도 방랑 생활에 익숙해 있으므로, 전시에는 어렵지 않게 전쟁터로 갈 수 있다. 하나의 군대로서 진군하든, 한 무리의 목자(牧者)로서 이동하든, 의도하는 목적은 매우 달라도 생활 방법은 거의 같다. 따라서 그들은, 모두 함께 전쟁에 나가서 누구나 할 수 있는 만큼의 일을 한다. 타타르인들 사이에서는 여자들도 전쟁에 참가했다는 얘기가 때때로 전해지고 있다. 그들이 만일 이기면, 적대 종족의 소유물은 모두 승리에 대한 보수가 된다. 그러나 만일 지면, 모든 것은 사라지고 소와 양들뿐만 아니라 여성과 어린이들까지 정복자의 전리품이 된다. 전투에서 살아남은 자도 대부분, 당분간의 생계를 위해 정복자에게 복종하지 않을 수 없다. 그 밖의 사람들은 보통 불모의 땅으로 쫓겨나고 만다.

타타르인과 아랍인의 통상의 생활과 평소의 훈련은 충분히 전쟁에 대한 대비가 되었다. 달리기·레슬링·봉술 겨루기·창던지기·활쏘기 등은 야외 생활을 하는 사람들의 일반적인 오락으로, 모두 전쟁을 모방한 것이다. 타타르인과 아랍인이 실제로 전쟁에 나갈 때는, 평소와 다름없이 데리고 가는 소와 양 떼에 의해 생활한다. 그의 수장 또는 군주는(그런 민족은 모두 수장 또는 군주를 두고 있었다), 그를 전쟁터로 내보내기 위해 어떤 비용도 부담하지 않는다. 그가 실제로 전쟁터에 있을 때는, 약탈 기회가 그가 기대하거나 요구하는 유일한 급여이다.

수렵민의 군대는 200명 또는 300명을 넘는 경우가 거의 없다. 수렵에서 얻을 수 있는 불확실한 생활 수단으로는, 그 이상의 인원 수가 상당한 기간 동안 함께 있는 것은 불가능하기 때문이다. 이에 비해, 유목민족의 군대는 때로는 20만 내지 30만 명도 될 수 있다. 그들의 전진을 저지하는 것이 없는 한, 목초를 다 먹어버린 한 지방에서 아직 손도 대지 않은 다른 지방으로 그들이 옮길 수 있는 한, 함께 진군할 수 있는 인원 수에는 거의 한도가 없는 것 같다. 수렵민족이 인근의 문명 국민에게 위협적인 존재가 되는 일은 결코 없다. 그러나 유목민족은 그럴 수 있다. 북아메리카의 인디언 전쟁만큼 사소한 일은 없을 것이다. 반대로, 아시아에서 때때로 볼 수 있었던 타타르인의 침입보다 무서운 것은 없을 것이다. 유럽과 아시아는, 스키타이인이 통일되었더라면 저항하지 못했을 거라는 투키디데스의 판단*²은, 모든 시대의 경험을 통해 증명되어 왔다. 스키타이와 타타르의 드넓지만 무방비한 평원의 주민들은, 어떤 정복자 집단 또는 씨족의 수장 지배하에 때때로 통일되었다. 아시아의 파괴와 황폐는 항상 그들의 통일을 보여 주는 것이었다. 또 하나의 대유목민족인 아라비아의 혹독한 사막의 주민들은, 마호메트와 그 직계 후계자들 밑에서 단 한 번밖에 통일된 적이 없다. 그들의 통일은 정복의 결과라기보다는 종교적 열광의 결과였지만, 같은 방법으로 나타났다. 아메리카의 수렵민족이 유목민족이 되기라도 한다면, 그들과 인접해 있는 것은, 유럽의 식민지에 있어서 현재보다 훨씬 위험한 일이 될 것이다.

사회가 더욱 진보한 상태 즉, 대외 상업을 거의 하지 않고, 모든 가족이 거의 자급자족하기 위해 만드는 조잡한 가정용품 외에는 제조품을 가지지 않은 농경민족*³ 사이에서는, 마찬가지로 누구나 전사이거나, 또는 쉽게 전사가 될 수 있다. 농업으로 생활하는 사람들은 일반적으로, 혹독한 사계절의 변화 속에서 하루 종일 야외에서 지낸다. 일상생활의 혹독함이 그들을 전시의 힘든 생활에도 적응할 수 있게 하는 것이며, 그 힘든 생활 속의 어떤 것들은 그들의 직업에 필요한 작업과 매우 비슷하다. 도랑을 파는 사람에게 필요한 작업은 그를 참호에서의 작업에 적응할 수 있게 하고, 또 농지를 울타리로 둘러싸는 작업은 진지를 구축하는 데 도움이 된다. 그런 농경민의 일상 속의 오락도 유목민의 오락처럼 전쟁을 연상시킨다. 그러나 농경민은 유목민만큼 여가가 없기 때문에, 그들만큼 빈번하게 그런 오락을 즐기지는 않는다. 그들은 병사이기는 하지만 그다지 자주 훈련을 받는 병사는 아니다. 그러나 그런 그들을 전쟁터에 내보내

---

*2 투키디데스(Thucydides, 기원전 460?~400?)는 고대 그리스의 역사가. 여기서 인용되어 있는 것은 그의 《펠로폰네소스 전쟁사》 제2권 제97장. (ASL 1664)

*3 스미스는 여기서 husbandman 이라는 말을 쓰고 있다. 수렵민족·목축(유목)민족 다음인 농경민족의 주요 구성원을 가리키는 말인 것은 확실하지만, 잉글랜드 북부와 스코틀랜드 저지 지방의 오래된 용어에서 허즈번드맨이라는 것은, 장원 영주로부터 토지(허즈번드랜드)를 보유하는 농민으로, 다음의 문단처럼 그 밑에 노동자들을 거느리고 있는 경우도 드물지 않았다. 농경민이라는 역어를 적용한 것은, 자본주의적인 농업 경영자(farmer)와 구별하기 위해서인데, 근대 초기 사회에서 농업 경영을 담당하는 사회층이라는 의미도 내포하고 있다.

기 위해 주권자 또는 공동사회가 비용을 부담하는 일은 거의 없다.

농업은 가장 미개하고 저급한 상태에서도 정주를, 즉 포기하면 큰 손실을 입지 않을 수 없는 고정된 거주지를 전제로 하고 있다. 따라서 농경민으로만 구성된 민족이 전쟁을 하러 갈 때는 전원이 모두 전쟁터에 나가는 일이 없다. 적어도 노인과 여성, 어린이들은 집에 남아서 거주지를 보살피지 않으면 안 된다. 그러나 군사 적령기의 남자들은 모두 전쟁터로 나갈 수 있으며, 이런 종류의 소민족들은 때때로 그렇게 해 왔다. 어떤 나라에서든 군사 적령기의 남자는 국민 전체의 약 4분의 1 내지 5분의 1로 상정된다. 만일 전투가 파종기 뒤에 시작되어 수확 전에 끝난다면, 농경민과 그 중요한 노동자들이 농장에 없다 해도 그리 큰 손해를 입지 않는다. 그 사이에 해야 하는 일은 노인과 여성과 어린이들이 충분히 할 수 있기 때문에, 그들은 안심하고 일을 맡기고 간다. 따라서 그들은 단기*⁴ 전투라면, 그 기간 동안 무급으로 복무하는 것을 마다하지 않으며, 또 군주 또는 공동사회에 있어서도 때때로 그를 전쟁에 대비하여 부양하는 것과 마찬가지로 전장에서 부양하는 데도 거의 비용이 들지 않는다. 고대 그리스의 수많은 국가의 모든 시민들은 제2차 페르시아 전쟁*⁵이 끝난 뒤까지, 또 펠로폰네소스 민중은 펠로폰네소스 전쟁*⁶이 끝난 뒤까지, 이런 방법으로 복무한 것 같다. 펠로폰네소스인은 일반적으로 여름에는 수확을 위해 전쟁터에서 귀향했다고 투키디데스는 말했다. 로마의 민중은 국왕*⁷ 밑에서, 또 공화국 초기에도 같은 방법으로 복무했다.*⁸ 집에 남은 자들이 전쟁터로 간 사람들을 부양하기 위해 조금씩 갹출하기 시작한 것은, 베이이*⁹의 포위 때부터였다.

로마제국의 폐허에 건설된 유럽의 여러 군주국에서는, 정당하게 봉건법이라

---

* 4 '단기'는 초판에서는 '그렇게 단기'.
* 5 기원전 480년에 제2차 페르시아 원정군은 그리스의 도시 연합군에 패배했다.
* 6 펠로폰네소스 전쟁은 기원전 431~404년, 아테네와 스파르타 사이의 전쟁으로, 펠로폰네소스 반도의 지배자 스파르타는 이 전쟁에 이긴 뒤에 오히려 부패와 몰락의 길을 걷게 된다.
* 7 기원전 753년 무렵에 건국된 로마는, 기원전 616년 무렵부터 기원전 509년 무렵까지, 타르퀴니우스 왕조의 지배하에 있었다.
* 8 Titus Livius, *Ab urbe condita libri*, iv, 59. (ASL 1010)
* 9 베이이(Veii)는 중부 이탈리아의 에트루리아에 있었던 선주민 베이이인의 도시로, 기원전 396년 로마에 멸망당했다.

고 부를 수 있는 것이 확립되기 전에도, 또 그 뒤 한동안에도, 대영주들은 군주를 위해 직속 가신 전원과 함께 자비로 복무하는 것이 보통이었다. 전쟁터에서도 영지에 있을 때와 마찬가지로, 그들은 눈앞에 있는 자신의 수입으로 충당했지, 특정한 경우에 국왕한테서 받는 어떤 봉급이나 급여로 충당한 것이 아니었다.

그보다 더욱 진보한 사회에서는, 두 가지의 다른 원인이 종군하는 사람이 자비로 충당하는 것을 완전히 불가능하게 만든다. 그 두 가지 원인이란 바로, 제조업의 진보와 전쟁 기술의 개량이다.

농경민이 원정에 참가하더라도, 그것이 파종기 뒤에 시작되어 수확하기 전에 끝난다면, 그의 직업의 중단이 반드시 언제나 그의 수입에 큰 감소를 불러일으키는 것은 아니다. 그의 노동이 투여되지 않더라도, 남은 일의 대부분은 자연이 스스로 해 주기 때문이다. 그런데 이를테면 수공업자가, 즉 대장장이나 목수, 직조공이 일터를 떠나면 그의 수입의 유일한 원천은 당장 완전히 고갈되고 만다. 자연은 그를 대신하여 아무것도 해 주지 않으며, 그가 모든 것을 스스로 해야 하기 때문이다. 따라서 그가 공공의 방위를 위해 전쟁터에 나갈 때는 자신을 부양할 수입이 없어지므로, 그는 아무래도 공공의 부양을 받지 않을 수 없다. 그러나 수공업자와 제조업자가 주민의 큰 부분을 구성하는 나라에서는, 전쟁터에 나가는 사람들의 큰 부분을 그런 계급에서 뽑지 않을 수가 없으며, 따라서 그들이 군무에 종사하고 있는 동안은 공공에 의해 부양되지 않으면 안 된다.

전쟁 기술이 차츰 발달하여 매우 복잡하고 정교한 과학이 되자, 전쟁이라는 사건은, 사회의 초기처럼 단 한 번의 우연한 다툼이나 싸움으로 끝나지 않고, 일반적으로 여러 번의 다른 전쟁으로 발전하여 장기화하게 된다. 각각의 전쟁이 거의 1년에 걸쳐 계속되면, 전쟁에서 공공을 위해 일하는 사람들을, 적어도 군무에 종사하고 있는 동안에는 어디서든 공공이 부양해야 할 필요가 생긴다. 그렇게 하지 않으면, 전쟁에 나가는 사람들이 평시에 어떤 직업에 종사했든, 그토록 오래 걸리고 비용이 드는 군무는 그들에게 너무 무거운 부담이 될 것이다. 따라서 제2차 페르시아 전쟁 뒤에는, 아테네의 군대는 일반적으로 용병대에 의해 편성되어, 그 일부는 분명히 시민으로 구성되었지만 일부는 외국인으로 구성되었고, 그들은 모두 함께 국가의 비용으로 고용되어 그 대가를 받았던 것 같다. 베이이 포위 때부터 로마 군대는, 전쟁터에 머무는 동안의 근무에 대해 보수를 받고 있었다. 봉건 정부 아래에서는, 대영주의 군무와 그들의 직속 가신의 군무도, 일정한 기간이 지나면 어디서나 모두 화폐의 지불로 바뀌었고, 그 화폐는 그들을 대신하여 군무에 종사하는 사람들을 부양하는 데 쓰였다.

전체 국민 가운데 전쟁에 나갈 수 있는 사람의 비율은, 미개한 사회보다 문명화된 사회가 필연적으로 훨씬 낮다. 문명 사회의 병사들은 오로지 병사가 아닌 사람들의 노동에 의해서만 부양되기 때문에, 전자의 수는, 후자가 그들 자신과 그들이 부양해야 하는 행정 및 사법의 관리를 각각의 지위에 어울리는 방법으로 부양하고도, 그 이상 더 부양할 수 있는 수를 결코 넘을 수 없다. 고대 그리스의 작은 농업국에서는, 국민 전체의 4분의 1 내지 5분의 1이 스스로 자신을 병사로 생각했고, 때로는 그와 같이 출진했을 거라고 한다. 근대 유럽의 각 문명국에서는, 병역의 비용을 지불하는 어떤 나라에서도 파멸을 초래하지 않고 병사로 사용할 수 있는 것은 주민의 100분의 1까지라고 일반적으로 계산하고 있다.

군대를 전쟁터로 보내기 위해 정비하는 비용이 어느 나라에서든 상당한 규모가 된 것은, 전쟁터에서 군대를 부양하는 비용이 전면적으로 주권자 또는 공공사회에 돌아가고 나서, 훨씬 뒤의 일인 것 같다. 고대 그리스의 모든 공화국에서, 군사 훈련을 받는 것은 국가가 모든 자유시민에게 부과한 교육의 필수 부분이었다. 어떤 도시에도 공공의 광장이 하나씩 있었고, 그곳에서는 공공 관리의 보호 아래 젊은이들이 다양한 교사들로부터 여러 가지 훈련을 받았다. 그리스의 어느 나라에서든, 전쟁을 위해 시민을 육성하는 데 국가가 부담한 것으로 생각되는 모든 경비는 매우 간단한 이 제도뿐이었다. 고대 로마에서는 마르스 들판*10에서의 훈련이 고대 그리스의 김나지움*11에서 받는 훈련과 같은 목적을 가지고 있었다. 봉건 정부 아래에서는 모든 지방의 시민들에게, 다른 몇 몇 군사 훈련과 함께 궁술을 배우라는 많은 공적인 포고가 내려졌고, 그런 것은 위와 같은 목적을 추진하기 위한 것이었지만, 그다지 잘 추진된 것 같지는 않다. 그런 포고의 실시를 위탁받은 관리의 관심 부족 때문인지, 다른 원인 때

---

*10 마르스 들판(Campus Martius)은 로마 군신 마르스의 이름을 붙인 훈련장.
*11 김나지움(gymnasium)은 고대 그리스의 체육훈련장.

문인지 모르겠지만, 포고는 전반적으로 무시된 듯하다. 그리고 그런 정부의 모든 추이 속에, 군사 훈련은 국민들 대부분의 사이에서 차츰 쇠퇴해 갔다.

고대 그리스와 로마 공화국에서는 그 존속의 전기간을 통해, 또 봉건 정부 아래에서는 그 최초의 확립 후 상당한 기간 동안, 병사라는 직업은 어떤 특정한 계급의 시민에게 유일하거나 중요한 일이 되는, 확실하고 독립적인 직업은 아니었다. 국가의 국민은 누구나 생계를 위해 어떤 통상적인 일 또는 직업에 종사하고 있더라도, 평시에는 언제나, 자신이 자신의 직업과 마찬가지로 병사의 직업을 수행할 능력이 있고, 또 대부분의 비상시에 그것을 수행할 의무가 있다고 생각하고 있었다.

그러나 전쟁 기술이라는 것은 모든 기술 가운데 분명히 가장 고급한 것이므로, 개량이 진행됨에 따라 필연적으로, 그런 모든 기술 가운데 가장 복잡한 것의 하나가 된다. 기계 기술 상태는, 전쟁 기술이 필연적으로 관련된 다른 몇 가지의 기술 상태와 함께, 어떤 특정한 시대에 전쟁 기술이 도달할 수 있는 완성도를 결정한다. 그러나 그것이 그 정도의 완성도에 이르기 위해서는, 그것이 시민의 특정한 계급의 유일하거나 중요한 일이 되는 것이 필요하며, 또 분업은 전쟁 기술 개량을 위해, 다른 모든 기술 개량을 위한 것과 마찬가지로 필요하다. 다른 기술에서는 분업은 개개인의 신중한 판단에 의해 자연히 도입되는 것이며, 그런 개개인은 어떤 특정한 직업에만 한정하는 것이, 다수의 직업을 가지는 것보다, 개인적 이익을 촉진할 수 있다는 것을 알고 있다. 그러나 병사라는 직업을 다른 모든 직업에서 따로 분리하여 구별된 특정한 직업으로 할 수 있는 것은 국가의 지혜뿐이다. 매우 평화로울 때, 한 개인적 시민이 공공의 특별한 장려도 받지 않고, 자신의 시간을 대부분 군사 훈련에 소비한다면, 그는 의심할 여지없이 실력이 크게 향상될 것이고, 또 거기에 크게 만족을 느낄 것도 틀림없지만, 그 자신의 이익을 촉진하지는 못했을 것이 확실하다. 그의 시간의 대부분을 이 특수한 일에 투자하는 것이 그에게 이익이 되도록 할 수 있는 것은 국가의 지혜뿐이지만, 여러 국가는, 존립을 유지하기 위해서는 그런 지혜를 가질 필요가 있는 상황이 되어서도, 그것을 반드시 가지는 것은 아니었다.

목축인*¹²에게는 많은 여가가 있고, 농경이 미개한 상태에서는 농경자에게

---

*12 양치기(shepherd)는 앞에서는 유목민으로 번역했으나, 여기서는 뒤에 나오는 하이랜드의 예와 같은 일정한 곳에 자리를 잡고 사는 목축인을 가리킨다.

도 조금의 여가가 있지만, 수공업자와 제조업자에게는 여가가 전혀 없다. 첫째 부류는 자기 시간의 대부분을 군사 훈련에 할애해도 아무런 손실이 없고, 둘째 부류도 그 일정한 부분을 쓸 수 있지만, 마지막 부류는 단 한 시간이라도 거기에 쓰면 반드시 그만큼 손해를 보게 되어, 그 자신의 이익에 대한 배려에서 자연히 군사 훈련을 완전히 방치하게 된다. 기술과 제조업의 진보가 필연적으로 초래하는 농경의 개량도 또한, 농경자에게 수공업자와 마찬가지로 조금의 여가밖에 남기지 않는다. 도시의 주민과 마찬가지로 지방의 주민도 군사 훈련을 무시하게 되어, 국민 전체가 완전히 비호전적이 된다. 그와 동시에 항상 농업과 제조업의 개량에 뒤따르게 마련이고, 실제로 바로 그런 개량이 축적된 산물인 부(富)가, 모든 이웃 나라의 침략을 유발한다. 부지런한, 따라서 부유한 국민은 모든 국민 가운데 가장 공격받기 쉬운데, 국가가 공공의 방위를 위해 뭔가 새로운 정책을 취하지 않는다면, 국민의 자연적인 관습이 그들을 스스로 전혀 방위할 수 없게 만들어 버린다.

이런 사정에서는, 국가가 공공의 방위를 위해 우선 준비할 수 있는 방법은 두 가지밖에 없다고 생각한다.

그것은 첫째로, 매우 엄격한 행정을 통해, 국민의 이해관심과 기풍과 성향을 거의 무시하고, 군사 훈련의 실행을 강행하여, 군사 적령기의 시민 전체 또는 그 일정 수에, 그들이 현재 어떤 직업 또는 전문직을 영위하고 있든지, 병사의 직업을 어느 정도 추가하는 것이다.

또는 두 번째로, 군사 훈련의 계속적인 실시를 위해, 일정 수의 시민을 부양하고 고용함으로써, 병사라는 직업을 다른 모든 직업에서 독립적으로 구별되는 특정한 직업으로 만들 수 있을 것이다.

국가가 이 두 가지 방책 가운데 첫 번째 것을 채택한다면, 그 군사력은 민병(民兵 : 국가의 위급에 대처해 민간인으로 조직한 군사)이라고 할 수 있고, 두 번째 것을 채택한다면 상비군(常備軍 : 유사시에 출동하기 위해 상설하고 있는 군대)이라고 할 수 있다. 군사 훈련의 실시는 상비군 병사의 유일하고도 중요한 일이 되고, 국가가 그들에게 지급하는 생활유지비 또는 급여는 그들의 생계에 중요한 통상의 원자가 된다. 민병 병사에게는 군사 훈련의 실시는 임시적인 일밖에 되지 않으며, 그들은 생계의 중요하고도 통상적인 원자를 뭔가 다른 직업에서 얻는다. 민병에게는 노동자·수공업자·상인의 성격이 병사의 성격보다 우월하고, 상비군에게는 병사의 성격이 다른 어떤 성격보다 우월하다. 그리고 이 두 종류의 다른 군사력의 기본적인 차이는 그 구별에 있는 것으로 생각된다.

민병에는 몇 가지의 각각 다른 종류가 있었다. 몇몇 나라에서는 국가 방위의 임무를 지닌 시민들은 훈련만 받을 뿐, 이른바 부대에 편성되는 일은 없었던 것 같다. 즉 별도의 부대로 분할되어, 각 부대가 상근(常勤)하는 직업 장교의 지휘하에서 훈련을 받는 일은 없었던 것 같다. 고대 그리스와 로마 공화국에서는 출정하지 않을 때는, 각 시민이 개별적으로, 또는 동년배 가운데 마음이 맞는 사람과 함께 훈련을 실시한 듯하며, 실제로 출진이 요구되기 전까지는 어떤 특정한 부대에도 배치되지 않았던 것 같다. 다른 나라들에서는 민병은 훈련을 받은 것은 물론이고 부대에도 편성되었다. 잉글랜드와 스위스, 또 내가 믿는 바로는 근대 유럽의 다른 어떤 나라에서든 이런 종류의 불완전한 군사력이 확립되어 있었던 곳에서는, 모든 민병대원은 평시에도 어떤 특정한 부대에 배치되어 그 부대에서 상근하는 직업 장교의 지휘 아래 훈련을 받았던 것이다.

화기가 발명되기 전에는, 병사 한 사람 한 사람이 자신의 무기를 쓰는 데 가장 익숙한 군대가 우세했다. 강하고 민첩한 몸이 가장 중요했고, 그것이 보통 전투의 운명을 결정지었다. 그러나 무기를 쓰는 데 있어서의 숙련과 기량은, 오늘날의 펜싱과 마찬가지로 큰 집단으로 연습하는 것이 아니고, 각자 따로따로 특정한 학교의 특정한 교사 밑에서, 또는 특정한 동년배나 동료들과 함께 연습함으로써만 익힐 수 있었다. 화기가 발명된 이래, 강하고 민첩한 몸 또는 무기 사용의 뛰어난 기량과 숙련은, 전혀 영향이 없는 것은 아니지만 그 영향이 어느 정도 감소했다. 이 무기의 성질은, 서투른 자와 능숙한 자를 같은 수준에 두는 일은 결코 없지만, 과거의 어느 때보다도 그 수준에 근접해 있다. 화기를 쓰는 데 필요한 기량과 숙련은 대집단에서의 연습으로 충분하다고 상정되고 있다.

규율·질서·명령에 대한 즉각적인 복종은, 근대의 군대에서는 전투의 운명을 결정하는 데, 무기 사용에 대한 병사의 기량이나 숙련보다 더욱 중요하다. 그러나 화기의 소음과 초연(硝煙 : 화약연기), 그리고 대포의 사정거리 안에 들어가자마자, 더욱이 때로는 전투가 미처 시작되기도 전에, 누구나 어느 때고 그 앞에 몸이 노출되어 있다고 느끼는 눈에 보이지 않는 죽음은, 근대적인 전투가 겨우 시작된 무렵에도, 이 규율과 질서와 즉각적인 복종을 상당한 수준으로 유지하는 것을 매우 어렵게 만들고 있는 것이 틀림없다.

옛날의 전투에서는, 인간의 목소리에서 나오는 것 외에는 소음이 없었고, 초연도 없었으며, 사상(死傷)의 원인이 눈에 보이지 않는 경우도 없었다. 누구나 뭔가 치명적인 무기가 실제로 몸에 닥쳐오기 전에는 그런 무기가 가까운 곳에 없다는 것을 확인할 수 있었다. 이런 사정 속에서, 무기를 쓰는 데 대해 자신들의 숙련이나 기량에 조금이라도 자신감을 가지고 있는 부대에서는, 옛날의 전투 개시 때뿐만 아니라, 그 진행 중 내내, 그리고 양군의 어느 한쪽이 확실하게 패배할 때까지, 어느 정도의 규율과 질서를 유지하는 어려움은 매우 적었을 것이 분명하다. 그러나 규율·질서·명령에 대한 즉각적인 복종이라는 습관은 큰 집단을 이루어 훈련받는 부대에 의해서만 획득할 수 있는 것이다.

그러나 민병은 어떤 방법으로 규율을 배우고 훈련을 받아도, 규율을 잘 배우고 잘 훈련 받은 상비군보다 언제나 크게 뒤떨어지게 마련이다.

일 주일에 한번, 또는 한 달에 한 번밖에 훈련을 받지 않는 병사들은, 매일 또는 하루 걸러 훈련을 받는 병사들만큼 무기 사용에 익숙해질 수가 없다. 이런 사정은, 근대에는 옛날만큼 영향력이 없을지 모르지만, 훈련에 의한 숙달의 우월함에 기인하는 바가 크다고 하는 프로이센 군대의 정평 있는 우월성은, 그것이 오늘날에도 매우 큰 영향력을 가지고 있다는 것을 우리에게 충분히 보여 주고 있다.

일 주일에 한 번, 또는 한 달에 한 번만 장교에게 복종하면 되고, 그 외에는 어떤 점에 있어서도 그에게 책임을 지지 않으며, 자신의 일은 자기가 나름대로 자유롭게 처리할 수 있는 병사들은, 모든 생활, 모든 행동에서 매일 장교의 지휘를 따르고, 매일의 기상과 취침조차 장교의 명령에 따르며, 또는 적어도 병영으로 돌아가는 데도 그렇게 하는 병사들처럼, 그 앞에서 그를 경외하고 즉각적으로 복종할 기분은 결코 될 수 없다. 이른바 규율, 즉 즉각적인 복종의 습관에서는, 민병은 이른바 집총훈련(執銃訓鍊 : 총을 가지고 하는 훈련), 즉 무기 조작과 사용 면에서 때로는 뒤떨어져 있을지 모르는 것보다 훨씬 상비군에 뒤떨어져 있는 것이 틀림없다. 그러나 근대의 전쟁에서는, 즉각적인 복종의 습관이 무기 조작에서의 상당한 우월성보다 훨씬 중요하다.

타타르와 아라비아의 민병처럼, 평시에 복종하고 있는 수장의 지휘하에 전쟁터에 나가는 민병이 압도적으로 우수하다. 장교들에 대한 존경심이나 즉각적으로로 복종하는 습관에 있어서 그들은 상비군에 가장 가깝다. 하이랜드의 민병은 자신들의 수장*13 밑에서 군무에 종사했을 때는, 이것과 같은 종류의 장점을 어느 정도 가지고 있었다. 그러나 하이랜드인은 유목민이 아니라 정주하는 목축인들이었으므로, 전원이 거주지가 정해져 있고, 평시에 수장을 따라 이동하는 데 익숙하지 않았기 때문에, 전시에 수장을 따라 어딘가 상당히 먼 곳으로 가거나 상당히 오랫동안 전쟁터에 있고자 하는 마음을, 타타르인이나 아랍인만큼 지니고 있지 않았다. 뭔가 전리품을 획득하면 그들은 고향으로 돌아가고 싶어했고, 수장의 권위가 그들을 붙잡는 데 충분한 경우는 거의 없었다. 복종면에서는 그들은 타타르인이나 아랍인에 대해 전해져 내려오는 것보다 언제나 훨씬 더 뒤떨어져 있었다. 하이랜드인은 또, 정주 생활 때문에, 타타르인이나 아랍인에 대해 알려져 있는 것보다 야외에서 보내는 시간이 적고, 그로 인해 군사 훈련 습관도, 무기 사용의 숙달도도, 항상 뒤떨어져 있었다.

그러나 주의해야 할 것은, 어떤 종류의 민병이든, 전쟁터에서 계속해서 여러 번 전투에 참여하면, 어떤 점에서도 상비군이 되어 버리고 만다는 점이다. 병사들은 매일 무기를 사용하는 훈련을 받고 있고, 또 끊임없이 장교의 지휘 하에 있기 때문에, 상비군에서 하고 있는 것과 마찬가지로, 즉각적으로 복종하는 데 익숙해져 있다. 전쟁터에 오기 전에 그들이 무슨 일을 했는지는 거의 문제가 되지 않는다. 전쟁터에서 여러 번 전쟁을 체험하고 나면, 그들은 어떤 점에서도 필연적으로 상비군이 되어 버린다.

아메리카에서의 전쟁*14이 오래 끌어, 다시 또 하나의 전투라도 벌어진다면, 아메리카의 민병은 최근의 전쟁에서 적어도, 프랑스와 에스파냐의 최강의 노련한 병사들에 못지않은 무용을 볼 수 있었던 그 상비군에 어떤 점에서도 필적(匹敵 : 능력·세력 등이 서로 엇비슷하여 서로 견줄 만함)할 것이 틀림없다.

이 구별을 잘 이해할 수 있다면, 모든 시대의 역사가, 규율바른 상비군이 민병에 대해 압도적으로 우월하다는 것을 증명한다는 것을 알 수 있을 것이다.

---

*13 하이랜드에는 18세기 중반 가까이까지, 클랜(씨족) 제도가 광범하고 뿌리 깊게 남아 있어서, 수장은 클랜 구성원에 대해 사적(私的)인 재판권을 가지고 있었다. 결정적으로 해체된 것은 1745년의 재커바이트 반란의 패배를 통해서이다.

*14 전쟁(war)과 전투(campaign)의 관계가 분명하지 않아서 이해하기 어렵지만, '최근의 전쟁'은 7년 전쟁을 말하고, '아메리카에서의 전쟁'이라는 것은 독립선언 전에 출판된 이 책에서는 작은 충돌 정도로, 전투로까지 확대되지 않은 것으로 여기는 듯하다.

어떤 것이든 충분히 권위가 있는 역사서 속에 뭔가 명확한 설명이 있는 최초의 상비군의 하나는 마케도니아 필리포스*15의 상비군일 것이다. 트라키아인·일리리아인·테살리아인 및 마케도니아 인근의 몇몇 그리스 도시에 대한 잦은 전쟁이, 처음에는 민병이었던 그의 부대를 차츰 상비군의 엄정한 규율로 변모시켰다. 그는 평화로울 때도, 물론 그런 때는 매우 드물고 또 오래 계속되지도 않았지만, 용의주도하게 군대를 해산하려고 하지 않았다. 그 군대는 장기간의 치열한 전쟁을 통해 고대 그리스의 중요한 여러 공화국의 잘 훈련된 용감한 민병들을, 또 나중에는 매우 적은 투쟁만으로 대페르시아 제국의 유약하고 훈련도 제대로 받지 않은 민병을 격파하고 정복했다. 그리스의 여러 공화국과 페르시아 제국의 몰락은, 상비군이 어떤 종류의 민병도 저항할 수 없을 만큼 우수한 결과였다. 그것은 역사 속에 명확하고 상세한 설명이 남아 있는 인류의 수많은 사건 가운데 최초의 대혁명이었다.

카르타고의 몰락과 그 결과인 로마의 흥륭은 두 번째 혁명이다. 그 두 저명한 공화국의 각각 다른 운명은, 모두 같은 원인으로 매우 잘 설명할 수 있다.

제1차 카르타고 전쟁이 끝난 뒤부터 제2차 카르타고 전쟁*16이 시작될 때까지, 카르타고군은 계속해서 전쟁터에 남아, 잇달아 지휘를 한 세 명의 위대한 장군 하밀카르와 그의 사위인 하스드루발, 또 그의 아들인 한니발*17 밑에서, 처음에는 자신들의 반역 노예를 응징하고, 다음에는 아프리카의 반란민들을 굴복시켰으며, 마지막으로 대에스파냐 왕국을 정복했다. 한니발이 에스파냐에서 이탈리아로 이끌고 간 군대에는, 필연적으로 그 수많은 전쟁 속에서 상비군의 엄격한 규율이 차츰 형성되었음이 분명하다. 그 사이에 로마인은 완전히 평화를 누린 것은 아니지만, 그 시기 동안 중요한 전쟁을 치른 적이 없어, 그들의 엄격한 규율은 매우 느슨해졌던 것으로 일반적으로 추정되고 있다. 한니발이 트레비아·트라시메누스·칸나에*18에서 교전한 로마군은 상비군에 대항하

---

* 15 필리포스 2세(Philippos Ⅱ, 기원전 382~336)는 알렉산드로스 대왕의 아버지.

* 16 카르타고와 로마의 전쟁은 포에니 전쟁이라고도 불리며, 기원전 264~241, 218~201, 149~
146년, 세 번에 걸쳐 계속되었다.

* 17 하밀카르(Hamilcar Barca, 기원전 275?~228), 하스드루발(Hasdrubal, 기원전 270?~221), 한니발
(Hannibal, 기원전 247~183)은 모두 로마와 싸운 카르타고의 무장들이다. 한니발이 로마로
진격했을 때 에스파냐에서 피레네와 알프스 산맥을 넘은 것은 유명하다.

* 18 트레비아·트라시메누스·칸나에는 모두 한니발이 로마군을 격파한 싸움터로, 트레비아는

는 민병이었던 셈이다. 이 사정은 아마 다른 어떤 것보다도 그런 전투의 운명을 결정하는 데 큰 영향을 미쳤을 것이다.

한니발이 에스파냐에 남기고 온 상비군은, 그것에 대항하기 위해 로마인이 파견한 민병보다 마찬가지로 우세했기 때문에, 몇 년 뒤에는 그의 동생 소(小)하스드루발의 지휘로도 민병들은 그 나라에서 거의 모두 쫓겨나고 말았다.

한편 한니발은 본국으로부터 충분한 보급을 받지 못하고 있었다. 로마 민병은 계속해서 싸움터에 있었기 때문에, 전쟁이 진행됨에 따라 규율과 훈련도 철저한 상비군이 되었고, 따라서 한니발의 우세는 날이 갈수록 줄어들었다. 하스드루발은 자신이 에스파냐에서 지휘하고 있었던 상비군의 전부, 또는 거의 전부를 이끌고 이탈리아에서 분투하고 있는 형을 지원하러 가야 한다고 판단했다. 이 진군 중에 그는 안내인 때문에 길을 잃었다고 한다. 그는 낯선 지방에서, 자신의 군대보다 모든 점에서 엇비슷하거나, 아니면 자신들보다 우월한 다른 상비군의 기습 공격을 받고 완전히 패하고 말았다.

하스드루발이 에스파냐를 떠나 버리자, 대(大)스키피오*[19]에게는 자신의 민병보다 뒤떨어진 민병 외에는 자신에게 대항할 자가 없었다. 그는 그 민병을 진압하고 정복했으며, 그 전쟁 과정에서 그의 민병은 필연적으로 규율과 훈련이 철저한 상비군이 되었다. 그 상비군은 나중에 아프리카로 파견되었는데 그곳에서도 그들에게 대항하는 것은 민병밖에 없었다. 그런데 카르타고를 방위하기 위해 한니발의 상비군을 다시 불러들일 필요가 생겼다. 잦은 패배로 사기가 떨어진 아프리카 민병이 거기에 가담하여, 자마*[20] 전투에서는 그들이 한니발 부대의 대부분을 이루었다. 그날의 사건이 적대하는 두 공화국의 운명을 결정지었다.

제2차 카르타고 전쟁이 끝난 뒤부터 로마 공화국이 몰락할 때*[21]까지, 로마군은 모든 점에서 상비군이었다. 마케도니아의 상비군이 그들의 무력에 어느 정도 저항했다. 로마군은 그 세력의 절정기에 있으면서도, 그 작은 왕국을 제

밀라노 부근, 트라시메누스는 시에나 부근, 칸나에는 아드리아 해 연안에 있으며, 현재는 칸네라 불리는 도시로 전장은 오판토 강 양쪽 연안이다.
*19 대스키피오(Publius Cornelius Scipio(Africanus Major), 기원전 236~184)는 로마의 장군으로, 자마에서 한니발을 격파했다(기원전 202).
*20 자마(Zama)는 카르타고(튀니스 근교) 남서쪽의 옛 도시.
*21 로마 공화국의 몰락을 제정 로마 시대의 시작을 의미하는 것으로 본다면 기원전 27년.

압하기 위해 두 번의 큰 전쟁과 세 번의 큰 전투를 치르지 않으면 안 되었다. 만일 그 마지막 왕이 겁쟁이가 아니었더라면, 정복은 아마 더욱 힘들었을 것이다. 고대 세계의 모든 문명국, 즉 그리스·시리아·이집트의 민병은 로마 상비군에 대해 거의 저항하지 못했고, 오히려 몇몇 야만국의 민병 쪽이 훨씬 더 잘 응전했다. 미트리다테스*²²가 흑해 및 카스피 해 북쪽의 여러 나라에서 데리고 온 스키타이와 타타르 민병은, 로마인이 제2차 카르타고 전쟁 뒤에 부딪히지 않으면 안 되었던 가장 강력한 적이었다. 파르티아*²³와 게르마니아 민병도 늘 무시할 수 없는 존재여서, 몇 번인가 로마군에 대해 큰 우위를 차지한 적도 있었다. 그러나 일반적으로는, 또 로마군의 지휘가 빈틈이 없었을 때는 그들이 훨씬 더 우위에 서 있었던 것 같고, 또 로마인이 파르티아와 게르마니아에 대해 철저하게 성복을 추구하지 않았던 것은, 아마도 이미 너무 커져 버린 제국에 그런 두 야만국을 보탤 가치가 없다고 판단했기 때문일 것이다. 고대 파르티아인은 스키타이 또는 타타르에서 파생한 민족으로 추정되며, 항상 조상의 풍습을 상당히 간직하고 있었던 것 같다. 고대 게르만인은 스키타이인이나 타타르인처럼 유목민족으로, 평시에 늘 복종하던 익숙해 있던 수장의 지휘하에서 싸웠다. 게르만의 민병은 스키타이인이나 타타르인 민병과 완전히 똑같은 종류의 것으로, 그들도 아마 스키타이인 또는 타타르인의 후손이었을 것이다.

여러 가지의 다양한 원인의 작용으로 로마군의 규율은 무너졌다. 규율이 너무 엄격했던 것도 어쩌면 그 원인의 하나였을지도 모른다. 저항할 수 있는 적이 없는 것 같았던 전성기에는, 그들의 무거운 장비는 쓸데없는 짐이 되어 내려지고, 힘든 훈련은 쓸데없는 수고가 되어 나 몰라라 하게 되었다. 게다가 로마의 몇몇 황제 시대에는 로마 상비군, 특히 게르마니아와 판노니아*²⁴의 국경을 지키고 있던 상비군은, 그들의 주인에게 오히려 위험한 존재가 되었다. 그들이 자신들의 장군을 옹립하여 군주에게 대항하는 것은 늘 되풀이되는 일이었다. 그들의 위협을 줄이기 위해, 어떤 저자들에 의하면 디오클레티아누스 황제*²⁵가,

---

*22 미트리다테스(Mithridates)는 소아시아의 폰투스 왕 미트리다테스 6세(재위, 기원전 120~63). 로마와의 사이에 몇 번에 걸친 미트리다테스 전쟁이 있었다.

*23 파르티아(Parthia)는 카스피 해 남동쪽에 있었던 나라로, 현재는 이란령.

*24 판노니아(Pannonia)는 현재의 유고슬라비아와 헝가리에 있었던 나라.

*25 디오클레티아누스(Diocletianus, 245~313)는 로마 황제.

또 어떤 저자들에 의하면 콘스탄티누스 황제[*26]가, 그때까지 계속 2군단 또는 3군단으로 구성된 대부대가 주둔하는 것이 보통이었던 국경에서 그들을 일단 철수시키고, 여러 지방 도시에 소부대로 분산시켜 두고, 적의 침입을 격퇴할 필요가 생겼을 때 외에는 그곳에서 거의 이동시키지 않았다.

소부대로 갈라져서 상공업 도시에서 숙영하며, 숙영지에서 좀처럼 이동하지 않았던 병사들은, 스스로 상인이나 수공업자·제조업자가 되었다. 민간적인 성격이 군사적인 성격을 지배하게 되자, 로마 상비군은 차츰 부패하여, 경시되고, 기강이 해이한 민병으로 타락했다. 그 뒤 얼마 안 있어 서로마제국에 침입해 온 게르만과 스키타이 민병의 공격에도 저항할 수 없었을 정도이다. 황제들이 한동안 자신을 방위할 수 있었던 것은, 그런 국민 가운데 어떤 자의 민병을 고용하여, 다른 나라의 민병에 대항시킨 덕분이었다. 서로마제국의 몰락[*27]은 고대사가 무언가 확실하고 상세한 설명을 남긴 인류사 가운데 세 번째로 큰 혁명이었다. 그것은 야만국 민병이 문명국 민병에게, 즉 유목민 민병이 농경민과 수공업자·제조업자의 민족의 민병에 대해 가진 저항할 수 없는 우월성에 의해 초래된 것이었다. 민병이 쟁취한 승리는 일반적으로 상비군에 대한 것이 아니라, 훈련과 규율면에서 뒤떨어지는 다른 민병에 대한 것이었다. 그리스 민병이 페르시아 제국의 민병에 대해 얻은 승리가 그러했고, 후대에 들어서서 스위스 민병이 오스트리아와 브르고뉴 민병에 대해 얻은 승리도 그런 것이었다.

서로마제국의 폐허에 나라를 건설한 게르만과 스키타이 국민들의 군사력은, 새로운 정주지에서도 한동안은 본디의 나라에 있었을 때와 똑같이 유지되었다. 그것은 목축민과 농경민의 민병으로, 전시에는 평시에 늘 복종했던 익숙한 수장의 지휘에 따라 전쟁터로 갔다. 따라서 그 민병은 상당히 훈련이 잘되어 있었고, 규율도 잘 유지되고 있었다. 그런데 기술과 산업이 진보함에 따라 수장의 권위는 차츰 쇠퇴하고, 국민 전체는 군사 훈련에 할애할 시간이 줄어들었다. 따라서 봉건적 민병의 규율과 훈련도 차츰 무너져서, 그것을 대신하기 위해 상비군이 차츰 도입되었다. 더욱이 어떤 문명 국민이 상비군이라는 수

---

*26 콘스탄티누스(Constantinus, 280?~337)는 로마 황제. 콘스탄티누스 대제 또는 콘스탄티누스 1세라고 한다.

*27 서로마제국은 476년에 멸망했다. 단, 395년에 로마제국은 동서로 분할되어, 동로마제국, 즉 비잔틴제국은 1204년까지 존속한다.

단을 채택하자, 모든 이웃 나라들도 그 예를 모방하지 않을 수 없었다. 그들은 곧, 그렇게 해야 자국의 안전을 도모할 수 있으며, 자신들의 민병은 상비군의 공격에 전혀 대항할 수 없다는 것을 안 것이다.

상비군 병사들은 적을 본 적이 한 번도 없지만, 노련한 부대의 용기를 모두 갖추고 있어서, 전쟁터에 나가자마자 가장 완강하고 가장 많은 경험을 쌓은 노련한 부대와 맞설 수 있는 것처럼 보이는 일이 때때로 있었다. 1756년에 러시아 군이 폴란드에 진격했을 때, 러시아 병사들의 용기는, 당시 유럽에서 가장 완강하고 가장 노련한 병사로 여겨졌던 프로이센 병사의 용기에 못지않은 것처럼 보였다.*28 그러나 러시아 제국은 그 전에 20년 동안 오랜 평화를 누리고 있었고, 그때까지 적을 본 적이 있는 병사는 매우 조금밖에 없었다. 1739년에 에스파냐 전쟁이 일어났을 때, 잉글랜드는 거의 28년 동안 오랜 평화를 누리고 있었다. 그런데 잉글랜드 병사들의 용기는, 그런 장기적인 평화에 의해 부패하기는커녕 그 불행한 전쟁의 최초의 불행한 전과(戰果 : 절쟁의실)인 카르타헤나 습격에서 비길 데 없는 공훈을 세웠다. 장기에 걸친 평화에서는, 아마 장군들은 때로는 자신들의 솜씨를 잊는 일이 있을지 모르지만, 규율이 철저한 상비군이 유지되고 있는 곳에서는 병사들이 용기를 잊는 일은 결코 없는 것 같다.

문명 국민이 자국의 방위에 대해 민병에 의존하고 있을 때는, 그때 그 인근에 있는 야만 국민에 의해 정복될 위험에 항상 노출되어 있다. 아시아의 문명국들이 모두 타타르인에 의해 때때로 정복된 것은, 야만국의 민병이 문명국의 민병보다 자연적으로 우월하다는 것을 충분히 증명하고 있다. 규율이 철저한 상비군은 어떤 민병보다 우월하다. 그런 군대가 부유하고 문명화한 국민에 의해 가장 잘 유지되는 것처럼, 그런 군대만이 국민을 가난하고 야만적인 이웃 나라의 침략으로부터 지켜 줄 수 있다. 따라서 어떤 나라의 문명도 상비군이 없으면 영속할 수 없고, 상당한 기간 동안 유지조차 할 수 없다.

문명국은 규율이 철저한 상비군에 의해서만 방위될 수 있는 것처럼, 야만국이 갑자기 상당히 문명화하는 것도 상비군에 의하는 수밖에 없다. 상비군은 저항할 수 없는 힘으로, 주권자의 법률을 그 제국의 가장 먼 속주에 이르기까지 확립하고, 또 어느 정도의 정규 통치를, 상비군이 없으면 조금도 받아들일

---

*28 1756년에 7년 전쟁이 시작되어, 1760년에는 러시아군이 베를린을 약탈하고 프로이센 왕 프리드리히 2세의 군사적 성공을 위협했다.

수 없는 지방에서도 유지한다. 누구든지 표트르 대제*29가 러시아 제국에 도입한 개량을 주의 깊게 검토한다면, 그런 개량의 거의 모두가 잘 규제된 상비군의 확립에 귀착한다는 것을 알 수 있을 것이다. 그것은 그의 다른 모든 규제를 수행하고 유지하는 수단이다. 그 제국이 그 뒤 줄곧 누려온 질서와 국내 평화는 순전히 그 군대의 영향에 의한 것이었다.

공화주의 사람들*30은 상비군을 자유에 있어서 위험한 것으로 보고 경계해왔다. 장군과 주요 장교들의 이해관계가 국가의 기본 구조의 유지와 반드시 결부되지는 않는 곳에서는, 어디서나 분명히 그러했다. 카이사르의 상비군은 로마 공화국을 멸망시켰다.*31 크롬웰의 상비군은 장기 의회를 추방했다.*32 그러나 주권자 자신이 장군이고, 나라의 주요한 귀족과 시골 영주층이 군의 주요한 장교인 곳에서는, 다시 말해, 자기 자신이 정치적 권위에 가장 크게 관여하고 있기 때문에 그 권위의 유지에 최대의 관심을 가지고 있는 사람들의 지휘하에 군사력이 놓여 있는 곳에서는, 상비군은 자유에 결코 위험한 것일 수가 없다. 오히려 상비군은 경우에 따라서는 자유에 있어서 유리할 수도 있다. 그것이 주권자에게 제공하는 안전 보장은, 근대의 몇몇 공화국에서 시민 한 사람 한 사람의 사소한 행동까지 감시하고, 그의 평화를 아무 때고 어지럽힐 준비를 하고 있는 것으로 보이는 그 번거로운 경계심을 불필요한 것으로 만든다. 위정자의 안전이 그 나라의 중심 인물들에 의해 유지되고 있어도, 민중에게 불만이 있을 때마다 위험에 처하는 곳, 약간의 소동이 몇 시간 만에 대혁명으

---

*29 표트르 대제(Peter the Great, 1672~1725)는 로마노프 왕조의 황제로, 표트르 1세. 절대왕정을 확립하여 서유럽 문화의 도입에 힘썼다.

*30 공화주의(republican principles)라는 것은, 국민이 자신들의 대표(의회)를 통해 자신들을 통치하는 정치 형태를 가리키며, 민주주의라고 해도 무방하지만, 당시에는 민주주의는 오히려 중우정치(衆愚政治), 평등주의라는 의미로 비난받는 일이 많았고, 그것에 비해 공화주의는, 본문에도 '자연의 귀족층'이라는 말이 있듯이 대의제와 계급 지배도 배제하지 않았다. 영국의 공화주의자는 상비군이 왕권의 의회 지배의 수단이 된다고 하여 반대하고, 민병제도를 지지했다.

*31 율리우스 카이사르는 갈리아 전쟁이 끝나자 군대를 이끌고 루비콘 강을 건너, 자신을 적대하는 원로원과 폼페이우스를 제압하고 독재관의 지위에 올랐다(기원전 49).

*32 크롬웰이 이끄는 철기병(鐵騎兵)은 본디는 동남부 잉글랜드의 지주들에 의한 민병이었으나, 의회 측의 승리가 결정적이 되었을 때, 여전히 국왕과의 타협을 도모하는 의원을 추방했다(1648).

로 발전할 수 있는 곳에서는, 정부의 모든 권위는 그것에 반대하는 모든 불평과 불만을 억압하고 처벌하는 데 쓰이지 않을 수 없다.

이에 비해, 그 나라의 자연적인 귀족층뿐만 아니라, 잘 규제된 상비군에 의해서도 유지되고 있다고 느끼는 주권자는, 가장 난폭하고 가장 무고하며 가장 방자한 항의가 일어나도 거의 마음의 평정을 잃지 않는다. 그는 안심하고 그것을 허용하거나 무시할 수 있고, 자신의 우월성을 의식함으로써 자연히 그렇게 하고자 하는 마음이 드는 것이다. 방종에 가까운 자유는, 주권자의 안전이, 잘 규제되는 상비군에 의해 보장되고 있는 나라에서만 허용된다. 이렇게 방자한 자유의 부당한 독선에 대해서조차, 공공의 안전을 위해 주권자에게 그것을 억압할 수 있는 재량권을 맡길 필요가 없는 것은 그런 나라들뿐이다.

따라서 주권자의 첫 번째 의무인 그 사회를 다른 독립된 여러 사회의 폭력과 부정으로부터 보호할 의무에는, 그 사회의 문명화가 진행됨에 따라 더 많은 비용이 들게 된다. 그 사회의 군사력은, 본디는 평시이든 전시이든 주권자에게는 아무런 비용도 들지 않았지만, 개량이 진행됨에 따라 처음에는 전시에, 나중에는 평시에도 주권자에 의해 유지되지 않으면 안 되게 된다.

화기의 발명에 의해 전쟁 기술에 도입된 커다란 변화는, 평시에 일정한 수의 병사에게 훈련과 규율을 부여하는 비용과, 전시에 그들을 사용하는 비용을 더욱 증대시켰다. 그들의 무기와 탄약에도 더 많은 경비가 들게 되었다. 소총은 투창이나 궁시(弓矢 : 활과화살)보다 비싼 기계였고, 대포와 박격포는 투창기나 투석기보다 월등했다. 근대의 열병식에 쓰이는 화약은 한 번 쓰면 끝이어서 매우 큰 비용이 든다. 옛날의 열병식에서 던지고 쏘았던 투창과 활은 쉽게 다시 회수할 수가 있고, 게다가 매우 가치가 적은 것이다. 대포와 박격포는 투창기와 투석기보다 훨씬 비쌀 뿐만 아니라 훨씬 무거운 기계여서, 전장용으로 갖추고 전장으로 운반하는 데도 큰 비용이 든다. 근대의 포술이 옛날의 포술에 비해 훨씬 우수하기 때문에, 어떤 도시를 그 우수한 포술의 공격에 대해 다만 몇 주일이라도 저항할 수 있도록 요새화하는 것은 훨씬 더 어려운 일이고, 따라서 훨씬 더 많은 경비가 들었다. 근대에는 여러 가지 다양한 원인들에 의해 사회의 방위에 더 많은 경비가 든다. 개량의 자연적인 진행에 의한 불가피한 결과는, 이 점에서 전쟁 기술의 대혁명에 의해 크게 강화되었는데, 이 혁명은 화약 발명이라는 단순한 우연이 불러일으킨 것으로 생각된다.

근대의 전쟁에서는 화기에 필요한 큰 경비를 가장 잘 충당할 수 있는 국민, 즉 가장 부유하고 문명화한 국민이, 가난하고 야만적인 국민에 비해 명백하게 유리하다. 고대에는 부유하고 문명화한 국민은, 가난하고 야만적인 국민에 비해 스스로 방위하는 것이 어렵다는 것을 알았다. 근대에는 가난하고 야만적인 국민이 부유하고 문명화한 국민에 비해 자신을 방위하는 것이 어렵다는 것을 안다. 화기의 발명은 얼핏 보아서는 매우 해로운 것 같아도, 문명의 영속과 확대에 있어서 확실히 이로운 것이다.

제2절 사법비에 대하여

주권자의 두 번째 의무, 즉 사회의 어떤 구성원도, 사회의 다른 어떤 구성원의 부정 또는 억압에서 보호할 의무, 즉 사법의 엄정한 운영을 확립할 의무 또한, 사회의 시기에 따라 매우 다른 정도의 경비를 필요로 한다.

수렵민족은 거의 재산이 없고, 있다고 해도 이틀이나 사흘의 노동가치를 넘는 일이 없으므로, 상설 치안판사*33나 정규 사법행정 같은 것이 거의 없다. 재산이 없는 사람들이 서로 침해할 수 있는 것은 신체나 명성에 대해서뿐이다. 그러나 어떤 사람이 다른 사람을 죽인다든지, 상처를 입히거나 때리고, 중상할 때, 침해당한 사람은 괴로움을 받지만, 침해하는 사람은 아무런 이익도 얻는 것이 없다. 그러나 재산에 대한 침해에 대해서는 사정이 다르다. 침해하는 사람의 이익은 때때로 침해당하는 사람의 손실과 똑같다. 선망·악의·분개만이 어떤 사람을 부채질하여 다른 사람의 신체와 명예를 침해하게 할 수 있는 정념이다. 그러나 대부분의 사람들은 그런 정념의 영향을 그렇게 자주 받지는 않으며, 가장 최악의 사람이라도 가끔밖에 영향을 받지 않는다. 그런 정념을 만족시키는 것도, 어떤 성격에서는 아무리 후련한 것일지라도, 실질적 또는 영속적인 이익이 따르지 않기 때문에, 대부분의 사람들은 보통 신중하게 판단하

---

*33 치안판사라고 번역한 magistrate는 justice of the peace를 포함하는 하급 사법관료. 바로 뒤에 사법관료 civil magistrate라고 하는 것과 똑같은 것으로 생각된다. 이 말은, 고대 로마에서 공직자 전체를 의미하는 마기스트라투스(magistratus)에서 온 것으로, 그 가운데 최고위가 콘술(consul, 집정관으로서 뒤에 나옴)의 직위이다. 콘술의 주요 임무는 군사와 사법에 있었으므로, 내정의 마지스트레이트는 본문처럼 사법관료가 된다. 또, 이 말이 어원에 가까운 의미로 사용되는 경우는 위정자 또는 관리로 번역해 둔다.

여 그것을 억제한다. 그런 정념이 초래하는 부정에서 보호해 주는 사법관료가 없어도, 사람들은 매우 안전하게 사회 속에서 함께 살아갈 수 있다.

그런데 부자의 탐욕과 야심, 가난한 자의 노동에 대한 혐오와 현재의 안일과 욕망 충족에 대한 선망은, 재산의 침략을 부추기는 정념으로서, 앞의 정념보다 훨씬 착실하게 작용하며 훨씬 광범위하게 영향을 미친다. 큰 재산이 있는 곳이면 어디든 큰 불평등이 있다. 한 사람의 부자가 있으면 적어도 500명의 가난한 사람이 있게 마련이고, 소수자의 풍요는 다수자의 가난을 전제로 한다. 부자의 풍요는 가난한 자의 분노를 자극하여, 그들은 때때로 결핍에 시달리다가 질투가 이끄는 대로 부자의 소유물을 침해한다. 오랫동안의, 어쩌면 몇 세대에 걸친 노동을 통해 취득한 고액의 재산가가 단 하루라도 편안하게 잠들 수 있는 것은 사법관료의 보호가 있기 때문이다. 늘 미지의 적들에게 에워싸여 있는 그는 그 적들을 결코 도발하지 않았는데도 도무지 달랠 수가 없다. 그를 그런 부정에서 보호할 수 있는 것은, 그것을 응징하려고 끊임없이 휘두르고 있는 사법관료의 강력한 팔뿐이다. 따라서 거액의 광범한 재산을 취득하면, 반드시 국내 통치의 수립이 필요해진다. 재산이 없는 곳에서는, 또는 있다 해도 이틀이나 사흘의 노동가치를 넘지 않는 곳에서는 국내 통치가 그다지 필요하지 않다.

국내 통치는 일정한 복종을 전제로 한다. 그러나 국내 통치의 필요가 거액의 재산을 취득함에 따라 차츰 증대하는 것처럼, 자연히 복종을 가져오는 주요한 원인도 거액의 재산 증대에 따라 차츰 증대한다.

자연히 복종을 불러오는 원인 또는 사정, 즉 자연히 어떤 정치제도에도 앞서서, 몇 명의 사람들에게 대부분의 동포에 대해 어떤 우월성을 부여하는 원인 또는 사정은 네 가지가 있다고 생각한다.

그런 원인 또는 사정의 첫 번째는 개인적 자질, 즉 신체의 강함, 아름다움, 민활함과 정신의 지와 덕, 깊은 사려·정의·인내·억제의 우월이다. 육체의 자질은 정신 자질의 뒷받침이 없는 한, 사회의 어느 시기에도 거의 권위를 줄 수 없다. 단순한 강한 신체만으로, 두 사람의 약한 사람을 억지로 복종시킬 수 있는 사람이 매우 강한 사람이다. 정신의 자질은 그것만으로도 매우 큰 권위를 줄 수 있다. 그러나 그것은 눈에 보이지 않는 자질로, 언제나 논의의 여지가 있으며, 또 널리 논의되고 있다. 야만 사회이든 문명 사회이든, 뭔가 더욱 명백하게 감지할 수 있는 것에 의해서가 아니라, 그런 눈에 보이지 않는 자질에 의해 신분과 복종의 서열에 대한 규칙을 정하는 것이 편리하다고 생각한 적은 이제까지 한번도 없었다.

두 번째는 나이의 우월이다. 노인은 망령의 의심을 받을 만큼 고령이 아니라면, 어디서든 같은 신분과 재산과 능력을 가진 젊은이보다 존경받는다. 북아메리카의 여러 원주민 같은 수렵민족 사이에서는 나이가 신분과 서열의 유일한 근거이다. 그들 사이에서는 아버지는 윗사람에 대한 호칭이고, 형제는 동등한 자에 대한 호칭이며, 아들은 아랫사람에 대한 호칭이다. 가장 부유하고 문명화한 여러 국민들 사이에서는 나이가, 다른 모든 점에서 동등한 사람들, 따라서 또 그밖에 신분을 정할 것이 없는 사람들의 신분을 결정한다. 형제와 자매 사이에서는 가장 연장자가 항상 상위를 차지하고, 아버지의 재산을 상속할 때는 명예로운 칭호처럼 분할할 수 없고, 한 사람에게 속하지 않으면 안 되는 것은, 대부분 가장 연장자에게 주어진다. 나이는 논의의 여지가 없는 명백하고 자명한 자질이다.

세 번째는 재산의 우월이다. 이 부의 권위는 사회의 어느 시대에나 크지만, 재산의 어떤 불평등도 존재할 수 있었던 가장 미개한 시대의 사회에서 아마 가장 클 것이다. 타타르인의 수장의 가축이 천 명을 충분히 부양할 수 있을 정도로 증가한다면, 그는 그것을 천 명을 부양하는 데 외에는 도저히 쓸 수 없다. 그 사회의 미개한 상태는, 그의 원생산물 가운데 그가 소비하고 남는 것과 교환할 수 있는 어떤 종류의 제조품, 아무리 하찮고 쓸데없는 물건도 그에게 제공해 줄 수가 없다. 그가 이리하여 부양하는 천 명은, 자신들의 생계를 전면적으로 그에게 의존하고 있으므로, 전시에는 그의 명령에 따르고, 평시에는 그의 재판권에 복종하지 않으면 안 된다. 그는 필연적으로 그들의 장군도 되고 재판관도 되며, 그런 수장으로서의 그 지위는 그가 가진 우월한 재산의 필연적인 결과이다. 부유하고 문명화한 사회에서는 한 사람이 이보다 훨씬 큰 재산을 가지는 것도 가능하지만, 그렇다고 그가 단 열 사람이라도 지배할 수 있는 것은 아니다. 그의 영지에서 나는 생산물은 천 명이 넘는 사람들을 부양할 수 있고, 또 어쩌면 실제로 부양할지도 모르지만, 그런 사람들은 그한테서 얻는 모든 것에 대해 대가를 지불하고, 그도 등가물과 교환하지 않고는 누구에게도 여간해서 아무것도 주지 않으므로, 대부분의 사람들은 자신이 그에게 전면적으로 의존하고 있다고 생각하지 않으며, 그의 권위는 몇 사람의 하인에게밖에 미치지 않는다.

그러나 재산의 권위는 부유하고 문명화한 사회에서도 매우 큰 것이다. 그 권위가 나이의 권위 또는 개인적인 자질의 권위보다 훨씬 크다는 것이, 재산의 매우 큰 불평등이 가능한 모든 시대의 사회의 끊임없는 불만이었다. 사회의 제1기, 즉 수렵민 시대에는 그런 불평등의 여지가 없다. 보편적인 빈곤이 그들의*³⁴ 보편적 평등을 확립하여, 나이나 개인적 자질의 우월이, 취약하기는 하지만 권위와 종속의 유일한 기초이다. 따라서 이 시기의 사회에는 권위와 종속도 거의, 또는 전혀 존재하지 않는다. 사회의 제2기, 즉 유목민 시기에는 재산의 매우 큰 불평등의 여지가 있어서, 이 시대만큼 재산의 우월이 그 소유자에게 그만큼 큰 권위를 주는 시기는 없다. 따라서 권위와 종속이 이토록 완전하게 확립되는 시기도 달리 없다. 아라비아의 수장의 권위는 매우 컸고 타타르의 칸의 권위는 완전히 전제적이었다.

네 번째는 출신의 우월성이다. 출신의 우월성이란, 그것을 주장하는 사람의 집안이 옛날부터 재산가였다는 뜻이다. 어느 집안이든 다 마찬가지로 오래 전부터 있어 왔고, 또 왕후의 조상은 거지의 조상보다 유명하기는 하지만, 그렇다고 인원 수가 더 많은 것은 아니다. 어디서든 집안이 오래되었다는 것은, 부가 오래되었다거나, 아니면 보통 부에 근거하거나 그것에 따르는 높은 지위가 오래되었음을 의미한다. 벼락부자의 지위는 어디서든 오래된 지위만큼 존경받지는 못한다. 찬탈자에 대한 증오와 오랜 군주 가문에 대한 사랑은, 사람들이 자연히 전자에 대해서 느끼는 경멸과, 후자에 대해 느끼는 존경에 근거하는 바가 크다. 장교가 늘 명령을 받아왔던 상관의 권위에는 주저 없이 복종하지만, 자신의 부하가 자기보다 윗자리에 앉는 것은 견디지 못하는 것과 마찬가지로, 사람들은 자신과 조상이 항상 복종해 온 일족에게는 저항 없이 복종하지

---

*34 '그들의'는 제4판까지는 '그곳에서는'.

만, 그런 우월성을 결코 인정한 적이 없는 다른 일족이 자신들에게 대한 지배권을 장악하게 되면 격분하게 된다.

출신의 차이는 재산의 불평등으로 이어지므로, 수렵민족에서는 그런 일이 일어날 수 없다. 그들의 사회에서는 모든 사람은 재산이 평등하기 때문에, 출신이라는 점에서도 마찬가지로 거의 평등하다. 분명히 그들 사이에서도 현명하고 용감한 사람의 아들은, 동등한 장점을 가졌으면서도 불행하게도 어리석은 사람 또는 겁쟁이의 아들로 태어난 자보다, 더 많이 존경받을지도 모른다. 그러나 그 차이는 그렇게 크지는 않을 것이고, 내가 믿는 바로는 지와 덕의 계승만으로 명성을 얻은 유력한 집안은 이 세계 어디에도 없었다.

출신의 차이는 유목민족에게는 얼마든지 일어날 수 있을 뿐만 아니라, 늘 일어나고 있다. 그런 민족은 항상 어떤 종류의 사치와도 인연이 멀고, 큰 부가 무분별한 낭비에 의해 그들 사이에서 뿔뿔이 흩어져 버리는 일은 거의 있을 수 없다. 따라서 위대하고 저명한 조상 때부터 대대로 내려온 후손이라는 이유로 존경받는 집안이 이렇게 많은 민족도 달리 없을 것이다. 부가 똑같은 집안에서 그렇게 오래 존속하는 일이 흔한 민족은 없기 때문이다.

출신과 재산이 주로 어떤 사람을 다른 사람 위에 두는 두 가지 사정인 것은 명백하다. 그런 것은 사람과 사람을 차별하는 2대 원천이고, 따라서 사람들 사이에 자연스럽게 권위와 종속을 확립하는 주요한 원인이다. 유목민족에서는 양쪽의 원인이 모두 전면적으로 작용한다. 대규모로 소와 양을 키우는 목축인은 커다란 부 때문에, 또 생계를 그에게 의존하는 사람 수가 많기 때문에 존경을 받고, 출신의 고귀함 때문에, 또 저명한 집안의 기억조차 할 수 없을 만큼 오래된 역사 때문에 숭배받는 것이므로, 그의 집단이나 씨족 가운데 소규모로 양과 소를 키우는 사람들 모두에 대해 자연적인 권위를 가지고 있다. 그는 그들 가운데 누구보다도 다수의 사람들의 통합된 힘을 지배할 수 있다. 그의 군사력은 그들 가운데 누구의 군사력보다 크다. 전시에는 그들은 모두 자연히, 다른 누구의 깃발보다도 그의 깃발 아래 모이고 싶어하고, 그의 출신과 재산은 그렇게 하여 자연히 일종의 행정권을 그에게 가져다 준다. 또 그들 가운데 누구보다도 다수의 사람들의 통합된 힘을 장악함으로써, 그들 가운데 누군가가 타인에게 해를 끼친 경우에 그는 누구보다 강력하게 그 실수를 보상하도록 강제할 수 있다. 따라서 그는 힘이 없어 스스로 방위할 수 없는 모든 사람들이 자연히 보호를 요청하는 인물이 된다. 자신들이 받았다고 생각하는 침해에 대해 그들은 자연히 그에게 불평을 호소하게 되고, 그런 경우에 그가 중재하면, 불평의 대상이 되는 인물도 다른 누구의 중재보다 쉽게 승복한다. 그의 출신과 재산은 이리하여 자연히 일종의 사법적인 권위를 그에게 가져다 주는 것이다.

　재산의 불평등이 일어나기 시작하고, 전에는 존재하지 않았던 권위와 종속이 사람들 사이에 도입되는 것은 사회의 제2기인 유목민 시대부터이다. 그것은 그렇게 함으로써 그 자체를 유지하는 데 필요한 국내 통치를 어느 정도 도입한다. 그것은 이 일을, 자연히, 그 필요성에 대한 고려와는 아무 상관없이 하는 것 같다. 그 필요성에 대한 고려는 나중에는 의심할 여지없이, 방금 말한 권위와 종속을 유지하고 확보하는 데 크게 이바지하게 된다. 특히 부자는 사물의 질서를 유지하는 데 필연적으로 관심을 가진다. 그것만이 그들에게, 그들 자신의 유리한 입장의 유지를 보장해 줄 수 있기 때문이다. 재산이 적은 사람들이 단결하여, 재산이 많은 사람들의 재산 소유를 보호하는 것은, 자신들의 재산 소유를 재산이 많은 사람들이 단결하여 보호해 주기를 바라기 때문이다.
　소규모로 가축을 치는 사람들은 모두 자신들의 소와 양 떼들의 안전이 대규모 목축업자의 가축 떼의 안전에 의존하고, 자신들의 작은 권위의 유지는 그의 권위의 유지에 의존하며, 자신들보다 아랫사람들을 자신들에게 종속시키는 그의 힘의 유지는, 자신들의 그에 대한 종속에 의존하고 있다는 것을 느끼고 있다. 그들은 일종의 소(小)귀족층을 형성하여, 자신들의 소(小)주권자의 재산을 지키고 그 권위를 지지함으로써, 그가 자신들의 재산을 보호하고 권위를 지지할 수 있도록 하는 편이 이익이라는 것을 느끼고 있다. 국내 통치는 재산의 안전을 위해 설정되는 것인 한, 실제로는 가난한 자에 대해 부자를 지키기 위해, 또는 약간의 재산을 가진 사람들을 재산을 전혀 가지지 않은 사람들로부터 지키기 위해, 설정되어 있는 것이다.
　그러나 그런 주권자의 사법권은, 그에게 있어서 지출의 원인이기는커녕 오랫동안 수입원이었다. 그에게 재판을 의뢰하는 사람들은, 항상 그것에 대해 대가를 지불하고자 했기 때문에 청원에 선물이 뒤따르지 않는 경우는 결코 없었다. 주권자의 권위가 충분히 확립한 뒤에도, 유죄로 판명난 자는 당사자에게 지불해야 하는 배상 외에 주권자에 대해서도 마찬가지로 벌금을 내야 했다. 그는 자신의 주군인 국왕에게 폐를 끼치고, 국왕을 번거롭게 하여 그의 평안을 어지럽혔으므로, 그런 죄에 대해서는 벌금을 내는 것이 당연하다고 생각한 것이다. 아시아의 타타르인 정부와 로마제국을 무너뜨린 게르만과 스키타이 민족들이 세운 유럽의 여러 정부에 있어서는, 사법행정은 주권자에게도, 또 주권자 밑에 있는 특정한 종족 또는 씨족, 또는 어떤 특정한 영토와 지방에 대해 뭔가 특정한 사법권을 행사한 모든 하급 수장 또는 영주에게도 상당한 수입원이었다. 본디는 주권자나 하급 수장도 이 사법권을 직접 행사하는 것이 보통이었다. 나중에 가서 그들은 예외 없이, 그것을 어떤 대리인, 즉 집행관이나 재판관에게 위임하는 것이 편리하다는 것을 알게 되었다. 그러나 이 대리인은 여전히, 그가 대리하는 본인, 즉 대리권 수여자에 대해 사법권의 수익을 계산하여 납입하지 않으면 안 되었다. 누구든지, 헨리 2세 시대에 순회재판의 재판관에게 주어진 훈령*35을 읽어 보면, 그 재판관들은 국왕의 수입 일부를 징수할 목적으로 온 나라를 돌아다녔던 일종의 순회대리인이었다는 것을 분명히 알 수 있을 것이다. 당시에는 사법행정이 주권자에게 일정한 수입을 제공했으며, 그 수입을 얻는 것이 주권자가 사법행정에 의해 획득하려 한 중요한 이익의 하나였던 것 같다.

사법행정을 수입의 목적에 종속시키는 이 계획은 몇 가지의 커다란 폐해를 낳지 않을 수 없었다. 큰 선물을 가지고 와서 재판을 요청하는 사람은, 정의보다 약간 많은 것을 손에 넣는 경향이 있었고, 그런 한편 약간의 선물을 가지고 재판을 요청하는 사람은 그보다 약간 적은 것밖에 손에 넣을 수 없는 경향이 있었다. 따라서 이 선물을 되풀이해서 받기 위해 재판이 지연되는 일도 때때로 있었다. 더욱이 고소당한 사람에게 부과된 벌금은, 그가 실제로는 잘못한 것이 없어도 그가 잘못한 것으로 만드는 매우 강력한 이유라고 흔히 추정되기 쉬웠다. 그런 폐해가 드문 곳이 없다는 것은 유럽 각국의 오랜 역사가 입증하고 있다.

---

*35 그것은 티렐의 《잉글랜드사(史)》에 나온다. James Tyrrell, *General history of England, both ecclesiastical and civil*, London, 1700, vol. 2, pp. 402 and 457~459. (ASL 1701) 다만, 헨리 2세 (1133~1189)라고 한 것은, 그의 셋째아들인 리처드 1세(1157~1199)의 잘못. 티렐(1642~1718)은 옥스퍼드 출신의 법률가로, 로크의 친구.

주권자 또는 수장이 직접 사법상의 권위를 행사하는 경우에는, 그가 아무리 그것을 남용하더라도 그것에 대해 구제를 받는 일은 거의 불가능했을 것이다. 왜냐하면, 그의 책임을 물을 만한 힘을 가진 자가 거의 없기 때문이다. 그가 지방관에게 그것을 대행하게 한 경우에는, 분명히 구제받을 수 있는 경우도 있었을지 모른다. 만일 지방관이 뭔가 자기만의 이익을 위해 부정행위를 했다면, 주권자 자신이 행정관을 처벌하거나 부정을 보상하게 하는 것을 반드시 싫어하지는 않을지도 모른다. 그러나 만일 지방관이 자기의 주권자의 이익을 위해 억압 행위를 했다면, 즉 자기를 임명한 사람, 자기를 승진시켜 줄 수 있는 사람의 이익을 위한 것이었다면, 그 잘못에 대한 보상은 대부분, 주권자가 직접 그 행위를 범한 것과 마찬가지로 불가능할 것이다. 따라서 모든 야만적인 정부, 특히 로마제국의 폐허에 수립된 모든 유럽의 오랜 정부에서는 사법행정은 오랫동안 극도로 부패해 있었고, 가장 선량한 군주 시대에도 도저히 평등하고 공평했다고는 할 수 없으며, 최악의 군주 아래에서는 더 말할 것도 없었다.

유목민족에서는, 그 주권자 또는 수장이 그 집단이나 씨족 가운데 가장 큰 목축인에 지나지 않는다면, 그 또한 그의 백성이나 하인들처럼 자신의 소와 양의 증식을 통해 생활을 유지한다. 유목 상태에서 이제 막 벗어났을 뿐, 그 상태에서 그다지 진보하지 않은 농경민족, 이를테면 트로이 전쟁 무렵의 그리스의 여러 종족이나, 서로마제국의 폐허에 처음으로 정주한 무렵의 게르만과 스키타이의 조상들과 같은 농경민족에서도, 주권자 또는 수장은 마찬가지로 그 나라에서 가장 큰 지주에 지나지 않았으며, 다른 지주와 같은 방법으로 자신의 개인 영지, 즉 근대 유럽에서 왕실 직할지라고 불렸던 것에서 올리는 수입으로 부양되었다. 그의 백성들은 일반적인의 경우에는 그를 부양하기 위해 아무것도 갹출하지 않는다.

그러나 그들이 동포시민 가운데 누군가한테서 받는 억압에 대해 보호받기 위해 그의 권위를 필요로 하는 경우만은 예외이다. 그런 경우에 그들이 그에게 보내는 선물이, 뭔가 심각한 긴급사태인 경우에는 별도로 치더라도, 경상수입의 전부, 즉 그가 국민에 대한 지배권에서 이끌어 내는 이득의 전부이다. 호메로스 속에서 아가멤논이 아킬레우스의 우정에 감사하여 그리스 7도시의 주권을 선물할 때, 거기서 얻을 수 있는 유일한 이익으로서 그가 든 것은 민중이 선물로 그를 받들리라는 것이었다.*36 이와 같이 그런 선물과 재판의 이득, 즉 법정수수료라고도 할 수 있는 것이 주권자가 자신의 주권에서 얻을 수 있는 경상수입의 전부였던 한, 그가 그것을 완전히 포기하는 것은 도저히 기대할 수 없는 일이었고, 그것을 정식으로 제안하는 것조차 불가능한 일이었다. 그가 그런 것을 규제하고 확정해야 한다면 제안해도 되고, 또 때때로 제안되기도 했다. 그러나 일단 규제되고 확정된 뒤에, 전권을 가진 사람이 그런 규제 이상으로 그런 것을 늘리는 것을 저지하는 것은 불가능하지는 않더라도, 또한 매우 어려운 일이었다. 따라서 그런 상태가 계속되는 동안은, 그런 선물의 자의적이고 불확정한 성질에서 자연히 생기는 재판의 부패에는 효과적인 대책을 세울 여지가 거의 없었다.

그러나 여러 가지 원인에서, 주로 국민을 다른 국민의 침략으로부터 방위하는 경비의 끊임없는 증대로, 주권자의 개인 영지만으로는 주권의 비용을 충당하는 데 턱없이 부족해져서, 국민이 자신들의 안전을 위해 다양한 종류의 세금으로 그 비용을 부담할 필요가 생기자, 주권자 또는 그 지방관과 대리인인 재판관은, 사법행정에 대한 선물을 어떤 구실에 의해서도 받아서는 안 된다는 것이 매우 일반적으로 요구된 것 같다. 그런 선물은 효과적으로 규제하고 확정하는 것보다는 전면적으로 폐지하는 것이 더 쉽다고 생각한 것 같다. 재판관에게는 일정액의 봉급이 정해지고, 그것은 재판의 오래 전부터 있어 왔던 수익 가운데 그들의 몫이 얼마가 되든지 그 손실을 보상하는 것으로 상정되었다. 조세는 주권자에게 있어서 그의 손실을 보상하고 남았기 때문이다. 당시에는 재판은 무료로 시행되어야 하는 것으로 되어 있었다.

그러나 재판은 실제로는 어느 나라에서도 무료로 이루어지지 않았다. 적어도 법률가와 변호사*37는 언제나 소송 당사자에 의해 대가가 지불되어야 하고,

---

*36 호메로스 《일리아드》.

*37 원문에는 lawyers and attorneys로 되어 있다. 두 낱말의 단수형인 lawyer 와 attorney 모두 '변호사'라는 뜻을 지니고 있고, '법률을 공부한 사람들'이라는 점에서는 같지만 바탕이 되는 개념에 차이가 있다는 점에서 스미스가 굳이 '법률가와 변호사'로 구별한 까닭을 짐작해볼 수 있다. Lawyer라는 단어를 풀어보면 '법(法)'을 뜻하는 law와 '~하는 사람'을 뜻하는 접미사 -yer로 이루어져 있어서 '법률을 공부한 사람(→법률가)'이라는 개념이, attorney에는 '법적으로 다른 사람을 대리하거나 대신할 수 있도록 허락된 사람(→대리인)'이라는 개념이 바탕에 깔려 있다. 일반적으로 변호사는 의뢰인(원고나 피고)을 대리하는 위치에 있기 때

만일 그것이 지불되지 않는다면 그들은 의무를 현재보다 더 조금밖에 이행하지 않을 것이다. 법률가와 변호사에게 해마다 지불되는 수수료는 어떤 법정에서도 재판관의 봉급보다 훨씬 많다. 재판관의 봉급이 국왕에 의해 지불되는 상황에서도, 소송에 필요한 경비는 어디서고 그다지 줄일 수 있는 것이 아니다. 그러나 재판관이 소송 당사자한테서 선물이나 수수료를 받는 것을 금지한 것은 비용을 줄이기 위해서가 아니라 재판의 부패를 방지하기 위한 것이었다.

재판관이라는 직무는 그 자체가 매우 명예로운 것이므로 매우 적은 수익밖에 얻지 못하더라도 사람들은 기꺼이 그것을 받아들인다. 치안판사라는 하급 직무는 많은 수고가 뒤따르고, 대부분의 경우 수익은 전혀 따르지 않지만, 우리의 시골 인사들에게는 야심의 대상이다. 상급과 하급을 합친 다양한 재판관의 모든 봉급에, 사법행정과 집행의 모든 경비를 합친다 해도, 철저한 절약하에서 운영되고 있지 않은 곳에서조차, 모든 문명국의 전체 통치비의 매우 적은 부분밖에 차지하지 않는다.

재판의 전체 비용 또한 법정수수료로 쉽게 충당할 수 있을 것이고, 사법행정을 실제로 부패에 빠뜨릴 우려도 없이, 공공수입은 이렇게 하여, 아마 조금이기는 하겠지만 일정한 부담을 전면전으로 면할 수 있게 될 것이다. 주권자처럼 유력한 인물이 법정수수료에 관여하여 수입의 상당한 부분을 거기서 얻고 있는 곳에서는, 법정수수료를 효과적으로 규제하기가 어렵다. 재판관이 법정수수료에서 이익을 올릴 수 있는 중요한 인물인 곳에서는, 그것은 매우 쉬운 일이다. 법률로 주권자에게 규제를 존중하게 만드는 것은 반드시 가능한 일은 아니지만, 재판관에게 그것을 존중하게 만드는 것은 매우 쉬운 일이다. 법정수수료가 명확하게 규제되고 확정되어 있으며, 각 소송의 일정한 시기에 회계관 또는 출납관의 수중에 즉시 불입되어, 그것이 정해진 비율로 소송이 결정된 뒤에 각 재판관에게 분배되고, 결정되기 전에는 분배되지 않는 곳에서는, 그런 수수료가 완전히 금지되어 있는 곳과 마찬가지로 부패의 위험이 적은 것으로 생각된다.

그런 수수료는 소송 비용을 지나치게 증가시키는 일 없이, 사법의 모든 경비를 충분히 충당하게 할 수 있을 것이다. 소송이 결정되기 전에는 재판관에

문에, 변호사는 모두 법률가이기는 하지만 법률가가 모두 변호사는 아니기 때문에 굳이 '법률가와 변호사'로 구별한 것은 아닐까 생각한다.

게 지불되지 않으므로, 수수료는 심리하고 판결하는 데 있어서 법정의 성실한 근무를 어느 정도 장려할 것이다. 상당한 수의 재판관으로 구성된 법정에서는, 각 재판관의 몫을 법정 또는 법정의 명령에 의한 위원회에서, 소송심리에 소비한 시간과 일수에 비례시킴으로써, 그런 수수료가 각 재판관의 성실한 근무에 대한 약간의 자극이 될 수 있을 것이다. 공무는, 보수가 그 수행의 결과에 대해서만, 또 그 수행에 있어서 성실하게 근무한 정도에 따라서만 지불되는 경우에, 가장 잘 수행될 수 있다.

프랑스의 다양한 고등법원에서는 법정수수료(향료와 보수*³⁸라고 불린다)가 재판관의 보수의 대부분을 차지하고 있다. 지위와 권위에 있어서 그 왕국의 두 번째 고등법원인 툴루즈*³⁹ 고등법원에서는, 참사관 또는 재판관에게 국왕으로부터 지불되는 순수한 봉급은, 모든 공제를 제외하면 연간 불과 150리브르, 영국 정화로 약 6파운드 11실링밖에 되지 않는다. 약 7년 전에 그 액수는 같은 곳에서 보병 병사 한 명의 일반적인 연간 임금이었다. 그런 법정수수료의 분배 또한 재판관의 성실한 정도에 따라 이루어진다. 부지런하고 성실한 재판관은 그 직무에 의해 많은 금액은 아니라도 만족한 수입을 얻을 수 있다. 게으른 재판관은 봉급 이외의 수입은 거의 없다. 그런 고등법원은 아마 많은 점에서 그리 편리한 법정은 아니겠지만, 한 번도 비난 받은 적이 없고, 부패를 의심받은 적도 결코 없는 것으로 생각된다.

법정수수료는 본디는 잉글랜드의 다양한 재판소의 중요한 재원이었던 것 같다. 모든 법정이 될 수 있으면 많은 일을 자기 쪽에 끌어오려고 노력했고, 그로 인해 본디는 그 법정의 관할하에 들어가지 않는 많은 소송을 자진하여 심리했다. 형사사건의 재판만을 위해 설치된 왕좌재판소(王座裁判所)가 민사소송도 심리했는데, 그것은 원고가, 피고는 자신에게 정의를 행하지 않음으로써 일종의 권리침해죄 또는 경범죄*⁴⁰를 범했다고 주장하고 있기 때문이라고 했다.

---

*38 향료와 보수(épices et vacations, 스미스는 Epicés and vacations라고 썼다) 가운데 전자는 재판관에게 향료 등을 선물한 중세의 관습에서 17세기가 되어 재판관에 대한 선물을 의미하게 된 것이고, 후자는 재판관 등의 근무시간이라는 의미에서 보수라는 뜻이 되었다.

*39 툴루즈(Toulouse)는 프랑스 가장 남쪽의 도시로, 스미스는 버클루 후작의 개인교사로서 이곳에 동행하여 1764년 3월부터 1765년 8월까지 머물렀다. '약 7년 전'이라는 것은 그 무렵을 가리키는 것으로 추정된다. 따라서 이 부분을 집필한 것은 1771년이나 1772년인 셈이 된다.

*40 권리침해죄 또는 경범죄(trespass or misdemeanor) 가운데, 전자는 타인의 토지, 가옥에 대한

국왕의 수입을 징수하고, 국왕에게 지불되어야 하는 채무의 지불만을 강제하기 위해 설치된 재무재판소는, 다른 모든 계약채무의 심리도 담당했다. 원고가, 피고가 자신에게 지불하지 않기 때문에 자신도 국왕에게 지불할 수 없다고 주장하고 있다는 것이 그 이유였다. 그런 의제(擬制)의 결과, 대부분의 경우 어느 법정에서 자신들의 소송을 재판받을지는 완전히 당사자에게 달리게 되었고, 각 법정은 다른 법정보다 신속하고도 공정하게 재판함으로써 되도록 많은 소송을 자기 쪽에 끌어오려고 노력했다.

잉글랜드 재판소에 지금과 같은 칭찬할 만한 제도가 형성된 것은, 아마 본디는 각 재판소의 각각의 재판관들 사이에서 옛날에 있었던 이런 경쟁에 의한 바가 크며, 그것은 각 재판관이 자기 자신의 법정에서, 모든 종류의 부정에 대해 법이 허용하는 한 가장 신속하고 효과적으로 해결하려고 노력한 덕분이다. 본디 보통재판소는 계약 위반에 대해서만 손해배상을 명령하고 있었다. 대법관재판소는 양심의 법정으로서, 처음에는 합의계약의 엄정한 이행을 강제하는 업무를 맡고 있었다. 계약 위반이 금전의 미불(未拂)일 때는, 피해는 지불명령에 의해서만 배상될 수 있고, 그것은 합의계약의 엄정한 이행과 같다. 따라서 그런 경우에는 보통재판소의 구제책으로 충분했다. 그러나 그 밖의 경우에는 그렇지 않았다. 차지인(借地人 : 남의 땅을 빌려 쓰는 사람)이 지주를, 그 차지에서 부당하게 쫓겨난 일로 고소한 경우에는, 그가 받는 손해배상은 토지점유와는 완전히 별도의 것이었다. 따라서 그런 소송사건은 한동안 모두 대법관재판소로 넘어가, 보통재판소의 손실이 결코 적지 않았다. 보통재판소가 인위적이고 의제적인 차지점유 회복영장이라고 하는, 토지로부터의 부당한 추방 또는 점유 박탈에 대한 가장 효과적인 구제책을 고안한 것은, 그런 소송사건이 자기들에게 되돌아오도록 하기 위한 것이었다고 한다.

각 개별 법정의 법절차에 대해 해당 법정에 의해 징수되어, 소속 재판관과 그 밖의 관리를 유지하는 데 충당되는 인지세는, 마찬가지로 사회의 일반적 수입에는 부담을 주지 않고, 사법행정비를 충분히 충당할 수 있는 수입을 제공할 것이다. 분명히 이 경우, 재판관은 그런 인지세의 수입을 될 수 있는 대로 증가시키기 위해 모든 소송사건의 절차를 불필요하게 늘리려는 유혹을 느낄

침입에서 권리의 침해로 확대된 관념이고, 후자는 중죄(살인이나 방화 등)와 구별되는 범죄를 가리키지만, 여기서는 민사소송에 형사소송의 형식을 주기 위한 구실로 쓰여지고 있다.

지도 모른다. 변호사와 재판소 서기의 보수를, 대부분의 경우 그들이 써야 하는 페이지 수에 따라 규제하는 것이 근대 유럽의 관습이었는데, 재판소는 1페이지에는 몇 줄, 한 줄에는 몇 단어가 아니면 안 된다고 요구했다. 변호사와 서기는 보수를 늘리기 위해, 전혀 필요가 없는데도 단어 수를 늘릴 궁리를 하여, 내가 믿는 바로는 유럽의 모든 재판소의 법률 용어를 부패시켜 버렸다. 이와 같은 유혹이 아마 법절차의 형식에도 똑같은 부패를 불러왔을 것이다.

그러나 사법행정이 그 자체의 경비를 충당하도록 연구되어 있든, 아니면 재판관이 뭔가 다른 원자(原資)에서 지불되는 고정급으로 유지되고 있든, 행정권을 맡은 사람 또는 사람들이, 그 원자의 관리 또는 봉급 지불에 책임을 질 필요는 없는 것으로 생각된다. 그 원자는 그 토지재산의 지대(地代)에서 나오고, 그 토지재산의 관리는 그것에 의해 유지되도록 되어 있는 각각의 재판소에 맡겨지는 것인지도 모른다. 그 원자는 일정액의 화폐의 이자에서 나오고, 그 화폐의 대부(貸付)는 마찬가지로 그것에 의해 유지되어야 하는 재판소에 맡겨지는 것인지도 모른다. 스코틀랜드 고등민사재판소 재판관의 봉급 일부는, 확실히 매우 적은 부분이기는 하지만 일정액의 화폐이자에서 나온다. 그러나 그런 원자는 아무래도 불안정하므로, 영속해야 하는 제도의 유지를 위한 원자로서는 부적당하다고 생각된다.

사법권이 행정권에서 분리된 것은, 본디는 사회의 진보로 인한 사회 업무 증가 때문으로 생각된다. 사법행정은 매우 힘들고 복잡한 의무가 되어, 그것을 맡은 사람들의 집중된 주의력이 필요하게 되었다. 행정권을 맡은 사람은 개인적인 소송의 재결에 직접 관여할 시간적 여유가 없기 때문에, 그를 대신하여 재결할 대리인이 임명되었다. 로마가 번성하는 과정에서, 집정관*41은 국가의 정치 문제만으로도 너무 바빠서 사법행정에 관여할 수가 없게 되었다. 그래서 그를 대신하여 그것을 담당할 정무관*42이 임명되었다. 로마제국의 폐허에 건설된 유럽의 여러 군주국이 발전함에 따라, 주권자와 대영주는 예외 없이, 사

---

*41 집정관(consul)은 고대 로마 공화국의 최고관직으로, 정원 2명, 기원전 509년 무렵부터 제정 시대인 서기 541년 무렵까지 존속했다.

*42 정무관이라고 번역한 프라에토르(praetor)는, 정원 6명(기원전 162) 가운데 로마에 남은 2명은 사법을 담당하고, 4명은 속주장관으로서 그곳에서 전권을 행사했기 때문에, 여기서의 번역은 앞의 2명에 대한 편의적인 것이다.

법행정은 자신들이 직접 처리하기에는 너무 힘들고 너무 비천한 일이라고 생각하게 되었다. 그래서 그들은 너도나도 대리인, 즉 집행관 또는 재판관을 임명함으로써 자신들을 그 일에서 해방시킨 것이다.

사법권이 행정권과 결부되어 있을 때는, 재판이, 사람들이 흔히 말하는 정치의 희생이 되는 것은 거의 피할 수 없는 일이다. 국가의 커다란 이해관계를 맡고 있는 사람들은, 부패한 목적이 전혀 없어도, 개인의 권리를 국가의 이해관계에 희생될 필요가 있다고 생각할 수 있을 것이다. 그러나 각 개인의 자유, 즉 그가 자신의 안전보장에 대해 가지는 감각은 공평한 사법행정에 의존한다. 모든 개인에게, 자신에게 소속하는 모든 권리의 소유에 대해 완전히 안전하다고 느끼게 하기 위해서는, 사법권을 행정권에서 분리하는 것은 물론이고 될 수 있는 대로 행정권에서 독립시킬 필요가 있다. 재판관이 행정권의 독선에 의해 그 직무에서 배제되는 일이 있어서는 안 된다. 재판관의 봉급의 규칙적인 지불이, 행정권의 호의에 의존하는 일이 있어서는 안 되며, 절약에 의존해서도 안 된다.

제3절 공공사업과 공공시설의 경비에 대하여

주권자 또는 공공사회의 세 번째이자 마지막 의무는, 다음과 같은 공공시설과 공공사업을 설립하고 유지하는 일이다. 그 시설과 사업은 커다란 사회에서는 가장 이로울 수는 있지만, 그 이윤이 어느 한 개인 또는 소수의 개인에 있어서도 비용을 회수하는 일은 있을 수 없으며, 따라서 한 개인 또는 소수의 개인이 설립하고 유지한다는 것은 기대할 수 없는 성질의 것이다. 이 의무의 수행 또한, 사회의 시기가 다르면, 매우 다른 정도의 경비를 필요로 한다.

사회의 방위를 위해 필요한 공공시설 및 공공사업과, 사법행정을 위해 필요한 공공시설 및 공공사업, 이 두 가지에 대해서는 이미 설명했지만, 그런 것들에 이어지는 이런 종류의 다른 사업과 시설은, 주로 사회의 상업을 조장하기 위한 것과 국민의 교화를 촉진하기 위한 것이다. 교육을 위한 시설에는 두 종류가 있으며, 청소년의 교육을 위한 것과 모든 나이의 사람들의 교화를 위한 시설이다. 그 다양한 종류의 공공사업과 공공시설의 경비에 대한 가장 적절한 사용법을 고찰하기 위해, 이 장의 제3절은 3항으로 구성된다.

제1항 사회의 상업을 조장하기 위한 공공사업과 공공시설에 대하여
① 일반상업의 조장에 필요한 공공사업과 공공시설*43

좋은 도로·다리·운하·항구 등과 같이, 한 나라의 상업을 조장하는 공공사업을 설립하고 유지하려면, 사회의 시기가 다르면 매우 다른 정도의 비용을 필요로 하는 것이 틀림없다는 것은, 증거를 들 것도 없이 명백한 사실이다. 어느 나라에서든 그 공도(公道)를 조성하고 유지하는 비용은, 그 나라의 토지와 노동의 연간 생산물과 함께, 즉 그런 도로를 왕래할 필요가 있는 재화의 양과 무게와 함께 증가한다는 것은 틀림없는 사실이다. 다리의 강도는 그 다리를 통과할 것으로 추정되는 마차의 수와 무게에 적합한 것이 아니면 안 된다. 항행용 운하의 수심과 수량은 그 운하로 재화를 운반할 것으로 추정되는 거룻배의 수와 톤수에, 항구의 넓이는 그 항구에 정박할 것으로 추정되는 선박의 수에 적절한 것이 아니면 안 된다.

그런 공공사업의 경비를, 일반적으로 말하는 공공수입, 즉 그 징수와 운용이 대부분의 나라에서 행정권에 맡겨져 있는 수입으로 충당해야 할 필요가 있다고는 생각되지 않는다. 그런 공공사업의 대부분은, 그 사회의 일반수입에는 조금도 부담을 주지 않고 그 자체의 비용을 충당하는 데 충분한 개별 수입을 올릴 수 있도록 운영하는 데 어려움이 없을 것이다.

이를테면 공도·다리·항행용 운하는 대부분의 경우, 그런 것을 이용하는 수송 수단에 부과되는 소액의 통행세로 건설하고 유지할 수 있을 것이고, 항구라면 거기서 화물을 내리는 선박의 톤수에 대한 적절한 입항세로 건설하고 유지할 수 있을 것이다. 상업을 조장하는 또 하나의 제도인 화폐의 주조는, 대부분의 나라에서 그 자체의 비용을 충당할 뿐만 아니라, 주권자에 대해 소액의 수입 즉 조폐료를 제공한다. 같은 목적을 위한 또 하나의 제도인 우편사업*44은 그 자체의 비용을 감당하는 것은 물론이고, 거의 모든 나라에서 주권자에게 매우 큰 수입을 제공하고 있다.

공도 또는 다리를 통과하는 마차와 항행용 운하를 통과하는 거룻배가 무게 또는 톤수에 따라 통행세를 내는 경우에는, 그것은 공공사업에 주는 손모(損

---

*43 '그리고……대하여'는 제1항의 부제(副題)로서 제3판부터 붙여졌다.
*44 영국에서 사신(私信)까지 운반하는 우편제도가 성립된 것은 17세기(특히 1660년 이후)로, 연간 우편수입은 1726년 17만 8065파운드에서 1766년에는 26만 5427파운드로 증가했다.

耗)에 정확하게 비례하여, 그 유지를 위해 지불된다. 이런 사업을 유지하는 데 그 이상 공정한 밥법을 고안하는 것은 거의 불가능한 것으로 생각된다. 이 세금, 즉 통행세도 운송업자가 선불하기는 하지만, 최종적으로는 소비자가 지불하는 것으로, 그것은 그에게 언제나 재화의 값 속에 부과될 것이 틀림없다. 그러나 운송비는 그런 공공사업에 의해 크게 인상되므로, 재화는 통행세에도 불구하고 그렇지 않은 경우보다 싸게 소비자에게 돌아간다. 재화의 값은 운송비가 싸졌기 때문에 내려가는 것만큼 통행세에 의해 상승하지는 않기 때문이다. 따라서 이 세금을 최종적으로 지불하는 사람은, 그 세금의 지불에 의해 잃는 것 이상으로 그 세금의 운용에 의해 이득을 보는 것이다. 그의 지불은 정확하게 그 이득에 비례한다. 그것은 실제로는 그 이득의 일부에 지나지 않으며, 이득의 나머지를 손에 넣기 위해 그 일부를 포기해야 하는 것일 뿐이다. 세금의 징수 방법으로서 이보다 더 공정한 것은 있을 수 없는 것으로 생각된다.

사륜마차·역마차 같은 사치스러운 마차에 대한 통행세를, 이륜짐마차·사륜짐마차 등과 같은 필요한 용도의 마차에 대한 것보다 무게에 대한 비율을 조금 높인다면, 그 나라의 모든 지방에 대한 무거운 재화의 수송을 싸게 함으로써, 부자의 게으름과 허영이 매우 간편한 방법으로 빈자의 구제에 이바지하게 되는 것이다.

공도·다리·운하 등이 그것을 사용하여 영위되는 상업에 의해 이렇게 조성되고 유지되는 경우에는, 그것은 상업이 필요로 하는 곳에만, 따라서 그것을 조성하는 것이 적절한 곳에만 조성된다. 그 비용, 즉 그 장대하고 화려함은 그 상업이 지불할 수 있는 정도에 적합한 것이 되지 않으면 안 된다. 따라서 그것은 거기에 적당하도록 설치되어질 수밖에 없다. 장대한 공도를, 상업이 거의 또는 전혀 이루어지지 않는 벽지를 통과하도록 건설할 수는 없고, 또는 우연히 그 속주의 지사*45 시골 별장이나, 그 지사가 환심을 사 두는 것이 편리하다고 생각하는 어떤 대귀족의 별장으로 통한다는 이유만으로 건설하는 것은 불가능하다. 커다란 다리를 아무도 건너지 않는 곳에 설치하거나, 단순히 부근의 궁전 창문에서 바라보는 전망을 좋게 하기 위해 설치할 수도 없다. 이런 일은, 이런 종류의 사업이 사업 자체가 제공하는 것과는 다른 수입으로 영위되

---

*45 속주의 지사(the intendant of the province)라는 것은 프랑스와 에스파냐 등을 가리키며, 영국과는 관계가 없다.

는 나라들에서 이따금 일어난다.

유럽의 몇몇 지방에서는 운하의 통행세 또는 수문세(水門稅)는 개인의 사유 재산으로, 그들은 개인적인 이해관계 때문에 운하를 유지하지 않을 수 없다. 운하를 어느 정도 정비해 두지 않으면 항행은 필연적으로 완전히 사라지게 되고, 그것과 아울러 통행세에 의해 손에 넣을 수 있는 모든 이윤도 사라진다. 만일 그런 통행세를 그것과 아무런 이해관계도 없는 정부위원의 관리하에 둔다면, 통행세를 낳는 사업의 유지에 대한 그들의 관심은 줄어들 것이다. 랑그도크 운하*⁴⁶는 프랑스 국왕과 그 속주가 1300만 리브르 이상 투자한 것으로, 이 금액은(전세기 말의 프랑스 화폐가치에 따라 은 1마르크를 28리브르로 친다면), 영국 정화 90만 파운드 이상에 해당한다. 그 대공사가 완료되었을 때, 그것을 끊임없이 보수할 수 있는 가장 좋은 방법은, 그 공사를 계획하고 감독한 리케 기사*⁴⁷에게 통행세를 증여하는 것임을 알았다. 현재 그 통행세는, 그 신사 일족의 다양한 가계의 사람들에게 매우 큰 자산이 되어 있으며, 그로 인해 그들은 이 사업을 끊임없이 보수하는 데 큰 관심을 가지고 있다. 그러나 만일 이 통행세를 그런 이해관계가 없는 정부위원의 관리하에 둔다면, 통행세는 아마 장식적이고 불필요한 지출에 쓰이고, 사업의 가장 기본적인 부분은 황폐한 채 방치될 것이다.

공도를 유지하기 위한 통행세를 개인의 재산으로 하는 것은 결코 안전하지 않다. 공도는 운하와 달리 완전히 내버려두어도 통행이 불가능하지는 않다. 따라서 공도 통행세의 소유권자는 도로 보수를 완전히 방치하고도 전과 거의 같은 통행세를 계속 징수할 수 있다. 따라서 그런 사업을 유지하기 위한 통행세는 정부위원이나 관재인(管財人 : 남의 재산을 관리하는 사람)의 관할하에 두는 것이 적절하다.

그레이트브리튼에서는 그런 통행세의 관리에 대해 관재인이 저지른 부당행위는, 대부분의 경우 매우 정당하게 불만의 대상이 되어 왔다. 대부분의 유료도

---

*46 랑그도크의 운하(The canal of Languedoc)는 툴루즈를 거쳐 지중해와 대서양을 잇는 것으로, 프랑수아 1세(재위 1515~1547)와 레오나르도 다 빈치의 계획에 의해 시작되어, 1662~1692년에 본격적인 공사가 시행되었다(다음 주 참조). 볼테르에 의해 루이 14세의 '가장 명예로운 사업'이 되었다(《루이 14세의 세기》).

*47 리케(Pierre Paul Riquet, 1604~1680)는 운하 기사. 1662년에 운하 완성의 계획을 세우고 콜베르와 루이 14세의 지원을 받아 사재까지 쏟아 부으며 실행했지만, 1681년의 1차 완성을 보지도 못하고 사망했다. 그의 뒤를 이어 완성한 것은 아들 장 마티아스 리케이다.

로에서는 때때로 매우 허술한 방법으로밖에 공사가 시행되거나, 때로는 전혀 공사가 시행되지 않는데도, 가장 완전한 방법으로 공사를 시행하는 데 필요한 금액의 두 배가 넘는 화폐가 징수되었다고 한다. 여기서 유의해야 할 것은, 이런 종류의 통행세로 공도를 보수하는 제도가 시행된 것은 그리 오래되지 않았다는 점이다. 따라서 이 제도가 가능할*48것으로 생각되는 완성도에 아직 이르지 않았다 해도, 그리 이상하게 여길 필요는 없다. 만일 비열하고 부적격한 인물이 때때로 관재인에 임명된다 해도, 또 만일 그들의 행위를 통제하고, 그들에 의해 이루어져야 하는 사업의 수행에 최저한으로 필요한 금액까지 통행세를 인하하는, 감독과 회계의 적절한 관청이 아직 설립되지 않았다 해도, 제도가 생긴 지 아직 얼마 안 되었다는 것이 그런 결함에 대한 설명과 변명이 될 수 있다. 그 결함의 대부분은 의회의 지혜에 의해 머지않아 차츰 시정될 것이다.

그레이트브리튼의 다양한 유료도로에서 징수되는 화폐는, 도로 보수에 필요한 금액을 훨씬 넘어섰다고 생각되며, 그러므로 적절한 절약을 통해 올릴 수 있는 잉여금은, 때때로 국가의 긴급한 용무에 충당되는 매우 큰 재원이 될 거라고 생각한 재상들도 있었을 정도이다. 정부는 유료도로의 관리를 수중에 장악하고, 아주 약간의 추가 급여로 일해 줄 병사들을 활용함으로써, 전체 생활비를 임금에서 얻는 노동자밖에 사용할 수 없는 관재인보다 훨씬 적은 경비로 도로를 유지할 수 있을 거라고 일컬어져 왔다. 이렇게 하여 국민에게 새로운 부담을 주지 않고도, 아마 50만 파운드*49나 되는 많은 수입을 얻을 수 있을 것이고, 유료도로는 현재의 우체국과 마찬가지로 국가의 일반경비에 이바지하게 될 거라고 주장되어 왔다.

이런 방법으로, 아마 이 계획의 입안자들이 상정한 정도까지는 아니라 하더라도, 상당한 수입을 올릴 수 있을 것임을 나는 믿어 의심하지 않는다. 그러나 이 계획 자체는 몇 가지의 매우 중요한 반대를 받을 것으로 생각된다.

---

*48 '가능할'은 초판에서는 '가능해야 할'.

*49 이 책의 최초의 두 판(版)을 출판한 뒤, 나는 그레이트브리튼에서 징수되는 모든 통행세는 50만 파운드에 이르는 순수입을 올리지 않을 거라고 믿을 만한 확실한 이유를 입수했다. 그 금액은, 정부의 관리하에서 이 왕국의 중요한 도로 다섯 개를 보수하는 데 부족할 것이다. (이 스미스에 의한 주는 제3판의 추가)

첫째로, 유료도로에서 징수되는 통행세가, 국가의 긴급한 용도에 충당되는 재원의 하나로 여겨지는 일이 일어나기라도 한다면, 그런 긴급사태가 일어날 때마다 그것은 틀림없이 증액될 것이다. 따라서 그레이트브리튼의 정책에 의하면, 그것은 매우 급속하게 증액될 것이 분명하다. 거기서 손쉽게 큰 수입을 얻을 수 있다는 점이, 행정으로 하여금 매우 자주 이 재원에 손을 대고자 하는 마음이 들게 할 것이다. 아무리 변통한다 해도 현재의 통행세에서 50만 파운드를 절약할 수 있을지 어떨지는 아마 의심할 바가 없겠지만, 통행세를 두 배로 하면 100만 파운드를, 세 배로 하면 아마 200만 파운드를 절약할 수 있을 거라는 점은 거의 의심할 수 없을 것이다.*50 게다가 이 큰 수입은 또 그것을 모아서 수납하기 위해 새로운 관리를 한 사람도 임명할 필요가 없다. 그러나 유료도로 통행세가 이런 식으로 끝없이 증액된다면, 현재처럼 이 나라의 국내 상업을 쉽게 하기는커녕, 곧 국내 상업에 대한 매우 큰 장애가 될 것이다. 모든 무거운 재화를 나라의 한 지방에서 다른 지방으로 수송하는 비용은 곧 크게 증대할 것이고, 그로 인해 그런 재화 전체에 대한 시장은 곧 크게 좁아질 것이므로, 그 생산이 크게 저해되어, 국내 산업의 가장 중요한 여러 부문은 완전히 괴멸하고 말 것이다.

둘째로, 무게에 따라 마차에 부과되는 세금은, 도로를 보수할 목적에만 적용될 때는 매우 평등한 세금이지만, 뭔가 다른 목적에, 또는 국가의 일반적인 긴급한 용도에 충당하기 위해 적용될 때는 매우 불평등한 세금이 된다. 위에서 말한 단일 목적에 적용될 때는, 각각의 마차는 그 마차가 도로에 가하는 손모에 대해 정확히 지불하게 된다. 그런데 뭔가 다른 목적에 적용될 때는, 각각의 마차는 그 이상의 지불을 함으로써 나라의 뭔가 다른 긴급한 용도에 충당하는 데 이바지하게 된다. 그러나 유료도로의 통행세는, 재화의 값을 그 가치에 따라서가 아니라 무게에 따라 인상하게 되므로, 비싸고 가벼운 상품의 소비자가 아니라 부피가 나가는 싸구려 상품의 소비자에 의해 주로 지불된다. 따라서 이 세금이 국가의 어떤 긴급한 용도에 충당되는 것이 의도된다 하더라도, 그 긴급한 용도는 부자의 부담에 의해서가 아니라, 주로 가난한 사람의 부

---

*50 나는 지금은, 이런 추측에 의한 숫자가 너무 크다고 믿을 만한 충분한 이유를 가지고 있다. (스미스에 의한 이 주는 제3판의 추가)

담에 의해, 즉, 그것을 충당할 능력이 가장 많은 사람이 아니라 가장 적은 사람들의 부담으로 충당될 것이다.

셋째로, 만일 정부가 언제나 공도의 보수를 게을리한다면, 유료도로 통행세의 어느 부분이든 그 적절한 사용을 강요하는 것은 현재보다 어려워질 것이다. 이와 같이 하여 큰 수입이 국민으로부터 징수되는 데도, 그 어떤 부분도 그렇게 징수된 수입이 적용되어야 하는 유일한 목적에 적용되지 않게 된다. 만일 유료도로의 관리인들이 비천하고 가난하여 그들에게 그 잘못을 개선하게 하는 것이 현재로서는 어려울 때가 있다면, 부와 세력을 가진 관리인을 개선시키는 것은, 여기서 상정한 경우에는 열 배나 어려운 것이다.

프랑스에서는 공도의 보수에 충당되는 원자는 행정권의 직접적인 지휘 아래 있다. 그 원자의 일부는 일정 일수*51의 노동으로, 그것은 유럽의 대부분의 나라에서 지방민이 공도의 보수를 위해 제공하도록 의무화되어 있으며, 또 그 일부는 국가의 일반수입 가운데 국왕이 자신의 다른 경비에서 절약하여 충당하는 부분이다.

프랑스의 옛 법률에 의하면, 유럽의 거의 모든 지방의 옛 법률도 그렇지만, 지방민의 노동*52은 추밀원에 직속하지 않는 지방 또는 속주 장관의 지휘 아래 있었다. 그러나 현재의 관행에서는 지방민의 노동*53도, 어느 특정한 속주 또는 징세관구의 공도 보수를 위해 국왕이 할당하려고 하는 그 밖의 어떤 원자도, 완전히 속주 지사의 관할 아래 있다. 이 지사는 추밀원이 임면하는 관리로, 추밀원으로부터 왕의 명령을 받아 끊임없이 그것과 연락을 가지고 있다. 전제정치가 진행됨에 따라, 행정권력의 권위는 차츰 국가의 다른 모든 권력을 흡수하여, 공공 목적에 충당된 모든 수입 부문의 관리(管理)를 장악해 버린다. 그러나 프랑스에서는, 왕국의 주요한 도시와 도시를 잇는 대역마차 도로는, 일반적으로 잘 정비되어 있으며, 몇몇 속주에서는 잉글랜드의 유료도로의 대부분을 훨씬 능가하는 곳도 있다.

---

*51 '일정 일수'는 초판에서는 '6일 동안'.
*52, *53'지방민의 노동'은 초판에서는 '6일 동안의 노동'.

그러나 우리가 말하는 시골길, 즉 농촌 도로의 거의 대부분은 완전히 방치되어, 조금이라도 무거운 짐을 실은 마차는 절대로 지나갈 수 없는 곳이 많다. 곳에 따라서는 말을 타고 여행하는 것도 위험하고, 그나마 안심하고 탈 수 있는 유일한 교통수단은 노새뿐이다. 허세만 부리는 궁정의 오만한 재상은, 중요한 귀족들의 눈에 띌 수 있는 큰 공도 같은, 화려하고 장대한 공사를 즐겨 수행하기를 흔히 좋아하는데, 귀족들의 찬사는 그의 허영심을 만족시킬 뿐만 아니라, 궁정에서의 자신의 이익을 유지하는 데도 도움이 된다. 반면에 그다지 볼품이 없어 여행자들의 상찬을 거의 들을 수 없는, 요컨대 극도의 실용성 외에는 볼 만한 것이 아무것도 없는 다수의 작은 공사를 하는 것은, 어떤 면에서도 평범하고 빈약한 일이어서 높으신 장관의 주목을 끌 만한 가치가 없는 것처럼 보인다. 따라서 그런 행정하에서는, 그런 종류의 사업은 거의 언제나 완전히 방치된다.

중국과 그 밖의 몇몇 아시아 정부에서는, 행정권력이 공도를 보수하고 항행운하를 유지하는 책임을 맡고 있다. 각 속주의 총독에게 내려지는 지령은, 항상 그런 목표에 대해 관심을 촉구하고 있고, 궁정이 그의 행동에 대해 내리는 판단은, 그가 지령 속의 이 부분을 얼마나 배려한 것으로 생각되는지에 따라 크게 좌우된다고 한다. 따라서 공공행정의 이 부문에는, 그런 모든 나라에 있어서 매우 큰 배려가 이루어지고 있지만, 특히 중국에 있어서 그러하다고 하며, 그곳에서는 공도가, 나아가서는 그 이상으로 항행운하가, 유럽에서 알려져 있는 같은 종류의 모든 것을 훨씬 능가하고 있는 것으로 주장되고 있다. 그러나 유럽에 전해져 온 그런 사업에 대한 이야기는, 일반적으로 신빙성이 부족한, 희귀한 것을 좋아하는 여행자들이나 때때로 어리석고 거짓말 잘하는 선교사들이 쓴 것이다. 만일 그런 것들이 더욱 지적인 눈으로 검토된다면, 또 만일 그런 사업에 대한 설명이 더욱 성실한 목격자에 의해 보고되었다면, 아마 그렇게까지 훌륭하게 보이지는 않았을 것이다.

베르니에가 인도스탄에서 본 이런 종류의 몇몇 사업에 대해 쓴 것[*54]은, 그

---

*54 François Bernier, Voyages de François Bernier……contenant la description des états du Grand Mogol, de l'Hindoustan……2 vols., Amsterdam, 1699. (ASL 158) 다만, 글래스고 판 편자는 1826년의 영역본에 의거하여 해당하는 기술(記述)이 없다고 했다. 캐넌은 1710년 판 원서에 의거하여 스미스에 가까운 독해를 하고 있다. 베르니에(1620~1688)는 프랑스의 여행가

보다 기이한 것을 좋아하는 다른 여행자들이 그런 것에 대해 보고한 것보다 훨씬 수수하다. 아마 그런 나라들에서도 프랑스에서 그런 것처럼, 궁정과 수도에서 화제의 대상이 되기 쉬운 큰 도로와 큰 교통수단에는 관심을 기울이지만, 그 밖의 것에 대해서는 모두 무시할지도 모른다. 뿐만 아니라 중국·인도스탄 및 아시아의 다른 몇몇 정부에 있어서, 주권자의 수입은 거의 모두 지조(地租) 또는 지대에서 나오며, 이 지대는 토지의 연간 생산물의 증감에 따라 증감한다.

따라서 주권자의 큰 관심사인 그의 수입은, 그런 나라들에서는 토지 경작, 토지 생산물의 양, 그 생산물의 가치와 필연적으로, 그리고 직접적으로 연결되어 있다. 그러나 그 생산물의 양과 가치 양쪽을 될 수 있는 대로 증내시키기 위해서는, 그것에 대해 될 수 있는 대로 넓은 시장을 확보하는 것, 따라서 나라의 모든 지방을 연결하는 가장 자유롭고, 가장 쉬우며, 가장 비용이 적게 드는 교통을 확립하는 것이 필요하며, 그 일은 가장 좋은 도로와 가장 좋은 항행운하에 의해서만 가능하다. 그러나 유럽의 어디에서나, 주권자의 수입은 주로 지조 또는 지대에서 생기는 것이 아니다. 그 대부분은, 어쩌면 유럽의 모든 대국에서 궁극적으로는 토지 생산물에 의존할지도 모른다. 그러나 이 의존은 그다지 직접적이지도 않고 그다지 명백하지도 않다.

따라서 유럽의 주권자는, 토지 생산물의 양과 가치 양쪽을 증대시키는 것을, 또는 좋은 도로와 운하를 유지함으로써 토지 생산물을 위한 가장 넓은 시장을 설치하는 것을, 그다지 직접적으로 요구되고 있다고 느끼지 않는다. 따라서 아시아의 몇몇 나라에서 공공정책의 이 부문이 행정권력에 의해 매우 적절하게 운영되고 있다는 것은 상당히 의심스러운 일이라고 나는 생각하지만, 설령 그것이 사실이라 하더라도, 현재와 같은 상태가 계속되는 한, 유럽의 어느 지방에서든, 그 권력에 의해 이 부문이 웬만한 정도로 운영될 가능성은 전혀 없다.

스스로를 유지할 만한 수입을 올릴 수 없는 성질의 공공사업이라도, 그것이 가져다 주는 편익이 어떤 특정한 지점 또는 지방에 거의 한정되어 있다면, 반드시 행정권력이 관리하지 않으면 안 되는 국가의 일반수입에 의존하는 것보

로, 근동에서 인도를 여행하고 무갈 왕국에서 국왕의 시의를 역임했다.

다, 지역 또는 지방행정의 관리하에서 지역이나 지방의 수입에 의존하는 편이 항상 잘 유지된다. 만일 런던의 도로가 국고 경비로 조명되고 포장된다면, 현재와 마찬가지로 훌륭하게, 또는 현재와 마찬가지로 소액의 경비로 조명되고 포장될 가능성이 조금이라도 있을까. 뿐만 아니라, 이 경우 그 경비는, 런던의 각 가로(街路), 교구 또는 지구의 주민에 대한 지방세로 조달되는 것이 아니라 국가의 일반수입에서 지불되며, 따라서 그 대부분이 런던 가로의 조명과 포장의 혜택을 조금도 받지 않는, 왕국의 전체 주민에 대한 세금에 의해 조달될 것이다.

지역이나 지방의 수입에 대한 지역이나 지방의 관리에 가끔 숨어드는 폐해는, 아무리 커 보이더라도, 실제로는 대제국의 수입의 관리와 지출에서 일반적으로 일어나는 폐해에 비하면, 거의 언제나 매우 사소한 것이다. 게다가 그런 것은 시정하기도 훨씬 쉽다. 그레이트브리튼의, 치안판사에 의한 지역적 또는 지방적인 행정하에서는, 지방민이 공도의 보수를 위해 제공하지 않으면 안 되는 6일 동안의 노동은, 아마 반드시 언제나 매우 현명한 방법으로 쓰이고 있지는 않겠지만, 뭔가 잔혹하고 억압적인 소동으로 강요되는 경우도 거의 없다. 프랑스에서는 지사들의 행정 아래에서, 그 적용은 반드시 그레이트브리튼보다 현명하지는 않으며, 그 강요는 때때로 가장 잔혹하고 억압적이다. 그들의 이른바 부역(賦役)은, 그런 관리들[55]이 불행하게도 자신들의 비위를 거스른 교구 또는 공동체에 징벌을 가하는 전제(專制)의 중요한 수단의 하나가 되어 있다.

② 상업의 특정 부문 조장에 필요한 공공사업과 공공시설[56]

위에서 설명한 공공사업과 공공시설의 목적은 상업 일반을 조장하는 것이다. 그러나 상업의 어떤 특정한 문제들을 조장하기 위해서는 특별한 시설이 필요하며, 그 시설에는 또 개별적으로 특별한 비용이 필요하다.

야만적이고 문명화되지 않은 국민에 대해 영위되는 상업의 특정 부문에는 특별한 보호가 필요하다. 일반적인 창고나 상관(商館 : 상업을 경영하는 집, 특히 경영 추가 외국인인 경우를 일컬음)에서는,

---

[55] '그런 관리들'은 초판에서는 '지사', 따라서 '그들의'는 '그의'.

[56] 이 섹션 전체(제2항 시작까지)가 제2판 보충에서 추가되었다. 스미스는 출판자 카델에게 보내는 편지(1782년 12월 7일)에서, 이 추가에 대해 '그레이트브리튼의 모든 상사회사에 대한 짧지만 완전한 역사라고, 남몰래 자랑스럽게 생각했다'고 썼다.

아프리카 서해안과 무역하는 상인의 재화에 대해 거의 안전을 보장할 수 없을 것이다. 그것을 야만적인 원주민으로부터 보호하려면, 재화를 보관할 곳을 어느 정도 요새화할 필요가 있다. 인도스탄의 통치가 혼란에 빠져 있었기 때문에, 그 온화하고 얌전한 민중 사이에서도 그와 같은 경계가 필요한 것으로 생각되었다. 잉글랜드와 프랑스의 동인도 회사가, 인도스탄에서 최초로 소유한 보루의 건설을 허락 받은 것은, 자신들의 신병과 재산을 폭력으로부터 보호한다는 주장에 근거한 것이었다. 정부가 강경하게 영토 안에서 외국인이 요새를 가지는 것을 허락하지 않는 다른 여러 국민들 사이에서는, 대사·공사 또는 영사를 두어, 자국민 사이에 생기는 다툼을 자국의 관습에 의해 시비를 가리는 것도, 그들과 원주민의 분쟁을 공적인 성격을 이용하여 어떤 개인한테서 기대할 수 있는 것보다 큰 권위를 가지고 간섭하거나 강력한 보호를 제공하는 것도 아울러 필요할 것이다.

전쟁이나 동맹의 목적으로는 공사를 둘 필요가 없는 여러 외국에도, 상업상의 이해관계에서 공사를 두는 것이 필요한 경우가 때때로 있었다. 콘스탄티노플*57에 처음으로 대사를 상주시키게 된 것은 터키 회사의 상업이 원인이다. 잉글랜드 최초의 러시아 대사관도 완전히 상업상의 이해관계에서 생겼다. 그런 이해관계가 유럽 각국의 국민들 사이에서 필연적으로 끊임없이 마찰을 불러일으킨 것이, 아마도 모든 이웃 나라에 평시에도 상주하는 대사 또는 공사를 두는 관행을 도입하게 된 계기일 것이다. 옛날에는 없었던 이 관행은, 15세기나 16세기 초보다, 즉 상업이 최초로 유럽의 대부분에 퍼지기 시작하여, 그들이 그 이해관계에 유의하기 시작한 무렵보다 이전에 생기지는 않은 것 같다.

어떤 특정한 상업 부문을 보호하기 위해 필요한 특별한 경비가 그 특정 부문에 대한 적절한 세금에 의해 충당되어야 한다는 것은 그리 불합리한 생각은 아닌 것 같다. 이를테면 상인이 그 부문을 최초로 시작할 때 지불하는 온당한 요금, 또는 더욱 공평하게, 거래하는 특정한 나라에 수입하거나 그곳에서 수출하는 재화에 대해 지불되는 몇 퍼센트의 특별한 관세 같은 것이 그것이다. 무역 일반을 해적이나 약탈자*58로부터 보호하는 것이 관세를 처음 제정한

*57 콘스탄티노플은 현재의 이스탄불.
*58 해적(pirate)와 약탈자(freebooter) 사이에 실질적인 차이는 없다. 전자는 그리스어에서 온 것인 만큼 오래 되었고, 후자는 네덜란드어에서 온 것에서 알 수 있듯이 네덜란드의 해외 진

동기였다고 한다. 그러나 무역 일반을 보호하는 비용을 충당하기 위해 무역에 일반적인 세금을 부과하는 것이 합리적이라고 생각했으면, 특정한 무역 부문을 보호하는 특별한 비용을 충당하기 위해 그 무역 부문에 특별한 세금을 부과하는 것도 마찬가지로 합리적이라고 생각해야 마땅하다.

무역 일반의 보호는 공동사회의 방위에 없어서는 안 되며, 그렇기 때문에 행정권력의 의무의 불가결한 부분이라고 항상 생각되어 왔다. 따라서 일반관세의 징수와 사용은 언제나 그 권력에 맡겨져 왔다. 그러나 무역의 어떤 특정한 부문에 대한 보호는 무역의 전반적인 보호의 일부이고, 따라서 그 권력의 의무의 일부이다. 그리고 만일 모든 국민이 항상 시종일관하게 행동했다면, 그런 특정한 보호를 목적으로서 징수되는 특별한 세금도, 마찬가지로 언제나 그 권력의 처리에 맡겨져야 하는 것이었다. 그러나 이 점에 있어서는, 다른 많은 점에 있어서와 마찬가지로, 모든 국민은 반드시 시종일관하게 행동해 온 것은 아니었다. 그리고 유럽 상업국의 대부분에서는 각각의 상인회사가 입법부를 교묘하게 설득하여, 주권자의 이런 의무의 이행을, 그것과 필연적으로 결부되어 있는 모든 권력과 함께 자신들에게 맡기게 하고 말았다.

이런 회사는, 국가가 직접 하는 것은 신중하지 않다고 생각했을 실험을 자비로 함으로써, 몇몇 상업 부문을 처음으로 도입했다는 점에서는 어쩌면 유용했을지도 모르지만, 장기적으로는 무거운 짐이거나 아니면 무용하다는 것이 예외 없이 판명되어, 무역을 잘못 운영하거나 그것을 제한하기도 했다.

그런 회사가 합자제(合資制)*59로 영업하지 않고, 적당한 자격이 있는 사람이라면 누구든지, 일정한 요금을 내고 회사 규칙을 따르는 데 동의하면 입사를 인정하지 않을 수 없고 각 사원이 자신의 자본으로, 또한 자신의 위험부담으로 영업하는 경우에는, 규제회사(規制會社)라고 불린다. 그런 회사가 합자제로 영업하며, 각 구성원이 이 자본에 대한 자신의 출자 부분에 따라 공동의 손익에 참여하는 경우에는 합자회사라고 불린다. 그런 회사는 규제회사이든 합자회사이든, 배타적인 특권을 가지는 경우도 있고 그렇지 않은 경우도 있다.

출의 산물이다.
*59 합자제는 joint stock의 번역인데, 이 제도는 19세기에 출현한 주식회사의 전신으로 볼 수 있다. 이 역어는 뒤에 나오는 합명회사와 함께 편의적인 것으로, 오늘날의 같은 이름의 조직과는 상당히 다른 의미를 가진다.

규제회사는 어떤 점에서도, 유럽의 다양한 모든 나라에서, 대도시와 소도시에 그토록 흔히 있는 동업조합과 비슷하며, 그것과 같은 종류의, 다만 규모가 더 큰 독점체이다. 소도시의 주민이 우선 동업조합에서의 특권을 취득하지 않으면 동업조합화되어 있는 업무를 운영할 수 없는 것처럼, 대부분의 경우, 그 국가의 국민은 누구든 우선 그 회사의 일원이 되지 않으면, 규제회사가 그것 때문에 설립되어 있는 부문의 외국무역을 합법적으로 영위할 수 없다. 이 독점의 엄격한 정도는 가입 조건의 어려움, 또 회사의 임원이 가지고 있는 권위의 크기, 즉 그들이 회사의 무역 대부분을 자신들과 특정한 친구들에게 한정하는 방법으로 운영하는 권한의 크기에 달려 있다. 가장 오래된 규제회사에서는 도제(徒弟)의 특권은 다른 동업조합의 경우와 똑같으며, 그 회사의 사원이 있는 곳에서 일정 기간 근무를 마친 자에게는, 가입금을 내지 않거나 다른 사람들보다 훨씬 적은 가입금만 내면, 사원이 될 자격이 주어졌다. 법의 억제가 없는 곳에서는 어디든, 모든 규제회사에 통례인 동업조합 정신이 널리 퍼진다. 규제회사가 그 근본정신에 따라 행동하는 것을 허락받았을 때는, 회사는 경쟁을 될 수 있는 대로 소수의 사람들에게 제한하기 위해, 무역에 수없이 많은 번거로운 규제를 가하려고 항상 노력했다. 법률이 그렇게 하지 못하게 억제하자, 그것은 완전히 무용하고 무의미한 것이 되고 말았다.

그레이트브리튼에 현존하는, 외국무역을 위한 규제회사는, 지금은 일반적으로 함부르크 회사로 불리고 있는 옛 모험상인 회사·러시아 회사·이스트랜드 회사·터키 회사·아프리카 회사이다.

함부르크 회사에 대한 가입 조건은 지금은 참으로 간단하다고 하며, 임원도 그 무역을 복잡한 제한 또는 규제하에 둘 권한을 가지고 있지 않거나, 적어도 최근에는 그 권한을 행사하지 않았다. 그러나 이제까지는 반드시 항상 그렇지는 않았다. 전세기 중반에는 가입금이 50파운드, 어떤 시기에는 100파운드였고, 회사의 태도는 매우 억압적인 것으로 알려져 있었다. 1643·1645·1661년에는 잉글랜드 서부의 모직물업자와 독립 무역업자*60는 의회에 고충을 호소하면서, 이 회사는 무역을 제한하여 그 제조업을 압박하는 독점업자라고 말했다.

---

*60 독립 무역업자(free trader)라는 것은 독점회사에 가입하지 않은 무역업자를 가리키는 말이지만, 회사의 독점권이 합법적인 한, 이것은 밀수업자이다. free trader에는 자유무역론자와 밀수업자라는 두 가지 의미가 있다.

그런 고충이 의회로 하여금 입법을 하도록 만들지는 않았지만, 아마 회사를 위협하여 행동을 시정하게 한 것 같다. 적어도 그 때부터, 이 회사에 대한 고충은 더 이상 나오지 않았다. 윌리엄 3세 10, 11년(1698~1699)의 법률 제6호로, 러시아 회사에 대한 가입금은 5파운드로, 찰스 2세 25년(1684)의 법률 제7호로, 이스트랜드 회사에 대한 가입금은 40실링으로 인하되었고, 한편으로 그와 동시에 스웨덴·덴마크·노르웨이, 즉 발트 해 북안의 모든 나라는 두 회사의 배타적인 특허장에서 제외되었다. 두 회사의 행동이 아마 그런 두 가지 의회 입법을 필요로 했을 것이다. 그때보다 이전에 조시아 차일드 경*61은, 이 두 회사와 함부르크 회사를 극도로 억압적이라고 평가하고, 두 회사 각각의 특허장에 포함되는 각국과의 사이에서 그 무렵 우리가 영위하고 있었던 무역이 저조했던 것은, 두 회사의 미숙한 운영 때문이라고 말했다. 그러나 그런 회사는, 지금은 그다지 억압적이지 않을지 모르지만 완전히 무용하다는 것은 분명한 사실이다. 완전히 무용하다는 것은, 분명히 규제회사에 정당하게 바칠 수 있는 최고의 찬사이며, 위에서 말한 세 회사는, 현재의 상황에서는 모두 이 찬사에 걸맞은 것으로 생각된다.

터키 회사에 대한 가입금은, 이전에는 26세 미만인 사람은 모두 25파운드, 그 나이 이상인 사람은 모두 50파운드였다. 완전한 상인*62이 아닌 사람은 아무도 가입할 수 없다는 제한은, 모든 상점주와 소매상을 배제하는 것이었다. 정관(定款)에 의해 그레이트브리튼의 제조품은 그 회사의 공용선(共用船)을 이용하지 않으면 터키로 수출할 수 없었고, 또 그런 공용선은 언제나 런던 항에서 출범했기 때문에, 이 제한은 터키 무역을 경비가 드는 그 항구와, 런던 및 그 부근에 사는 상인으로 제한하는 것이었다. 다른 정관에 의해, 런던에서 20마일 이내에 살고 있어도 그 도시의 시민권이 없는 자는 사원으로서 인정받을 수 없었다. 이 제한은 앞의 제한과 함께 필연적으로 런던의 시민권을 가진 자 외에는 모두 배제하게 되었다. 그런 공용선의 적하와 출항의 일시는 완전히 임

---

*61 Sir Joshiah Child, *A new discourse of trade*, London, 1693 : Glasgow, 1751. (ASL 357) 제3장 '상인회사'에서, 차일드는 이런 회사를 들고 있지만, 본문처럼 깊이 파고든 논평은 없다. 차일드는 포츠머스의 상인으로, 동인도 회사의 총재가 되었다.

*62 상인(merchant)은 도매상, 특히 무역상을 가리키며, 다음에 나오는 상점주(shop-keeper)와 소매상(retailer) 또는 소상인(tradesman) 등 계급이 다르다. 다만, trade가 외국무역을 의미하는 경우에 trader는 merchant와 같다.

원에게 달려 있었기 때문에, 그들은 그 배를 자신들과 자신들의 특정한 친구들의 재화로 쉽게 채울 수 있고, 다른 사람들의 재화는 신청이 너무 늦다는 등의 핑계로 배제했던 것이다.

따라서 이런 상황에서는, 이 회사는 모든 점에 있어서 엄격하고 억압적인 독점체였다. 그런 폐해가 조지 2세 26년(1752)의 법률 제18호의 제정을 초래했는데, 그것에 의하면 나이에 의한 구별과, 완전한 상인이나 런던 시민이라는 제한을 없애고, 모든 사람에게 가입금을 20파운드로 내렸으며, 또한 그들 전원에게 그레이트브리튼의 모든 항구에서 터키의 어느 항구로도, 수출이 금지되지 않은 모든 브리튼의 재화를 수출하고, 또 그곳에서 수입이 금지되지 않은 모든 터키 재화를 수입할 수 있는 자유가 주어졌다. 다만 일반관세와 회사의 필요한 경비를 충당하기 위해 부과되는 특별세를 지불하고, 동시에 터키 주재 브리튼 대사와 영사의 법적 권위와 정당하게 정해진 정관에 복종한다는 것이 조건이었다. 그런 정관에 의한 억압을 방지하기 위해, 앞에서 말한 법률은 다음과 같이 규정했다. 즉, 만일 이 회사 사원 가운데 누구든 7명이 이 법률이 통과된 뒤에 제정되는 정관에 불만을 느끼는 경우에는 무역식민국(현재는 추밀원의 한 위원회가 그 권한을 계승하고 있다)에 제소할 수 있지만, 그 제소는 정관이 제정된 뒤 12개월 이내에 이루어지지 않으면 안 된다. 또 사원 가운데 누구든 7명이 이 법률의 제정 전에 정해진 정관에 불만을 느끼는 경우에도 같은 제소를 할 수 있지만, 그것은 이 법률의 시행일로부터 12개월 이내에 이루어져야 한다는 것이었다.

그러나 1년의 경험은, 대회사의 구성원 전체에 있어서 어떤 특정한 정관의 유해한 경향을 발견하기에는 반드시 충분하지는 않을 것이고, 구성원 가운데 몇 명이 나중에 그것을 발견한다 해도, 무역식민국도 추밀원위원회도 그들을 전혀 구제해 줄 수가 없다. 뿐만 아니라, 다른 모든 동업조합의 정관은 물론이고, 모든 규제회사의 정관의 대부분이 목적으로 하는 것은, 이미 구성원이 된 사람을 억압하는 것이 아니라 다른 사람이 구성원이 되는 것을 저지하는 것이며, 그것은 높은 가입금뿐만 아니라 다른 많은 방법을 통해서도 이루어질 것이다. 그런 회사의 끊임없는 목표는, 항상 자사(自社)의 이윤율을 될 수 있는 대로 높이 끌어올리고, 수출하는 재화와 수입하는 재화 모두를 시장에서 될 수 있는 대로 부족하게 하는 것으로, 그것은 경쟁을 제한하거나 새로운 투기가*63가 그 무역에 끼어드는 것을 저지함으로써만 가능하다. 뿐만 아니라, 20 파운드의 가입금도, 누군가가 터키 무역에 속행(續行)할 의도로 참여해 오는 것을 저지하기에는 아마 충분하지 않겠지만, 투기적인 상인이 거기서 한탕 승부를 노리고 오는 것을 막기에는 충분할 것이다.

모든 상업에 있어서, 기초가 튼튼한 상인은 설령 동업조합을 만들지 않아도 자연히 단결하여 이윤을 끌어올리려 하는데, 그것을 항상 적절한 수준으로 끌어내릴 가능성이 있는 것으로는, 투기적인 모험가들의 그때그때의 경쟁보다 나은 것은 없다. 터키 무역은 이 의회법에 의해 어느 정도 개방되었으나, 여전히 대부분의 사람들에 의해 완전한 자유와는 거리가 먼 것으로 여겨지고 있다. 터키 회사는 한 사람의 대사와 두세 사람의 영사를 주재시키기 위해 비용을 부담하고 있지만, 이런 사람들은 다른 공적인 사절과 마찬가지로, 오로지 국가에 의해 유지되어야 하고, 이 무역은 폐하의 모든 국민에게 개방되어야 한다. 회사가 이런저런 단체의 목적을 위해 징수하는 여러 가지 세금은, 국가에 그런 사절을 유지시키는 데 필요한 것보다 훨씬 많은 수입을 제공하고 있는 것 같다.

규제회사는 조시아 차일드 경이 말한 바*64로는, 때때로 공적인 사절의 비용을 내고는 있지만, 무역 상대국에 보루(堡壘 : 적의 접근을 막기 위해 돌 등으로 만든 견고한 구축물)와 수비대를 둔 일은 전혀 없고, 그에 비해 합자회사는 때때로 그렇게 했다. 그리고 실제로도 이런 종류의 일에는, 전자는 후자보다 훨씬 부적합한 것 같다.

첫째로, 규제회사의 임원은, 회사의 무역 전체의 번영에는 특별한 이해관심을 가지고 있지 않다. 그런데 그런 보루와 수비대를 두는 목적은 바로 그것 때문이다. 그 무역 전체의 쇠퇴는, 임원들 자신의 개인적인 무역의 이익에 도움이 되는 일조차 때때로 있다. 그것은 그들의 경쟁자의 수가 감소함으로써, 그들이 더욱 싸게 구입하여 더욱 비싸게 파는 것을 가능하게 할지도 모르기 때문이다. 이에 비해 합자회사의 임원은, 자신들에게 관리가 맡겨진 공동의 자본에서 올리는 이윤의 몫을 차지할 뿐이고, 회사의 무역 전체와는 별도의 이해관계가 있는 자신들의 개인적인 무역을 하고 있지 않다. 그들의 개인적인 이해

---

*63 투기가(adventurer)는 앞에 모험상인(merchant adventurer)이라는 말이 있었던 것처럼, 리스크가 따르는 사업에 자본을 투자하는 기업가를 말한다.

*64 차일드, 〈주〉 61 참조.

관심은 회사의 무역 전체의 번영과 결부되어 있으며, 그 방위에 필요한 보루와 수비대의 유지와 결부되어 있다. 따라서 그들 쪽에, 그것의 유지에 필연적으로 필요한 지속적이고도 진지한 배려를 할 가능성이 더 크다.

둘째로, 합자회사의 임원은 회사의 합자라고 하는 커다란 자본을 늘 관리하고 있으므로, 때때로 그 일부를 필요한 보루와 수비대의 건설·보수·유지에 적절하게 쓸 수 있다. 그러나 규제회사의 임원은 공동의 자본을 관리하고 있는 것이 아니므로, 가입금이나 회사의 무역에 부과되는 단체세(團體稅)*65에서 올릴 수 있는 임시수입 외에는, 이렇게 쓸 원자가 없다. 따라서 그런 보루와 수비대의 유지에 유의하고자 하는 똑같은 이해관심을 가지고 있다 하더라도, 그 유의를 유효하게 할 수 있는 똑같은 능력을 가지고 있는 일이 거의 없다. 거의 배려할 필요가 없고, 적당하고 한정된 경비만으로 충분한 공적 사절의 유지가, 규제회사의 성격과 능력에 훨씬 잘 맞는 일이다.

그러나 조시아 차일드 경의 시대보다 훨씬 뒤인 1750년, 한 규제회사, 즉 아프리카와 무역하고 있는 현재의 상인회사가 설립되었다. 이 회사는 처음에는 블랑 곶*66과 희망봉 사이에 있는 모든 브리튼의 보루와 수비대의 유지를, 나중에는 루주 곶*67과 희망봉 사이에 있는 보루와 수비대만의 유지 책임을 명시적으로 지게 되었다.

이 회사의 설립법(조지 2세 23년(1749)의 법률 제31호)은 두 가지의 별개의 목적을 의도한 것으로 생각된다. 첫째는 규제회사의 임원에게 있어서 자연스러운, 억압적이고도 독점적인 정신을 효과적으로 억제하는 것, 둘째는 그들에게 있어서 자연스러운 것이 아닌, 보루와 수비대의 유지에 될 수 있는 대로 많이 배려하게 하는 것이었다.

이런 목적 가운데 첫 번째를 위해 가입금은 40실링으로 한정되었다. 회사는 단체의 자격으로, 즉 합자로 무역을 하는 것이 금지되고, 연대로 빚을 내는 것

---

*65 단체세(corporation duties)는 회사 멤버의 무역에 대해, 독점권 행사료로서 회사가 부과하는 요금. 직전의 문단 끝에도 형태를 달리해서 나온다.

*66 블랑 곶(Cape Blanc)은 불명(不明). 하얀 곶·붉은 곶 외에 푸른 곶도 검은 곶도 있으며, 모두 당시의 속칭으로, 모든 것이 정규 지명이 된 것은 아닌 듯하다.

*67 루주 곶(Cape Rouge)은 불명.

도, 그레이트브리튼의 국민이 가입금을 내면 누구든지 어디서나 자유롭게 영위해도 되는 이 무역에 어떤 제한을 가하는 것도 금지되어 있다. 회사의 관리는 9명 위원회가 장악하여, 그들은 런던에서 모임은 가지지만, 런던·브리스틀·리버풀에 주재하는 사원에 의해, 해마다 각지에서 3명씩 선출된다. 위원은 계속해서 3년 이상 재임할 수 없다. 어느 위원이라도, 무역식민국, 즉 현재는 추밀원의 한 위원회가 본인의 해명을 들은 뒤에 해임할 수 있다. 위원회는 아프리카에서 흑인을 수출*68하거나, 무엇이든 아프리카의 재화를 그레이트브리튼에 수입하는 것이 금지되어 있다.

그러나 위원회에는 보루와 수비대를 유지할 책무가 있기 때문에, 그 목적을 위해 그레이트브리튼에서 아프리카로 다양한 종류의 재화와 군수품을 수출할 수 있다. 그들은 회사에서 받는 화폐 가운데 800파운드가 넘지 않는 금액을 런던·브리스틀·리버풀에 있는 그들의 서기와 대리인의 봉급, 런던 사무소의 집세, 잉글랜드에서의 경영·위임·대리에 대한 다른 모든 경비에 충당할 수 있도록 허용되어 있다. 이 금액 가운데 이런 다양한 경비를 지불하고 남는 것은, 그들의 수고에 대한 보상으로서 그들이 적당하다고 생각하는 방법으로 그들끼리 나눠 가질 수 있다. 이런 구조에 의해 독점의 정신은 효과적으로 억제되고, 위와 같은 여러 목적의 첫 번째 것은 충분히 이룩될 거라고 기대했을 것이다.

그러나 실제로는 그렇지 않았던 것으로 생각된다. 조지 3세 4년(1763)의 법률 제20호에 의해, 세네갈의 보루는 모든 속령과 함께 아프리카와 교역하는 상인의 회사에 주어졌지만, 그 이듬해에는(조지 3세 5년(1764)의 법률 제44호에 의해), 세네갈과 그 속령뿐만 아니라 남바르바리의 살레 항*69에서 루주 곶까지 전 해안이 그 회사의 관할에서 제외되어 왕권 직속이 되었고, 그곳과의 무역은 폐하의 모든 국민에게 있어서 자유로운 것으로 선언되었다. 그 회사가 무역을 제한하여, 어떤 종류의 부당한 독점을 확립하고 있다고 의심받은 것이다. 그러나 조지 2세 23년(1749)의 규제 아래, 어떻게 하여 회사가 그런 것을 이룩할 수 있었는지는 좀처럼 알 수 없는 일이다. 인쇄된 하원의 의사록은 반드시 가장

---

*68 흑인 수출이라는 것은 흑인 노예를 주로 설탕식민지로 수출하는 것인데, 1770년대 초에 노예제 폐지운동이 일어났다.
*69 살레(Salé)는 현재 모로코령. 카사블랑카 북쪽에 있는 항구. 바르바리는 아프리카 북부의 해안 지방을 가리키는 매우 모호한 개념. 루주 곶은 불명.

권위 있는 진실의 기록은 아니지만, 나는 그 속에서 회사가 이 일에 대해 비난받고 있는 것을 보았다. 9명위원회 멤버는 모두 상인이고, 다양한 보루와 정주지의 총독이나 대리상(代理商)이 모두 그들에게 의존하고 있으므로, 그런 사람들이 위원으로부터 위탁받은 상품과 위임받은 업무에 특별한 주의를 기울인 것은 있을 수 없는 일이 아니라, 그것이 실질적인 독점을 수립했을 것이다.

이런 목적 가운데 두 번째, 즉 보루와 수비대의 유지를 위해, 의회는 전체 연간 1만 3000파운드를 회사에 할당했다. 이 금액을 적절하게 쓰기 위해, 위원회는 재무재판소 서기관에게 해마다 보고하는 것이 의무화되고, 그 보고서는 나중에 의회에 제출하도록 되어 있다. 그러나 몇백만 파운드를 쓰는 데 그 정도의 주의밖에 기울이지 않은 의회가, 연간 1만 3000파운드의 사용법에 큰 주의를 기울일 리는 없을 것이고, 또 재무재판소 서기관도 그 직업이나 교육에서 보아, 보루와 수비대의 적절한 지출에 대해 그리 숙달되어 있을 것 같지도 않다. 해군성에 의해 임명된 제국 해군의 함장이나 다른 사관 가운데 누군가가, 보루와 수비대의 상태를 조사하고 그 소견을 본성(本省)에 보고하는 일은 분명히 가능할 것이다.

그러나 본성은 회사의 위원회에 대해 직접적인 관할권이 없는 것 같고, 그것이 이렇게 하여 행동을 조사할지도 모르는 사람들을 교정하는 권한도 없는 것으로 여겨진다. 뿐만 아니라, 제국 해군의 함장들이 언제나 축성학(築城學 : 요새·보루·포대·참호 등의 구조물 축조에 관한 지식)에 깊은 학식을 가지고 있을 거라고는 생각되지 않는다. 직접적인 독직이나 횡령은 제쳐놓고, 위원이 공금 또는 회사 돈에 대한 어떤 과실에 대해 받는 최고의 처벌은 아마 면직일 것이다. 그러나 직무를 누릴 수 있는 임기는 불과 3년인 데다, 그 임기 중의 합법적인 보수는 그와 같이 매우 소액인데, 그런 처벌에 대한 두려움이, 그것 외에는 아무런 관심도 없는 일에 끊임없이 주의 깊은 배려를 기울일 것을 강요할 수 있을 만큼의 무게를 가진 동기가 된다는 것은 완전히 불가능한 일이다. 위원들은 기니 해안에 있는 케이프코스트*70 성의 보수를 위해, 잉글랜드에서 벽돌과 돌을 보낸 것 때문에 비난을 받고 있다.

---

*70 케이프코스트(Cape Coast)는, 현재로는 가나령으로 기니 만의 항구.

그 일을 위해 의회는 몇 번에 걸쳐 거액의 돈을 교부했던 것이다. 더욱이 그렇게 하여 아득한 바다 저편에서 보내온 벽돌과 돌이 매우 질이 나빴기 때문에, 그것을 사용하여 수리한 성벽은 기초부터 새로 할 필요가 있는 것으로 알려져 있었다. 루주 곶 북쪽에 있는 보루와 수비대는, 국가 경비로 유지되고 있을 뿐만 아니라, 행정권력의 직접적인 통치하에 있다. 그 곳의 남쪽에 있는 보루와 수비대는, 적어도 그 일부가 또한 국가 경비로 유지되고 있는데도, 왜 그것과는 다른 통치하에 있는 것인지, 그 충분한 이유를 상상하는 것도 그리 쉬운 일이 아닌 것 같다. 지중해 무역의 보호가, 지브롤터*71와 미노르카*72에 수비대를 두는 당초의 목적이고 구실이었다. 그리고 그 수비대의 유지와 관리는 언제나 터키 회사가 아니라 행정권력에 맡겨져 왔는데, 이것은 매우 적절한 정책이었다. 그 권력의 긍지와 위엄은 그 지배 영역의 넓이에 의존하는 바가 매우 크므로, 권력이 그 영역의 방위에 필요한 것에 주의를 게을리하는 일은 그다지 있을 것 같지 않다. 따라서 지브롤터와 미노르카의 수비대가 방치된 적은 결코 없었다. 미노르카는 두 번 빼앗긴 적이 있고, 아마 지금은 영원히 잃어버렸겠지만, 그 재앙이 행정권력의 게으름 때문이라고 생각되었던 적도 한 번도 없었다.

그렇지만 나는, 그런 경비가 드는 수비대의 어느 한쪽이, 그 두 곳이 에스파냐 왕국에서 처음 할양되었을 때의 목적을 위해 조금이나마 필요했다는 것을 암시하고 있는 것으로 생각하지는 말아주기 바란다. 그 할양은 아마, 잉글랜드에서 그 자연의 동맹자인 에스파냐 국왕을 멀리하고, 부르봉 가(家)의 2개의 중요한 분가(에스파냐와 프랑스)를 지금까지 피의 유대로도 결속할 수 없었던 만큼, 훨씬 더 긴밀하고 영속적인 동맹으로 결속하는 외에는 아마 아무런 도

---

*71 지브롤터(Gibraltar)는 이베리아 반도 남단에 있으며, 지중해 만 입구의 요충지. 현재는 영국령. 지브롤터와 미노르카(다음 주 참조)는 1713년 위트레흐트 조약에 의해 영국령이 되었다.

*72 미노르카(Minorca)는 지중해 서부 발레아레스 제도 속의 섬으로, 현재는 에스파냐령. 1708년 스페인 계승전쟁 와중에 영국 해군의 침략을 받아 일시적으로 영국 소유가 되었다. 1713년 위트레흐트 조약으로 영국령이 되었으며, 1756년 프랑스에 점령되었다. 1763년 파리 조약으로 다시 영국령이 되었으나 1781년 프랑스와 에스파냐의 연합 작전에 패배하면서 지배권을 잃었으며, 다음 해(1782) 에스파냐령이 되었다. 문단 거의 끝부분에 나온 '아마 지금은 영원히 잃어버렸겠지만,'이라는 글귀는 1781년 패전에 따라 미노르카 섬에 대한 지배권을 잃은 것을 가리킨다.

움도 되지 않았을 것이다.

합자회사는 국왕의 특허장으로 설립된 것이든 의회법으로 설립된 것이든, 몇 가지 점에서 규제회사와 다를 뿐만 아니라 합명회사*73와도 다르다.

첫째로, 합명회사에서는 회사의 동의가 없으면 어느 사원도 자신의 지분을 다른 사람에게 양도하는 것, 즉 새로운 사원을 회사에 넣을 수 없다. 그러나 각 사원은 적절한 예고를 한 뒤에 퇴사하여, 공동 자본 가운데 자신의 지분을 환불해 줄 것을 회사에 청구할 수 있다. 이에 비해 합자회사에서는, 어떤 사원도 자신의 지분을 지불해 달라고 회사에 청구할 수가 없다. 그러나 각 사원은 회사의 동의 없이 자신의 지분을 다른 사람에게 양도함으로써, 그것을 통해 새로운 사원을 회사에 넣을 수 있다. 합자 속의 지분의 가치는 항상 그것이 시장에서 가져다 줄 값이고, 이 값은 지분소유자가 회사의 자본에 대해 가지고 있는 채권의 금액보다, 약간의 비율이기는 하지만 클 때도 있고 작을 때도 있다.

둘째로, 합명회사에서는 각 사원은 회사가 계약한 채무에 대해, 자신이 가진 재산의 전액까지 책임을 진다. 이에 비해 합자회사에서는, 각 사원은 자신이 가진 지분의 한도까지밖에 책임을 지지 않는다.

합자회사의 사업은 언제나 임원회의에 의해 운영된다. 물론 임원회의는 대부분의 점에서 주주총회의 통제를 받는 경우가 때때로 있다. 그러나 주주의 대부분은 회사 업무의 무슨 일에 대해서든 이해할 수 있다고 주장하는 일은 좀처럼 없으며, 그들 사이에 파벌심이라도 생기지 않는 한, 회사 업무에 적극적으로 마음을 쓰는 일 없이, 임원이 적당하다고 생각하는 대로, 반년마다 또는 1년마다 나오는 배당을 받는 것에 만족하고 있다. 한정된 금액을 넘어서면 수고도 위험도 완전히 면한다는 것이, 무슨 일이 있어도 합명회사에는 자신의 재산을 쏟아 부으려 하지 않는 대부분의 사람들에게 합자회사의 투자가가 되고 싶은 마음을 일으키게 하는 것이다. 따라서 그런 회사는 보통, 어떤 합명회사가 자랑할 수 있는 것보다도 훨씬 큰 자산을 끌어들인다. 남해회사의 영업

---

*73 합명회사라고 번역한 것은 private copartnery로, 그 내용은 본문에서 설명된다.

자본은 한때 3380만 파운드가 넘었다.

잉글랜드 은행의 배당부(配當附) 자본은, 현재 1078만 파운드에 이르러 있다. 그러나 그런 회사의 임원은 자기 자신의 돈보다도 다른 사람의 돈의 관리자이 므로, 합명회사의 사원이 때때로 자신들의 돈을 지켜보는 것과 같은 불안한 심정으로 타인의 돈을 지켜볼 거라고는 도저히 기대하기 어렵다. 부잣집의 집 사처럼, 작은 일에 신경을 쓰는 것은 주인의 명예가 되지 않는다고 생각하여, 매우 간단하게 그런 주의(注意)에서 자신을 해방해 버리기 쉽다. 따라서 그런 회사 업무의 운영에는, 많든 적든 게으름과 낭비가 항상 지배적이 되지 않을 수 없다. 외국무역의 합자회사가 개인 투기가와의 경쟁을 여간해서 계속할 수 없었던 것은 바로 그것 때문이다. 따라서 그런 것은 배타적 특권 없이는 매우 드물게밖에 성공하지 않았고, 때때로 특권이 있어도 성공하지 못했다. 배타적 특권이 없으면, 그것은 업무의 운영을 그르치는 것이 보통이었다. 그것이 배타 적 특권을 가지면, 업무의 운영을 그르치는 동시에 제한했다.

현재의 아프리카 회사의 전신인 왕립 아프리카 회사는 특허장에 의해 배타 적인 특권을 가지고 있었지만, 그 특허장은 의회법에 의한 확인[74]이 없었기 때문에, 그 무역은 권리선언[75]의 결과, 혁명 뒤에 곧 폐하의 모든 국민에게 개 방되었다. 허드슨 만 회사[76]는 법적 권리에 관해서는 왕립 아프리카 회사와 똑같은 상황에 있다. 그 독점적 특허장은 의회법에 의해 확인되어 있지 않다. 남해회사는 무역회사로서 존속했던 동안 의회법에 의해 확인된 배타적 특권 을 가지고 있었다. 그 점에서 현재의 동인도 무역상 합동회사와 같다.

왕립 아프리카 회사는 권리선언이 있었음에도 불구하고, 한동안은 개인 투 기가들을 무허가 상인이라 부르며 박해를 계속했지만, 이윽고 그들과 경쟁을 계속할 수 없다는 것을 알았다. 그러나 1698년에 개인 투기가들이 영위하는 다양한 무역 부문의 거의 모두에 대해 10퍼센트의 세금이 부과되었고, 이 세

---

* 74 '의회법(act of parliament)에 의한 확인'은 국왕에 대한 의회의 힘이 커졌기 때문에, 그때까 지는 국왕의 결정만으로도 줄 수 있었던 독점권에 대해 의회의 승인이 필요해진 것을 가 리킨다.

* 75 권리선언(declaration of rights)은 명예혁명(1688~1689)으로 왕위에 오른 윌리엄 3세에게 영국 의회가 의회 우위의 승인을 요구한 선언.

* 76 허드슨 만(Hudson Bay)은 캐나다 북동부에 있는 만으로, 모피무역이 이루어졌는데, 영국과 프랑스의 식민지 전쟁의 영향을 받았다.

금은 회사에 의해 그 회사의 보루와 수비대의 유지에 쓰였다. 그러나 이 중세(重稅)에도 불구하고 회사는 경쟁을 계속할 수가 없었다. 회사의 자산과 신용은 차츰 감소해 갔다. 1712년에 회사의 채무는 막대한 규모가 되어, 회사와 채권자 양쪽의 안전을 위해 특별한 의회법이 필요하다고 생각될 정도였다. 채무의 지불을 위해 회사에 주어져야 하는 기간과, 그 채무에 관해 회사와 맺는 것이 적절하다고 생각되는 그 밖의 협정에 관해, 채권자 가운데 인원 수와 채권액의 3분의 2의 결의는 잔여자를 구속한다는 것이 입법되었다. 1730년, 회사의 업무는 극심한 혼란에 빠져, 회사 설립의 유일한 목적이고 구실이었던 보루와 수비대의 유지가 완전히 불가능해졌다. 그해부터 최종적인 해산에 이르기까지, 의회는 그 목적을 위해 연액 1만 파운드를 제공할 필요가 있다고 판단했다.

1732년에, 흑인을 서인도로 수송하는 무역으로 오랫동안 손해를 거듭한 뒤, 회사는 결국 그 무역을 완전히 단념하고, 회사가 아프리카 해안에서 구입한 흑인을, 아메리카와 거래하는 개인 무역업자에게 팔고, 회사의 고용인을 사금·상아·염료 등을 구하는 아프리카 내륙 지방과의 무역에 쓰기로 결정했다. 그러나 이 축소된 이 무역에 있어서도 이 회사는 전에 광범하게 영업하고 있었을 때보다 성공을 거두지는 못했다. 회사의 업무는 계속해서 차츰 하강하여, 마침내 모든 점에서 파산 회사가 되어 이 회사는 의회법에 의해 해산당하고, 그 보루와 수비대는 현재의 아프리카 무역상인의 규제회사에 주어졌다. 왕립 아프리카 회사가 설립되기 전에, 다른 세 합자회사가 아프리카 무역을 위해 잇따라 설립되었다. 그 회사들은 모두 하나같이 성공하지 못했다. 그러나 그들은 모두 배타적인 특허장을 가지고 있었는데, 그것은 의회법에 의해 확인된 것은 아니었지만, 그 무렵에는 실질적인 배타적 특권을 주는 것으로 생각되고 있었다.

허드슨 만 회사는 요전의 전쟁에서 불운을 겪기*77 전에는, 왕립 아프리카 회사보다 훨씬 운이 좋았다. 이 회사의 필요경비는 훨씬 소액이었다. 이 회사가 보루라는 이름으로 명예를 주고 있었던 다양한 정주지와 거주지에 둔 사람들의 총 수는 120명을 넘지 않는다고 한다. 그러나 이 인원으로도 회사의 배

*77 영국과 프랑스의, 캐나다 식민지 쟁탈 전쟁(특히 7년 전쟁기)에 휘말린 것을 가리킨다.

에 싣는 데 필요한 모피와 그 밖의 재화를 미리 준비하는 데는 충분하다. 그리고 배는 얼음 때문에 그 부근의 바다에 6 내지 8주일 이상 머물고 있을 수는 없었다. 화물을 미리 준비해 둔다는 이 이점은 개인 투기가에게는 몇 년이나 획득할 수 없었던 것인데, 그것이 없이는 허드슨 만과 무역을 할 수 있는 가능성은 없는 것으로 생각된다. 게다가 이 회사의 자본은 11만 파운드를 넘지 않는 작은 규모였지만, 이 회사의 특허장의 범위인 광대하기는 하지만 비참한 그 나라의 무역과 잉여 생산물의 거의 모두를 이 회사가 독점하려는 데는 충분할 것이다.

따라서 개인 투기가는 아무도 이 회사와 경쟁하여 그 지방과 무역을 하려는 시도를 하지 않았다. 그 때문에 이 회사는, 법률상으로는 그 권리를 가지고 있지 않을지 모르지만, 사실상 언제나 독점무역을 누려왔다. 더욱이 이런 모든 것과 아울러, 이 회사의 적은 규모의 자본은 매우 적은 수의 주주들 사이에 분할되어 있다고 한다. 그러나 소수의 주주로 구성되고 자본도 적은 듯한 합자회사는 합명회사의 성격에 매우 가까워, 거의 그것과 비슷한 정도의 경계심과 주의를 기울일 수 있을 것이다. 따라서 이런 다양한 이점의 결과, 허드슨 만 회사가 최근의 전쟁 이전에는 상당한 성공을 거두며 무역을 영위할 수 있었다 해도 이상하게 여길 것은 없다. 그렇지만, 이 회사의 이윤이 돕스[78]가 추정한 금액에 설마 접근한 것으로는 생각되지 않는다. 그보다도 훨씬 온당하고 현명한 저작가로, 《상업에 대한 역사적·연대적 추론》의 저자인 앤더슨[79]은, 돕스 자신이 이 회사가 몇 년에 걸쳐 작성한 수출입의 기록을 검토하고, 또 그 이례적인 위험과 경비에 대해 적당히 공제하면, 이 회사의 이윤은 그리 부러워할 만한 것으로는 생각되지 않는, 즉 설령 무역의 통상적인 이윤을 넘어섰다 하더라도, 크게 넘은 것은 아니라고, 매우 정당하게 말하고 있다.

남해회사는 유지해야 할 보루와 수비대를 전혀 가지고 있지 않았고, 따라서 외국무역을 영위하는 다른 합자회사가 부담하고 있던 막대한 경비를 완전

---

[78] Arthur Dobbs, *An account of the countries adjoining to Hudson's Bay in the North-West part of America*…, London, 1744, p. 58. 다만, 스미스가 이 책을 직접 검토했다고는 생각되지 않는다. 더글러스의 앞의 책에도 돕스에 대한 의문이 표명되어 있다. 돕스(1689~1765)는 아일랜드 출신 정치가로 북아메리카, 노스캐롤라이나 총독(1754~1765)을 지냈으며, 허드슨 만 회사의 독점을 비판했다.

[79] [Adam Anderson], op. cit., vol. 2, p. 370.(ASL 38)

히 면하고 있었다. 그러나 이 회사의 거대한 자본은 막대한 수의 주주에게 분할되어 있었다. 따라서 어리석음과 게으름과 낭비가 회사 업무의 운영 전반에 만연되리라는 것은 당연히 예상할 수 있었다. 그들의 주식거래 사업에서의 부정과 낭비는 널리 알려져 있었지만, 그것을 설명하는 것은 당면한 주제와는 관계가 없을 것이다. 그들의 상업상의 여러 기획도 그것보다 훨씬 능숙하게 수행된 것은 아니었다. 그들이 맨 처음 행한 무역은 에스파냐령 서인도에 흑인을 공급하는 무역으로, 그것에 대해서(위트레흐트 조약에 의해 이 회사에 인정되고 있었던, 이른바 아시엔토 계약*80의 결과) 그들은 배타적인 특권을 가지고 있었다.

그러나 그들보다 먼저, 그들과 똑같은 조건으로 그 무역을 영위하고 있었던 포르투갈과 프랑스의 회사는 모두 그 무역에서 파산해 버려, 그 무역에서 막대한 이윤을 올릴 거라고는 기대할 수 없었기 때문에, 그들은 그 대가로서, 일정한 적재량의 배 한 척을 해마다, 직접 에스파냐령 서인도와 무역을 하기 위해 보내는 것을 허락받았다. 그들은 이 해마다 보내는 것을 허락받은 배의 10회의 항해 가운데 1회, 즉 1731년의 로열캐럴라인 호의 항해에서 상당한 이익을 올렸을 뿐, 다른 거의 모든 항해에서는 많든 적든 손해를 보았다고 한다. 그 실패는 이 회사의 대리상과 대리인의 말에 의하면 에스파냐 정부의 수탈과 억압 때문이었지만, 아마 주로 그런 대리상과 대리인들 자신의 낭비와 횡령 때문이었을 것이다. 그들 중에는 불과 1년 사이에 막대한 재산을 거머쥔 사람도 있다고 한다. 1734년, 회사는 국왕에게, 해마다의 배선(配船 : 일정한 항로나 해역에 선박을 나누어 할당함)으로는 적은 이윤밖에 얻지 못했으므로, 그 무역상품과 선박을 처분하고 에스파냐 국왕으로부터 얻을 수 있는 등가물(等價物 : 가치나 가격이 같은 물건)을 받도록 허가해 달라고 청원했다.

1724년 이 회사는 고래잡이에 착수했다. 분명히 그들은 이것에 대해 독점권을 가지고 있지 않았지만, 그것을 영위하는 동안 브리튼 국민으로서 거기에

---

*80 아시엔토(assiento, 에스파냐 asiento)라는 낱말 자체가 에스파냐어로 '계약(契約)'을 뜻하기에 원문의 assiento contract라는 표현은 동의어 반복으로 좀 이상하지만, 고유명사 개념으로 본다면 1543년부터 1834년 사이에 에스파냐 정부가 자국령 식민지에 사람들을 팔아넘기는 권리를 다른 나라들이 행사할 수 있도록 허가(양도)한 것을 뜻한다. 본문에서는 위트레흐트 조약에 의해 흑인 노예들을 에스파냐령 아메리카 식민지로 팔아넘기는 권리가 프랑스에서 영국으로 넘어간 것을 가리킨다.

종사하는 사람이 있었을 거라고는 생각되지 않는다. 그들의 배가 그린란드에 8회 항해하는 동안 이익을 올린 것은 단 한 번이고, 그밖에는 모두 손해를 보았다. 8회째인 마지막 항해가 끝난 뒤 선박과 선박 용구, 집기 등을 판 그들은, 그 부문에서 모두 23만 7000파운드가 넘는 손실을 입었다는 것을 알았다.

1722년, 이 회사는 전액을 정부에 빌려 주었던 3380만 파운드가 넘는 거액의 자본을 이등분하는 것을 허가해 달라고 의회에 청원했다. 즉, 그 반액인 1690만 파운드 이상은 다른 정부연금과 똑같게 다루어,*81 회사의 상업상 기획을 수행하기 위해 임원이 계약하는 채무와, 불러일으킬 손실에서는 일단 제외하고, 나머지 반은 종전대로 영업자금으로 둔 채, 그런 채무와 손실에 책임지는 것으로 하고 싶다는 것이었다. 이 청원은 타당성이 있었으므로 허가하지 않을 수 없었다. 1733년에 이 회사는 다시 의회에 청원하여, 영업자금의 4분의 3을 연금자금으로 전환하고, 나머지 4분의 1만 영업자금, 즉 임원의 운영 실패에서 오는 위험에 대비하는 것으로 두고 싶다고 신청했다. 그 무렵까지는 이 회사의 연금자금도, 정부로부터의 몇 차례의 환급에 의해 모두 200만 파운드 이상 감소해 있었기 때문에, 이 4분의 1은 불과 366만 2784파운드 7실링 6펜스에 지나지 않았다. 아시엔토 계약의 결과로서, 회사가 에스파냐 국왕에게서 입수한 모든 청구권은, 1748년에 엑스 라 샤펠 조약*82에 의해, 등가물로 상정된 것을 대신하여 포기되었다. 그들의 에스파냐령 서인도와의 무역은 종결되고, 회사 영업자금의 잔여분은 연금자금으로 전환됨으로써, 회사는 어떤 점에서도 더 이상 무역회사가 아니었다.

유의해야 할 것은 남해회사가 해마다의 정기선으로 영위한 무역은 상당한 이익을 올릴 수 있을 것으로 기대된 유일한 무역이었으나, 거기에는 외국 시장에서나 국내 시장에서나 경쟁 상대가 없을 수는 없었다는 점이다. 카르타헤나·포르토벨로·베라크루스*83에서는, 그들이 가는 길의 화물과 같은 종류의 유럽 재화를, 카디스에서 그런 시장으로 운반하는 에스파냐 상인들과 경쟁하지 않으면 안 되었고, 잉글랜드에서는, 귀로의 화물과 같은 종류의 에스파냐령 서인

---

*81 정부에 빌려 주고 이자를 연금으로 받는 것.

*82 엑스 라 샤펠 조약은 오스트리아 계승전쟁(1740~1748)을 종결시킨 조약.

*83 카르타헤나는 콜롬비아의, 베라크루스는 멕시코의, 포르토벨로는 파나마의 콜론(Colon)의 동북쪽에 있는 카리브해 연안의 무역항으로, 당시에는 에스파냐의 식민지였다.

도산 재화를 카디스에서 수입하는 잉글랜드 상인들과 경쟁하지 않을 수 없었다. 에스파냐 상인의 재화와 잉글랜드 상인의 재화는 틀림없이 그들보다 비싼 관세가 부과되고 있었을 것이다. 그러나 회사 고용인들의 게으름과 낭비, 독직에서 생기는 손실이, 아마 그런 모든 관세보다 훨씬 무거웠을 것이다. 개인 투기가들이 합자회사와, 어떤 종류이든 공개적이고 공정한 경쟁을 할 수 있는 경우에, 외국무역의 어느 부문이든, 합자회사가 해서 성공할 수 있다는 것은, 모든 경험에 반하는 것으로 생각된다.

잉글랜드의 옛 동인도 회사는 엘리자베스 여왕의 특허장에 의해 1600년에 설립되었다. 그들이 인도를 향한 최초의 12회의 항해에서 사용한 선박은 회사의 공용선뿐이었지만, 자금은 제각기 별도여서, 그들은 규제회사로서 무역을 한 듯하다. 1612년에 그것은 통합되어 하나의 합자회사가 되었다. 이 회사의 특허장은 배타적인 것이었고, 의회법에 의해 확인받지는 않았지만, 당시에는 실질적인 배타적 특권을 주는 것으로 상정되고 있었다. 따라서 그들은 오랫동안 무허가 업자에 의해 방해받는 일이 거의 없었다.

그들의 자본은 74만 4000파운드를 넘은 적이 없고, 한 주(株)는 50파운드였는데, 그 자본은, 지나친 게으름과 낭비에 구실을 제공하거나, 지나친 독직에 핑계거리를 줄 만큼 터무니없는 것은 아니었고, 그 거래도 광범위하지 않았다. 일부는 네덜란드 동인도 회사의 적의에 의해, 일부는 다른 우발적인 사건에 의해, 몇 번인가 엄청난 손실을 입었음에도 불구하고, 그들은 몇 년 동안 성공리에 무역을 영위했다. 그러나 시간의 흐름에 따라 자유원리에 대한 이해가 진보하자, 의회법의 뒷받침이 없는 국왕의 특허장이 얼마나 배타적 특권을 줄 수 있는 것인지 날이 갈수록 더욱 의심스러워졌다. 이 문제에 대해 재판소의 판결은 한결같지 않아서, 정부의 권위와 시대의 풍조에 따라 변화했다. 그들에 대한 무허가 업자는 증가하여, 찰스 2세 시대의 끝 무렵과 제임스 2세 시대의 전 기간, 윌리엄 3세 시대의 한때를 통해, 그들을 커다란 곤경에 빠뜨렸다. 1698년, 주식 응모자가 배타적 특권을 가진 새 동인도 회사가 되는 것을 전제로 하여, 정부에 200만 파운드를 8퍼센트의 이자로 선대(先貸)한다는 제안이 의회에 제출되었다. 옛 동인도 회사는 이것과 같은 조건으로, 그들의 자본과 거의 같은 금액인 70만 파운드를 이자 4퍼센트로 선대하겠다고 신청했다.

그러나 당시의 신용장 상태로 보아, 정부로서는 4퍼센트로 70만 파운드를 빌리는 것보다 8퍼센트로 200만 파운드를 빌리는 쪽이 나았던 것이다. 신주 응모자의 제안이 수리되었고, 그 결과 새 동인도 회사가 설립되었다. 그러나 옛 동인도 회사는 1701년까지 무역을 계속할 권리를 가지고 있었다. 그와 동시에 그들은, 회계 담당의 이름으로 매우 교묘하게, 새 회사의 주식에 31만 5000파운드를 응모하고 있었다. 이 200만 파운드의 대부금에 대한 응모자들에게 동인도 무역을 맡긴 의회법의 표현상의 미비로 인해, 응모자 전원이 합동하여 하나의 합자자금이 되어야 한다는 사실은 명백하게 알 수 없는 상태였다. 소수의 개인 무역상은 7200파운드밖에 응모하지 않았는데, 자신들의 주식에 자신들의 위험 부담으로, 독자적으로 무역을 할 특권을 주장했다.

옛 동인도 회사는 1701년까지, 옛 자금으로 독립적인 무역을 할 권리를 가지고 있었고, 마찬가지로 1701년의 이전에도 이후에도, 새 회사의 주식에 응모한 31만 5000파운드로 개별적으로 무역을 할 권리를, 다른 개인 무역상과 마찬가지로 가지고 있었다. 두 회사의 개인 무역상과의 경쟁, 또 회사 상호간의 경쟁은 두 회사를 파산 직전까지 몰아갔다고 한다. 그 뒤의 시기, 즉 1730년, 이 무역을 하나의 규제회사로 운영하게 하고, 그것을 통해 이 무역을 어느 정도 공개한다는 제안이 의회에 제출되었을 때, 동인도 회사는 이 제안에 반대하여, 이 경쟁이 당시에 그들의 생각으로는 얼마나 비참한 결과를 낳았는지 매우 강력한 어조로 설명했다.

그들이 말한 바로는, 그 경쟁이 인도에서는 재화의 값을 매우 높게 끌어올려 살 가치가 없을 정도로 만들고, 잉글랜드에서는, 시장의 과잉재고에 의해, 값을 그 재화로는 이윤을 얻을 수 없을 정도로 떨어뜨렸다. 경쟁이 공급을 부추김으로써, 잉글랜드 시장에서 인도산 재화의 값을 크게 떨어뜨린 것이 틀림없고, 그것이 공공의 이익과 편의를 크게 증대한 것은 결코 의심할 수 없지만, 그 경쟁이 인도 시장에서 그 재화의 값을 크게 인상시켰을 가능성은 그렇게 높다고 생각되지 않는다. 그런 경쟁이 불러일으킬 수 있었던 이례적인 수요 전체는, 인도 상업이라는 거대한 바다 속의 물방울 하나에 지나지 않았을 것이 틀림없기 때문이다. 뿐만 아니라, 수요 증가는 처음에는 재화의 값을 인상시킬 수 있지만, 장기적으로는 반드시 값을 인하하지 않을 수 없다. 그것은 생산을 장려하고, 그것에 의해 생산자의 경쟁을 증가시킨다. 그들은 서로 상대편보다 싸게 팔기 위해, 그렇지 않으면 결코 생각하지 않았을 새로운 분업과 새로운 기술개량에 노력한다.

회사가 불만을 얘기한 비참한 결과란, 소비재의 싼 값과 생산에 대한 장려책으로, 이 두 가지 결과야말로 경제정책이 추진해야 하는 대사업이다. 그러나 그들이 이 가련한 설명을 가한 경쟁은 오래 지속되지 않았다. 1702년에 두 회사는, 여왕을 제3의 당사자로 하는 3자협약을 통해 어느 정도 연합하고, 1708년에는 의회법에 의해 완전히 합동하여 동인도 무역상 합동회사라는 현재와 같은 이름의 하나의 회사가 되었다. 이 법률에는 다음의 한 조항을 삽입할 가치가 있는 것으로 생각되었다. 즉, 독립된 무역업자가 그 무역을 1711년의 미카엘 축제까지 속행하는 것을 허가하지만, 동시에 임원에게는 3년의 예고로, 이 회사의 7200파운드의 소액자본을 되사서 그것을 통해 회사의 전체 자금을 하나 합자자금으로 전환하는 권한을 준다는 것이다. 같은 법률에 의해 회사의 자본은, 정부에 신규대출을 한 결과,*84 200만 파운드에서 320만 파운드로 증대했다.

1743년, 회사는 다시 100만 파운드를 정부에 선대(先貸 : 치를 돈을 치를 기한이전에 먼저 꾸어 주는 것)했다. 그러나 이 100만 파운드는 주주에 대한 불입 청구에 의하지 않고, 연금*85증서를 팔아 사채(社債)를 발행함으로써 조달한 것이었으므로, 주주가 배당을 요구할 수 있는 자금이 증가한 것은 아니었다. 그렇지만, 그것은 회사의 영업자금을 증가시켰다. 그 100만 파운드는 다른 320만 파운드와 마찬가지로, 회사가 상업상의 기획을 수행하면서 입은 손실이나 계약한 채무의 담보가 되기 때문이다. 1708년부터, 또는 적어도 1711년부터, 이 회사는 모든 경쟁 상대로부터 해방되어 동인도에 대한 잉글랜드 상업의 독점을 완전히 확립했기 때문에, 성공리에 무역을 수행했고, 그 이윤으로 해마다 주주에게 어쨌든 배당을 할 수 있었다. 1741년에 시작된 프랑스와의 전쟁 동안, 퐁디셰리의 프랑스 총독 뒤플렉스*86의 야심은, 그들을 카르나티크*87 전쟁과 인도 왕후들의 정쟁의 소용돌

---

*84 '대출을 한 결과'라는 것은 회사가 주식이나 증서를 팔아 모은 돈을 정부에 빌려 주고, 그 채권을 자본으로 하는 것을 말한다.

*85 이 연금(annuities)은 앞에 나온 정부연금이 아니라, 회사가 차입금에 대해 지불하는 연금.

*86 뒤플렉스(Joseph François Dupleix, 1697~1763)는 프랑스의 인도총독(1742~1754). 퐁디셰리(Pondicherry)는 마드라스 남쪽에 있는 항구로, 인도에서의 프랑스 근거지.

*87 카르나티크(Carnatic)는 인도 동남부의 마드라스 부근을 가리키는 것 같은데, 이것은 오히려 영국 측 명칭으로, 현재의 카르나타카와는 일치하지 않는다.

이 속에 몰아넣었다.

수많은 눈부신 성공과 마찬가지로 눈부신 실패 뒤에, 그들은 언제나 그 무렵 인도에서의 중요한 정주지였던 마드라스를 잃었다. 그것은 엑스 라 샤펠 조약에 의해 그들에게 반환되었다. 그리고 그 무렵에 전쟁과 정복의 정신이 인도의 그들의 고용인들을 사로잡았고, 그 뒤로 결코 그들을 떠나지 않았던 것으로 보인다. 1755년에 시작된 프랑스와의 전쟁 동안, 그들의 무력은 그레이트브리튼의 전반적인 무운에 도움이 되었다. 그들은 마드라스를 방위한 뒤 퐁디셰리를 점령하고 캘커타를 탈환하여 풍요롭고 드넓은 영토에서 수입을 획득했는데, 그 금액은 연액 300만 파운드가 넘는 것으로 당시에 알려졌다. 그들은 여러 해에 걸쳐 이 수입을 평온하게 유지했다. 그러나 1767년, 정부는 그들이 획득한 영토와 그 영토에서 올리는 수입을 왕권에 속하는 권리로서 요구했고, 회사는 이 요구에 대한 보상으로 연액 40만 파운드를 정부에 지불하는 것에 동의했다.

그들은 이에 앞서, 배당을 약 6퍼센트에서 10퍼센트로 서서히 인상하고 있었다. 즉 320만 파운드의 자본에 대해 배당을 12만 8000파운드 증액하고 있었다. 다시 말해, 연액 19만 2000파운드에서 32만 파운드로 인상한 것이다. 이 무렵 그들은 배당을 더욱 인상하여 12.5퍼센트로 하려고 했다. 그것은 그들의 주주에 대한 해마다의 지불을, 정부에 해마다 지불하는 데 동의하고 있었던 금액, 즉 연간 40만 파운드와 같은 금액이었을 것이다. 그런데 그들의 정부와의 협정이 실행될 예정이었던 2년 동안 잇따른 두 개의 의회법에 의해 그 이상의 증배(增配 : 배당을 늘림)는 억제되었다.

그런 의회법의 목적은, 당시에 영국 정화 600만 내지 700만 파운드 이상으로 견적되었던 그들의 부채를 더욱 빨리 상환할 수 있게 하는 것이었다. 1769년에 그들은, 정부와의 협정을 다시 5년 동안 갱신하고, 그 기간의 경과 중에 배당을 12.5퍼센트까지, 단 1년에 1퍼센트 이상은 결코 증액하지 않고 서서히 증액하는 것을 허가받았다. 따라서 이 증배는 최고한도에 이르렀을 때도, 그들의 주주와 정부에 대한 해마다의 지불을 다 합쳐도, 최근의 영토 획득 이전보다 불과 60만 8000파운드밖에 증가시킬 수 없었다. 영토 획득이 가져다 주는 총수입이 얼마가 될 거라고 추정되고 있었는지는 이미 설명했지만, 1768년에 동인도 무역선인 크루텐든 호가 가져온 보고에 의하면, 모든 공제액과 군사비를 뺀 순수입은 204만 8747파운드로 되어 있었다. 그와 동시에, 그들에게는 일부는 토지에서, 다시 말해 주로 다양한 정주지에 설치된 세관에서 올리는 다른 수입이 있고, 그 금액은 43만 9000파운드에 이르는 것으로 알려졌다. 그들의 무역이윤도 하원에서 그들의 임원회장이 한 증언에 의하면, 당시에 적어도 연 40만 파운드, 그들의 회계담당의 증언에 의하면 적어도 50만 파운드에 이르렀으므로, 아무리 낮게 잡는다 해도, 적어도 주주에게 지불하도록 되어 있었던 최고의 배당액과 같았다.

그만큼 큰 수입이 있었으면 틀림없이 해마다의 지불을 60만 8000파운드 증액할 여유는 있었을 것이고, 동시에 그런 채무를 급속하게 줄이는 데 충분한 큰 감채기금(減債基金 : 빚을 조금씩 갚아서 줄여 나가는 데 쓸 자금)을 남겼을 것이다. 그런데 1773년, 그들의 채무는 감소하기는커녕, 국고에 대한 40만 파운드의 지불 체납, 세관에 대한 미불 관세의 잔액, 잉글랜드 은행에서 낸 빚에 의한 거액의 채무, 그리고 네 번째로 인도에서 그들 앞으로 발행되어 가볍게 인수한 120만 파운드가 넘는 어음에 의해, 오히려 증가해 있었다. 그들에게 돌아온 이런 누적된 청구에 의한 어려움에서 벗어나기 위해, 그들은 당장 배당을 6퍼센트 인하했을 뿐만 아니라, 정부의 자비를 매달려, 첫째로는 약속한 연 40만 파운드의 지불을 이후 면제해 줄 것, 두 번째로는 눈앞에 닥친 파산에서 그들을 구하기 위해 140만 파운드를 대부해 줄 것을 간청하지 않을 수 없었다.

그들의 재산의 큰 증가는, 그들의 고용인들에게, 재산의 그런 증가에 대한 비율을 넘어선, 지나친 낭비의 구실과 큰 부정의 은신처를 제공하는 역할밖에 하지 않은 것 같다. 그 고용인의 인도에서의 행적과, 인도와 유럽 양쪽에서의 회사의 전반적인 업무 상태가 의회의 조사 주제가 되었고, 그 결과, 국내외 모두에서, 그들의 통치기구에 몇 가지 매우 중요한 변경이 가해졌다. 인도에서는, 그들의 주된 정주지인 마드라스·봄베이·캘커타가, 전에는 서로 완전히 독립되어 있었지만 4명의 평가인으로 구성된 협의회가 보좌하는 총독 아래 있게 되고, 의회가 캘커타에 주재해야 하는 이 총독과 협의회의 최초의 임명을 떠맡았다. 그 도시가 지금은, 마드라스가 전에 그랬던 것처럼, 인도의 잉글랜드 정주지 가운데 가장 중요한 것이 되었기 때문이다. 캘커타 시장(市長)의 법정은, 본디는 그 시와 그 부근에서 일어나는 상사소송(商社訴訟)의 재판을 위해 설치된 것이었는데, 제국의 확대에 따라 차츰 그 관할권을 확대하고 있었다. 그것은 지금 처음의 설치목적으로 환원되고 한정되었다.

그 대신, 왕권에 의해 임명되는 재판장 1명과 판사 3명으로 구성된 새 최고법원이 설치되었다. 유럽에서 주주가 주주총회에서의 투표권을 얻는 데 필요한 자격은, 이 회사의 자본 가운데 한 주의 처음의 값이었던 500파운드에서 1000파운드로 인상되었다. 그리고 이 자격에 근거하여 투표하기 위해서는, 상속에 의해서가 아니라 스스로 구입한 주식인 경우에는, 전에 필요한 소유기간이었던 6개월 대신, 적어도 1년 동안 소유하고 있을 필요가 있다고 선언되었다. 24명의 임원회는 전에는 해마다 새로 선출되었지만, 이제 각 임원은 앞으로 4년 임기로 선출되어야 하며, 다만 그 가운데 6명은 해마다 돌아가면서 퇴임하고, 다음 연도에 6명의 새 임원을 선거할 때는 재선할 수 없다는 것이 법으로 규정되었다. 이런 변경의 결과, 주주총회와 임원회의는 그때까지 흔히 그랬던 것보다 많은 위엄과 견실함을 가지고 행동하게 될 것으로 기대되었다.

그러나 어떤 변경을 하더라도, 그런 회의를 어떤 점에 있어서도, 거대한 제국을 통치하거나 통치에 참가하는 데 어울리는 것으로 만드는 것은 불가능한 것으로 생각된다. 왜냐하면 그런 회의의 구성원의 대부분은 그 제국의 번영에 항상 그다지 큰 관심을 기울이지 않을 것이 틀림없고, 그로 인해 그것을 추진하는 것에 뭔가 진지한 주의를 기울일 리가 없기 때문이다. 큰 재산을 가진 사람이라면 때때로, 재산을 적게 가진 사람이라도 때로는, 1000파운드의 인도 주식을, 주주총회에서 한 표를 가짐으로써 획득하고자 하는 영향력만을 위해 기꺼이 구입한다.

그것은 그에게, 인도 약탈의 몫은 아니더라도, 약탈자를 임명할 수 있는 몫을 준다. 임원회는 그 임명권을 행사하기는 하지만, 필연적으로 많든 적든 주주들의 영향 아래 있기 때문이며, 그들은, 그런 임원들을 선출할 뿐만 아니라, 때로는 인도에서의 회사 고용인의 임명을 취소할 수도 있다. 만일 주주가 몇 해 동안 이런 영향력을 누리면서 그것을 통해 몇 사람의 친구에게 유리하게 작용할 수 있다면, 그는 때때로 배당은 물론이고 투표권의 기초인 주식 가치까지 거의 마음에 두지 않는 경우가 있다. 그 투표권이 그를 통치에 참여시키고 있는 대제국의 번영 같은 것에 그는 거의 완전히 관심이 없다. 그런 상사회사의 주주의 대다수는 저항할 수 없는 사회생활상의 여러 원인에서, 자신들의 국민이 행복한지 불행한지, 자신들의 영토가 개량되고 있는지 황폐해 가고 있는지, 자신들의 행정이 영광적인지 오욕적인지에 대해 전혀 무관심하고, 또 필연적으로 무관심할 수밖에 없지만, 그들 이외의 주권자들은 결코 그들처럼 완전히 무관심하지는 않았고, 또 사물의 성질상, 그토록 무관심할 수는 결코 없었다. 그리고 이 무관심은 또, 의회의 조사 결과 만들어진 새로운 규정 가운데 몇 가지에 의해, 감소한 것이 아니라 오히려 증대한 것 같다. 이를테면 하원의 결의에 의해 다음과 같이 선언되었다.

즉, 정부가 이 회사에 대출한 140만 파운드가 변제되고, 그들의 사채가 150만 파운드까지 줄었을 때, 그 이전에 대해서가 아니라, 그들은 그 자본에 대해서 8퍼센트를 배당해도 무방하다는 것, 그리고 그들의 수입과 순이윤 가운데 본국에 남은 것은 모두 네 부분으로 분할하여, 그 가운데 셋은 공공용에 할당하기 위해 국고에 납입하고, 나머지는 사채의 그 이후의 변제에 충당되거나, 회사가 불의의 긴급사태로 어려움에 빠진 경우에 그 구제기금으로 확보해 둔다는 것이 그것이다. 그러나 회사의 순수입과 이윤도 회사의 것이 되고, 회사가 자유롭게 처분하고 있었을 때조차, 그들이 나쁜 집사, 나쁜 주권자였다고 한다면, 그런 4분의 3이 타인의 것이 되고, 나머지 4분의 1도 아무리 회사 이익을 위해 사용한다고는 하지만, 타인의 감시와 승인하에서 그렇게 해야 하는 것이라면, 그들이 전보다 좋은 집사와 주권자가 되는 일은 결코 없을 것이다.

회사로서는, 제안된 8퍼센트의 배당을 지불한 뒤에 잉여금이 얼마나 남든지, 그것이, 그런 결의에 의해 어느 정도 그들과 불화를 일으키게 될 것이 거의 확실한 사람들에게 넘어가는 것보다는, 차라리 그들 자신의 고용인이나 식구들이 낭비하고 즐기거나, 착복하여 배불리게 하는 것이 더 바람직할 것이다. 그런 고용인이나 식구의 이해(利害)는, 주주총회에서 매우 우세하여, 총회로 하여금 총회 자체의 권위를 직접 침해하면서 약탈을 자행한 장본인을 지지하게 할 정도였던 것 같다. 다수의 주주에게는, 자신들의 총회의 권위를 지키는 것도, 총회의 권위를 무시한 사람들을 지지하는 것보다, 때로는 중요성이 적은 사항일지도 모른다.

따라서 1773년의 규제도, 인도에서의 이 회사의 통치의 혼란을 구제하지 못했다. 간헐적으로 짧은 기간 잘 관리되는 동안, 그들은 캘커타의 금고에 300만 파운드가 넘게 저축한 적도 있었음에도 불구하고, 또 그 뒤 인도의 가장 풍요롭고 기름진 몇몇 지방의 드넓은 접수지(接收地 : 권력기관이 필요상 국민의 초지를 수용함)까지 지배 또는 강탈을 확대했음에도 불구하고, 모든 것은 낭비되고 파괴되고 말았다. 그것을 깨달았을 때는 하이다르 알리*88의 침입을 저지하거나 그것에 저항할 준비가 전혀 되어 있지 않았고, 그런 혼란의 결과, 회사는 현재(1784) 일찍이 경험한 적이 없는 어려움에 처해 있으며, 눈앞에 닥쳐온 파산을 모면하기 위해 다시 한 번 정부의 원조를 간청해야 하는 처지에 빠지게 되었다. 사업 경영의 개선을 위해 다양한 안이 의회의 다양한 당파로부터 제출되었다. 그리고 그런 다양한 제안은, 언제나 너무나 명백했던 사실, 즉 회사는 그 영유지를 통치하는 데 전혀 적합하지 않다고 상정하는 점에서, 모두 일치하고 있는 것 같다. 회사 자체조차 거기까지는 능력이 없다는 것을 인정하고 있는 것으로 보이며, 그 때문에 영유지를 기꺼이 정부에 양도하려 하는 것으로 생각된다.

먼 곳에 있는 야만적인 나라들에 보루와 수비대를 두는 권리에는, 그런 나라에서의 화전(和戰 : 화해와 전쟁)의 권리가 필연적으로 결부되어 있다. 한쪽의 권리를 손에 넣은 합자회사는, 항상 다른 쪽의 권리도 행사해 왔고, 때로는 그것이 그 권리에 명시되는 경우도 때때로 있었다. 보통 그런 회사가 얼마나 부정한 방법으로, 얼마나 독선적으로, 또 얼마나 잔혹하게 그 권리를 행사해 왔는지는, 최근의 경험에서 너무나 잘 알려져 있다.

상인과 회사가 자신의 위험 부담과 경비로, 어디든 멀리 있는 야만국과 신규로 무역을 시작하려고 할 경우, 그것을 단체화하여 합자회사로 만들고, 그것이 성공하면 일정한 연수(年數) 동안 그 무역의 독점권을 주는 것도 불합리한 일은 아닐 것이다. 그것은 위험하고 비용이 드는 것을 무릅쓰고 하는 실험에 대해, 국가가 보답할 수 있는 가장 쉽고 가장 자연스러운 방법으로, 그 혜택은 나중에 공공이 수확해 갈 것이다. 이런 종류의 일시적인 독점은, 새로운 기계에 대한 같은 독점이 그 발명자에게 주어지고 새로운 책에 대한 같은 독점이 그 저자에게 주어지는 것과 똑같은 원리에 따라 변호될 수 있다. 그러나 그 기간이 끝나면 독점도 당연히 끝나야 하고, 보루와 수비대는 만일 그런 것을 설치할 필요가 있다고 판단된다면, 정부의 수중으로 옮겨가, 그 가치는 회사에 지불되고 그 무역은 국가의 모든 국민에게 개방되어야 한다. 항구적인 독점에 의해 그 국가의 다른 모든 국민들에게는 매우 불합리하지만 다음의 두 가지

*88 하이다르 알리(Hyder Ali, 1722~1782)는 인도 남부 마이소르 왕국의 왕위 찬탈자. 마드라스 성에 육박하여 영국에 공수동맹을 강요했다. 나중에 영국군과 싸우다가 전사한다.

방법으로 과세된다. 첫 번째는 자유무역의 경우에는 훨씬 싸게 살 수 있는 재화의 높은 값에 의해, 두 번째는 그들의 대부분이 편리하고 유리하게 영위할 수 있는 사업 부문으로부터 그들을 전면적으로 배제하는 것에 의해서이다.

게다가 그들에게 이런 방법으로 과세하는 것은, 모든 목적 중에서도 가장 무가치한 목적을 위한 것이다. 그것은, 회사가 자신들의 고용인의 게으름과 낭비와 부정을 유지할 수 있게 하기 위한 것밖에 되지 않으며, 그들의 무질서한 행동 때문에, 회사의 배당은 완전히 자유로운 무역에서의 통상적인 이윤율을 넘는 일이 거의 없고, 그 비율을 훨씬 밑도는 경우도 매우 흔하다. 그러나 합자회사가 독점권 없이는 외국무역의 어떤 부문도 오래 영위할 수 없다는 것은 경험을 통해 명백하게 알 수 있는 일이다. 어느 쪽의 시장에도 수많은 경쟁자가 있는데도, 한 시장에서 이윤을 붙여 팔기 위해 다른 시장에서 사거나, 이따금 일어나는 수요의 변동뿐만 아니라, 경쟁에 있어서의, 즉 그 수요가 다른 사람들로부터 이끌어 낼 공급의, 훨씬 크고 훨씬 빈번한 변동을 감시하고, 그런 모든 사정에 대해 온갖 종류의 다른 재화의 양과 질을 빠른 판단력으로 접합시키는 것은, 끊임없이 작전이 바뀌는 일종의 전쟁이며, 그것을 잘 영위하는 것은 합자회사의 임원들에게 오래도록 기대할 수 없는, 경계와 주의의 끊임없는 행사 없이는 거의 불가능하다.

동인도 회사는 그 기금을 상환하고 배타적 특권의 기간이 만료된 뒤에도, 의회법에 의해 합자 원금을 가진 단체로 존속하며, 단체로서의 자격으로 다른 동포시민과 함께 동인도와 무역을 영위할 권리를 가지고 있다. 그러나 이런 상황에 처하면, 그들보다 나은 개인 투자가의 뛰어난 경계심과 주의력 때문에, 그들은 아마 거의 확실하게, 이내 이 무역을 싫어하게 될 것이다.

경제정책의 여러 문제에 대해 위대한 지식을 지닌, 프랑스의 뛰어난 저술가 모를레 신부*[89]는, 1600년 이래 유럽의 다양한 지방에 설립된, 외국무역을 위한 합자회사 55개 사의 일람표를 싣고 있다. 그에 의하면, 그 회사들은 배타적 특권을 가지고 있으면서도 잘못된 경영 때문에 모두 실패했다고 한다. 그 가운

---

*89 모를레(André Morellet, abbé, 1727~1819)는 프랑스 아카데미 회원으로, 중농학파의 비판자. 스미스가 언급하는 모를레의 저서가 무엇인지는 확실하지 않지만, 한 가지 가능성이 있는 것은 *Prospectus d'un nouveau dictionnaire de commerce*, Paris, 1769.(ASL 1188)로, 이것은 5권짜리 전집에 대한 계획서이지만 400쪽에 가까운 대작이다.

데 그가 잘못 생각한 것이 두세 가지 있는데, 그런 것은 합자회사가 아니었고, 또 실패하지도 않았다. 그러나 그 대신 그가 거론하지 않은 실패한 합자회사도 몇 군데가 있었다.

합자회사가 배타적인 특권 없이도 잘 영위할 수 있는 사업은, 모든 일을 이른바 틀에 박힌 일, 즉 거의 또는 전혀 변화의 여지가 없는 일로 돌려버릴 수 있는 사업뿐이다. 이런 종류의 것으로서는, 첫째로 은행업, 둘째로는 화재·해난·전시(戰時)의 나포에 대한 보험업, 셋째로는 항행할 수 있는 수로 또는 운하를 건설하고 유지하는 사업, 넷째로는 이와 비슷한 대도시로의 급수사업이 있다.

은행업의 원리는 조금 어렵게 생각될지 모르지만, 그 실무는 엄밀한 규칙으로 실행할 수 있다. 이례적인 이득을 올리고자 하는 우쭐거리는 투기심에서, 뭔가의 기회에 그런 규칙에서 벗어나는 것은 거의 언제나 매우 위험하며, 은행회사에 있어서 그렇게 하는 것은 때때로 치명적일 수가 있다. 그러나 합자회사의 구조는 어떤 합명회사보다도, 일반적으로 기존의 규칙을 고수하게 한다. 따라서 그런 회사는 이 사업에 매우 적합한 것으로 생각된다. 그러므로 유럽의 주요 은행회사는 합자회사이며, 대부분 전혀 배타적 특권이 없이도 사업을 매우 잘 운영하고 있다. 잉글랜드 은행은 잉글랜드의 다른 은행이 모두 6명 이상으로 구성되어서는 안 된다는 것만 제외하면, 배타적인 특권을 전혀 가지지 않는다. 에든버러의 두 은행은 배타적인 특권을 전혀 가지지 않은 합자회사이다.

화재나 해난, 나포에 의한 위험의 가치는 그다지 정확하게 계산할 수 있는 것은 아니지만, 그래도 어느 정도는 엄밀한 규칙과 방법으로 실행할 수 있는, 대략적인 추계(推計)가 가능하다. 따라서 보험업은 배타적인 특권이 전혀 없어도 합자회사로 잘 운영할 수 있을 것이다. 런던 보험회사와 로열익스체인지 보험회사도 그런 특권은 아무것도 가지고 있지 않다.

항행 가능한 수로 또는 운하는, 일단 건설되고 나면 그 운영이 매우 단순하고 쉽기 때문에, 엄밀한 규칙과 방법으로 실행할 수 있다. 그것을 건설하는 것도 마찬가지로, 1마일에 얼마, 수문 하나에 얼마 하는 식으로 업자와 계약을 맺으면 되기 때문이다. 대도시에 급수하기 위한 운하·수도, 또는 대도수관(大導水管)도 마찬가지이다. 따라서 그런 사업은 배타적인 특권을 전혀 가지지 않은 합자회사라도 매우 잘 운영할 수 있을 것이고, 또 실제로 그렇게 하고 있는 경우도 많다.

그러나 어떤 사업을 합자회사가 잘 운영할 수 있을지도 모른다는 이유만으로 합자회사를 설립하는 것, 즉 특정한 여러 업자들을 모든 근린상인에게 적용되고 있는 일반법의 어떤 것으로부터 면제해 주면 번영할 수 있을 거라는 이유만으로 면제하는 것은, 분명히 합리적인 일은 아니다. 그런 회사의 설립을 완전히 합리적인 것으로 하려면, 엄격한 규칙과 방법으로 실행할 수 있는 상황과 함께, 다른 두 가지 상황이 갖춰지지 않으면 안 된다. 첫째로, 그 기업이 일반적인 사업의 대부분보다 크고 일반적인 효과를 가지고 있을 것. 둘째로, 그 기업이 합명회사로서는 쉽게 모을 수 없는 큰 자본을 필요로 하고 있다는 것을 가장 명백한 증거와 함께 제시해야 한다. 만일 적당한 자본으로 충분하다면, 그 기업의 효용이 크다는 것만으로는 합자회사를 설립하는 데 충분한 이유가 되지 않을 것이다. 왜냐하면, 이 경우에는 그 기업이 생산하는 것에 대한 수요는, 곧 개인 투기가에 의해 다시 쉽게 채워질 것이기 때문이다. 위에서 말한 네 가지 사업에서는 그런 사정이 두 가지 모두 갖춰져 있다.

은행업이 신중하게 운영되고 있는 경우, 그 크고 일반적인 효용은 이 연구의 제2편에서 충분히 설명해 두었다. 그러나 공적 신용을 유지하고, 또 특별한 긴급시에는 아마 수백만 파운드나 되는 세수의 총액을, 세금 납기의 1년이나 2년이나 전에 정부에 선대해야 하는 공공은행은, 어떤 합명회사도 쉽게 모을 수 없는 큰 자본을 필요로 한다.

보험업이 개인의 재산에 커다란 안전을 보장하고, 한 개인을 파멸시켜 버릴 수 있는 큰 손실을 다수의 사람들에게 나눔으로써, 사회 전체에 대한 부담을 덜어 주어 무리가 없도록 한다. 그러나 그 안전을 보장하기 위해서는, 보험업자는 매우 큰 자본을 가지고 있어야 한다. 보험업의 두 합자회사가 런던에 설립되기에 앞서, 몇 년 동안 허비된 150명의 개인 보험업자의 명단이 검사총장에게 제출되었다고 한다.

항행할 수 있는 수로와 운하, 대도시에 물을 공급하는 데 가끔 필요한 공사는 커다란 일반적 효용이 있지만, 동시에 개인 재산으로는 감당할 수 없는 큰 비용을 때때로 필요로 하는 것도 충분히 명백하다.

앞에서 말한 네 가지 사업을 제외하고는, 합자회사의 설립을 타당한 것으로 만드는 데 필요한 세 가지 사정이 모두 갖춰져 있는 사업을 나는 달리 떠올릴 수가 없었다. 런던의 잉글랜드 구리회사·납정련 회사·유리연마 회사는, 추구하는 목적이 크거나 독자적인 효용을 가지고 있다는 구실로도 불가능하고, 그 목적을 추구하는 데, 대부분의 개인의 재산으로는 감당할 수 없는 정도로 많은 경비가 필요하다고도 생각되지 않는다. 그런 회사가 운영하고 있는 사업이 합자회사로서의 경영에 어울리는 엄격한 규칙과 방법으로 시행될 수 있는 것인지, 또는 이례적인 이윤을 자랑할 만한 이유를 가지고 있는 것인지에 대해 나는 알고 있다고 말하지는 않겠다. 모험 광산회사는 이미 전에 파산해 버렸다. 에든버러의 브리튼 마직물 회사의 주식은, 몇 년 전만큼은 아니라도 현재 액면가를 훨씬 할인하여 팔리고 있다. 어떤 특정한 제조업을 진흥시키고자 하는 공공심이 풍부한 목적을 위해 설립되는 합자회사가, 자신의 업무의 운영을 그르쳐서 사회의 자산 전체를 감소시킬 뿐만 아니라, 그 밖의 다른 점에서도 이익보다 해를 주지 않을 수 있는 일은 좀처럼 없다.

제조업의 특정 부문의 임원들은 그 의도는 더할 수 없이 순수하다 해도, 실업가들에게 현혹되고 속아서 아무래도 그 특정 부문을 편애하게 되며, 그 일이 다른 제조 부문을 실질적으로 저해하여 그렇지 않으면 사려 깊은 산업 활동과 이윤 사이에 성립될 자연스러운 비율을, 따라서 나라의 산업 활동 전체에 대한 모든 장려 가운데 가장 크고 가장 효과적이며 자연스러운 비율을, 많든 적든 필연적으로 파괴하게 된다.

제2항 청소년 교육을 위한 시설의 경비에 대하여

청소년 교육을 위한 시설은, 마찬가지 방법으로 그 자체의 비용을 충당하는 데 충분한 수입을 올릴 수 있다. 학생이 교사에게 지불하는 수업료 또는 사례는 자연히 이런 종류의 수입이 된다.

교사의 보수 전체가 이 자연적 수입에서 나오지 않는 경우에도, 대부분의 나라에서 그 징수와 운용이 행정권에 맡겨져 있는 일반수입에서 나올 필요는 또한 없다. 따라서 유럽의 대부분을 통해, 학교와 학부*[90]의 기부재산이, 그 일반수입에 완전히 또는 매우 조금밖에 부담을 주지 않는다. 그것은 어디서

---

*90 학부(college)라는 말은 여기서는 더욱 넓은 의미로 사용되었다. 이를테면, 스미스가 공부한 글래스고 대학도 당시에는 칼리지라 불렸다.

나, 주로 지방 또는 주의 어떤 수입이나, 어떤 토지자산의 지대에서, 또는 때로는 주권자 자신에 의해, 또 때로는 개인적인 기증자에 의해 이 특정한 목적을 위해 할애되며, 수탁자들의 관리하에 있는 일정한 금액의 화폐 이자에서 나온다.

그런 공적 기부재산은 일반적으로 그 설치 목적을 추진하는 데 이바지했을까? 교사들의 성실한 근무를 장려하고 능력을 개량하는 데 이바지했을까? 교육의 진로를, 자연히 그렇게 될 것보다, 개인에게 있어서나 공공에 있어서나 유용한 목표로 향하게 했을까? 이런 질문의 각각에 적어도 그럴듯하게 생각되는 해답을 내는 것은, 그리 어려운 일은 아닌 것처럼 보일 것이다.

어떤 전문직에서도, 거기에 종사하는 대부분의 사람들의 노력은, 그런 노력을 하지 않으면 안 되는 필요도에 항상 비례한다. 이 필요도는 전문직에 의한 보수가 자신의 재산을 만드는 데, 또는 통상적인 수입이나 생활 자료를 위해서도 유일한 재원이 되는 사람들의 경우에 가장 높다. 그 재산을 취득하기 위해, 또는 그 생활 자료를 얻기 위해서도, 그들은 1년 동안 일정한 가치가 될 수 있는 일정량의 일을 수행하지 않으면 안 된다. 경쟁이 자유로운 곳에서는, 모두가 서로를 업무에서 밀어 내려고 하는 경쟁자의 대항 관계 때문에, 각자는 어느 정도 세심하게 자신의 일을 수행하려고 노력하지 않을 수 없다.

몇몇 특정한 전문직에서는, 의심할 여지없이 성공을 통해 손에 넣을 수 있는 목적물의 크기가, 뛰어난 정신력과 야심을 가진 소수 사람들의 노력을 부추기는 일이 이따금 있을 것이다. 그러나 가장 큰 노력을 불러일으키는 데 커다란 목표가 필요하지는 않다는 것은 명백하다. 대항 관계와 경쟁은, 하급 전문직에서조차, 남보다 뛰어난 것을 야심의 목적으로 삼게 하고 때때로 최대한의 노력을 부추긴다. 이에 반해, 커다란 목표는 다만 그것만으로 그것을 지향할 필요성에 의해 지탱되지 않으면, 커다란 노력을 불러일으키는 데 충분했던 적이 거의 없었다. 잉글랜드에서는 법률 계통의 전문직에서의 성공은 야심의 큰 목표가 되는 것은 아니지만, 그래도 이 나라에서 안락한 환경에서 태어나, 그 전문직으로 이름을 이룬 자가 지금까지 얼마나 되었던가 하는 것이다.

학교와 학부의 기부재산은 필연적으로 교사들의 성실한 근무의 필요성을 많든 적든 감소시켜 왔다. 그들의 생활비가 그들의 봉급에서 나오는 한, 그들의 개별적인 전문직에서의 성공이나 명성과는 전혀 관계가 없는 기금에서 인출되는 것이 분명하다.

몇몇 대학*91에서는 봉급은 교사의 보수 일부분, 때때로 작은 부분에 지나지 않으며, 그 대부분은 그의 학생들의 사례 또는 수업료에서 나온다.*92 성실한 근무의 필요성은, 항상 많든 적든 감소한다고 하지만, 이 경우에는 완전히 제거되어 버리는 것은 아니다. 전문직에서의 그의 명성은 그에게도 어느 정도 중요한 일이며, 그는 아무래도 그의 수업을 듣는 사람들의 애착과 감사와 호의적인 평판에 어느 정도 의존하고 있다. 그리고 그가 이와 같은 호의적인 감정을 손에 넣으려면, 그럴 만한 가치가 있는 것, 즉 그의 모든 임무를 수행하는 데 있어서의 능력과 부지런함보다 좋은 것은 없을 것 같다.

다른 여러 대학에서는 교사는 그의 학생으로부터 어떤 사례나 수업료도 받는 것이 금지되어 있고, 그의 봉급이 자신의 직무에서 얻는 수입의 모두이다. 이 경우에는 그의 이익은, 그의 임무와 될 수 있는 대로 대립하고 있다. 될 수 있는 대로 편하게 살고자 하는 것이 각자의 이해관심이며, 만일 그의 보수가 뭔가 매우 힘든 임무를 수행하든 안하든 똑같다면, 통속적으로 이해된 한의 그의 이익은 틀림없이 그 임무를 완전히 무시하거나, 아니면 그것을 허용하지 않는 권위에 그가 복종하고 있는 경우에는 그 권위가 용인하는 한도 안에서 소홀하게, 적당히 수행하는 것이다. 만일 그가 타고난 활동가이고 노동을 좋아한다면, 그 활력을 뭔가 수익을 끌어 낼 수 있는 방법으로 사용하는 편이, 아무런 수익도 끌어 낼 수 없는 임무 수행에 사용하는 것보다 그에게 이익이 될 것이다.

그가 복종하는 권위가, 그 자신이 구성원인 단체, 즉 학부 또는 대학에 있고, 또 다른 구성원도 그와 마찬가지로 실제로 교사이거나 교사여야 하는 사람들이라면, 그들은 아마 공동의 대의명분을 만들어, 모두가 서로에게 매우 너그러워질 것이고, 자신의 게으름이 허용된다면 옆 사람이 임무를 게을리 하는 데도 동의할 것이다. 옥스퍼드 대학의 교수 대부분은, 최근에 상당히 오랫동안 가르치는 척하는 것조차 완전히 그만둬 버렸다.*93

---

*91 영국에서는 칼리지와 대학은 매우 중복되지만, 유럽 전체에서의 대학의 자격은 로마 교황의 인가와 교사 및 학생의 동업조합 특권에 의해 결정되었다.

*92 스미스 시대의 글래스고 대학에서는 이 제도가 실시되고 있었다.

*93 이것은 스미스 자신의 경험을 토대로 한 대학 비판으로 유명한데, 꼭 옥스퍼드에 한한 것

만일 그가 복종하는 권위가, 그가 그 구성원인 단체보다 오히려 어떤 다른 사람들, 이를테면 주교 관구의 주교나 속주의 지사, 아니면 어떤 국무대신에게 있는 경우에는, 그가 임무를 완전히 무시하는 것이 용인되는 일은 그리 있을 것 같지 않다. 그러나 그런 상위자들이 그에게 강요할 수 있는 것은, 일정 시간을 그의 학생들과 함께 보내는 것, 즉 1주일 또는 1년에 일정한 횟수의 강의를 하는 것뿐이다. 그들의 강의가 어떤 것이 될지는 또한 그 교사의 부지런함에 달려 있지 않을 수 없고, 또 그 부지런함은 또한 부지런하고자 하는 동기에 비례하는 경향이 있다. 게다가 이런 종류의 외부에서의 관할권은, 무지한 가운데 자의적으로 행사되기 쉽다. 그것은 그 성질상 자의적이고 독단적인 것이고, 또 그것을 행사하는 사람은 그 교사의 강의에 직접 출석하는 것이 아니고, 아마 그 교사가 가르치는 학문을 이해하고 있는 것도 아닐 테니까, 판단력을 바탕으로 관할권을 행사하는 일은 거의 불가능하다.

직무상의 오만함에서도 그들은 때때로 관할권을 어떻게 행사할 것인가에 대해 무관심하고 독선적이며, 또 정당한 이유도 없이 교사를 비난하거나 면직하는 경향이 있다. 그런 관할권에 복종하고 있는 사람은, 그것 때문에 필연적으로 타락하여, 사회에서 가장 존경받아야 하는 사람들 가운데 한 사람이 아니라, 가장 경멸받아야 하는 비천한 사람들의 한 사람이 된다. 그가 항상 처해 있는 열악한 대우에서 효과적으로 자신을 지킬 수 있는 것은 유력한 보호에 의하는 수밖에 없는데, 그런 보호를 얻는 것은, 전문직에서의 능력과 노력이 아니라 상위자들의 의사에 대한 아부에 의해서이며, 그가 소속된 단체의 권리와 이익과 명예를 언제라도 그들의 의사에 대해 희생으로 제공할 준비가 되어 있는 것에 의해서이다. 프랑스의 대학*94 운영에 상당한 기간 동안 참여한 적이 있는 사람이라면 누구든지, 이런 종류의 자의적인, 외부로부터의 관할권이 자연히 초래하게 되는 결과를 깨달을 기회가 분명히 있었을 것이다.

교사의 실력과 평판에 관계없이, 일정한 수의 학생들을 어떤 학부나 대학에

은 아니다. 또한 대학이 학부(college)의 집합체이고 상부 조직인 경우에는, 교수는 대학의 교수로서 public professor라 불린다(그 밖에 교수는 없다). 글래스고 대학에는 칼리지가 하나밖에 없고, 전원이 기숙사에서 생활하는 것도 아니었다.

*94 프랑스의 대표적인 대학은 12세기 말에 설립된 파리 대학이지만, 스미스의 시대에는 그 외에 툴루즈 등에 12 대학이 있었다.

강제적으로 밀어 넣는 것은, 어떤 것이든 교사의 실력과 평판의 필요성을 많든 적든 감소시키는 경향이 있다.

인문학(arts)*95·법학·의학·신학을 전공한 대학 졸업자의 여러 가지 특권은, 어떤 대학에 일정한 연수 동안 적을 두는 것만으로 획득할 수 있다면, 교사의 실력이나 평판과는 상관없이 필연적으로 일정한 수의 학생을 그런 대학에 밀어넣을 것이다. 대학 졸업자의 특권은 도제조례의 일종이며, 다른 도제조례가 기술이나 제조업의 진보에 이바지해 온 것과 마찬가지로 교육의 진보에 기여해 왔다.

연구비·장학금·급비(給費) 같은 자선기금은 필연적으로 일정한 수의 학생을 일정한 학부에 그런 개별적인 학부의 실력과는 전혀 상관없이 묶어 둔다. 그런 자선기금을 받는 학생이 자기가 좋아하는 학부를 자유롭게 선택해도 된다면, 그런 자유는 아마 다양한 학부 사이에 약간의 경쟁을 불러일으키는 데 이바지할 것이다. 이에 반해, 각 학부의 자비학생조차 그곳에서 나와 다른 학부에 가고자 할 때, 퇴학하고자 하는 학부에 허가를 받아야 한다는 규칙은, 그런 경쟁을 소멸시키는 경향이 매우 클 것이다.

만일 각 학부가 학생들에게 모든 인문학과 과학*96을 가르쳐야 하는 지도자 또는 교사*97를, 각 학생이 자발적으로 선택하는 것이 아니라 학부의 장이 임명한다면, 또 만일 지도자 또는 교사에게 게으름·무능, 적절치 않은 대응이 있었을 경우에, 일단 신청을 한 뒤에 허가가 나지 않는 한, 그를 변경하는 것이 허락되지 않는다면, 그런 규칙은 동일학부 내의 다양한 지도자 사이의 모든 경쟁을 소멸시키는 경향이 매우 클 뿐 아니라, 그들 모두에게 부지런함과 각 학생에 대한 배려의 필요를 감소시키는 경향도 매우 클 것이다. 그런 교사들은 자신들의 학생들한테서 매우 좋은 보수를 받고 있더라도, 학생들한테서 전혀 보수를 받지 않거나 봉급 외에는 아무런 보상도 없는 교사와 마찬가지로, 학생들을 무시하는 마음이 들 것이다.

---

*95 대학의 학과목으로서의 arts는 고대 로마의 자유학예(artes liberales)를 말하며, 문법·논리·수사·산술·기하·음악·천문을 가리킨다.

*96 여기서 과학(sciences)이라고 한 것은, 조금 전에 인문학과 함께 나열된 법학·의학·신학을 가리키는 것일 것이다.

*97 지도자(tutor) 또는 교사(teacher)는 영국의 대학에서는 전 과목을 가르치는 것이 원칙이고, 스코틀랜드의 대학에서는 그들은 regent라고 불렸다.

만일 교사가 어쩌다가 양식있는 사람이라면, 학생들에게 강의를 하고 있을 때, 자신이 완전히 또는 거의 무의미한 내용을 얘기하거나 읽고 있다고 의식하는 것은 불쾌한 일이 틀림없다. 또 학생 대부분이 강의를 외면하거나, 출석한다 해도 명백한 무시·경멸·조롱의 빛을 띠고 있는 것을 보는 것도 불쾌한 것은 마찬가지이다. 따라서 만일 그가 일정 횟수의 강의를 해야 한다면, 그런 동기만으로도, 그 밖에 아무런 이해관심이 없어도 어느 정도 제대로 된 강의를 하기 위해, 다소나마 수고할 마음이 들 것이다. 그런데, 몇 가지의 편법이 고안되어, 부지런함에 대한 그런 자극을 모두 효과적으로 둔화시켜 버릴 수도 있다.

교사는 학생들에게 가르치려 하는 과학을 직접 그들에게 설명하는 대신, 그것에 대한 어떤 책을 읽어 주는 일도 있을 것이고, 만일 그 책이 이미 사어(死語)*98가 된 외국어로 적혀 있다면, 그것을 학생들의 모국어로 번역해 주거나, 아니면 더욱 수고를 덜기 위해 그들에게 그것을 번역하게 하고 이따금 그것에 대해 설명함으로써, 강의를 하고 있다고 자부할 수도 있다. 그렇게 하면, 매우 적은 지식과 노력으로 경멸과 우롱에 직면하는 일 없이, 또 우매하고 부조리하며 우스꽝스러운 말은 전혀 하지 않고도 해 나갈 수 있을 것이다. 그와 동시에 학부의 규율이, 모든 학생들로 하여금 이 엉터리 강의에 가장 착실하게 출석하여 강의 시간 내내 가장 단정하고 예의바른 태도를 유지하도록 강제할지도 모른다.

학부와 대학의 규율은 일반적으로 학생의 편익을 위해서가 아니라 교사의 이익을 위해, 또는 더욱 적절하게 말하면 교사의 안일을 위해 고안된 것이다. 그 목적은, 모든 경우에 교사의 권위를 유지하는 것으로, 교사가 자신의 임무를 무시하든 이행하든, 모든 경우에 학생이 교사에 대해, 교사가 부지런함과 능력을 최대한 발휘하여 임무를 수행하고 있는 것처럼 행동하지 않을 수 없게 하는 것이다. 그것은, 한쪽 계층에는 완전한 지와 덕을, 그리고 다른 쪽 계층에는 가장 큰 약점과 어리석음을 전제로 하고 있는 것으로 생각된다. 그러나 교사가 정말로 자신들의 임무를 수행하고 있는 경우에는, 대부분의 학생들이 자신들의 임무를 혹시라도 무시하는 예는 없다고 나는 믿고 있다. 정말로 출석할 가치가 있는 강의에는, 출석을 강제하는 규율 같은 것은 필요 없으며, 그것

---

*98 그리스어, 라틴어 등.

은 그런 강의가 있는 곳에서는 어디든지 잘 알려져 있는 바와 같다.

　교육 중에서도 생애의 이른 시기에 습득해 둘 필요가 있다고 생각되는 부분을, 어린이나 아주 어린 소년에게 받게 하려면, 어느 정도 강제와 구속이 필요하다는 것은 의심할 여지가 없지만, 12, 3세 이상[99]이 되면, 교사가 임무를 수행하고 있는 한, 강제와 구속은 교육의 어떤 부분을 수행하는 데도 거의 필요하지 않다. 젊은이의 대부분은 매우 너그러워, 교사의 지도를 무시하거나 경멸하는 마음을 가지기는커녕, 교사가 뭔가 그들에게 도움이 되고 싶다는 진지한 의향을 보여 준다면, 그 임무 수행에 많은 실수가 있더라도 그것을 용서하고, 때로는 커다란 게으름까지 세상으로부터 숨겨 주고 싶은 마음이 드는 것이 보통이다.

　교육 가운데 가르치기 위한 공공시설이 없는 부분이, 일반적으로 가장 잘 가르쳐지고 있다는 것은 주목할 만한 사실이다. 펜싱이나 댄스 학교에 가도, 학생들이 펜싱과 댄스를 반드시 매우 잘하게 되는 것은 아니지만, 펜싱과 댄스를 잘 못 배우는 일은 거의 없다. 승마학교의 뛰어난 효과는 대체로 그다지 명백하지는 않다. 승마학교는 경비는 매우 많이 들기 때문에, 대부분의 곳에서 공공시설로 되어 있다. 학예교육에서 가장 기본적인 세 부분인 읽기·쓰기·계산은 지금도 공립학교보다는 사립학교에서 익히는 것이 일반적이며, 누구든지, 익힐 필요가 있는 수준의 것을 잘 못 배우는 일은 거의 없다.

　잉글랜드에서는 공립학교[100]가 대학보다 훨씬 부패해 있지 않다. 공립학교에서 청소년은 그리스어와 라틴어를 배운다. 또는 적어도 배울 수 있다. 그것이 교사가 가르친다고 말할 수 있는 것, 또는 가르친다고 기대되는 것의 모두이다. 대학에서는, 청소년은 그런 단체가 가르칠 의무를 가진 학문을, 배우지도

*99 스미스는 14세 때 글래스고 대학에 입학했다.

*100 공립학교라고 번역한 publick school 에는 사(私)교육 외에 만들어진 학교와 공공단체가 설립한 학교라는 두 가지 의미가 있으며, 전자의 전형은 영국의 상류 계급 자녀를 위한 기숙학교(이튼스쿨·럭비스쿨·해로스쿨 등)이다. 그러나 스코틀랜드에서 퍼블릭스쿨이라고 불린 것은, 일반인을 대상으로 하는 시립학교, 또는 교회에서 세운 학교로, 이것은 문법학교라고도 한다. 문법학교는 교회가 고전어를 가르치기 위해 설립한 학교였기 때문이다. 스미스는 고향 커콜디의 시립학교(burgh school)에서 라틴어를 배웠는데, 이 학교는 문법학교였다. 본문에서 말한 퍼블릭스쿨이 정확하게 무엇을 의미하는지는 명확하지 않다. '잉글랜드에서는'이라고 했으므로, 앞에 말한 엘리트 학교 같기도 하지만, 나중에 '유럽의 퍼블릭스쿨'이라고 한 것을 보면 일반 공립학교를 가리키는 것일지도 모른다.

않고, 배울 수 있는 수단을 항상 찾을 수 있다고 할 수 없다. 학교 교사의 보수는, 대부분의 경우 주로, 또 경우에 따라서는 거의 완전히, 자기 학생의 수업료 또는 사례에 의존하고 있다. 학교는 배타적인 특권을 가지고 있지 않다. 졸업의 명예를 얻기 위해서, 공립학교에서 일정한 연수 배웠다는 증명서를 가지고 갈 필요는 없다. 시험을 칠 때, 거기서 배운 것을 이해하고 있다는 것을 알 수 있으면, 그것을 배운 장소에 대해 질문을 하는 일도 없다.

교육 가운데, 대학에서 흔히 가르치고 있는 부분은, 그리 썩 잘 가르치고 있는 것은 아니라 해도 무방할 것이다. 그러나 그런 시설이 없었다면 그 부분은 아마 전혀 가르쳐지지 않았을 것이고, 개인과 공공은 교육 가운데 그런 중요한 부분이 결여됨으로써 큰 손해를 보았을 것이다.

유럽의 현재의 대학은 대부분 본디는 교회 단체로, 교인들의 교육을 위해 설립된 것이었다. 그것은 교황*[101]의 권위에 의해 창설되어, 전면적으로 교황의 직접적인 보호 아래 있었기 때문에, 교사이든 학생이든 그 구성원은 모두 당시의 이른바 성직자의 특권을 가지고 있었다. 즉 그들은 각각의 대학이 있는 나라의 세속적인 사법권에서 제외되며, 교회재판소에만 복종해야 하는 것으로 되어 있었다. 그런 대학의 대부분에서 가르치고 있었던 것은, 그 설립 목적에 합당한 것, 즉 신학이나 신학의 준비에 지나지 않는 것이었다.

그리스도교가 처음으로 법률에 의해 국교가 되었을 때,*[102] 몰락한 라틴어가 유럽 서부 전역의 공통어가 되어 있었다. 그래서 교회의 행사도, 교회에서 읽는 성서의 번역도, 그 몰락한 라틴어, 즉 그 나라의 공통어로 이루어졌다. 로마제국을 무너뜨린 야만민족의 침입 뒤, 라틴어는 차츰 유럽의 어느 지방의 언어도 아니었다. 그러나 사람들의 경건한 마음은, 자연히 종교상의 확립된 형식과 의식을, 최초로 그것을 도입하고 정당화한 사정이 사라졌어도, 훨씬 뒤까지 온존하게 마련이다. 따라서 라틴어는 어디서나 국민 대중에게 이해되지 않았지만, 교회의 모든 행사는 여전히 그 언어로 수행되었다. 그리하여 유럽에서

---

*101 로마 가톨릭 교회의 pope는 교황이 정역(定譯)으로 되어 있다. 스미스는 모두 소문자로 pope라고 쓰고 있다.

*102 로마 황제 콘스탄티누스(재위 306~337)가 그리스도교를 공인한 것을 가리키는 것일 것이다. 그가 죽음의 자리에서 세례를 받은 것이 그리스도교의 흥륭에 힘을 실어 준 것은 분명하지만, established by law라고까지 말할 수 있을지는 의문이다.

는 고대 이집트와 마찬가지로 두 개의 다른 언어가 확립되었다. 사제의 언어와 국민의 언어, 성속의 언어, 학문의 언어와 무학의 언어이다. 그러나 사제에게는 직무를 수행하는 데 사용해야 할 신성하고 학문적인 언어를 어느 정도 이해할 필요가 있었고, 그래서 라틴어 학습은 처음부터 대학교육의 기본적인 부분이 되었다.

그리스어에도 히브리어에도 그런 일은 없었다. 교회의 무류(無謬 : 오류가) 포고*[103]는, 보통 통속 라틴어로 읽히고 있었던 성서의 라틴어역이, 그리스어와 히브리어 원전*[104]과 마찬가지로 신성한 영감에 의해 구술된 것이며, 따라서 그것과 동등한 권위를 가진다고 선언했다. 따라서 그 두 가지 언어에 대한 지식은, 그리스도 교도에게서 반드시 필요한 것은 아니기 때문에, 그것에 대한 연구는 오랫동안 대학교육 공통과정의 필수 부분이 되지는 않았다.

에스파냐에는 그리스어 학습이 여태까지 그 과정의 일부분이 된 적이 한 번도 없는 대학이 몇 군데 있다고 단언하는 말을 나는 들었다. 최초의 종교개혁자들은 신약성서의 그리스어 원전이, 또 나아가서는 구약성서의 히브리어 원전조차, 라틴어역보다 자신들의 의견에 더욱 편리하다는 것을 깨달았다. 라틴어역은 당연히 미루어 짐작할 수 있듯이 차츰 가톨릭 교회의 교의를 지지하도록 손질이 가해지고 있었던 것이다. 그래서 그들은, 그 번역의 대부분의 오류를 폭로하는 데 착수했고, 그로 인해 로마 가톨릭의 성직자들은 그것을 옹호하거나 설명하지 않으면 안 되게 되었다. 그러나 그 일은 원어에 대해 어느 정도 지식이 없으면 충분히 할 수 없기 때문에, 그것에 대한 연구가 대부분의 대학, 즉 종교개혁의 여러 교의를 받아들인 대학에도, 그것을 거부한 대학에도 차츰 도입되었다.

그리스어는 고전 연구의 어떤 부분과도 연결되어 있었고, 그 고전 연구는

---

*103 교황의 무류성(無謬性, papal infallibility)이 공식적으로 포고된 것은 1870년의 제1차 바티칸 공의회에서이지만, 일찍부터 예수의 직계인 로마 교회는 무류라고 하여 지동설과 진화론을 부정해 왔다. 무류설이 폐기된 것은 최근이다. 스미스는 출판업자 스트라한에게 보낸 편지에서 "당신은 교황보다 훨씬 무류라고 생각하지만, 난 프로테스탄트이거든" 하고 조롱하고 있다(1760년 4월 4일).

*104 성서 가운데 유대교의 성서이기도 한 구약은 히브리어로 쓰이고, 그리스어·시리아어·라틴어로 번역되었다. 신약은 처음에 라틴어와 시리아어로 쓰였다. 양쪽이 각각의 근대 국어로 번역된 것은 종교개혁 이후의 일이다.

처음에는 주로 가톨릭 교도와 이탈리아인들*[105]에 의해 시작되어, 바로 종교개혁의 여러 교의가 본 궤도에 오르기 시작한 것과 거의 때를 같이 하여 유행하기 시작했다. 그리하여 대부분의 대학에서는 그 언어를, 철학 학습에 앞서서 학생들이 라틴어에 대해 약간 진보를 이룩하자마자 가르쳤던 것이다. 히브리어는 고전 연구와는 관계가 없었고, 성서를 제외하면 조금이라도 존중받는 책이 한 권도 없는 언어이므로, 그 학습은 보통 철학 학습이 끝난 뒤, 즉 학생이 신학 학습에 들어간 뒤가 아니면 시작되지 않았다.

본디는 그리스어와 라틴어 모두 초보는 대학에서 배웠고, 몇몇 대학에서는 지금도 마찬가지이다. 그 밖의 대학에서는, 학생은 그런 언어의 한쪽 또는 양쪽의, 적어도 초보는 미리 익히도록 되어 있으며, 그 학습은 어디를 가든 계속되어 대학교육의 매우 중요한 부분이 되었다.

고대 그리스 철학은 3대 부문으로 나뉘어 있었다. 물리학, 즉 자연철학과, 윤리학, 즉 도덕철학, 그리고 논리학이 그것이다. 이 전반적인 구분은 사물의 본성과 완전히 일치하고 있는 것으로 생각된다.

자연의 커다란 현상, 즉 천체의 회전, 일식과 월식, 혜성·천둥·번개, 그 밖의 신비한 대기 현상, 또 동식물의 발생, 생명·성장·사멸은 필연적*[106]으로 외경심을 자아내며, 따라서 자연히*[107] 그런 여러 원인을 연구하고자 하는 인류의 호기심을 불러일으키는 대상이다. 처음에는 미신이 그런 모든 경이로운 현상을 신들의 직접적인 영위로 돌림으로써, 그 호기심을 만족시키려고 했다. 나중에는 철학이 신들의 영위보다 더욱 현실적인 여러 원인, 즉 인류가 그보다 더 잘 알고 있는 여러 원인에서 그런 현상을 설명하려고 노력했다. 그런 대(大) 현상은 인간의 호기심의 첫 번째 대상이므로, 그것을 설명하고자 하는 과학*[108]도 당연히 최초로 개발된 학문*[109] 분야였을 것이 틀림없다. 따라서 역사가 무언가의 기록을 남긴 최초의 학자는 자연철학자였던 것 같다.

---

*105 프란체스코 페트라르카(Francesco Petrarca, 1304~1374)와 마르실리오 피치노(Marsilio Ficino, 1433~1499) 등 이탈리아 르네상스의 인문학자(humanist)들. 스미스는 페트라르카의 시집과 피치노 판 플라톤 전집을 가지고 있었다.

*106 초판에서는 '자연히'.

*107 초판에서는 '필연적으로'.

*108 과학(science)는 '학문'으로 번역되기도 한다.

*109 철학(philosophy)은 '학문'으로 번역되기도 한다.

세계의 어느 시대, 어느 나라에서도, 사람들은 서로 타인의 성격과 의도와 행위에 관심을 기울여 왔을 것이고, 또 인간의 생활을 이끌어 주는 수많은 정평 있는 규칙과 격언들이 일반적인 합의에 의해 정해져 승인받아 왔을 것이다. 글을 쓰는 것이 널리 퍼지게 되자 곧, 현인들 또는 스스로 현인이라고 생각하는 사람들은, 당연히 세상에 널리 유행하거나 존중받고 있는 격언의 수를 늘리거나, 적절하거나 부적절한 행동에 대한 자신의 의견을 표현하려고 노력했을 것이다. 그리하여 어떤 때는 이솝 이야기*110처럼 우화라고 하는 약간 공을 들인 형태로, 또 어떤 때는 솔로몬*111의 금언, 테오그니스와 포킬리데스*112의 시구(詩句), 헤시오도스의 저작*113의 일부 같은, 경구(警句 : 삶에 대한 느낌이나 생각을 간결하게 표현한 구) 또는 명언이라는, 더욱 간명한 형태가 채택되었다.

그들은 그런 방법으로 오랫동안, 그저 신중한 사려와 도덕에 대한 격언의 수를 계속 늘렸을지는 모르지만, 그런 것을 뭔가 매우 명확하고 질서 정연한 순서로 배열하려는 시도도 하지 않고, 하물며 하나 또는 그 이상의 일반원리로 이어 붙여서, 자연적인 원인에서 결과를 도출할 수 있듯이, 그 원리에서 그런 것을 모두 도출할 수 있도록 하려는 시도는 물론 하지 않았다. 소수의 공통원리로 결합된 다양한 관찰의 체계적인 배열의 아름다움이, 자연철학의 체계를 지향한 고대의 미숙한 여러 논문에 처음으로 나타났다. 그런 것은 나중에 도덕에 있어서도 시도되었다. 일상생활의 격언은, 자연 현상을 배열하고 결합하기 위해 시도한 것과 같은 방법으로, 어떤 질서 정연한 순서로 배열되어 소수의 공통원리로 결합되었다. 그런 결합원리를 탐구하고 설명한다고 자임하는 학문이 도덕철학이라고 부를 수 있는 학문이다.

여러 저자들이 자연철학과 도덕철학을 함께 다양하게 체계화했다. 그러나 그들이 그런 것의 다양한 체계의 지주로 삼은 논의는, 항상 논증이기는커녕

---

*110 이솝(Aesop, Aesopus, 기원전 620?~564)은 사모스 섬(그리스)의 노예로, 수많은 우화의 작자로 유명하다.

*111 솔로몬(Solomon)은 기원전 10세기의 이스라엘 왕으로, 성서 외전의 하나인 《솔로몬의 지혜》가 있다.

*112 테오그니스(Theognis, 기원전 ?~?)는 메가라(그리스)의 시인. 포킬리데스(Phocylides, 기원전 ?~?)는 밀레토스(그리스)의 시인. 둘 다 기원전 544~541년경에 활약한 인물.

*113 헤시오도스(Hesiodos)는 그리스에서 가장 오래된 시인으로, 호메로스와 함께 서사시의 선구자로 알려져 있다. 《신통기(神統記)》와 《노동과 나날》이 남아 있다.

고작해야 아주 적은 개연성밖에 없는 경우가 흔하고, 때로는 일상어의 부정확함과 애매함 외에는 아무런 근거도 없는 궤변에 지나지 않았다. 사변적인 여러 체계는 세계의 어느 시대에도 가장 사소한 금전상의 일에 대해, 상식 있는 사람의 판단을 결정하기에는 너무나도 하찮은 이유로 채용되어 왔다. 터무니없는 궤변이 인류의 의견에 조금이나마 영향을 끼친 일은 거의 없지만, 철학이나 사변(思辨 : 경험에 의하지 않고 순수한 사유만을 통하여 인식에 도달함)의 문제에 대해서는 달라서, 그것에 대해서는 때때로 가장 큰 영향을 끼쳐 왔다.

자연철학과 도덕철학 각각의 체계에 대한 옹호자들은, 당연히 자신들의 체계와 반대되는 체계를 유지하기 위해 원용(援用)되는 논의의 약점을 폭로하려고 애썼다. 그런 논의를 검토하면서, 그들은 필연적으로 개연적인 논의와 논증적인 논의, 잘못된 논의와 결정적인 논의의 차이를 생각하게 되었다. 이런 음미가 낳은 고찰에서 논리학, 즉 추론의 양부(良否)에 대한 일반원리의 과학이 태어났다. 그 기원은 물리학과 윤리학에 뒤쳐졌지만, 논리학은 고대의 철학학교의, 분명히 전부는 아니지만 대부분에서, 그런 과학의 어느 것보다 먼저 배우는 것이 통례였다. 학생은 그토록 중요한 과목에 대해 추론하게 되기 전에, 뛰어난 추론과 그릇된 추론의 차이점을 충분히 이해해 두어야 한다고 생각했던 것 같다.

학문을 세 부문으로 나누는 이 고대의 분류법은, 유럽 대부분의 대학에서 다섯 부문으로 분류하는 다른 방법으로 대체되었다.

고대 철학에서는, 인간 정신이든 신이든 그 본성에 대해 배우는 것은 모두 물리학 체계의 일부가 되어 있었다. 그런 존재는 그 본질이 무엇으로 상정되었든, 우주라는 거대한 체계의 일부분이며, 가장 중요한 결과를 낳는 부분이기도 했다. 인간의 이성이 그런 것에 대해 무엇을 결론 또는 추론할 수 있었든, 그것은 모두 우주라는 거대한 체계의 기원과 회전을 설명한다고 자임하는 과학의, 이른바 두 개의 장(章), 다만 두 개의 의심할 여지없이 매우 중요한 장을 구성하고 있었다. 그러나 유럽의 대학에서는, 철학은 신학에 종속하는 것으로밖에 가르칠 수 없었기 때문에, 이런 두 장이 이 과학의 다른 어느 장보다 상세하게 다뤄진 것은 당연한 일이었다. 그것은 차츰 더욱 확대되어 많은 하위의 장으로 갈라져 나갔고, 결국은 그토록 조금밖에 알 수 없는 영(靈)에 대한 학설이, 그토록 많은 것을 알 수 있는 물체에 대한 학설과 같은 자리를 철학 체계 속에서 차지하게 되었다.

그 두 가지 주제에 대한 학설은 두 가지의 다른 학문이 되는 것으로 생각되었다. 형이상학 또는 영학(靈學)*114이라고 하는 것이 물리학으로 대체되고, 두 가지의 학문 가운데 더 고상할 뿐만 아니라, 특정한 전문직을 위해서는 더 유용한 것으로서 학습되었다. 실험과 관찰에 어울리는 과목이며, 세심한 주의에 의해 그토록 많은 유용한 발견을 할 수 있는 과목은 거의 완전히 무시되었다. 소수의 매우 단순하고 거의 명백한 진리를 제외하고는, 아무리 세심한 주의를 기울여도 모호함과 불확실함 외에는 아무것도 발견하지 못하고, 따라서 아직 말초적인 것과 궤변 외에는 아무것도 나올 수 없는 주제가 활발하게 학습된 것이다.

그 두 가지 학문이 이렇게 하여 대체되었을 때, 양자의 비교는 자연히 제3의, 존재론이라는 학문, 즉 다른 두 가지 학문의 어느 쪽의 주제와도 공통되는 성질과 속성을 다루는 학문을 탄생시켰다. 그러나 말초적인 것이나 궤변이 스콜라 철학자들*115의 형이상학 또는 영학의 대부분을 이루고 있었다면, 그것은 존재론이라는 이 거미줄 학문*116의 모든 것을 이루고 있었고, 이 학문도 때로는 마찬가지로 형이상학이라고 불렸다.

단순히 개인으로서뿐만 아니라 가족·국가, 거대한 인류사회의 일원으로 생각한 경우에, 인간의 행복과 완성은 무엇인가 하는 것은, 고대의 도덕철학이 연구하고자 한 대상이었다. 그 철학에서는 인간생활에 대한 여러 가지 의무는 인간생활의 행복과 완성의 수단으로 다루어졌다. 그런데 자연철학뿐만 아니라

---

*114 영학(靈學, pneumatic)은 기학(氣學)이라고 번역되는 경우가 있는데, 정신과 생명원리에 대한 고대 말기의 학문이다. 명칭만은 살아남았고 애덤 퍼거슨이 이 학과의 교수였다.

*115 스콜라 철학자들(the schools)이란, 중세유럽에서 그리스도교 신학을 유지하기 위해 구축된 스콜라 철학의 학자들.

*116 거미줄 학문(cobweb science)은 두 가지 뜻으로 이해할 수 있다. 하나는 문단 앞에서 존재론이라는 학문이 두 가지 학문의 비교의 결과로 탄생된 것이며, 두 가지 학문 모두의 주제와도 공통이 되는 성질과 속성을 다룬다고 언급하고 있다. 그물처럼 엮여 있는 거미줄(cobweb)의 모습에서 존재론이라는 학문은 선행하는 두 학문의 주제와 공통성이 있는, 거미줄처럼 엮여 있는 학문, 두 학문과 별개의 것으로 생각할 수 없는 학문이라는 뜻. 두 번째는 cobweb이라는 낱말의 사전적 정의 가운데에는 '실체가 없는[비실제적인] 것'이라는 뜻이 있다. 사람 눈에는 보이지 않는 실체가 없는 '존재'라는 것을 다루는 학문이기 때문에 공리공론으로 흐를 수 있어서 현실과는 거리가 먼 학문이라는 뜻.

도덕철학도 신학의 단순한 수단으로 가르칠 수 있게 되자, 인간생활의 여러 의무는 주로 내세의 행복의 수단으로 다루어졌다. 고대의 철학에서는, 덕의 완성은 덕의 소유자에 대해, 현세에서의 가장 완전한 행복을 필연적으로 가져다 주는 것으로 표현되었다. 근대 철학에서는, 그것은 일반적으로 또는 거의 언제나, 이 세상의 어떤 행복과도 양립하지 않는 것이라고 때때로 말해 왔고, 천국은 인간의 자유롭고 너그러우며 생기 가득한 행동에 의해서가 아니라, 참회와 금욕, 수도승의 인내와 비하(卑下)에 의해서만 획득되어야 하는 것이었다. 결의론(決疑論)*117과 금욕 도덕론이, 대개의 경우, 스콜라 철학자들의 도덕철학의 대부분을 만들어 냈다. 철학의 다양한 부문 전체에서 매우 중요한 부문이, 이렇게 하여 매우 타락한 부문이 된 것이다.

따라서 유럽 대부분의 대학에서 가르치는 철학 교육의 일반적인 과정은 다음과 같은 것이었다. 논리학을 가장 먼저 가르치고, 두 번째로 존재론을 가르친다. 인간의 영혼 및 신의, 본성에 관한 학설을 다루는 영학이 세 번째였다. 네 번째로는 도덕철학의 타락한 체계가 이어지는데, 이것은 영학의 여러 학설, 인간 영혼의 불멸, 신의 정의로부터 내세에서 기대할 수 있는 상벌과, 직접 결부된 것으로 여겨지고 있었다. 물리학의 간단하고 표면적인 체계가 보통, 이 과정의 마지막이 되어 있었다.

유럽의 여러 대학이 이렇게 하여 고대의 철학 과정에 도입한 변경은, 모두 성직자의 교육을 의도한 것이었고, 또 그 과정을 신학 연구에 대한 더욱 적합한 서론으로 만들기 위한 것이었다. 그러나 세세한 논의와 궤변의 양이 늘어난 것과, 그런 변화가 가져다 준 결의론이나 금욕 도덕론은, 이 학문을 신사나 세속적인 사람*118의 교육에 더욱 적합한 것으로 하거나, 이해력을 개선하고 마음을 교정할 가능성을 높이지 못한 것은 확실하다.

철학의 이 과정은 유럽 대학의 대부분에서 아직도 계속해서 가르치고 있는데, 얼마나 심혈을 기울여 가르치고 있는지는 각 개별 대학의 제도가 교사들에게 있어서 부지런한 노력을 얼마나 불러일으키고 있는가에 달려 있다.

---

*117 결의론(決疑論, casuistry)은 도덕의 일반원칙을 개별적인 사례에 어떻게 적용할 것인지를 구명하는 학문.

*118 신사나 세속적인 사람(gentlemen or men of the world)이라는 표현으로, 스미스는 농촌과 도시의 대비, 또는 도시 속의 교양층과 실업가의 대비를 생각했던 것으로 보인다.

가장 부유하고 기부재산이 가장 많은 대학에서는, 지도교사가 이 타락한 과정의, 맥락도 없는 매우 적은 단편들을 가르치는 것에 만족하고 있고, 게다가 그것조차 그들은 매우 불성실하게 표면적으로 가르치고 있는 것이 보통이다.

근대에 철학의 몇몇 부문에서 이룩된 진보 가운데, 어떤 것은 확실히 대학에서 이룩되었으나 대부분은 그렇지 않았다. 그런 개선이 이루어진 뒤, 대부분의 대학은 그것을 적극적으로 채용하려고 하지도 않았다. 그런 학자 그룹의 몇몇은 타파된 체계와 시대에 뒤떨어진 편견이 세계의 모든 곳에서 쫓겨나 버린 뒤에도, 오랫동안 그런 것이 방벽과 보호를 제공해 줄 수 있는 성역으로 남는 길을 선택한 것이다. 일반적으로 말해, 가장 부유하고 기부재산이 가장 많은 대학은 그런 개선을 채용하는 데 가장 느리며, 기존 교육기획의 대폭적인 변경을 용인하는 것을 가장 싫어했다. 그런 개선은 비교적 가난한 일부 대학에 더 쉽게 도입되었다. 그런 대학의 교사는 자신들의 생계를 대부분 자신들의 명성에 의존하고 있기 때문에, 세상에서 실제로 형성되고 있는 견해에 더욱 많은 관심을 기울이지 않을 수 없었던 것이다.

그러나 유럽의 공립학교와 대학은, 본디는 어떤 특정한 전문직, 즉 교회인의 교육만을 의도하고 있었고, 또 그 전문직에 필요하다고 생각되었던 학문에 대해서조차, 학생의 교육에 반드시 항상 매우 열심이었던 것은 아니지만, 차츰 다른 거의 모든 사람들, 특히 거의 모든 상류층과 재산가의 교육을 맡게 되었다. 유년 시절과, 세상의 실무, 즉 남은 생애를 통해 종사할 업무에 본격적으로 뛰어드는 시기 사이의 긴 공백을 조금이라도 유익하게 보내는 데, 그것보다 좋은 방법은 떠올리지 못한 것 같다. 그러나 학교와 대학에서 가르치고 있는 것의 대부분은 그런 업무에 가장 적절한 준비라고 생각되지 않는다.

잉글랜드에서는 젊은이가 학교를 졸업하면 대학에 보내지 않고 외국 여행을 보내는 것이, 날이 갈수록 유력한 관습이 되어 가고 있다. 우리의 젊은이들은 일반적으로 그 여행을 통해 크게 발전하여 귀국한다고들 말한다. 17세나 18세에 외국에 나가 21세에 귀국하는 젊은이는, 외국에 나갈 때보다 서너 살 나이를 더 먹어서 돌아오는데, 그 나이에서는 3, 4년 만에 상당히 발전하지 않으면 매우 곤란하다. 여행하는 동안 그는 일반적으로 한두 가지 외국어에 대해 어느 정도 지식을 습득하지만, 그 지식이 그런 외국어를 정확하게 얘기하고 쓸 수 있는 정도인 경우는 거의 없다. 그 밖의 면에서는, 만일 국내에서 지냈을 경우에 그런 단기간에 충분히 변화할 수 있는 것보다, 자만심은 더욱 강해지고, 무절제하고 방탕해지는 등 연구나 업무에 착실하게 종사할 수 없게 되어 귀국하는 것이 보통이다. 그토록 어린 나이에 외국 여행을 함으로써, 부모와 친척의 감독과 규제가 미치지 않는 먼 곳에서 인생의 가장 소중한 시간을 가장 하잘 것 없는 방탕으로 낭비하고, 그 이전의 교육으로 습득하고 있었을지도 모르는 유익한 습관은, 완전히 몸에 배어 자기 것이 되기는커녕 거의 필연적으로 모두 약해지거나 사라진다. 인생의 그 이른 시기에 여행을 하는 매우 어리석은 관행이 호평을 얻을 수 있었던 것은, 바로 대학이 스스로 달게 받아들인 세상의 악평 때문이었다. 자신의 아들을 국외로 보냄으로써, 아버지는 직업도 없이 무시당하며 자기 눈앞에서 파멸해 가는 아들이라고 하는, 도저히 참고 봐주기 힘든 존재로부터 적어도 한동안은 해방되는 셈이다.

근대의 교육시설 가운데 몇 가지의 효과는 위와 같은 것이었다.

다른 시대, 다른 국민에게는, 교육을 위한 다양한 방법과 다양한 시설이 있었던 것 같다.

고대 그리스의 여러 공화국에서는, 자유시민은 누구나 공공관리의 지휘 아래 체육과 음악 교육을 받았다. 체육으로 의도한 것은 그의 몸을 단련하고, 용기를 키우며, 전쟁의 피로와 위험에 대비하는 것이었다. 그리스의 민병은 모든 점에서 이제까지 세계에 존재했던 가장 뛰어난 민병의 하나였으므로, 그들의 공교육의 이 부문은 소기의 목적에 완전히 적합한 것이었음이 확실하다. 또 하나의 부문인 음악으로 의도한 것은, 적어도 이 제도에 대해 우리에게 설명해 주고 있는 철학자와 역사가들에 의하면, 인간다운 정신을 함양하고, 우아한 기질을 기르고, 공사 양면의 생활에서 모든 사회적 도덕적 의무를 수행하고자 하는 마음을 갖게 하는 것이었다.

고대 로마에서는 마르스 들판에서의 훈련이, 고대 그리스의 김나지움에서의 훈련과 같은 목적에 대응하는 것으로, 양쪽 다 그 목적을 이룩한 것 같다. 그러나 로마인들에게는 그리스인의 음악 교육에 해당하는 것은 없었다. 그러나 공사(公私) 어느 생활에서도, 로마인의 도덕은 그리스인의 도덕에 못지않을 뿐만 아니라, 전체적으로 그것을 상당히 능가했던 것으로 생각된다. 사생활에서 뛰어났다는 점에 대해서는 양 국민에 대해 잘 알고 있는 두 사람의 저자 폴리비오스와 할리카르나소스의 디오니시오스*[119]의 명백한 증언이 있고, 또 그리스사와 로마사의 전체적인 분위기는 로마인의 공중도덕이 뛰어났다는 것을 입증하고 있다. 서로 싸우는 여러 당파가 평정하게 절도를 유지하는 것은 자유민의 공중도덕 중에서도 가장 기본적인 사항으로 생각된다. 그러나 그리스인들의 여러 당파는 거의 언제나 난폭하고 피비린내 나는 것이었음에 비해, 로마인들 당파는 그라쿠스 형제*[120]의 시대까지는 전혀 피를 흘린 적이 없었고, 또 그라쿠스 형제 시대부터, 로마 공화국은 사실상 해체한 것으로 생각해도 무방할 것이다. 따라서 플라톤·아리스토텔레스·폴리비오스 같은 매우 훌륭한 권위가 있었음에도 불구하고, 또 몽테스키외가 매우 교묘한 이유에서 그런 권위를 지지하려고 애썼음*[121]에도 불구하고, 그리스인의 음악 교육이 그들의 도덕을 향상시키는 데 별다른 효과를 가져다 주지 않았던 것은 확실한 것 같다. 그것은, 일부러 그런 교육을 하지 않았어도 로마인의 도덕이 전체적으로 훌륭했기 때문이다.

고대의 현인들은 조상의 제도에 대한 존경심 때문에, 그런 사회의 가장 이른 시기부터 상당한 정도의 세련에 이른 시대까지 끊이지 않고 계속되어 온, 아마도 오랜 관습에 지나지 않는 것 속에서, 많은 정치적 지혜를 발견해내고 싶었던 것일 것이다. 음악과 춤은 거의 모든 야만민족의 커다란 오락이고, 누구든지 자신의 동료를 대접하는 데 어울리는 것으로 상정되고 있는, 큰 소양이다. 아프리카 연안의 흑인들에게는 오늘날에도 여전히 그러하다. 고대 켈트인들도, 고대 스칸디나비아인들도, 그리고 호메로스한테서 배울 수 있듯이 트

---

* 119 폴리비오스(Polybius, 기원전 200?~118?)는 고대 그리스의 역사가로, 고대 로마가 지중해 패권을 장악하면서 세계를 지배하는 강대국으로 자리잡게 되는 시절(기원전 220년~기원전 167년)의 역사를 중심으로 다룬 《역사》라는 저작을 썼으며, 할리카르나소스의 디오니시오스(Dionysius of Halicarnassus, 기원전 60? ~ 기원전 7)는 로마에 거주한 그리스 역사가이자 수사학 교사로 신화시대부터 제1차 포에니 전쟁 초기까지의 로마 역사를 다룬 《로마사》를 썼다.
* 120 그라쿠스 형제(Gracchi)란, 티베리우스 셈프로니우스 그라쿠스(Tiberius Sempronius Gracchus, 기원전 163~133)와 가이우스 셈프로니우스 그라쿠스(Gaius Sempronius Gracchus, 기원전 153 ~121) 형제로, 로마 귀족, 인권과 정치가. 형은 암살되고 동생은 자살했다. 이에 의해 고대 로마의 정치사에 살인이 도입되었다고 한다.
* 121 몽테스키외는 《법의 정신》 제1부 제4편 제8장에서, 플라톤·아리스토텔레스·폴리비오스가 그리스인의 습속과 국가제도에 음악이 미친 영향에 대해 주장한 내용을 소개했다.

로이 전쟁 전의 고대 그리스인들도 그러했다. 그리스의 여러 종족이 소공화국을 형성했을 때, 그런 소양의 연구가 오랫동안 국민의 일반적인 공교육의 일부였던 것은 당연한 일이었다.

젊은 사람들에게 음악과 군사 훈련을 가르친 교사들은, 로마에서도, 또 그 법률과 습관을 우리가 가장 잘 알고 있는 그리스 공화국의 아테네에서조차도, 국가에서 보수를 받는 일도, 국가에서 임명을 받는 일조차도 없었던 것 같다. 국가는 모든 자유시민에게, 전시에 그 방위에 임할 수 있는 준비를 하고, 그것을 위해 군사 훈련을 습득할 것을 요구했다. 그러나 국가는 자유시민 자신이 알아서 교사를 찾아내어 그것을 습득하도록 내버려두었고, 국가가 그 목적을 위해 제공한 것은, 시민이 훈련을 연습하고 실행할 공공 광장이나 연습 장소뿐이었던 것 같다.

그리스 공화국에서도 로마 공화국에서도 그 초기에는, 그 밖의 교육 부문은 읽기·쓰기와, 당시의 산술에 의한 계산의 습득이었던 것 같다. 비교적 유복한 시민은 이런 소양을 일반적으로 노예나 해방노예인 가정교사의 도움으로 가정에서 익혔고, 비교적 가난한 시민은 급료를 받고 직업으로서 가르치는 교사의 학교에서 익힌 듯하다. 그러나 교육의 그런 부분은 각 개인의 부모 또는 보호자의 배려에 완전히 맡겨져 있었다. 국가가 그들의 감독하고 지도하는 일은 결코 없었던 것 같다. 사실 솔론의 법전에 의하면, 부모가 뭔가 이익이 되는 상업이나 업무를 자녀들에게 가르치는 것을 등한시한 경우에는, 자녀들은 노령의 부모를 부양할 의무를 면제받았다.

철학과 수사학이 유행하게 되자, 더욱 세련되어져 상류층 사람들은 이런 유행의 학문을 가르치기 위해 자녀들을 철학자와 수사학자의 학교에 보내는 것이 일반적이었다. 그러나 그런 학교에는 공공의 원조가 없었다. 그런 학교는 그저 오랫동안 묵인되고 있었을 뿐이었다. 철학과 수사학에 대한 수요가 오랫동안 매우 적었기 때문에, 양쪽 모두 최초의 전문교사들은 한 도시에서 일거리를 계속 찾을 수가 없어서, 여기저기 장소를 옮기지 않으면 안 되었다. 엘레아의 제논*122·프로타고라스·고르기아스·히피아스, 그 밖의 많은 사람들이 그런 방법으로 생활했다. 수요가 늘어남에 따라, 철학학교와 수사학학교는 처음에

---

*122 엘레아의 제논(Zeno[n] of Elea, 기원전 490?~430)은 아리스토텔레스에 의해 변증법의 시조로 불린 철학자.

는 아테네에, 나중에는 다른 몇몇 도시에도 정착하게 되었다.

그러나 국가는 그런 학교 가운데 일부에 학생을 가르치기 위한 특정한 장소를 할당하는 것 이상의 장려는 하지 않았던 것 같고, 그것은 개인 기증자에 의해 이루어지는 경우도 있었다. 국가는 플라톤에게는 아카데메이아를, 아리스토텔레스에게는 리케이온*¹²³을, 스토아 학파의 창시자인 키티온의 제논*¹²⁴에게는 포르티코를 할당한 것 같다. 다만, 에피쿠로스*¹²⁵는 자기 집 정원을 자신의 학교에 유증했다. 하지만 마르쿠스 안토니누스*¹²⁶ 시대까지 교사는 누구든지, 공공으로부터 봉급을 받거나 자기 학생의 사례 또는 수업료에서 생기는 것 외에는 아무런 보수도 받지 않았던 것 같다.

루키아노스*¹²⁷에게서 알 수 있듯이, 이 철학을 좋아하는 황제가 철학교사들 가운데 한 사람*¹²⁸에게 준 장려금도 아마 그 당대에 끝났을 것이다. 졸업의 특권이라고 할 만한 것은 아무것도 없었고, 어떤 특정한 상업과 전문직에 종사하는 것을 허락받는 데 그런 학교 가운데 어디선가 배웠다는 사실은 필요하지 않았다. 그런 학교 자체의 유용성에 대한 평판이 학생들을 끌어들이지 못한 경우에, 법률은 누군가를 그곳으로 보내거나, 거기에 갔다고 해서 보수를 주지는 않았다. 교사는 자신의 학생들에 대한 관할권을 가지지 않았고, 젊은이의 교육의 일부를 맡은 자가, 덕성과 재능이 뛰어남으로 해서 반드시 젊은이들한테서 얻게 되는 자연적인 권위 외에는, 아무런 권위도 갖지 않았다.

로마에서의 민법 학습은 시민 대다수가 아니라, 몇몇 특정 귀족 가문*¹²⁹을

---

*123 아카데메이아와 리케이온은 스토아와 함께 아테네의 지명.

*124 키티온의 제논(Zeno[n] of Citt[Citium], 기원전 335~263)은 키프로스 출신 철학자로, 아테네의 스토아(주랑)에서 학교를 열었지만, 로마에서의 스토아파 학교는, 같은 건축양식인 바실리카 또는 포르티코에서 열렸다. 따라서 제논 자신의 학교가 포르티코에서 열린 것은 아니다.

*125 에피쿠로스(Epicurus, 기원전 341~270)는 고대 그리스의 철학자로, 아테네의 자기 집 정원에서 학교를 열었다.

*126 마르쿠스 안토니누스(Marcus Antoninus)는 로마 황제(161~180).

*127 루키아노스(Lucianus, 120~180)는 사모사타(바빌로니아) 출신의 철학자, 수사가(修辭家). 많은 대화편을 남겼다.

*128 '들 가운데 한 사람'은 제3판의 추가인데, 루키아노스에 의하면, 안토니누스는 철학의 각 학파에 거액의 하사금을 주었다고 하므로, '철학교사들' 그대로가 맞다.

*129 파트리키우스라고 불리는 귀족을 가리키는 것으로 생각된다. 공화국 전체에 걸쳐 그 가문 숫자는 50개를 넘지 않았다.

위한 교육의 일부였다. 그러나 법률에 대한 지식을 얻고 싶은 젊은이는, 갈만한 공립학교가 없었기 때문에, 친척이나 친구 가운데 법률을 알고 있다고 생각되는 사람들의 모임에 출입하는 것 말고는 법률을 공부할 방법이 없었다. 12표법*¹³⁰은 대부분 몇몇 고대 그리스 공화국의 법률을 모방한 것이기는 하지만, 고대 그리스의 어느 공화국에서도 법률이 하나의 학문으로까지 발전한 적은 없었다는 점은 한 마디 지적해 두고 싶다. 로마에서는 법률이 매우 일찍부터 하나의 학문이 되어 있었고, 그것에 대해 잘 알고 있다는 평판은 그런 시민들에게 상당한 명성을 가져다 주었다. 고대 그리스의 여러 공화국, 특히 아테네에서는, 일반적인 재판소는 많은 사람들, 따라서 무질서한 집단으로 구성되어 있었기 때문에, 그들은 때때로, 거의 제멋대로, 때로는 소란스러움과 당파심과 파벌 근성이 향하는 대로 판결을 내렸다. 부당한 판결이라는 불명예도, 그것이 500명, 1000명, 또는 1500명에게 나눠지면(그런 법정의 어떤 것은 그렇게 많은 사람들로 구성되어 있었다), 한 개인에게 그다지 무겁게 다가오지는 않는 법이다.

이에 반해 로마에서는, 중요한 재판소는 단 한 사람 또는 소수의 재판관에 의해 구성되었고, 특히 그 심리과정이 언제나 공개되었으므로 성급한 판결이나 부당한 판결을 내리면, 그들의 평판은 반드시 큰 영향을 받지 않을 수 없었다. 그런 법정은, 의심스러운 안건에서는 비난의 화살을 피하기 위해, 자연히 같은 재판소나 다른 재판소에서 재판을 한 재판관들의 판례(判例) 또는 선례를 방패막이로 삼았다. 판례와 선례에 대한 이런 배려가, 필연적으로 로마법을 오늘날까지 전해져 내려오는 질서 정연한 체계로 형성했고, 그와 같은 배려가 있었던 다른 나라의 법률에도 같은 효과를 미쳤다. 로마인의 품성이 그리스인보다 뛰어나다는 것은 폴리비오스와 할리카르나소스의 디오니시오스가 역설한 바이지만, 그 원인은 아마도 그런 저자가 이유로 들고 있는 어떤 사정보다도 로마의 재판소 조직이 뛰어나다는 점에 있었을 것이다. 로마인은 선서를 존중하는 점에서 특히 두드러졌다고 한다. 그러나 부지런하고 사정에 밝은 재판소에서만 선서하는 것이 일반적이었던 사람들이, 폭도와 같은 무질서한 집회에서 선서하는 사람들보다, 선서 내용에 훨씬 주의 깊은 것은 당연할 것이다.

---

*130 12표법(twelve tables)은 기원전 451~450년에 만들어진 로마에서 가장 오래된 법전.

그리스인과 로마인이 시민적 및 군사적 능력 양쪽에 있어서, 어느 근대 국민의 능력과 비교해도 결코 뒤떨어지지 않았다는 것은 쉽게 인정할 수 있을 것이다. 어쩌면 우리의 편견은 오히려 그것을 과대 평가하는 경향이 있다. 그러나 군사 훈련에 관한 것을 제외하면, 국가가 그런 위대한 능력을 형성하기 위해 힘들게 노력했다고는 생각되지 않는다. 왜냐하면, 그리스인의 음악 교육이 그것을 형성하는 데 매우 중요한 역할을 했다고 나는 믿고 싶지 않기 때문이다. 그러나 그런 국민의 상류층 사람들은, 그들의 사회 상황에서 보아 배워 두는 것이 필요하거나 편리한 각각의 인문학과 과학을 가르칠 교사를 찾을 수 있었다고 생각된다. 그런 교육에 대한 수요는, 수요가 항상 낳는 것, 즉 그것을 주는 재능을 낳았고, 또 무제한의 경쟁이 부추기지 않을 수 없는 대항 의식이 그 재능을 매우 고도의 완성으로 이끈 것 같다.

고대 철학자들은, 그들이 끈 주목(注目)이라는 점에서, 청강자의 의견과 주장에 대해 획득한 지배력에 있어서, 또 그런 청강자의 행동과 대화에 일정한 격조와 성격을 부여한 능력에 있어서, 근대의 어떤 교사들보다 훨씬 뛰어났던 것으로 생각된다.

근대에서는, 공적인 교사들의 부지런한 노력은, 그들을 그 개별적인 전문직에서의 성공과 명성으로부터 많든 적든 떼어 놓는 사정 때문에 조금은 손상된다. 그들의 봉급은 또, 그들과 경쟁하고자 하는 사적인 교사를, 상당한 장려금을 받고 장사를 하는 상인에 대해 장려금 없이 경쟁하려고 하는 상인과 같은 처지가 되게 한다. 만일 그가 자신의 재화를 거의 똑같은 값으로 판다면 그는 똑같은 이윤을 얻을 수가 없어서, 파산이나 파멸까지는 아니라 하더라도 적어도 가난하거나 거지나 다름없는 운명에 처할 것이 틀림없다. 그가 만일 자신의 재화를 훨씬 비싸게 팔려고 한다면, 매우 소수의 고객밖에 얻지 못할 것이고, 그로 인해 그의 처지는 그다지 개선되지 않을 것이다. 게다가 졸업에 의한 특권은 대부분의 나라에서, 지적 전문직에 있는 사람들, 즉 지적 교육을 필요로 하는 사람들의 압도적인 대부분에게 필요하거나 적어도 매우 편리한 것이다. 그러나 그 특권은 공적인 교사의 강의에 출석해야만 얻을 수 있다. 사적인 교사의 가장 유능한 교육을 아무리 열심히 받는다 해도, 그런 특권을 청구할 자격을 얻을 수는 없다.

대학에서 일반적으로 가르치고 있는 모든 과학의 사적인 교사들은, 근대에는 문필가 가운데 최하층에 속하는 것으로 흔히 여겨지고 있는 것은 이런 여러 가지 이유 때문이다. 실력 있는 사람이 종사할 직업으로서, 그것보다 굴욕적이고 불리한 것은 아마 거의 없을 것이다. 학교와 대학의 기부재산은, 이렇게 공적인 교사들의 부지런한 노력을 저해했을 뿐만 아니라 뛰어난 사적인 교사들을 거의 구할 수 없게 만든 것이다.

만일 공적인 교육시설이 없다면, 일정한 수요가 없는 학설 체계 또는 학문 분야, 즉 시대의 상황이 학습을 필요로 하거나, 유리하게 해 주고, 아니면 적어도 유행시키거나 하지 않는 학설 체계 또는 학문 분야를 가르치는 일은 없을 것이다. 사적인 교사는 유용하다고는 인정되고 있는 학문의, 이미 타파되고 시대에 뒤떨어진 체계 또는 궤변이나 허튼소리의 무익하고 현학적인 집적에 지나지 않는다고 널리 믿어지고 있는 학문을 가르쳐 보았자 결코 잘 될 리가 없다. 그런 학설 체계와 그런 학문 분야는 번영과 수입이 평판과는 거의 상관없고, 부지런함과는 전혀 상관없는 교육단체 외에는, 어디서도 살아남을 수가 없다. 만일 공적 교육시설이 없다면, 시대의 상황이 제공하는 가장 완전한 교육 과정을 부지런함과 능력으로 마친 신사가 세상이 나갔을 때, 신사와 세속적인 사람들 사이에서 오가는 대화의 어떤 공통 화제에 대해서도 완전히 무지한 일은 없을 것이다.

여성 교육을 위한 공공시설은 아무것도 없고, 따라서 그들의 교육의 통상적인 과정에는 무익한 것, 어리석은 것, 기괴한 것은 아무것도 없다. 그들은 부모와 보호자가 배울 필요가 있거나 배우면 도움이 된다고 판단한 것을 배우며, 그 밖의 것은 아무것도 배우지 않는다. 그녀들의 교육은 모든 부분이 명백하게 뭔가 유용한 목적을 지향하고 있다. 그들 몸의 자연적인 매력을 키우고, 그들의 정신을 겸손하고 신중하고 정숙하고 검소하게, 즉 한 집안의 주부에게 어울리게 하며, 또 그렇게 되었을 때는 거기에 어울리도록 행동하게 하는 것이다. 생애의 어느 시기에서나, 여성은 자신이 받은 교육의 모든 부분에서 어느 정도의 편의와 이익을 얻고 있다고 느낀다. 남성이 생애의 어느 시기에서든, 자신이 받은 교육 가운데 가장 힘들고 어려웠던 부분에서조차 약간의 편의와 이익을 이끌어 내는 일은 좀처럼 없다.

그러므로, 공공은 국민의 교육에 대해 배려해서는 안 되는 것인가 하고 묻는 사람도 있을지 모른다. 또는, 만일 어느 정도 배려를 해야 한다면, 국민의 다양한 계층 속에서, 교육의 다양한 부문 가운데 어디에 배려해야 하는가, 또 어떤 방법으로 배려해야 할 것인가.

어떤 경우에는, 정부가 아무 배려를 하지 않아도, 그 사회의 상태가 필연적으로 대부분의 개인을, 사회 상태가 필요로 하거나 용인할 수 있는 거의 모든 능력과 덕성을 자연히 자기 안에 형성하는 환경에 둔다. 그렇지 않은 경우에는, 사회의 상태가 대부분의 개인을 그런 환경에 두지 않아서 국민 대중이 거의 전적으로 부패하고 타락하는 것을 방지하기 위해, 정부의 뭔가의 배려가 필요하다.

분업이 진행됨에 따라, 노동으로 생활하는 사람들의 거의 대부분, 즉 국민 대부분의 직업은, 소수의, 때로는 한두 가지의 매우 단순한 작업에 한정된다. 그런데 대부분의 사람들의 이해력은, 필연적으로 그런 일반적인 일에 의해 형성된다. 일생을 소수의 단순한 작업의 수행에 소비하고, 그 작업의 결과 또한 아마 항상 똑같거나 거의 똑같은 사람은, 어려움을 없애기 위한 방법을 찾아내는 데 자신의 이해력을 발휘하거나 창의력을 발휘할 필요가 없다. 아예 그런 어려움이 생기지 않기 때문이다. 그래서 그는 자연히, 그런 노력의 습관을 잃어버리고, 일반적으로 인간으로서 최대한으로 어리석고 무지해진다. 정신의 활력을 잃음으로써, 그는 어떤 이성적인 대화를 즐길 수도, 거기에 참여할 수도 없을 뿐 아니라, 너그러운, 고귀함, 또는 부드러운 감정도 가질 수 없고, 그로 인해 사생활의 일반적인 의무에 대해서도 대부분 아무것도 정당한 판단을 내릴 수 없게 된다. 자기나라의 중대하고 광범한 이해에 대해 그는 전혀 판단을 내릴 수가 없으며, 자신이 그렇게 되지 않도록 하기 위해 매우 특별한 노력이 이루어지지 않는 한, 그는 전쟁이 일어나도 마찬가지로 자신의 나라를 방위할 수조차 없다.

그의 변화 없는 생활의 획일성이 자연히 그의 정신적 용기를 부패시켜, 병사의 불규칙하고 불안정하며 모험적인 생활을 혐오하게 만든다. 그것은 그 몸의 활력조차 부패시켜, 지금까지 교육받은 일 외에는 어떤 일에도 정신적으로 참을성 있게 자신의 체력을 사용할 수 없게 만들어 버린다. 자신의 특정한 직업에서 발휘되는 그의 재능은, 이렇게 하여 그의 지적·사회적·군사적인 덕성을 희생함으로써 획득되는 것으로 생각된다. 이것이 바로, 정부가 그것을 방지하기 위해 어느 정도 노력하지 않는 한, 개량되고 문명화한 모든 사회에서 노동

빈민, 즉 국민의 대부분이 필연적으로 빠지게 되는 상태이다.

보통 야만적인 사회라고 불리고 있는 수렵민이나 유목민의 사회에서는 사정이 다르고, 제조업의 개량과 대외 상업의 확대에 앞선 미개한 농경 상태에서의 농경민의 사회에서도 마찬가지로 사정이 다르다. 그런 사회에서는 각자의 다양한 직업을 통해, 사람들은 끊임없이 일어나는 어려움을 제거하기 위해, 자신의 능력을 발휘하고 방법을 발명하지 않을 수 없게 된다. 창의력은 활발하게 유지되고, 정신은, 문명사회에서 거의 모든 하층민들의 이해력을 마비시키는 것으로 생각되는, 졸고 있는 듯한 우매함에 빠지는 것을 억제할 수 있다. 그런 이른바 야만사회에서는, 이미 말한 것처럼 누구나 다 전사이다. 또 누구나 다 어느 정도 정치가이기도 하여, 사회의 이해와 사회를 통치하는 사람들의 행동에 대해 적절한 판단을 내릴 수 있다. 그들의 수장이 평시에는 얼마나 뛰어난 재판관인지, 전시에는 또 얼마나 뛰어난 지휘자인지, 그들의 한 사람 한 사람 거의 모두가 관찰을 통해 알고 있다. 분명히 그런 사회에서는, 더욱 문명화한 상태에서 소수의 사람들이 가끔 소유하고 있는, 진보되고 세련된 이해력을 획득하는 것은, 누구에게든 도저히 불가능한 일이다. 미개한 사회에서는, 각 개인의 일은 상당히 다양하지만, 사회 전체의 일은 그다지 다양하지 않다.

누구나 남이 하고 있고 할 수 있는 일은, 거의 모두 자신도 하거나 할 수 있다. 누구든지 상당한 정도의 지식과 재능과 창의력을 가지고 있지만, 뛰어날 정도로 가지고 있는 사람은 좀처럼 드물다. 그러나 보통으로 가지고 있는 정도라도, 그 사회의 단순한 일을 처리하는 데는 일반적으로 충분하다. 이에 비해 문명 상태에서는, 대부분의 개인의 직업에는 다양성이 거의 없지만, 사회 전체의 직업은 거의 한이 없을 정도로 다양하다. 이렇게 다양한 직업은, 자신은 특정한 직업을 가지지 않고 타인의 직업을 검토할 여가와 의향을 가지고 있는 소수의 사람들에게, 무한하게 다양한 관찰 대상을 제공한다. 그토록 다양한 대상을 관찰하는 것은, 필연적으로 그들의 정신에 무한한 비교와 결합을 가능하게 하고, 그들의 이해력을 특출할 정도로 날카롭고 포괄적인 것으로 만든다. 그러나 그런 소수 사람들이 어쩌다가 매우 특수한 처지에 처하지 않는 한, 그들의 큰 능력은 그들 자신에게는 명예로운 것일지라도, 그들 사회의 뛰어난 통치와 행복에는 매우 조금밖에 이바지하지 않을 것이다. 그런 소수 사람들의 큰 능력에도 불구하고, 국민 대중 속에서는, 인간의 성격 속의 고귀한 부분은 모두 크게 말살되고 소멸되어 버릴 것이다.

일반 민중의 교육은 아마, 문명화한 상업사회에서 어느 정도 지위와 재산이 있는 사람들의 교육보다 공공의 배려를 필요로 할 것이다. 어느 정도 지위와 재산이 있는 사람들이, 세상에서 두각을 나타내고 싶어서 특정한 사업이나 전문직, 상업에 종사하는 것은, 일반적으로 18세나 19세가 이후이다. 그들은 그때까지 대중의 존경을 얻거나, 또는 그것에 가까운 존재가 되기 위한 모든 교양을 익히거나, 적어도 나중에 익힐 수 있도록 준비하기 위한 충분한 시간을 가지고 있다. 그들의 부모와 보호자는 일반적으로, 그들이 그런 교양을 익히기를 희망하고 있고, 대부분의 경우, 그 목적을 위해 필요한 비용을 기꺼이 낸다. 그들이 언제나 꼭 적절한 교육을 받지 않는다 해도, 그들의 교육에 지출한 비용이 부족해서 그런 경우는 거의 없고, 그 비용의 사용법이 적절하지 않기 때문이다. 또 교사가 없어서 그런 경우도 거의 없고, 구할 수 있는 교사가 게으르고 무능하기 때문에, 또는 현재의 상황에서는 더 나은 교사를 구하기가 어렵거나 완전히 불가능하기 때문이다.

어느 정도 지위와 재산이 있는 사람들이 생애의 대부분을 바치는 직업 또한, 일반 민중의 직업처럼 단순하고 획일적인 것이 아니다. 그 대부분은 매우 복잡하여 손보다는 머리를 사용하는 일이다. 그런 직업에 종사하는 사람들의 이해력이, 사용법이 부족해서 둔해진다는 것은 거의 있을 수 없는 일이다. 뿐만 아니라, 어느 정도 지위와 재산이 있는 사람들의 직업이, 아침부터 밤까지 당사자를 괴롭히는 일인 경우는 거의 없다. 그들은 일반적으로 상당히 많은 여가를 가지고 있고, 그 동안 그들은 생애의 초기에 그 기초를 쌓아 두었거나, 아니면 다소나마 그것을 좋아하게 된 분야의 유익하거나 상식적인 지식을 통해 자기 자신을 완성시켜 갈 수 있다.

그러나 일반 민중의 경우에는 그렇지 않다. 그들에게는 교육에 투자할 시간이 거의 없다. 그들의 부모는 어린 시절에도 그들을 거의 부양할 수 없다. 그들은 일을 할 수 있는 나이가 되자마자, 생활비를 벌 수 있는 장사를 배우지 않으면 안 된다. 그 장사 또한, 일반적으로 단순하고 획일적인 것이어서 이해력을 발휘할 일이 거의 없고, 동시에 그들의 노동은 계속적이고 혹독하기 때문에, 뭔가 다른 것에 관심을 두거나, 또는 그러고 싶어도 그럴 여가가 거의 없어서 그런 생각이 거의 들지 않는다.

　그러나 어느 문명사회에서도 일반 민중은 어느 정도 지위와 재산이 있는 사람들만큼 교육을 받지는 않지만, 그래도 읽기·쓰기·계산 같은 교육의 가장 기본적인 부분은 아주 어린 시기에 익힐 수 있으므로, 가장 하급의 직업을 언젠가 훈련받을 사람들도 그런 직업을 가지기 전에 그것을 취득할 시간은 있는 것이다. 공공은 매우 적은 경비로, 거의 모든 국민에게, 교육의 그런 가장 기본적인 부분을 취득할 필요를 조장하고 장려하며, 나아가서는 의무화하는 것도 가능하다.

　공공은 교구 또는 관구마다 작은 학교를 설립하여, 일반적인 노동자도 지불할 수 있을 정도의 적은 보수로 어린이들이 배울 수 있도록 함으로써, 그 취득을 장려할 수 있다. 교사는 공공으로부터 보수의 전액이 아니라 일부를 받는데, 그 이유는 공공으로부터 전액을 받을 경우, 또는 주요 부분을 지불받을 경우에도, 곧 직무를 등한시하는 것을 배울 것이기 때문이다. 스코틀랜드에서는 그런 교구학교 제도가 거의 모든 일반 민중에게 글을 읽는 것을 가르치고, 또 그들 가운데 매우 많은 사람들에게 쓰기와 계산을 가르쳐 왔다.

　잉글랜드에서는 자선학교 제도가 이것과 같은 종류의 효과를 거두었지만, 스코틀랜드의 경우만큼 제도가 잘 보급되어 있지 않아서 그 효과도 그리 크게 보급되지는 않았다. 만일 그런 작은 학교에서 어린이들에게 읽기를 가르치는 책이, 일반적으로 그런 것보다 조금이라도 도움이 되고, 또 만일 일반 민중의 어린이들이 그곳에서 가끔, 그들에게 거의 아무런 도움도 되지 않는 어설픈 라틴어 대신 기하학이나 역학의 초보를 배운다면, 이 계층 사람들의 학예 교육은 아마 될 수 있는 한 완전한 것이 될 것이다. 일반적인 직업에서도 기하학과 역학 원리를 응용할 수 있는 기회가 전혀 없지는 않을 것이고, 따라서 가장 유용한 학문뿐만 아니라 가장 고상한 학문에도 필요한 기초지식인 그런 원리에 대해, 차츰 일반 민중을 훈련하고 계발하지 않는 일은 좀처럼 없을 것이다.

　공공은 교육 가운데 가장 기본적인 그런 부문에서 뛰어난 일반 민중의 어린이들에게, 소액의 상금이나 작은 배지를 줌으로써 그런 부문의 취득을 장려할 수 있다.

　공공은 각 개인에 대해, 어떤 동업조합의 조합원 신분을 취득하기 전, 또는 자치 촌이나 자치 시에서 어떤 직업을 가지는 것을 허가받기 전에, 교육의 그런 가장 기본적인 부문의 시험 또는 검정을 받는 것을 강제함으로써, 그 취득의 필요성을 거의 모든 국민에게 부여할 수 있다.

그리스와 로마의 여러 공화국이 제각기 시민들의 무용(武勇) 정신을 유지한 것은, 이렇게 하여 국민 전체에 대해 군사적·체육적 실기의 취득을 돕고, 장려하며, 나아가서는 그런 실기를 배울 필요성을 부여함으로써 가능했다. 그들 공화국은 그 실기를 학습하고 실습할 수 있는 일정한 장소를 지정하고, 또 일정한 교사들에게 그곳에서 가르칠 수 있는 특권을 줌으로써 그 실기의 취득을 지원했다. 그런 교사들은 봉급을 받는 일도, 뭔가의 배타적인 특권을 가지는 일도 없었던 것 같다. 그들의 보수는 모두 자신의 학생에게서 받는 것이었다. 또 공공의 김나지움에서 실기를 배운 시민은 개인적으로 배운 시민에 대해, 만일 후자가 마찬가지로 잘 학습하고 있다면 어떤 종류의 법적 특전도 가지지 않았다. 그들 공화국은 그 실기가 뛰어난 자에게 소액의 상금이나 배지를 줌으로써 그 취득을 장려했다. 올림피아·이스트미아, 또는 네메아*¹³¹의 경기대회에서 상을 받으면, 상 받은 사람뿐만 아니라 그 가족과 친척까지 유명해졌다. 모든 시민은 소집을 받으면 일정 연수 동안 공화국의 군인으로서 복무할 의무가 있었는데, 이 의무가 그런 실기를 취득할 필요성을 충분히 부여하고 있었고, 또 그것을 취득하지 않으면 군무를 견딜 수 없었다.

개량이 진보함에 따라, 군사 훈련의 실습은 정부가 적절한 대책을 취하여 그것을 지지하지 않는 한 차츰 쇠퇴하고, 그와 함께 국민 대중의 무용 정신도 쇠퇴한다는 것은, 근대 유럽의 실례가 충분히 증명하고 있다. 그러나 모든 사회의 안전 보장은 많든 적든 언제나 국민 대중의 무용 정신에 의존하지 않을 수 없다. 확실히 오늘날에는, 충분한 규율을 가진 상비군에 의해 지탱되지 않는 무용 정신만으로는, 아마 어떤 사회도 방위와 안전을 충분히 보장받을 수 없을 것이다. 그러나 모든 시민이 군인 정신을 지니고 있는 곳에서는, 확실히 비교적 소규모 상비군밖에 필요로 하지 않는다. 더욱이 그 정신은, 보통 상비군에 대해 우려하고 있는, 현실의 것이든 상상의 것이든, 자유에 대한 위험을 반드시 크게 감소시킬 것이다. 그 정신은, 외국의 침략자에 대한 군대의 작전

---

*131 올림피아·이스트미아(코린토 지협)·네메아는 고대 그리스에서 경기 제전이 열린 지명으로, 그 가운데 올림픽만 부활 계승되었다.

을 매우 하기 쉽게 할 것이고, 그것과 마찬가지로, 만일 불행하게도 군대가 나라의 기본 구조에 저항하는 움직임을 보이기라도 한다면, 그 활동을 저지할 것이다.

그리스와 로마의 고대 제도는, 국민 대중의 무용 정신을 유지하는 데 있어서, 근대의 이른바 민병이라는 제도보다 훨씬 더 효과적이었던 것으로 생각된다. 그것은 근대의 제도보다 훨씬 간단했다. 그것은 일단 확립되면 그 자체적으로 활동하며, 그것을 가장 완전하고 활발한 상태로 유지하는 데 정부의 배려는 거의 필요하지 않았다. 그런데 근대의 어떤 민병이든, 그 복잡한 규칙을 어떻게든 실시하게 하는 데만도 정부가 끊임없이 노력하는 배려를 하지 않으면 안 되며, 만일 그렇게 하지 않는다면 그런 규칙은 끊임없이 완전한 무시와 폐지를 향해 나아갈 것이다. 뿐만 아니라, 고대의 제도가 미친 영향은 훨씬 보편적이었다. 그 제도를 통해 국민 전체가 무기 사용법을 철저하게 배울 수 있었다. 그런데 아마 스위스의 민병*132을 제외한 근대의 어떤 민병의 규칙에 의해서도, 어쨌든 그렇게 배울 수 있는 것은 국민의 매우 적은 부분에 지나지 않았다.

그러나 겁쟁이, 즉 자신을 지킬 수도 없고 복수할 수도 없는 자는 명백하게 인간의 성격*133의 가장 기본적인 부분의 하나가 결여되어 있는 것이다. 그런 사람은 정신이 불완전하고 비뚤어져 있으며, 이는 몸의 가장 기본적인 무엇인가를 잃거나 쓸 수 없게 된 사람이 신체적으로 불완전하게 변형한 것과 마찬가지이다. 이 두 사람 가운데 명백하게 전자가 더 가련하고 비참하다. 왜냐하면 행복과 비참은 완전히 정신 속에 있고, 필연적으로 신체 상태보다 정신 상태가 건강한가 병들었는가, 불완전한가 완전한가에 크게 의존하기 때문이다. 국민의 무용 정신이 사회의 방위에 아무런 도움도 되지 않는다 하더라도, 두려움 속에 반드시 들어 있는 정신적인 결함·왜곡·비참함이 국민 대중에게 번지는 것을 방지하는 것은, 또한 정부가 가장 진지하게 배려해야 사항일 것이

---

*132 스위스의 민병은 민병론자 애덤 퍼거슨에게 있어서 감격의 대상이었다. 이 제도는 아직도 존속하고 있다. 퍼거슨은 《국부론》의 민병론에 편지로 반대했다(1776년 4월 18일).

*133 인간의 성격(the character of man)이라는 말에 스미스가 여성을 포함하고 있는지는 알 수 없다.

다. 그것은 나병*¹³⁴ 또는 그 밖의 무엇이든 꺼림칙하고 불쾌한 병이 치명적이지도 위험하지도 않다 하더라도, 그들 사이에 번지는 것을 방지하는 것이 정부가 가장 진지하게 배려해야 할 사항인 것과 같다. 그런 배려가 그토록 큰 공공적 해악을 방지하는 것 외에는 공공에 아무런 이익을 가져다 줄 수 없다 해도 마찬가지이다.

문명사회에 있어서, 모든 하층민들의 이해력을 그토록 자주 마비시키는 것으로 생각되는 엄청난 무지와 어리석음에 대해서도 같은 말을 할 수 있다. 인간의 지적 능력을 적절하게 사용할 줄 모르는 사람은, 가능하면 겁쟁이보다 더욱 경멸받아야 마땅하며, 인간의 본성이 지닌 성격의 매우 기본적인 부분이 불완전하고 비뚤어져 있는 것으로 생각된다. 하층민들의 교화를 통해 국가가 얻는 이익이 아무것도 없다 하더라도, 그들을 전혀 교화되지 않은 상태로 내버려두어서는 안 된다는 것은, 또한 국가가 배려해야 할 부분일 것이다. 그런데 사실은 그들의 교화에서 국가는 적지 않은 이익을 얻고 있다. 그들은 교화되면 될수록 무지한 국민들 사이에서 가장 무서운 무질서를 때때로 불러일으키는 열광과 미신의 유혹에 사로잡히는 일이 그만큼 줄어든다.

뿐만 아니라, 교화된 지적인 사람들은 무지하고 우둔한 사람들보다 항상 예의바르고 질서가 있다. 그들은 개개인이, 더욱 존경받고 있다고 느끼고 있고, 합법적인 윗사람들의 존중을 받기 쉬우며, 따라서 윗사람들을 존중하는 마음도 더 크다. 그들은 당파와 반대자들의 이해관계에 따른 불평을 검토하고자 하는 기분도 더 크고, 그 때문에 정부의 정책에 대해 독선적이거나 불필요한 반대를 하도록 오도되는 경향도 적다. 자유로운 나라에서는 정부의 안태는 국민이 정부의 행동에 대해 내리는 호의적인 판단에 의존하는 점이 매우 크기 때문에, 그것에 대해 그들이 성급하게, 또는 아무렇게나 판단할 마음이 들지 않게 하는 것은 확실히 가장 중요한 사항이다.

제3항 모든 나이의 사람들을 교화하기 위한 시설의 비용에 대하여
모든 나이의 사람들의 교화시설은 주로 종교상의 교화를 위한 것이다. 이것

＊134 나병(leprosy, lepra)은 현재는 한센병이라 불리고 있으며, 전염성은 매우 적다는 것이 밝혀졌지만, 중세 유럽에서는 불치의 전염병으로 두려워하여 병자는 시민권을 박탈당하고 격리되었다.

은 사람들을 현세에서 선량한 시민으로 만드는 것보다, 내세에서의 또 하나의 더 좋은 세상에 대비하게 하는 것을 목적으로 하는 교화이다. 이 교화를 내용으로 하는 교의의 교사들은, 다른 교사들과 마찬가지로 자신들의 생계를 수강자의 자발적인 기증에 의존할 수도 있고, 토지재산, 10분의 1세 즉 지조(地租), 정액의 봉급 즉 성직 급여 같은, 국가의 법률이 그들에게 수급 자격을 준 뭔가 다른 재원에서 이끌어 낼 수도 있을 것이다. 그들의 성실한 노력, 그들의 열의와 부지런함은, 전자의 경우가 후자의 경우보다 훨씬 큰 것 같다. 이 점에서 새로운 여러 종교의 교사들은, 지금까지의 국교의 여러 체계를 공격하는 데 있어서 언제나 상당히 유리한 입장에 서 왔다.

지금까지의 국교제도의 성직자는, 자신들의 성직 급여에 만족하고 있었으므로, 국민 대중 속에서 신앙과 헌신의 열의를 유지하는 것을 포기하고 있었고, 또 게으름에 빠져 있었기 때문에, 자신들의 기성(旣成) 제도에 대해서조차, 그것을 옹호하기 위해 활발하게 부지런히 노력하는 것이 완전히 불가능해져 있었다. 국교화되고, 기부재산도 많은 종교의 성직자는, 때때로 상류층으로서의 덕성, 또는 상류층의 존경을 얻을 수 있는 덕성을 모두 갖춘, 학식과 품위가 있는 사람이 된다. 그런데 그들은, 하층민에 대한 권위와 영향력을 그들에게 주고, 또 아마 그들의 종교적인 성공과 국교화의 본디의 원인이 되기도 한, 선악 양쪽의 자질을 차츰 잃어가기 쉽다. 그런 성직자는, 아마 우둔하고 무지하기는 해도 인기가 있고 대담한 열광자 집단의 공격을 받으면, 자신들이, 게으르고 나약하며 배불리 먹는 아시아 남부의 민족들이, 활달하고 용맹하며 굶주리고 있는 북방의 타타르인의 침공을 받았을 때처럼 완전히 무방비하다고 느낀다.

그런 성직자는, 그런 긴급사태 때는 세속의 위정자에게 호소하여, 자신들의 적대자를 공공 평화의 교란자로서 박해하고, 박멸하고, 몰아내 주기를 바라는 것 외에는 아무런 수단도 가지지 않는다. 로마 가톨릭의 성직자가 위정자에게 호소하여 신교도를 박해했을 때도 그랬고, 잉글랜드 국교회가 비국교도*135를 박해했을 때도 그랬으며, 일반적으로 모든 종파가 1세기나 2세기에 걸

---

*135 비국교도(Dissenters)는 영국 국교회에 반대하는(dissent) 프로테스탄트 종파들로, 가톨릭은 포함되지 않는다. 이런 종파는 대륙의 여러 종교개혁파(특히 칼뱅파)의 영향을 받았는데 (장로파·세례파·퀘이커 등), 스코틀랜드에서는 장로파 교회가 사실상 국교회 지위를 차지

처 일단 법률상의 국교로서 안전 보장을 누리고 나면, 그 교의와 규율을 공격해 오는 어떤 새로운 종파에 대해서도 활발하게 방위할 수 없다는 것을 자각했을 때도 그랬다. 그런 경우, 학식과 문필에서는 국교회 쪽이 뛰어날 때도 있을 것이다. 그러나 인기를 얻는 수단, 개종자를 획득하는 모든 수단에서는, 항상 그 반대파가 뛰어났다. 잉글랜드에서는 그런 수단은, 기부재산이 풍부한 국교회의 성직자에 의해 오랫동안 등한시되어 왔고, 현재는 주로 비국교도나 감리교도*[136]에 의해 육성되고 있다. 그러나 자발적인 기증, 신탁권, 그 밖의 탈법행위에 의해, 대부분의 지방에서 비국교도의 교사들*[137]을 위해 자립의 생계비가 주어지게 되었기 때문에, 그런 교사들의 열의와 활동이 크게 감퇴한 것 같다. 그들의 대부분은, 매우 학식이 높고 독창성이 있는 존경할 만한 사람들이되었지만, 일반적으로 매우 인기 있는 설교자는 되지 못했다. 감리교도는 비국교도의 반만큼도 학식이 없는데도, 그들보다 훨씬 호평을 받고 있다.

로마 교회에서는 하급 성직자의 부지런함과 열의는 이기심*[138]이라는 강력한 동기에 의해, 어느 프로테스탄트 국교 교회보다 활력을 유지하고 있다. 교구의 성직자는 대부분 생활비의 매우 큰 부분을 국민의 자발적인 기증에서 얻고 있고, 이 수입원은 참회에 의해*[139] 개량되는 기회가 많다. 탁발 교단은 그

하고 있기 때문에 고유의 의미의 비국교도는 잉글랜드밖에 존재하지 않는 셈이다.

*136 감리교도(Methodists)는 그리스도교 안의 종파로서는, 1729년에 존 웨슬리(John Wesley, 1703 ~1791)에 의해 옥스퍼드에서 시작된 것을 가리킨다. 그 원류는 대륙의 '모라비안' 운동이다. 스미스가 이 종파를 비국교도 속에 넣지 않은 것은 신흥 종파의 성격이 아직 확실하지 않았기 때문일 것이다. 그는 바로 뒤에 쓴 것처럼, 감리교를 민중파의 신앙 부활운동으로 보고 있었던 것 같다.

*137 비국교도의 교사들(dissenting teachers)의 한 전형은 조지프 프리스틀리(Joseph Priestley, 1733 ~1804)로, 그는 다벤트리의 비국교도 신학교에서 공부하고, 워링턴의 비국교도 신학교의 교사(1760~1767)였다. 단, 그는 잉글랜드 계몽사상의 대표자 가운데 한 사람이므로 스미스가 여기서 언급한 예에는 해당되지 않으며, 오히려 이런 종류의 신학교의 박봉(연봉 100 파운드) 때문에 비국교도 교회의 목사로 복귀한 점에서도, 반대의 예가 된다. 프리스틀리는 나중에 런던의 비국교도 신학교(해크니 칼리지)의 교사가 되는데, 그곳의 그의 전임자리처드 프라이스(Richard Price, 1723~1791)도 잉글랜드 계몽사상의 대표자 가운데 한 사람으로, 스미스의 장서 속에는 프라이스의 저서 7점, 프리스틀리의 저서 5점이 있었다는 사실이 알려져 있다.

*138 이기심(self-interest)라는 말은 여기에만 나온다. 자애심(self-love)이 두 번(제1편 제2장 처음), 이기적(selfish)이 세 번 나온다.

*139 참회(confesssion, 정역(定譯)은 고백)는 성직자에게 죄를 고백하는 것으로, 성직자에게는

모든 생계비를 그런 기증에서 얻고 있다. 그들에게는 어떤 군대의 경기병이나 경보병의 경우처럼 약탈하지 않으면 급여가 없는 셈이다. 교구 성직자는 보수의 일부는 봉급으로, 일부는 자신들의 학생들로부터 받는 수업료 또는 사례에 의존하는 교사와 같으며, 그 수업료 또는 사례는 많든 적든 항상 자신들의 부지런함과 명성에 의존할 것이 틀림없다.

　탁발 교단은, 생계가 오로지 자신들의 부지런함에 의존하는 교사와 비슷하다. 따라서 그들은, 일반인의 헌신을 부추길 수 있는 모든 방법을 사용하지 않을 수 없다. 성 도미니코와 성 프란체스코*[140]의 2대 탁발 교단의 설립은 마키아벨리가 설명하는 바*[141]로는, 13, 4세기에 가톨릭 교회의 스러져 가고 있던 신앙과 헌신을 부활시켰다. 로마 가톨릭 각국에서는, 헌신의 정신은 오로지 수도사와 가난한 교구 성직자에 의해 유지되고 있다. 교회의 명사들은 상류층으로서, 또 세속적인 사람으로서 모든 교양을 가지고, 또 때로는 학식자로서의 교양을 가지고, 아랫사람들에게 규율을 지키게 하는 정도의 관심은 기울이지만, 스스로 수고하여 국민을 교화하는 일은 좀처럼 없다.

　현대의 가장 유명한 철학자이자 역사가인 사람*[142]은 이렇게 말했다.

　"국가 안의 대부분의 기술이나 전문직은, 한편으로 사회의 이익을 촉진하면서 약간의 개인에게 있어서도 유용하거나 쾌적한 성질의 것이며, 그 경우 위정자가 항상 지켜야 하는 규칙은, 어떤 기술을 처음으로 도입하는 경우를 제외하고, 전문직을 그 자체에 맡기고, 그 장려는 그것의 혜택을 획득하는 개개인에게 맡기는 것이다. 수공업자는 고객의 성원에 의해 자신들의 이윤이 상승하기 때문에, 될 수 있는 대로 숙련과 부지런함을 증가시킨다. 그리고 사물이 무

수입원의 하나였다.

＊140 성 도미니코(Domingo de Guzman, Domenico, 1170?~1221)는 에스파냐 성직자로, 도미니코 교단 창시자. 성 프란체스코(Giovanni Francesco Bernardone, 1181?~1226)는 이탈리아 성직자로, 프란체스코 교단 창설자. 아시시의 프란체스코라 불린다. 또한 도미니코인지 도밍고인지는 이탈리아와 에스파냐에서의 읽는 방법의 차이에 의한다.

＊141 마키아벨리는 《로마사론》(Discorsi sopra la prima Deca di Tito Livio, Roma, 1531) 제3권 제1장에서, 프란체스코와 도미니코가 그리스도교를 본디의 모습으로 돌리고 존속시켰다고 말하고, 교단이 청빈에 만족한 것을 강조하고 있지만, 청빈에 대해서라면, 교회재산을 부정한 프란체스코를 들어야 할 것이다. 도미니코는 교회를 보호하는 쪽이었다.

＊142 데이비드 흄을 가리킨다.

분별한 간섭에 의해 교란되지는 않으므로, 상품이 언제나 수요와 거의 균형을 이루는 것은 항상 확실하다.

그러나 국가에 있어서 유용하고, 필요하기도 하면서, 어느 개인에게도 아무런 이익과 쾌락도 가져다 주지 않는 직업도 몇 가지 있으므로, 최고 권력은 그런 전문직 보유자에 대해서는 취급을 변경하지 않을 수 없다. 그것은 그들을 존속시키기 때문에, 그들에게 공적 장려를 주지 않으면 안 되며, 그들이 자연히 빠질 게으름에 대해, 그 전문직에 특별한 명예를 부여하거나, 복잡한 신분의 계층 관계와 엄격한 종속 관계를 설정하거나, 또는 뭔가 다른 편법을 통해 대처해야 한다. 재정(財政)이나 함대나 행정*143에 종사하는 인물이 이 부류의 예이다.

얼핏 보아 교회인은 첫 번째 종류에 속하며, 그들에 대한 장려는 법률가와 의사에 대한 것과 마찬가지로, 그들의 교의에 귀의하고 그들의 정신적 봉사와 원조에서 은혜와 위안을 얻고 있는 개인의 넉넉한 인심에 안심하고 맡겨도 된다고, 당연히 생각될지도 모른다. 그들의 부지런함과 배려는, 그런 추가적 동기에 의해 틀림없이 자극을 받을 것이고, 그들의 전문직에서의 숙련도, 사람들의 마음을 움직이는 화법과 함께, 실천과 연구와 열의의 증대에 의해 나날이 증대할 것이 분명하다.

그러나 만일 우리가 이 문제를 더욱 면밀하게 고찰한다면, 성직자의 이런 이해관심에서 오는 부지런한 노력은, 현명한 입법자라면 누구라도 막으려고 노력한다는 것을, 우리는 알게 될 것이다. 왜냐하면, 참된 종교가 아닌 어떤 종교에 있어서도 그것은 매우 유해하며, 게다가 참된 종교에 미신, 어리석은 행동, 망상이 짙은 혼합물을 주입함으로써, 그것을 그릇된 길로 밀어 넣는 자연적인 경향마저 가지고 있기 때문이다. 심령술사는 누구든지, 자신에게 귀의하는 자의 눈에 자신이 더욱 고귀하고 신성한 존재로 보이게 하기 위해, 다른 모든 종파에 대한 가장 강렬한 혐오를 그들에게 불어넣고, 자신의 청중의 느슨해진 신심을 뭔가 신기한 것으로 부추기려고 끊임없이 노력할 것이다.

주입받은 교의(敎義)에서는 진리와 도덕과 품위에 아무런 주의도 기울이지 않을 것이다. 인체의 그릇된 애착에 가장 잘 어울리는 신조라면 무엇이든 쓰

---

*143 흄의 원문에서는 '재정·군대·함대'.

일 것이다. 어떤 비밀 집회에도 민중의 감정이나 경신(輕信)을 이용하는 온갖 수단에 의해 고객이 밀려들 것이다. 그리고 마침내, 위정자는 사제의 정수입(定收入)을 부담하지 않아도 되었던 절약에 대한 자부심이 비싸게 들었음을 알 것이고, 실제로는, 영적 지도자들에 대해 할 수 있는 가장 고상하고 유리한 타협은, 그 전문직에 정수입을 할당함으로써 그들의 게으름을 매수하여, 그들의 양 떼가 새로운 풀밭을 찾아 헤매는 것을 저지하는 것을 넘어서 적극적이 되는 것은 무익하다고 생각하게 하는 것임을 알게 될 것이다. 이렇게 하여 교회의 정수입은, 처음에는 종교상의 견지에서 시작되는 것이 통례였지만, 결국은 사회의 정치적 이해관심에 있어서 유리하다는 사실이 밝혀지는 것이다."*144

　그러나 성직자에게 독립된 급여를 준 결과가 좋았든 나빴든, 그런 결과까지 생각하여 그것이 그들에게 주어진 일은 아마 매우 드물었을 것이다. 격렬한 종교적 논쟁 시대는 일반적으로, 마찬가지로 격렬한 정치적 당파의 시대였다. 그런 경우에 각 정치적 당파는 서로 싸우는 종파 가운데 어느 것과 동맹을 맺는 것이 자신에게 이익이 된다고 생각하거나, 그렇게 알고 있었다. 그러나 그것은 그 특정한 종파의 신조를 받아들이거나 적어도 그것을 지지함으로써만 성립될 수 있었다. 승리한 당파와 운 좋게 동맹을 맺은 종파는, 필연적으로 그 동맹자의 승리의 분배를 얻고, 그 지지와 보호 덕분에 곧 모든 적대자를 어느 정도 침묵시키고 굴복시킬 수 있었다. 그런 적대자는 일반적으로 승리한 당파의 적과 동맹을 맺고 있었고, 따라서 그 당파의 적이었다. 이 특정한 종파의 성직자는, 그리하여 전장(戰場)의 완전한 지배자가 되고 국민 대중에 대한 영향력과 권위도 최고조에 이르렀기 때문에, 자신들의 당파의 영수와 지도자를 위압하고, 위정자에게 자신들의 의견이나 의향을 존중하게 할 만큼 강력했다.

　그들의 첫 번째 요구는 일반적으로, 그들의 적대자 전원을 그가 침묵시키는 것이고, 두 번째 요구는 그가 그들에게 독립된 급여를 주는 것이었다. 그들은 일반적으로 승리에 크게 이르렀기 때문에, 전리품의 몫을 조금 차지하는 것은 부당한 일이 아니라고 생각한 것이다. 게다가 그들은 국민의 비위를 맞추며 국민의 변덕에 자신들의 생계를 의지하는 것에 지쳐 있었다. 따라서 그것을 요

*144 흄 《잉글랜드사》 제29장 제2~5절.

구할 때 그들이 염두에 둔 것은, 그들 자신의 안락과 위안이었고, 장차 그것이 자기들 계층의 영향력이나 권위에 미칠 수 있는 결과에 대해서는 생각조차 하지 않았다. 위정자의 입장에서는, 이 요구에 응하려면 자신이 손에 넣거나 가지고 있고 싶은 것을 그들에게 주는 수밖에 없으므로, 그 수여를 탐탁하게 여기는 일은 드물었다. 그러나 몇 번이나 미루고 회피하거나 부자연스러운 변명을 한 뒤이기는 하지만, 항상 필요에 쫓겨 굴복하지 않을 수 없었다.

만일 정치가 결코 종교의 원조를 원하지 않고, 승리한 당파가 어떤 특정한 종파의 교의를 다른 종파의 신조 이상으로 채용하는 일이 결코 없었다면, 승리를 획득한 당파는 아마, 다양한 종파를 평등하고 공평하게 다루고, 누구나 자신의 마음이 가는 대로 자기 자신의 사제와 자기 자신의 종교를 선택하는 것을 허용했을 것이다. 그렇다면 의심할 여지없이 수없이 많은 종교상의 종파가 존재했을 것이다. 다양한 교도 집단의 거의 모두가 아마 각각 단독으로 작은 종파를 형성하거나 그 자신만의 독자적인 신조를 지녔을 것이다. 모든 교사들은 의심할 여지없이, 제자의 수를 유지하고 늘리기 위해 최대한의 노력과 모든 궁리를 다할 필요성을 절실히 느꼈을 것이다. 그런데, 다른 교사들도 모두 같은 필요성을 느꼈을 것이므로, 어떤 한 사람의 교사 또는 교사들의 한 종파가 두드러지게 큰 성공을 거두는 일은 아마 없었을 것이다. 종교상의 교사들의, 이해관심에 의한 적극적인 열의가 위험하고 성가신 것이 될 수 있는 것은, 그 사회에 단 하나의 종파밖에 허용되지 않은 경우나, 커다란 사회 전체가 두세 가지의 큰 종파로 나눠져 있고, 각 종파의 교사들이 일치하여 정연한 규율과 복종하에서 행동하는 경우뿐이다. 하지만, 그 사회가 200명이나 300명, 또는 2000명 내지 3000명이 되는 작은 종파로 갈라져 있고, 그 가운데 어느 하나도 공공의 평화를 교란시킬 만큼 유력할 수 없는 경우에는, 그런 열의는 완전히 무해한 것이 될 것이 틀림없다.*145

---

*145 스미스는 볼테르의 《영국 국민에 대한 편지》(*Letters concerning the English nation. By Mr. De Voltaire*, London, 1733)의 제5장 '장로파에 대하여'의 마지막 문장에서 아이디어를 얻은 것으로 추정된다(착상이라기보다 고쳐 쓴 것이다). '만일 잉글랜드에서 하나의 종교밖에 허용되지 않았다면, 통치는 아마 매우 전제적이었을 것이다. 만일 둘밖에 없었다면 서로 상대의 목을 베었을 것이다. 그러나 그렇게 많은 종교가 있기 때문에 그들은 모두 평화롭고 행복하게 살고 있다'. 스미스는 이 책을 단행본으로서는 갖고 있지 않았지만 9권짜리 저작집을 가지고 있고, 그것은 이 책의 프랑스어판(《철학서간》)을 포함하는 1748~1750년판

각 종파의 교사들은 자신들의 주위가 온통 아군보다는 적으로 에워싸여 있는 것을 보고, 큰 종파의 교사들의 경우에는 좀처럼 볼 수 없는 솔직함과 온건함을 배우지 않을 수 없다. 큰 종파의 교사들은 자신들의 신조가 위정자의 지지를 얻고 있기 때문에, 드넓은 왕국이나 제국의 거의 모든 주민들에게 존경받고, 따라서 자신들의 주변에서는 후계자와 제자와 충실한 숭배자 외에는 아무도 볼 수 없다. 각각의 작은 종파의 교사들은 자신들이 대부분 고독하다는 것을 알고, 다른 거의 모든 종파의 교사들을 존경하지 않을 수 없을 것이고, 서로 양보하는 것이 서로에게 편리하고 편안하다는 것을 알게 된다. 그 양보는 이윽고, 그들의 대부분의 교의를, 부조리와 기만과 광신의 혼합물이 조금도 섞이지 않는 순수하고 합리적인 종교, 즉 세계의 모든 시대에 현명한 사람들이 국교로 했으면 좋겠다고 생각해 왔지만, 아마 어느 나라에서도 실정법에 의해 국교로 한 적이 없었고, 하지도 않을 종교로 만들 것이다.

그것은, 종교에 관해서는 실정법은 많든 적든 민중의 미신이나 열광에 의해 지금까지 늘 영향을 받아왔고, 또 앞으로도 늘 영향을 받을 것이기 때문이다. 이런 교회 통치안, 더욱 적절하게 말한다면, 교회 통치를 가지지 않는다는 이 안은, 독립파로 불리는 종파, 의심할 여지없이 매우 난폭한 열광자들의 종파가, 내란의 끝 무렵에 잉글랜드에 수립*146하자고 주장했던 것이었다. 만일 그것이 수립되었더라면, 매우 비철학적인 기원을 가진 것이기는 하지만, 아마 지금쯤은 어떤 종류의 종교적 원리에 비해서도 가장 철학적인 온후함과 겸허함을 낳았을 것이다. 펜실베이니아에서는 그것이 수립되었다. 그곳에서는 우연히 퀘이커 교도가 가장 수가 많지만, 법률은 실제로 어느 종파도 우대하지 않는다. 그리고 그곳에는 이 철학적 온후함과 겸허함이 생겨났다고 한다.

그러나 이 평등한 대우가 어떤 특정한 나라의 모든 종파 또는 대부분의 종파에 있어서, 이런 온후함과 겸허함을 낳지 않았다 해도, 그런 종파의 수가 충분히 많고, 따라서 각각의 종파가 공공의 평화를 어지럽히기에 너무 작다면,

---

으로 추정된다(ASL 1748). 안드레이 아니킨은 스미스가 옥스퍼드 시절에 이 책을 아더베리의 아가일 후작 별장에서 읽은 것으로 보고 있지만 증거는 없다.

*146 establish, establishment를 이제까지 '국교'로 이해해 왔지만, 여기서는 '수립'으로 한다. 독립파는 국교가 되지 않았을 뿐만 아니라 비국교도의 일파로 존속하고 있었고, 펜실베이니아에서도 퀘이커파가 국교화한 것은 아니라고, 스미스가 말하고 있기 때문이다. 이 점에서도 스미스는 볼테르의 앞의 책 제4장에 의거하고 있는 것으로 생각된다.

각 종파가 자신의 특정한 신조에 대해 품는 과도한 열의가, 뭔가 매우 해로운 결과를 낳는 일은 결코 없을 것이고, 오히려 몇 가지의 좋은 결과를 낳을 수 있을 것이다. 그리고 만일 정부가 그 모든 것을 방임하고, 모든 종파가 서로 간섭하지 않도록 완전히 결정한다면, 여러 종파가 자연적으로 급속하게 세분되어 곧 충분히 수가 많아지지 않을 거라는 우려는 거의 없다.

어느 문명사회에서도, 즉 계층의 구분이 일단 완전히 확립된 어느 사회에서도, 항상 도덕의 다른 두 가지 방식 또는 체계가 동시에 성립되어 왔으며, 그 하나는 엄밀 또는 엄격한 체계, 다른 하나는 자유로운, 또는 만일 그렇게 부르고 싶다면 방만한 체계라고 불러도 무방할 것이다. 전자는 널리 일반 민중으로부터 칭찬과 존경을 받고 있고, 후자는 일반적으로 이른바 상류층 사람들에 의해 존중받고 채용되고 있다. 경박함의 악덕, 즉 눈부신 번영과 지나친 축제 소동, 매우 들뜬 기분에서 생기기 쉬운 악덕을 어느 정도로 부인해야 하는 것인가가, 그 두 가지의 대립하는 방식 또는 체계 사이의 중요한 구별이 되어 있는 것으로 생각된다.

자유롭거나 방만한 체제에서는 사치, 무질서하고 약간 지나친 소동, 어느 정도 무절제한 쾌락 추구, 양성 가운데 적어도 한쪽의 정절의 파기 등은, 지나치게 눈살을 찌푸리게 하는 경우가 아니고 허위와 부정에까지 이르지 않는 한, 일반적으로 매우 너그럽게 다루어 간단하게 허용하거나 완전히 눈감아 주기도 한다. 이에 반해 엄격한 체제에서는, 그런 지나친 행위는 극도의 반발과 증오의 눈길을 받게 된다. 경박함의 모든 악덕은 일반 민중에게 있어서는 항상 파멸적이어서, 불과 1주일의 무분별과 낭비만으로도 때때로 가난한 노동자를 영원히 파멸시키고, 절망한 나머지 극악무도한 죄를 짓게 하기에 충분하다. 따라서 일반 민중 중에서도 현명하고 선량한 사람들은, 자신들과 같은 처지에 있는 자는 언제라도 목숨을 잃을 수 있다는 것을 경험을 통해 알고 있다. 그들은 그런 지나친 행위에, 언제나 극도의 반발과 증오심을 느낀다.

이에 비해, 상류층 사람들은 오랜 무질서와 낭비에도 반드시 파멸하지는 않으며, 그들은 어느 정도 지나친 행동에 열중할 수 있는 힘을 자신들의 재산의 이점의 하나로 여기고, 비난과 질책을 받지 않고 그런 행동을 할 자유를 자신들의 지위에 속하는 특권의 하나로 여기는 경향이 강하다. 따라서 자신들과 같은 지위에 있는 사람의 경우에는, 그런 지나친 행위도 약간의 부정적인 태도로 보는 데 그치고, 비난하더라도 매우 가볍게 하거나 전혀 비난하지 않는 것이다.

거의 모든 종교상의 종파는 일반 민중 속에서 시작되어, 일반적으로 그 중에서 가장 이른 시기의, 또 가장 많은 개종자를 끌어들였다. 따라서 엄격한 도덕 체계는 거의 언제나 매우 소수의 예외를 제외하고, 그런 종파에 의해 도입되어 왔다. 그것은 분명히 약간의 예외가 있었기 때문이다. 이미 확립되어 있는 것에 대한 개혁안이, 그런 종파가 최초로 제안한 상대 계층 사람들의 환심을 살 수 있었던 것은 이런 체계에 의해서였다. 그런 종파의 많은 부분, 아니 그 대부분은 이 엄격한 체계를 더욱 고도화함으로써, 또 어느 정도의 어리석은 행위나 난행까지 강행함으로써 신용을 얻으려고 노력하기도 했다. 그들이 일반 민중의 존경과 숭배를 얻는 데는 다른 무엇보다도 이 과도한 엄격함이 때때로 도움이 되었다.

지위와 재산이 있는 사람은 그 지위에 의해 거대한 사회에서 눈에 띄는 구성원이 되며, 그 사회는 그의 일거수일투족을 주목하고 있으므로, 그로 인해 그도 자신의 일거수일투족에 유의하지 않을 수 없게 된다. 그의 권위와 중요도는 그 사회가 그에 대해서 지니는 존경심에 크게 의존한다. 그는 그 사회 속에서 부끄러움이 되거나 신용을 잃는 일은 어떤 것도 애써 하지 않고, 그 사회 속에서 그와 같은 지위와 재산이 있는 사람이라면 당연한 것으로 일반적으로 동의하고 있는 종류의 도덕을, 자유로운 것이든 가혹한 것이든 매우 엄격하게 지키지 않을 수 없다. 이에 반해, 신분이 낮은 사람은 어떤 큰 사회에서 두드러진 구성원이 되는 것과는 거리가 멀다. 시골 마을에 사는 동안에는, 그의 행동은 주목을 받을 수 있고, 따라서 그 자신도 자신의 행동에 유의하지 않을 수 없을지도 모른다. 그런 상황에서는, 또 그런 상황에서만, 그는 잃을 만한 평판이라는 것을 가질 수 있다. 그런데 대도시로 나오는 순간, 그는 깜깜한 암흑의 땅에 가라앉고 만다. 아무도 그의 행동을 관찰하지 않고 주목도 하지 않으며, 따라서 그 자신도 행동을 소홀히 하고 모든 종류의 비열한 행위와 악덕에 몸을 맡기기가 매우 쉽다.

그가 이 어둠의 경지에서 무사히 빠져 나와, 그 행동이 어떤 건전한 사회에서 크게 주목을 받으려면, 종교상의 어느 작은 종파의 일원이 되는 것 이상으로 효과적인 것은 없을 것이다. 그 순간부터 그는, 그때까지 한 번도 가져본 적이 없는 중요도를 획득한다. 같은 종파의 동료들은, 종파의 명예를 위해서 그의 행동을 지켜보는 것에 관심을 가지고, 만일 그가 어떤 추문을 불러일으키거나, 그들이 늘 서로 요구하고 있는 엄격한 도덕에서 크게 벗어나는 일이 있으면, 그를 처벌하는 데 관심을 가진다. 그 처벌은 정치적인 효과가 따르지 않는 경우에도, 그 종파로부터의 추방, 즉 파문이라는 매우 엄격한 것이다. 따라서 종교의 작은 종파에서는 일반 민중의 도덕은 거의 언제나 두드러지게 규율과 질서가 있고, 일반적으로 국교회보다 훨씬 뛰어나다. 그런 작은 종파의 도덕은 때때로 불쾌할 만큼 엄격하고 비사교적이었다.

그러나 매우 간단하고 효과적인 대책이 두 가지 있는데, 그 두 가지가 함께 작용하면, 국가는 나라를 나누고 있는 모든 작은 종파의 도덕 가운데 비사교적이고 불쾌할 만큼 엄격한 것은 뭐든지 폭력 없이 시정할 수 있을 것이다.

그런 대책의 첫 번째는 과학과 철학의 연구로, 국가는 그것을 거의 모든 중류 또는 중류 이상의 지위와 재산이 있는 사람들 사이에서 거의 보편적인 것이 되게 할 수 있을 것이다. 그것은 교사들에게 봉급을 주어, 그들을 부주의하고 게으르게 만드는 것이 아니라, 비교적 수준이 높고 어려운 여러 과학에 대해서도 일종의 시험제도를 만들어, 누구든지 어떤 지적인 전문직을 가질 수 있는 허가를 받기에 앞서서, 아니면 신임(信任) 또는 이익이 따르는 명예로운 직무의 후보자로서 인정받기 전에, 그것을 통과하지 않으면 안 되는 것으로 하기 위함이다. 만일 국가가 이 계층 사람들에게 학습의 필요성을 부여한다면, 그들에게 적절한 교사를 제공하는 수고를 할 필요는 없을 것이다. 그들은 국가가 그들에게 제공할 수 있는 어떤 교사보다 좋은 교사를 금방 스스로 찾아낼 것이다. 과학은 열광과 미신이라는 독에 대한 해독제로, 상류층 신분의 사람 모두가 이 독으로부터 보호받고 있는 곳에서, 하층 신분의 사람들이 그 독에 크게 노출되는 일은 아마 없을 것이다.

그 대책의 두 번째는 유쾌한 대중 오락을 자주 갖는 것이다. 그림과 시, 음악·무용을 통해, 또 모든 종류의 연극과 전시를 통해, 남을 헐뜯거나 스스로 비천해지지 않게 사람들을 즐겁게 하고, 기분을 전환시켜, 자신의 이익을 추구하는 모든 사람들을 국가가 장려하고, 즉 완전한 자유를 줌으로써, 거의 언제나 민중의 미신과 열광의 온상인 우울하고 음산한 기분을 그들 대부분으로부터 쉽게 몰아내 버릴 것이다. 공공의 오락은 민중의 그런 모든 광신적 선동자들에게 언제나 두려움과 혐오의 대상이었다. 그런 오락이 불어넣는 밝고 즐거운 마음은, 그들의 목적에 가장 적합한 정신 상태, 즉 그들이 가장 작용하기 쉬운 상태와는 전혀 양립하지 않는 것이었다. 뿐만 아니라, 연극은 때때로 그들의 책략을 공중의 조롱에 직면하게 하고, 때로는 공중의 혐오 대상이 되기도 하므로, 그로 인해 다른 모든 오락 이상으로 그들의 특별한 증오의 대상이었다.

법률이 어떤 종교의 교사들을 다른 종교의 교사들보다 편애하지 않은 나라에서는, 어느 교사도 주권자 또는 행정권력에 특별히 또는 직접적으로 의존할 필요가 없었을 것이고, 그도 그들의 직무에 대한 임면에 관여할 필요가 없었을 것이다. 그런 상황에서는, 그는 다른 국민들과 같은 방법으로, 그들 사이에 평화를 유지하는 것, 즉 그들이 서로 박해하거나 학대하고 억압하는 것을 저지하는 것 외에는 관련을 가질 필요가 없었을 것이다. 그러나 국교 또는 지배적인 종교가 있는 나라에서는 사정이 완전히 달라진다. 이 경우에는, 주권자는 그 종교의 교사들 대부분에게 상당한 영향력을 미칠 수 있는 수단을 가지지 않는 한, 결코 안전할 수 없다.

모든 국교회의 성직자는 하나의 큰 단체를 형성하고 있다. 그들은 마치 한 사람의 지휘 아래 있는 것처럼 일치하여 행동하며, 하나의 계획에 따라 하나의 정신으로 자신들의 이익을 추구할 수 있다. 또 실제로 그들은 때때로 그런 지휘를 받고 있다. 한 단체로서의 그들의 이해가 주권자의 이해와 같은 경우는 결코 없으며, 때로는 그것과 직접적으로 대립한다. 그들의 커다란 이해관심은 국민에 대한 권위를 유지하는 것이고, 이 권위는 그들이 주입하는 교의 전체가 확고하고 중요하다고 생각되는지 어떤지, 영원한 불행을 피하기 위해 그 교의의 모든 부분을 가장 맹목적인 신앙을 가지고 받아들일 필요가 있다고 생각되는지 어떤지에 달려 있다. 만일 주권자가 섣불리, 그들의 교의 가운데 가장 사소한 부분이라도 조롱하고 의심하는 것처럼 보이거나 어느 한쪽에 해당하는 사람들을 인도적으로 보호하려는 것처럼 보인다면, 주권자에 대해 어떤 종류의 의존 관계도 없는 성직자들의 엄격한 명예심이 당장 자극을 받아, 주권자를 신을 모독하는 인물로서 배척하고, 국민이 충성심을 더욱 정통적이고 순종적인 군주한테 옮기도록, 종교상의 모든 공포 수단을 다해 압박해 온다.

만일 그가 그들의 야망이나 횡령에 반대한다면 위험은 마찬가지로 크다. 그런 방법으로 과감하게 교회에 반역한 군주들은, 자신들의 신앙의 엄숙한 표명과, 교회가 지시하는 것을 적합하다고 생각한 모든 신조에 대한 겸허한 복종에도 불구하고, 이 반역죄 위에 이단이라는 추가적인 죄를 지게 되는 것이 보통이었다. 그러나 종교의 권위는 다른 모든 권위에 앞선다. 그것이 시사하는 두려움은 다른 모든 두려움을 정복한다. 종교의 권위가 있는 교사가, 국민 대중 전체에 주권자의 권위를 무너뜨리는 교의를 전파할 경우, 그가 자신의 권위를 유지할 수 있는 것은 오직 폭력뿐이므로 상비군의 무력에 의지하는 수밖에 없다. 상비군조차, 이 경우에는 주권자에게 지속적인 안전 보장은 아무것도 할 수 없다. 왜냐하면, 만일 병사가 외국이라고 하는 좀처럼 있을 수 없는 경우가 아니라, 거의 항상 그렇듯이 국민 대중 가운데 징집되었다면, 그들은 곧, 바로 그런 교의에 의해 타락해 버릴 것이기 때문이다. 동로마제국이 존속하는 동안, 그리스 성직자들의 소란이 콘스탄티노플에서 끊임없이 불러일으켰던 혁명과, 몇 세기에 걸쳐서 로마의 성직자가 유럽 곳곳에서 끊임없이 불러일으켰던 소란은, 자국의 국교인 지배적인 종교의 성직자에게 영향을 줄 적절한 수단을 가지지 않은 주권자의 지위가, 항상 얼마나 위험하고 불안정한지에 대해 충분히 증명하고 있다.

신앙 개조가, 다른 모든 영적인 사항과 마찬가지로, 현세적 주권자의 본디의 부문이 아니라는 것은 충분히 명백하며, 그는 국민을 보호할 수 있는 자격을 매우 잘 갖추고 있을지도 모르지만, 그것을 교화하는 자격에 대해서도 그럴 거라고 상정되는 일은 좀처럼 없다. 따라서 그런 사항에 관해서는, 그의 권위가 국교회 성직자의 통일된 권위에 충분히 대항할 수 있는 일도 거의 없다. 그러나 공공의 평화와 그 자신의 안전 보장은, 때때로 그런 사항에 대해 그들이 전파하는 것을 적절하다고 생각하는 교의에 좌우될 수 있다. 따라서 그는 성직자의 결정에 대해 충분한 무게와 권위를 가지고 직접적으로 반대하는 것은 좀처럼 불가능하므로, 그 결정에 영향을 미칠 수 있는 것이 필요하고, 그가 그것에 영향을 줄 수 있는 것은, 성직에 있는 대부분의 개인에게 그가 불러일으킬 수 있는 두려움과 기대에 의하는 수밖에 없다. 그런 두려움과 기대는 면직이나 그 밖의 처벌에 대한 두려움과 승진에 대한 기대일 것이다.

모든 그리스도 교회에서는, 성직자의 성직록은 일종의 자유보유권이며, 그들은 임기 기간이 아니라 종신, 또는 선량한 생활 태도를 보이는 한 그것을 누릴 수 있다. 만일 그들이 더욱 불확실한 보유권에 의해 그것을 보유하고, 주권자나 그 대신의 아주 작은 불만이라도 있으면 그때마다 면직이 된다면, 그들이 국민에 대해 권위를 유지하는 것은 아마 불가능할 것이다. 그 경우, 국민은 그들을 궁정의 고용인으로 여기고, 그들의 가르침의 성실함에 대해 더 이상 아무런 신뢰도 가질 수 없을 것이다. 게다가 만일 주권자가 몇몇 성직자의 자유보유권을, 아마 그들이 이례적인 열기로 어떤 분파적, 또는 반역적인 교의를 전파했다는 이유로, 부당하게 폭력적으로 박탈하려고 시도한다면, 그런 박해에 의해 그들과 그 교의는 모두, 이전의 10배나 되는 인기를 얻게 되고, 따라서 주권자에게는 이전의 10배나 성가시고 위험한 것이 될 뿐이다. 두려움은 거의 모든 경우에 졸렬한 통치 수단이며, 특히 아무리 조금이라도 독립에 대한 주장을 가진 계층의 사람들에게는 결코 행사해서는 안 되는 것이다. 그들을 위협하려고 하는 것은, 그들의 분노를 사서, 더 온화하게 대처하면 아마도 쉽게 약화시키거나 완전히 포기하게 할 수도 있는 반항심을, 더욱 부추기는 데밖에 도움이 되지 않는다. 프랑스 정부가 그 나라의 모든 고등법원 즉 최고재판소에 대해, 인기가 없는 칙령을 등록하게 하기 위해[147] 흔히 사용한 폭력은 매우 드물게밖에 성공하지 않았다. 그러나 보통 사용된 수단, 즉 골치 아픈 구성원을 모두 투옥하는 것은[148] 충분히 강제력이 있었다고 생각하는 사람도 있을 것이다.

스튜어트 가문의 군주들은, 잉글랜드 의회의 몇몇 의원들을 움직이기 위해 때로는 이와 같은 수단을 사용했고,[149] 그들이 전과 다름없이 통제하기 힘들다는 것을 아는 것이 통례였다. 잉글랜드 의회는 지금은 그것과는 다른 방법으로[150] 움직여지고 있다. 또 슈아죌 후작[151]이 12년쯤 전, 파리의 고등법원

---

*147 칙령은 고등법원에 등록됨으로써 법률이 되었다.

*148 스미스가 1764년에 툴루즈에 도착했을 때, 이 고등법원의 재판관 전원이 국왕의 부역에 반대하다가 투옥되어 있었다.

*149 찰스 1세가 증세에 반대하는 의원을 체포한 것이 혁명의 계기가 된 것을 가리킨다.

*150 매수나 관직에 의한 조종.

*151 슈아죌(Choiseul, Étienne François, due de, 1719~1785)은 프랑스의 군인·외교관·정치가. 12년

에 대해 실시한 매우 사소한 실험은, 프랑스의 모든 고등법원도, 그것과 같은 방법으로 더욱 쉽게 움직였을지도 모른다는 것을 충분히 증명했다. 그 실험은 속행되지 않았다. 그것은 강제와 폭력이 가장 나쁘고 가장 위험한 통치 도구이듯이, 조종과 설득은 항상 가장 쉽고 안전한 통치 도구인데도, 나쁜 도구를 사용할 수 없거나 감히 사용할 용기가 없는 경우 외에는, 거의 언제나 좋은 도구를 사용하는 것을 경멸하는 것이, 인간의 타고난 오만이기 때문이다.

프랑스 정부는 강제를 사용할 수 있었고, 사용할 용기도 있었다. 따라서 조종과 설득을 사용하는 것을 경멸했다. 그러나 내가 믿는 바로는, 모든 시대의 경험에서 보아, 국교회의 존경받고 있는 성직자만큼, 이것에 대해 강제와 폭력을 사용하는 것이 위험한, 또는 완전히 파멸적인 계층의 사람들은 없는 것 같다. 자신의 계층과 원만하게 잘 지내고 있는 각 교회인의 권리, 특권, 인격적인 자유는, 가장 전제적인 정부에서도 지위와 재산이 거의 같은 다른 누구보다도 존중받고 있다. 이것은 온화하고 너그러운 파리 정부에서 난폭하고 광포한 콘스탄티노플 정부에 이르는, 전제주의의 모든 단계에서 그러하다. 그러나 이 계층 사람들을 강제하는 것은 좀처럼 불가능하다 해도, 그들을 조종하는 것은 다른 어떤 계층 사람들과 마찬가지로 쉽다. 주권자의 안전 보장은 공공의 평화와 함께, 주권자가 그들을 조종하는 수단에 크게 의존하며, 그 수단은 주권자가 그들에게 주는 승진 외에는 아무것도 없는 것으로 생각된다.

그리스도 교회*152의 낡은 제도에서는, 각 주교관구의 사제는 주교교회 도시의 성직자와 민중의 합동 투표로 선출되었다. 민중은 선거권을 오래 보유하지는 않았고, 보유하는 동안에도 거의 항상 그런 영적인 사항에 있어서는 그들의 자연의 지도자로 여겨진 성직자의 영향하에서 행동했다. 그러나 곧 그들을 조종하는 수고가 귀찮아진 성직자는 자신들의 주교를 자신들이 직접 선거하는 것이 편하다는 사실을 알았다. 마찬가지로 수도원장도, 적어도 대부분의 수

정도 전의 실험이란, 그와 퐁파두르 부인이 루이 15세를 설득하여 1764년 11월에 예수회에 대해 조사를 시작했는데, 각지의 고등법원이 이를 본받아, 1762년 5월에는 브르타뉴의 고등법원이 검사총장 라 샬로테(La Chalotais, Louis René de Caradeuc de, 1701~1785)의 조사보고에 근거하여 예수회의 지방 조직에 해산 명령을 내렸다. 각지의 고등법원의 같은 판결이 이어졌고, 8월에는 파리에서도 판결이 내려졌다. 칙령이 내려졌을 때 스미스는 버클루 후작과 함께 툴루즈에 머물고 있었다.
*152 초판에서는 로마 가톨릭 교회.

도원장 관구에서는 수도원의 수도사에 의해 선출되었다. 주교관구 안에 포함되는 모든 하급 성직록은 주교에 의해 수여되었고, 주교는 자신이 적임이라고 생각하는 성직자에게 그것을 주었다. 그리하여 교회 안의 모든 승진은 교회의 수중에 있었다. 주권자는 그런 선거에서 약간의 간접적인 영향력을 가지고 있었고, 때로는 선거를 하는 것과 아울러 선거 결과에 대해서도 그의 승인을 구하는 것이 통례이기는 했지만, 성직자를 조종하는 직접적이거나 충분한 수단을 가지고 있지는 않았다. 모든 성직자의 야심은 자연히, 그에게 자신의 주권자보다는 교단의 비위를 맞추게 했다. 거기서밖에 승진을 기대할 수 없었기 때문이다.

유럽의 대부분에서 교황은, 가장 먼저 거의 모든 주교직과 수도원장직의 임명권, 즉 이른바 추기경회의 성직록의 수여권을, 나중에는 다양한 획책과 구실을 통해 각 주교관구에 소속된 하급 성직록의 대부분의 수여권을, 차츰 수중에 넣고 말았기 때문에, 주교에게는 자기 밑에 있는 성직자에 대해 간신히 권위를 유지하는 데 필요한 것 외에는, 거의 아무것도 남지 않았다. 이런 조치 때문에, 주권자의 입장은 전보다 더욱 악화되었다. 유럽 모든 나라의 성직자는 그리하여 일종의 영적(靈的)인 군대로 형성되었고, 그것은 분명히 다양한 병영에 분산해 있기는 하지만, 그 모든 움직임과 작전은 이제 한 사람의 사령관에 의한 명령과 하나의 통일적 계획에 따른 지휘하에 놓이게 되었다. 각 나라의 성직자는 그 군대의 각 분견대로 여길 수 있고, 그 작전은 주변 각국에 주둔하는 다른 분견대에 의해 쉽게 지지와 응원을 받을 수 있었다. 각 분견대는 주둔하면서 부양받고 있는 나라의 주권자로부터 독립해 있을 뿐만 아니라, 외국의 주권자에게 의존하며, 이 주권자는 그 특정한 나라의 주권자에 대해 언제라도 무기를 겨누고, 게다가 그것을 다른 모든 분견대의 무기로 지원할 수 있었다.

그런 무기는 상상할 수 있는 한 가장 무서운 것이었다. 기술과 제조업이 확립되기 전의 유럽의 옛 상황에서는, 성직자의 부는 대귀족의 부가 각각의 가신이나 차지인(借地人 : 남의 땅을 빌려 쓰는 사람), 그리고 하인에 대해 가지고 있었던 것과 같은 영향력을 일반 민중에 대해 가지고 있었다. 군주와 개인이 함께 잘못된 신심에서 교회에 선물한 대영지에서는, 대영주가 가지는 재판권과 같은 종류의 재판권이 같은 이유에 의해 확립되었다. 그런 대영지의 성직자 또는 그 관리인은,

국왕이나 다른 누구의 지지와 원조가 없이도 쉽게 평화를 유지할 수 있었고, 국왕도 다른 누구도 성직자의 지지와 원조 없이는 그곳에 평화를 유지할 수 없었다. 따라서 성직자의 재판권은 그들의 특정한 귀족령이나 장원에 있어서는, 세속의 대영주의 재판권과 마찬가지로 국왕의 재판소 권위에서 독립해 있어 그 권위를 배제하는 것이었다.

성직자의 차지인은 대귀족의 차지인과 마찬가지로 거의 모두 임의해약 차지인으로, 직접적인 영주에게 완전히 종속해 있으며, 따라서 성직자가 그들을 투입하는 것이 좋겠다고 생각하는 무언가의 분쟁이 일어나면 언제라도 그곳에서 싸우도록 마음대로 소집할 수 있었다. 그런 소유지 지대 외에, 성직자는 10분의 1세라는 형태로 유럽의 모든 왕국에, 다른 모든 영지 지대의 매우 큰 부분을 소유하고 있었다. 이 양쪽의 지대에서 생기는 수입은 대부분 곡물·포도주·가축·가금류 같은 현물로 지불되었다. 그 양은 성직자가 소비할 수 있는 양을 훨씬 넘어섰고, 그들이 그 초과분과 교환할 수 있는 생산물을 만드는 기술도 제조업도 없었다. 성직자가 이 거대한 잉여에서 이익을 이끌어 내려면, 대귀족들이 수입 가운데 그와 같은 잉여를 사용하는 방법과 마찬가지로, 온갖 사치를 다한 접대와 매우 광범한 자선에 사용하는 수밖에 없었다.

따라서 옛날의 성직자의 접대와 자선은 매우 규모가 컸다고 한다. 그들은 모든 왕국의 거의 모든 빈민을 부양한 것은 물론이고, 수많은 기사와 농촌 상류층도 신심을 빙자하지만 실은 성직자의 접대를 받기 위해, 수도원에서 수도원으로 순회하는 것 외에는 생계 수단을 가지지 않는 일이 때때로 있었다. 몇몇 특정한 고위성직자의 종자(從者)는 흔히 가장 큰 세속 영주의 종자와 마찬가지로 다수여서, 모든 성직자의 종자를 합치면 아마 세속 영주 전체의 종자보다도 많았을 것이다. 성직자들은 세속 영주들보다 언제나 단결이 훨씬 잘 되었다. 전자는 교황의 권위에 대한 정규 규율과 종속하에 있었다. 후자는 정규 규율과 종속하에 있지 않고, 거의 항상 서로 똑같이 질시하고 있었다. 따라서 성직자의 차지인과 종자를 합쳐도 세속의 대영주의 차지인과 종자보다 소수이고, 그 차지인은 아마 훨씬 소수라 하더라도, 그들의 그 단결이 그들을 더욱 무서운 존재로 만들었을 것이다.

성직자의 접대와 자선 또한 그들에게 커다란 현세적인 힘을 주었을 뿐만 아니라, 그들의 영적인 무기의 무게도 크게 증대시켰다. 그 덕택에 그들은 모든 하층민들한테서 최고의 존경과 숭배를 획득했다. 그들 가운데 많은 사람은 항상, 그리고 거의 모든 사람은 이따금, 그들에 의해 부양되고 있었던 것이다. 그토록 인기가 높은 신분에 속하거나 관련이 있는 것은 모두, 즉 그 소유물과 특권, 교의까지 필연적으로 일반 민중의 눈에는 신성한 것으로 비쳤고, 또 그런 것에 대한 모든 침해는 진실이든 표면적인 것이든 가장 불경하고 사악한 독신 행위로 보였다. 그런 상황에서 주권자가 소수의 대귀족층 가운데 소수의 동맹에 저항하는 것을 때때로 어렵게 느꼈다고 한다면, 모든 이웃 영토의 성직자 연합군의 지원을 받는 자국의 성직자 연합군에 저항하는 데는 훨씬 더 큰 어려움을 느끼는 것도 전혀 이상하게 생각할 일이 아닐 것이다. 그런 사정에서 오히려 이상한 것은, 그가 때로는 굴복하지 않을 수 없었다는 사실이 아니라 저항할 수 있었을 때도 있었다는 사실일 것이다.

그런 낡은 시대의 성직자의 특권(현대에 사는 우리에게는 가장 어리석게 보이지만), 이를테면 세속의 재판관으로부터의 완전한 제외, 즉 잉글랜드에서 성직자의 특권으로 불리고 있었던 것은, 그런 상태의 자연적인 또는 오히려 필연적인 결과였다. 주권자가 어떤 범죄 때문이든 성직자의 처벌을 시도하는 것은, 만일 그 자신의 계층이 그를 보호하고 싶은 마음이 있고, 신성한 사람에게 유죄판결을 내리기에는 증거가 충분하지 않다거나, 종교에 의해 그 몸이 신성화된 사람에게 처벌이 지나치게 가혹하다고 주장하려고 생각하는 경우에는 얼마나 위험한 일이었던가. 그런 사정에서는, 주권자는 그를 교회재판소의 심리에 맡기는 것보다 더 나은 방법은 없었고, 교회재판소는 그들 자신의 계층의 명예를 위해, 계층 구성원의 누군가가 큰 범죄를 저지르는 것이나, 국민의 마음에 불쾌감을 주는 심한 추문을 불러일으키는 일조차, 될 수 있는 대로 억제하는 데 이해관심을 가지고 있었다.

10, 11, 12, 13세기 및 그 기간을 전후한 한동안, 유럽 대부분에 걸친 상황에서는, 로마 교회라는 기구는, 국내 통치가 보호할 수 있는 곳에서만 번영할 수 있는 인간의 자유와 이성과 행복에 대해서뿐만 아니라, 국내 통치의 권위와 안전과도 대립하여, 이제까지 형성된 것 가운데 가장 무서운 결사(結社)로 여겨도 무방할 것이다. 그 기구에서는 미신에 의한 가장 심한 망상이, 매우 많은 사람들의 개인적인 이해관심에 의해, 인간 이성의 어떤 공격으로 인한 위험도 완전히 면할 수 있게 하는 방법으로 유지되고 있었다. 그것은, 인간 이성은 아

마 미신에 의한 망상 가운데 몇 가지를 일반 민중의 눈앞에서도 폭로할 수 있겠지만, 개인적인 이해관심의 유대를 끊는 일은 결코 불가능했기 때문이다. 이 기구는 인간 이성의 연약한 노력 외에 어떤 적에게도 공격을 받지 않았더라면 영원히 존속했을 것이 틀림없다. 하지만, 인간의 모든 지와 덕으로도 결코 흔들 수 없고, 하물며 무너뜨릴 수는 더더욱 없었던 거대하고 견고한 건조물도, 사물의 자연적인 과정에 의해 먼저 약해진 다음, 나중에는 부분적으로 무너질 것이고, 이제는 아마 앞으로 2, 3세기만 지나면 무너져서 완전한 폐허가 될 것 같다.

기술·제조업·상업의 완만한 개량, 즉 대귀족의 권력을 파괴한 것과 같은 원인은, 마찬가지로 유럽의 대부분을 통해, 성직자의 세속적 권력을 모두 파괴했다. 대귀족과 마찬가지로 성직자도 기술과 제조업과 상업의 생산물 속에서 자신들의 원생산물과 교환할 수 있는 것을 찾아냈고, 그것을 통해 자신들의 모든 수입을, 그 상당한 부분을 다른 사람들에게 주는 일 없이 자기 한 몸에 소비해 버리는 방법을 찾은 것이다. 그들의 자선은 차츰 범위를 줄여갔고, 그들의 접대는 점차 넉넉한 인심을 잃고 인색해지기 시작했다. 그 결과, 그들의 종자는 차츰 줄어들다가 완전히 사라졌다. 대귀족과 마찬가지로, 성직자도 자신들의 영지에서 더 많은 지대를 손에 넣어, 그것을 마찬가지로 그들 자신의 개인적인 허영과 어리석음을 만족시키는 데 소비하고 싶었다. 그러나 이런 지대의 증가는, 그들의 차지인에게 차지권을 줌으로써만 손에 넣을 수 있었고, 그로 인해 차지인은 그들에게서 대폭으로 독립할 수 있었다. 하층민들을 성직자와 이어주고 있었던 이해관계의 유대는, 이렇게 하여 점차 타파되고 소멸되었다. 이 유대는 같은 계층 사람들을 대귀족과 이어주고 있었던 유대보다 더 빨리 타파되고 소멸되었다. 왜냐하면, 교회의 성직록은 대부분 대귀족의 영지보다 훨씬 작았기 때문에, 각 성직록의 소유자는 훨씬 빨리 그 수입을 모두 자기 한 몸에 소비할 수 있었기 때문이다.

14, 5세기의 대부분, 대귀족의 권력은 유럽의 대부분에서 전성기를 구가하고 있었다. 그런데 성직자의 세속적 권력, 즉 국민 대중에 대해 그들이 지난날 가지고 있었던 절대적인 지배권은 크게 쇠퇴해 있었다. 교회의 권력은 그 무렵까지는 유럽의 대부분을 통해, 거의 그 영적인 권위에서 나오는 것으로 축소되어 있었다. 그 영적인 권위조차, 성직자의 자선과 접대라는 버팀목이 사라

지자 크게 약화되고 말았다. 하층민들은 이 계층을 이제 예전처럼 자신들의 고난을 위로하고 가난을 구제해 주는 것으로 생각하지 않게 되었다. 뿐만 아니라, 그들은 비교적 부유한 성직자의 허영과 사치와 지출에 분노와 불쾌감을 느꼈다. 그런 성직자가 전에는 항상 빈민의 세습재산으로 여겨지고 있었던 것을 자기 자신의 쾌락에 소비하고 있는 것으로 보인 것이다.

이런 상황에서 유럽의 다양한 국가의 주권자들은, 각 주교관구의 수석 사제와 사제단이 주교를 선거하고, 또 각 수도원 관구의 수도사가 수도원장을 선거하는 오랜 권리가 부활되도록 함으로써, 교회의 중요한 성직록 할당에 대해 일찍이 자신들이 가지고 있었던 영향력을 회복하려고 노력했다. 이 옛 제도의 재건이 14세기를 통해 잉글랜드에서 제정된 몇 가지 법률, 특히 이른바 성직 후임자법*153의 목적이었고, 또 15세기에 프랑스에서 제정된 국사조칙(國事詔勅)*154의 목적이었다. 그 선거를 유효한 것으로 하기 위해서는, 주권자가 미리 선거에 동의하고, 선거 뒤에 당선자를 승인하는 것이 때로는 필요하며, 선거 자체는 여전히 자유라고 생각되었지만, 그는 자기 영토 안의 성직자에게 영향력을 행사하기 위해, 그의 지위가 필연적으로 그에게 제공해주는 모든 간접적 수단을 가지고 있었다. 이것과 같은 경향의 다른 여러 규제가 유럽의 다른 여러 지방에서도 제정되었다. 그러나 교회의 중요한 성직록 수여에 대한 교황의 권력이, 종교개혁 이전에, 프랑스와 잉글랜드만큼 효과적이고도 보편적으로 억제된*155 곳은 어디에도 없었던 것으로 생각된다. 그 뒤 16세기에는 정교조약(政敎條約)*156에 의해 갈리아 교회의 모든 중요한, 즉 이른바 추기경회의 성직록에 대한 절대적 추천권이 프랑스 국왕에게 주어졌다.

---

*153 '특히 이른바 성직 후임자법'은 제2판의 추가. 이 법률에 의해 성직자가 재임 중에 자신의 퇴임을 예상하고 후계자를 임명하는 것이 가능해졌다.

*154 국사조칙(國事詔勅, pragmatic sanction)은 '칙령에 준하는 법률'이라는 의미에서 역어와 사례가 몇 가지 있지만, 여기서 말하고 있는 것은 샤를 7세가 1438년에 교황의 권력을 제한하기 위해 제정한 것.

*155 프랑스에는 오래 전부터, 로마 교회에 대항하는 갈리아(프랑스) 교회가 있고, 앞의 국사조칙도 그 하나의 표현이지만, 영국에 대해서는 구체적 사실로서 스미스가 무엇을 가리키고 있는 건지 확실하지 않다. 헨리 8세(Henry Ⅷ, 1491~1547)의 영국 국교회 설립(1531)은 종교개혁과 거의 같은 시대이다.

*156 정교조약(政敎條約, concordat)은 정치와 종교, 즉 국왕 또는 정부와 로마 교황 사이의 조약. 여기서 말하고 있는 것은 프랑수아 1세와 레오 10세의 조약(1516)일 것이다.

국사조칙과 정교조약이 제정된 이래, 프랑스의 성직자는 일반적으로 교황청의 포고를 다른 가톨릭교 국가의 성직자보다 존중하지 않게 되었다. 자신들의 주권자와 교황 사이에서 일어난 모든 분쟁에서 그들은 거의 언제나 전자의 편에 섰다. 프랑스 성직자의 로마교황청에 대한 이런 독립성은 주로 국사조칙과 정교조약에 근거하는 것으로 생각된다. 군주정치 초기에는 프랑스의 성직자도 다른 나라의 성직자와 마찬가지로 교황에 대해 헌신적이었던 것 같다. 카페 왕조의 제2대 군주 로베르가 로마교황청에서 매우 부당하게 파문당했을 때, 그의 하인들은 그가 먹고 남은 음식을 개에게 던져 주며, 그런 입장에 있는 인물이 만져서 더럽힌 것은 뭐든지 먹는 것을 거부했다고 한다. 그들은 그 자신의 영토의 성직자로부터 그렇게 하라는 가르침을 받은 것이라고 추측해도 틀림없을 것이다.

교회의 중요한 성직록의 수여권, 즉 그것을 지키기 위해 로마교황청이 그리스도교 세계 최대의 주권자들 가운데 어떤 자의 왕좌를 때때로 뒤흔들거나 때로는 뒤엎기도 한 권리는, 이렇게 하여 유럽 대부분의 지방에서 종교개혁 이전부터 제한 또는 수정되거나, 또는 완전히 포기되었다. 그리하여 국민에 대한 성직자의 영향력이 감소함에 따라, 성직자에 대한 국가의 영향력은 증대했다. 따라서 성직자가 국가를 교란시킬 수 있는 힘과 의도도 줄어든 것이다.

독일에서 종교개혁을 낳은 논쟁이 시작되어 이내 유럽 전역으로 확대해 갔을 때, 로마 교회의 권위는 이런 저하 상태에 있었다. 새로운 교의는 곳곳에서 높은 인기를 끌며 도입되었다. 새로운 교의는, 당파심이 기성 권위를 공격할 때 거기에 활기를 불어넣게 마련인 모든 열의로 선전되었다. 그런 교의를 가르치는 교사들은 아마 다른 점에서는 기성 교회를 옹호한 신학자의 대부분보다 학식이 높은 편은 아니었겠지만, 일반적으로는 교회사에 대해, 또 교회 권위의 기초를 이루는 사상 체계의 기원이나 진보에 대해서는 더 잘 알고 있었던 것 같으며, 따라서 거의 모든 논쟁에서 조금 유리한 입장에 있었다. 그들의 엄격한 생활 태도는 일반 민중 사이에서 그들에게 권위를 부여했다.

일반 민중은 그들의 규율을 지키는 행동과 자신들의 성직자의 방종한 생활을 비교한 것이다. 그들은 또, 적보다 훨씬 고도로 인기를 얻거나 개종자를 획득하는 모든 수단을 가지고 있었지만, 그런 수단은 오만하고 위엄 있는 교회의 후계자들에게는 거의 쓸데없는 것이었기 때문에 오랫동안 등한시되어 왔다. 새로운 교의의 논리는 몇몇 사람들에게 크게 환영받았고, 그 신기함은 많은 사람들에게 호감을 주었다. 기성 성직자에 대한 증오와 경멸이 더 많은 사람들로 하여금 그렇게 하도록 만든 것이다. 그러나 그 교의가 훨씬 많은 사람들을 매료시킨 것은, 거의 모든 곳에서 그것을 설파할 때의, 이따금 거칠고 세련되지 못한 면은 있지만 그 열성적이고 정열적이며 광신적인 웅변이었다.

새로운 교의가 거의 모든 곳에서 대성공을 거두자, 당시에 로마교황청과 사이가 좋지 않았던 군주들은, 그들 자신의 영토 안에서 그 교의에 의해 쉽게 교회를 타도할 수 있었다. 그 교회는 하층민들의 존경과 숭배를 잃고 있었기 때문에 거의 아무런 저항도 할 수 없었던 것이다. 로마교황청은 독일 북부의 소군주들을 함부로 다뤘는데, 그것은 아마 그들이 너무 하잘것없는 존재여서 특별히 조종할 가치가 없다고 생각한 것이리라. 그 때문에 그들은 예외 없이 그들 자신의 영토 안에서 종교개혁을 실시했다.

구스타브 바사*[157]가 크리스티안 2세*[158]와 웁살라의 대주교 트롤을 함께 스웨덴에서 추방할 수 있었던 것은, 그들의 폭정 때문이었다. 교황이 이 폭군과 대주교를 우대했기 때문에, 구스타브 바사는 아무런 어려움도 없이 스웨덴에서 종교개혁을 이룩할 수 있었다. 나중에 크리스티안 2세는 덴마크 왕위에서도 쫓겨났는데, 그 나라에서도 그의 행동은 스웨덴에서와 마찬가지로 악명이 높았던 것이다. 그러나 교황이 그래도 그를 두둔하고 싶어하자, 그를 대신하여 왕위에 올라 있었던 홀스타인의 프리드리히*[159]는 구스타브 바사의 선례에 따라 교황에게 복수를 가했다. 베른과 취리히의 위정자들은 교황과 특별히 다투고 있었던 것은 아니지만, 각각의 주에서 매우 간단하게 종교개혁을 실시했다.*[160] 그런 주에서는 그 직전에 있었던 몇몇 성직자들의 약간 도

---

* 157 구스타브 바사(Gustav Basa, 1495~1560)는 스웨덴 왕(재위, 1523~1560) 구스타브 1세.
* 158 크리스티안 2세(Christian Ⅱ, 1481~1559)는 스웨덴 왕(재위, 1520~1523)으로, '스톡홀름의 학살'로 반대 귀족을 일소하여 잔인왕으로 불렸다.
* 159 홀스타인의 프리드리히는 1523년에 덴마크 왕 프리데릭 1세가 되어 루터의 종교개혁을 도입했다.
* 160 베른과 취리히를 포함한 스위스 서부 여러 주의 종교개혁은, 취리히를 거점으로 한 울리히 츠빙글리(Ulrich Zwingli, 1484~1531)에게 지도받았다. 그는 루터와는 따로 종교개혁을 시작하여, 스위스 가톨릭 5주와의 전쟁에서 부상당하여 죽었다.

가 지나친 사기 행위로 인해 성직자 전체가 혐오와 모멸의 대상이 되어 있었던 것이다.

이 위기적인 상황에서 교황청은, 프랑스와 에스파냐의 강력한 주권자와 우호관계를 맺으려고 크게 고심했고, 그 가운데 후자는 당시의 독일 황제*[161]였다. 그들의 원조에 의해, 교황청은 큰 어려움과 많은 유혈이 따르기는 했지만, 그들의 영토 안에서 종교개혁의 발전을 완전히 억제하거나 크게 방해할 수 있었다. 교황청은 잉글랜드 국왕과도 우호적으로 지내려는 의사를 충분히 가지고 있었다. 그러나 그것은, 당시의 사정에 의해 더욱 강대한 주권자인 에스파냐 국왕 겸 독일 황제인 카를 5세*[162]를 격분시키지 않고는 불가능한 일이었다. 따라서 헨리 8세*[163]는 자신은 종교개혁의 교의를 거의 신봉하지 않았음에도 불구하고, 그것이 일반적으로 보급되어 있었기 때문에, 자기 영토 안의 모든 수도원을 억압하고 로마 교회의 권위를 완전히 단절시킬 수 있었다. 그 이상은 하지 않았지만 그가 그나마 했다는 것이 종교개혁의 지지자들을 어느 정도 만족시켰다. 그들은 그의 후계자인 그 아들*[164] 시대에 통합을 장악했기 때문에, 아무런 어려움 없이 헨리 8세가 시작한 사업을 완성할 수 있었던 것이다.

스코틀랜드처럼 정부가 약체이고 인기가 없으며 기초도 그다지 튼튼하지 않은 몇몇 나라에서는 충분히 교회를 전복시킬 수 있었을 뿐만 아니라. 국가가 교회를 지지하려고 할 경우, 그것을 이유로 국가도 마찬가지로 충분히 전복시킬 수 있었다.

---

*161 이 시대의 독일 황제는 '독일인의 신성 로마제국(Sacrum Romanorum Imperium Nationis Germanicae)'의 황제였고, 1871년에 성립된 독일 제국의 경우와 달리, 실질적으로 국내를 통치했던 것은 아니다. 색슨 왕 오토 1세(Otto I, der Große, 912~973)가 로마 교황의 요구에 응하여 이탈리아에 원정한 뒤 로마에서 황제로 즉위한(962) 것이 신성 로마제국의 시작이다.

*162 카를 5세(Karl V, 1500~1558)는 에스파냐 왕 카를로스 1세(재위, 1516~1556)로, 1519년에 조부의 뒤를 이어 독일 황제가 되었다. 에스파냐 국왕이자 나폴리와 저지 지방(현재의 네덜란드와 벨기에)의 국왕이기도 하며, 그 모든 곳에서 종교개혁을 탄압했다.

*163 헨리 8세는 잉글랜드 튜더 왕조의 국왕으로, 이혼문제 때문에 로마 교황과 단교하고 국교회의 수장이 되었으나, 대륙의 종교개혁을 지지한 것은 아니다.

*164 헨리 8세의 아들인 에드워드 6세(Edward VI, 1537~1553)는 9살에 즉위하여 16세가 되기 전에 죽었지만, 열성적인 신교도로서 국교회를 위한 예배 통일령과 기도서를 제정했다. 어린 왕의 후견인단 가운데 로마 교황에 대해 헨리 8세를 지지한 토머스 크랜머(Thomas Cranmer, 1489~1556)가 있었던 것을, 스미스는 '통합을 장악했다'고 표현한 것 같다.

유럽의 모든 나라에 분산되어 있었던 종교개혁 신봉자들 사이에는, 로마교
황청이나 공의회*165처럼, 그들 사이의 모든 논쟁을 해결해 주고, 그들 모두에
대해 거스를 수 없는 권위로 정통 신앙의 명확한 한계를 제시할 수 있는 총괄
재판소가 없었다. 따라서 어떤 나라의 종교개혁 신봉자가, 다른 나라의 동지
*166와 때때로 의견을 달리할 경우에는, 호소해야 할 공통의 재판관이 없기 때
문에 논쟁이 해결되지 않았고, 더욱이 그런 논쟁은 그들 사이에서 수없이 많
이 일어났다. 교회 통치와 성직록 수여권에 관한 논쟁은 시민사회*167의 평화
와 복지에 있어서 가장 관련이 깊은 것이었다. 따라서 그 논쟁은 종교개혁의
신봉자들 사이에 루터주의와 칼뱅주의*168라는 두 개의 주요한 당파 또는 종
파를 낳았다. 유럽의 모든 지방에서 그 교의와 규율이 법률에 의해 확립된 것
은, 종교개혁의 신봉자들 가운데 이들 종파뿐이었다.

루터의 신봉자들은 이른바 잉글랜드 교회와 함께 감독제도에 의한 통치를
조금이나마 존속시키고, 성직자들 사이에 종속 관계를 확립했으며, 주권자에
게 그 영토 안의 모든 주교직 및 그 밖의 고위의 성직록의 처분권을 주어 그
것을 통해 그를 교회의 참된 수장이 되게 했다. 그리고 주교로부터 주교관구
안의 하급 성직록 수여권을 박탈하지 않고, 주권자와 다른 모든 세속의 성직
록 추천권 소유자에게도 그런 성직록에 대해서도 추천권을 인정했을 뿐만 아
니라 오히려 장려했다. 이 교회 통치제도는 처음부터 평화와 선량한 질서에 있
어 편리했고, 정치적 주권자에 대한 복종에 있어서도 안성맞춤이었다. 따라서

---

*165 공의회(oecumenical council)는 교황이 주최하는 전(全)가톨릭 교회 총회.

*166 동지라고 번역한 것은 brethren으로, 신앙상의 형제라는 의미이며, 여기서는 같은 신앙 속
에서의 차이를 나타내지만, 이 말은 신앙상의 통일과 단결을 나타내는 경우도 있다.

*167 시민사회(civil society)는 사유재산과 정부가 확립된 사회의 종교적 군사적 측면을 제외
한 것.

*168 마르틴 루터(Martin Luther, 1483~1546)는 1517년에 비텐베르크에서, 장 칼뱅(Jean Calvin,
1509~1564)은 1536년에 바젤, 나중에 제네바에서, 각각의 종교개혁을 시작했다. 양파는
반로마라는 점에서는 일치하고 있었지만, 스미스가 바로 뒤에 언급한 문제를 포함하여 많
은 점에서 대립했다. 루터파는 북독일 각 연방과 스칸디나비아 각국에서, 칼뱅파는 제네
바·네덜란드·스코틀랜드에서 공인되었다. 프랑스에서는 칼뱅파와 가톨릭의 대립이 종교
전쟁을 불러일으켰고, 영국에서 칼뱅파는 스코틀랜드에서는 정착했지만 잉글랜드에서는
1640~1660년 혁명의 원동력이 되었다. 바로 다음에 스미스가 루터파와 잉글랜드 교회(영
국 국교회)를 결부한 것은 〈주〉 164의 크랜머의 역할에 주목했기 때문일 것이다.

이 제도가 일단 확립된 나라에서는 그것이 소동이나 정치적 혼란의 원인이 되는 일은 결코 없었다. 특히 잉글랜드 교회가 항상 자기의 여러 원리의 완전한 충성을 자랑해 온 것은 충분히 이유가 있는 것이었다. 그런 통치 아래에서는, 성직자는 당연히 나라의 주권자에 대해, 궁정에 대해, 또 귀족과 시골 상류층에 대해 자신을 추천하려고 애쓴다. 그들이 승진을 기대할 수 있는 것은 주로 그런 사람들의 영향력이었던 것이다.

그들은 틀림없이, 때로는 비열하기 그지없는 아첨과 영합을 통해 그런 성직록 추천권자의 환심을 사지만, 또한 신분과 재산이 있는 사람들의 존경을 받기에 가장 잘 어울리고, 따라서 그 가능성이 가장 큰 모든 학예를 연마함으로써, 즉 유용하고 장식적인 학식의 모든 분야에서의 지식을 통해, 또 그들의 품위 있고 너그러운 태도, 그들의 사교적이고 즐거운 대화에 의해, 그리고 또 광신자가 가르치거나 실행한다고 일컫는, 어리석고 위선적인 금욕 생활에 대한 노골적인 경멸에 의해서도 그렇게 하는 것이다. 광신자들은 일반 민중의 존경을 자신들에게 모으기 위해, 또 그런 일은 하지 않는다고 공언하는, 신분과 재산이 있는 대부분의 사람들에 대해 일반 민중의 증오를 부추기기 위해 그것을 주장한다. 그러나 그런 성직자는, 그렇게 하여 생활 속에서 자기들보다 신분이 높은 사람들의 비위를 맞추는 동안, 하층민에 대한 영향과 권위를 유지하는 수단을 완전히 방치하는 경향이 있다. 그들은 자기들보다 윗사람들에게서는 의견을 존중받고 존경을 받지만, 하층민들 앞에서는 자신들을 공격하고 싶어하는 가장 무지한 열광자에 대해서조차, 자기들의 진지하고 온건한 교의를 효과적으로 청중이 납득할 수 있도록 옹호할 수 없는 경우가 때때로 있다.

이에 반해 츠빙글리의 신봉자, 또는 더욱 적절하게는 칼뱅 신봉자는, 각 교구 민중에게, 교회가 공석이 되었을 때는 언제라도 자기들의 목사를 선출할 수 있는 권리를 주는 동시에, 성직자들 사이에는 가장 완전한 평등을 확립했다. 이 제도의 앞부분은, 그것이 활력을 가지고 있는 한 무질서와 혼란 외에는 아무것도 가져다 주지 않으며, 성직자와 민중 양쪽의 도덕을 마찬가지로 부패시키는 경향을 가진 것 같다. 그 뒷부분은 완전히 바람직한 효과만 가져다 주는 것 같다.

각 교구 민중이 자신들의 목사를 선출할 권리를 가지고 있는 한, 그들은 거의 언제나, 그런 민중적인 선거에서의 성직자의 영향력을 유지하기 위해, 대부분 스스로 광신자가 되거나 광신자가 된 척하며, 민중 사이에 광신을 장려했고, 거의 언제나 가장 광신적인 후보자를 우선시켰다. 교구목사의 임명 같은 매우 사소한 사항이, 거의 언제나 한 교구뿐만 아니라 인근의 모든 교구에도 격렬한 항쟁을 불러일으켜, 인근 교구가 이 싸움에 참여하지 않아도 되는 경우가 거의 없었다. 그 교구가 대도시에 있을 때는, 그것은 모든 주민을 두 파로 분할했고, 또 그 도시가 스위스나 네덜란드의 중요한 도시들이 대부분 그러하듯이, 그 자체가 작은 공화국을 이루고 있거나 작은 공화국의 중심지이고 수도인 경우에는, 이런 종류의 아무리 논쟁이라도 종교 이외의 모든 당파싸움의 적의를 부채질할 뿐만 아니라, 나아가서 교회의 새로운 분열과 국가의 새로운 당파를 뒤에 남길 우려가 있었다. 그래서, 그런 작은 공화국에서는, 위정자는 공공의 평화를 유지하기 위해, 공석이 된 모든 성직록*[169]에 대한 추천권을 그 자신이 재빨리 장악할 필요가 있다는 것을 깨달았다. 이 장로파와 같은 형태의 교회 통치가 확립된 나라 가운데 가장 드넓은 스코틀랜드에서는, 성직록 추천권은 윌리엄 3세 시대의 초기에 장로제를 확립한 법률에 의해 사실상 폐지되었다. 이 법률은 적어도, 각 교구의 일정한 종류의 사람들에게 자신들의 목사를 선출할 권리를, 매우 싼 값으로 살 수 있는 힘을 주었다.

이 법률이 확립한 제도는, 약 22년 동안 존속이 허용되었지만, 앤 여왕 10년(1711)의 법률 제12호에 의해, 더욱 민중적인 이런 선거 방법이 곳곳에서 불러일으킨 혼란과 무질서를 이유로 폐지되었다. 그러나 스코틀랜드 같은 드넓은 나라에서는, 멀리 떨어져 있는 교구에서 소동이 일어나도, 더 작은 나라의 경우처럼 통치에 혼란이 초래될 우려는 없었다. 앤 여왕 10년의 법률은 성직록 추천권을 부활시켰다. 그러나 스코틀랜드에서는, 이 법률이 성직록 추천권자가 추천한 사람에게 예외 없이 성직록을 주기는 하지만, 그래도 교회는 때로는(이 점에 있어서는 교회의 결정에 그다지 일관성이 없었기 때문에) 피추천자에게 이른바 영혼의 구제, 즉 그 교구에 있어서의 교회 관할권을 주기 전에 민중의 어떤 동의를 요구한다. 교회는 적어도 때로는, 교구의 평화를 고려하는 척하며 이 동의를 얻을 수 있을 때까지 결정을 연기하는 경우가 있

---

* 169 여기서 성직록(benefice)이라고 한 것은 교구 목사의 지위를 가리킨다.

다. 이웃의 어떤 성직자가, 때로는 이 동의를 얻기 위해, 그러나 더욱 자주 이 동의를 방해하기 위해 시도하는 사적인 간섭과, 그들이 그런 경우에 훨씬 효과적으로 간섭할 수 있도록 인기를 얻기 위해 구사하고 있는 술책은, 아마 스코틀랜드의 성직자가 민중 속에 조금이나마 남아 있는 낡은 광신적인 정신을 주로 지탱하고 있는 원인일 것이다.

장로파적인 형태의 교회 통치가 성직자들 사이에 확립하는 평등은, 첫째는 권위, 즉 교회 관할권의 평등이며, 둘째는 성직록의 평등이다. 모든 장로파 교회에서 권위의 평등은 완전하지만, 성직록의 평등은 그렇지 않다. 그러나 성직록 사이에 서로 차이가 크게 나는 일은 거의 없으므로, 소액의 성직록 보유자라도 더 좋은 성직록을 얻기 위해 아첨이나 영합 같은 비열한 술책으로 자신의 성직록 추천권자의 비위를 맞추려는 유혹에 사로잡히는 일은 거의 일어나지 않는다. 성직록 추천권이 완전히 확립되어 있는 모든 장로파 교회에서는, 자립한 성직자가 일반적으로 상급자의 환심을 사려고 애쓰는 것은, 더욱 고상하고 품위 있는 방법, 즉 학식과 더할 나위 없이 규칙적인 생활, 그리고 충실하고 부지런한 임무의 이행을 통해서이다. 그들의 성직록 추천권자들은 때때로 그들의 정신의 독립성에 대해 불평을 토로하면서, 그 독립심을 과거의 은혜에 대한 망은으로 해석하는 경향이 있는데, 그것은 최악의 경우에도, 그런 종류의 호의를 더 이상 결코 기대해서는 안 된다는 자각에서 자연히 비롯되는 무관심에 불과한 경우가 대부분이다. 아마 유럽의 어디에서도 네덜란드·제네바·스위스·스코틀랜드의 장로파 성직자들보다 학식이 풍부하고 고상하며 독립적이고 존경할 만한 사람들을 찾아보기란 거의 불가능할 것이다.

교회의 성직록이 모두 거의 비슷한 곳에서는, 그 가운데 어느 것 하나가 매우 큰 일은 있을 수 없다. 그리고 성직록이 이와 같이 중간 정도인 것은, 틀림없이 지나친 경우도 있을 수 있다 해도, 몇 가지의 매우 바람직한 효과를 가진다. 재산이 조금뿐인 사람에게 위엄을 줄 수 있는 것은 가장 모범적인 도덕밖에 없다. 경박함이나 허영 같은 악덕은 그를 반드시 우스꽝스러운 사람으로 만들고, 더욱이 그것이 그에게 있어서 파멸적이라는 점에서는 일반 민중의 경우와 거의 같다.

따라서 자기 자신의 행동에 있어서 그는 일반 민중이 가장 존경하고 있는 도덕 체계에 따르지 않을 수 없다. 그는 자신의 이해관심과 처지에서 따르지 않을 수 없는 생활 방식에 의해 그들의 존경과 애착을 획득한다. 우리는 자연히, 자신들의 처지와 어느 정도 비슷하면서도, 더욱 높은 처지에 있는 것이 당연하다고 생각하는 사람에게 호감을 느끼는데, 일반 민중은 그와 같은 호감을 가지고 그를 바라본다. 그들의 호감은 당연히 그의 호감을 불러일으킨다. 그는 그들의 교화에 마음을 쓰며 그들의 원조와 구제에 대해 배려한다. 그는 자신에게 그토록 호감을 보내는 사람들의 편견을 경멸하지 않을 뿐만 아니라, 부유하고 기부재산도 많은 교회의 오만한 고위 성직자들에게서 자주 볼 수 있는 모멸적이고 교만한 태도로 그들을 내려다보는 짓은 결코 하지 않는다. 따라서 장로파 성직자는 다른 어느 국교회의 성직자보다 일반 민중의 마음에 큰 영향력을 가진다. 그러므로 일반 민중이 박해를 받지 않고 완전히, 그리고 거의 한 사람도 남김없이 국교회*170로 개종한 것은, 장로파 교회의 각국에서 밖에 볼 수 없는 일이다.

교회의 성직록이 대부분 매우 적은 나라에서는, 대학교수직은 일반적으로 교회의 성직록보다 정수입이 많은 지위이다. 이 경우, 대학은 그 구성원을 그 나라의 모든 교인으로부터 빼오거나 뽑을 수 있고, 교인은 모든 나라에서 문필가의 가장 많은 부분을 차지하고 있다. 반대로, 교회의 성직록이 대부분 매우 고액인 곳에서는, 교회는 자연히 뛰어난 문필가의 대부분을 대학에서 끌어온다. 그런 문필가는 그들에게 교회의 높은 지위를 알선하는 것을 명예로 여기는 성직록 추천권자를 찾는 것이 보통이다. 전자의 상황에서는, 대학이 그 나라에서 찾아낼 수 있는 가장 뛰어난 문필가로 채워져 있을 가능성이 크다. 후자의 상황에서는 대학에는 뛰어난 인물이 조금밖에 없을 가능성이 크고, 그들은 또한 그 사회의 가장 젊은 구성원에 속할 것이 분명하며, 그 사회에 크게 이바지할 수 있는 충분한 경험과 지식을 터득하기도 전에 그곳에서 빠져 나가버리기 쉽다. 드 볼테르*171가 말한 바로는, 언론계에서는 그리 유명하지 않은 예수회 회원인 포레 신부가, 프랑스에서는 유일하게 읽을 가치가 있

---

*170 여기서 국교회(established church)라고 한 것은, 앞에서도 언급한 대로, 스코틀랜드 교회처럼 국가 권력에 의해 승인되었지만, 영국 국교회로부터는 독립해 있는 것을 가리킨다.

*171 그 무렵 영국에서는 M. de Voltaire라고 썼다. 볼테르라는 것은 François-Marie Arouet의 필명인데, 그 뒤에 de Voltaire를 붙이면 귀족처럼 된다.

는 책을 쓴 교수이다.*172

　뛰어난 문필가를 그토록 많이 탄생시킨 나라에서, 그 가운데 교수는 겨우 한 사람뿐이었다는 것은 틀림없이 약간 기묘하게 보일 것이다. 유명한 가생디*173는 그 생애의 초기에는 에크스 대학의 교수였다. 그의 천재가 최초로 광채를 발했을 때, 교회에 들어가면 자신의 연구를 추진하는 데 편리한 지위뿐만 아니라, 훨씬 조용하고 쾌적한 생활도 쉽게 얻을 수 있다는 말을 듣고, 그는 당장 그 권유에 따랐던 것이다. 드 볼테르가 한 말은 프랑스뿐만 아니라 다른 모든 로마 가톨릭 국가에도 적용할 수 있다고 나는 믿는다. 그런 나라들에서는 어디서나, 교회가 거기서 뛰어난 문필가를 빼돌리려 할 것 같지 않은 법률과 의학의 전문직을 제외하고는, 대학교수 가운데 뛰어난 문필가를 찾아볼 수 있는 것은 매우 드문 일이다.

　로마 교회 다음으로는 잉글랜드 교회가 그리스도교 세계에서 유난히 부유하고 기부재산도 가장 많은 교회이다. 따라서 잉글랜드에서는 교회가 끊임없이 대학에서 가장 뛰어나고 유능한 구성원을 모두 빼내 가므로, 유럽에서 뛰어난 문필가로 알려져 있고 걸출한 노령의 학부 지도교수는, 모든 로마 가톨릭 국가와 마찬가지로 드물게밖에 볼 수 없다. 이에 비해, 제네바·스위스의 프로테스탄트 각 주, 독일의 프로테스탄트 각국, 네덜란드·스코틀랜드·스웨덴·덴마크에서는, 그런 나라가 낳은 가장 뛰어난 문필가 모두는 아니더라도 대부분 대학교수였다. 그런 나라들에서는 대학이 끊임없이 교회에서 가장 뛰어난 문필가를 모두 빼내가고 있는 것이다.

　시인과 소수의 웅변가, 또한 소수의 역사가를 제외하면, 그리스와 로마에서도 그밖에 더 많은 뛰어난 문필가는 공사(公私) 어느 한쪽의 교사, 일반적으로

＊172 볼테르는 《루이 14세의 세기》의 보충 '저작가들'에서 다음과 같이 썼다. '포레(샤를), 1675년, 노르망디 출생, 예수회 신부, 사교계에서 칭송받은 소수의 교수 가운데 한 사람, 세네카류의 웅변에 기지로 가득한 시인, 그의 가장 큰 공적은 제자들을 학문과 덕성을 사랑하도록 가르친 것이다. 1741년 사망.'

＊173 피에르 가생디(Pierre Gassendi, 1592~1655)는 프랑스의 철학자로 홉스의 친구. 남프랑스 디뉴 근처에서 농민의 아들로 태어났다. 재능을 인정받아, 에크스 대학의 수사학과 신학교수가 되었다. 1623년에 철학·자연과학(특히 천문학) 연구에 전념하기 위해 사직했는데, 스미스는 아마 이 일을 가리키고 있는 것이겠지만, 1645년에는 다시 콜레주 루아얄의 수학교수에 취임했다.

철학이나 수사학 교사였던 것 같다는 것은 아마 한번쯤 지적해 둘 만한 가치
가 있을 것이다. 이 지적은 리시아스와 이소크라테스, 플라톤과 아리스토텔레
스의 시대부터 플루타르코스와 에픽테토스, 수에토니우스와 퀸틸리아누스의
시대에 이르기까지*[174] 적용된다는 것을 알 수 있다.*[175] 학문의 어떤 특정한 분
야를 해마다 가르칠 필요를 누군가에게 부과하는 것은, 실제로 그 사람 자신
에게 그 분야를 완전히 통달하게 하는 가장 효과적인 방법으로 생각된다. 해
마다 같은 곳을 지나가야 한다면, 뭔가에 대해 능력이 있는 한 그는 몇 년 안
에 그 지역의 모든 부분에 대해 반드시 정통하게 되어, 가령 어느 해에 뭔가
특정한 점에 대해 지나치게 성급한 의견을 주장했다 하더라도, 이듬해의 강의
과정에서 똑같은 주제를 다시 생각할 때는, 거의 확실하게 그것을 수정할 것이
다. 학문의 교사라는 것이 확실히 문필가의 자연스러운 업무인 것처럼, 그 사
람을 굳건한 학문과 지식의 소유자로 만들 가능성이 가장 큰 것은 아마 교사
라는 직업일 것이다. 교회의 성직록이 적절하다는 것은, 그것이 실시되고 있는
나라에서, 자연히 문필가의 대부분을 공공에 있어서 가장 유용한 일에 끌어
들이는 동시에, 아마 그들이 받을 수 있는 가장 좋은 교육을 그들에게 제공할
것이다. 그것은 그들의 학습을 최대한 확실한 것으로 하는 동시에, 최대한 유

＊174 리시아스(Lysias, 기원전 459?~380?)는 아테네의 웅변가로 민주주의자. 내전의 위험을 경고
한 연설 '올림피아'가 유명하다. 리시아스는 재산을 몰수당하고 법정 연설의 대필로 생계
를 유지했고, 이소크라테스는 법정 연설 자체를 생업으로 했으므로, 각자 사립 학원을 열
었다. 플라톤·아리스토텔레스에 대해서는 말할 것도 없고, 플루타르코스(앞에 나옴)는 만
년에 아테네에서 작은 학원을 열었다. 에픽테토스(Epictetus, 55~135)는 그리스의 스토아파
철학자. 해방노예로, 주로 로마에서 철학을 가르치다가 황제 도미티아누스의 철학자 추방
에 의해 니코폴리스에 정착하여 그곳에서 강의를 계속했다. 수에토니우스(Suetonius, 69?~
122?)는 로마의 법률가로, 황제 하드리아누스의 비서. 퀸틸리아누스(Quintilianus, 35?~95?)
는 에스파냐 태생으로 로마에서 교육을 받고 수사학 교사가 되었다. 은퇴한 뒤 《웅변가
교육론》을 썼다.
＊175 제2판에는 이 뒤에 다음과 같은 문장이 있었다. '공공의 교사였다는 것을 우리가 확실하
게 알지 못하는 사람들 가운데 몇 사람은 개인교사였던 것 같다. 우리는 폴리비오스가
스키피오 아이밀리아누스의 개인교사였던 것을 알고 있다. 디오니시오스 할리카르나세우
스도 마르쿠스와 퀸투스 키케로의 아들들의 개인교사였다고 믿을 만한 몇 가지의 확실
한 이유가 있다'. 스키피오 아이밀리아누스(Scipio Aemilianus, 기원전 185~129)는 스키피오
아프리카누스의 아들의 양자로, 군인. 마르쿠스 키케로는 유명한 철학자·정치가, 퀸투스
키케로는 그 동생.

용한 것으로 하는 경향을 가진다.

　모든 국교회의 수입은 특정한 토지 또는 장원에서 생길 수 있는 부분을 제외하면, 국가의 총수입 가운데 한 부문이며, 그것이 이와 같이 국가의 방위와는 매우 다른 목적에 전용되고 있다는 것은 주의해야 할 일이다. 이를테면 10분의 1세는 실제로는 지조이며, 그렇지 않으면 국가 방위에 토지소유자가 그만큼 크게 이바지할 수 있었을 능력을 빼앗는 것이다. 그러나 지대는 어떤 사람들에 의하면, 모든 대(大)군주국에서 국가의 긴급한 필요를 궁극적으로 채울 수 있는 유일한 원자(原資)이고, 다른 사람들에 의하면 그 주요한 원자이다. 이 원자에서 많은 부분이 교회에 주어지면, 국가에는 그만큼 적게 할애할 수밖에 없는 것은 명백한 일이다. 다른 사정이 모두 똑같다고 한다면, 교회가 부유해지면 필연적으로, 한편으로는 주권자, 또 한편으로는 국민의 어느 한쪽이 아무래도 그만큼 가난해질 것이고, 어느 쪽이든 국가의 자위력은 그만큼 감소할 것이 틀림없다는 것은 확실한 원칙으로 규정할 수 있을 것이다.

　몇몇 프로테스탄트 국가, 특히 스위스의 모든 프로테스탄트 주에서는, 옛날에는 로마 가톨릭 교회의 것이었던 수입, 즉 10분의 1세와 교회 소유지는 국교회의 성직자에게 충분한 봉급을 제공하는 데 충분할 뿐만 아니라, 다른 모든 국가 경비를 거의 또는 아무런 추가 없이 지불하는 데 충분한 원자인 것이 밝혀졌다. 특히 강력한 베른주의 위정자들은 이 원자로부터의 절약으로 수백만에 이르는 것으로 상정되는 거액을 축적하여, 그 일부는 국고에 맡기고, 일부는 유럽의 여러 채무국의 이른바 공채에, 주로 프랑스와 그레이트브리튼의 공채에 이자를 붙여서 투자하고 있다.

　베른 또는 다른 어느 프로테스탄트주의 교회가 국가에 비용을 얼마나 들이고 있는지 나는 알고 있다고 굳이 말할 생각은 없다. 매우 정확한 계산에 의하면, 1755년에는 스코틀랜드 교회의 성직자의 총수입은, 그들의 성직령 경지, 즉 교회 소유지와, 그들의 목사관, 즉 주택의 집세를 온당한 평가에 의해 견적한 것을 포함하여, 불과 6만 8514파운드 1실링 5펜스 12분의 1밖에 되지 않았다. 이 매우 소박한 수익이 944명의 목사에게 소박한 생계를 제공하고 있다. 교회의 총경비는 교회와 목사관의 건축이나 수리에 가끔 지출되는 것을 포함하여, 1년에 8만 내지 8만 5000파운드가 넘을 거라고는 도저히 생각할 수 없다. 그리스도교 세계에서 가장 부유한 교회에서도, 이렇게 매우 가난한 기부재산

밖에 없는 스코틀랜드 교회 이상으로 국민 대중 사이에 신앙의 통일성, 헌신의 열의, 질서 정신, 규율 정신, 엄격한 도덕을 유지하고 있지는 않다. 스코틀랜드 교회는 국교회가 얻을 것으로 생각할 수 있는 성속(聖俗) 양면의 모든 훌륭한 효과를, 다른 어느 교회에 못지않게 완벽하게 얻고 있다. 스위스의 프로테스탄트 교회의 대부분은 일반적으로, 스코틀랜드 교회보다 기부재산이 많지는 않지만, 그런 효과를 더욱 고도로 얻고 있다. 프로테스탄트 각 주의 대부분에서는, 스스로 국교회에 속해 있다고 공언하지 않는 사람은 단 한 명도 없다. 분명히 국교회 외의 어느 교회에 속해 있다고 공언하면, 법적으로 그는 그 주에서 퇴거해야 하는 것으로 규정되어 있다. 그러나 성직자의 성실한 노력이, 극소수의 개인을 제외한 국민 전체를 미리 국교회로 개종시켜 두지 않았더라면, 그렇게 엄격한, 또는 오히려 그렇게 완전히 억압적인 법률이, 그런 자유로운 나라에서 집행되는 일은 결코 없었을 것이다. 따라서 프로테스탄트 국가와 로마 가톨릭 국가가 우연히 합병하는 바람에 개종이 그다지 완전하게 이루어지지 않은 스위스의 몇몇 지방에서는, 양쪽의 종교가 법률에 의해 허용되어 있을 뿐만 아니라 국교가 되어 있다.

어떤 직무이든 그것이 적절하게 수행되기 위해서는, 그것에 대한 지불 또는 보상이 될 수 있는 대로 정확하고 그 직무의 성질에 맞아야 할 필요가 있다고 생각된다. 만일 어떤 직무에 대한 보수가 지나치게 낮다면, 그 직무는 거기에 고용되어 있는 자의 대부분이 비천하고 무능하기 때문에 직무의 질이 매우 낮아지기 쉽다. 만일 보수가 지나치게 높다면, 그들의 방종과 게으름에 의해 직무의 질은 더욱 낮아지기 쉬울 것이다. 수입이 많은 사람은, 그 전문직이 어떤 것이든, 자기도 수입이 많은 다른 사람들과 같은 생활을 해야 한다고 생각하고, 자신의 시간의 큰 부분을 환락과 허영과 낭비에 소비해야 한다고 생각한다. 그러나 성직자의 경우에, 그런 삶의 방식은, 그의 직무상 의무에 할애해야 하는 시간을 헛되이 보낼 뿐만 아니라, 일반 민중의 시선으로 보면, 그가 그 의무를 타당한 중요성과 권위를 가지고 수행하는 데 없어서는 안 되는 고결한 성격을 거의 전적으로 망쳐 버리게 된다.

제4절 주권자의 존엄을 유지하기 위한 비용에 대하여

주권자가 그의 각각의 임무를 수행하는 데 필요한 비용 외에, 그 이상으로 그의 존엄을 유지하는 데도 어떤 비용이 필요하다. 그 비용은 개량의 다양한 시기에 따라, 또 통치의 다양한 형태에 따라서도 달라진다.

부유하고 개량된 사회, 모든 다양한 계층의 사람들이 집·가구·식탁·의복·신변용품에 날이 갈수록 차츰 많은 비용을 들이게 된 사회에서, 주권자만은 유행에 거스르기를 기대하는 것은 도저히 불가능한 일이다. 따라서 그도 자연히, 또는 오히려 필연적으로, 그런 다양한 물품 전체에 더 많은 비용을 들이게 된다. 그의 존엄성이 그에게 그렇게 하기를 요구한다는 생각까지 든다.

존엄성이라는 점에서 군주와 국민의 격차는, 어느 공화국이든, 최고 위정자와 그의 동포시민들 사이에 있는 것으로 생각되는 어떤 격차보다도 크므로, 더 높은 존엄을 유지하기 위해서는 많은 비용이 필요하다. 우리는 당연히, 국왕의 궁정이 도시 공화국의 총독 또는 시장의 공관보다 더욱 장려하기를 기대한다.

이 장의 결론

사회를 방위하는 비용과 최고 위정자의 존엄을 유지하는 비용은 모두 사회전체의 일반적인 이익을 위해 지출되는 것이다. 따라서 그런 비용은 모든 구성원이 각자의 능력에 될 수 있는 대로 비례하게 갹출하여, 사회 전체의 일반적 갹출에 의해 충당되는 것이 타당하다.

사법행정의 비용 또한 의심할 여지없이 사회 전체의 이익을 위해 지출되는 것으로 생각해도 무방하다. 따라서 그것이 사회 전체의 일반적 갹출에 의해 충당되는 것은 조금도 부당한 일이 아니다. 그러나 그 비용을 필요하게 만드는 것은, 이런저런 방법으로 부정을 저지르고, 그로 인해 재판소의 구제 또는 보호를 요청하지 않으면 안 되는 사람들이다. 또 이 비용에 의해 가장 직접적으로 이익을 얻는 사람들은, 재판소가 권리를 회복 또는 유지해 주는 사람들이다. 따라서 사법행정비는 다양한 경우의 필요에 따라, 그런 다른 두 부류의 사람들의, 한쪽 또는 양쪽의 개별적인 갹출에 의해, 즉 법정수수료에 의해 충당되는 것이 매우 적절할 것이다. 유죄판결을 받은 범죄자가 스스로 수수료를 지불할 만한 재산도 자금도 없는 경우를 제외하고는, 사회 전체의 일반적 갹출에 의존할 필요가 없는 것이다.

그 이익이 한 지방이나 한 속주에 한정되는 지방적 또는 속주적인 비용(이를테면 특정한 도시 또는 관구의 생활행정을 위해 지출되는 비용)은 그 지방 또는 속주의 수입에 의해 충당되어야 하며, 사회의 일반적 수입에 대해 부담을 주어서는 안 된다. 이익이 사회의 일부에 한정되는 비용에 대해 사회전체가 갹출하는 것은 부당하다.

좋은 도로와 교통을 유지하는 비용은 의심할 여지없이 사회 전체에 유익하며, 따라서 사회 전체의 일반적 갹출에 의해 충당되는 것에 아무런 부당함도 없다. 그러나 이 비용에서 가장 신속하게 직접적으로 이익을 얻는 것은, 한 장소에서 다른 장소로 여행을 하거나 재화를 운반하는 사람과 그런 재화를 소비하는 사람들이다. 잉글랜드의 유료도로 통행세나 다른 나라에서 통행세라고 불리는 세금은, 그 비용을 모두 각각 다른 이 두 부류의 사람들에게 부담시키고, 그렇게 함으로써 사회의 일반수입에 대한 매우 큰 부담을 면제해 주고 있다.

교육과 종교적 교화시설의 비용도 마찬가지로 사회 전체에 의심할 여지없이 유익하며, 따라서 사회 전체의 일반적 갹출에 의해 충당되어도 부당하지는 않을 것이다. 그러나 비용이 모두, 그런 교육이나 교화에서 직접적인 이익을 얻는 사람들, 즉 자신이 그 어느 한쪽을 필요로 한다고 생각하는 사람들의 자발적인 갹출에 의해 충당되어도, 아마 마찬가지로 적절하며 어쩌면 약간의 이점까지 있을 수 있다.

사회 전체에 유익한 시설 또는 공공사업이, 그것에 의해 가장 직접적으로 이익을 얻는 그 사회의 특정한 구성원의 갹출만으로는 완전히 유지될 수 없거나, 실제로 유지되고 있지 않은 경우에는, 그 부족분은 대부분의 경우 사회 전체의 일반적 갹출에 의해 보충되지 않으면 안 된다. 사회의 일반수입은 그 사회를 방위하는 비용과 최고 위정자의 존엄을 유지하는 비용을 충당하고도, 그 위에 수입의 많은 개별 부문의 부족분을 메우지 않으면 안 된다. 이 일반수입, 즉 공공수입의 원천에 대해서는 다음 장에서 설명할 것이다.

사회를 방위하고 최고 위정자의 존엄을 유지하는 비용뿐만 아니라, 국가의 기본제도가 특정한 수입을 아무것도 충당하고 있지 않은 다른 모든 통치상의 필요비용도 충당하지 않으면 안 되는 수입은, 첫째로 오로지 주권자 또는 공동사회에 속하며 국민의 수입에서는 독립해 있는 어떤 원자(原資), 또는 둘째로 국민의 수입 가운데 어느 한쪽에서 이끌어 낼 수 있다.

제1절 주권자 또는 공동사회에 전적으로 속할 수 있는 원자, 즉 그 원천에 대하여

주권자 또는 공동사회에 전적으로 속할 수 있는 수입의 원자, 즉 원천은 자산이나 토지일 것이 틀림없다.

주권자는 다른 어떤 자산소유자와 마찬가지로, 그것을 스스로 사용하거나 대출함으로써 수입을 올릴 수 있다. 그의 수입은 전자의 경우에는 이윤이고 후자의 경우에는 이자이다.

타타르와 아라비아 수장의 수입은 이윤이다. 그것은 주로 그 자신의 소 떼나 양 떼의 젖과 증식에서 생긴다. 그는 그 운영을 직접 감독하고, 그 자신의 집단이나 종족 가운데 가장 주요한 목축자이다. 그러나 이윤이 군주제 국가의 공공수입의 주요한 부분이 되었던 것은 국내 통치가 가장 초기의 미개한 상태에 있었을 때뿐이다.

작은 공화국은 때로는 상업기획의 이윤에서 상당한 수입을 올려 왔다. 함부르크 공화국*¹은 공영 포도주 창고나 약국의 이윤을 통해 수입을 올리고 있

---

*1 함부르크는 지금까지 때때로 무역항·상업 도시로서 언급되어 왔고, 상업국(mercantile state)이라고도 불렸는데(제4편 제9장), 여기서는 함부르크 공화국(republick of Ham burgh)이라고 썼

다고 한다.[*2] 주권자가 포도주 상인이나 약국 영업을 할 만큼 한가한 나라가 매우 큰 나라일 수는 없다. 공립은행의 이윤은 이보다 큰 나라의 수입원이 되어 왔다. 함부르크뿐만 아니라, 베네치아와 암스테르담에서도 마찬가지였다. 그런 종류의 수입은 그레이트브리튼 같은 대제국에서도 무시할 수 없는 것이라고 생각한 사람들도 있었다. 잉글랜드 은행의 통상 배당을 5.5퍼센트, 자본을 1078만 파운드로 계산하면, 경영비를 지불한 뒤의 연간 순이익은 59만 2900파운드가 될 것이라고 한다. 정부는 이 자본을 3퍼센트의 이자로 빌릴 수 있고, 은행을 직접 경영하면, 1년에 26만 9500파운드의 순이익을 올릴 수 있을 거라는 주장도 있다. 베네치아와 암스테르담의 귀족정치 같은, 질서가 있고 용의주도하며 절약적인 귀족정치가, 이런 종류의 상업기획을 운영하는 데 매우 어울린다는 것은 경험으로 보아 명백한 일이다. 그러나 그에 비하면, 잉글랜드 같은 정부, 즉 어떤 장점이 있든지간에, 지금까지 재정을 잘 꾸려가는 것으로 이름나 본 적이 한 번도 없고, 평시에는 일반적으로, 군주정치에서 자연스러운 현상인 듯한, 게으르고 함부로 낭비하며, 전시에는 민주정치가 빠지기 쉬운, 온갖 무분별한 낭비를 다한 정부에, 그런 기획의 운영을 안심하고 맡길 수 있을지는 아무래도 매우 의심쩍은 일이 아닐 수 없다.

우편사업은 본디 상업기획이다. 정부는 곳곳에 우체국을 설치하여 필요한 말과 마차를 사거나 빌릴 수 있는 비용을 선불하고, 우편요금을 통해 큰 이윤과 함께 그것을 회수한다. 그것은 아마 내가 믿는 바로는, 어떤 정부에서도 성공적으로 운영된 유일한 상업기획일 것이다. 선불하는 자본은 매우 큰 규모는

어 있다. 북독일 대부분의 항만 도시와 함께 함부르크는 한자 도시이자 최대의 제국 도시로서, 봉건 영주의 지배를 받지 않았다.

[*2] Memoires concernant les Droits & Impositions en Europe , tome i. page 73 참조. 이 저작은 프랑스 재정을 개혁하는 적절한 수단을 연구하는 일을 지난 몇 년에 걸쳐 담당해 온 위원회를 위해, 궁정의 명령에 의해 편집되었다. 4절판 3권에 담은 프랑스 조세에 대한 설명은 완전히 권위 있는 것으로 여겨도 무방하다. 다른 유럽 각 국민의 그것에 대한 설명은, 다양한 궁정에 있는 프랑스 공사들이 입수할 수 있었던 정보를 바탕으로 편집되었다. 그것은 프랑스 조세에 대한 설명보다 훨씬 짧으며 그것처럼 정확하지도 않다.(스미스 본인의 주)

Jean Louis Moreau de Beaumont, *Mémoires concernant les Impositions et Droits en Europe*, 4 vols., Paris, 1768~1769(ASL 1186). 스미스는 존 싱클레어에게 보낸 편지 속에서, 이 책을 튀르고의 호의에 의해 입수했다고 쓰고 있다. 글래스고 판《국부론》에는 이 책의 해당 대목이 편집자 주로 언급되어 있다.

아니다. 이 사업에는 특별한 비결이 없으며, 회수는 확실할 뿐만 아니라 즉각적이다.

그런데 왕후들은 흔히 다른 많은 상업기획에도 종사하며, 개인처럼 일반 상업의 각 부문에서 투기가가 됨으로써, 자신들의 재산을 증식하고자 했다. 그러나 그들이 성공한 적은 거의 없다. 왕후들의 일처리가 늘 그렇듯이 철저하지 못한 자세가 그들의 성공을 방해하기 때문이다. 왕후의 대리인은 자기 주인의 부를 무한한 것으로 생각하고, 얼마에 사서 얼마에 팔 지에 대해 깊이 생각하지 않고, 한 장소에서 다른 장소로 어느 정도의 비용으로 그 재화를 수송할 것인지에 대해서도 걱정하지 않는다. 그런 대리인은 흔히 자신이 왕후인 것처럼 낭비하는 생활을 하고, 때로는 그런 낭비에도 불구하고 장부를 적당히 맞춰서 군주와 같은 재산을 획득한다. 마키아벨리가 말했듯이, 결코 무능한 왕후는 아니었던 메디치가 로렌초의 대리인들은 그의 상업을 그렇게 운영했다.*3 피렌체 공화국은 그들의 낭비가 그에게 들씌운 부채를 몇 번이나 지불해 주지 않으면 안 되었다. 그래서 그는 본디 그의 가족이 재산을 이루었던, 상인으로서의 사업을 그만두고, 후반생(後半生)에는 남은 재산과 자신이 처분권을 가지고 있는 국가수입을 모두 그의 지위에 어울리는 기획이나 비용에 사용하는 편이 낫다는 것을 알았다.

두 개의 성격이 서로 양립할 수 없다는 점에서는, 소상인(小商人)*4의 성격과 주권자의 성격보다 더한 것은 없는 것으로 생각된다. 잉글랜드 동인도 회사의 소상인 정신이 이 회사를 매우 나쁜 주권자로 만들고 있다면, 주권의 정신이 이 회사를 마찬가지로 나쁜 소상인으로 만들었다고 생각된다. 이 회사가

＊3 메디치가의 로렌초(Lorenzo de Medici, 1449~1492)는 피렌체의 메디치 재벌의 대표적인 인물로, 르네상스 이탈리아의 정치·경제·문화에 발자취를 남겼다. 마키아벨리는《피렌체사》제7, 8권에서 로렌초에 대해 언급하면서 다음과 같이 썼다. '그 밖의 그의 개인적인 사항에 대해 말한다면, 그는 상업 활동에 있어서는 더할 수 없이 불운했다. 그것은 개인이라기보다는 군주처럼 그의 재산을 관리한 관리자들의 무질서 때문에, 많은 곳에서 그의 거액의 동산이 낭비되고 말았기 때문이다. 그 결과, 조국은 거액의 자금을 그에게 원조해 주지 않으면 안되었다. 그래서 그는……상업이 따르는 사업을 중단하고……토지의 획득에 전념했다. ……그와 아울러, 그는 자신의 도시를 더욱 아름답고 위대하게 만드는 데 노력했다. ……그는 재능이 뛰어난 사람이라면 그가 누구이든 놀랄 만큼 사랑했고, 학자를 우대했다'(제8권 36절).
＊4 trader 라는 말은 여기서는 경멸의 의미를 담아 사용되고 있으므로 소상인으로 했지만, 상인·소매상·상점주 같은 명칭 속에서의 지위 관계는 확실하지 않다.

소상인들로만 구성되어 있었을 때는, 사업을 잘 운영하여 그 이윤으로 회사의 주주들에게 그런대로 배당금을 지불할 수 있었다. 그런데 이 회사가 주권자가 된 이래, 본디는 영국 정화 300만 파운드가 넘는 수입을 올렸으면서도, 눈앞의 파산을 피하기 위해 정부의 특별지원을 간청하지 않으면 안 되었다. 인도에 있는 이 회사의 고용인들은, 회사의 예전의 입장에서는 자신들을 상인의 점원으로 생각하고 있었지만, 회사의 지금의 입장에서는 자신들을 주권자의 대신(大臣)으로 생각하고 있다.

국가는 이따금 공공수입의 일정한 부분을, 자산의 이윤에서 이끌어 내는 것과 마찬가지로, 화폐의 이자에서도 이끌어 낼 수 있다. 만일 국가가 재물을 축적하고 있다면, 그 재물의 일부를 외국 또는 자국의 국민에게 빌려 줄 수 있는 것이다.

베른 주는 자기 주의 재물 일부를 외국에 빌려 주고, 즉 유럽의 여러 채무국, 주로 프랑스와 잉글랜드 공채에 투자하여 상당한 수입을 올리고 있다. 이 수입의 안전성은, 첫째는 그것이 투자되는 공채의 안전성, 즉 그것을 관리하는 정부의 성실성에, 둘째는 채무국과의 평화가 계속되는 확실성 또는 개연성에 의존하게 마련이다. 전쟁의 경우에는, 채무국 측의 가장 최초의 적대 행위는 채권자의 공채의 몰수일 것이다. 외국에 화폐를 빌려 주는 이 정책은, 내가 아는 바로는 베른 주 특유의 것이다.

함부르크 시*5는 일종의 공영 전당포를 설치했는데, 이 전당포는 저당물에 6퍼센트의 이자를 부과하여 그 국가의 국민에게 돈을 빌려 준다. 롬바르트*6라고 불리는 이 전당포는 국가에 15만 크로네*7의 수입을 제공한다는 주장이 있다. 1크로네를 4실링 6펜스라고 보면, 영국 정화 3만 3750파운드가 된다.

펜실베이니아 정부는 재물을 전혀 축적하지 않고도, 분명히 화폐는 아니지

---

*5 Memoires concernant les Droits & Impositions en Europe ; tome i. p. 73 참조.(스미스 본인의 주)

*6 롬바르트(Lombard)는 여기서는 전당포의 별명이지만, 독일뿐만 아니라 영국과 프랑스에서도 금융업 일반에서 이 명칭이 쓰인다. 13세기 롬바르디아에서 시작되었다는 이유에서이다. 런던의 롬바드 스트리트도 같은 성질의 명칭이다.

*7 스칸디나비아 및 중부 유럽 각국의 화폐단위인 크로네(krone, krona, koruna)를 영어로는 크라운(crown)이라고 한다. 독일에서도 왕관을 새긴 10마르크화를 크로네라고 부르는데, 독일이 통일국가가 아니었던 시대의 함부르크를 가리키므로 스칸디나비아 각국과 같다고 생각해도 무방할 것이다.

만 화폐와 같은 등가물을 국민에게 빌려 주는 방법을 고안했다. 개인에게 이자를 붙여서 3배의 가치가 있는 토지를 담보로 잡고 신용증권을 선대함으로써 적당한 수입을 올린 것이다. 이 신용증권은 15년 상환으로, 그 동안 은행권처럼 양도할 수 있고, 또한 협의회의 법률에 의해 속주 주민들 사이에 거래되는 모든 지불에 있어서 법정통화로 정한다고 포고되었다. 그렇게 함으로서, 그것은 적절한 수입을 올렸고, 검소하고 질서 있는 그 정부의 전체 통상경비인 약 4500파운드의 연경비를 지불하는 데 매우 도움이 되었다.

이런 종류의 정책이 성공한 배경에는 다음과 같은 세 가지 사정이 있었을 것이 틀림없다. 첫째로 금은화 외에 뭔가 다른 상업 용구에 대한 수요, 즉 그들의 금은화의 대부분을 국외로 보내지 않으면 입수할 수 없을 만큼 많은 소비재에 대한 수요가 있었던 것, 둘째로 이 정책을 사용한 정부의 신용도가 높았던 것, 그리고 셋째로 이 정책을 사용하는 데 있어서 절도가 지켜진 것, 즉 신용증권의 총가치가 신용증권이 없을 경우에 그런 유통에 필요한 금은화의 총가치를 결코 넘지 않았던 것이 그것이다. 이 같은 정책은 다양한 경우에, 다른 몇몇 아메리카 식민지에서도 채용되었다. 그러나 이 절도가 결여되어 있어서, 대부분 편리함보다 훨씬 큰 혼란을 낳았다.

그러나 주식과 신용의 불안정하고 소멸하기 쉬운 성질은, 그런 것을 확실하고 견고하며 영속적인 수입의 주요한 원자로서 의존하기에는 부적당한 것으로 만들지만, 정부에 안전보장과 존엄성을 부여할 수 있는 것은 그런 확실하고 견고하며 영속적인 수입뿐이다. 목축 상태에서 벗어나서 발전해 온 큰 나라의 정부가, 공공수입의 대부분을 그런 재원에서 이끌어 내는 일은 지금까지 한 번도 없었던 것으로 생각된다.

토지는 더욱 안정되고 영속적인 성질을 가진 원자이다. 따라서 공유지의 지대는 목축 상태를 훨씬 오래 전에 벗어난 많은 큰 나라의 공공수입의 주요 재원이었다. 그리스와 이탈리아의 고대 공화국들은 오랫동안 공동사회의 필요경비를 충당하는 수입의 대부분을 공유지의 생산물 또는 지대에 의존하고 있었다. 왕실 영지의 지대는 오랫동안 옛 유럽 주권자들의 수입의 대부분을 이루고 있었다.

전쟁과 군비는 근대에 와서 모든 큰 나라의 필요경비의 대부분을 발생시키는 두 가지 사항이다. 그런데 그리스와 이탈리아의 각 고대 공화국에서는 모든 시민들이 병사였고, 자비로 군대에 복무하며 군비도 갖췄다. 따라서 그 두 가지 사항은, 어느 쪽도 국가에 있어서 많은 금액의 경비를 발생시키는 일이 없었다. 그러므로 매우 온당한 토지자산의 지대로 통치의 다른 모든 필요경비를 충당하는 데 완전히 충분했을 것이다.

유럽의 옛 군주국에서는, 당시의 풍습과 관행에 의해 국민 대중은 충분히 전쟁에 대비하고 있었다. 전장에 나갔을 때 그들은, 봉건적 토지보유의 조건에 따라 자비 또는 직속 영주의 경비로 부양되도록 되어 있었으므로, 주권자에게는 전혀 새로운 부담을 주지 않았다. 통치의 그 밖의 경비는, 대부분 매우 적은 것이었다. 이미 살펴본 것처럼, 사법행정은 지출의 원인이 아니라 수입원이었다. 수확 전후 각각 사흘 동안의 농촌 주민의 노동은, 그 나라의 상업에 필요하다고 상정되는 모든 다리·공도, 그 밖의 공공시설을 건조하고 유지하는 데 충분한 원자로 여겨지고 있었다. 당시에는, 주권자의 주요 경비는 그 자신의 가족과 가정의 유지비였던 것 같다. 따라서 그의 가정상의 직원은 당시에는 국가의 고관(高官)*8이었다. 재무장관은 그의 지대를 징수하고, 재무관리관과 시종장은 그의 가족의 비용을 관리했다. 그의 마구간 관리는 경시총감과 육군장관에게 맡겨졌다. 모두 성의 형태로 지어진 그의 집은, 그가 소유한 요새 가운데 중요한 것으로 여겨졌던 것 같다. 그런 집, 즉 성의 수비자들은 일종의 군사령관으로 여겨도 무방할 것이다. 그들만이 평시에 거느리고 있을 필요가 있는 무관이었던 것 같다. 이런 사정에서는, 대영지의 지대는 평상의 경우, 통치에 필요한 모든 비용을 넉넉하게 충당할 수 있었을 것이다.

유럽의 문명화한 군주국의 대부분이 현재 처한 상황에서는, 나라의 모든 토지의 지대(地代)를 합치더라도, 만일 그 토지가 한 사람의 소유인 경우처럼 관리된다면, 아마 평시에 국민으로부터 징수되는 경상수입에 이르는 일도 좀처럼 드물 것이다. 이를테면 그레이트브리튼의 경상수입은 연간 경상비를 충당하는 데 필요한 것뿐만 아니라, 공채이자의 지불과 그 공채의 원금을 일부 상

---

*8 국가의 고관(great officers of state)이라고 해도 다음에 열거되는 다섯 관직은 비중이 매우 다르다. 재무장관(lord treasurer)은 분명히 고관이지만 다음의 lord steward 와 lord chamberlain 은 재무관리관과 시종장으로, 모두 민간집사나 관리인에 해당된다. lord constable과 lord marshal 은 모두 어원적으로 말을 돌보는 사람으로, 여기서는 치안유지와 군비 담당관을 뜻한다. constable 은 지금도 경관을 가리킨다.

환하는 데 필요한 것까지 포함하면, 1년에 1000만 파운드가 넘는다. 그러나 1 파운드 당 4실링의 지조(地租)는 연간 200만 파운드가 되지 않는다. 그런데 이 지조는 그레이트브리튼의 모든 토지지대뿐만 아니라, 모든 가옥의 집세와, 모든 자산 가운데 공공에 대출되고 있거나, 농업자본*9으로서 토지 경작에 쓰이고 있는 것을 제외한 이자의, 5분의 1로 상정되고 있다. 이 세수의 매우 큰 부분은 집세와 자산이자에서 발생한다. 이를테면 런던 시의 지조는 1파운드 당 4실링으로, 12만 3399파운드 6실링 7펜스가 된다. 웨스트민스터 시*10의 그 것은 6만 3092파운드 1실링 5펜스, 화이트홀과 세인트제임스, 두 궁전의 그것은 3만 754파운드 6실링 7펜스이다. 일정률의 지조가 이와 마찬가지로 왕국의 그 밖의 모든 도시와 자치 시에 부과되는데, 그 대부분은 집세 또는 영업자본과 원금의 이자로 생각되는 것에서 발생한다.

따라서 그레이트브리튼의 지조 부과를 위한 평가액에 의하면, 모든 토지의 지대와 모든 가옥의 임대료, 그리고 공공에 대출하거나 토지 경작에 쓰이고 있는 것만을 제외한 원금 전체의 이자에서 발생하는 공공수입의 총액은, 1년에 영국 정화 1000만 파운드, 즉 정부가 평시에 국민에게 부과하는 경상수입에도 못 미친다. 그레이트브리튼에서 지조를 부과할 때의 평가액은, 몇몇 특정한 주와 관구에서는 그 가치와 거의 같다고들 하지만, 왕국 전체를 평균하면 의심할 여지없이 실질가치를 크게 밑돌고 있다. 가옥의 임대료와 원금의 이자를 제외한 토지지대만 해도 2000만 파운드가 된다고 평가하는 사람들이 많지만, 이 평가는 터무니없이 자의적이며, 실제보다 많을 수도 있고, 마찬가지로 적을 수도 있다고 나는 우려하고 있다. 그러나 그레이트브리튼의 토지가 경작의 현 상황에 있어서, 1년에 2000만 파운드 이상의 지대를 제공하지 않는다면, 그 토지가 모두 한 사람의 소유이고, 그 소유자의 지배인이나 대리인의 무책임하고 낭비적이고 억압적인 관리하에 놓여 있을 경우에는 그 지대의 반, 어쩌면 4분의 1도 제공하지 못할 것이다. 그레이트브리튼 왕실 영지는 현재, 만일

---

*9 이 농업자본(agricultural stock)은 토지개량비처럼 농업에 투입되는 고정자본(capital stock)을 뜻할 것이다. 그런데 뒤에 나오는 영업자본과 원금의 경우는 trading and capital stock 으로, 원금과 구별된 trading stock 이 언급되어 있어서, 이는 자산을 실제로 영업에 쓰는 부분과 원금으로 분류한 것으로 생각하여 영업자본으로 했다. trading capital 이라고 하는 편이 이해하기 쉽다.

*10 웨스트민스터 시(city of Westminster)는 현재는 런던 시내의 자치구.

그것이 개인 소유지일 경우에 이끌어 낼 수 있는 지대의 4분의 1도 제공하지 않고 있다. 왕실 영지가 더 드넓으면 관리는 아마 더욱 나빠질 것이다.

국민 대중이 토지에서 얻는 수입은 지대가 아닌 토지 생산물에 비례한다. 어느 나라 토지의 연간 전체 생산물도, 씨앗으로 챙겨 두는 것을 제외하면, 국민 대중에 의해 해마다 소비되거나 그들이 소비하는 다른 어떤 것과 교환된다. 토지 생산물을 그렇지 않은 경우에 상승하는 양 이하로 끌어내리고 있는 사정은, 그게 어떤 것이든 토지소유자의 수입을 감소시키는 것 이상으로 국민 대중의 수입을 감소시킨다. 토지지대, 즉 토지 생산물 가운데 토지소유자의 것이 되는 부분이 전체 생산물의 3분의 1이 넘는 것으로 상정되고 있는 곳은, 그레이트브리튼에서는 거의 아무 데도 없다. 만일 어떤 경작 상태에서는 1년에 1000만 파운드의 지대를 제공하고 있는 토지가, 다른 경작 상태에서는 2000만 파운드의 지대를 제공한다 여기고, 어느 경우에도 지대가 생산물의 3분의 1이라면, 토지소유자의 수입은 전자의 경우가 1년에 1000만 파운드 적을 뿐이지만, 국민 대중의 수입은 씨앗용으로 필요한 것만 제외하고, 후자의 경우보다 1년에 3000만 파운드 적어질 것이다. 이 나라의 인구는, 1년에 3000만 파운드에서 항상 씨앗을 뺀 잔액이 다양한 신분의 사람들 사이에 분배되어, 각자의 생활과 지출 방법에 따라 부양할 수 있는 사람의 수만큼 적어질 것이다.

현재 유럽에는, 공공수입의 대부분을 국가가 소유한 토지에서 이끌어 내고 있는 문명국은 하나도 없지만, 그래도 여전히 유럽의 모든 대군주국에는, 왕실 소유인 드넓은 토지가 많이 있다. 그런 토지는 대개 수렵지이며, 때로는 몇 마일을 걸어도 나무가 한 그루도 없는 수렵지도 있어서,*11 생산이나 인구 면에서 국토의 완전한 낭비이고 손실이다. 유럽의 어느 대군주국에서도, 왕실 영지를 팔면 거액의 돈이 되며, 그것을 공채상환에 충당하면, 그런 토지가 왕실에 제공한 적이 있는 어떤 수입보다 훨씬 큰 수입을 담보로부터 해방시킬 수 있을 것이다. 매우 잘 개량되고 경작되고 있어서 매각할 때는 그곳에서 어렵지 않게 입수할 수 있는 한의 많은 지대를 올리고 있는 토지가, 보통 수익의 30년분으로 팔리고 있는 나라에서는, 개량도 경작도 되지 않고 있고 지대도 낮은 왕실 영지는 40년, 50년, 60년분으로 팔릴 것으로 생각해도 틀림없을 것이다.

＊11 일반적으로 숲이라고 번역되고 있는 forest 는 담장 밖이라는 의미로, 영국의 법률에서는 왕령 수렵지를 가리키는 말이었다. 수림인지 아닌지는 상관이 없다고 한다.

이 높은 값 덕택에 담보에서 해방되는 수입은 즉시 왕실 소유가 될 것이다. 왕실은 몇 년 안에 아마 다른 수입도 얻을 수 있고, 왕실 영지가 사유재산이 되면 몇 년 안에 잘 개량되고 경작될 것이다. 그 토지 생산물의 증가는 국민의 수입과 소비를 증가시킴으로써 나라의 인구를 증가시킬 것이다. 게다가 왕실이 관세나 소비세에서 올리는 수입도 국민의 수입과 소비에 따라 필연적으로 증가할 것이다.

어떤 문명화한 군주국에서도, 왕실이 왕실 영지에서 올리는 수입은 개개인에게는 아무런 부담도 주지 않는 것처럼 보이지만, 실제로는 왕실이 얻는 다른 어떤 같은 금액의 수입보다 사회에 큰 부담을 준다. 왕실의 이 수입을 같은 금액의 뭔가 다른 수입으로 대체하고, 그 토지를 국민들에게 분배하면, 모든 경우에 사회의 이익이 될 것이다. 그리고 토지를 분할하는 데는 공매보다 나은 방법은 결코 없을 것이다.

공원*12 ·정원·공공산책로 등 쾌락과 미관을 목적으로 하는 토지, 즉 어디서나 지출의 원인으로 여겨지고 수입의 원인으로는 여겨지지 않는 소유지만이, 문명화한 대군주국에서 왕실이 소유할 수 있는 유일한 토지인 것으로 생각된다.

따라서 특히 주권자 또는 공동사회의 것일 수 있는 두 가지 수입원인 공공자산과 공공토지는, 어떤 큰 문명국에서도 그 필요경비를 충당하는 원자로서는 부적당하고 불충분하므로, 남아 있는 것은, 이 경비의 대부분을 어떤 종류의 세금으로 충당하는 길밖에 없다는 것이다. 즉 국민은 주권자 또는 공동사회의 공공수입을 메우기 위해 그들 자신의 개인적 수입의 일부를 갹출하는 것이다.

제2절 조세에 대하여

이 연구의 제1편에서 밝힌 것처럼, 개인의 사적인 수입은 궁극적으로는 지대·이윤·임금이라는 세 가지의 다른 원천에서 발생한다. 모든 세금은 최종적으로는, 그런 다른 세 종류의 원천 가운데 어느 것, 또는 무차별적으로 그 모

---

*12 park 도 왕령 수렵지로, 오락용으로 공개된 것을 포함한다. 따라서 도시 교외에 있으며, 현재의 도시공원과는 다르다.

두에서 지불될 것이 분명하다. 나는 첫째로 지대에 부과하고자 하는 세금, 둘째로 이윤에 부과하고자 하는 세금, 셋째로 임금에 부과하고자 하는 세금, 그리고 넷째로 사적인 수입의 그런 세 가지 원천에 무차별적으로 부과하고 하는 세금에 대해, 될 수 있는 대로 최선의 설명을 하도록 노력할 것이다. 이런 다른 네 종류의 세금을 개별적으로 고찰하기 위해, 이 장의 제2절은 네 항목으로 분류되며, 그 가운데 세 항목은 더욱 세분할 필요가 있을 것이다. 그런 세금의 대부분은 아래의 검토에서 명백해지듯이, 그런 세금을 부과하도록 의도한 원자 또는 수입원에서 최종적으로 지불되는 것은 아니다.

개개의 세금의 검토에 들어가기 전에, 세금 일반에 대해 다음의 네 가지 원칙을 미리 설명해 둘 필요가 있다.

(1) 모든 나라의 국민은 정부를 유지하기 위해, 될 수 있는 대로 각자의 능력에 비례하여, 즉 각자가 각각 그 국가의 보호 아래 누리는 수입에 비례하여 갹출해야 한다. 통치비용의, 대국민 속의 개개인에 대한 관계는, 대영지에서의 관리비의 공동 차지인에 대한 관계와 비슷하다. 모든 공동 차지인은, 그 영지에 대한 각자의 이해관계에 비례하여 갹출하지 않으면 안 된다. 이른바 과세의 공평*13 또는 불공평은 이 원칙을 지키는가 무시하는가에 달려 있다. 이 기회에 분명하게 말해 두어야 할 것은, 위에 말한 세 종류의 수입 가운데, 종국적으로는 그 가운데 하나에만 부과되는 세금은, 모두 다른 두 수입에 영향을 미치지 않는 한 필연적으로 불공평하다는 점이다. 이제부터 여러 가지 세금을 검토하면서, 나는 이런 종류의 불공평에 대해 더 이상 깊이 파고드는 일은 아마 없을 것이고, 대부분의 경우, 특정한 세금에 의해 영향을 받는 특정한 종류의 개인 수입에까지 불공평하게 부과되는, 특정한 세금이 불러일으키는 불공평에 고찰을 한정할 생각이다.

(2) 각각의 개인이 납부해야 하는 세금은 확정적인 것이어야 하며, 자의적이어서는 안 된다. 지불 시기·지불 방법·지불액은 모두, 납세자에게든 어느 누구에게든 확실하고 명백해야 한다. 그렇지 않은 경우에는, 세금을 부과되는 사람

---

*13 과세의 공평(equality of taxation)은 과세의 평등으로 번역해도 무방하지만 관례에 따랐다.

은 누구든지 많든 적든 징세인의 뜻대로 되어, 징세인은 마음에 들지 않는 납세자에게는 세금을 가중하거나, 아니면 그런 가중에 대한 두려움에 의해 어떤 선물이나 부수입을 강요할 수 있다. 불확정한 과세는, 본디 인기가 없는 이런 계층 사람들이 오만하거나 부패하지 않은 경우에도, 그들의 오만을 조장하고 부패를 촉진한다. 각 개인이 지불해야 하는 것이 확정되어 있다는 것은 과세에 있어서는 매우 중요한 사항이며, 정도가 매우 적은 불확정이라도, 그 해악의 크기는 상당한 정도의 불공평에서 오는 해악이 도저히 못 미치는 것이다. 이것은 내가 믿는 바로는 모든 국민의 경험에서 명백하다고 생각된다.

(3) 모든 세금은 납세자가 그것을 납부하는 데 가장 편리한 시기와 방법으로 징수되어야 한다. 토지 또는 가옥의 임대료에 대한 세금은, 그런 임대료가 통상 지불되는 것과 같은 시기에 납부하도록 한다면, 납세자가 납부하는 데 더욱 편리한 시기, 즉 그가 지불수단을 가지고 있을 가능성이 가장 높은 시기에 징수될 것이다. 사치품 같은 소비재에 대한 세금은, 모두 최종적으로는 소비자에 의해, 또 일반적으로 그에게 매우 편리한 방법으로 지불된다. 그는 그것을 이런 재화를 살 필요가 있을 때마다 조금씩 지불하는 것이다. 그에게는 사든지 말든지 마음대로 할 자유도 있으므로, 설령 그가 그런 세금 때문에 뭔가 큰 불편을 겪는 일이 있더라도, 그것은 어디까지나 그 자신의 잘못인 것이다.

(4) 모든 세금은, 국민의 호주머니에서 나오는 금액도, 호주머니 밖에 남겨져 있는 금액도, 국고에 납입되는 금액을 될 수 있는 대로 조금밖에 넘지 않도록 연구해야 한다. 세금이 국고에 납입되는 금액을 크게 넘어서 국민의 호주머니에서 나오거나 호주머니 밖에 남겨지는 데는, 다음의 네 가지 방법이 있을 것이다.

첫째로, 세금을 징수하는 데 많은 관리가 필요하여, 그들의 봉급이 세수의 대부분을 잠식할 수도 있고, 그들의 부수입이 국민에게 다른 추가적인 세금을 부과할지도 모른다.

둘째로, 세금이 국민의 근로를 방해하고, 다수의 사람들에게 생계와 일거리를 주었을 것으로 생각되는 일정한 사업 부문에 그들이 종사하는 것을 저해할지도 모른다. 세금은 한편으로는 국민에게 지불하게 하면서, 이렇게 다른 한 편으로는 그들이 거기서 더욱 쉽게 지불할 수 있는 원자를 어느 정도 감소시키거나, 어쩌면 파괴할 수도 있다.

셋째로, 탈세를 시도하다가 실패한 불행한 사람들에게 몰수나 그 밖의 형벌을 부과함으로써, 세금은 때때로 그들을 파멸시키고, 그로 인해 공동체가 그들의 자본 사용에서 얻을 수 있는 혜택을 종료시키는 수가 있다. 무분별한 세금은 밀수에 대한 큰 유혹이 된다. 그러나 밀수에 대한 형벌은 이 유혹에 비례하여 무거워질 것이 틀림없다. 정의의 모든 일반적인 원리에 반해, 이 법률은 먼저 유혹을 만든 다음, 그 유혹에 진 사람들을 처벌하는 것이며, 더욱이 이 법률은 또, 당연히 형벌을 경감해 주어야 하는 사정 자체, 즉 범죄를 일으키는 유혹의 크기에 비례하여 형벌을 강화하는 것이 보통이다.*14

넷째로, 국민을 징세인의 빈번한 방문이나 불쾌한 검사의 대상으로 함으로써, 세금은 그들에게 많은 불필요한 수고와 번거로움과 압박을 가할 수 있다. 유혹은 엄밀하게 말하면 비용은 아니지만, 누구나 그것을 면하기 위해 지불하려고 하는 비용과 등가(等價)인 것은 확실하다.

세금이 주권자에게 이익이 되는 이상으로, 국민에게서는 때때로 매우 큰 부담이 되는 것은, 이런 네 가지의 방법 가운데 하나에 의한 것이다.

위의 일반원칙은 명백하게 정의에 합당하고 유용하기도 하므로, 모든 국민이 많든 적든 거기에 주의를 기울여 왔다. 모든 국민은 최대한의 판단력을 동원하여, 될 수 있는 대로*15 세금을 공평하게 하고, 지불 시기와 방법도 확실할

---

*14 Sketches of the History of Man, page 474. & seq. 참조.(스미스 본인의 주) [Kames, Lord, Henry Home], *Sketches of the history of man*, 2 vols., Edinburgh, 1774(ASL 908), vol. 1, pp. 474~481. 케임스는 '제5항 과세에 있어서 지켜야 할 규칙'으로서 다음의 여섯 가지를 들고 있다. (1) 밀수의 유혹이 있으면 세금을 줄여야 한다. (2) 징수에 비용이 드는 세금은 피해야 한다. (3) 자의적인 세금은 피해야 한다. (4) 가난한 자의 부담을 가볍게 하고, 부자에게 부담을 가하여 부의 불평등을 시정해야 한다. (5) 국민을 가난하게 하는 경향이 있는 세금은 모두 분노를 담아 거부해야 한다. (6) 당사자의 선서를 필요로 하는 세금은 피해야 한다. 마지막 규칙에 대해서는, 그런 세금은 '거짓 선서를 유혹함으로써 선량한 풍속에 반하기(contra bonos mores)' 때문이라고 설명되어 있다.

*15 '될 수 있는 대로(as they could contrive)'가 초판에서는 문장 끝에 있었기 때문에, 문장 전체에 걸린다는 것이 명백했지만, 제2판에서는 '세금을 공평하게 하고'의 앞으로 옮겨져서 세

뿐만 아니라 납세자에게 편리하도록 하여, 군주에게 주는 수입에 비해 되도록 국민의 부담이 무거워지지 않도록 노력해 왔다. 다양한 시대와 나라에서 실시되어 온 주요한 세금의 몇 가지에 대한 다음의 간단한 검토는, 모든 국민의 노력이 이런 점에서 모두 성공하지는 않았다는 것을 밝혀 줄 것이다.

제1항 임대료에 대한 세금, 지대에 대한 세금

지대에 대한 세금은, 각 관구를 일정한 지대를 취할 수 있는 것으로서 평가하고, 그 평가는 나중에 변경하지 않는 것으로 하여 일정한 기준에 따라 부과할 수도 있고, 실제로 지대가 변동할 때마다 변경하여, 토지 경작의 개량 또는 쇠퇴에 따라 증감하는 방법으로 부과할 수도 있다.

그레이트브리튼의 지조처럼, 어떤 불변의 기준에 의해 각 관구에 할당되는 *16 지조는, 최초로 설정되었을 때는 공평해도, 시간이 흐름에 따라 그 나라의 다양한 지방의 경작이 개량되거나 경시되는 정도의 차이에 따라 반드시 불공평해지게 마련이다. 잉글랜드에서는 윌리엄 메리 4년(1692)의 법률에 의해 다양한 주와 교구에 지조를 부과했을 때의 평가는, 그 최초의 제정 때도 매우 불공평했다. 따라서 이 세금은 그것에 관해서는 위에 설명한 네 가지 원칙 가운데 첫 번째에 반하는 것이다. 그것은 다른 세 원칙과는 완전히 합치하고 있다. 그것은 완전히 확정적이다. 그 세금의 지불 시기는 지대의 지불 시기와 같기 때문에, 납세자에게는 가장 편리하다. 모든 경우에 지주가 진정한 납세자이지만, 이 세금은 보통 차지인에 의해 지불되며, 지주는 지대를 받을 때 그것을 공제당하지 않으면 안 된다. 이 세금은 거의 똑같은 수입을 올리는 다른 어느 세금보다 훨씬 소수의 관리에 의해 징수되고 있다. 각 관구에*17 대한 세금은 지대 상승과 함께 상승하는 것은 아니므로, 주권자는 지주의 개량에 의한 이윤의 몫에 대해서는 관여할 수 없다. 그런 개량은 때때로*18 확실히 그 관구의 다른 지주들의 부담 경감에 이바지한다. 그러나 그로 인해 어떤 특정한 소유지의 조세가 가중되는 일이 있다 해도 그 가중은 언제나 매우 미미하므로, 그런 개

미콜론으로 연결되었기 때문에, 뒤에는 걸리지 않는 것 같은 인상을 준다.

＊16 '각 관구에 할당되는(assessed upon each district)'은 초판에서는 '부과되는'.

＊17 '각 관구에'는 제2판의 추가.

＊18 '그런 개량은 때때로'은 제2판에서는 '그런 것은'.

량을 저해하는 일도, 그 토지 생산물을 그것이 없으면 상승할 수준 이하로 끌어내리는 일도 있을 수 없다.*[19] 그것은 생산물의 양을 감소시키는 경향이 있는 것은 아니므로, 그 값을 인상시키는 경향도 없다. 그것은 사람들의 근로를 방해하지 않는다. 그것은 또 세금을 납부하는 불가피한 불편 외에는, 지주에게 아무런 불편도 주지 않는다.

그러나 그레이트브리튼의 모든 토지에 지조를 부과할 때의 평가가 일정불변한 것에서 지주가 이끌어 낸 이익은, 주로 이 세금의 성질과는 전혀 상관없는 사정에 의한 것이었다.

그것은 부분적으로는, 이 평가가 최초로 설정된 이후 그 나라의 거의 모든 지방이 크게 번영한 것에 의한 것으로, 그레이트브리튼의 거의 모든 소유지의 지대가 끊임없이 상승하고 하락한 적이 거의 없었기 때문이다. 그래서 지주들은 거의 모두, 자기들 소유지의 현재의 지대에 따를 경우 지불해야 하는 세금과, 옛날의 평가에 따라 실제로 지불하고 있는 세금의 차액을 벌어 왔다. 나라의 상태가 이것과 달리, 경작이 쇠퇴한 결과 지대가 차츰 하락하고 있었다면, 지주는 거의 모두 이 차액을 손해 보았을 것이다. 혁명 이후에 발생한 상황에서는, 평가가 일정한 것은 지주에게는 유리하고 주권자에게는 유해했다. 상황이 그렇지 않았더라면, 그것은 주권자에게 유리하고 지주에게 유해했을 것이다.

그 세금은 화폐로 지불되는 것으로 되어 있으므로, 토지의 평가는 화폐로 표현되고 있다. 이 평가의 설정 이래, 은 가치는 상당히 일정했고, 주화의 표준은 무게에 있어서나 순도에 대해서나 변경이 없었다. 아메리카에서 광산이 발견되기 전, 2세기 동안 그러했다고 생각되는 것처럼 은 가치가 매우 상승했다면, 일정한 평가는 지주에게 매우 억압적인 것임이 판명되었을 것이다. 그런 광산의 발견 뒤 적어도 약 1세기 동안 분명히 그랬던 것처럼 은의 가치가 상당히 하락했다면, 같은 일정한 평가가 주권자의 이 수입 부문을 크게 감소시켰을 것이다. 같은 양의 은을 더 낮은 명목가치로 인하하거나, 더 높은 명목가치로 인상함으로써, 화폐의 표준에 상당한 변경이 이루어졌다면, 즉 이를테면 1온스의 은이 5실링 2펜스에 주조되지 않고 2실링 7펜스라는 낮은 명목가치의 화폐

---

*19 '그런 개량을……있을 수 없다'는 초판에서는 '그 세금은, 따라서 그런 개량을 방해하지 않고, 그 토지 생산물을 그것이 없는 경우에 상승할 수준 이하로 내리지도 않는다'.

로 주조되거나, 아니면 10실링 4펜스라는 높은 명목가치의 화폐로 주조된다면, 전자의 경우에는 소유자의 수입을, 후자의 경우에는 주권자의 수입을 손상시켰을 것이다.

따라서, 실제로 일어난 것과는 조금 다른 사정에서는, 평가의 이런 일정성은 납세자와 공동사회의 어느 쪽에나 매우 불편한 일일 수 있었다. 그렇지만 그런 사정은 시대의 추이에 따라 언젠가는 틀림없이 일어나게 마련이다. 그러나 제국이라는 것은, 인간의 다른 모든 일과 마찬가지로, 이제까지는 모두 사멸을 피할 수 없는 것이 판명되어 있지만, 그럼에도 불구하고 모든 제국은 불멸을 지향하고 있다. 따라서 제국 자체와 함께 영속시키고자 하는 모든 제도도, 어떤 특정한 사정에 있어서뿐만 아니라, 모든 사정에 있어서 편리한 것이 아니면 안 된다. 즉 과도기적인, 그때그때의 우발적인 사정이 아니라, 필연적이고, 따라서 항상 똑같은 사정에 적합한 것이 아니면 안 된다.

지대가 변동할 때마다 변동하는, 즉 경작의 개량 또는 경시(輕視)에 따라 오르내리는 지대세는, 이코노미스트[20]라고 자칭하는 프랑스 문필가의 일파에 의해, 모든 세금 가운데 가장 공정한 것으로서 권장되고 있다. 모든 세금은 궁극적으로는 지대에 부과되는 것이고, 따라서 최종적으로 그것을 지불해야 하는 원자(原資)에 될 수 있는 대로 공평하게 부과해야 한다고 그들은 주장한다. 모든 세금이 그것을 최종적으로 지불해야 하는 원자에 될 수 있는 대로 공평하게 부과되어야 한다는 것은 분명히 진실이다. 그러나 그들이 자신들의 매우 독창적인 이론을 지탱하고 있는 형이상학적인 주장에 대한 유쾌하지 않은 논의에 깊이 파고들지 않더라도, 최종적으로 지대에 부과되는 세금은 무엇이고, 최종적으로 뭔가 다른 원자에 부과되는 세금이 무엇인지는 다음과 같은 검토를 통해 충분히 밝혀질 것이다.

베네치아의 영토에서는, 농업 경영자에게 임대되고 있는 모든 경지에 지대의 10분의 1세가 부과되고 있다.[21] 그 차지계약은 각 속주 또는 관구의 수입 관리가 보관하는 공공등기부에 기록된다. 소유자가 자신의 토지를 직접 경작하는 경우에는, 토지는 공정한 견적에 의해 평가되며, 그는 세금의 5분의 1의

---

*20 이코노미스트(œconomists)라는 것은, 케네를 중심으로 하는 중농학파와 거의 중복되지만, 그보다 조금 넓은 개념이다.

*21 Memoires concernant les Droits, p. 240, 241. (스미스 본인의 주)

공제를 인정받으므로, 그런 토지에 대해서는 그는 상정된 지대의 10퍼센트가 아니라 8퍼센트를 지불할 뿐이다.

이런 종류의 지조는 확실히 잉글랜드의 지조보다 공평하다. 그것은 아마, 잉글랜드의 지조만큼 확정적이지는 않을 것이고, 또 지조의 부과는 때때로 잉글랜드의 그것보다 매우 큰 수고를 지주에게 끼치게 될지도 모른다. 그리고 그 징수에 매우 많은 경비를 요할지도 모른다.

그러나 이런 불확정성을 크게 방지하는 동시에, 그 비용을 크게 경감하는 행정제도를 연구하는 것은 아마 가능할 것이다.

이를테면 지주와 차지인에게 연명으로 자신들의 차지계약을 공공등기부에 기록할 의무를 부과할 수도 있다. 계약조건 가운데 어떤 것을 숨기거나 거짓으로 표현하는 것에 대해서는, 적당한 벌금을 정할 수 있고, 또 만일 그 벌금의 일부가, 두 당사자의 어느 한쪽이 다른 쪽을 은닉이나 허위기재에 대해 고발하고 증언한 자에게 지불되도록 한다면, 공공수입을 속이기 위해 양쪽이 결탁하는 것을 효과적으로 방지할 수 있을 것이다. 차지조건의 모든 것은 그런 기록을 통해 충분히 알 수 있다.

지주 중에는 지대를 인상하는 대신, 임대계약의 갱신에 대해 일시금을 받는 사람이 있다. 이 방법은 대부분의 경우 낭비자의 방편이며, 그는 어떤 금액의 현금을 받고, 그보다 훨씬 큰 가치의 미래의 수입을 파는 것이다. 따라서 그것은 대부분의 경우 지주에게 해롭다. 그것은 차지인에게도 때때로 해로우며, 공동체에 있어서는 언제나 해롭다. 그것은 때때로 차지인에게서 그의 자본의 그만큼 큰 부분을 제거하고, 그로 인해 그의 토지 경작 능력을 그만큼 감소시키기 때문에, 그는 소액의 지대를 지불하는 것이, 그렇지 않은 경우에 많은 액수의 지대를 지불하는 것보다 오히려 어렵다는 것을 깨닫는다. 그의 경작 능력을 감소시키는 것은 모두 필연적으로, 공동체의 수입의 가장 중요한 부분을, 그렇지 않은 경우보다 낮게 억제하게 된다. 그런 일시금에 대한 세금을 일반적인 지대에 대한 세금보다 매우 무겁게 함으로써, 이 해로운 관행을 방해하고, 그것과 관련이 있는 모든 당사자들, 즉 지주·차지인·주권자, 그리고 공동체 전체에 적지 않은 이익을 가져다 줄 수 있을 것이다.

차지계약 중에는, 계약의 지속 기간 동안 차지인에게 어떤 경작 방법 및 일정한 윤작을 지정하는 것이 있다. 이 조건은 일반적으로 자신의 뛰어난 지식에 대한 지주의 자부심(대부분의 경우는 매우 근거가 희박한 자부심)에 근거하는 것으로, 언제나 추가 지대, 즉 화폐지대를 대신하는 노역(勞役) 지대로 여겨져야 한다. 일반적으로 어리석은 것인 이런 관행을 막기 위해, 이런 종류의 지대를 오히려 높게 평가하여, 따라서 통상의 화폐지대보다 조금 높은 세금을 부과하면 좋을 것이다.

지주 중에는 화폐 대신 곡물·가축·가금·포도주·기름 같은 현물지대를 요구하는 자가 있고, 또 노역지대를 요구하는 자도 있다. 그런 지대는 언제나 지주에게 주는 이익보다 큰 손해를 차지인에게 끼친다. 그것은 지주의 호주머니에 들어가는 것 이상의 것을, 차지인의 호주머니에서 꺼내거나 거기에 들어가지 못하게 한다. 그런 지대가 실시되고 있는 나라에서는 어디서든, 차지인은 그것이 실시되고 있는 정도에 매우 잘 응하여, 가난하고, 거의 거지꼴이 되어 있는 것이다. 앞의 경우와 같은 방법으로, 그런 지대를 오히려 높게 평가하고, 따라서 통상의 화폐지대보다 조금 높게 과세한다면, 공동체 전체에 해로운 관행은, 아마 충분히 저지될 것이다.

지주가 자기 토지의 일부를 자신이 점유하고자 하는 경우에는, 지대는 이웃의 농업 경영자와 지주의 공정한 재정에 따라 평가할 수 있으며, 베네치아령에서 실시되고 있는 것과 같은 방법으로, 조금의 감세가 그에게 인정되어도 무방할 것이다. 다만, 그가 점유하는 토지지대가 일정액을 넘지 않는 것이 조건이다. 지주가 자기 토지의 일부를 경작하도록 장려 받는 것은 중요한 일이다. 지주의 자본은 일반적으로, 차지인의 자본보다 크고, 일솜씨는 뒤떨어져도 때때로 더 많은 생산물을 산출할 수 있다. 지주는 실험을 해 볼 여유가 있고, 일반적으로 그렇게 하고 싶은 마음을 가지고 있다. 그 실험의 실패에 의한 손실은 그에게는 사소한 것에 지나지 않는다. 그가 실험에 성공하면 나라 전체의 개량과 경작의 개선에 이바지한다. 그렇지만 이 감세가 그에게 경작을 장려하는 것은 일정한 넓이까지라는 것이 중요하다.

만일 지주의 대부분이 자기 토지의 전체를 경영하고 싶어한다면, 농촌은(자기 자신의 이해관심에 따라 자신의 자본과 능력이 허락하는 한 잘 경작하려고 노력하지 않을 수 없는 부지런한 차지인 대신) 게으르고 방종한 관리인으로 가득해질 것이고, 그들의 무책임한 관리는 곧 경작을 감퇴시켜 토지의 연간 생산물을 감소시키고, 그들 주인의 수입뿐만 아니라 사회 전체의 수입 가운데 가장 중요한 부분까지 감소시킬 것이다.

그런 행정제도는 아마 이런 종류의 세금을, 납세자에 대한 압박과 불편을 초래할 수 있는 불확정성과 전혀 무관한 것으로 만들 것이고, 동시에 농촌의 전반적 개량과 우수한 경작에 크게 이바지하는 계획이나 정책을 통상적인 토지경영에 도입하는 데 도움이 될 것이다.

지대가 변동할 때마다 지조의 징수비용은, 의심할 여지없이, 늘 고정되어 있는 평가에 따라 할당되는 지조의 징수비용보다 조금 클 것이다. 농촌의 다양한 관구에 설치되는 것이 적절하다고 생각되는 다양한 등기소와, 소유자가 스스로 점유하고 싶어하는 토지에 대해 그때그때 실시될 수 있는 다양한 평가는, 필연적으로 어느 정도 추가적 경비를 발생시킬 것이다. 그러나 이 모든 경비는 매우 온당한 것이고, 이런 종류의 세금에서 쉽사리 이끌어 낼 수 있는 수입에 비해 매우 적은 수입밖에 제공하지 않는, 다른 세금의 징수에 드는 비용보다 훨씬 적을 것이다.

이런 변동 지조는 토지개량을 저해할지도 모른다는 것이, 그것에 대해 제기될 수 있는 가장 중요한 반대론으로 생각된다. 주권자가 그 비용에 대해 아무런 이바지도 하지 않으면서, 개량에 의한 이윤의 한 몫을 차지한다면, 분명히 지주는 개량하고자 하는 의욕이 꺾일 것이다. 이런 반대론이라도, 지주가 개량을 시작하기 전에 수세(收稅) 관리와 공동으로, 이웃의 지주들과 농업 경영자들 양쪽으로부터 같은 수로 선정된 일정한 수의 사람들의 공정한 재정에 따라, 자기 토지의 실제가치를 확정하는 것을 지주에게 허용함으로써, 또 지주가 개량비용을 완전히 회수하는 데 충분한 햇수 동안은, 그 평가에 따라 지주에게 과세함으로써, 아마 방지할 수 있을 것이다. 주권자가 자기 자신의 수입에 대한 관심에서 토지개량에 주의를 돌리게 되는 것은, 이런 종류의 지조가 의도하는 중요한 이점의 하나이다. 따라서 지주에 대한 보상을 위해 인정되는 기간은, 그 목적을 위해 필요한 기간보다 너무 길어서는 안 된다. 이익이 너무 멋훗날로 미루어져서 주권자의 관심이 너무 약해져서는 안 되기 때문이다.

그렇지만 이 기간은, 아무리 보아도 너무 짧은 것보다는 조금 긴 편이 낫다. 주권자의 관심을 아무리 환기시켜도, 지주의 관심이 조금이라도 약해지면, 도저히 그것을 메울 수가 없다. 주권자의 관심은 고작해야 그의 영토를 경작하고 개량하는 데 도움이 되는 것에 대한 매우 일반적이고 막연한 배려에 지나지 않는다. 지주의 관심은, 어떻게 하면 자신의 소유지를 한 치의 낭비도 없이 최대한 유리하게 활용할 수 있을까 하는 것에 대한 개별적이고 세세한 배려이다. 주권자의 주요한 관심은 그로서 할 수 있는 모든 수단을 동원하여, 지주와 농업 경영자 양쪽의 주의를 환기시킬 수 있는 것이어야 한다. 즉, 그들이 각각 그들 자신의 방법으로 그들 자신의 판단에 따라, 그들 자신의 이익을 추구하는 것을 허용하고, 또 그 자신의 영토의 각지를 통해 가장 쉽고도 안전한 수류 교통과, 다른 모든 왕후의 영토에 대한 무제한적인 수출의 자유를 확립함으로써, 양쪽에 대해 그들의 모든 생산물에 대한 가장 드넓은 시장을 확보하는 것이다.

그런 행정제도에 의해, 이런 종류의 세금이 토지개량을 저해하지 않을 뿐만 아니라, 반대로 어느 정도 촉진하도록 운영될 수 있다면, 지주에게, 세금을 내지 않으면 안 된다는, 항상 피할 수 없는 불편 외에는 어떤 불편도 끼치지 않을 거라고 생각된다.

사회의 상태가 농업의 개량과 쇠퇴에 대해 어떻게 변동하든, 은의 가치가 어떻게 변동하고 주화의 표준이 어떻게 변동하든, 이런 종류의 세금은, 정부가 아무런 주의를 기울이지 않아도 저절로 사물의 실제 상태에 쉽게 적응할 것이고, 그런 모든 다양한 변화 속에서 똑같이 정당하고 공정할 것이다. 따라서 그것은, 항상 일정한 평가에 따라 징수되는 어떤 세금보다 영구불변의 규제, 즉 이른바 공동사회의 기본법으로 제정되는 데 훨씬 적합할 것이다.

몇몇 국가에서는 차지계약의 등기라는 간단명료한 방식 대신, 그 나라의 모든 토지를 실제로 측량하고 평가하는, 수고스럽고 비용이 드는 방식을 채택해 왔다. 그런 나라는 아마, 공공수입을 사취하기 위해, 빌려 주는 사람과 빌려 쓰는 사람이 결탁하여, 실제의 임대계약 조건을 은폐할지도 모른다고 의심했던 것일 것이다. 토지대장*²²은 이런 종류의 매우 정확한 측량의 결과였던 것 같다.

프로이센 국왕의 옛 영토에서는, 지조는 실제의 측량과 평가에 따라 부과되고, 평가는 이따금 재검토되고 변경되었다.*²³ 그 평가에 따라 세속의 토지소

---

* 22 이 토지대장(Doomsday-book)은 고유명사이다. 노르만 정복을 통해 잉글랜드 왕이 된 윌리엄 1세(재위, 1066~1087)가 잉글랜드 전역을 측량하여 만들게 한 토지대장을 가리킨다.

* 23 Memoires concernant les Droits, &c. tome i. p. 114, 115, 116, &c.

유자는 수입의 20 내지 25퍼센트를 지불하고 성직자는 40 내지 45퍼센트를 지불한다. 실레지아의 측량과 평가는 현 국왕의 명령으로 실시되었는데 매우 정확하다고 한다. 그 평가에 의하면, 브레슬라우*24의 주교가 소유한 토지에는 그 지대의 25퍼센트가 과세되고 있다. 두 종파의 성직자에게 들어오는 그 밖의 수입에는 50퍼센트가 부과되고 있다. 독일 기사단령*25과 몰타 기사단령*26은 40퍼센트이다. 귀족 보유권에 의해 보유되고 있는 토지에는 38퍼센트 3분의 1, 예농(隷農 : 봉건적 생산 양식에서 농노와는 달리 생산 물지대 또는 화폐지대가 과해져 있는 농민) 보유권에 의해 보유되고 있는 토지에는 35퍼센트 3분의 1이 과세되고 있다.

보헤미아*27의 측량과 평가는 100년이 넘게 걸린 사업이라고 한다. 그것은 1748년의 강화 이후, 지금의 여제의 명령*28에 의해 겨우 완성되었다.*29 카를 6세*30 시대에 시작된 밀라노 공국의 측량은 1760년이 지난 뒤에 가까스로 완료되었다. 그것은 그때까지 이루어진 측량 가운데 가장 정확한 것의 하나로 알려져 있다. 사부아와 피에몬테의 측량은 사르데냐 전(前)국왕*31의 명령으로

＊24 브레슬라우(Breslau)는 실레지아의 수도로, 현재는 폴란드령 브로츠와프(Wrocław).

＊25 독일 기사단(Teutonic Order, Deutsche Orden)은 제3차 십자군 때(1190), 팔레스티나에서 창립되어, 1226년부터 발트 해 지방에서 슬라브계 각 부족의 그리스도교화를 담당하게 되었고, 이어서 프로이센의 동방 진출을 선도했다. 쾨니히스베르크(현 칼리닌그라드)가 프로이센령이었던 것은 그 성과의 하나이다.

＊26 몰타 기사단(Order of Malta, Military Order of Malta)은 십자군에 참가한 성 요한 기사단이 키프로스와 로도스를 거쳐 1530년 무렵 몰타로 이주한 자들로, 종교개혁에 의해 몰타 섬 이외의 모든 영지를 잃었다.

＊27 보헤미아는 현재의 '체히'로, 당시에는 오스트리아령이었다.

＊28 여제(empress queen)라는 것은 전거문헌 속의 Impératrice–Reine의 직역으로, 오스트리아의 마리아 테레지아(Maria Theresia, 1717~1780)를 가리킨다. 마리아의 남편(프란츠 1세)은 신성 로마제국의 황제(재위 1745~1765)였는데, 그의 사후 제위는 프란츠와 마리아 사이의 아들인 요제프 2세에 의해 계승되었다. 그러나 마리아는 1743년에 프라하에서 즉위한 체히의 여왕(및 오스트리아 대공, 헝가리 왕)이었다. 1748년의 강화는 오스트리아 계승전쟁을 종결시킨 엑스 라 샤펠 강화조약.

＊29 Memoires concernant les Droits, &c. tome i. p. 83, 84.(스미스 본인의 주)

＊30 카를 6세(Karl Ⅵ, 1685~1740)는 마리아 테레지아의 아버지로, 오스트리아 국왕, 신성 로마제국 황제. 밀라노 공국을 포함한 이탈리아 북반부는 오스트리아령이었다. 모로 드 보몽은 카를(칼) 6세의 사업이 마리아에 의해 1760년에 완성되었고, 밀라노 전국의 조사가 그 기초가 되었다고 한다.

＊31 사부아가는 사부아 공령·니스 백령·시칠리아 섬·피에몬테 공국을 합쳐서 지배하고 있었는데, 1720년에 시칠리아와 교환으로 오스트리아에서 사르데냐를 얻었다. 이에 의해 사르

실시되었다.*32

프로이센 국왕의 영토에서는, 교회 수입에는 세속의 토지소유자의 수입보다 훨씬 높은 세금이 부과되고 있다. 교회 수입은 대부분 지대에 가해지는 부담이다. 그 일부분이라도 토지개량에 할당되는 일은, 즉 어떤 면에서 국민 대중의 수입 증가에 도움이 되도록 쓰는 일은 좀처럼 없다. 프로이센 국왕 폐하는, 아마 그런 이유로, 교회 수입은 국가의 위급을 구하기 위해 일반보다 훨씬 많이 이바지하는 것이 타당하다고 생각했을 것이다. 몇몇 나라에서는, 교회 토지에는 모든 세금이 면제되고 있다. 다른 나라에서는 다른 토지보다 가벼운 세금이 부과되고 있다. 밀라노 공국에서는 1575년 이전에 교회가 소유하고 있었던 토지는, 그 가치의 3분의 1에 대해서만 과세되고 있다.

실레지아에서는 귀족 보유권에 의해 보유되고 있는 토지는, 예농 보유권에 의해 보유되고 있는 토지보다 3퍼센트 높게 과세되고 있다. 프로이센 국왕 폐하는 아마도, 전자에 뒤따르는 다양한 종류의 명예와 특권은 세금을 약간 무겁게 부과해도 충분히 보상될 것이고, 동시에 후자의 굴욕적인 열위는 전자보다 세금을 약간 가볍게 함으로써 어느 정도 완화될 거라고 생각했던 것 같다. 다른 나라의 과세제도는 이 불공평을 완화하기는커녕 더욱 가중시키고 있다. 사르데냐 국왕의 영토와, 프랑스 속주에서 이른바 부동산 타이유,*33 즉 토지 타이유가 과세되고 있는 곳에서는, 세금은 모두 예농 보유권에 의해 보유되고 있는 토지에 부과되고 있다. 귀족 보유권에 의해 보유되고 있는 토지는 면세인 것이다.

전국적인 측량과 평가에 의해 부과되는 지조는, 처음에는 아무리 공평했다 하더라도 잠깐만 지나면 불공평해지고 만다. 그렇게 되지 않도록 하기 위해서는, 나라 안의 다양한 농지의 상태와 생산물의 모든 변동에 대해, 정부가 끊임없이 노력하며 주의를 기울일 필요가 있다. 프로이센·보헤미아·사르데냐·밀라노 공국의 각 정부는, 실제로 그런 주의를 기울이고 있지만, 그것은 정부의 본

데냐 왕국의 절대왕정이 성립되어 19세기에는 이탈리아 통일 운동의 중심이 된다. 사르데냐 왕국이라 하지만 수도는 피에몬테의 토리노이고, 사부아는 그곳에서 산을 넘은 현재의 프랑스령이다.

＊32 Memoires concernant les Droits, &c. tome i. 280쪽 이하 및 287쪽 이하 316쪽까지.
＊33 타이유에 대해서는 이 번역서 제3편 제2장에 나와 있다.

성에 매우 적합하지 않은 것이어서 오래 지속될 수가 없고, 설사 오래 지속된다 하더라도 결국은 납세자에게 제공할 수 있는 구제보다 훨씬 큰 수고와 고통을 불러일으킬 것이다.

1666년에 몽토방*³⁴의 징세구는 매우 정확한 것으로 일컬어진 측량과 평가에 의해, 부동산 타이유, 즉 토지 타이유가 부과되었다.*³⁵ 그러나 1727년에는 이 과세는 완전히 불공평해져 있었다. 이 불합리를 시정하기 위해서, 정부는 모든 징세구에 12만 리브르의 부가세를 부과하는 것 이상으로 좋은 방책을 발견할 수가 없었다. 이 부가세는 예전의 사정(査定 : 조사·심사하여 결정함)에 의해 타이유가 부과되고 있는 모든 관구에 할당되었다. 그러나 그것은 실제로는, 예전의 사정에 의해 과소 과세가 되고 있는 관구에서만 징수되어, 같은 예전 사정에서는 과대 과세가 되고 있는 관구의 구제에 충당되고 있다. 이를테면, 사실은 한쪽은 900리브르, 다른 한쪽은 1100리브르가 과세되어야 하는 두 관구가, 예전 사정에서는 모두 1000리브르가 과세되고 있다고 하자. 이 두 관구는 부가세에 의해 각각 1100리브르가 할당된다. 그러나 이 부가세는 과소 과세가 되고 있는 관구에서만 징수되어 그 전액이 과대 과세 관구의 부담 경감(輕減)에 충당되므로, 그 결과, 그 관구는 900리브르밖에 지불하지 않게 된다. 정부는, 이 부가세에 의해 손해도 이득도 보지 않으며, 그것은 모두 예전 사정에서 생기는 불공평을 시정하는 데 쓰인다. 그 사용은 상당한 정도, 징세구 지사의 재량에 의해 결정되고 있고, 따라서 매우 자의적인 것임이 틀림없다.

① 지대에 비례하는 것이 아니라 토지 생산물에 비례하는 세금

토지 생산물에 대한 세금은 사실은 지대에 대한 세금이며, 처음에는 농업 경영자가 선불한다 하더라도 최종적으로는 지주가 지불하는 것이다. 생산물의 일정한 부분이 세금으로 지불되지 않으면 안 되는 경우, 농업 경영자는 그 부분의 가치가 연간 평균하여 어느 정도가 될 것인지, 그로서 할 수 있는 데까지 계산하여, 그것에 따라 지주에게 지불하기로 동의한 지대를 감액한다. 이와 같은 종류의 지조인 교회의 10분의 1세가 연간 평균하여 어느 정도가 될지, 미

─────────────

＊34 몽토방(Montauban) 징세구는 프랑스 남부, 툴루즈 북쪽 80킬로미터에 있는, 같은 이름의 도시를 중심으로 한 지방. 스미스는 1764년 3월부터 이듬해 10월까지 툴루즈에 머물렀다.

＊35 Memoires concernant les Droits, &c. tome ii. p. 139, &c.(스미스 본인의 주)

리 계산해 두지 않은 농업 경영자는 아무도 없다.

10분의 1세와 이런 종류의 다른 모든 세금은 참으로 공평한 것처럼 보이지만 사실은 매우 불공평한 세금이다. 생산물의 일정한 부분은, 사정이 다르면, 지대의 매우 다른 부분과 똑같아지기 때문이다. 매우 기름진 어떤 토지에서는 생산물이 매우 많기 때문에, 그 절반으로 농업 경영자가 경작에 사용한 자본을, 이웃에서 농업에 투입되는 자산의 통상적인 이윤과 함께 회수하는 데 완전히 충분하다. 나머지 절반, 또는 그것과 같은 말이지만 나머지 반의 가치를, 만일 10분의 1세가 없다면 그는 지대로서 지주에게 지불할 수 있을 것이다. 그러나 만일 생산물의 10분의 1이 10분의 1세로서 그에게서 징수된다면, 그는 그의*36 지대의 5분의 1 감액을 요구하지 않을 수 없으며, 그렇게 하지 않으면 그는 자신의 자본을 통상이윤과 함께 회수할 수가 없다. 이 경우, 지주의 지대는 생산물 전체의 절반, 즉 10분의 5가 되지 않고 10분의 4밖에 되지 않을 것이다. 반대로, 그것보다 메마른 토지에서는, 생산물은 매우 적고 경작비는 매우 크기 때문에, 농업 경영자가 자신의 자본을 때때로 통상적인 이윤과 함께 회수하려면, 모든 생산물의 5분의 4를 필요로 할 때가 있다. 이 경우에는 10분의 1세가 없어도, 지주의 지대는 생산물 전체의 5분의 1, 즉 10분의 2 이상은 될 수 없을 것이다.

그러나 만일 농업 경영자가 생산물의 10분의 1을 10분의 1세로 지불한다면, 그는 지주의 지대를 같은 금액만큼 감해 달라고 요구하지 않으면 안 되며, 그로 인해 지주의 지대는 모든 생산물의 불과 10분의 1로 감소할 것이다. 10분의 1세는 기름진 토지지대에 대해서는 이따금 5분의 1, 즉 1파운드당 4실링의 세금밖에 되지 않는데도, 그보다 메마른 토지지대에 대해서는 이따금 그 절반, 즉 1파운드당 10실링의 세금이 될 수도 있다.

10분의 1세는 때때로 지대에 대한 매우 불공평한 세금인 동시에, 항상 지주의 개량과 농업 경영자의 경작 양쪽을 크게 저해한다. 그 비용을 전혀 지출하지 않는 교회가 이윤의 몫을 그만큼 크게 차지하고 있는 경우, 전자가 흔히 가장 비용이 들게 마련인 가장 중요한 개량을 애써 하려 하지는 않을 것이고, 후자 또한 가장 비용이 들게 마련인 가장 가치가 높은 곡물 재배를 굳이 하지

---

*36 '그의'는 초판과 제2판에서는 '이'.

않을 것이다. 꼭두서니*37 재배는 10분의 1세 때문에 오랫동안 연합제주(聯合諸州)*38에 한정되어 있었다. 연합제주는 장로파 교회의 나라들로, 그 덕분에 이 파괴적인 세금을 면제받고, 이 유용한 염료에 대해 유럽의 다른 나라들에 대한 일종의 독점권을 누리고 있었기 때문이다. 이 식물 재배를 잉글랜드에 도입하고자 하는 최근의 시도는, 꼭두서니에 대한 모든 형태의 10분의 1세 대신 1에이커당 5실링을 징수하기로 정한 법률이 제정된 결과 간신히 이루어졌다.

유럽의 대부분에서 교회가 그런 것처럼, 아시아의 많은 나라들에서는 국가가 지대에 비례하는 것이 아니라 토지 생산물에 비례하는 지조에 의해 주로 유지되고 있다. 중국에서는 주권자의 중요한 수입은 제국의 모든 토지 생산물의 10분의 1이다. 그러나 이 10분의 1은 매우 적게 잡혀 있기 때문에, 대부분의 속주에서는 통상적인 생산물의 30분의 1이 넘지 않는다고 한다. 벵골의 마호메트 정부*39에 대해, 그 나라가 잉글랜드 동인도 회사의 수중에 돌아가기 전에 지불되고 있었던 지조 또는 지대는 생산물의 거의 5분의 1이 되었다. 마찬가지로 고대 이집트의 지조도 5분의 1에 이르러 있었다.

아시아에서는 이런 종류의 지조가 주권자에게 토지개량과 경작에 대한 이해관심을 갖게 하는 것으로 알려져 있다. 중국의 주권자나, 마호메트 정부의 치하에 있었을 동안의 벵골의 주권자, 또 고대 이집트의 주권자는, 그 토지 생산물의 모든 부분에 자신들의 영토가 제공할 수 있는 한 가장 드넓은 시장을 제공함으로써, 그 양과 가치를 될 수 있는 대로 증가시키기 위해, 좋은 도로와 항행 가능한 운하를 건설하고 유지하는 데 매우 주의를 기울였다고 한다. 교회의 10분의 1세는 매우 작은 부분으로 분할되므로, 그 소유자는 어느 누구도 이런 종류의 이해관심을 가질 수가 없다. 한 교구의 목사가 개별적인 자기 교구의 생산물에 대한 시장을 열기 위해, 그 나라의 원격지까지 도로와 운하를 건설한다면, 결코 수지가 맞을 리가 없다. 그런 세금이라도 국가의 유지에 충당된다면, 몇 가지 이점이 그 불편을 상쇄시키는 데 어느 정도 도움이 될지도 모른다. 그것이 교회의 유지에 쓰인다면, 거기에는 불편 외에는 아무것도 뒤따르지 않을 것이다.

＊37 꼭두서니(madder)는 뿌리에서 붉은색 염료를 채취하는 식물이다.
＊38 연합제주(聯合諸州)는 현재의 네덜란드를 가리킨다.
＊39 벵골은 16세기부터 이슬람 무굴제국의 지배하에 있었다.

토지 생산물에 대한 세금은 현물로, 또는 일정한 평가에 의해 화폐로 징수될 수 있다.

교구 목사, 또는 자기 소유지에서 생활하는 소지주는, 아마 전자는 10분의 1세를, 후자는 지대를, 현물로 받는 편이 조금 유리하다고 생각하는 일이 때로는 있을 것이다. 징수하는 양과 징수하는 지역이 매우 작으므로, 그들은 모두 자신들의 손에 들어오는 모든 부분의 징수와 처분을 자기 눈으로 감시할 수 있다. 수도에서 생활하고 있는 대지주의 경우, 멀리 떨어진 속주에 있는 소유지의 지대가 이런 방법으로 현물로 지불된다면, 자신의 지배인이나 대리인의 게으름에 의해 큰 손해를 입고, 또 사기로 인해 더 큰 손해를 입을 위험이 있을 수 있다. 징세관의 부정이나 횡령에 의한 주권자의 손실은 필연적으로 이보다 훨씬 더 클 것이다. 주인으로부터 받는 감시의 엄격함은, 아마 가장 주의 깊은 왕후의 하인도, 가장 부주의한 개인의 하인이 받는 것에 미치지 못할 것이고, 현물로 지불되는 공공수입은 징세관의 서툰 일처리 때문에 매우 큰 손실을 입으므로, 국민으로부터 징수된 것의 매우 적은 부분만이 국고에 들어갈 것이다. 그러나 중국의 공공수입의 어떤 부분은 이런 방법으로 지불된다고 한다. 중국의 관리와 그 밖의 징세관은 틀림없이, 화폐로 지불하는 것보다 부정을 하기 쉬운 이 지불 관행을 계속하는 것이 자신들에게 이롭다는 것을 알고 있을 것이다.

화폐로 징수되는 토지 생산물에 대한 세금은, 시장가격의 모든 변화에 대해 변화하는 평가에 따라, 또는 고정적인 평가에 따라, 이를테면 1부셸의 밀은 시장의 상태가 어떠하든 언제나 완전히 똑같은 화폐가격으로 평가하는 방법으로 징수될 수 있다. 전자의 방법으로 징수되는 세금수입은, 경작의 개량 또는 방치에 따른 실제의 토지 생산물의 변동에 따라서만 변동할 뿐이다. 후자의 방법으로 징수되는 세금수입은, 토지 생산물의 변동뿐만 아니라, 귀금속의 가치 변동과 다른 시대에 똑같은 명목의 주화에 들어 있는 금속량의 변동에 따라서도 변동할 것이다. 전자의 세수는 토지의 실제 생산물의 가치에 대해 항상 똑같은 비율을 유지하고, 후자의 세수는 그 가치에 대해, 시대가 달라지면 그 비율도 매우 달라질 것이다.

모든 세금 또는 10분의 1세의 완전한 대가로서, 토지 생산물의 일정한 부분, 또는 그 일정한 부분의 값 대신, 일정액의 화폐가 지불된다면, 이 세금은 이 경우, 잉글랜드의 지조와 완전히 같은 성질의 것이 된다. 그것은 지대와 함께 등락하지 않는다. 그것은 개량을 촉진하지도 않고 저해하지도 않는다. 다른 모든 10분의 1세 대신, 이른바 대납 10분의 1세[*40]를 지불하고 있는 대부분의 교구에서의 10분의 1세는 이런 종류의 세금이다. 벵골이 마호메트 정부의 지배를 받고 있었던 동안은, 생산물의 5분의 1을 물납(物納 : 조세 등을 물품으로 바침)하는 대신, 대납금, 그것도 매우 가벼운 대납금으로 일컬어진 것이, 그 나라 대부분의 관구, 즉 자민다리[*41]에 설정되어 있었다. 동인도 회사의 고용인 중에는 공공수입을 그 본디의 가치로 되돌린다는 구실 아래, 몇몇 속주에서 이 대납금을 물납으로 바꾸는 자가 있었다. 그들의 관리하에서 이 변경은, 경작을 저해하는 동시에, 공공수입을 징수할 때 부정을 저지를 새로운 기회를 주기 쉬워서, 공공수입은 처음으로 이 회사의 관리 아래 놓였을 때 얻을 수 있었던 것으로 알려진 금액보다 훨씬 밑돌게 되었다. 이 회사의 고용인은 아마 이 변경을 통해 이익을 올렸겠지만, 그것은 대체로 그들의 주인과 나라, 양쪽의 손실에 의해서였을 것이다.

② 집세에 대한 세금

집세는 두 종류로 분류할 수 있다. 하나는 건물임대료라고 부르는 것이 매우 적절할 것이고, 또 하나는 통상 부지지대(敷地地代)라 불리고 있다.

건물임대료는 가옥을 짓는 데 지출된 자본의 이자 또는 이윤이다. 건축업자의 영업을 다른 영업과 동렬에 두기 위해서는, 이 임대료가 첫째로 그가 자신의 자본을 확실한 담보를 받고 빌려 준 경우에 취득할 수 있는 것과 같은 금액의 이자를 그에게 가져다 주고, 둘째로 그 가옥을 계속 수리하는 데, 또는 그것과 같은 말이지만, 그것을 짓는 데 쓴 자본을 일정 연수의 기간 안에 회수하는 데 충분해야 한다. 따라서 건물임대료, 즉 건물의 통상적인 이윤은, 어디서나 화폐의 통상적인 이자에 의해 규제된다. 시장 이자율이 4퍼센트인 곳에서는 부지지대를 지불하고도, 건축비 전액의 6 내지 6.5퍼센트를 가져다 주

---

*40 대납 10분의 1세라고 번역한 modus는, modus decimandi의 약어로, 현물납이었던 10분의 1세를 금납 또는 역납으로 바꾼 것이다. 이것은 교회 수입으로서는 감액이었다.

*41 자민다리(zamindari, 스미스에 의하면 zemindaries)는 무굴 왕조하의 대지주의 영지로, 지주는 그 징세를 정부맡았다.

는 집세라면, 아마 건축업자에게 충분한 이윤을 제공할 것이다. 시장 이자율이 5퍼센트인 곳에서는, 집세는 아마 7 내지 7.5퍼센트가 될 필요가 있다. 만일 화폐이자와의 비율에서, 건축업자의 직업이 이보다 훨씬 큰 이윤을 제공하는 일이 있으면, 이 직업은 곧 다른 직업으로부터, 이윤을 적당한 수준으로 내릴 만큼 많은 자본을 끌어들일 것이다.

가옥의 임대료 총액 가운데, 이 온당한 이윤을 제공하는 데 충분한 정도를 넘는 부분은 모두, 당연히 부지지대가 된다. 그리고 부지소유자와 건물소유자가 다른 사람이라면, 대부분의 경우 전자에게 그 전액이 지불된다. 이 잉여 임대료는 가옥의 거주자가, 그 장소가 가지는 어떤 실제상의, 또는 상상의 이점에 대해 지불하는 값이다. 모든 대도시에서 멀리 떨어져 있고 마음대로 선택할 수 있을 만큼 토지가 풍부한 시골 가옥에서는, 부지지대는 거의 없거나, 또는 그 가옥이 서 있는 부지가 농업에 쓰일 경우에 지불될 금액을 넘지 않는다. 대도시에 가까운 시골 별장에서는 부지지대가 이보다 상당히 높은 수도 있고, 그 장소가 특별하게 편리하거나 아름답다면 때때로 매우 높게 지불되기도 한다. 부지지대는 일반적으로 수도에서 가장 높고, 또 수도 중에서도 가옥에 대한 수요가 가장 많은 특정한 지구가 그러하며, 그 수요의 이유가 무엇인지, 즉 상업 때문인지, 환락과 사교 때문인지, 아니면 단순한 허영과 유행 때문인지 하는 것과는 아무 관계가 없다.

세입자가 지불하는, 각 가옥의 임대료 총액에 비례하는 가옥임대세는, 적어도 상당한 기간에 걸쳐 건물임대료에 영향을 주는 일은 없다. 만일 건축업자가 타당한 이윤을 획득하지 못하면 그는 그 영업을 그만두지 않을 수 없을 것이고, 그렇게 되면 건축에 대한 수요를 높임으로써, 곧 그의 이윤을 다른 직업의 이윤과 균형이 맞도록 되돌릴 것이다. 또 그런 세금이 모두 부지지대에 부과되는 일도 없을 것이다. 그 세금은 일부는 가옥의 거주자에게, 일부는 부지소유자에게 분할될 것이다.

이를테면 어떤 특정한 사람이 1년에 60파운드의 비용을 가옥임대에 충당할 수 있다고 판단한다고 가정하고, 또 거주자가 지불하는 1파운드당 4실링의 세금, 즉 5분의 1의 세금이 집세에 부과되는 것으로 가정하자. 임대료 60파운드의 가옥은, 이 경우 그에게는 1년에 72파운드가 들 것이고, 그것은 그가 충당할 수 있다고 생각한 금액보다 12파운드가 많다. 그래서 그는, 그보다 더 좋지 않은 가옥, 즉 집세가 1년에 50파운드인 가옥으로 만족하지 않을 수 없다. 이 자료라면, 세금으로 지불되어야 하는 10퍼센트의 추가를 합쳐서, 그가 지불할 수 있다고 판단하는 비용인 연 60파운드가 된다. 그는 이 세금을 지불하기 위해, 집세가 연 10파운드 비싼 가옥에서 얻을 수 있는 추가적인 편의의 일부를 단념하게 된다. 이 추가적 편의의 일부를 그가 단념할 것이라고 내가 말하는 것은, 그가 그 모두를 포기해야 하는 일은 거의 없기 때문이며, 이 세금이 있기 때문에, 만일 세금이 없을 경우에 연 50파운드로 빌릴 수 있는 집보다 좋은 집을 빌릴 수 있을 것이기 때문이다.

왜냐하면, 이런 종류의 세금은, 이 특정한 경쟁자를 배제함으로써 임대료가 60파운드인 가옥을 둘러싼 경쟁을 감소시키는 것과 마찬가지로, 임대료가 50파운드인 가옥을 둘러싼 경쟁도, 나아가서는 같은 방법으로 임대료가 최저인 집을 제외하고 다른 모든 임대료의 가옥을 둘러싼 경쟁도 감소시킬 것이기 때문이다. 다만 이 세금은 임대료가 최저인 집을 둘러싼 경쟁은 한동안 증대시킬 것이다. 그러나 경쟁이 감소한 모든 등급의 집세는 필연적으로 다소나마 내려갈 것이다. 그러나 이 저하의 어떤 부분도, 적어도 상당한 기간에 걸쳐 건물 임대료에 영향을 미치는 일은 없을 것이므로, 그 모두는 장기적으로는 반드시 부지지대에 부과될 것이 틀림없다.

따라서 이 세금의 최종적인 지불은, 일부는 자신의 부담분을 지불하기 위해 자신의 편의의 일부를 포기하지 않을 수 없는 그 가옥의 거주자에게, 또 일부는 자신의 부담분을 지불하기 위해 자기 수입의 일부를 포기하지 않을 수 없는 그 부지소유자에게 돌아가게 된다. 이 최종적인 지불이 어떤 비율로 그들 사이에 분할되는지 확인하는 것은, 아마 그리 쉬운 일은 아닐 것이다. 이 분할은 아마 사정에 따라 매우 다를 것이고, 또 이런 종류의 세금은 그런 다양한 사정에 따라, 가옥소유자와 부지소유자 양쪽에 대해 매우 다른 영향을 미칠 것이다.

이런 세금이 다양한 부지지대의 수령자에게 부과되는 경우의 차이는, 오로지 이 분할의 우연적인 차이에서 발생한다. 그러나 그것이 다양한 가옥의 거주자에게 부과되는 경우의 차이는, 그 원인 때문뿐만 아니라 다른 원인에서도 발생할 것이다. 생활비 전체에 대한 집세의 비율은 재산 정도의 차이에 따라 각양각색이다. 이 비율은 아마 재산 정도가 최고인 경우에 최고이고, 정도가 내려갈수록 저하하여, 일반적으로 그 정도가 최저인 경우에 최저가 된다.

생활필수품은 가난한 사람에게는 큰 지출이 된다. 그들은 식품을 구입하는 데 어려움을 느끼며, 그들의 쥐꼬리만한 수입은 대부분 그것을 구입하는 데 지출된다. 생활상의 사치품이나 장식품은 부자의 주요한 지출을 불러일으키고, 호화로운 저택은 그들이 소유한 다른 사치품과 장식품을 미화하고 꾸미는 데 가장 유리하다. 따라서 집세에 대한 세금은, 일반적으로 부자에게 가장 무겁게 부과되겠지만, 그런 종류의 차이에는, 아마 매우 부당한 일이란 아무것도 없을 것이다. 부자가 수입에 비례해서, 또는 어느 정도 그 비례 이상으로, 공공의 비용에 이바지하는 것은 그리 부당한 일이 아니다.

집세는 몇 가지 점에서 지대와 비슷하지만, 한 가지 점에서는 본질적으로 지대와 다르다. 지대는 생산적 물건의 사용료로 지불된다. 지대를 지불하는 토지는 지대를 생산한다. 집세는 비생산적인 물건의 사용료로 지불된다. 집도 집이 서 있는 부지도 아무것도 생산하지 않는다. 따라서 그 임대료를 지불하는 사람은, 그 물건이 아닌, 그것과 무관한 뭔가 다른 수입원에서 그것을 이끌어내지 않으면 안 된다. 집세에 대한 세금은, 그것이 거주자에게 부과되는 한에서는 임대료 자체와 같은 원천에서 이끌어 내지 않으면 안 되며, 노동의 임금이든, 자산의 이윤이든, 지대이든, 어쨌든 거주자의 수입에서 지불되어야 한다. 그 세금이 거주자에게 부과되는 한, 그것은 단 하나의 수입원이 아니라 세 가지의 다른 수입원에 무차별적으로 부과되는 세금의 하나이며, 모든 점에서 다른 어떤 종류의 소비재에 대한 세금과 같은 성질의 것이다.

일반적으로 어떤 사람의 지출 전체가 여유로운지, 빠듯한지, 그 사람의 지출 또는 소비의 한 항목으로 판단할 수 있는 것으로는, 그의 집세보다 적당한 것은 아마 없을 것이다. 이 특정한 지출항목에 대한 비례세는, 아마 지금까지 유럽의 어느 지방에서 이끌어 낼 수 있었던 수입보다 큰 수입을 가져다 줄 것이다. 만일 이 세금이 매우 높으면, 대부분의 사람들은 더 작은 집으로 만족하고, 지출의 대부분을 뭔가 다른 방면으로 돌림으로써, 될 수 있는 대로 이 세금을 피하려고 노력할 것이다.

집세는 통상적인 지대를 확인하는 것과 같은 방법으로, 충분히 정확하고 쉽게 확인할 수 있을 것이다. 사람이 살지 않는 가옥에 대해서는 세금을 낼 의무가 없다. 그런 가옥에 대한 세금은 모두 그 소유자에게 부과되며, 따라서 그는 자신에게 아무런 편의도 수입도 제공하지 않는 물건에 대해 세금이 부과될 것이다. 소유자가 거주하는 가옥은, 그것을 건설하는 데 든 비용에 대해서가 아니라, 누군가에게 임대하면 획득할 수 있다고 공정한 재정이 판단하는 임대료에 대해 과세되어야 한다. 만일 건축에 든 비용에 따라 과세된다면, 1파운드당 3실링이나 4실링의 세금은 다른 모든 세금과 합쳐서, 이 나라와, 내가 믿는 바로는 다른 모든 문명국의 부유한 명문가를 거의 모두 파멸에 빠뜨릴 것이다. 이 나라의 가장 부유한 명문가의 몇이 도시와 시골에 가지고 있는 다양한 주택을 주의 깊게 조사해 보면, 그들의 집세는, 당초의 건축비의 불과 6.5퍼센트나 7퍼센트의 비율로 평가하더라도, 그들이 소유한 토지의 순수한 지대 총액과 거의 같은 금액이라는 것을 누구나 알게 될 것이다. 분명히 그것은, 매우 아름답고 장대한 물건에 지출된 몇 세대에 걸친 비용의 누적이기는 하지만, 거기에 든 비용 치고는 교환가치가 매우 적은 것이다.*42

부지지대는 집세보다 더욱 적절한 과세 대상이다. 부지지대에 대한 세금이 가옥의 임대료를 인상시키는 일은 없다. 그것은 전액이 부지지대의 소유자에게 부과된다. 그는 항상 독점자로서 행동하며, 자신의 토지사용료로서 얻을 수 있는 한 최대의 임대료를 거둬들인다. 그것에 대해 취득할 수 있는 것의 크기는, 경쟁자들의 빈부가 어떤지, 즉 특정한 지점에 대한 취향을 만족시키기 위해 낼 수 있는 비용의 크기에 달려 있다. 어느 나라에서도 부유한 경쟁자들의 최대다수는 수도에 살고 있고, 따라서 최고의 부지지대가 나오는 곳도 수도이다. 그런 경쟁자의 부는 어떤 점에서도 부지지대에 대한 세금에 의해 증가하지 않을 것이므로, 그들은 아마 부지 사용에 대해 더 많이 지불하고 싶은 마음은 없을 것이다. 이 세금이 거주자에 의해 선불되는지, 아니면 부지소유자에 의해 선불되는지는 거의 중요하지 않다. 거주자가 이 세금으로 지불해야 하는 금액이 크면 클수록, 부지에 대해서는 그만큼 적게 지불하고 싶어할 것이므로, 이 세금의 최종적인 지불은 모두 부지지대를 수령하는 자의 부담이 될 것이다. 거주자가 없는 가옥의 부지지대에는 세금을 부과해서는 안 된다.

부지지대나 통상적인 지대나 대부분의 경우, 그 소유자가 아무것도 배려하거나 주의하지 않아도 들어오는 수입이다. 이 수입의 일부가 국가의 비용을 충

---

*42 이 책이 출판된 뒤, 거의 앞에서 설명한 원리에 거의 입각한 세금이 부과되었다.(제3판에 보충한 스미스 본인의 주)

당하기 위해 그에게서 징수된다 해도, 그것이 어떤 종류의 근로도 저해하지는 않을 것이다. 그 사회의 토지와 노동의 연간 생산물, 즉 국민 대중의 참된 부와 수입은, 그런 세금이 부과된 뒤에도 전과 같을 것이다. 따라서 부지지대와 통상적인 지대는, 그것에 대해 특별한 세금이 부과되어도 가장 잘 감당할 수 있는 수입이다.

부지지대는 이 점에서 통상적인 지대와 비교해도, 특별한 과세대상으로 더욱 적절한 것으로 판단된다. 통상적인 지대는 대부분의 경우, 적어도 부분적으로는 지주의 관심과 훌륭한 관리 덕분이다. 매우 무거운 세금은 이 관심과 훌륭한 관리를 매우 저해할지도 모른다. 부지지대가 통상적인 지대를 웃도는 한, 그것은 오로지 주권자의 훌륭한 통치 덕분이며, 그 통치가 국민 전체 또는 특정 지역의 주민의 근로를 보호함으로써, 그들이 자신들의 가옥을 지은 부지에 대해 그 실질가치보다 그만큼 많은 것을 지불할 수 있으며, 다시 말해 부지소유자에게, 부지가 그렇게 쓰임으로써 그가 입을 수 있는 손실의 보상보다 그만큼 많은 것을 제공해 줄 수 있는 것이다. 국가의 훌륭한 통치 덕분에 존재하는 원자(原資)가, 특별히 과세되는 것, 즉 그 통치를 유지하기 위해 다른 대부분의 원자보다 조금 많은 것을 공납하는 것만큼 합리적인 일은 없을 것이다.

유럽 대부분의 나라에서 집세에 세금이 부과되어 왔지만, 부지지대가 다른 과세 대상으로 생각되어 온 나라는 나는 본 적이 없다. 세금의 입안자는 아마 임대료 가운데 어느 정도를 부지지대로 여기고, 어느 정도를 건물임대료로 여겨야 하는지 확정하는 것은 어려운 일이라고 생각했을 것이다. 그러나 임대료 가운데 그런 두 부분을 구별하는 것은 그리 어려운 일이 아니라고 생각된다.

그레이트브리튼에서는, 집세는 이른바 연지조(年地租)에 의해, 지대와 똑같은 비율로 과세되는 것으로 상정되고 있다. 각 교구, 각 관구에 이 세금을 할당할 때의 평가액은 언제나 똑같다. 그것은 처음부터 매우 불공평했고 지금도 마찬가지이다. 이 왕국의 대부분에 걸쳐, 이 세금은 지대보다 집세에 부과되는 것이 여전히 가볍다. 처음에는 높게 과세되었지만 그 뒤 집세가 상당히 하락한 몇몇 소수의 관구에서만 1파운드당 3실링이나 4실링인 지조가, 실제의 집세와 균등한 비율이 되는 것으로 알려져 있다. 세입자가 없는 가옥은 법률에 의해 과세되기는 하지만, 대부분의 관구에서는 사정관의 호의로 면세되고 있고, 이 면세 때문에 관구의 과세율은 항상 같아도, 개별적인 가옥의 과세율은 이따금 미미하지만 조금의 변동을 발생시킨다. 신축과 수리 등에 의한 임대료의 증대는 그 관구의 부담을 줄여 주지만, 개별적인 가옥에 대한 과세는 그것에 의해 더 큰 변동을 발생시킨다.*43

네덜란드 주*44에서는, 실제로 지불되고 있는 집세에도 세입자가 있는가 없는가 하는 사정과는 상관없이, 모든 가옥에 그 가치의 2.5퍼센트의 세금이 부과되고 있다. 세입자가 없어서 소유자가 수입을 전혀 올릴 수 없는 가옥에 대해, 세금을, 특히 그렇게 무거운 세금을 내게 하는 것은 가혹한 일이라고 생각된다. 시장 이자율이 3퍼센트가 넘지 않는 네덜란드에서는, 가옥의 전체 가치에 대한 2.5퍼센트는, 대부분의 경우 건물임대료의, 아마도 전체 임대료의 3분의 1이 넘을 것이 틀림없다. 가옥에 과세할 때의 평가액이 매우 불공평한 것은 분명하지만, 항상 실제가치보다 낮은 것으로 알려져 있다. 가옥이 개축·수리 또는 증축되는 경우에는 새로운 평가가 이루어지고, 그것에 따라 과세된다.

잉글랜드에서 다양한 시대에 가옥에 부과되어 온 몇 종류의 세금의 고안자들은, 각 가옥의 실제 임대료가 얼마인지 매우 정확하게 확인하는 데는 뭔가 큰 어려움이 있다고 생각했던 것 같다. 그래서 그들은 뭔가 더 명백한 사정, 이를테면 대부분의 경우, 임대료와 어떤 비례관계를 가질 거라고 그들이 생각한 사정에 따라 세액을 규제했다.

이런 종류의 최초의 세금은 난로세, 즉 난로 하나에 2실링씩 부과한 세금이었다.*45 집 안에 난로가 몇 개 있는지 확인하려면, 징세인이 방마다 들어갈 필요가 있었다. 이 불쾌한 방문은 이 세금도 불쾌한 것으로 만들었다. 그래서 혁명 뒤, 얼마 지나지 않아 이 세금은 노예 상태의 상징이라 하여 폐지되었다.*46

이런 종류의 다음 세금은, 사람이 살고 있는 각 주택에 부과되는 2실링의 세금이었다. 창문이 10개 있는 집은 거기에 4실링을 더 지불해야 했다. 창문이 20개, 또는 그 이상인 집은 8실링을 지불하지 않으면 안 되었다. 이 세금은 나중에 변경되어, 20이상 30개 미만의 창문이 있는 집은 10실링, 30개 이상인 집

---

*43 '개별적인……발생시킨다'는 제2판의 추가.

*44 Memoires concernant les Droits, &c. p. 223. (스미스 본인의 주)

*45 찰스 2세 14년의 법률 10호(1662).

*46 윌리엄 메리 1년의 법률 10호(1688). '노예 상태의 상징'이 아니라 '국민에 대한 무거운 부담'으로서. 여기서 말하는 '혁명'은 물론 명예혁명이다.

은 20실링을 지불하도록 명령받았다. 대부분의 경우, 창문의 수는 바깥쪽에서 헤아릴 수 있고, 또 모든 경우, 그 집의 방마다 들어가 보지 않아도 헤아릴 수 있다. 따라서 징세인의 방문은 이 세금의 경우, 난로세의 경우만큼 반감을 사지는 않았다.

이 세금은 나중에 폐지되고, 그것을 대신하여 창문세가 제정되었지만, 이것도 몇 번인가 변경되고 증세되었다. 현행(1775년 1월) 창문세는 잉글랜드에서 각 가옥당 3실링, 스코틀랜드에서 각 가옥당 1실링 외에 창문마다 과세하고 있는데, 그것은 잉글랜드에서는 창문이 7개 이하인 가옥에 대한 최저 비율인 2펜스에서 차츰 늘어나, 창문이 25개가 넘는 가옥에 대해서는 최고 비율인 2실링에 이르렀다.

이런 여러 가지 세금에 대한 중요한 반대론은, 그런 불공평, 최악의 불공평에 대한 것으로, 그것은 그런 세금이 때때로 부자보다 빈민에게 훨씬 무거운 부담이 되지 않을 수 없었기 때문이다. 시골에 있는 임대료 10파운드짜리 가옥이, 런던에 있는 500파운드짜리 가옥보다 훨씬 많은 창문을 가지고 있는 일이 흔히 있을 수 있고, 또 전자의 주민이 후자의 주민보다 훨씬 가난한데도, 그의 납세액이 창문세에 의해 규제되는 한, 그쪽이 국가를 유지하기 위해 더 많이 납부하지 않으면 안 된다. 따라서 그런 세금은, 위에서 말한 네 가지 원칙 가운데 첫 번째에 직접적으로 반하는 것이다. 그러나 다른 세 가지 원칙은 어느 것도 그리 위반한다고는 생각되지 않는다.

창문세와 그 밖의 모든 가옥세의 자연적인 경향은 임대료를 인하하는 것이다. 세금을 많이 내면 낼수록, 임대료로 지불할 수 있는 여유가 적어지는 것은 명백한 이치이다. 그러나 창문세가 도입된 이후, 가옥의 임대료는 내가 알고 있는 그레이트브리튼의 거의 모든 도시와 시골에서 전체적으로 많든 적든 상승했다. 거의 어디서나 가옥에 대한 수요가 증가했기 때문에, 그것이 임대료를 창문세가 인하할 수 있는 것 이상으로 인상했으며, 이것은 이 나라가 크게 번영하여 주민들의 수입이 증가하고 있다는 것의 한 증거이다. 만일 이 세금이 없었다면 임대료는 아마 더욱 높아졌을 것이다.

제2항 이윤, 즉 자산에서 발생하는 수입에 대한 세금

자산에서 발생하는 수입 즉 이윤은, 자연히 두 부분으로 나뉜다. 즉 이자를 지불하는 부분으로, 그 자산소유자의 것이 되는 부분과, 이자를 지불하는 데 필요한 정도를 넘는 잉여 부분이다.

이윤 가운데 이 후자는 명백하게 직접적인 과세 대상은 아니다. 그것은 자산을 사용하는 데 있어서의 위험과 수고에 대한 보상이며, 대부분의 경우, 매우 온당한 보상에 지나지 않는다. 자산의 사용자는 이 보상을 얻지 않으면 안 된다. 그렇지 않으면 그는, 그 자신의 이해관심과 일치하도록 자산을 계속 사용할 수가 없다. 따라서 만일 그가 이윤 전체에 비례하여 직접적으로 과세된다면, 그는 그 이윤율을 올리거나, 아니면 그 세금을 화폐이자에 부담시키는 것, 즉 이자지불을 적게 하지 않을 수 없을 것이다. 만일 그가 세금에 비례하여 그의 이윤율을 인상한다면, 세금의 전액은 설령 그가 그것을 선불한다 해도, 최종적으로는 그가 운영하는 자산의 다양한 사용법에 따라 다음의 두 그룹의 사람들 가운데 어느 한 쪽에 의해 지불될 것이다.

만일 그가 그것을 농업자본으로서 토지 경작에 사용한다면, 그는 토지 생산물 가운데 전보다 큰 부분을, 또는 그것과 같은 말이지만, 더 큰 부분의 값을 유보해 둠으로써만, 자신의 이윤율을 올릴 수 있다. 그리고 그것은 지대의 감소에 의해서만 가능하므로, 그 세금의 최종적인 지불은 지주에게 돌아갈 것이다. 만일 그가 그 자산을 상업 또는 제조업의 자본으로 사용한다면, 그는 자신의 재화의 값을 인상함으로써만 이윤율을 올릴 수 있다. 그 경우에는 그 세금의 최종적인 지불은 모두 그런 재화의 소비자에게 돌아갈 것이다. 만일 그가 자신의 이윤율을 인상하지 않는다면, 그는 그 세금을 모두 이윤 가운데 화폐이자에 충당되는 부분에 부담시키지 않으면 안 된다. 그가 자산을 얼마나 빌리든지, 그것에 대해 전보다 적은 이자밖에 제공할 수 없으며, 이 경우에는, 세금의 무게는 모두 최종적으로는 화폐이자에 부과된다. 그가 한쪽의 방법으로 그 세금을 피할 수 없다면, 다른 방법으로 피하는 수밖에 없다.

화폐이자는, 얼핏 보아서는 지대와 마찬가지로, 직접적으로 과세할 수 있는 대상인 것처럼 생각된다. 그것은 지대와 마찬가지로, 자산의 사용에 대한 모든 위험과 수고를 완전히 보상한 뒤에 남는 순생산물이다. 지대에 대한 세금이 지대를 인상할 수 없는 것은, 농업 경영자의 자산을 온당한 이윤과 함께 회수한 뒤에 남는 순생산물이, 과세 뒤에, 과세 전보다 큰 경우는 있을 수 없기 때문인데, 그것과 같은 이유로, 화폐이자에 대한 세금은 이자율을 끌어올릴 수가 없다. 그 나라의 자산, 즉 화폐의 양은 토지의 양과 마찬가지로, 과세 뒤에도 과세 전과 같다고 생각할 수 있기 때문이다. 제1편에서 밝힌 대로, 통상적인 이윤율은 어디서나, 쓰이는 자산의 양과, 자산에 의해 이루어지는 업무 또는 사업의 양의 비율에 의해 규제된다. 그러나 자산에 의해 이루어지는 업무 또는 사업의 양은, 화폐이자에 대한 어떤 세금에 의해서도 증감될 수 없다. 따라서 쓰이는 자산의 양이 세금에 의해 증감하지 않는다면, 통상적인 이윤율도 필연적으로 똑같게 유지될 것이다. 그러나 이 이윤 가운데, 자산 사용자의 위험과 수고를 보상하는 데 필요한 부분도 마찬가지로 똑같게 유지될 것이다. 그 위험과 수고는 어떤 점에서도 변하지 않기 때문이다. 따라서 그 나머지, 즉 자산의 소유자의 것으로, 화폐이자를 지불하는 부분 또한 필연적으로 똑같게 유지될 것이다. 따라서 얼핏 보아, 화폐이자가 지대와 마찬가지로 직접적인 과세에 적합한 대상인 것처럼 생각되는 것이다.

그러나 화폐이자를 직접적인 과세 대상으로 하는 것이 지대보다 훨씬 부적당한 데는 두 가지 사정이 있다.

첫째로, 토지의 양과 가치는, 어떤 사람이 보유하고 있더라도 비밀일 수가 없어서, 언제라도 매우 정확하게 확인할 수가 있다. 그러나 그가 소유하고 있는 자본[47]의 총액은 거의 언제나 비밀로서, 상당히 정확하게 확인하는 것은 거의 불가능하다. 게다가 이 총액은 늘 변동하기 쉽다. 그것이 조금도 증감하지 않은 채 지나가는 날은 1년은 말할 것도 없고, 때때로 한 달, 때로는 거의 하루도 없다. 각자의 개인적인 사정에 대한 조사, 그런 개인적인 사정에 따라 세금을 조정하기 위해 그의 재산에 일어나는 모든 변동을 감시하는 구멍은, 아무도 견딜 수 없는, 끊임없고 끝없는 고민거리이다.

둘째로, 토지는 움직일 수 없지만 자산은 쉽게 움직일 수 있는 대상이다. 토지소유자는 필연적으로 자신의 소유지가 있는 특정한 나라의 시민이다. 자산소유자는 본질적으로 세계의 시민이고, 반드시 어떤 특정한 나라에 속하는 것은 아니다. 그는 성가신 세금 사정을 위해 번거로운 조사를 받아야 하는 나라

---

*47 여기서 자본(capital stock)이라고 한 것은 변동하는 부분을 포함하기 때문에 엄밀한 의미에서의 자본은 아니다.

를 버리고, 더 편하게 자신의 사업을 영위하거나 재산을 누릴 수 있는 다른 나라로 자신의 자산을 이동시킬 수 있다. 자신의 자산을 이동시킴으로써, 그는 떠나는 나라에서 유지해 온 모든 사업 활동을 종결시킬 것이다. 자산이 토지를 경작하고 자산이 노동을 고용하는 것이다. 어떤 한 나라에서 자산을 구축하는 경향이 있는 세금은, 주권자에게 있어서나 사회에 있어서나, 수입의 모든 원천을 그만큼 고갈시키는 경향을 가진다. 자산이윤뿐만 아니라 토지지대와 노동임금도, 그 이동에 의해 많든 적든 필연적으로 감소하게 된다.

따라서 자산에서 발생하는 수입에 세금을 부과하고자 한 나라에서는, 이런 종류의 엄격한 조사가 아니라, 매우 완만한, 따라서 조금은 자의적인 평가로 만족하지 않을 수 없었다. 이런 방법으로 부과되는 세금은 극도로 불공평하고 불확정적이며, 그것은 세금을 극도로 억제하지 않고는 보상될 수 없다. 그 결과, 모든 사람이 자신의 실제 수입보다 매우 낮게 과세되고 있다는 것을 알고 있으므로, 자기 이웃이 그보다 약간 낮게 과세되어도 거의 마음에 두지 않는다.

잉글랜드에서 지조라 불리고 있는 것이 의도하는 것은, 자산에 토지와 같은 비율로 과세하는 것이었다. 토지에 대한 세금이 1파운드당 4실링, 즉 추정 지대의 5분의 1이었을 때는, 자산에도 추정 이자의 5분의 1을 과세하고자 했다. 현재 해마다 내는 지조가 처음으로 부과되었을 때, 법정이자율은 6퍼센트였다. 따라서 자산 100파운드마다 24실링, 즉 6파운드의 5분의 1에 해당하는 세금이 부과되는 것으로 상정되었다. 법정이자율이 5퍼센트로 인하된 뒤부터는, 자산 100파운드마다 20실링의 세금밖에 부과하지 않는 것으로 하고 있다. 이른바 지조에 의해 징수되는 금액은 지방과 중요한 도시로 분할되었다. 대부분은 지방에 부과되고, 도시에 부과된 것은 대부분 가옥에 사정되었다. 도시의 자산 또는 영업에 사정되어야 하는 것으로서 남은 것은(토지에 투자된 자산에 과세할 의도는 없었다), 그 자산 또는 영업의 실제 가치를 훨씬 밑돌았다. 따라서 최초의 사정이 아무리 불공평했어도 거의 아무런 동요도 일어나지 않았다.

모든 교구와 관구의 토지·가옥·자산은 최초의 사정(査定)에 따라, 여전히 과세되고 있고, 이 나라의 거의 전면적인 번영이 대부분의 곳에서 모든 것의 가치를 크게 끌어올렸기 때문에, 지금은 그런 불공평의 중요성이 더욱 감소되었다. 각 관구에 대한 과세 할당액도 계속해서 늘 똑같으므로, 이 세금의 불확정성도 개인의 자산에 대해 사정되는 한 크게 감소하여, 그 중요성이 훨씬 적어졌다. 만일 잉글랜드의 토지에, 대부분 그 실제가치의 반밖에 지조가 부과되고 있지 않다고 한다면, 잉글랜드의 자산의 대부분은 아마 그 실제가치의 거의 50분의 1에 대해서도 부과되고 있지 않을 것이다. 몇몇 도시에서는 모든 지조가 웨스트민스터처럼 가옥에 부과되고 있으며, 자산과 영업은 무세이다. 런던에서는 그렇지 않다.

모든 나라에서 개인의 사정을 엄격하게 조사하는 것은 주의 깊게 회피되어 왔다.

함부르크[*48]에서는 주민이면 누구나 전 재산의 4분의 1퍼센트를 나라에 바치지 않으면 안 된다. 그리고 함부르크 사람들의 부는 주로 자산이므로, 이 세금은 자산에 대한 세금으로 여겨도 무방할 것이다. 누구든지 스스로 사정하여, 위정자 앞에서 해마다 일정액의 화폐를 공공금고에 납부하고, 그것이 자기 전 재산의 4분의 1퍼센트라고 선서에 따라 밝힌다. 다만, 그 금액이 얼마인지는 선언하지 않고, 또 그 건에 대해 아무런 검사도 받지 않는다. 이 세금은 일반적으로 매우 성실하게 지불되고 있는 것으로 여겨지고 있다. 국민이 위정자를 전적으로 신뢰하고 있고, 국가를 유지하는 데는 세금이 필요하다는 것을 확신하고 있으며, 또 세금은 그 목적에 성실하게 쓰이고 있다고 믿는 소공화국에서는, 때로는 그런 양심적이고 자발적인 지불도 기대할 수 있을 것이다.[*49] 그것은 함부르크 국민에게 특유한 것은 아니다.

스위스의 운터발덴 주[*50]는 폭풍과 홍수에 자주 시달리는데, 그로 인해 어쩔 수 없이 임시 지출이 필요할 때가 있다. 그런 경우에, 사람들은 집회를 열어, 모두가 자신의 재산을 최대한 정직하게 신고하고, 그것에 따라 과세된다고 한다. 취리히에서는 필요가 있는 경우에는 누구나 수입에 따라 과세된다는 것을 법률로 정하고 있으며, 그때 각자는 수입액을 선서에 의해 밝히지 않으면 안 된다. 그들은 동포시민 가운데 누군가가 자기들을 속일 거라고는 전혀 생

---

*48 Memoires concernant les Droits, tome i. p. 74. (스미스 본인의 주)

*49 제5판에서는 '기대할 수 있을 것이다(may sometimes be expected)'의 may 가 빠져 있다.

*50 운터발덴(Unterwalden)은 루체른 남쪽 지방.

각하지 않는다고 한다. 바젤*⁵¹에서는, 국가의 주요한 수입은 수출되는 재화에 대한 소액의 관세에서 발생한다. 모든 시민은 법률에 의해 부과되는 모든 세금을 3개월마다 납부할 것을 선서한다. 모든 상인, 나아가서는 모든 여관의 주인까지, 영토 안팎에서 자신들이 판매하는 재화의 계산을 장부에 기록할 의무가 있다. 3개월이 끝날 때마다, 그들은 그 밑에 계산한 세액을 쓰고, 그 계산서를 회계관에게 보낸다. 이런 신뢰 때문에 공공수입이 손해를 볼 거라고 의심하는 사람은 아무도 없다.*⁵²

모든 시민에게 자신의 재산액을 선서를 통해 공개하게 하는 것은, 스위스의 그런 주들에서는 괴로운 일로 생각되지 않았던 것이 틀림없다. 그러나 함부르크에서는 그것은 가장 괴로운 일일 것이다. 상거래라는 위험한 사업에 종사하는 상인들은 모두 자신들의 실태를 항상 공개하지 않으면 안 된다는 것은 생각만 해도 끔찍한 일이다. 그 결과, 신용이 무너지고 기획이 실패로 끝나는 일이 너무나 자주 일어난다는 것을 그들은 알고 있다. 그런 기획과는 아무런 관계도 없는, 착실하고 검소한 사람들은, 구태여 그런 은닉이 필요하다고 느끼지 않는다.

네덜란드에서는 오라녜 공이 총독*⁵³직에 오른 지 얼마 안 되어, 모든 시민에게 전 자산에 대해 2퍼센트의 세금, 즉 이른바 50분의 1페니*⁵⁴가 부과되었다. 시민들은 자신이 직접 사정하여 함부르크와 똑같은 방법으로 세금을 납부했다. 그리고 그 세금은 매우 성실하게 납부된 것으로 일반적으로 생각되었다. 사람들은 그 무렵 전면적인 반란*⁵⁵에 의해 이제 막 수립된 새 정부에 매우 큰 애착을 가지고 있었다. 그 세금은 딱 한 번 특별한 긴급사태에 처한 국가를 구하기 위해 납부되었다. 사실 그 세금은 영속적인 세금으로 하기에는 지나치게 무거웠다. 시장이자율이 3퍼센트를 좀처럼 넘지 않는 나라에서, 2퍼센트의 세금은 자산에서 통상적으로 올릴 수 있는 최고 순수입 1파운드당 13실링 4펜

---

*51 바젤은 라인강의 무역항이었다.
*52 Memoires concernant les Droits, tome i. p. 163. 166. 171. (스미스 본인의 주)
*53 총독(stadtholder, stadhouder)은 저지7주연합 각주의 최고 권력자를 가리키며, 빌렘 판 오라녜(Willem I de Zwijger, 1533~1584, 침묵왕 빌렘 1세)는 네덜란드·질란트·위트레흐트의 총독(1559~1567, 1572~1584)으로, 브라반트와 프리슬란트의 총독을 겸임했다(각각 1577~1584와 1580~1584).
*54 이 페니는 앞에서도 나온(제1편 제9장) 것처럼, 화폐 단위가 아니고 화폐 자체를 가리킨다.
*55 네덜란드의 저지7주연합은 에스파냐로부터의 독립전쟁에 의해 성립되었다(1572~1579).

스가 된다. 조금이라도 원금을 축내는 일 없이 그 세금을 지불할 수 있는 사람은 매우 드물 것이다.

특별한 긴급사태에는, 사람들은 애국적인 열정에 불타, 국가를 구하기 위해 자신들의 자본의 일부마저 포기할 것이다. 그렇지만 상당한 기간에 걸쳐 그것을 계속하는 것은 불가능하며, 또 만일 그들이 그렇게 한다 하더라도, 이 세금은 곧 그들을 완전히 파멸시켜 국가를 완전히 유지할 수 없게 될 것이다. 잉글랜드의 지조법안에 의해 자산에 부과되는 세금은 자본에 비례하기는 하지만, 자본을 일부라도 감소시키거나 몰수하는 것을 의도하는 것은 아니다. 그것이 의도하는 것은, 지대에 대한 세금에 대해 균형을 맞춘 이자에 대한 세금으로, 전자가 1파운드당 4실링이면 후자 또한 1파운드당 4실링이 될 것이다. 함부르크의 세금이나, 그보다 가벼운 운터발덴과 취리히의 세금은, 그것과 마찬가지로 자본이 아니라 이자, 즉 자산의 순수입에 부과되는 세금을 의도한 것이다. 네덜란드의 세금은 자본에 대한 세금을 의도한 것이었다.

특정한 직업의 이윤에 대한 세금

몇몇 나라에서는 자산의 이윤에 세금을 부과하고 있는데, 그것은 자산이 상업의 특정한 부문에 쓰이는 경우와 농업에 쓰이는 경우가 있다.

전자의 것으로는, 잉글랜드에서는 행상인에 대한 세금, 삯마차*56나 삯가마에 대한 세금, 에일이나 증류주*57의 소매면허에 대해 술집 주인이 납부하는 세금이 있다. 최근의 전쟁 중에는, 점포에 대해 같은 종류의 세금을 따로 부과하는 것이 제안되었다. 나라의 상업을 보호하기 위해 전쟁이 벌어진 것이니, 그것을 통해 이익을 올리는 상인이 그것의 지지에 이바지하는 것은 당연하다는 논리였다.

그러나 상업의 어떤 특정한 부문에서도 거기에 쓰이는 자산의 이윤에 대한 세금은, 최종적으로는 그 취급업자들에게 부과되는 것이 아니라(그들은 통상

---

*56 삯마차(Hackney coach)는 6인승 이두 사륜마차이지만, 삯마차 일반의 명칭이기도 하다. Hackney는 런던 중심부의 지명.

*57 증류주(spirituous liquors)의 대표는 진으로, 당시에는 위스키도 진의 원료로서 스코틀랜드에서 런던으로 보내졌다. 호가스(William Hogarth, 1697~1764)는 맥주(에일)와 진을 부지런함과 게으름의 상징으로서 묘사한 것으로 유명하다.

적인 경우에는 항상 합당한 이윤을 올리지 않으면 안 되는데, 경쟁이 자유로우면 그 이상의 이윤을 올리기는 좀처럼 불가능하다), 언제나 소비자에게 부과되며, 소비자는 취급업자가 선불한 세금을 재화의 값을 통해, 그것도 일반적으로 조금 더 보태어 지불하지 않을 수 없다.

이런 종류의 세금은, 취급업자의 거래에 비례할 때는 최종적으로는 소비자가 지불하고, 취급업자에게는 아무런 압박도 주지 않는다. 만일 세금이 그렇게 거래에 비례하지 않고 모든 취급업자에게 같은 금액이 부과된다면, 이 경우에도 최종적으로는 소비자가 지불하기는 하지만, 대규모 취급업자에게 유리하고 소규모 취급업자에게는 약간의 압박을 불러일으키게 된다. 삯마차 한 대당 주 5실링의 세금, 삯가마 한 대당 연 10실링의 세금은, 그런 마차와 가마의 각 소유자가 선불하고 있는 한, 그들 각각의 영업 규모와 정확하게 균형을 이룬다. 그 세금은 대규모 취급업자를 우대하지도 않고, 소규모 취급업자를 압박하지도 않는다. 에일의 판매면허에 대한 연 20실링의 세금, 증류주 판매면허에 대한 40실링의 세금, 포도주 판매면허에 대해 다시 40실링의 세금은 모든 소매상에 대해 같은 금액이므로, 필연적으로 대규모 업자에게 약간 유리하고 소규모 업자에게는 어느 정도 압박이 되지 않을 수 없다. 전자는 후자보다 쉽게 자신의 재화의 값을 통해 세금을 회수할 수 있다는 것을 알고 있을 것이 틀림없다. 그러나 그 세금은 무거운 것이 아니므로, 이 불공평은 그리 중대한 것은 아니며, 작은 술집이 늘어나는 것을 약간 저지하는 것은 대부분의 사람들에게 부당하다고 생각되지는 않을 것이다.

점포에 대한 세금은 모든 점포에 대해 똑같다는 것을 의도한 것이었다. 분명히 그 이외의 방법은 없었을 것이다. 자유로운 나라에서는 도저히 찬성할 수 없는 규문(糾問 : 죄를 따져 캐어물음)이라도 하지 않는 한, 점포에 대한 세금을 그 점포에서 영위하는 영업의 규모에 매우 정확하게 비례시키는 것은 불가능할 것이다. 만일 그 세금이 상당히 무거운 것이었다면, 소규모 취급업자를 압박하여, 거의 모든 소매업을 강제적으로 대규모 취급업자의 수중으로 밀어넣고 말았을 것이다. 전자의 경쟁이 배제되어 버리므로 후자는 그 상업의 독점을 누리게 되고, 게다가 다른 모든 독점업자와 마찬가지로 곧 결탁하여, 그 세금의 지불에 필요한 금액보다 훨씬 많은 이윤을 올렸을 것이다. 세금의 최종적인 지불은 상점주가 아니라 소비자에게 돌아가며, 게다가 거기에는 상점주의 이윤을 위한 상당한 추가분이 따른다. 이런 이유로, 점포에 부과되는 세금에 대한 기획은 외면되었고, 그것을 대신하여 1759년의 상납금이 채용된 것이다.

프랑스에서 동산 타이유라 불리고 있는 것은, 아마 농업에서 사용되는 자산의 이윤에 대해, 유럽의 모든 지방에서 징수되고 있는 세금 가운데 가장 중요한 것이다.

봉건적 통치가 지배적이었던 유럽의 혼란 상태에서는, 주권자는 세금지불을 거부할 힘이 없는 사람들에게 세금을 부과하는 것으로 만족하는 수밖에 없었다. 대영주들은 특별한 비상사태에는 주권자에게 기꺼이 협력했지만, 영속적인 세금을 내는 것은 모두 거부했고, 주권자에게는 그들을 강제할 만한 힘이 없었다. 유럽 전체에 걸쳐, 토지점유자의 대부분은 본디는 농노였다. 유럽의 대부분에서 그들은 차츰 해방되었다. 그들 가운데 어떤 자는 토지자산의 점유권을 손에 넣어, 그것을 어떤 경우에는 국왕 밑에서, 또 어떤 경우에는 다른 대영주 밑에서, 잉글랜드의 옛날 등본보유자*58처럼, 어떤 저급한, 또는 불명예스러운 보유*59에 의해 토지를 보유했다. 또 어떤 자는 점유권을 손에 넣지 않고, 영주 밑에서 점유하고 있던 토지에 대해 일정한 햇수의 임차권을 손에 넣고, 그것을 통해 영주에 대한 종속도를 줄여갔다.

대영주들은 이 하층민들이 이렇게 하여 어느 정도 번영과 독립을 누리게 된 것을, 악의와 모멸이 섞인 격분의 감정으로 응시하며, 주권자가 그들에게 과세하는 것에 기꺼이 동의한 것 같다. 몇몇 국가에서는, 이 세금은 불명예 보유에 의해 점유되고 있는 토지에만 한정되었고, 이 경우의 타이유는 부동산 타이유라 일컬어졌다. 사르데냐의 선왕(先王)에 의해 제정된 지조와, 랑그독·프로방스·도피네·브르타뉴 각 속주*60의 타이유, 몽토방 징세구와 아쟁과 콩동*61의 징세분구 및 프랑스의 다른 몇몇 관구의 타이유는, 불명예 보유에 의

---

* 58 등본보유자(copy-holder)는 신분은 농노지만, 매너 재판소의 기록에 의해 토지를 보유한다. 임의해약이 아니라는 의미에서는 보유가 안정되어 있다.

* 59 저급한, 또는 불명예스러운 보유(base or ignoble tenure)는, 농노로서의 불안정한 토지보유. ignoble 은 noble 에 대한 것이므로 평민보유라 해도 무방할 것이다.

* 60 브르타뉴 외에는 남프랑스의 속주로, 스미스가 귀국하던 도중, 툴루즈에서 제네바로 갔을 때의 통로에 해당한다. 도피네는 그르노블 주변 지구.

* 61 아쟁(Agen)과 콩동(Condon)은 툴루즈 서북쪽 90킬로미터쯤에 있는 도시. 몽토방은 징세구(generality), 아쟁과 콩동은 징세분구(election)가 되어 있다.

해 점유되고 있는 토지에 대한 세금이다. 다른 지방에서는 소유자*62가 어떤 보유조건으로 보유하고 있든지, 타인의 소유인 토지를 청부 또는 임대계약으로 보유하고 있는 모든 사람들의 추정 이윤에 대해 세금이 부과되었고, 이 경우, 타이유는 동산 타이유라고 불렸다. 프랑스 각 속주 가운데 징세분구 지방이라 불리는 속주의 대부분에서는, 타이유는 이런 종류의 것이다. 부동산 타이유는, 그 나라의 토지 일부에만 부과되는 것이므로 필연적으로 불공평하기는 하지만, 어떤 경우에는 자의적이지만 반드시 항상 자의적인 세금은 아니다. 동산 타이유는 일정한 종류의 사람들의, 추측밖에 할 수 없는 이윤에 비례하는 것을 의도하는 것이므로, 아무래도 자의적이고 불공평해지기 쉽다.

프랑스에서는 현재(1775), 징세분구 지방이라 불리고 있는 20개의 징세구에 대해 해마다 부과되는 동산 타이유는 4010만 7239리브르 16수이다.*63 이 금액이 그런 여러 속주에 사정될 때의 비율은, 수확의 정도 및 각 속주의 지불 능력을 증감시킬 수 있는 그 밖의 사정에 대해 추밀원에 제출되는 보고에 따라 해마다 변동한다. 각 징세구는 일정수의 징세분구로 분할되며, 한 징세구 전체에 사정되는 금액을 여러 징세분구에 할당할 때의 비율도, 각 분구의 능력에 대해 추밀원에 제출되는 보고에 따라, 마찬가지로 해마다 달라진다. 추밀원이 아무리 좋은 의도를 가지고 한다 해도, 이 두 가지 할당의 어느 것도, 과세되는 각 속주 또는 관구의 실제 능력에 상당히 정확하게 비례시키는 것은 도저히 불가능한 것으로 생각된다. 추밀원이 아무리 공정해도 무지와 오보로 인해 다소나마 판단을 그르치는 일은 언제나 있게 마련이다.

한 징세분구 전체에 대해 사정되는 금액의 어느 정도를 각 교구가 부담해야 하는가 하는 비율도, 어쩔 수 없는 것으로 보이는 사정에 따라, 양쪽 모두 마찬가지로 해마다 변동한다. 이런 사정을 판단하는 것은, 한쪽의 경우에는 징세분구의 관리이고, 다른 쪽의 경우에는 교구의 관리이지만, 어느 쪽 관리도 많든 적든 지사(知事)의 지휘와 영향 아래 있다. 무지와 오보뿐만 아니라, 친분이나 당파적 적의, 개인적인 반감도 때때로, 그런 사정자의 판단을 그르치게 하는 경우가 있다고 한다. 그런 세금이 부과되는 자는 누구나, 실제로 과세되기

---

*62 소유자(proprietor)라는 말이 쓰였지만, 상급 소유자(국왕) 또는 상급 보유자(대영주)에 대해서는 보유자이며, 그의 토지를 빌려 영업한 것의 이윤이 여기서의 과세 대상이다.

*63 Memoires concernant les Droits, &c. tome ii, p. 17. (스미스 본인의 주)

전에는, 얼마나 지불해야 하는지 결코 확실하게 알 수 없고, 과세되었을 때조차 확정적이지 않다. 만일 누군가가 면세되어야 하는데도 과세되거나, 자신의 비율 이상으로 과세된 경우, 어느 쪽도 일단은 지불부터 해야 하지만, 만일 그들이 고충을 호소하고 그것을 입증한다면, 이듬해에 그들에게 변상하기 위해 교구 전체에 재과세된다. 만일 납세자 가운데 누군가가 파산하거나 납세가 불가능하게 되면, 징세관은 그 사람의 세금을 대신 내지 않으면 안 되며, 또 이듬해에 징세관에게 변상하기 위해 교구 전체에 재과세된다. 징세관 자신이 파산하는 경우에는, 그를 선임한 교구가 징세분구의 출납장관에게, 그의 행위에 대해 책임을 져야 한다. 그러나 출납관에게는 교구 전체를 소추하는 것은 번거로운 일이므로, 그는 가장 부유한 납세자를 5, 6명 마음대로 선정하여 징세관의 지불 불능에 의한 손실을 메우게 한다. 그 교구는 나중에 그 5, 6명에게 변상하기 위해 재과세된다. 그런 재과세는 언제나 그것이 이루어지는 해의 타이유에 더 얹어서 징수되는 것이다.

어떤 특정한 상업 부문의 자산이윤에 세금이 부과되면, 소상인은 누구나 선불한 세금을 보상하는 데 충분한 값으로 매각할 수 있는 것보다 많은 재화를 시장에 내지 않도록 주의한다. 그들 가운데 어떤 사람들은 자신들의 자산의 일부를 그 상업에서 거두어들이므로, 시장에 대한 공급은 전보다 부족해진다. 그러면 재화가치가 올라가 세금의 궁극적인 지불은 소비자의 부담이 된다. 그런데 농업에 쓰이고 있는 자산이윤에 세금이 부과되는 경우에는, 자산의 일부를 그 용도에서 거두어들이는 것은 농업 경영자에게 이익이 되지 않는다. 각각의 농업 경영자는 일정한 크기의 토지를 차지하고 있고, 그것에 대해 지대를 지불한다. 이 토지를 적절하게 경작하기 위해서는 일정량의 자산이 필요한데, 그 필요한 양 가운데 얼마를 거두어들인다고 그 농업 경영자의 지대 및 세금의 지불 능력이 높아지는 것은 아니다. 세금을 지불하기 위해 생산물의 양을 감소시키는 것도, 따라서 시장에 대한 공급을 전보다 줄이는 것도, 결코 그의 이익이 될 수 없다. 따라서 이 세금에 대해 그는 결코, 세금의 최종적인 지불을 소비자에게 전가하여 보상받기 위해 자신의 생산물값을 인상할 수는 없다.[64]

그렇지만 농업 경영자도 다른 모든 상인과 마찬가지로 정당한 이윤을 얻어

---

*64 '받기 위해……수는 없다'는 초판에서는 '받을 수도……수도 없다'

야 하며, 그렇지 않으면 그 일을 중단하지 않을 수밖에 없다. 이런 종류의 세금이 부과되면, 그는 지주에 대한 지대의 지불을 줄이지 않고는 그 정당한 이윤을 얻을 수가 없다. 세금으로 지불해야 하는 것이 많을수록, 지대로 지불할 수 있는 것은 적어지는 셈이다. 차지계약이 계속되는 기간 중에 부과되는 이런 세금은, 의심할 것도 없이 농업 경영자를 괴롭히거나 몰락시킨다. 차지계약을 갱신할 때, 이 세금은 항상 지주의 부담으로 돌아갈 것이 틀림없다.

동산 타이유가 실시되고 있는 나라들에서는, 농업 경영자는 경작에 사용하고 있는 것처럼 보이는 자산에 비례하여 세금을 사정받는 것이 보통이다. 이 때문에 그는 때때로 훌륭한 소와 말을 다 갖추는 것을 꺼리며, 가능하면 허술하고 초라한 농기구로 경작하려고 애쓴다. 사정관의 공정함에 대한 불신이 매우 커서 지나친 지불을 강제당하는 것이 두려운 그는, 가난을 가장하여 거의 아무것도 지불할 수 없는 것처럼 보이고 싶어한다. 이렇게 비참한 술수에도 불구하고, 그는 아마 거의 언제나 가장 효과적으로 자신의 이익을 도모하지는 못할 것이다. 그는 아마, 세금의 감소에 의해 절약하는 것보다 생산물의 감소에 의해 잃는 것이 더 클 것이다.

이 열악한 경작의 결과, 시장에 대한 공급은 의심할 여지없이 조금 손상되더라도, 그것으로 인한 약간의 가격 상승이 농업 경영자에게 그의 생산물의 감소를 보상해 줄 가능성은 거의 없으며, 그가 지주에게 더 많은 지대를 지불할 수 있는 가능성은 더더욱 적다. 공공사회와 농업 경영자·지주, 모두는 이 열악해진 경작에 의해 많든 적든 손해를 입는다. 동산 타이유가 온갖 방법으로 경작을 저해함으로써 모든 대국의 부의 주요 원천을 고갈시키는 경향이 있다는 것은, 이미 이 책의 제3편에서 고찰한 바가 있다.

북아메리카 남부의 여러 주와 서인도 제도에서의, 이른바 인두세, 즉 모든 흑인에게 부과되는 한 사람당 얼마라고 하는 해마다의 세는, 실은 농업에 쓰이는 어떤 종류의 자산이윤에 대한 세금이다. 식민농장주는 대부분 농업 경영자인 동시에 지주이기도 하므로, 세금의 최종적인 지불은 지주의 자격으로의 그들에게 아무런 대가도 없이 부과되는 것이다.

경작에 쓰이는 농노에 대한 한 사람당 얼마의 세금은, 옛날에는 전유럽에서 일반적인 일이었던 것 같다. 현재도 러시아 제국에 이런 종류의 세금이 존속하고 있다. 모든 종류의 인두세가 때때로 노예 상태의 상징이 되어 있는 것은 아마 이 때문일 것이다. 그러나 어떤 세금도 그것을 지불하는 사람에게는 노예 상태의 상징이 아니라 자유의 상징이다. 분명히 세금은 그 사람이 통치에 복종하고 있다는 상징이기는 하지만, 그는 어느 정도이든 재산을 가지고 있는 것이므로, 그가 어떤 주인의 재산일 수 없다는 것의 상징이기도 하다. 노예에 대한 인두세는 자유인에 대한 인두세와는 완전히 다른 것이다. 후자는 그것이 부과되는 사람이 지불하지만, 전자는 다른 사람이 지불한다. 후자는 완전히 자의적이거나 아니면 완전히 불공평하며, 대부분은 그 양쪽 다이지만, 전자는 노예가 다르면 가치도 다르므로, 어떤 점에서는 불공평하지만, 어떤 점에서도 자의적이지는 않다. 자신이 가진 노예의 수를 알고 있는 주인은 누구나 자신이 얼마를 지불해야 하는지 정확하게 알고 있다. 그런데 그렇게 다른 세금이 같은 명칭으로 불리고 있기 때문에, 같은 성질의 것으로 생각되어 왔다.

네덜란드에서 남녀 고용인에게 부과되고 있는 세금은, 자산에 대한 세금이 아니라 지출에 대한 세금이며, 그런 한에서는 소비재에 대한 세금과 비슷하다. 최근에 그레이트브리튼에서 부과되기 시작한 남자고용인 한 사람당 1기니의 세금도, 이것과 같은 종류의 것이다. 그것은 중류의 신분에 가장 무겁게 부과된다. 연수입 200파운드인 사람은 남자고용인 한 사람을 둘 수 있다. 그렇다고 연수 1만 파운드인 사람이 50명의 고용인을 두지는 않을 것이다. 그것은 가난한 사람에게는 아무 영향이 없다.*65

특정한 사업에서의 자산이윤에 대한 세금이 화폐이자에 영향을 주는 일은 결코 없다. 세금이 부과되는 사업을 하는 사람들에게, 세금이 부과되지 않는 사업을 하는 사람들에게보다 낮은 이자로 화폐를 빌려 주려고 하는 사람은 없을 것이다. 모든 사업에서 쓰이고 있는 자산에서 발생하는 수입에 대한 세금은, 정부가 어느 정도 정확하게 세금을 부과하려고 하는 곳에서는 대부분 이자에 부과될 것이다. 프랑스의 뱅티엠, 즉 20분의 1페니는, 잉글랜드에서 지조라 불리고 있는 것과 같은 종류의 세금으로, 마찬가지로 토지·가옥·자산에서 발생하는 수입에 대해 사정된다. 자산에 부과되는 한에서는, 이 세금은 매우 엄밀하게 사정되는 것은 아니라 해도, 그나마 잉글랜드의 지조 가운데 이것과 똑같은 원자에 부과되는 부분보다, 훨씬 정확하게 사정되고 있다. 그것은 대부

---

*65 이 문단은 제2판의 추가.

분의 경우 모두 이자에 부과된다. 프랑스에서는 흔히, 이른바 연금 설정계약이라는 것에 투자되는데, 이 계약은 채무자 쪽은 최초로 선대된 금액을 갚으면 언제라도 상환할 수 있지만, 채권자 쪽은 특별한 경우를 제외하고는 상환을 청구할 수 없는 무기연금을 가리킨다. 뱅티엠은 그런 연금의 모두에 부과되지만, 그런 연금의 비율을 올리지는 않았던 것 같다.

제1항과 제2항에 대한 부록
토지·가옥 및 자산의 기본가치*66에 대한 세금

재산이 계속해서 똑같은 사람의 소유인 동안은, 어떤 영속적인 세금이 그것에 부과되어도, 그 의도는 그 재산의 기본가치를 조금이나마 감소시키거나 빼앗는 것이 아니라, 그것에서 발생하는 수입의 일부를 거둬들일 뿐이다. 그러나 재산의 소유자가 바뀌는 경우, 즉 재산이 죽은 사람에게서 살아 있는 사람으로, 또는 살아 있는 사람에게서 살아 있는 사람에게 옮기는 경우에는, 그 기본가치의 일부를 필연적으로 거둬들이는 세금이, 때때로 그 재산에 부과되어 왔다.

죽은 사람에게서 살아 있는 사람에게 가는 모든 종류의 재산 이전과, 살아 있는 사람에게서 살아 있는 사람에게 가는 부동산, 즉 토지와 가옥의 이전은, 그 성질상 공개적으로 널리 알려진 것이거나, 아니면 오래 숨겨둘 수 없는 거래이다. 따라서 그런 거래에는 직접적으로 과세할 수가 있다. 화폐의 대부를 통해 살아 있는 사람에게서 살아 있는 사람에게 옮기는, 자산 또는 동산의 이전은, 때때로 비밀 거래이며 언제나 비밀로 할 수 있다. 따라서 그것은 쉽게 직접적으로는 과세할 수 없다. 그것은 다음과 같은 두 가지의 다른 방법으로 간접적으로 과세되어 왔다. 첫째는 반제 의무를 기재한 증서를 일정한 인지세를 지불한 용지 또는 양피지*67에 쓰도록 요구하고, 그렇지 않으면 무효로 하는 방법이고, 둘째로 그것과 똑같은 무효 벌칙 아래, 그것을 공개 또는 비밀의 등기부에 기록할 것을 요구하고, 그런 등기에 일정한 세금을 부과하는 방법이다.

---

*66 기본가치(capital value)는 수입을 낳는 재산 본체의 가치를 말하며, 원금(capital stock)의 경우와 마찬가지로 capital은 형용사이지 자본을 의미하지 않는다.

*67 양피지(parchment)는 양 또는 산양 가죽을 종이처럼 만든 것으로, 필기 또는 책의 장정에 사용했다.

인지세와 등기세는 죽은 사람에게서 살아 있는 사람에게 옮기는 모든 종류의 재산 이전증서에도, 살아 있는 사람에게서 살아 있는 사람에게 옮기는 부동산 이전증서에도, 마찬가지로 때때로 부과되어 왔는데, 그런 것은 직접적으로 쉽게 과세할 수 있는 거래이다.

고대 로마인에게 아우구스투스*[68]가 부과한 비케시마 헤레디타툼, 즉 상속재산의 20분의 1페니는, 죽은 사람에게서 살아 있는 사람에게로 옮기는 재산 이전에 대한 세금이었다. 그 세금에 대해 가장 명확하게 쓴 저자인 디오 카시우스*[69]는, 이 세금은 사망의 경우에는, 최근친자 및 빈민에 대한 것을 제외하고 모든 상속·유증 및 증여에 대해 부과되었다고 한다.

이것과 같은 종류의 것으로는 네덜란드의 상속세가 있다.*[70] 방계의 상속은 촌수에 따라 5퍼센트에서 30퍼센트까지의 세금이 상속재산의 가치 총액에 대해 부과된다. 방계 친족에 대한 유언에 의한 증여, 즉 유증에도 같은 세금이 부과된다. 남편에게서 아내에게, 또는 아내에게서 남편에게 가는 유증에는 50분의 1페니*[71]가 부과된다. 루크투오사 헤레디타스,*[72] 즉 자식에게서 부모에게 가는 애처로운 상속에는 불과 20분의 1페니밖에 부과되지 않는다. 직계상속, 즉 부모에게서 자식에게로 가는 상속에는 세금이 부과되지 않는다. 아버지의 죽음이 그 아들 중에서 아버지와 한집에 살고 있는 자에게 조금이나마 수

---

*68 아우구스투스(Augustus, 기원전 63~서기 14)는 로마 황제. Vicesima Hereditatum 은 '상속의 20분의 1'.

*69 Lib. 55. 그리고 Burman de Vectigalibus Pop. Rom. cap. xi 및 Bouchaud de l'impot du vingtieme sur les successions 를 참조할 것.(스미스 본인의 주)

　카시우스(Dio[n] Cassius, 164?~229)는 로마 정치가로 로마사를 썼지만, 모두 남아 있지는 않다. Lib. 55라는 것은 그 제55권이다. 스미스의 장서 속에는 다음과 같은 판이 있다(그리스 문자는 생략). Dion Cassius Cocceianus, *Dionis Cassii Cocceiani historiae Romanae libri* XLVI, partim integri, partim mutili, partim excerpti···Hanoviae, 1606(ASL 507). *Cocceiani historiae Romanae quae supersunt*···2 vols., Hamburg, 1750~1752(ASL 508). *Petri Burmanni vectigalia populi Romani*···Leidae, 1734(ASL 251). M.A. Bouchaud, *De l'impôt du vingtiéme sur les successions, et de l'impôt sur les marchandises, chez les Romains*···Paris, 1772(ASL 195).

*70 Memoires concernant les Droits, &c. tome i, p. 225. (스미스 본인의 주)

*71 캐넌은 이 '50분의 1'은 '15분의 1'의 오기(誤記)라고 했다. 다음에 '불과 20분의 1'이라고 했으므로, '50분의 1'에 비해서는 '불과'라는 말을 할 수 없다는 것이 그의 논거이다.

*72 Luctuosa Hereditas 는 바로 뒤에 스미스가 번역한 대로 '애처로운 상속(mourningful succession)'.

입 증가를 가져다 주는 일은 좀처럼 없고, 아버지의 근로나 관직을 잃고, 아버지가 가지고 있었을지도 모르는 생애재산권*73을 잃음으로써, 흔히 상당한 수입 감소가 뒤따르기 때문이다.

상속재산 가운데 어떤 부분이라도 그들한테서 거둬들임으로써 그들의 손실을 가중시키는 세금은, 잔혹하고 억압적인 것이 된다. 그러나 로마법의 언어로 말하면 해방된*74 아들들, 스코틀랜드법의 언어로는 분가한 아들들, 즉 재산의 몫을 챙겨서 자신의 가족을 이끌고, 아버지의 재산과는 별개의 독립된 원자에 의해 생계를 세우고 있는 아들들에게 있어서는 사정이 다른 경우도 있을 것이다. 아버지의 유산 가운데, 그런 아들들에게 얼마만한 부분이 넘어가든지, 그것은 그들의 재산에 대한 진정한 추가가 될 것이고, 따라서 다소의 세금이 부과되더라도, 아마 이런 종류의 모든 세금에 뒤따르게 마련인 불편함 이상을 가하는 일은 없을 것이다.

봉건법의 임시상납금*75은 죽은 사람에게서 살아 있는 사람에게, 또 살아 있는 사람에게서 살아 있는 사람에게 옮기는 토지이전에 대한 세금이었다. 옛날에는 이 세금이 유럽의 모든 지방에서 왕권의 중요한 수입의 하나였다.

왕권의 모든 직속 신하의 상속인은 영지를 인도*76받을 때, 일정한 세금, 일반적으로 1년치 지대를 지불했다. 만일 상속인이 미성년자이면, 미성년 기간 동안 그 영지의 지대는 모두 주군의 것이 되며, 그 때 주군은 미성년자의 부양과, 그 토지에 대해 계승권을 가지는 미망인이 있는 경우에는, 그 미망인의 상속몫*77을 지불하는 것 외에는 아무것도 부담하지 않았다. 그 미성년자가 성년에 이르면, 상속허가료*78라는 이름의 다른 세금을 다시 주군에게 지불하도

---

*73 생애재산권(life-rent estate)은 부동산을 생애에 걸쳐 보유할 권리를 말하며, 스코틀랜드법 용어. 봉건적 토지보유는 본디 그런 것이었으므로 그 이외의 권리로 생각된다.

*74 '해방된(emancipated)'이라는 것은, 로마법에서 부권(父權)으로부터 해방된 것을 가리킨다.

*75 임시상납금(casualty)은 토지를 이전할 때마다 부과되며, 캐주얼이라고 불렸다. 영주의 후견에 대한 것은 casualty of wards 라고 했는데, 다음에 설명이 나오듯이 상속세에 불과하다.

*76 인도(引渡, investiture)는 이 경우, 신하의 죽음에 의해 국왕 또는 대영주에게 귀속한 토지가, 그 상속인에게 인도되는 것을 말한다. 왕권(crown)과 주군(superior)은 이 경우에는 같은 것이지만, 봉건적 토지소유의 중요성을 고려했기 때문인지도 모른다.

*77 미망인의 상속몫(dower)은 남편 유산의 3분의 1을 미망인의 생활보장에 충당하는 것으로, widow's third 라는 말도 있다. 또한 dower 는 신부의 지참금, 즉 혼수비용을 뜻하기도 한다.

*78 상속허가료(Relief)는 신하의 죽음에 의해 소유자(주권자)의 손에 돌아온 토지를 상속인이

록 되어 있고, 이 세금도 일반적으로 1년치 지대에 상당하는 것이었다. 현대에는, 미성년 기간이 길면 대영지는 때때로 그 모든 채무를 면제받고, 그 가족은 지난날의 영광을 되찾지만, 당시에는 그런 효과는 일어날 수 없었다. 영지에 뒤따르는 채무를 면제하기는커녕 그 황폐를 초래하는 것이, 오랜 미성년 기간의 통상의 결과였다.

봉건법에 의하면, 신하는 주군의 동의 없이는 양도할 수 없고, 주군은 일반적으로 동의를 하는 대신 부담금 또는 화해금을 강요했다. 이 부담금은 처음에는 자의적인 것이었으나, 대부분의 나라에서 토지값의 일정한 비율로 상정되었다. 다른 봉건적 관습을 대부분 사용하지 않게 된 나라들 중에는, 토지양도에 대한 이 세금이 여전히 주권자의 수입의 매우*[79] 큰 부문을 차지하고 있는 곳이 몇 군데 있다. 베른 주에서는 그것이 매우 높아서, 모든 귀족봉토값의 6분의 1, 모든 평민봉토값의 10분의 1에 이르러 있을 정도이다.*[80] 루체른 주에서는 토지매각에 대한 세금은 전반적이 아니라 몇몇 관구에서 시행되고 있을 뿐이다. 그러나, 만일 누군가가 그 영토에서 이동하기 위해 자신의 토지를 판다면, 그는 매각가격 전체의 10퍼센트를 지불하도록 되어 있다.*[81] 모든 토지 또는 일정한 보유 관계에 있는 토지의, 매각에 대한 이와 같은 종류의 세금은 다른 많은 나라에서도 시행되고 있어, 어느 정도, 주권자의 수입에 중요한 부문을 이루고 있다.

그런 거래는 인지세나 등기세에 의해 간접적으로 과세될 수 있다. 또 그 세금은 이전되는 물건가치에 비례할 수도 있고 그렇지 않을 수도 있다.

그레이트브리튼에서는, 인지세는 이전되는 재산가치에 따라서라기보다는 (최대 금액의 계약증서라도 18펜스 내지 반 크라운*[82]의 인지로 충분하므로), 증서의 성질에 따라 높아지기도 하고 낮아지기도 한다. 최고의 경우에도 종이나 양피지 한 장당 6파운드가 넘는 일이 없고, 또 이 높은 세금은 주로 국왕으로부터의 면허나 일정한 법적 절차에 대해 부과되는 것이지 물건의 가치와는 관

다시 받기 위한 요금.

*79 '매우(very)'는 제2판의 추가.

*80 Memoires concernant les Droits, &c. tome i. p. 154 (스미스 본인의 주)

*81 Id. p. 157.

*82 반 크라운은 옛 화폐단위로 2실링 반 즉 80펜스이다.

계가 없다. 그레이트브리튼에서는 등기부를 다루는 관리의 수수료 외에는 증서와 문서의 등기에 세금이 부과되지 않으며, 그 수수료도 그들의 수고에 대한 정당한 보수를 넘는 일이 좀처럼 없다. 국왕이 그 수수료에서 수입을 올리는 일은 없다.

네덜란드*[83]에는 인지세와 등기부도 있고, 이전되는 재산가치에 비례할 수도 그렇지 않을 수도 있다. 유언장은 모두 인지 붙은 종이에 써야 하며, 그 인지값은 처분 재산에 비례하기 때문에, 인지에는 한 장에 3펜스, 즉 3스타이버인 것에서 우리 화폐로 약 27파운드 10실링에 해당하는 300플로린*[84]인 것까지 있다. 만일 인지가 유언자가 사용해야 하는 인지보다 낮은 값의 것이면, 그의 상속재산은 몰수된다. 이 세금은 상속에 대한 다른 모든 세금에 추가하여 부과되는 것이다. 환어음 및 그 밖의 몇몇 상업어음을 제외하고, 다른 모든 증서·채무증서·계약서에는 인지세가 부과된다. 그러나 이 세금은 물건의 가치에 비례하여 상승하는 것은 아니다. 토지와 가옥을 팔거나 저당잡히는 경우에는 반드시 등기를 해야 하며, 또 등기할 때는 매각가격 또는 저당금액의 2.5퍼센트의 세금을 국가에 납부해야 한다. 이 세금은 갑판의 유무와 상관없이 적재량 2톤 이상의 모든 선박의 매각에까지 확대되어 있다. 선박을 일종의 수상가옥으로 여기는 것 같다. 동산의 매각도 재판소의 명령에 의한 경우에는 마찬가지로 2.5퍼센트의 세금이 부과된다.

프랑스에는 인지세와 등기세, 양쪽 다 있다. 전자는 상납금, 즉 소비세의 한 부문으로 여겨지고 있는데, 그 세금이 시행되고 있는 각 속주에서는 소비세를 담당하는 관리에 의해 징수된다. 후자는 왕실령 수입의 한 부문으로 여겨지고 있고, 다른 부류의 관리에 의해 징수된다.

인지세와 등기세에 의한 그런 과세 방법은 매우 새로운 고찰이다. 그러나 불과 1세기도 채 지나기 전에, 유럽에서는 인지세가 거의 보편적이 되었고, 등기세도 매우 흔한 것이 되었다. 국민의 호주머니에서 돈을 빼내 가는 기술만큼, 어떤 정부가 다른 정부로부터 재빠르게 배우는 것은 없는 것 같다.

죽은 사람에게서 살아 있는 사람에게 옮기는 재산 이전에 대한 세금은, 직

---

*83 Memoires concernant les Droits, &c. tome i. p. 213, 224, 223. (스미스 본인의 주)
*84 플로린(Florin)은 백합꽃의 각인이 있는 피렌체의 주화에서 시작된 명칭으로, 몇몇 국가에 같은 이름의 것이 있지만, 여기서는 네덜란드의 휠던(길더)을 말한다.

접적으로도 종국적으로도 재산을 양도받는 사람에게 부과된다. 토지매각에 대한 세금은 모두 매도자에게 부과된다. 매도자는 거의 언제나 필요에 쫓기고 있으므로, 부르는 대로 값을 받아들이는 수밖에 없다. 매수자는 필요에 쫓기는 경우가 좀처럼 없으므로, 마음대로 값을 부를 뿐이다. 매수자는 세금과 값을 합쳐서 얼마가 될지를 생각한다. 세금으로 많이 지불해야 하는 만큼 그는 값으로 적게 지불하고 싶어한다. 따라서 그런 세금은 거의 언제나 필요에 쫓기는 사람에게 부과되며, 따라서 때때로 매우 가혹하고 억압적인 것이 되지 않을 수 없다. 신축가옥의 매각에 부과되는 세금은, 건물이 토지와는 별도로 팔리는 경우에는 일반적으로 매수자에게 부과된다. 일반적으로 건축업자도 이윤을 획득하지 않으면 안 되고, 그렇지 않으면 장사를 그만두어야 하기 때문이다. 따라서 만일 그가 세금을 선불한다면, 매수자는 일반적으로 그것을 그에게 환불해야 한다.

헌 가옥의 매각에 대한 세금은 토지매각에 대한 세금과 같은 이유로, 일반적으로 매도자에게 부과된다. 그는 대부분의 경우, 편의상 또는 필요상 팔지 않을 수 없는 입장이기 때문이다. 해마다 시장에 나오는 신축가옥의 수는, 많든 적든 수요에 의해 규제된다. 모든 비용을 지불한 뒤에 건축업자에게 이윤을 제공할 수 있는 수요가 없는 한, 그는 더 이상 가옥을 지으려고 하지 않을 것이다. 어쩌다가 어떤 시기에 시장에 나오는 헌 가옥의 수는, 대부분 수요와는 아무런 상관이 없는 우연한 사건에 의해 규제된다.

어떤 상업적인 도시에서 큰 파산이 몇 건 일어나면 많은 가옥이 시장에 나오게 되고, 그런 집은 구입할 수 있는 한도 내의 값으로 팔릴 것이 틀림없다. 부지지대의 매각*85에 대한 세금은 모두 매도자에게 부과되고, 그것은 토지매각에 대한 세금과 같은 이유에 의한다. 인지세나, 차입금의 차용증서와 계약서의 등기세는, 모두 빌리는 사람에게 부과되고, 또 실제로 언제나 빌리는 사람이 지불하고 있다. 소송절차에 대한 이와 같은 종류의 세금은 소송자의 부담이 된다. 그것은 계쟁(係爭 : 문제 해결을 위한 당사자끼리의 법적 다툼) 중인 물건의 기본가치를 양쪽에 있어서 모두 감소시키게 된다. 어떤 재산을 획득하는 데 비용이 들면 들수록, 획득했을 때의 그 진정한 가치는 그만큼 적어지는 것이 틀림없다.

---

*85 '부지지대(ground rent)의 매각'이란, 지대를 받을 권리의 매각.

모든 종류의 재산 이전에 대한 세금은, 모두 재산의 기본가치를 줄이는 한에 있어서, 생산적 노동의 유지에 충당되는 원자를 감소시키는 경향이 있다. 그런 세금은 모두 생산적 노동밖에 유지하지 않는 국민의 자본을 희생으로 하여, 비생산적 노동 외에는 거의 유지하는 일이 없는 주권자의 수입을 증가시키므로, 많든 적든 소비적인 세금이다.

그런 세금은 이전되는 재산의 가치에 비례하는 경우에도 여전히 불공평하다. 같은 가치의 재산이라도 이전 횟수는 반드시 같지는 않기 때문이다. 세금이 이 가치에 비례하지 않는 경우에는, 인지세와 등기세의 대부분이 그렇듯이 더욱 불공평해진다. 그것은 어떤 점에서도 자의적이지 않으며, 모든 경우에 완전히 명백하고 확정적이거나, 또는 그럴 수 있다. 그것은 간혹 납부 능력이 그다지 없는 사람에게 부과되기도 하지만, 납부 시기는 대부분의 경우 충분히 그 사람의 편의에 맞출 수 있다. 납부 시기가 오면, 그는 대부분 납부해야 하는 돈을 가지고 있을 것이 틀림없다. 그것은 매우 적은 비용으로 징수되며, 일반적으로 납세자에게, 세금을 납부해야 하는 결코 피할 수 없는 불편 외에는 아무런 불편도 주지 않는다.

프랑스에서는 인지세에 대해서는 그다지 불평이 없지만, 그들이 콩트롤이라고 부르는 등기세에는 불평이 많다. 그들은 세금이 매우 자의적이고 불확정적이기 때문에 세금을 징수하는 징세 총청부인(總請負人)*86인 관리들에 의한 엄청난 수탈을 불러일으킨다고 주장하고 있다. 프랑스의 현재의 재정제도에 반대하여 쓴 비난문서의 대부분에는 콩트롤의 폐해가 주요한 제목이 되어 있다. 그러나 불확정성이 그런 세금의 성질에 반드시 따른다고는 생각되지 않는다. 만일 민중의 불평에 충분한 근거가 있다면, 그 폐해는 이 세금의 성질보다는 이 세금을 부과하는 칙령 또는 법률의 용어가 정확하고 명백하지 않은 데서 발생하는 것이 틀림없다.

저당권의 등기와, 일반적으로 부동산에 대한 모든 권리의 등기는, 채권자에게나 구매자에게나 큰 보증을 주는 것이므로, 공공사회에 매우 이롭다. 다른 종류의 증서 대부분의 등기는 공공사회에 아무런 이익도 되지 않고, 개개인에

---

*86 징세 총청부인(farmer general)은 일정한 상납금을 지불하고, 전국의 징세를 청부맡는 관직. 상납금과 세수의 차액은 이윤이 된다. 매관제도가 적용되었기 때문에 부르주아(중산계급) 출신자가 많았다.

게는 때때로 불편하고 위험하기도 하다. 비밀로 해 두어야 하는 것으로 인정되는 등기부는 모두 결코 존재해서는 안 된다. 개개인의 신용은 분명히, 수입이 낮은 하급 관리의 성실성과 종교 같은 매우 신뢰하기 어려운 안전보장에 맡겨서는 안 된다. 그러나 등기수수료가 주권자에게 하나의 수입원이 되는 곳에서는, 일반적으로, 등기되어야 하는 서류와 그럴 필요가 없는 서류, 양쪽을 위해 등기소가 무제한으로 늘어났다. 프랑스에는 몇 가지 종류의 비밀등기소가 있다. 이 폐해가 그런 세금의 필연적이지는 않지만 매우 당연한 결과라는 점은 인정해야 할 것이다.

잉글랜드에서 볼 수 있듯이 트럼프와 주사위, 신문과 정기간행물 등에 부과되는 인지세는, 본디 소비세였고, 그 최종 지불은 그런 상품을 쓰거나 소비하는 사람들에게 돌아온다. 에일·포도주·증류주의 소매면허장에 부과되는 인지세는, 아마 소매업자의 이윤에 부과할 의도였겠지만, 그것도 최종적으로는 그런 음료의 소비자에 의해 지불된다. 그 세금은 위에서 설명한 재산 이전에 대한 인지세와 같은 이름으로 불리며, 같은 관리에 의해, 같은 방법으로 징수되지만, 완전히 다른 성질의 것이고 완전히 다른 원자에 부과되는 것이다.

제3항 노동임금에 대한 세금

하류층 노동자의 임금은 내가 제1편에서 밝히려 한 것처럼, 어디서나 다음과 같은 두 가지 사정에 의해, 즉 노동에 대한 수요와 통상적인 또는 평균적인 식품값에 의해 반드시 규제된다. 노동에 대한 수요는, 그때 그것이 증가하고 있는지, 정체해 있는지, 감소하고 있는지에 따라, 다시 말해, 그것이 인구의 증가·정체·감소의 어느 것을 필요로 하는지에 따라 노동자의 생활 상태를 규제하여, 풍부한지, 보통인지, 부족한지의 정도를 결정한다. 식품의 통상적인 또는 평균적인 값은, 노동자가 해마다 이 풍부하거나 보통이거나 부족한 생활 자료를 구입할 수 있도록 하기 위해, 노동자에게 지불되어야 하는 화폐의 양을 결정한다. 따라서 노동에 대한 수요와 식품값이 똑같은 동안은, 노동임금에 대한 직접세는 임금을 그 세금보다 조금 높게 인상하는 효과밖에 가질 수 없다.

이를테면, 어떤 특정한 곳에서 노동에 대한 수요와 식품값이 주 10실링을 통상적인 노동임금으로 하고, 5분의 1, 즉 1파운드당 4실링의 세금이 임금에 부과된다고 가정해 보자. 노동에 대한 수요와 식품값이 똑같다면, 노동자가 그 장소에서 주 10실링을 지불하지 않으면 구매할 수 없는 생활 자료를 손에 넣어야 할 필요, 즉, 세금을 지불한 뒤에 마음대로 쓸 수 있는 임금이 1주일에 10실링 남아 있을 필요가 있다. 그러나 그 세금을 납부한 뒤에 그와 같이 마음대로 쓸 수 있는 임금이 그의 손에 남기 위해서는, 노동가격은 그 장소에서 곧 상승하여 주 12실링뿐만 아니라 12실링 6펜스*[87]로 오르지 않으면 안 된다. 즉, 그가 5분의 1세를 납부하기 위해서는, 그의 임금은 곧 5분의 1뿐만 아니라 4분의 1이 필연적으로 상승하지 않으면 안 된다. 세금의 비율이 어느 정도가 되든, 노동임금은 모든 경우에 세금의 비율보다 더 높은 비율로 상승하지 않으면 안 된다. 이를테면, 만일 세금이 10분의 1이라면 노동임금은 곧 10분의 1뿐만 아니라 필연적으로 8분의 1이 상승할 것이 틀림없다.

따라서 노동임금에 대한 직접세는, 노동자가 그것을 스스로 곧 납부하는 일이 있다 해도, 적어도 노동에 대한 수요와 식료품의 평균가격이 과세한 뒤에도 전과 같다면, 노동자가 그것을 선납한다는 것도 적당하지 않다. 그런 경우에는 모두 실제로는, 세금뿐만 아니라 다소 그 이상이 그를 직접적으로 고용하는 사람에 의해 선납된다. 최종적인 지불은 경우에 따라 다양한 사람들에게 돌아갈 것이다. 그런 세금이 초래할 수 있는 제조업 노동의 임금 상승은 제조업자에 의해 선납될 것이고, 그는 그것을 이윤과 함께, 자신의 재화가격에 추가할 권리를 가지고 있으며, 또 그렇게 하지 않을 수 없다. 따라서 임금의 이런 상승에 대한 최종적인 지불은, 제조업자의 추가이윤과 함께 소비자에게 돌아올 것이다. 그런 세금이 농촌 노동의 임금에 초래할 수 있는 상승분은 농업 경영자에 의해 선납될 것이고, 농업 경영자는 전과 같은 수의 노동자를 부양하기 위해 전보다 더 큰 자본을 사용하지 않으면 안 될 것이다. 그 더 큰 자본을 자산의 통상적인 이윤과 함께 회수하기 위해서는, 그는 토지 생산물의 더 큰 부분, 또는 같은 말이지만 더 큰 부분의 가치를 유보해 두어야 하며, 따라서 지주에게는 더 적은 지대를 지불할 필요가 생긴다. 그러므로 이 임금 상승에 대한 최종적인 지불은, 이 경우, 그것을 선불한 농업 경영자의 추가이윤과 함께 지주에게 돌아올 것이다. 모든 경우에, 노동임금에 대한 직접세는, 장기적으로는 세금에서 오르는 것과 똑같은 금액을 일부는 지대에 일부는 소비재에 적절하게

---

*[87] 12실링 6펜스는 12.5실링이므로, 그 5분의 1이 과세되면 10실링이 손에 남는다.

과세한 경우보다, 대폭적인 지대의 감소와 제조품값의 상승을 불러일으킬 것이 분명하다.

만일 노동임금에 대한 직접세가, 반드시 그것과 균형을 이룬 임금 상승을 불러일으키지 않았다면, 그것은 그 세금이 널리 노동에 대한 수요의 상당한 저하를 불러일으켰기 때문이다. 산업의 쇠퇴와 빈민을 위한 고용의 감소, 그 나라 토지와 노동의 연간 생산물의 감소가, 그런 세금의 일반적인 결과였다. 그러나 그런 세금의 결과, 노동가격은 그 세금이 없는 경우에 수요의 실제 상태에서 그렇게 되는 것보다 언제나 높을 것이 틀림없다. 그리고 이 가격 상승은, 그것을 선불하는 사람들의 이윤과 함께, 최종적으로는 항상 지주와 소비자에 의해 지불될 것이 분명하다.

농촌노동의 임금에 대한 세금이, 토지 원생산물의 값을 세금에 비례하여*88 인상시키는 일은 없다. 그것은 농업자의 이윤에 대한 세금이, 그 비율로*89 생산물값을 인상시키지 않는 것과 같은 이유에서이다.

그러나 그런 세금은 불합리하고 파괴적인 것인데도 불구하고, 대부분의 나라에서 시행되고 있다. 프랑스에서는 타이유 가운데, 농촌의 노동자와 날품팔이 노동자의 근로에 부과되고 있는 부분이 바로 이런 종류의 세금이다. 그들의 임금은 그들이 살고 있는 관구의 통상적인 비율로 계산되며, 또 최대한 과중한 과세가 되지 않도록, 그들의 연간 수입은 1년에 200일 이상은 취로하지 않는 것으로 견적되고 있다.*90 각 개인의 세금은 다양한 사정에 따라 해마다 변하는데, 그것을 판정하는 것은, 징세관, 또는 그를 보좌하게 하기 위해 지사가 임명하는 위원이다. 보헤미아에서는 1748년에 시작된 재정제도의 변경 결과, 매우 무거운 세금이 수공업자의 근로에 부과되고 있다. 그들은 네 계급으로 분류된다. 최고의 계급은 1년에 100플로린을 지불한다. 이것은 1플로린을 22펜스 반으로 치면 9파운드 7실링 6펜스가 된다. 두 번째 계급에는 70플로린, 세 번째 계급에는 50플로린, 그리고 농촌의 수공업자와 도시의 최하층인 수공업자로 구성되는 제4의 계급에는 25플로린이 부과된다.*91

---

*88 '세금에 비례하여'는 제2판의 추가.

*89 '그 비율로'는 제2판의 추가.

*90 Memoires concernant les Droits, &c. tom. ii. p. 108. (스미스 본인의 주)

*91 Id. tom. iii. 87. [i. 87의 잘못으로 생각된다](스미스 본인의 주)

독창적인 예술가와 지적인 직업*92의 사람들에 대한 보수는, 제1편에서 내가 밝히려고 애썼듯이, 그보다 하급인 직업의 수입에 대해 반드시 일정한 비율을 유지한다. 따라서 이 보수에 대한 세금은, 세금에 비례하는 것보다도 조금 높게, 그것을 상승시키는 효과밖에 가질 수 없을 것이다. 만일 그것이 이와 같은 방법으로 상승하지 않는다면, 독창적인 예술이나 지적인 직업은, 더 이상 다른 직업과 균형을 유지할 수 없게 되므로 방치되어, 이윽고 균형이 맞는 수준으로 돌아갈 것이다.

관직의 보수는 통상적인 직업이나 전문직의 그것처럼, 시장의 자유경쟁에 의해 규제되지 않으며, 따라서 업무의 성질상 필요한 금액에 언제나 반드시 정확하게 비례하는 것은 아니다. 그것은 아마 대부분의 나라에서, 업무의 성질상 필요한 것보다 높으며, 그것은 통치의 운영을 담당하는 사람들이 일반적으로, 자신들에게나 직속부하에게나 오히려 충분한 정도 이상의 보수를 주고 싶어하기 때문이다. 따라서 관직의 보수는 대부분의 경우, 세금을 매우 잘 감당할 수 있다. 뿐만 아니라 공직, 특히 주머니 사정이 좋은 공직을 누리고 있는 사람들은, 모든 나라에서 일반적인 선망의 대상이 되고 있으며, 그들의 보수에 부과되는 세금은 다른 어떤 종류의 수입에 대한 세금보다 조금 높아도 언제나 매우 좋은 평을 듣는 세금이다.

이를테면 잉글랜드에서는 다른 모든 수입이 1파운드당 4실링의 지조의 비율로 과세되는 것으로 여겨지고 있었을 때, 연 100파운드가 넘는 관직의 봉급에 대해서는 1파운드당 5실링 6펜스*93의 실질적인 세금을 부과했는데, 이것은 매우 좋은 평판을 받았다. 다만, 왕실의 비교적 새로운 분가(分家)의 연금과, 육해군 장교의 급여,*94 비교적 질서를 받지 않는 다른 소수의 관직 급여는 제외되었다. 잉글랜드에는 그밖에는 노동임금에 대한 직접세가 없다.

---

*92 독창적인 예술가와 지적인 직업의 사람들 ingenious artists and…men of liberal profession은, 제1편 제10장의 독창적인 예술과 지적인 직업에 대응하지만, artists 는 제4편 제5장에서는 Artists and manufacturers라고 나와 있으므로 거기서는 기술자라고 번역했다.

*93 초판과 제2판에서는 '5실링'. 실질적인 세금(real tax)의 의미는 불명.

*94 '왕실의……장교의 급여'는 초판과 제2판에서는 '재판관의 급여'.

제4항 모든 종류 수입에 무차별적으로 부과하는 것을 목적으로 하는 세금

모든 종류의 수입에 무차별적으로 부과하는 것을 의도하는 세금은 인두세와, 소비재에 대한 세금이다. 그것은 납세자가 가지고 있는 어떤 수입으로부터도 무차별적으로 지불된다. 즉, 그들이 가진 토지지대에서도, 자산이윤에서도, 또는 노동임금에서도 지불될 것이 분명하다.

① 인두세

인두세는, 만일 그것을 각 납세자의 재산 또는 수입에 비례시키려 한다면 그야말로 자의적인 것이 되어 버린다. 사람의 재산 상태는 하루하루 변동하는 것이며, 어떤 세금보다 견디기 힘든 조사를 하고 적어도 해마다 한 번씩 다시 조사하지 않으면, 그저 억측만 할 수 있을 뿐이다. 따라서 그런 사정은 대부분의 경우, 사정관의 그때그때의 기분에 의존하며, 따라서 완전히 자의적이고 불확정적인 것이 틀림없다.

인두세는 만일 그것을 각 납세자의 추정 재산이 아니라 신분에 비례시킨다면, 완전히 불공평해질 것이다. 신분이 같더라도 재산의 정도는 같지 않은 경우가 흔히 있기 때문이다.

따라서 그런 세금은, 만일 그것을 공평하게 하고자 하면 완전히 자의적이고 불확정적인 것이 되고, 또 만일 그것을 확정적이고 비자의적인 것으로 하고자 하면 완전히 불공평한 것이 되고 만다. 세금은 가볍든 무겁든, 불확정적인 것이 항상 커다란 불만거리이다. 세금이 가벼우면 상당한 정도의 불공평도 참을 수 있을지 모르지만, 세금이 무거우면 불공평은 그야말로 견디기 힘든 것이다

윌리엄 3세 시대에 잉글랜드에서 시행된 여러 가지 인두세에서는, 대부분의 납세자는 공작·후작·백작·자작·남작·준기사*95·향사(鄕土: 시골의 유지), 귀족의 맏아들 또는 막내아들 등과 같은, 신분의 정도에 따라 부과되었다. 300파운드 이상의 재산이 있는 모든 상점주와 소상인, 즉 그들 가운데 상류층인 자는, 그들의 재산에 아무리 큰 차이가 있어도 같은 금액의 사정을 받았다. 그들의 신분이 재산보다 중시된 것이다. 최초의 인두세에서는 추정 재산에 따라 과세된 사

---

*95 준기사(準騎士, esquire)라는 것은 정역(定譯)은 아니다. 기사와 향사(鄕土) 사이의 지위의 가칭(假稱). 이것을 향사라고 번역하고, gentleman 을 '시골 신사'라고 하는 경우가 있지만, '시골 신사'라는 의미가 불분명한 역어는 피했다. esquire 는 여기서만 쓰인다.

람들 가운데 몇몇 사람도 나중에는 신분에 따라 과세되었다. 법정변호사·사무변호사·소송대리인은 최초의 인두세에서는 추정 소득 1파운드당 3실링의 비율로 부과되었지만, 나중에는 향사로서 부과되었다. 그리 무겁지 않은 세금의 사정에는, 상당히 불공평한 것도 어느 정도의 불확정성보다 견디기 쉽다는 것을 알게 된 것이다.

현세기 초부터 프랑스에서 한 번도 중단되지 않고 징수된 인두세에서는, 최고 계층의 사람들은 그 신분에 따라 불변의 세율에 의해 과세되고, 그보다 낮은 계층의 사람들은 추정되는 재산에 따라 해마다 다른 사정에 의해 과세된다. 왕실의 관리, 상급 재판소의 재판관과 그 밖의 관리, 군대의 장교 등은, 첫 번째 방식으로 과세된다. 각 속주의 더 낮은 신분의 사람들은 두 번째 방법으로 과세된다. 프랑스에서는, 유력자들은 자신들에게 부과되는 한에서 그다지 무겁지 않은 세금이라면 상당히 불공평해도 매우 쉽게 수용하지만, 지사(知事)의 자의적인 부과는 참을 수가 없었다. 그 나라에서는 더 낮은 신분의 사람들은, 자신들보다 상급자인 사람들이 그들에게 주는 것이 적당하다고 여기는 대우를 견디지 않을 수 없는 것이다.

잉글랜드에서는 다양한 인두세가, 거기서 기대되는 금액, 즉 엄격하게 징수했으면 거두어들일 수 있었을 금액을 징수한 적이 없었다. 프랑스에서는 인두세는 늘 기대한 만큼의 금액을 징수하고 있다. 잉글랜드의 너그러운 정부는 다양한 신분의 사람들에게 인두세를 사정했을 때, 그 사정에 따라 그때그때 거두어들인 금액으로 만족했고, 그 세금을 지불할 수 없었던 사람들, 또는 지불하려 하지 않았던 사람들(이라는 것은 그런 사람들이 많았으므로), 또 법률의 시행이 너그러워 지불을 강요당하지 않았던 사람들 때문에 국가가 입었을지도 모르는 손해에 대해 보상을 요구하지 않았다. 그러나 엄격한 프랑스에서는, 정부가 각 징세구에 일정액을 사정하면, 지사는 그 금액을 최선을 다해 조달하지 않으면 안 된다. 만일 어느 속주가 사정액이 너무 높다고 불만을 호소하면, 이듬해의 사정 때 전년의 초과 부담에 따른 감액을 받는 경우가 있다. 그러나 그 속주는 일단 사정액을 먼저 지불하지 않으면 안 된다. 지사는 자신의 징세구에 대한 사정액을 차질 없이 조달하기 위해, 그 금액 이상을 사정할 수 있는 권한이 주어져 있어서, 납세자 가운데 누군가가 지불하지 않거나 지불할 수 없다 하더라도 그 밖의 사람에 대한 초과 부담으로 보충할 수 있다. 그리고

1765년까지 이 초과 과세액의 결정은 오로지 지사의 재량에 맡겨져 있었다. 바로 그 해에 추밀원은 이 권한을 자신의 손에 장악했다. 《프랑스의 과세에 대한 각서》*⁹⁶를 쓴, 그 방면의 사정에 밝은 저자가 얘기한 바에 의하면, 각 속주의 인두세에 있어서는, 귀족 및 타이유 면제특권을 가진 사람들에게 부과되는 비율*⁹⁷은 그야말로 하찮은 것이었다. 최대의 비율은 타이유를 부담하는 사람들에게 과세되었고, 그들은 타이유를 지불하는 금액에 따라 1파운드당 얼마의 인두세가 부과되었다.

인두세는 하층 신분의 사람들에게 부과되는 한에서는 노동임금에 대한 직접세이며, 그런 세금의 불합리한 점을 모두 갖추고 있다.

인두세의 징수에는 거의 비용이 들지 않으며, 그것을 엄격하게 거둬들일 수 있는 곳에서는 국가에 매우 확실한 수입을 제공한다. 그 때문에 신분이 낮은 사람들의 안락과 위안과 안전이 거의 고려되지 않는 나라들에서는, 인두세가 매우 일반적인 것이 되어 있다. 그러나 대제국에서 그런 세금에서 이끌어 내고 있었던 것은 공공수입의 작은 부분에 지나지 않으며, 또 그 세금이 그때까지 제공한 가장 큰 금액이라도, 국민에게 있어 그보다 훨씬 더 편리한 다른 방법으로 언제든지 조달할 수 있었을 것이다.

② 소비재에 대한 세금

어떤 인두세도 국민의 수입에 비례하여 과세하는 일이 불가능하기 때문에, 소비재에 대한 세금이 고안된 것으로 생각된다. 국가는 국민의 수입에 직접적이고 또한 비례적으로 과세하려면 어떻게 해야 하는지 모르기 때문에, 그 지출에, 즉 대부분의 경우 수입에 거의 비례하는 것으로 생각되는 지출에 간접적으로 과세하려고 노력한다. 그들의 지출은 지출이 향해지는 소비재에 대한 과세를 통해 과세된다.

소비재는 필수품이 아니면 사치품이다.

필수품이라는 말에서 내가 이해하는 것은, 생명의 유지에 없어서는 안 되는 상품뿐만 아니라, 그 나라의 습관이 어떠하든, 그것이 없으면 최하층 사람

---

*96 《프랑스의 과세에 대한 각서(Memoirs upon the impositions in France)》는, 이 장의 처음부터 자주 이용되었다. 모로 드 보몽의 저서를 가리킨다. 제5편 제2장 〈주〉 참조.

*97 비율(proportion)은 초판에서는 부분(portion)으로 되어 있었다.

들도 견실한 사람으로서의 체면을 잃게 되는 모든 것을 포함한다. 이를테면 아마셔츠는 엄밀하게 말해서 생활필수품은 아니다. 그리스인이나 로마인은 아마가 없었지만 매우 쾌적한 생활을 했다고 나는 생각한다. 그러나 현대에는 유럽의 대부분에서 견실한 날품팔이 노동자라면 아마셔츠를 입지 않고 남 앞에 나서는 것을 부끄럽게 여길 것이다. 그것이 없다는 것은, 극도의 나쁜 행위를 하지 않는 한 도저히 빠질 리가 없을 것으로 추측되는, 낯이 뜨거울 정도의 가난을 나타내는 것으로 상정될 것이다. 마찬가지로 잉글랜드에서는, 습관이 가죽신을 생활필수품으로 여기고 있다. 남자든 여자든 견실한 사람이라면, 아무리 가난해도 가죽신을 신지 않고 남 앞에 나서는 것을 부끄럽게 여길 것이다. 스코틀랜드에서는 습관이 가죽신을 최하층 남자에게도 생활필수품으로 여기고 있는데, 같은 계층의 여자에게는 그렇지 않다. 여자는 맨발로 다녀도 평판을 잃지 않는다. 프랑스에서는 가죽신은 남자에게나 여자에게나 필수품이 아니다. 그곳에서는 최저 신분인 자는 남녀 모두 때로는 나막신을 신고 때로는 맨발로 남 앞에 서지만, 전혀 평판을 잃지 않는다.

따라서 생활필수품이라고 할 경우, 나는 자연이 최저 신분의 사람들에게도 필요로 하고 있는 것뿐만 아니라, 예절에 대한 기존의 규범이 그렇게 여기고 있는 것도 포함시키고 있다. 그 이외의 것은 나는 모두 사치품이라 부른다. 그러나 이 명칭으로, 그것을 조심스럽게 사용하는 것을 비난할 마음은 조금도 없다. 이를테면, 그레이트브리튼에서는 맥주와 에일을, 또 포도주가 생산되는 나라에서도 포도주를, 나는 사치품이라고 부른다. 어떤 신분의 사람이라도, 그런 술을 한 방울도 마시지 않는다 해서 비난을 받는 일은 결코 없다. 자연은 그것을 생명 유지를 위해 필요한 것으로 하지 않고, 또 습관이 그것 없는 생활을 예절에 어긋나는 것으로 여기는 곳도 없다.

노동임금은 어디서나 일부는 노동에 대한 수요에 의해, 일부는 생활필수품의 평균가격에 의해 규제되므로, 이 평균가격을 올리는 것은 모두 필연적으로 노동임금을 인상시킨다. 따라서 노동자는, 노동에 대한 수요 상태가 증대하고 있든, 정체되어 있든, 감소하고 있든, 어쨌든 그 상태에서 그가 입수할 필요가 있는 만큼의 양의 필수품을 구입할 수 있다.[98] 그런 품목에 대한 세금은 필연

---

[98] 제1편 제8장을 참조할 것.(스미스 본인의 주)

적으로 그 값을 세액보다 조금 높게 끌어올린다. 왜냐하면, 그 세금을 납부하는 취급업자는, 일반적으로 이윤을 포함하여 그것을 회수하지 않으면 안 되기 때문이다. 따라서 그런 세금은, 이 가격 상승에 비례하는 노동임금의 상승을 초래하지 않을 수 없는 것이다.

생활필수품에 대한 세금이 노동임금에 대한 직접세와 똑같은 작용을 하는 것은 이렇게 해서이다. 노동자는 직접 그것을 지불할지 모르지만, 적어도 상당한 기간을 잡아보면 그것을 선불하고 있다고 말하는 것은 적절하지 않다. 그것은 결국, 항상 그의 임금률의 인상이라는 형태로, 노동자의 직접적인 고용주가 그에게 선불할 것이 틀림없다. 그 고용주가 제조업자라면 재화의 값에 이 임금 상승을 이윤과 함께 반영할 것이다. 그 결과, 이 세금의 최종적인 지불은 이 추가와 함께 소비자에게 돌아오게 된다. 그 고용주가 농업 경영자라면, 그 최종적인 지불은 같은 추가와 함께 지주의 지대에 반영될 것이다.

내가 말하는 사치품에 대한 세금에 대해서는, 가난한 사람의 사치품에 대한 것도 사정이 다르다. 과세된 상품값 상승은, 반드시 언제나 노동임금의 상승을 불러일으키지는 않는다. 이를테면 담배는 부자에게나 가난한 자에게나 사치품이지만, 담배에 대한 세금이 임금을 인상시키지는 않을 것이다. 그것은 잉글랜드에서는 원가의 3배, 프랑스에서는 15배의 세금이 부과되고 있는데, 그렇게 높은 세금도 노동임금에는 영향을 미치지 않는 것으로 보인다. 그것은 차와 설탕에 대한 세금에서도 마찬가지인데, 그런 것은 잉글랜드와 네덜란드에서는 최하층민들의 사치품이었다. 또 에스파냐에서도 그런 사치품이었던 초콜릿에 대한 세금에 대해서도 같은 말을 할 수 있다. 그레이트브리튼에서 현 세기 동안 증류주에 부과되어 온 다양한 세금은 노동임금에 영향을 주었다고 생각되지 않는다. 강한 맥주 한 통에 대한 3실링의 부가세가 불러일으킨 포터*99의 가격 상승은, 런던의 일반적인 노동임금을 상승시키지 않았다. 그것은 과세하기 전에는 하루에 약 18펜스 내지 20펜스였고, 지금도 그 이상은 아니다.

그런 상품의 높은 값은 필연적으로 하층민의 가족 부양 능력을 감소시키는 것은 아니다. 착실하고 부지런한 빈민에게는, 그런 상품에 대한 세금은 사치금

---

*99 포터(porter)는 맥아를 태워서 만드는 흑맥주로, 스타우트보다 약하다. 런던의 짐꾼, 즉 포터가 마셨다고 한다.

지법의 작용을 하는 것이며, 그들은 이제 쉽게 구할 수 없는 쓸데없는 물건의 사용을 억제하거나 완전히 중단해야겠다고 생각할 것이다. 이 강요된 절약의 결과, 그들의 가족부양 능력은 세금 때문에 감소하지 않고, 어쩌면 오히려 증대할지도 모른다. 일반적으로 가장 많은 가족을 부양하고, 유용한 노동에 대한 수요를 채우는 것은 주로 착실하고 부지런한 빈민들이다. 물론 모든 빈민이 다 착실하고 부지런한 것은 아니어서, 방종하고 헤픈 자는 이런 상품값이 상승한 뒤에도, 전과 마찬가지로 거기에 빠져, 그 무절제가 가족에게 초래할 수 있는 가난에 대해서는 고려하지 않을지도 모른다. 그러나 그런 방종한 자는 다수의 가족을 부양하는 일이 거의 없다. 그들의 자식들은 일반적으로 방치되어, 보살핌을 받지 못한 채 굶주림이나 비위생적인 생활로 인해 일찍 죽어 버리기 때문이다. 만일 몸이 튼튼해서, 부모의 악행으로 인해 겪는 고통을 극복하고 살아남는다 하더라도, 그 악행의 실례는 그들의 풍속을 타락시키는 것이 보통이므로, 그들은 근로를 통해 사회에 이바지하기는커녕 악덕과 비행에 의해 공공사회의 골칫거리가 된다. 따라서 빈민이 쓰는 사치품의 가격 상승은 그런 방종한 가족의 괴로움을 어느 정도 증대시키고, 따라서 그들의 부양 능력을 조금 감소시킬지 모르지만, 아마도 그 나라의 유용한 인구를 크게 감소시키지는 않을 것이다.

필수품의 평균가격이 조금이라도 올라가면, 그것에 대응한 노동임금의 상승을 통해 메워지지 않는 한, 빈민이 다수의 가족을 부양하고, 나아가서는 유용한 노동에 대한 수요를 채울 능력을 조금이나마 필연적으로 감소시키고, 그것은 그 수요 상태가 증가하고 있든, 정체해 있든, 감소하고 있든, 즉 인구 증가·정체·감소의 어느 것을 필요로 하든 변함이 없다.

사치품에 대한 세금은, 과세된 상품값을 제외하고 다른 어떤 상품값도 인상시키는 경향이 없다. 필수품에 대한 세금은, 노동임금을 인상시킴으로써 필연적으로 모든 제조품값을 인상시키며, 따라서 그 판매와 소비의 범위를 위축시키는 경향이 있다. 사치품에 대한 세금은, 과세 상품의 소비자에 의해 최종적으로 아무런 반대급부도 없이 지불된다. 그런 세금은 모든 종류의 수입에, 즉 노동임금, 자산이윤, 토지지대에 무차별적으로 부과된다. 필수품에 대한 세금은, 노동빈민에게 영향을 주는 한, 최종적으로는 일부는 그들이 가진 토지지대의 감소가 되어 지주에 의해, 일부는 제조품값 상승이 되어 지주이든 그 밖의 누구이든 부유한 소비자에 의해, 더욱이 항상 상당한 추가 부담과 함께 지불된다.

이를테면 거친 모직물처럼, 진정한 생활필수품으로서 빈민의 소비를 위한 제조품값 상승은, 그들의 임금에 대한 그 이상의 인상에 의해 빈민에게 보상될 것이다. 중류 및 상류 신분의 사람들은 자신들의 이해관계를 이해한다면, 노동임금에 대한 모든 직접세에 대해서는 물론이고, 생활필수품에 대한 모든 세금에 대해 항상 반대해야 한다. 어느 쪽이든 모두 그 최종적인 지불은 그들 자신에게, 게다가 항상 상당한 추가 부담과 함께 돌아온다. 그것은 지주에게 가장 무겁게 부과되는데, 지주는 항상 이중 자격으로, 즉 지주의 자격으로는 지대 저하에 의해, 부유한 소비자의 자격으로는 지출 증대에 의해 지불하게 된다.

매슈 데커 경*[100]이, 어떤 세금은 어떤 재화값 속에 때로는 4, 5회나 반복되고 누적된다고 한 것은, 생활필수품에 대한 세금에 대해서는 완전히 옳은 말이다. 이를테면, 무두질한 가죽값에서는, 여러분은 여러분 자신의 구두의 무두질한 가죽에 대한 세금뿐만 아니라, 제화공과 가죽가공 기술자의 구두에 대한 세금의 일부도 지불하지 않으면 안 된다. 게다가 여러분은, 그런 노동자가 여러분을 위해 일하는 동안 소비하는 소금과 비누와 양초에 대한 세금도, 그런 노동자를 위해 일하는 제염이나 비누·양초 제조공이 소비하는 가죽에 대한 세금까지 지불해야 하는 것이다.

그레이트브리튼에서는 생활필수품에 대한 중요한 세금은 방금 말한 네 가지 상품, 즉 소금·가죽·비누·양초에 대한 세금이다.

소금은 매우 오래 전부터 내려온 매우 보편적인 과세 대상이다. 그것은 로마인들에게 과세되고 있었으며, 내가 믿는 바로는 현재 유럽의 모든 지방에서 그러하다. 개인이 해마다 소비하는 양은 매우 적으며, 또 매우 조금씩 구매할 수 있기 때문에, 그것에 대한 매우 무거운 세금도 그다지 부담스럽게 느껴지지 않을 거라고 생각했던 것 같다. 잉글랜드에서는 소금은 1부셸에 3실링 4펜스, 즉 그 상품 원가의 약 3배나 되는 세금이 부과되고 있다. 다른 몇몇 나라에서는 그보다 더 높다. 가죽은 진정한 생활필수품이다. 마직물의 사용으로 비누

＊100 [Matthew Decker], *An essay on the causes of the decline of the foreign trade, consequently of the value of the lands of Britain, and on the means to restore both*, Edinburgh, 1756(ASL 486), pp. 36~37.

는 생활필수품이 되었다. 겨울에 밤이 긴 나라에서는 양초는 없어서는 안 되는 직업 용구이다. 가죽과 비누는 그레이트브리튼에서는 1파운드당 1페니 반, 양초는 1페니 과세되고 있고, 이런 세금은 가죽의 원가에 대해서는 약 8내지 10퍼센트, 비누의 원가에 대해서는 20내지 25퍼센트, 양초의 원가에 대해서는 14내지 15퍼센트가 된다. 이런 세금은 소금에 대한 세금보다는 가볍지만, 그래도 매우 무거운 세금이다. 위의 네 상품은 모두 진정한 생활필수품이므로, 그것에 대한 그런 무거운 세금은 착실하고 부지런한 빈민의 지출을 약간 증가시키지 않을 수 없고, 따라서 그들의 노동임금을 다소나마 인상하지 않을 수 없다.

그레이트브리튼처럼 겨울에 몹시 추운 나라에서는, 그 계절 동안 연료는 음식을 조리하기 위해서뿐만 아니라, 실내에서 일하는 다양한 종류의 노동자의 쾌적한 생활을 위해서도, 그 말의 가장 엄밀한 의미에서 생활필수품이며, 또 석탄은 모든 연료 가운데 가장 싸다. 연료값은 노동값에 매우 중대한 영향을 미치므로, 그레이트브리튼 전체에서 제조업은 주로 석탄이 산출되는 지방*[101]에 한정되어 왔다. 이 나라의 다른 지방은 그 필수품값이 비싸, 그만큼 싼 비용으로 일을 할 수 없기 때문이다. 뿐만 아니라 유리·철, 그 밖의 모든 금속의 제조업 같은 몇몇 제조업에서도 석탄은 필요한 직업 용구이다. 만일 장려금이 합리적인 경우가 있다면, 석탄이 풍부한 지방에서 부족한 지방으로 석탄을 수송하는 데 그것이 주어지는 경우가 그럴 것이다. 그런데 입법부는 장려금이 아니라 연안 항로*[102]로 수송되는 석탄 1톤당 3실링 3펜스의 세금을 부과해 왔고, 이것은 대부분의 석탄 종류에 대해 탄광에서의 원가의 60퍼센트가 넘는다. 육로 또는 내륙 항로*[103]로 수송되는 석탄에는 세금이 없다. 석탄이 본디 값이 싼 곳에서는 세금 없이 소비되고, 본디 비싼 곳에서는 무거운 세금을 물고 있는 것이다.

그런 세금은 생활 자료의 값을 인상시키고, 그 결과 노동임금을 상승시키지만, 다른 방법으로는 쉽게 얻을 수 없는 큰 수입을 정부에 제공하고 있다. 따라서 그런 세금은 존속시킬 만한 충분한 이유가 있다고 생각된다. 곡물의 수

---

*101 지방(countries)은 제6판에서는 '주(counties)'.
*102 연안 항로(coastways)는 뉴캐슬에서 런던으로의 해로 수송을 가리킨다.
*103 내륙 항로(inland navigation)는 주로 운하에 의한 것.

출장려금은 경작의 실제 상태에서는 그 필수품값을 높이는 경향이 있는 한, 똑같이 모든 나쁜 효과를 낳을 뿐 아니라, 정부에 있어서는 어떤 수입을 제공하기는커녕 때때로 매우 큰 지출을 초래한다. 외국산 곡물의 수입에 대한 높은 관세는 일반적인 풍년에는 수입금지나 마찬가지로 작용하고, 현재는 물량이 부족해서 아일랜드와 브리튼 식민 농장에 대해서는 일시 정지되어 있기는 하지만, 살아 있는 가축 또는 소금절인 식품의 절대적인 수입금지는 통상적인 법률 상태에서 시행되고 있다. 이렇게 생활필수품에 대한 세금의 나쁜 효과를 다 갖추고 있고, 정부에도 아무런 수입을 가져다 주지 않는 규제를 폐지하는 데는, 규제를 낳는 원인이 된 체제*104 자체가 무익하다는 것을 공공사회에 납득시키는 것 외에는 아무것도 필요하지 않을 것이다.

생활필수품에 대한 세금은 그레이트브리튼보다도 다른 여러 나라들이 훨씬 높다. 제분소에서 가는 밀가루와 탄 보리, 가마에서 구운 빵에 대한 세금은, 대부분의 나라에서 시행되고 있다. 네덜란드에서는 도시에서 소비되는 빵의 화폐가격은, 그런 세금에 의해 2배가 되는 것으로 생각된다. 그 세금의 일부 대신, 농촌에 사는 사람들은, 그들이 소비하는 것으로 생각되는 빵의 종류에 따라, 해마다 한 사람당 얼마씩 지불하고 있다. 밀로 만든 빵을 소비하는 사람들은 3굴덴 15스타이버, 즉 약 6실링 9펜스 반을 지불한다. 이 세금과, 같은 종류의 다른 몇몇 세금이 노동가격을 상승시킴으로써, 네덜란드의 제조업을 대부분 파멸시켜 버렸다고 한다.*105 그만한 무거운 세금은 아니지만, 비슷한 세금이 밀라노 공국·제노바의 각주·모데나 공국·파르마·피아첸차·구아스탈라의 여러 공국*106에서, 그리고 교황령에서도 시행되고 있다. 어느 정도 이름이 알려진 프랑스의 한 저자*107는, 자기나라의 재정을 개혁하기 위해 다른 세금의 대부분을 중지하고, 모든 세금 가운데 가장 파괴적인 이 세금으로 대체하자고 제안했다. 아무리 어리석은 일도 언젠가 반드시 학자들 가운데 누군

---

*104 체제(system)라고 여기서 말한 것은 중상주의(mercantile system)를 뜻한다.

*105 Memoires concernant les Droits, &c. p. 210, 211. (스미스 본인의 주)

*106 밀라노 공국에서 구아스탈라까지 모두 이탈리아 반도 북쪽에 있는 소국으로, 스미스가 Placentia라고 쓴 것은, Piacenza를 가리키는 것으로 추정된다. 비교적 알려져 있지 않은 피아첸차는 밀라노 남쪽 약 50킬로미터, 구아스탈라는 모데나 북서쪽 약 40킬로미터.

*107 Le Reformateur. (스미스 본인의 주)

가가 주장하는 법이라고 키케로는 말했다.*[108]

식육에 부과하는 세금은 빵에 부과하는 세금보다 더 일반적이다. 사실 식육이 어디서나 생활필수품인지 어떤지는 의심스럽다. 곡류나 다른 채소류에 우유·치즈·버터, 또는 버터가 없는 곳에서는 기름을 보충하면, 식육이 전혀 없어도 가장 풍요롭고, 가장 건강하며, 가장 영양이 풍부하고, 가장 기운을 돋우는 음식이 될 수 있다는 것은 경험상 잘 알려져 있다. 예의상 모든 사람이 대부분의 장소에서 아마셔츠를 입고 가죽구두를 신을 필요가 있는 것처럼, 모든 사람이 고기를 먹어야 하는 곳은 아무 데도 없다.

소비재는 필수품이든 사치품이든, 두 가지 방법으로 과세될 수 있다. 어떤 종류의 재화를 사용하거나 소비하고 있다는 이유에서 소비자가 해마다 어떤 금액을 지불할 수도 있고, 재화가 아직 소비자에게 넘어가기 전에 취급업자의 손에 있을 때 과세될 수도 있다. 모두 소비할 때까지 상당한 시간이 걸리는 소비재에는 전자의 방법으로 과세되는 것이 가장 적절하고, 그 자리에서, 또는 비교적 빨리 소비되는 재화에는 후자의 방법으로 과세되는 것이 가장 적절하다. 사륜마차와 금은식기에 부과되는 세금은 전자의 예이고, 소비세와 관세 같은 다른 세금의 대부분은 후자의 예이다.

사륜마차는 관리를 잘하면 10년 내지 12년은 쓸 수 있다. 그것에는 마차 제작자의 손에서 떠나기 전에, 한 번에 모든 세금을 부과할 수도 있을 것이다. 그러나 사는 사람으로서는, 사륜마차를 가지고 있다는 특권에 대해 1년에 4파운드씩 지불하는 것이, 마차 제작자에게 40내지 48파운드의 추가 가격을, 즉 그 마차를 사용하는 동안 세금으로 지불해야 하는 것에 상당하는 금액을 한꺼번에 지불하는 것보다 확실히 편리할 것이다. 금은식기 한 벌은 1세기 이상 쓸 수 있다. 소비자에게는 금은식기 100온스당 5실링, 즉 그 가치의 약 1퍼센트를 해마다 지불하는 것이, 이 장기 연부(年賦 : 해마다 얼마씩 나누어 갚는 것)를, 적어도 25내지 30퍼센트 추가한 값으로, 25년 내지 30년 구매의 대가로 상각(償却 : 봄상하여 갚아 줌)화는 것보다 편리한 것은 확실하다. 가옥에 부과되는 여러 가지 세금도, 해마다 적절한 금액을 지불하는 쪽이, 신축 또는 매각할 때 같은 가치의 무거운 세금을 한 번에 지불하는 것보다 편리한 것도 사실이다.

---

* 108 Cicero, De divinatione, ii, 58.

모든 상품은 그 자리에서, 또는 매우 빨리 소비되는 것이라도, 취급업자가 선불하는 것이 아니라 소비자가 일정한 재화의 소비허가증과 교환하여, 해마다 일정액을 지불하는 방법으로 과세해야 한다는 것이 매슈 데커 경의 유명한 제안이었다.*[109] 그의 계획의 목적은, 외국무역의 여러 부문의 모두, 특히 중계무역을 추진하기 위해, 수출입에 대한 모든 세금을 없애고, 그로 인해 상인이 자신의 자본과 신용의 일부라도 세금의 선불에 충당하는 일 없이, 그 양쪽을 모두 재화의 구입과 선박의 운임에 충당할 수 있게 하는 것이었다.

그러나 그 자리에서, 또는 금방 소비되는 재화에 이 방법으로 과세하는 기획은, 다음의 매우 중요한 네 가지 반대론을 피할 수 없는 것으로 생각된다.

첫째로, 이 세금은 지금보다 더 불공평해질 것이다. 통상적인 과세 방식처럼, 다양한 납세자의 지출과 소비에 잘 비례하지는 않을 것이기 때문이다. 에일·포도주·증류주에 대한 세금은 취급업자에 의해 선불되지만, 최종적으로는 다양한 소비자에 의해 각각의 소비에 정확하게 비례하여 지불된다. 그런데 만일 이 세금이 그런 주류를 마시기 위한 허가증을 구입하는 방법으로 지불된다면, 견실한 사람은 그 소비에 비해, 술을 많이 마시는 사람보다 훨씬 무거운 세금이 부과될 것이다. 한편, 많은 손님을 후하게 대접한 가족은 그보다 소수의 손님밖에 대접하지 않은 가족보다 훨씬 가볍게 과세될 것이다.

둘째로, 일정한 재화의 소비허가증에 대해 1년마다, 반년마다, 또는 4반기마다 지불하는 이 과세 방식은, 바로 소비되는 재화에 대한 세금의 중요한 이점의 하나인, 조금씩 지불할 수 있는 편의를 크게 약화시킬 것이다. 현재 포터 한 잔에 지불되는 3펜스 반의 값 가운데, 맥아·홉·맥주에 대한 다양한 세금에, 양조가(釀造家)가 세금을 선납한 대신 부과해 오는 특별 이윤을 덧붙이면 아마 1페니 반이 될 것이다. 만일 어떤 노동자가 이 1페니 반을 염출할 수 있다면, 그는 포터 한 잔을 살 것이다. 만일 그것이 불가능하면, 그는 1파인트로 만족하고, 1페니의 절약은 1페니의 이득이라는 말이 있듯이, 그는 자신의 절제로 1파딩을 벌게 된다*[110] 그는 세금을 납부할 수 있을 때, 납부할 수 있는 만

*109 데커, 앞의 책, 90쪽.
*110 이 부분의 스미스의 계산은 잘 이해할 수가 없다. 1파인트는 약 0.55리터이고, 포터 한 잔

큼, 조금씩 납부하는 것이고, 그 납부 행위는 전적으로 자발적이며, 납부하고 싶지 않으면 납부하지 않아도 된다.

셋째로, 그런 세금은 사치금지법으로서의 작용도 감소시킬 것이다. 만일 허가증을 일단 구입하고 나면, 구입자가 많이 마시든, 적게 마시든, 그의 세금은 같은 금액이 된다.

넷째로, 만일 어떤 노동자가 1년, 반년, 또는 4반기의 어느 기간에도, 자기가 마시고 있는 다양한 양의 포터에 대해, 현재 거의 또는 전혀 불편을 느끼지 않고 세금을 지불하고 있는데, 그것과 같은 금액의 세금을 각각의 기간에 한꺼번에 지불해야 한다면, 그 금액은 때때로 커다란 부담이 될지도 모른다.

따라서 이 과세 방식으로는 매우 엄격한 억압이라도 가하지 않는 한, 아무런 억압도 없이 현행 방식에서 거두고 있는 수입과 거의 같은 수입을 결코 낳을 수 없는 것이 명백하다. 그러나 몇몇 나라에서는, 그 자리에서 또는 바로 소비되는 상품이 이 방법으로 과세되고 있다. 네덜란드에서는 차를 마시기 위한 허가증에 대해 한 사람당 일정한 금액을 지불하고 있다. 나는 이미 빵에 대한 세금을 설명했는데, 농가와 농촌에서 빵이 소비되는 한, 그곳에서는 이와 같은 방법으로 과세되고 있다.

소비세는 국내소비용의 국산품에 주로 과세되며, 가장 일반적으로 쓰는 몇 종류의 재화에만 과세된다. 그런 세금이 부과되는 재화에 대해서나, 각종 재화에 부과되는 개개의 세금에 대해서는 전혀 의문이 있을 수 없다. 그것은 언제나, 소금·비누·가죽·양초에 대해 위에서 설명한 네 가지 세금과, 아마도 녹색 유리*[111]에 대한 세금을 제외하고, 대부분 오로지 내가 사치품이라고 부르는 것에 부과된다.

관세는 소비세보다 훨씬 오래 전부터 있었다. 그것이 관행이라고 불린 것은, 기억을 넘어선 무렵부터 시행되어 온 관행적인 납부를 나타내고 있는 것으로 생각된다. 그것은 본디는, 상인의 이윤에 대한 세금으로 생각되었던 것 같다. 야만적이고 봉건적인 무정부 시대에, 상인은 자치도시의 다른 모든 주민과

(a pot)과의 관계는 보통 잔과 큰 잔 정도일 것이다. 파딩은 4분의 1페니.

＊111 녹색 유리(Green glass)는 병 등을 만드는 데 쓰는 값이 싼 유리.

마찬가지로, 해방된 농노보다 그다지 나을 게 없는 존재로 생각되어, 그 인격은 경멸당하고, 그의 이득은 질시의 대상이 되었다. 대귀족층은 자신들의 차지인이 얻는 이윤에 국왕이 소작세[*112]를 부과하는 데 동의하고 있었으니, 보호한다는 것에 대한 이해관심이 훨씬 희박한 계층의 사람들도, 국왕이 소작세를 부과하는 것에 대해 이의를 제기하지 않았다. 이렇게 무지한 시대에는, 상인의 이윤이 직접적으로는 과세할 수 없는 대상이라는 것, 즉 그런 모든 세금의 최종적인 지불은 상당한 추가 부담과 함께 소비자에게 돌아오지 않을 수 없다는 것이 이해되지 않았던 것이다.

외국 상인의 이득은 잉글랜드 상인의 이득보다 비호의적인 눈길을 받고 있었다. 따라서 전자의 이득이 후자의 이득보다 무거운 세금이 부과된 것은 자연스러운 일이었다. 외국인에 대한 세금과 잉글랜드 상인에 대한 세금의 이 차별은 무지에서 비롯된 것이었으나, 독점의 정신에서, 즉 우리 자신의 상인을 국내 시장에서나 외국 시장에서나 이롭게 만들기 위해 계속되어 온 것이다.

이런 차별 속에서도, 옛날의 관세는 모든 종류의 재화, 즉 사치품이든 필수품이든, 수입품이든 수출품이든 평등하게 부과되었다. 왜 어떤 종류의 재화의 취급업자가 다른 재화의 취급업자보다 우대받아야 한단 말인가, 또는 왜 수출상인이 수입상인보다 우대받아야 한단 말인가 하고 생각했던 것 같다.

옛날의 관세는 세 부문으로 나눠져 있었다. 그 첫째, 그리고 아마 모든 관세 가운데 가장 오래된 것은 양모와 무두질한 가죽에 대한 관세였다. 그것은 주로, 또는 오로지, 수출세였던 것 같다. 잉글랜드에 모직물 제조업이 확립되었을 때, 모직물이 수출됨으로써 국왕이 양모관세를 조금이라도 손해 보지 않도록, 모직물에 대해서도 같은 세금이 부과되었다. 다른 두 가지 부문 가운데 첫째는 포도주 관세로, 이것은 1톤당 얼마라는 식으로 과세되었기 때문에 '톤세'라 불리고, 둘째는 다른 모든 재화에 대한 관세로, 상정 가치 1파운드당 얼마라는 식으로 과제되었기 때문에 '파운드세'라고 불렸다.

에드워드 3세 47년(1373)에는 개별적으로 과세된 양모·양피·가죽·포도주를 제외하고, 모든 수출입품 1파운드당 6펜스의 세금이 부과되었다. 리처드 2세 14년(1390)에 이 세금은 1파운드당 1실링으로 인상되었다가, 3년 뒤에 다시 6

---

*112 소작세(tallage)에 대해서는 앞에 나왔다. 제3편 제2장 참조.

펜스로 인하되었다. 헨리 4세 2년(1400)에는, 그것은 8펜스로 인상되었고, 같은 왕 4년(1402)에는 1실링으로 인상되었다. 이때부터 윌리엄 3세 9년(1697)까지 이 세금은 계속해서 1파운드당 1실링이었다. 톤세와 파운드세는 일반적으로 똑같은 의회법에 의해 국왕에게 바쳐졌고, '톤세 상납금' 및 '파운드세 상납금'이라고 불렸다. 파운드세 상납금은 장기간에 걸쳐 계속해서 1파운드당 1실링, 즉 5퍼센트였으므로, 관세용어에서는 이런 종류의 5퍼센트의 일반관세를 가리키게 되었다.

지금은 옛 상납금이라 불리고 있는 이 상납금은, 계속해서 찰스 2세 12년 (1671)에 제정된 세율표에 따라 징수되고 있다. 과세되는 재화가치를 관세율표에 의해 확정하는 이 방법은, 제임스 1세 시대 이전부터였다고 한다. 윌리엄 3세 9~10년(1697~1698)에 과세된 새 상납금은, 대부분의 재화에 대한 5퍼센트의 부가세였다. 그리고 3분의 1 상납금*113과 3분의 2 상납금*114이 합쳐서 또하나의 5퍼센트세가 되었고, 각각 5퍼센트세의 3분의 1 및 3분의 2였다. 1747년의 상납금은 대부분의 재화에 부과되는 제4의 5퍼센트세가 되고, 1759년의 상납금은 몇몇 특정한 종류의 재화에 대한 제5의 5퍼센트세가 되었다. 위와 같은 다섯 가지 상납금 외에, 때로는 국가의 위급을 구하기 위해, 때로는 중상주의의 여러 원리에 따라 나라의 무역을 규제하기 위해, 특정한 종류의 재화에 대해 매우 다양한 세금이 그때그때 부과되어 왔다.

이런 체계는 더욱 유행하기 시작했다. 옛 상납금은 수입과 수출에 무차별적으로 부과되었다. 그것에 이어지는 네 가지 상납금도, 그 뒤 특정한 종류의 재화에 이따금 부과된 다른 관세도, 몇 가지 예외는 있었으나 오로지 수입에 부과되었다. 국산 생산물과 제조품의 수출에 과세되었던 지금까지의 관세는 거의 경감되거나 폐지되었다. 대부분은 완전히 폐지되었다. 그런 재화 가운데 어떤 것의 수출에는 장려금이 주어지기도 했다. 뿐만 아니라 외국산 재화를 수입할 때 지불된 관세도, 그것을 수출할 때 때로는 그 전액이, 대부분은 그 일부가 되돌려 주는 세금으로서 환급되기까지 했다. 수입에 대해 옛 상납금에 의해 부과된 관세는, 수출할 때 절반밖에 환급되지 않지만, 그 뒤의 상납금과 그 밖의 수입세에 의해 부과되는 세금은, 대부분의 재화에 대해 그 전액이 마

━━━━━━━━━━━

＊113 1703년의 5퍼센트세의 3분의 1세.
＊114 1704년의 5퍼센트세의 3분의 2세.

찬가지로 환급된다. 이 증대하는 수출 우대와 수입 억제에는, 주로 몇몇 제조업의 원료에 대한 아주 약간의 예외만이 허용되었다. 우리의 상인과 제조업자는 이런 원료가 자신들에게 될 수 있는 대로 싸게 도착하고, 다른 나라의 경쟁자에게는 될 수 있는 대로 비싸게 도달하기를 원하고 있다. 또 그런 이유로, 외국산 원료가 이따금 세금 없이 수입이 허가되는 경우가 있는데, 이를테면 에스파냐의 양모·아마·거친 아마사가 그것이다.

국내산 원료와, 우리 식민지의 특산물인 원료의 수출은, 때로는 금지되고 때로는 높은 관세가 부과되었다. 잉글랜드산 양모의 수출은 금지되었다. 비버의 가죽과 털·세네갈 고무의 수출에는 높은 관세가 부과되었는데, 이것은 그레이트브리튼이 캐나다와 세네갈을 정복함으로써 그런 상품을 거의 독점하기에 이르렀기 때문이다.

중상주의가 국민 대중의 수입에 있어서, 즉 그 나라의 토지와 노동의 연간 생산물에 있어서 매우 이로운 것은 아니었다는 것은, 이 연구의 제4편에서 밝히려 한 바 있다. 그것은 주권자의 수입에 있어서도, 적어도 그 수입이 관세에 의존하는 한, 유리하지 않았던 것으로 생각된다.

그 중상주의 때문에 몇 종류의 재화는 수입이 전면 금지되고 말았다. 이 금지는 수입업자를 밀수로 내몲으로써, 그런 상품의 수입을 어떤 경우에는 전면적으로 막고, 또 어떤 경우에는 크게 감소시켰다. 그것은 외국산 모직물의 수입을 완전히 막고, 외국산 견직물과 비로드*[115]의 수입을 크게 감소시켰다. 어느 경우에도, 그것은 그런 수입에서 징수될 수 있었을 관세수입을 없애고 말았다.

많은 종류의 외국산 재화의 수입에 대해, 그레이트브리튼에서의 소비를 막기 위해 부과된 높은 세금은, 대부분의 경우 밀수의 장려에 도움이 되었을 뿐이며, 또 모든 경우에 관세수입을, 더 가벼운 세금이 제공했을 금액 이하로 감소시키고 말았다. 스위프트 박사가 관세의 산술에서는 2에 2를 더해도 4가 되지 않고, 때로는 1밖에 되지 않는다고 말한 것*[116]은, 그런 무거운 세금에 대해

＊115 비로드라고 번역한 것은 velvet 으로 표면이 파일로 되어 있는 고급 견직물. 같은 타입의 면직물은 코듀로이, 코르덴이라고 불린다.

＊116 J. Swift, *An answer to a paper called a memorial of the poor inhabitants, tradesmen and labourers of the kingdom of Ireland*, Dublin, 1728(ASL 1624 Works). 이 스위프트의 말은 흄과 케임스도 인용했

서는 전적으로 옳은 말이며, 만일 중상주의가 대부분의 경우, 관세를 수입의 수단이 아니라 독점의 수단으로 이용하는 것을 우리에게 가르쳐 주지 않았더라면, 그런 무거운 세금이 부과되는 일은 없었을 것이다.

국내의 생산물과 제조품의 수출에 대해 이따금 주어지는 장려금과, 대부분의 외국산 재화의 재수출에 대해 지불되는 되돌려 주는 세금은, 많은 사기를 조장하여, 공공수입에 대해 무엇보다 해로운 일종의 밀수를 불러일으켰다. 장려금 또는 되돌려 주는 세금을 획득하기 위해 재화를 선적하여 바다로 내보낸 뒤, 곧바로 이 나라의 어딘가 다른 곳에서 몰래 다시 육지에 내린다는 사실은 잘 알려져 있다. 대부분이 사기로 취득하는 장려금과 되돌려 주는 세금에 의해 발생하는 관세수입의 결손은 막대한 규모이다. 1755년 1월 5일에 끝난 연도의 관세 총수입은 506만 8000파운드였다. 이 수입에서 지불된 장려금은, 그해에는 곡물 수출 장려금이 없었는데도 16만 7800파운드에 이르렀다. 되돌려 주는 세금증명서와 수출허가증을 근거로 지불된 되돌려 주는 세금은 215만 5680파운드나 되었다. 수출장려금과 되돌려 주는 세금을 합치면 232만 4600파운드가 된다. 이것을 빼면, 관세수입은 274만 3400파운드밖에 되지 않고, 거기서 봉급과 기타 부대업무에 드는 관리비로서 28만 7900파운드를 빼면, 그 연도의 관세 순수입은 24만 5500파운드가 된다. 이렇게 하여 관리비는 관세 총수입의 5내지 6퍼센트가 되고, 장려금과 되돌려 주는 세금으로서 지불된 것을 뺀 나머지 수입에 대해서는 10퍼센트를 약간 웃도는 셈이 된다.

거의 모든 수입품에 무거운 세금이 부과되고 있기 때문에, 우리의 수입상은 최대한 많이 밀수입하고, 최대한 적게 신고한다. 이에 반해 우리의 수출상은 실제 수출액 이상을 신고하는데, 그것은 때로는 허영심에서, 즉 세금이 없는 재화를 다루는 대상인으로 인정받고 싶어서이기도 하고, 때로는 장려금과 되

다. 스미스는 이 책을 단행본으로 가지고 있지는 않았다. "당신에게 한 가지 비밀을 가르쳐 드리지. 그것을 나는 몇 년 전에 런던의 관세 위원들한테서 들었는데, 그들의 말로는, 어떤 재화라도 적정한 비율보다 높게 과세되면, 그 결과, 공공수입의 그 부문은 절반이 된다는 얘기였네. 그런 경우에 2 더하기 2는 4가 된다고 의회는 오해하고 있지만, 실은 무거운 세금을 부과하는 데 있어서는 2 더하기 2는 결코 1보다 많지 않으며, 그것은 수입이 감소하고, 높은 관세가 부과되는 재화의 밀수에 대한 강한 유혹이 있기 때문이라고, 그들 가운데 한 사람이 재미있다는 듯이 말하더군." (J. Swift, Irish tracts, 1728~1733. Edited by Herbert Davis, Oxford, 1964, p. 21)

돌려 주는 세금을 얻기 위해서이기도 하다. 우리의 수출은 이렇게 다양한 기만의 결과, 관세 장부상으로는 수입을 크게 초과하고 있는 것처럼 보인다. 이것은 나라의 번영을 이른바 무역차액으로 재는 정치가들에게는 더할 수 없는 즐거움이다.

모든 수입품은 특별히 면제되지 않는 한 약간의 관세가 부과되며, 그런 제외의 예는 그다지 많지 않다. 만일 관세율표에 기재되어 있지 않은 재화가 수입되는 경우에는, 수입업자의 선서에 의한 가치의 20실링마다 4실링 9펜스 20분의 9, 즉 다섯 가지의 상납금, 다시 말해 다섯 가지 파운드세에 가까운 것이 부과된다. 관세율표는 매우 포괄적이고 다종다양한 품목을 열거하고 있는데, 그 대부분은 거의 쓰이지 않으며, 따라서 잘 알려져 있지 않다. 그래서 어떤 특정한 종류의 재화를 어느 품목으로 분류해야 하는지, 따라서 그것이 세금을 얼마나 물어야 하는지, 확실하지 않은 경우가 때때로 있다. 이 점에 대한 실수가 세관 관리를 파멸시키거나, 수입업자에게는 막대한 수고와 비용과 번거로움을 불러일으키는 일이 때때로 있다. 따라서 알기 쉽고 정확하며, 구별이 명료한 점에서 관세는 소비세에 비해 훨씬 뒤떨어져 있다.

어떤 사회의 대다수의 구성원이 각자의 지출에 따라 공공수입에 이바지하기 위해, 그 지출의 개별적인 품목 모두에 과세되어야 할 필요는 없다고 생각된다. 소비세에 의해 징수되는 수입은 관세에 의해 징수되는 수입과 똑같이 공평하게 납세자에게 부과되고 있다고 생각되지만, 소비세는 가장 일반적으로 쓰이고 소비되는 소수의 품목에만 부과된다. 적절하게 운영하면, 관세도 이와 마찬가지로 소수의 품목에만 한정해도, 공공수입에 손실을 끼치지 않을 뿐만 아니라 외국무역에 매우 유리해진다는 것이 많은 사람들의 의견이다.

그레이트브리튼에서 가장 일반적으로 쓰이고 소비되는 외국 재화는, 현재로는 주로 외국산 포도주와 브랜디이고, 또 설탕·럼주·담배·코코아 열매*117 같은 아메리카 및 서인도 생산물의 일부, 차·커피·도자기, 모든 종류의 향료, 몇 종류의 직물 같은 동인도 생산물인 것으로 생각된다. 이렇게 다양한 품목이 아마 관세에서 이끌어 낼 수 있는 수입의 대부분을 제공하고 있을 것이다. 현

＊117 코코아 열매(cocoa-nuts)는 카카오 열매. 다만, 코코야자 열매와 혼동되기 때문에 이 명칭은 사용하지 않게 되었다. 상품으로서는 아마 카카오 쪽이 중요할 것이고, 이 용어법이 더 오래 되었다.

재 외국의 제조품에 부과되고 있는 세금은, 위에 열거한 것 속에 포함되는 소수 품목에 대한 세금을 제외하면, 대부분 수입이 아니라 독점을 목적으로, 즉 우리의 상인을 국내 시장에서 유리한 위치에 서게 하는 것을 목적으로 부과되어 왔다. 모든 금지를 폐지해도, 또 모든 외국산 제조품에, 각 품목마다 공공에 최대의 수입을 가져다 준다는 것이 경험상 밝혀진 적절한 세금을 부과해도, 우리의 노동자는 여전히 국내 시장에서 상당히 유리한 지위를 유지할 것이고, 대부분의 품목은, 그 중에 정부에 현재 아무런 수입도 제공하고 있지 않는 것도 있고, 매우 적은 수입만 제공하고 있는 것도 있지만, 그렇게 함으로써 매우 큰 수입을 가져다 줄 것이다.

높은 세금은 때로는 피과세 상품의 소비를 감소시킴으로써, 또 때로는 밀수를 장려함으로써, 더 적당한 세금에서 이끌어 낼 수 있는 것보다 적은 수입밖에 정부에 제공하지 않는 일이 때때로 있다.

수입 감소가 소비 감소의 결과인 경우에는, 그 해결책은 하나밖에 없다. 그 것은 세금을 낮추는 것이다.

수입 감소가 밀수장려의 결과인 경우에는, 그것은 아마 두 가지 방법으로 시정할 수 있을 것이다. 즉 밀수의 유혹을 감소시키거나, 밀수의 어려움을 증대시키는 것이다. 밀수의 유혹을 감소시키려면 세금을 경감하는 수밖에 없고, 밀수의 어려움을 증대시키려면 밀수를 방지하는 데 가장 적절한 행정제도를 마련하는 길밖에 없다.

소비세법이 관세법보다 훨씬 효과적으로 밀수업자의 활동을 방해하고 어렵게 한다는 것은 경험을 통해 명백하다고 나는 믿는다. 관세에 대해서도, 두 가지 다른 세금의 성질이 허용하는 한, 소비세의 행정제도와 비슷한 행정제도를 도입한다면, 밀수의 어려움을 크게 증대시킬 수 있을 것이다. 이런 변경이라면 매우 쉽게 실행할 수 있을 거라고, 많은 사람들은 생각해 왔다.

어떤 관세가 부과되는 상품의 수입업자는, 그 상품을 자신의 사설창고에 반입하든가, 자비나 국비로 설치하여, 세관 관리가 열쇠를 보관하면서 그 세관 관리의 입회하에서만 열 수 있도록 한 창고에 반입하든, 자유롭게 선택할 수 있도록 하면 좋을 거라는 얘기들이 있었다. 그 상인이 상품을 자신의 사설 창고에 반입하는 경우에는 세금을 바로 지불해야 하고 나중에 환불되지 않는 것으로 하며, 또 그 창고에는 재고량이 납세가 끝난 상품의 양과 얼마나 일치하는지 확인하기 위해 언제라도 세관 관리의 입회 검사를 받을 수 있게 한다.

상인이 상품을 공설 창고에 반입하는 경우에는, 상품이 국내 소비를 위해 반출될 때까지 세금을 지불하지 않아도 된다. 수출을 위해 반출되는 경우에는 무세로 한다. 단 그 상품이 반드시 수출된다는 적절한 보증이 반드시 제시되어야 한다. 그런 특정 상품의 취급업자는, 도매이든 소매이든, 언제라도 세관 관리의 입회 검사를 받을 수 있게 하고, 자신의 가게와 창고에 있는 상품의 모든 관세가 지불되었음을 적절한 증명서로 입증하지 않으면 안 된다. 수입 럼주에 대한 소비관세는 현재 이런 방법으로 징수되고 있는데, 아마 이것과 같은 행정제도가 수입품에 대한 모든 세금에 확대될 수 있을 것이다. 다만, 그 세금은 소비세와 마찬가지로 가장 널리 쓰이고 소비되고 있는 몇 종류의 재화에 한정하는 것이 그 조건이다. 만일 그 세금이 현재처럼 거의 모든 재화에 확대된다면, 거기에 충분한 크기의 공설 창고를 마련하는 것은 쉬운 일이 아니고, 상하기 쉬운 성질의 재화나 보존에 많은 배려와 주의가 필요한 재화는, 상인이 자신의 창고 이외의 어떤 창고에도 안심하고 맡길 수 없을 것이다.

만일 그런 행정제도에 의해, 매우 높은 세금에도 불구하고 밀수를 상당한 정도로 방지할 수 있다면, 또 만일 모든 세금을 국가에 가장 큰 수입을 가져다 줄 수 있는 어떤 방법으로 수시로 올리거나 내린다면, 관세는 항상 수입의 수단으로 쓰이고, 독점의 수단으로 쓰이는 일은 결코 없으므로, 적어도 현재의 관세의 순수입과 비슷한 수입을, 가장 일반적으로 쓰이고 소비되는 극소수 종류의 재화의 수입에 대한 세금으로부터 이끌어 낼 수 있으며, 따라서 관세가 소비세와 거의 비슷하게, 단순하고 확실하며 정확해지는 것은 아주 불가능한 일은 아닌 듯하다. 현재 외국산 재화를 재수출하는 것처럼 꾸미고, 나중에 다시 양륙하여 국내에서 유통시키고 있는 것에 주는 되돌려 주는 세금으로 인한 공공수입의 손실은, 이 제도하에서는 완전히 피할 수 있을 것이다. 이 절약만으로도 매우 크지만, 그것과 아울러 국내 생산물의 수출에 대한 장려금, 즉 실제로는 선불된 어떤 소비세의 되돌려 주는 세금이 아닌 모든 경우의 장려금을 폐지한다면, 관세의 순수입이 이런 종류의 개정 뒤에도, 그 이전의 순수입에 충분히 필적하리라는 것은 의심할 여지없는 사실이다.

그런 제도의 변경에도 공수입이 아무런 손실도 입지 않는다면, 이 나라의 무역과 제조업이 매우 큰 이익을 얻을 것은 확실하다. 압도적인 다수를 차지하는 비과세 상품의 무역은 완전히 자유로워질 것이고, 세계의 모든 지방과 될 수 있는 대로 유리하게 영위할 수 있을 것이다. 그런 상품에는 모든 생활필수품과 제조업의 모든 원료가 포함된다.

생활필수품의 자유로운 수입이 국내 시장에서 그 평균가격을 내리면 노동의 화폐가격도 내리겠지만, 어떤 점에서도 그 실질적인 보상을 내리지는 않을 것이다. 화폐가치는 화폐가 구매할 수 있는 생활필수품의 양에 비례한다. 생활필수품의 가치는 그것을 대신하여 얻을 수 있는 화폐의 양과는 아무런 관계가 없다. 노동의 화폐가격의 저하는, 반드시 그것에 비례하여 모든 국산 제조품값의 저하를 가져오고, 그로 인해 국산 제조품은 모든 외국 시장에서 조금 유리해질 것이다. 몇몇 제조품값은 원료의 자유수입에 의해 더 큰 비율로 떨어질 것이다. 생사(生絲)를 중국이나 인도스탄에서 무세로 수입할 수 있으면, 잉글랜드의 견직물 제조업자는 프랑스·이탈리아 양쪽의 제조업자보다 크게 싼 값으로 팔 수 있다. 따라서 외국산 견직물과 비로드의 수입을 금지할 필요는 사라질 것이다.

우리 노동자의 재화가 싼 것은, 그들에게 국내 시장의 장악뿐만 아니라 외국 시장의 대대적인 지배도 보장할 것이다. 과세되는 상품의 무역까지, 현재보다 훨씬 유리하게 영위될 수 있다. 그런 상품이 외국 수출을 위해 공설 창고에서 반출된다 하더라도, 이 경우에는 모든 세금이 면제되므로, 그 무역은 완전히 자유로워질 것이다. 모든 종류의 재화의 중계무역은, 이 제도하에서는 최대한 큰 이익을 누릴 수 있다. 그런 상품이 국내 소비를 위해 반출된다 해도, 수입업자는 자신의 재화를, 취급업자가 소비자에게 팔 기회가 올 때까지 세금을 선불하지 않아도 되므로, 수입하자마자 세금을 선불해야 하는 경우보다 항상 싸게 팔 수 있다. 이렇게 하여, 같은 금액의 세금이 부과된다 해도 소비용의 외국무역은 과세되는 상품에 대해서도 현재보다 훨씬 유리하게 영위될 것이다.

로버트 월폴 경*[118]의 유명한 소비세 계획의 목적은, 포도주와 담배에 대해, 여기서 제안하고 있는 것과 그리 다르지 않은 제도를 만드는 것이었다. 그때 의회에 제출된 법안에는 이 두 가지 상품밖에 포함되어 있지 않았지만, 그 법

---

*118 로버트 월폴 경(Sir Robert Walpole, Earl of Orford, 1676~1745)은 영국의 정치가·수상. 소비세 계획이 좌절된 것은 1733년.

안은 그것과 같은 종류의 더 광범한 계획의 시작을 뜻하는 것으로 일반적으로 인식되었다. 밀수상인의 이해와 결부된 당파가, 그 법안에 매우 부당하지만 매우 맹렬한 반대의 목소리를 내자, 월폴 경도 법안을 철회하는 것이 좋겠다고 생각했고, 이와 같은 종류의 소동이 일어나는 것을 우려한 그의 후계자들도 다시는 그 계획을 감히 거론하지 않았다.

국내소비용으로 수입되는 외국산 사치품에 대한 세금은 때로는 빈민의 부담으로 돌아오지만, 주로 중류 또는 중류 이상의 재산을 가진 사람들에게 부과된다. 이를테면 외국산 포도주·커피·초콜릿·차·설탕 등에 대한 세금이 그 것이다.

국내소비용 국산품의 그보다 값이 싼 사치품에 대한 세금은, 모든 신분의 사람들에게 각자의 지출에 비례하여 상당히 평등하게 부과된다. 빈민은 맥아·홉·맥주·에일에 대한 세금을 자신들의 소비에 비례하여 지불하고, 부자는 자신들의 소비와 하인의 소비 양쪽에 대해 지불한다.

하급의 여러 신분, 즉 중류 신분보다 아래인 사람들의 모든 소비는, 어떤 나라에서도 중류 신분 및 중류 신분 이상인 사람들의 소비보다, 양뿐만 아니라 가치상으로도 훨씬 크다는 점에 주의하지 않으면 안 된다. 하급 신분의 지출 전체는 상류 신분의 지출 전체보다 훨씬 크다. 첫째로, 모든 나라의 자본은, 거의 모두 해마다 하급 신분의 사람들 사이에 생산적 노동의 임금으로서 분배된다. 둘째로, 토지지대와 자산이윤 양쪽에서 생기는 수입의 큰 부분은, 일반 하인이나 그 밖의 비생산적 노동자의 임금 또는 생활유지비로서 해마다 같은 신분 사이에 분배된다. 셋째로, 자산이윤 가운데 어떤 부분은, 이런 같은 신분의 사람들의 소자본의 사용에서 생기는 수입으로서, 그 신분의 소유가 된다.

소상점주·소상인, 모든 종류의 소매업자가 해마다 올리는 이윤의 금액은 어디서나 매우 크며, 연간 생산물의 매우 큰 부분을 차지하고 있다. 마지막으로, 토지지대조차 어떤 부분은 이와 같은 신분의 것이 된다. 지대의 상당한 부분은 중류 신분보다 조금 아래인 사람들의 것이 되고, 소부분은 최저 신분의 사람들의 것도 되는데, 그것은 일반노동자도 간혹 1에이커나 2에이커의 토지를 재산으로 소유하고 있기 때문이다. 따라서 그런 하급 신분의 사람들의 지출은, 그들을 개별적으로 따져보면 매우 작지만, 그 전체를 합치면 항상 그 사회의 지출 총액의 가장 큰 부분을 차지한다.

그 나라의 토지와 노동의 연간 생산물 가운데, 상류 신분의 소비용으로 남는 부분은, 양뿐만 아니라 가치에 있어서도 항상 이보다 훨씬 적다. 따라서 지출에 대한 세금 가운데, 주로 상류 신분의 지출, 즉 연간 생산물 가운데, 더 작은 부분에 부과되는 세금은, 모든 신분의 지출에 무차별적으로 부과되는 세금에 비해서도, 또 주로 하급 신분의 지출에 부과되는 세금에 비해서도, 다시 말해, 연간 생산물 전체에 무차별적으로 부과되는 것에 비교하거나, 주로 그보다 큰 부분에 부과되는 것에 비교해도, 훨씬 세수액이 적을 것이다.

국산 발효주나 증류주의 원료와 제품에 대한 소비세가, 지출에 대한 모든 다양한 세금 가운데 월등하게 많은 세수를 올리고 있는 것은 그 때문이다. 소비세의 이 부문은 매우 많은데 주로 일반 민중의 지출에 부과되는 것이다. 1775년 7월 5일에 끝난 연도에, 이 부문의 소비세의 총수입은 334만 1837파운드 9실링 9펜스*[119]에 이르렀다.

그러나 잊지 말아야 할 것은, 어쨌든 과세되어야 하는 것은, 하급 신분의 사람들의 사치적인 지출이지 필요한 지출은 아니라는 점이다. 그들에게 필요한 지출에 대한 세금은, 어떤 것이든 그 최종적인 지불은 모두 상류층 사람들에게, 즉, 연간 생산물 가운데 더 큰 부분이 아니라 더 작은 부분에 돌아올 것이다. 그런 세금은 모든 경우에, 노동임금을 올리거나 노동에 대한 수요를 감소시킬 것이 틀림없다. 그것이 노동임금을 올리는 경우에는, 반드시 그 세금의 최종적인 지불은 상류층 사람들에게 돌아온다. 그것이 노동에 대한 수요를 감소시키는 경우에는, 그 나라의 토지와 노동의 연간 생산물, 즉 최종적으로 모든 세금을 충당해야 하는 원자를 감소시킨다. 이런 종류의 세금이 노동에 대한 수요를 얼마나 감소시키든, 그것은 항상 임금을 그 상태에서 그렇지 않은 경우보다 올리지 않을 수 없을 것이고, 이 자금 상승의 최종적인 지불은 모든 경우에 반드시 상류층 사람들에게 돌아온다.

판매하기 위해서가 아니라 자가소용으로 양조되는 발효주*[120]와 증류되

---

*119 초판에서는 331만 4223파운드 18실링 10펜스 4분의 3.

*120 '양조되는 발효주(fermented liquors brewed)…'라는 것은 이상한 번역이지만, 발효주가 맥주일 수도 포도주일 수도 있지만, 양조는 맥주밖에 해당되지 않기 때문에, 뒤에 나오는 양조장에서는 맥주밖에 만들지 않는다.

는 술에는 소비세가 전혀 부과되지 않는다. 개인의 가족을 수세(收稅) 관리의 불쾌한 입회 검사에서 제외시키는*121 것을 목적으로 하는 이 면세 때문에, 부자가 빈민보다 소비세 부담이 훨씬 가벼운 일이 때때로 일어난다. 자가소비용으로 증류주를 만드는 일이 이따금 있는 것은 분명하지만 그리 흔한 일은 아니다. 그러나 농촌에서는 많은 중류 가족이나 거의 모든 부유한 명문이 자가소비용으로 맥주를 양조하고 있다. 그 때문에 그들의 강한 맥주는 그들에게 있어서, 일반 양조업자보다 한 통에 8실링 싸게 든다. 일반 양조업자는 자신이 선불한 다른 모든 비용에 대해서는 물론이고, 세금에 대해서도 이윤을 얻지 않으면 안 되기 때문이다. 따라서 그런 가족은 자가제 맥주를 일반 민중이 마실 수 있는 동질의 맥주보다 한 통에 적어도 9내지 10실링은 싸게 마시고 있는 것이 틀림없다.

일반 민중에게는 어디든 양조장이나 선술집에서 맥주를 조금씩 사 먹는 것이 편리하다. 마찬가지로 자가소비용으로 만들어진 맥아도 수세 관리의 입회 검사를 받지 않아도 되는데, 이 경우에는 그 가족은 한 사람당 7실링 6펜스를 세금 대신 납부하지 않으면 안 된다. 7실링 6펜스는 맥아 10부셀에 부과되는 소비세와 같고, 그 양은 검소한 가족의 모든 구성원, 즉 남자·여자·어린이가 평균적으로 소비하는 것으로 생각되는 양에 부족함이 없는 양이다. 그런데 시골식 접대가 자주 있는 부유한 명문에서는, 가족 구성원이 소비하는 맥아주(malt liguor)*122는 그 집의 소비량의 작은 부분밖에 차지하지 않는다. 그러나 이 대납금 때문인지, 아니면 다른 이유 때문인지, 자가소비용으로 양조 또는 증류하는 사람들이 왜 같은 종류의 대납금을 납부하지 않아도 되는지, 뭔가 공정한 이유를 생각해내는 것은 쉬운 일이 아니다.

맥아·맥주·에일에 대한 현재의 무거운 세금에서 올리고 있는 것보다 큰 공공수입을, 맥아에 대한 훨씬 가벼운 세금으로 조달할 수 있을 거라는 논의가 때때로 있었다. 공공수입을 속일 기회는 양조장 쪽이 맥아 제조소보다 훨씬

---

*121 '에서 제외시키는'은 초판에서는 '를 받지 않는'.

*122 맥아주(malt liquor)는 맥아의 발효에 의해 만들어지는 맥주·에일·포터·스타우트 등. 맥아에 의한 증류주는 뒤에 강한 맥아주(malt spirits)로 나오는데, 이것은 간단하게 만드는 위스키로, 당시에는 거의 하이랜드의 자가소비용으로 한정되어 있었다. 맥아세는 발효주와 증류주 양쪽과 관련이 있지만, 후자는 완전히 자가소비용이었기 때문에, 과세의 충격이 커서 밀조를 조장하는 결과가 되었다.

많고, 또 자가소비용으로 양조하는 사람들은 모든 세금과 세금 대납금이 면제되는데도, 자가소비용으로 맥아를 만드는 사람들은 그렇지 않기 때문이라는 것이다.

런던의 포터 제조소에서는 보통 1쿼터의 맥아에서 2통 반 이상, 때로는 세 통의 포터가 양조되고 있다. 맥아에 대한 갖가지 세금은 1쿼터에 6실링이고, 강한 맥주와 에일에 대한 여러 가지 세금은 한 통에 8실링이다. 따라서 포터 양조장에서는 맥아·맥주·에일에 대한 갖가지 세금은 맥아 1쿼터에서 나오는 생산물에 대해 26내지 30실링이 된다. 지방에서 주로 판매하는 지방 양조장에서는 1쿼터의 맥아에서 강한 맥주 2통과 약한 맥주 1통 이하밖에 나오지 않는 경우는 거의 없고, 강한 맥주는 2통 반이나 나오는 일이 때때로 있다. 약한 맥주에 대한 갖가지 세금은 한 통에 1실링 4펜스가 된다.

따라서 지방 양조장에서는 맥아·맥주·에일에 대한 갖가지 세금이 1쿼터의 맥아에서 나오는 생산물에 대해 23실링 4펜스 이하인 경우는 좀처럼 없고, 때때로 26실링이 되기도 한다. 따라서 왕국 전체의 평균을 내면 맥아·맥주·에일에 대한 세금의 총액이, 1쿼터의 맥아 생산물에 대해 24내지 25실링 이하로 계산되는 일은 없다. 그러나 맥주와 에일에 대한 다양한 세금을 모두 폐지하고 맥아세를 세 배로 올리면, 즉 맥아 1쿼터에 대한 세금을 6실링에서 18실링으로 올리면, 그 단 하나의 세금만으로도, 현재 그것보다 무거운 모든 세금에서 얻고 있는 것보다 큰 수입을 올릴 수 있을 거라고 한다.

확실히, 옛 맥아세에는 사과주 큰 통에 대한 4실링의 세금과, 맘주*[123] 한 통에 대한 10실링의 또 하나의 세금이 포함되어 있다. 1774년에는 사과주에 대한 세금은 불과 3083파운드 6실링 8펜스밖에 되지 않았다. 그것은 아마 통상의 금액보다 약간 적었을 것이다. 사과주에 대한 여러 가지 세금은, 그해에는 모두 예년보다 적었기 때문이다. 맘주에 대한 세금은 이것보다 훨씬 무겁지만 그 음료 소비가 더 적기 때문에 거기서 올리는 수입은 훨씬 적다.

그러나 그런 두 가지 세금의 통상적인 수입액이 어느 정도이든, 그것과 균형이 맞도록, 이른바 지방소비세 속에 다음의 것이 포함되어 있다. 첫째로 사과

---

*123 맘주(mum)는 브라운슈바이크(독일) 원산의 맥주로, 17, 8세기에 영국에 수입되었다. 15세기에 크리스티안 뭄메(Christian Mumme)라는 사람이 만들었다고 한다. 스미스는 단순히 mum으로 했지만 mum-beer라고도 쓴다.

		파운드	실링	펜스
1772년	옛 맥아세수(税收)	722,023	11	11
	부가세수	356,776	7	$9\frac{3}{4}$
1773년	옛 맥아세수	561,627	3	$7\frac{1}{2}$
	부가세수	278,650	15	$3\frac{3}{4}$
1774년	옛 맥아세수	624,614	17	$5\frac{3}{4}$
	부가세수	310,745	2	$8\frac{1}{2}$
1775년	옛 맥아세수	657,357	—	$8\frac{1}{4}$
	부가세수	323,785	12	$6\frac{1}{4}$
	[합계]	3,835,580	12	$-\frac{3}{4}$
	이상 4개년의 평균	958,895	3	$-\frac{3}{16}$
1772년	지방소비세	1,243,128	5	3
	런던 양조장	408,260	7	$2\frac{3}{4}$
1773년	지방소비세	1,245,808	3	3
	런던 양조장	405,406	17	$10\frac{1}{2}$
1774년	지방소비세	1,246,373	14	$5\frac{1}{2}$
	런던 양조장	320,601	18	$-\frac{1}{4}$
1775년	지방소비세	1,214,583	6	1
	런던 양조장	463,670	7	$-\frac{1}{4}$
	[합계]	6,547,832	19	$2\frac{1}{4}$
	이상 4개년의 평균	1,636,958	4	$9\frac{1}{2}$
	맥아세의 평균	958,895	3	$-\frac{3}{16}$
	이상 모든 세금의 총액	2,595,853	7	$9\frac{11}{16}$

그러나 맥아세를 세 배로 하면, 즉 맥아 1쿼터당 6실링을 18실링으로 인상하면, 이 한 가지 세금만의 수입 전망은

2,876,685	9	$-\frac{9}{16}$

앞의 것을 초과하는 금액

280,832	1	$2\frac{14}{16}$

주 큰 통 하나에 대해 6실링 8펜스의 옛 소비세, 둘째로 산미과즙*124 큰 통 하나에 6실링 8펜스의 옛 소비세, 셋째로 식초 큰 통 하나에 8실링 9펜스의 또 하나의 세금, 그리고 마지막으로 벌꿀주*125 1갤런에 대한 11펜스의 넷째 세금이다. 그 다양한 세금에서 올리는 수입은, 아마 이른바 '사과주와 맘주에 대한 연간 맥아세'에 의해 부과되는 여러 세금에서 올리는 수입에 균형을 맞추고도 훨씬 남았을 것이다.

맥아는 맥주와 에일의 양조장뿐만 아니라, 로 와인*126이나 증류주의 제조에도 소비된다. 만일 맥아세가 1쿼터에 18실링으로 인상된다면, 맥아를 원료로 하는 특정한 종류의 로 와인과 증류주에 부과하고 있는 다양한 소비세를 조금 경감할 필요가 있을 것이다. 이른바 강한 맥아주(malt spirits)에서는 맥아는 통상 원료의 3분의 1에 지나지 않고, 나머지 3분의 2는 생보리 아니면 보리 3분의 1과 밀 3분의 1이다. 강한 맥아주의 증류소에서는 밀조의 기회와 유혹이, 양조장이나 맥아 제조소의 어느 곳보다도 훨씬 많다. 기회가 많은 것은 상품의 부피가 비교적 작은 데 비해 가치가 비교적 크기 때문이고, 유혹이 많은 것은 증류주 1갤런당 3실링 10펜스 3분의 2*127나 되는 매우 높은 세금 때문이다.*128 맥아세를 늘리고 증류소에 대한 세금을 줄이면 밀조의 기회와 유혹도 줄어들고, 따라서 공공수입은 더욱 증가할 것이다.

증류주에는 일반 민중의 건강을 해치고 도덕을 부패시키는 경향이 있다는 생각을 바탕으로 그 소비를 억제하는 것이 얼마 전부터 그레이트브리튼의 정책이었다. 이 정책에 의하면, 증류소에 대한 세금 경감은, 그것으로 인해 그 음료값이 조금이라도 내려갈 정도로 큰 폭이어서는 안 된다. 증류주는 종전대로 높은 값으로 해 놓고, 한편으로 그것과 동시에, 맥주와 에일이라는 건강에 좋

---

* 124 산미과즙(verjuice)은 식초로 사용한 신맛이 강한 과즙으로, 덜 익은 포도와 사과 등으로 만들었다.
* 125 벌꿀주(mead or metheglin)는 벌꿀과 물로 만드는 발효주. 미드는 콘월의, 미세글린은 웨일즈의 특산. 차이는 후자가 맥아의 무른 성질을 사용하는 것.
* 126 로 와인(low wines)은 증류의 첫 번째 단계에서 나오는 술. 복수형으로 하는 것이 통례.
* 127 초판과 제2판에서는 2실링 6펜스.
* 128 표준강도의 증류주에 직접 부과되는 세금은 1갤런당 2실링 6펜스에 지나지 않지만, 그것이 증류되는 재료인 로 와인에 부과되는 세금을 더하면 3실링 10펜스 3분의 2에 이른다. 로 와인도 표준강도의 증류주도, 현재는 사기를 방지하기 위해 발효 맥아즙으로 계산하여 과세된다. (이 주는 제3판의 추가, 스미스 본인의 주)

고 활력을 주는 음료값은 상당히 내려도 무방할 것이다.*129 그리하여 현재 민중이 가장 불만을 가지고 있는 부담의 하나는 조금 줄어들고, 동시에 공공수입은 상당히 증대할 것이다.

현행 소비세 제도의 이 변경에 대한 대버넌트 박사의 반대론*130은 근거가 없는 것처럼 생각된다. 그 반대론은, 이 세금이 현재처럼 맥아 제조업자·양조업자·소매상인의 각각의 이윤에 상당히 평등하게 분할되는 것이 아니라, 이윤에 영향을 주는 한에서는, 모두 맥아 제조업자의 이윤에 부과될 것이고, 또 맥아 제조업자가 자신의 맥아값을 인상하여 세금을 회수하고자 해도, 양조업자와 소매상인이니 자신들의 음료값을 인상하여 세금을 회수하는 것처럼 쉽지는 않을 것이며, 맥아에 대한 그만한 무거운 세금은 보리밭의 지대와 이윤을 떨어뜨릴 것이라는 내용이다.

어떤 세금도 상당한 기간에 걸쳐 어떤 특정한 사업의 이윤율을 떨어뜨릴 수는 없는데, 그것은 그 사업이 항상 이웃의 다른 여러 사업과 같은 수준을 유지하지 않으면 안 되기 때문이다. 맥아·맥주·에일에 대한 현행 세금은 그런 상품 취급업자의 이윤에 영향을 미치는 것이 아니며, 그들은 모두 자신들의 재화의 값 상승에 의해 추가이윤과 함께 그 세금을 회수한다. 분명히 세금이, 그것이 부과되고 있는 재화의 소비를 감소시킬 만큼 그 값을 높이는 것도 가능할 것이다. 그러나 맥아의 소비는 맥아 주류의 형태로 이루어지는 것이며, 1쿼터의 맥아에 대한 18실링의 세금이, 현재 24내지 25실링에 이르는 세금이 그런 주류의 값을 높이고 있는 것 이상으로, 높이는 일은 거의 없을 것이다. 반대로, 그런 주류는 아마 값이 내릴 것이고, 그 소비는 감소하기는커녕 오히려 증대할 것이다.

맥아 제조업자가 자신의 맥아값 상승에 의해 18실링을 회수하는 것이, 현재 양조업자가 자신의 술값 상승에 의해 24실링이나 25실링, 때로는 30실링을 회

---

*129 호가스의 유명한 판화 '맥주 거리'와 '진 골목'(1751)은 증류주와 맥주류에 대한 이런 평가를 표현하고 있다. 같은 양조주라도 포도주는 영국 민중의 음료는 아니었다.

*130 Davenant, *Discourses on the public revenue and on the trade of England*, London, 1698. In The political and commercial works of that celebrated writer Charles D'Avenant…London, 1771(ASL 483). 대버넌트(Charles Davenant, 1656~1714)는 잉글랜드의 정치가·중상주의자. 옥스퍼드의 베일리얼 칼리지에서 공부한 뒤, 스코틀랜드와의 합방교섭에 참가하고 수출입 감독장관을 역임했다. 스미스에게는 베일리얼의 약 70년 선배가 된다.

수하고 있는 것보다도 왜 어려운 일인지 이해하는 것은 그리 쉽지 않다. 분명히 맥아 제조업자는 6실링의 세금 대신, 맥아 1쿼터마다 18실링의 세금을 선불하지 않으면 안 될 것이다. 그러나 양조업자는, 현재 자신이 양조하는 맥아 1쿼터마다 24실링이나 25실링, 때로는 30실링의 세금을 선불하지 않으면 안 된다. 맥아 제조업자에게는, 가벼운 세금을 선불하는 쪽이, 현재 양조업자가 무거운 세금을 선불하고 있는 것보다 불편한 경우는 결코 없다. 맥아 제조업자가 자신의 곡창에 넣어 두는 맥아의 재고품이, 양조업자가 자신의 술 창고에 때때로 넣어 두는 맥주나 에일의 재고품보다, 처분하는 데 시간이 걸리는 것은 아니다. 따라서 전자가 후자와 같은 빠르기로 자금을 회수하는 경우도 때때로 있을 수 있다. 그러나 맥아 제조업자에게 있어서 지금까지보다 무거운 세금을 선불해야 하는 것에서 발생하는 불편이 어느 정도이든, 그것은 양조업자에게 현재 통상적으로 주어지고 있는 것보다 몇 달 더 긴 유예 기간을 준다면, 쉽게 구제할 수 있을 것이다.

보리에 대한 수요를 감소시키지 않고는, 보리밭의 지대와 이윤을 감소시킬 수 없을 것이다. 그러나 제도를 변경하여 맥주와 에일로 양조하는 맥아 1쿼터에 대한 세금을, 24 내지 25실링에서 18실링으로 내리면, 그 수요는 감소하는 것이 아니라 증대할 것이다. 뿐만 아니라, 보리밭의 지대와 이윤은, 그 토지와 마찬가지로 기름지고 마찬가지로 잘 경작되는 토지지대 및 이윤과 언제나 거의 같을 것이 분명하다. 만일 그 지대와 이윤이 더 적다면, 보리밭의 일부는 곧 다른 용도로 전용될 것이고, 더 많으면 더 많은 토지가 곧 보리 재배로 전용될 것이다. 어떤 특정한 토지 생산물의 통상적인 값이, 독점가격이라고 불러도 무방한 것인 경우에는, 그것에 대한 세금은 필연적으로 그것을 산출하는 토지지대와 이윤을 떨어뜨린다. 고급 포도원에서 생산되는 포도주가 유효수요에 훨씬 미치지 않는 것 때문에, 그 값이 마찬가지로 기름지고 마찬가지로 잘 경작되는 토지 생산물의 값에 대한 자연적 비율을 항상 웃돌고 있는 경우에는, 그런 포도원의 생산물에 세금을 부과하면 필연적으로 그 지대와 이윤을 떨어뜨리게 된다. 그 포도주값은 시장에 통상적으로 반입되는 양에 대한 것으로는 이미 가장 높으므로, 그 값을 인상하면 양은 줄어들지 않을 수 없고, 양의 감소는 나아가서 큰 손실이 따르지 않을 수 없다.

왜냐하면 그 토지는 마찬가지로 가치가 높은 다른 생산물로 전용할 수 없기 때문이다. 따라서 세금 부담은 모두 포도원의 지대와 이윤에, 더욱 적절하게는 지대에 부과될 것이다. 설탕에 대해 새로운 세금을 부과하자는 제안이 나왔을 때, 우리의 설탕식민지 농장주들은, 그 세금은 모두 소비자가 아니라 생산자에게 돌아온다고 때때로 불평했다. 과세된 뒤에 자신들의 설탕값을 전보다 올리는 것은 결코 불가능하기 때문이었다. 그 값은 과세 이전에는 독점가격이었던 것으로 생각된다. 그리고 설탕이 과세 대상으로 부적절하다는 것을 보여 주기 위해 제기된 이 논의는, 아마 그것이 적절한 과세 대상임을 증명한 것 같다. 독점업자들의 이득은, 포착할 수만 있으면 언제라도 아마 가장 적절한 과세 대상인 것이 틀림없기 때문이다. 그런데 보리의 통상적인 값이 독점가격이었던 적은 한 번도 없었고, 또 보리밭의 지대와 이윤이 마찬가지로 기름지고 마찬가지로 잘 경작되고 있는 다른 토지의 지대와 이윤에 대해 자연적비율을 웃돈 경우도 결코 없다. 맥아·맥주·에일에 부과되어 온 갖가지 세금이, 보리값을 떨어뜨린 적은 결코 없었고, 보리밭의 지대와 이윤을 인상시킨 적도 결코 없었다. 맥아값은 양조업자에게는, 거기에 부과된 세금에 비례하여 끊임없이 상승해 왔고, 또 그 세금은 소비자에게 있어서, 맥주와 에일에 대한 갖가지 세금과 함께 끊임없이 그런 상품값을 높이거나, 또는 같은 말이지만, 그 질을 떨어뜨려 왔다. 그런 세금의 최종적인 지불은 항상 소비자에게 돌아왔지 생산자에게 돌아온 것은 아니었다.

여기에 제안되어 있는 제도의 변경에 의해 손해를 입을 것 같은 사람들은 자가소비용으로 양조하는 사람들뿐이다. 그러나 가난한 노동자와 수공업자가 지불하고 있는 매우 무거운 세금에 대해, 이 상류층 사람들이 현재 누리고 있는 면세는 명백하게 가장 부정하고 불공평하며, 설령 이 변경이 결코 실현되지 않는다 하더라도, 당연히 폐지되어야 한다. 그러나, 반드시 공공수입을 늘리고 국민의 부담을 줄이게 될 제도 변경을 지금까지 방해해온 것은, 아마 이 상류계층 사람들의 이해관계였을 것이다.

위에서 설명한 관세와 소비세 같은 세금 외에, 그보다 불공평하게, 그보다 간접적으로, 재화의 값에 영향을 미치는 몇 가지 세금이 있다. 이런 종류의 것으로는, 프랑스어로 페아주라고 하는 세금, 즉 옛날의 색슨 시대에 통행세라 불렸던 세금이 있는데, 그것은 본디 우리의 유료도로 통행세 또는 도로와 수운을 유지하기 위한 운하와 항행 가능한 하천에 대한 통행세와 같은 목적으로 설치된 것으로 생각된다. 그런 세금이 그와 같은 목적에 충당되는 경우에는, 재화의 크기나 무게에 따라 부과되는 것이 가장 적절하다. 그런 세금은 본디 지방이나 속주의 다양한 목적에 충당하는 지방세 및 속주세였으므로, 그 관리는 대부분 그 세금을 징수하는 각각의 도시와 교구, 또는 귀족령에 맡겨져 있었다. 그런 단체는 어떤 방법으로든 세금의 운용에 대해 책임을 지는 것으로 생각되었기 때문이다. 많은 나라에서, 전혀 책임이 없는 주권자가 그 세금의 관리를 장악하고, 더욱이 대부분 세금을 큰 폭으로 인상해 놓고, 그 운용은 많은 경우 내팽개치고 있었다.

만일 그레이트브리튼의 유료도로 통행세가 정부 재원의 하나라면 그 결과가 어떤 것이 될지, 우리는 다른 많은 국가의 예에 따라 알 수 있다. 그런 통행세가 최종적으로는 소비자에 의해 지불되는 것은 틀림없지만, 소비자는 자신이 소비하는 것의 가치가 아니라 크기나 무게에 따라 지불하는 경우에는, 지출에 비례하여 과세되는 것이 아니다. 그런 세금이, 재화의 크기나 무게에 의해서가 아니라, 추정된 가치에 의해 과세되는 경우에는, 그 세금은 본디는 일종의 내륙관세 또는 소비세가 되며, 그것은 그 나라의 모든 상업 부문 가운데 가장 중요한 부문인 국내 상업을 크게 방해하는 것이다.

몇몇 작은 나라에서는, 그런 통행세와 비슷한 세금이, 육로나 수로를 통해 자국의 영토를 가로질러 어떤 외국에서 다른 외국으로 운반하는 재화에 부과되고 있다. 어떤 나라들에서는 그런 것을 통과세라 부르고 있다. 포 강*131이나 그곳으로 흘러드는 하천을 끼고 있는 이탈리아의 작은 나라 가운데 몇 나라는, 이런 종류의 세금에서 조금의 수입을 올리고 있다. 그것은 오로지 외국인에 의해 납부되는 것이며, 아마 한 나라가 자국의 산업 또는 상업을 어떤 점에서도 방해하는 일 없이, 다른 나라의 국민에게 부과할 수 있는 유일한 세금일 것이다. 세계에서 가장 중요한 통과세는, 덴마크의 국왕이 외레순 해협*132을 통과하는 모든 상선에 부과하고 있는 것이다.

대부분의 관세와 소비세처럼 사치품에 대한 세금은 모두, 모든 종류의 수입

---

*131 포(the Po) 강은 알프스 서부에서 나와, 토리노 부근을 지나, 롬바르디아 평야를 가로질러 아드리아 해로 흘러드는, 이탈리아 최대의 강.

*132 외레순 해협은 스웨덴과 덴마크 사이의 해협으로, øresund를 영국에서는 the Sound라고 하고, 스미스도 그렇게 쓰고 있다.

에 무차별적으로 부과되며, 또 최종적으로, 또는 아무런 보상도 없이, 세금이 부과되고 있는 상품을 소비하는 모든 사람들에 의해 지불되기는 하지만, 반드시 각 개인의 수입에 대해 공평하게, 즉 수입에 비례하게 부과되는 것은 아니다. 각자의 기질이 그 사람의 소비의 정도를 좌우하며, 각자는 수입에 비례해서가 아니라 기질에 따라 세금을 내는 것이므로, 낭비가는 적절한 부담 비율 이상으로, 그리고 절약가는 그 이하로 납세하게 된다. 대재산가라도 미성년인 경우에는 국가의 보호에 의해 큰 수입을 얻고 있는데도, 소비를 통해 국가의 유지에 이바지하는 정도는 매우 낮은 것이 보통이다. 다른 나라에 살고 있는 사람들은, 그들의 수입의 원천이 있는 나라의 정부를 유지하기 위해, 자신들의 소비를 통해서 아무것도 이바지하지 않는다.

만일 후자의 나라에서, 아일랜드와 마찬가지로, 지조가 있고, 동산과 부동산에 이전(移轉)에 대한 세금이 부과되지 않는다면, 그런 성밖 거주자는 정부를 유지하는 데 1실링의 이바지도 하지 않으면서, 그 정부의 보호를 통해 큰 대가를 얻고 있는 셈이다. 이 불공평은 그 정부가 무언가의 점에서 어딘가 다른 나라의 정부에 종속하고 의존하고 있는 나라에서 가장 큰 것이기 쉽다. 이 경우에는 종속국에 가장 막대한 재산을 가지고 있는 사람들은 일반적으로 그 지배국에서 살려고 할 것이다. 아일랜드가 바로 이런 상황에 있으며, 따라서 성밖 거주자에게 과세한다는 제안이 그 나라에서 그처럼 매우 인기가 높다 해도 이상하게 여길 필요가 없다.

어떤 종류의, 또는 어떤 정도의 부재(不在)라야, 어떤 사람이 성외 거주자로 과세되는 것인지, 또는 정확하게는 언제 과세가 시작되고 끝나야 하는지를 확정하는 것은 아마 조금 어려울지도 모른다. 그러나 이 매우 특수한 상황을 제외하면, 그런 세금에서 발생할 수 있는 여러 개인의 납세액의 불공평은, 그 불공평을 불러일으키는 사정 자체에 의해, 즉 과세되는 상품을 소비하든 소비하지 않든 완전히 각자의 자유이기 때문에, 각자의 납세는 완전히 자유의사에 따른다는 사정에 의해 충분히 상쇄된다. 따라서 그런 세금이 적정하게 부과되고, 또한 적절한 상품에 대해 부과되는 곳에서는, 다른 어떤 세금보다 작은 불평만으로 지불되고 있다. 그런 세금이 상인이나 제조업자에 의해 선불되는 경우에는, 최종적으로 지불하는 소비자는 곧, 세금을 상품 값과 혼합하게 되어, 자신이 어떤 세금을 납부하고 있다는 사실을 거의 잊어버린다.

그런 세금은 완전히 확정적이고, 또 얼마나 지불해야 하는지, 언제 지불해야 하는지, 즉 지불 금액과 시기에 대해 아무런 의심도 남지 않도록 사정할 수 있다. 그레이트브리튼의 관세에, 또는 다른 여러 나라의 같은 종류의 세금에, 때로는 어떤 불명확한 점이 있더라도, 그것이 발생하는 것은 그런 세금의 성질 때문이 아니라, 그 세금을 부과하는 법률의 표현이 부정확하거나 서투르기 때문이다.

사치품에 대한 세금은 조금씩, 즉 과세되고 있는 재화를 납세자가 구입할 필요가 있을 때마다 그것에 비례하여 지불하는 것이 보통이며, 또 항상 그렇게 할 수 있다. 지불 시기와 방법면에서, 사치품에 대한 세금은 모든 세금 가운데 가장 편리하며, 또 그렇게 될 수 있다. 따라서 전체적으로 그런 세금은 아마 다른 어떤 세금에 못지않게, 네 가지 과세 일반원칙 가운데 처음의 세 원칙에 합치한다. 그것은 모든 점에서 넷째 원칙에는 어긋난다.

그런 세금은 국고에 가져다 주는 금액에 대한 비율에서는, 국민의 호주머니에서 꺼내거나, 호주머니 속에 들어가지 않도록 하는 금액이, 다른 모든 세금보다 항상 많다. 이것은 그렇게 될 수 있는 네 가지 다른 방법 모두에 의한 것으로 생각된다.

첫째로, 그런 세금을 징수하려면 아무리 현명한 방법으로 부과되더라도, 다수의 세관 관리와 소비세 관리가 필요한데, 그들의 봉급과 부수입은 국민에 대한 실질적인 세금이고, 게다가 이 세금은 국고에 아무런 수입도 가져다주지 않는다. 그러나 이 비용이 그레이트브리튼에서는 다른 대부분의 나라보다 가벼운 것은 인정해야 할 것이다. 1775년 7월 5일에 끝난 연도에, 잉글랜드의 소비세위원의 관리하에 있는 갖가지 세금의 총수입은 550만 7308파운드 18실링 8펜스 4분의 1*¹³³이었지만, 징세비는 5퍼센트 반을 거의 넘지 않았다. 그러나 이 총수입에서는 소비세가 부과되는 재화의 수출에 대한 장려금과 되돌려 주는 세금으로 지불된 것이 공제되어야 하므로 순수입은 500만 파운드 이하로 감소할 것이다.*¹³⁴ 소비세이기는 하지만, 다른 관할하에 있는 염세(鹽稅)의 징

---

*133 초판에서는 547만 9695파운드 7실링 10펜스.
*134 그 해의 순수입은 모든 비용과 공제를 뺀 뒤에 497만 5652파운드 19실링 6펜스가 되었다.
　　(이 주는 제2판에 추가한 스미스 본인의 주)

수에는 훨씬 많은 비용이 든다. 관세의 순수입은 250만 파운드가 되지 않지만, 그 징수에는 관리의 봉급과 그 밖의 부대경비로 10퍼센트 이상이 든다.

그러나 세관 관리의 부수입은 어디서나 봉급보다 훨씬 많으며, 몇몇 항구에서는 봉급의 2배 내지 3배 이상이다. 따라서 관리의 봉급과 그 밖의 부대비용이 관세의 순수입의 10퍼센트가 넘는다면, 그 수입을 징수하는 비용의 총액은 봉급과 부수입을 합쳐서 20 내지 30퍼센트가 넘을 것이다. 소비세 관리에게는 부수입이 거의 또는 전혀 없다. 게다가 공공수입의 그 부문의 행정은 관세보다 최근에 확립된 것이어서, 전반적으로 관세 행정보다 부패가 적다. 관세 행정에는 오랫동안 많은 부패가 도입되어 공인되고 있다. 맥아와 맥아주에 대한 다양한 세금에 의해 현재 징수되고 있는 수입 전액을 맥아에만 부담시킨다면, 소비세의 연간 비용을 5만 파운드 이상 절약할 수 있을 것으로 생각된다. 관세를 몇 종류의 재화에 한정하고, 또 그런 세금을 소비세법에 의해 징수하면, 관세의 연간 비용을 아마 훨씬 많이 절약할 수 있을 것이다.

둘째로, 그런 세금은 반드시 어떤 산업 부문에 약간의 저해 또는 억제를 가하게 된다. 그것은 과세된 상품값을 언제나 인상시키므로 그만큼 그 소비를 억제하고, 따라서 그 생산도 억제한다. 만일 그것이 국내에서 육성 또는 제조된 상품이라면, 그 재배 또는 생산에 쓰이는 노동이 적지 않다. 만일 그것이 외국산 상품이고, 그것에 대한 세금이 마찬가지로 값을 인상시킨다면, 국내에서 만들어지는 같은 종류의 상품은 분명히 그로 인해 국내 시장에서 조금 유리해지고, 따라서 더 많은 양의 국내 산업이 그 상품의 조달에 돌려질 것이다. 그러나 외국산 상품의 이 가격 상승은, 어떤 특정한 부문의 국내 산업을 장려할지 모르지만, 다른 부문의 거의 모든 국내 산업을 필연적으로 저해한다.

버밍엄의 제조업자가 구입하는 외국산 포도주가 비싸면 비싼 만큼, 그는 필연적으로 자신의 철물 제품 가운데 그 부분의 값은 그에게 있어서 감소할 것이고, 그것을 만들고자 하는 의욕은 줄어든다. 어떤 나라의 소비자가 다른 나라의 잉여 생산물에 대해 지불하는 금액이 많으면 많을수록, 그들은 필연적으로 자국의 잉여 생산물 가운데 타국의 잉여 생산물을 구입하는 데 충당하는 부분, 또는 그것과 같은 말이지만, 그 부분의 값을 그만큼 싸게 팔게 된다. 그들에게 있어서 자국의 잉여 생산물의 그 부분은 가치가 적어지고, 그 양을 늘리고자 하는 의욕도 줄어든다. 따라서 소비재에 대한 모든 세금은, 과세된 상품이 국산 상품이면 그것을 생산하기 위한, 또 외국산 상품이면 그것을 구입하는 데 충당하는 국산 상품을 생산하기 위한 생산적 노동의 양을, 그렇지 않은 경우보다 감소시키는 경향이 있다. 그런 세금은 또, 항상 그 나라 산업의 자연적인 방향을 조금이나마 바꾸어, 그것이 자연히 향하게 되는 진로와는 다른 방향으로, 게다가 일반적으로 더 불리한 방향으로 전환시키게 된다.

셋째로, 그런 세금을 밀수를 통해 면하고자 하는 희망은, 때때로 재산 몰수와 그 밖의 형벌을 초래하여 밀수업자를 전면적으로 파멸시켜 버린다. 그런 인물은 자기 나라의 법률을 어기는 것에 대해서는 크게 비난받아 마땅하지만, 자연석 정의의 법률은 아무래도 어기지 못하는 사람인 경우가 때때로 있는데, 자연이 결코 죄로 정하지 않는 것을 그의 나라의 법률이 죄로 정하는 일이 없었다면, 모든 점에서 훌륭한 시민이었을지도 모른다. 정부가 부패하여, 불필요하게 많은 지출이나 공공수입의 남용에 대해 일반적으로 의심을 받고 있는 곳에서는, 공공수입을 보호하는 법률은 거의 존중되지 않는다. 밀수할 기회를 위증죄에 걸리지 않고, 쉽고 안전하게 발견할 수 있는 경우에는, 밀수에 신중을 기하는 사람은 많지 않다. 밀수품을 사는 것은 공공수입법 위반과, 그것에 거의 항상 따라다니게 마련인 위증죄를 노골적으로 장려하는 일이기는 하지만, 밀수품을 사는 것에 대해 조금이라도 주저하는 시늉을 하는 것은, 대부분의 나라에서는 위선의 하나로 여겨질 것이고, 언제나 그렇게 하는 척하면, 타인으로부터 신용을 얻기는커녕 대부분의 이웃 사람들보다 더 나쁜 사람이라는 의심을 사는 데 도움이 될 뿐이다.

밀수업자는 공공의 이런 너그러움에 때때로 고무되어, 이렇게 별로 죄가 아니라고 생각하도록 주입되고 있는 상업을 계속한다. 그러다가 공공수입법의 엄벌이 바야흐로 그에게 내려지려고 할 때, 자신의 정당한 재산이라고 관습적으로 생각해 온 것을 폭력으로라도 지키려는 생각이 드는 일이 때때로 있다. 그리하여 아마 처음에는 범죄라기보다는 무분별함 때문이었지만, 나중에는 사회의 법률에 대한 가장 완강하고 가장 결연한 침해자가 되는 경우가 너무나 많은 것이다. 밀수업자의 이 파멸에 의해 전에는 생산적 노동의 유지에 쓰이고 있었던 그의 자본은, 국가의 수입 또는 수입관리의 수입에 흡수되어 비생산적 노동의 유지에 쓰이며, 그 사회의 총자본과, 그렇지 않은 경우에 그것이 유지할 수 있는 유용한 근로를 감소시킨다.

넷째로, 그런 세금 때문에, 적어도 과세 상품의 취급업자는 수세 관리의 빈번한 방문과 불쾌한 검사를 받지 않으면 안 됨으로써, 때로는 명백하게 어느 정도의 압제를 받고, 또 항상 큰 수고와 번거로움을 겪게 된다. 번거로움은, 이미 말한 것처럼 엄밀하게 말하면 비용은 아니지만, 누구나 그것을 피하기 위해 기꺼이 지불하는 비용과 같은 가치인 것은 틀림없다. 소비세법은 그것을 제정한 목적을 위해서는 관세법보다 효과적이기는 하나, 이 점에서는 그 이상으로 번거롭다. 어떤 상인이 일정한 관세가 드는 재화를 수입했을 때, 그 세금을 지불하고 재화를 자신의 창고에 반입해 버리고 나면, 대부분의 경우, 그는 더 이상 수세 관리에 의해 수고와 번거로움을 당하지 않아도 된다. 그러나 소비세가 드는 재화의 경우에는 사정이 다르다. 그것의 취급업자는 소비세 관리의 끊임없는 방문 검사 때문에 제대로 쉴 틈도 없다. 그것 때문에 소비세는 관세보다 인기가 없고, 그것을 징수하는 관리도 마찬가지이다. 그런 관리는 일반적으로는, 아마 세관 관리와 마찬가지로 자신의 임무를 다하고 있는 것이지만, 그 임무가 때때로 그들을 이웃 사람들에게 매우 성가신 존재로 만들기 때문에, 세관 관리는 좀처럼 볼 수 없는 일종의 엄격한 성격을 지니게 된다고 주장하는 사람이 있다. 그러나 이런 소견은 아마도 그들의 성실한 노력에 의해, 자신들의 밀수가 저지 또는 적발되고 있는 부정직한 취급업자의 단순한 발상에 지나지 않을 것이다.

그러나, 아마 소비재에 대한 세금에는 어느 정도 따르게 마련인 불편함이 그레이트브리튼의 국민에게 닥치는 경우, 그 정도는 그레이트브리튼과 비슷한 경비가 드는 정부를 가진 다른 어떤 나라의 국민의 경우와도 마찬가지로 가볍다. 우리의 상태는 완전하지 않아서 개선의 여지가 있겠지만, 대부분의 이웃 나라에 비해, 비슷한 정도로, 또는 그 이상으로 좋다.

소비재에 대한 세금은 상인의 이윤에 대한 세금이라는 견해하에서, 몇몇 국가에서는 그런 세금이 재화가 계속해서 판매될 때마다 되풀이하여 부과되어 왔다. 수입상인 또는 상인 제조업자의 이윤에 세금이 부과된다면, 공평성에서 보아, 그런 상인과 소비자 사이에 개입하는 중간 매수자 전원의 이윤에도 똑같이 세금이 부과되어야 한다고 생각한 것 같다. 에스파냐의 유명한 알카발라는 이 원리를 바탕으로 제정된 것으로 생각된다. 그것은 동산 부동산을 가리지 않고 모든 종류의 재산의 판매에 대해, 처음에는 10퍼센트, 나중에는 14퍼센트, 그리고 현재는 불과 6퍼센트가, 그 재산이 팔릴 때마다 되풀이해서 부과되고 있다.[135] 이 세금 징수에는 재화를 한 속주에서 다른 속주로 보내는 경우뿐만 아니라, 한 상점에서 다른 상점으로 보내는 경우에도, 그것을 감시하는 데 충분한 다수의 수입 관리가 필요해진다. 그리하여 어떤 종류의 재화의 취급업자뿐만 아니라, 모든 종류의 재화의 판매자, 즉 모든 농업 경영자, 모든 제조업자와 상점주들은 수세 관리의 끊임없는 방문 검사를 받아야 한다. 이런 종류의 세금이 규정되어 있는 나라의 대부분에서는 원격지 판매용으로는 아무것도 생산할 수가 없다. 그 나라의 모든 지방의 생산물은 이웃의 소비에 대응하지 않을 수 없다. 그래서 우스타리스[136]는 에스파냐의 제조업 파멸을 알카발라 탓으로 돌리고 있다. 마찬가지로, 그는 농업의 쇠퇴도 그 탓으로 돌릴 수 있었던 것일 것이다. 그 세금은 제조업뿐만 아니라 토지의 원생산물에도 부과되고 있었기 때문이다.

나폴리 왕국에도 모든 계약액에 대해, 따라서 모든 판매계약액에 대해 3퍼센트라는, 이것과 비슷한 세금이 있다. 그것은 에스파냐의 세금보다 가볍고,

---

[135] Memoires concernant les Droits, &c. tome i, p. 455. '에스파냐 왕국의 과세 제1부문 알카발라나 시엔토스라는 이름으로 알려져 있는 제1부문은 매각·교환·계약된 동산·부동산의 모든 물건에 대해 징수되는 세금으로, 처음에는 14퍼센트였다가 6퍼센트로 감액되었다.' (스미스 본인의 주)

[136] Geronymo de Uztariz, *The theory and practice of commerce and maritime affairs.* Written originally in Spanish, by Don Geronymo de Uztariz···Translated from the original, by John Kippax, London, 1751(ASL 1703). '나는, 사람들이 그 직물이나 그 밖의 제조품의 판매와 교환에 대해, 처음에도 그 뒤에도 무언가의 세금이 부과된 것을, 프랑스·잉글랜드·네덜란드에서는 발견할 수가 없었다. 그래서 나는 에스파냐만이 이 무거운 부담에 허덕이고 있다는 것을 알고 있다. 그것은 매우 억압적인 것으로, 원(原) 알카발라의 10퍼센트에 1퍼센트가 네 가지 추가되어, 이 세금은 재화의 최초의 판매뿐만 아니라, 그 뒤에도 판매될 때마다 부과된다. 나는 이것이 우리의 상공업을 대부분 파멸시킨 중요한 동력의 하나라고 우려하고 있다'(vol. 2, pp. 236~237). 우스타리스(1670~1732)는 에스파냐의 정치가·경제학자. 콜베르를 숭배했고, 저서(Theoría y práctica de comercio y de marina, Madrid, 1724)는 에스파냐어로 판을 거듭했을 뿐만 아니라, 중상주의의 대표적 문헌의 하나로서 프랑스·영국·독일·이탈리아에서 번역되었다.

또 대부분의 도시와 교구에는 그 세금 대신 대납금을 지불하는 것이 인정되고 있다. 도시와 교구는 이 대납금을 임의적으로, 보통 그 지방의 국내 상업에 지장을 주지 않는 방법으로 징수하고 있다. 따라서 나폴리의 세금은 에스파냐의 세금만큼 파괴적이지는 않다.

그레이트브리튼 연합왕국의 모든 지방에서는 그리 중요하지 않은 소수의 예외는 있지만 통일적인 세제가 있고, 이 나라의 국내 상업은 내륙 상업이나 연안 상업이나 거의 완전한 자유를 유지하고 있다. 내륙 상업은 거의 완전히 자유이며, 대부분의 재화는 왕국의 한쪽 끝에서 다른 쪽 끝까지 어떤 허가나 통행증도 필요 없이, 수입 관리의 심문·입회·검사도 받지 않고 수송될 수 있다. 소수의 예외는 있지만, 이 나라 내륙 상업의 중요한 부분에 장애를 줄 수 있는 것은 아무것도 없다. 분명히 연안 수송되는 재화는 증명서, 즉 연안 수송 허가증이 필요하다. 그러나 석탄을 제외하면, 다른 것은 거의 모두 세금이 없다. 통일 세제의 성과인 이 내륙 상업의 자유는, 아마 그레이트브리튼이 번영한 중요한 원인의 하나일 것이다. 어떤 대국도 필연적으로 자국 산업의 생산물 대부분에 대한 가장 크고 가장 좋은 시장이기 때문이다. 만일 같은 세제를 통일한 결과, 그와 같은 자유를 아일랜드나 여러 식민지로 확대할 수 있다면, 국가의 세력과 제국 각지의 번영은 아마 지금보다 훨씬 더 증진될 것이다.

프랑스에서는 속주마다 공공수입법이 다르기 때문에, 어떤 종류의 재화의 수입을 방지하거나, 또는 그것에 일정한 세금을 내게 하기 위해, 왕국의 국경뿐만 아니라, 거의 모든 개별 속주의 경계를 에워싸는 데 많은 수입 관리가 필요하고, 그것이 이 나라의 국내 상업에 적지 않은 걸림돌이 되고 있다. 몇몇 속주에서는 가벨, 즉 염세에 대한 대납금이 인정되고 있지만, 다른 속주에서는 그 세금이 완전히 면제되고 있다. 몇몇 속주에서는, 왕국의 대부분의 지방에서 징세 청부인이 누리고 있는 담배 전매권이 정지되어 있다. 잉글랜드의 소비세에 해당하는 상납금은 속주에 따라 매우 다르다. 몇몇 속주에서는 그것을 면제받고, 대납금 또는 그에 상당하는 것을 지불한다.

상납금이 시행되고, 또한 그것이 청부제가 되어 있는 속주에서는, 특정한 도시나 관구 이상으로는 확대되지 않는 많은 지방세가 있다. 우리나라의 관세에 상당하는 교역세는 이 왕국을 크게 삼분(三分)하고 있다. 첫째는 1664년의 세율에 따르는 여러 속주, 이른바 '5대 징세 청부 속주'로, 피카르디·노르망디*137 및 왕국의 거의 모든 내륙 속주들이 포함된다. 둘째는 1667년의 세율에 따르는 속주들, '간주외국(看做外國)으로 불리는 속주'로, 거기에는 국경 속주의 대부분이 포함된다. 그리고 셋째는 이른바 '외국취급 속주'로, 외국과의 자유로운 통상이 허용되어 있기 때문에, 프랑스의 다른 속주와의 통상에서는 다른 모든 외국과 똑같은 세금이 부과된다. 알자스와 메스·투르·베르됭의 3주교구와 됭케르크·바이욘*138·마르세유의 3도시가 그것이다.

5대 징세 청부 속주(그렇게 불리는 것은 옛날에는 관세가 5대 부문으로 나뉘어, 본디는 그 하나하나가 개별 징세 청부의 대상이었기 때문이지만, 현재는 그 모두가 하나로 통합되어 있다)에서도 간주외국으로 일컬어지는 여러 속주에서도, 특정한 도시나 관구 이상으로는 확대되지 않는 많은 지방세가 있다. 이른바 외국취급 속주에도 그런 지방세가 몇 가지 있는데, 특히 마르세유 시가 그러하다. 그런 다양한 과세제도에 복종하는 다양한 속주와 관구의 경계를 감시하기 위해, 이 나라의 국내 상업에 대한 제약과 수입 관리의 수를 얼마나 늘려야 하는지는 더 말할 필요도 없는 일이다.

이렇게 복잡한 공공수입 법체계에서 생기는 일반적인 제약과 아울러, 프랑스에서 아마 곡물에 이어서 가장 중요한 생산물인 포도주 상업은, 대부분의 속주에서 특별한 제한하에 놓여 있다. 이 제한은 특정한 속주와 관구의 포도원을 다른 속주와 관구의 포도원보다 우대해 온 것에서 생긴 것이다. 포도주로 가장 유명한 각 속주는, 내가 믿는 바로는 그 품목의 거래에 부여되는 이런 종류의 제약이 가장 적은 속주인 것을 알 수 있다. 그런 속주가 누리고 있는 드넓은 시장은, 포도원 경작에 대해서나 그것에 따르는 포도주 제조에 대해 뛰어난 운영을 장려하는 것이다.

이렇게 다양하고 복잡한 공공수입법은 프랑스만의 특유한 것은 아니다. 밀라노의 작은 공국은 6개의 속주로 나뉘고, 그 각각에는 몇 종류의 소비재에 대한 다른 과세제도가 있다. 그리고 작은 파르마 공령도 셋이나 넷으로 분리

*137 피카르디와 노르망디는 영국해협(도버 해협은 그 일부)에 면한 연안 속주.

*138 알자스는 라인 강을 따라 독일과 접한 지방. 메스는 알자스 옆 로렌의 수도이고, 투르는 낭시 서쪽, 베르됭은 메스 서쪽의 작은 도시. 됭케르크는 프랑스 북단, 바이욘은 남단(대서양 연안)의 항구 도시.

되어, 그 각각이 마찬가지로 독자적인 제도를 가지고 있다. 이런 어리석은 방법으로는, 토지가 매우 기름지고 기후가 몹시 좋지 않은 한, 그 나라가 가난과 야만의 밑바닥 상태로 이내 되돌아가는 것을 방지할 수 없을 것이다.

소비재에 대한 세금은 두 가지 방법 가운데 어느 한쪽에 의해 징수될 수 있다. 그 하나는 정부가 임명하고 정부에 대해 직접적으로 책임을 지는 관리들로 구성된 행정기관에 의해 징수되는 것으로, 이 경우, 그때그때 세수의 변동에 따라 정부의 수입도 해마다 변동하지 않을 수 없다. 또 하나는, 일정액의 임대료를 받고 징수를 청부하는 것으로, 청부인은 자신의 수세 관리를 임명하는 것이 허용되므로, 수세 관리는 법률이 지시하는 방법으로 세금을 징수하지 않으면 안 된다 하더라도, 징세 청부인의 직접적인 감독하에 놓여, 직접적으로 그에게 책임을 진다. 가장 비용이 적게 드는 가장 좋은 징세 방법은 결코 청부에 의한 것은 아니다. 약정된 청부요금, 수세 관리의 봉급, 총운영비를 지불하는 데 필요한 금액 외에, 징세 청부인은 세금 수입에서 적어도 그가 선불하는 금액, 그가 무릅써야 하는 위험, 그가 치러야 하는 수고, 이런 복잡하기 짝이 없는 업무를 익히는 데 필요한 지식과 숙련도에 걸맞은 일정한 이윤을 언제나 공제하지 않으면 안 되기 때문이다.

징세 청부인이 만드는 것과 같은 종류의 운영 조직을, 정부가 정부 자신의 직접적인 감독하에 확립하면, 적어도 거의 항상 터무니없는 액수에 이르는 이 이윤을 절약할 수 있을 것이다. 공공수입 가운데 어느 큰 부문을 청부 맡는 데는 커다란 자본과 신용이 필요한데, 그것만으로도 그런 사업에 대한 경쟁을 극소수의 사람들에게 제한하게 된다. 이 자본과 신용을 가지고 있는 소수의 사람들 가운데서도 필요한 지식과 경험을 가지고 있는 사람들은 더욱 극소수이며, 그것은 그 경쟁을 더욱 제한하는 또 하나의 사정이다. 경쟁자가 될 조건을 갖춘 극소수의 사람들은, 서로 단결하여 경쟁자가 아니라 협력자가 됨으로써, 청부가 경매에 부쳐질 때는 청부 임대료가 실제가치보다 훨씬 낮은 경우 외에는 응찰하지 않는 것이 자신들에게 훨씬 이익이라고 생각한다. 공공수입이 청부제가 되어 있는 나라에서는, 징세 청부인은 일반적으로 가장 부유한 사람들이다. 그들은 그 부만으로도 사람들의 분노를 불러일으킬 것이고, 그런 벼락부자에게 거의 어김없이 따라다니는 허영심, 그들이 평소에 자신의 부를 과시할 때의 어리석은 허세는 그 분노를 더욱 부채질한다.

공공수입의 청부인은, 세금지불을 회피하려는 모든 기도를 처벌하는 법률을 결코 가혹하다고 생각하지 않는다. 그들은 자신의 국민도 아닌 납세자에게 동정심을 가지지 않으며, 그들이 전원 파산해도, 만일 그것이 청부 기한이 끝난 다음 날에 일어난다면 그들의 이해관심에 그다지 영향을 주지 않을 것이다. 국가에 가장 중요한 긴급사태가 일어나, 공공수입의 정확한 납입에 대한 주권자의 관심이 필연적으로 가장 클 때, 징세 청부인은 실제로 시행되고 있는 법률보다 엄격한 법률이 없으면 통상의 청부 임대료조차 지불할 수 없을 거라고 불평하지 않는 사람은 거의 없을 것이다. 그런 공공사회의 난국에 있어서는, 그들의 요구에 대한 반대는 거의 있을 수 없다. 따라서 공공수입법은 갈수록 더욱 엄격해진다. 가장 잔인한 공공수입법은 언제나 공공수입의 대부분이 청부제인 나라에서 볼 수 있다. 이에 비해 가장 너그러운 것은 그것이 주권자의 직접적인 감독하에서 징수되고 있는 나라에서 볼 수 있다. 나쁜 주권자라도, 그의 수입의 징세 청부인에게서는 기대할 수 없는, 국민에 대한 동정심을 가지고 있다. 그는 자기 집안의 영속적인 영광이 자기 국민의 번영에 달려 있다는 것을 알고 있으므로, 자기 자신의 일시적인 어떤 이해관심 때문에 국민의 번영을 의식적으로 파괴하는 일은 절대로 하지 않는다. 그러나 그의 수입의 청부인은 사정이 달라서, 그의 영광은 국민을 파괴하는 결과이고 번영의 결과가 아닌 경우도 때때로 있을 수 있다.

세금은 확정 임대료를 내고 징수를 청부맡을 뿐만 아니라, 징세 청부인이 피과세 상품의 독점권을 가지는 경우도 있다. 프랑스에서는 담배와 소금에 대한 세금이 이 방법으로 징수되고 있다. 그런 경우에는, 징세 청부인은 한 가지가 아니라 두 가지의 막대한 이윤, 즉 징세 청부인으로서의 이윤과 막대한 독점업자의 이윤을 국민으로부터 징수하게 된다. 담배는 사치품이므로, 사든 사지 않든 각자의 자유에 맡겨져 있다. 그러나 소금은 필수품이기 때문에, 모든 사람이 징세 청부인에게서 일정량을 사지 않을 수 없다. 왜냐하면, 만일 그만한 양을 징세 청부인한테서 사지 않으면, 그만큼 누군가 밀수업자한테서 사는 것으로 의심 받기 때문이다. 이 두 가지 상품에 대한 세금은 막대한 것이다. 따라서 밀수에 대한 유혹은, 많은 사람들에게 있어서 저항하기 힘든 것이지만, 동시에 한편으로는 엄격한 법률과, 징세 청부인의 수세 관리에 의한 감시가, 그 유혹에 굴복하는 것을 거의 확실하게 좌절시켜 버리게 된다. 소금과 담배 밀수는 해마다 수백 명의 사람들을 갤리선*[139]으로 보내고, 심지어는 매우 많은 사람들을 교수대로 보내고 있다. 이 방법으로 징수되는 세금은 정부에 매우 큰 수입을 가져다 준다. 1767년에 담배 징세 청부요금은 연액 2254만 1278리브르였고, 소금 징세 청부요금은 3649만 2404리브르였다. 1768년에 시작된 이 징세 청부는 6년 동안 계속되었다. 왕후의 수입에 비교하면 국민의 피는 아무 것도 아니라고 생각하는 사람들은, 아마 이 징세 방법을 용인할 것이다. 소금과 담배에 대한 이와 같은 세금과 독점은 다른 많은 나라에서 시행되어 왔는데, 특히 오스트리아와 프로이센 영토에서, 그리고 이탈리아 대부분의 나라에서 시행되었다.

프랑스에서는 왕권의 실제 수입의 대부분은 여덟 가지의 다양한 원천, 즉 타이유·인두세·두 가지 뱅티엠·염세·상납금·교역세, 직령지 및 담배의 징세 청부 임대료에서 나오고 있다. 뒤의 다섯 가지는 대부분의 속주에서 청부제로 되어 있다. 앞의 세 가지는 어디서나 정부의 직접적인 감독 지휘하에 행정기관에 의해 징수되고 있다. 그리고 국민의 호주머니에서 징수하는 것과의 비율에서, 그 세 가지 세금은, 운영에 훨씬 낭비가 많고 비용이 드는 다른 다섯 가지의 세금보다 많은 수입을 왕후의 금고에 가져다 준다는 사실이 널리 인정되고 있다.

프랑스의 재정에는, 현 상황에서 그 세 가지를 개혁할 여지가 매우 명백한 것으로 보인다.

첫째로, 타이유와 인두세를 폐지하고, 그 두 가지 세금의 금액과 같은 추가 수입을 가져다 주도록 뱅티엠의 수를 늘리면, 왕실의 수입은 유지되고, 징세비는 크게 감축되며, 타이유와 인두세가 유발시키고 있는 각 하층민들의 괴로움은 전면적으로 방지되고, 또 상류층 사람들도 대부분 현재 떠안고 있는 것보다 많은 부담을 받지는 않을 것이다. 뱅티엠은 이미 말한 것처럼, 잉글랜드의 이른바 지조와 거의 같은 종류의 세금이다. 타이유의 부담이 최종적으로는 토지소유자에게 돌아오는 것은 인정되고 있고, 인두세의 대부분도, 타이유가 부과되는 사람들에게, 타이유 1파운드당 얼마로서 사정되기 때문에, 그 대

---

*139 갤리선(galley)은 중세(中世)의 지중해에서 범주(帆走)와 함께 노예들에게 노를 젓게 한 배로, 근대 초기에는 범죄자에게 형벌로서 노를 젓게 한 적이 있었다.

부분의 최종적인 지불도 마찬가지로, 같은 계층의 사람들에게 돌아올 것이 틀림없다. 따라서 뱅티엠의 수를 늘려서, 그 두 가지 세금의 금액과 같은 추가 수입을 올리게 해도, 상류층 사람들의 부담은 현재보다 무거워지지 않을 것이다. 보통 타이유가 다양한 개인의 소유지와 차지인에게 사정될 때의 큰 불평등 때문에, 의심할 것도 없이 부담이 무거워지는 사람이 많을 것이다. 그런 우대를 받고 있는 국민의 이해관심과 반대가, 이 개혁이나 같은 종류의 다른 어떤 개혁도 가장 방해하기 쉬운 걸림돌이 된다.

둘째로, 염세·상납금·교역세·담배세 같은, 모든 관세와 소비세를 이 왕국의 모든 지방에서 똑같이 통일하면, 그 세금은 훨씬 적은 비용으로 징수될 수 있게 되고, 이 왕국의 국내 상업은 잉글랜드의 국내 상업과 마찬가지로 자유로워질 것이다.

셋째로, 그 모든 세금을 정부의 직접적인 감시와 지휘하에 있는 행정기관에서 다루게 하면, 징세 청부인의 터무니없는 이윤이 국가의 수입에 추가될지도 모른다. 개개인의 이해관계에서 나오는 반대가, 첫째로 든 개혁안과 마찬가지로 뒤의 두 가지 개혁안도 효과적으로 저지할 수 있을 것이다.

프랑스의 과세제도는 모든 점에서 브리튼의 그것에 뒤떨어져 있는 것으로 생각된다. 그레이트브리튼에서는 영국 정화 1000만 파운드가 해마다 800만 명 이하의 국민에게 부과되고 있지만, 어떤 특정한 계층도 억압받고 있다고는 할 수 없다. 엑스피이 신부*140의 수집 자료와 《곡물의 입법과 상업에 대한 소론(小論)》의 저자*141가 말한 바에 따르면, 프랑스에는 로렌 주와 바르 주*142를 포함하여 약 2300만 내지 2400만 명의 인구가 있는 것 같은데, 이것은 아마 그레

---

*140 J. J. Expilly, *Dictionnaire géographique, historique et politique, des Gaules et de la France*, 1768, vol. 5, p. 808. 엑스피이(Jean Joseph Expilly, 1719~1793)는 프랑스의 지리학자.

*141 《곡물의 입법과 상업에 대한 소론》이라는 것은 *Sur la législation et le commerce des grains*, Paris, 1775(ASL 1200)를 말하며, 자크 네케르(Jacques Necker, 1732~1804)가 쓴 익명의 저서. 네케르는 재무총감으로서 프랑스 재정의 자유주의적인 개혁을 시도했으나 귀족의 반대에 부딪혀 실각했다.

*142 로렌은 알자스 북서쪽에 인접해 있고, 바르는 그 서쪽에 있다.

이트브리튼의 세 배가 될 것이다. 프랑스의 토양과 기후는 그레이트브리튼의 토양과 기후보다 좋다. 이 나라는 그레이트브리튼보다 훨씬 오랜 기간에 걸쳐 개량되고 경작된 상태이고, 그로 인해 큰 도시나 작은 도시, 그리고 시골에도 있는 편리하고 훌륭하게 지은 가옥처럼, 만드는 데도 축적하는 데도 오랜 시간이 필요한 모든 것이, 그레이트브리튼보다 잘 구축되어 있다. 이런 이점에서 보아 프랑스에서는, 그레이트브리튼이 1000만 파운드의 수입을 큰 불편 없이 징수하고 있는 것과 마찬가지로, 국가를 유지하기 위해 3000만 파운드의 수입을 징수할 수 있을 것으로 기대해도 좋을 것이다.

매우 불완전하다는 것을 나는 인정하지만, 내가 입수할 수 있었던 가장 정확한 보고에 의하면, 프랑스 국고에 납입된 모든 수입은 1765년과 1766년에, 통상 3억 800만 리브르와 3억 2500만 리브르 사이로, 영국 정화 1500만 파운드에도 미치지 않았다. 즉, 만일 그 국민이 인구에 비해 그레이트브리튼의 국민과 같은 비율로 납세한다면 기대할 수 있는 금액의 반도 되지 않는 것이다. 그러나 프랑스 국민이 그레이트브리튼의 국민보다 세금에 의한 압박이 훨씬 큰 것으로, 일반적으로 인정되고 있다. 그렇지만 프랑스는 유럽에서 그레이트브리튼 다음으로, 가장 온화하고 가장 너그러운 통치를 누리고 있는 대제국인 것은 확실하다.

네덜란드에서는 생활필수품에 대한 무거운 세금이 그들의 중요한 제조업을 파멸시켜 버렸고, 그 나라의 어업과 조선업조차 차츰 쇠퇴해 갈 것으로 전망되고 있다. 그레이트브리튼에서는 생활필수품에 대한 세금은 그리 대단한 것이 아니어서, 지금까지 그것 때문에 파멸한 제조업은 아무것도 없다. 제조업에 가장 엄격한 브리튼의 세금은, 원료 수입, 특히 생사의 수입에 대한 몇 가지 세금이다. 그러나 연합제 주의회와 다양한 도시의 수입이 영국 정화 525만 파운드 이상이 될 것으로는 도저히 생각되지 않으므로, 그들은 그 인구와의 비율에서 보면 훨씬 무겁게 과세되고 있는 것이 분명하다.

적당한 과세 대상이 모두 과세된 뒤에, 만일 국가의 위급한 상황이 더욱 새로운 세금을 필요로 한다면, 그것은 부적절한 대상에 과세되지 않을 수 없다. 따라서 생활필수품에 대한 과세도 그 공화국의 뛰어난 지혜에 대해 비난할 수 있는 이유는 되지 않을 것이다. 그 나라는 절약하기 위해 그렇게 노력했음에도 불구하고, 독립을 획득하고 유지하기 위해 막대한 채무를 지지 않을 수 없을 정도로 비용이 많이 드는 전쟁에 휘말린 것이다. 뿐만 아니라, 네덜란드와 젤란트*[143]라는 특이한 나라는, 나라의 존재를 유지하기 위해서도, 즉 나라가 바다에 휩쓸려 버리는 것을 방지하기 위해서도 거액의 비용이 필요하여, 그것이 두 주의 세금 부담을 매우 가중시키는 원인이 되었던 것이 틀림없다. 공화정체가 네덜란드가 현재 누리고 있는 영광의 중요한 버팀목이라고 생각된다.

대자본의 소유자들, 즉 대상인의 가족은 일반적으로, 그 정부의 운영에 뭔가 직접적으로 참가하거나 간접적으로 어떤 영향을 미치고 있다. 그들은 이런 지위 때문에 존경을 받고 권위를 지니고 있기 때문에, 유럽의 어디에 비해서도, 자신들의 자본을 자신들이 사용하면 아주 적은 이윤밖에 가져올 수 없을 것이고, 만일 타인에게 빌려 주면 더 적은 이자밖에 가져올 수 없는 나라, 또 거기서 얻을 수 있는 매우 적은 수입으로는 생활필수품과 편의품을 매우 조금밖에 구매할 수 없는 나라에 기꺼이 살고 있는 것이다. 그런 부유한 사람들이 살고 있으면, 그밖에 어떤 불이익이 있더라도 필연적으로, 그 나라에 어느 정도 산업을 유지할 수 있게 된다. 공화정체를 파괴하고 모든 행정을 귀족과 군인의 수중에 넘김으로써, 그런 부유한 상인들의 중요성을 무위로 돌려버리는, 뭔가의 정치적 재앙이 일어나면, 이윽고 그들은 이제 더 이상 존경받을 수 없게 된 나라에서 생활하는 것을 불쾌하게 느끼게 될 것이다. 그들은 자신들의 주거와 자본을 어딘가 다른 나라로 옮길 것이고, 네덜란드의 산업과 상업은 머지않아 그것을 지탱하고 있었던 자본을 뒤쫓게 될 것이다.

---

*143 젤란트(Zeeland)는 네덜란드와 함께 저지연합의 중요한 구성원. 둘 다 바다에 면해 있다. 스미스는 Zealand라고 쓰고 있다.

제3장
공채에 대하여

　상업의 확대와 제조업의 개량에 앞선 미개한 상태의 사회, 즉 상업과 제조업만이 도입할 수 있는 값비싼 사치품이 전혀 알려져 있지 않았을 때는, 큰 수입을 가진 사람은 내가 이 연구의 제3편에서 설명하려고 노력했듯이, 그 수입으로 될 수 있는 대로 많은 사람들을 부양하는 것 말고는, 그 수입을 소비하거나 누릴 방법이 없다. 큰 수입은 어느 시대에도 많은 양의 생활필수품에 대한 지배력을 가진다고 말할 수 있다. 사물의 그런 미개한 상태에서는, 그것은 보통, 많은 양의 필수품, 즉 거친 음식과 소박한 옷의 재료, 곡물과 가축, 양모와 생가죽으로 지불된다. 그 재료 가운데 대부분인, 그 소유자가 스스로 모두 소비할 수 없는 것에 대해, 그것과 교환할 수 있는 무언가를 상업이나 제조업이 공급해 주지 않는 경우에는, 그는 그 잉여를, 그것이 의식(衣食)을 제공할 수 있는 한 많은 사람들에게 베푸는 것 외에는 사용할 길이 없다. 사치스럽지 않은 접대와 허세를 부리지 않는 너그러운 마음씨가, 그런 상황에서는 부유한 명문의 주된 지출이었다.

　그러나 이것도 같은 3편에서 내가 제시하려고 노력했지만, 이런 지출에 의해 그들이 파멸하는 일은 거의 없다. 아무리 하찮은 것이라도 이기적인 쾌락에 열중하면 분별력 있는 사람들조차 파멸에 빠지지 않을 수 없다. 그 예로, 닭싸움에 미쳐 신세를 망친 사람이 많다. 그러나 내가 믿는 바로는, 방금 말한 것과 같은 접대와 너그러운 마음씨로 신세를 망친 사람은 그리 많지 않다.

　그런 반면, 사치스러운 접대와 허세를 부리는 헤픈 낭비는 많은 사람들을 파멸시켰다. 봉건 시대의 우리 조상들 사이에서, 계속 똑같은 가족이 오랜 기간에 걸쳐 영지를 계속 보유하는 것이 보통이었던 것은, 자신들의 소득 범위 안에서 생활하는 일반적인 기풍을 충분히 보여 주고 있다. 대지주가 늘 베풀고 있었던 시골식 접대는, 현대의 우리에게는 견실한 가정과 굳게 결부되어 있다고 생각하기 쉬운 관습과 양립할 수 없다고 생각될지도 모르지만, 그들이 일반적으로는 적어도 모든 소득을 탕진해 버리지는 않을 정도로 소박했다는 것은 분명히 인정하지 않으면 안 된다. 그들의 양모와 생가죽의 일부를 돈받고 팔 수 있는 기회를 그들은 얼마든지 가지고 있었다. 아마 그들은, 그 화폐의 일부를 그때의 사정이 제공할 수 있었던 약간의 허영과 사치의 대상을 사들이는 데 썼겠지만, 또한 그 일부를 비축해 두는 것이 일반적이었던 것으로 생각된다.

사실 그들은, 절약한 화폐가 얼마가 되든, 저장해 두는 것 외에는 도무지 어떻게 할 방법이 없었다. 장사하는 것은 상류층으로서는 불명예였고, 이자받고 돈을 빌려 주는 것도 당시에는 고리대금업으로 간주되어 법률로 금지되어 있었기 때문에 너 말할 것도 없었다. 뿐만 아니라 폭력과 무질서의 시대였던 그때는 돈을 가까이 지니고 있는 것이 편리했고, 고향을 떠날 수밖에 없는 일이 일어나더라도, 그 가치가 알려져 있는 것을 어디든 안전한 장소로 가지고 갈 수 있었다. 폭력에 대해서는 저장하는 것이 편리하지만, 그 폭력은 저장한 것을 숨기는 데도 마찬가지로 편리했다. 발굴재보,[*1] 즉 소유자를 알 수 없는 재보의 발견이 빈발한 것은, 저장과 저장물의 은닉이 당시에 자주 있었다는 것을 충분히 보여 주고 있다. 발굴재보는 당시에 주권자의 수입의 중요한 한 부문으로 생각되고 있었다. 현대에는, 왕국의 발굴재물을 모두 합쳐도, 드넓은 영지를 소유한 시골지주 한 사람 수입의 중요한 일부가 되는 일은 아마 거의 없을 것이다.

절약하고 축적하는 성향은 국민뿐만 아니라 주권자에게 있어서도 지배적이었다. 상업과 제조업이 거의 알려져 있지 않은 국가에서는, 이미 제4편에서 설명한 것처럼, 주권자는 축적에 필요한 절약에 노력하려는 마음을 자연히 일으키는 상황에 놓이게 된다. 그런 상황에서는, 주권자의 지출도 궁정의 화려함을 좋아하는 허영심에 좌우되는 일이 없다. 당시의 무지로 인해, 그런 화려함을 가꾸는 장식품은 조금밖에 제공되지 않았다. 상비군은 당시에 필요하지 않았고, 따라서 주권자의 경비도 다른 어떤 대영주의 경비와 마찬가지로, 자신의 차지인에 대한 하사품이나 신하에 대한 접대 외에는 거의 아무것도 쓸 수 없

---

*1 발굴재보(treasure-trove)는 땅 속에 한하지 않고, 어디서든 발견된 무주물(無主物)을 가리키며, 모두 국왕의 소유가 되었다. 또 이 이론은 땅 속의 광물자원에도 적용되었다.

었다. 그러나 하사품이나 접대가 터무니없이 큰 지출이 되는 경우는 매우 드물었다. 물론 허영심은 거의 언제나 그렇게 되기 마련이었다. 따라서 유럽의 옛 주권자는 모두, 이미 말한 것처럼 재보를 소유하고 있었다. 현대에 있어서는 모든 타타르인 수장이 재보를 소유하고 있다고 전해진다.

온갖 종류의 값비싼 사치품이 풍부한 상업국에서의 주권자는 영내의 거의 모든 대지주와 마찬가지로, 자신의 수입의 대부분을 자연히 그런 사치품 구입에 소비한다. 그 자신의 나라도 이웃 나라도, 궁정을 화려하지만 무의미하게 장식하는 온갖 값비싼 장식물을 풍부하게 그들에게 공급한다. 그의 귀족들은, 그것과 종류는 같지만 비교적 그것보다는 못한 장식물을 위해 하인을 해고하고 차지인을 독립시켜, 차츰 자기 영지 안에 있는 대부분의 부유한 시민들과 마찬가지로 중요하지 않은 존재가 된다. 그들의 행동을 좌우하는 하잘 것 없는 정념이 그의 행동에 영향을 미친다. 그의 영지 안에서 어떻게 그만이 이런 종류의 쾌락에 무감각한 부자라고 생각할 수 있단 말인가. 그가 수입의 대부분을 그런 쾌락에 소비하며 나라의 방위력을 크게 약화시키는 것은 매우 있을 법한 일이지만, 설사 그렇게 하지 않는다 해도, 그 방위력을 유지하는 데 필요한 부분을 초과하고 남는 수입을, 모두 그런 쾌락에 소비하지 않을 것이라고는 좀처럼 기대할 수 없다.

그의 경상지출은 그의 경상수입과 같아져서, 지출이 수입을 때때로 초과하는 일이 없으면 그나마 다행한 일이 된다. 재보의 축적은 더 이상 기대할 수 없고, 긴급한 비상사태가 발생하여 임시 지출이 필요해지면, 그는 필연적으로 국민들에게 임시 원조를 요청하지 않으면 안 된다. 프랑스의 앙리 4세가 1610년에 사망한 이후, 상당한 재보를 축적했다고 생각되는 것은 유럽의 대군주 가운데 프로이센의 현 국왕과 전 국왕뿐이다. 축적을 향하는 길인 절약은 공화제 정부나 군주제 정부에 있어서 거의 마찬가지로 희귀한 일이 되고 말았다. 이탈리아의 여러 공화국과 저지연합제주*²도 모두 빚을 지고 있다. 베른 주는 유럽에서 상당한 재보를 축적하고 있는 유일한 공화국이다. 스위스의 다른 공화국은 재보를 가지고 있지 않았다. 일종의 미관, 적어도 장려한 건물이나

---

*2 저지연합제주(United Provinces of the Netherlands)는 네덜란드를 가리키는 말. 스미스는 이제까지 '연합제주'라고 써 왔지만, 이곳만은 '저지'를 덧붙였다. 네덜란드라고 할 때는 그 일부분을 가리키는 것일 것이다.

그밖의 공공 장식물에 대한 기호는, 때때로 겉으로는 수수해 보이는 소공화국의 원로원에 있어서도, 국왕의 최대의 화려한 궁정과 마찬가지로 유력하다.

평시에 절약*³을 해 두지 않으면, 전시에 채무계약을 하지 않을 수 없게 된다. 전쟁이 일어나도, 국고에는 평시의 통상경비를 충당하는 데 필요한 돈밖에 없다. 전쟁이 일어나면, 국가의 방위를 위해 통상경비의 3, 4배의 편성이 필요해지고, 따라서 평시 수입의 3, 4배의 수입이 필요해진다. 주권자가 경비 증대와 함께 수입을 증대시키는 직접적인 수단을 가지고 있는 일은 좀처럼 없지만, 가지고 있다 해도 수입의 이 증가액이 염출되어야 하는 세수가 국고에 들어오기 시작하는 것은 아마 과세한 뒤 10개월 내지 12개월이 지나서야 가능할 것이다. 그러나 전쟁이 시작된 순간, 또는 시작될 것으로 예상하는 순간, 군대를 승원해야 하고, 함대를 의장(艤裝 : 선박에 필요한 모든 선구나 기계를 장비해 출범 준비를 함)해야 하며, 수비대가 있는 도시는 방위 태세를 갖춰야 하고, 그 군대와 함대 및 수비대가 주둔한 도시에는 무기·탄약·식량을 공급해야 한다. 직접적인 위험이 닥쳐온 그 순간에 직접적으로 거액의 지출이 발생하며, 그것은 새로운 세금에서의 느리고 완만한 유입을 기다려 주지 않는다. 이런 긴급사태에 정부는 차입 외에는 재원이 있을 수 없다.

사회의 상업적인 상태로 인해, 정부는 풍습적*⁴인 여러 가지 원인의 작용으로 차입의 필요에 쫓기게 되는데, 그와 같은 상업 상태는, 국민들의 대부 능력과 성향을 낳는다. 그것이 차입의 필요를 초래하는 것이라면, 그것은 또한 마찬가지로 차입의 편의도 도모해 주게 마련이다.

상인이나 제조업자가 많은 나라는 필연적으로 다음과 같은 사람들이 많은 나라이다. 즉, 그들 자신의 자본뿐만 아니라, 그들에게 돈을 빌려 주거나 재화를 위탁하는 모든 사람들의 자본이, 그들의 손을 통해 빈번하게 유동하며, 그 빈도는 장사도 사업도 하지 않고 자신의 소득으로 생활하고 있는 개인의 수입이 그 사람의 손을 거치는 빈도와 같거나, 그보다 많다. 그런 개인의 수입이 규칙적으로 그 사람의 손을 거치는 것은 1년에 한 번뿐이다. 그런데 대금 회수가 매우 빠른 거래에 종사하는 상인의 자본이나 신용의 총액은, 때로는 1년에 2

---

*3 절약으로 번역한 parsimony는 '인색한'이라는 부정적인 의미로 쓰이지만, 그렇지 않은 예로서 OED(옥스퍼드 영어사전)는 여기서의 용법을 들고 있다.
*4 풍습적이라는 것은 한 마디로 말해 사치의 증대 같은 생활 풍조를 말한다.

번, 3번, 또는 4번도 그의 손을 거칠 것이다. 따라서 상인이나 제조업자가 많이 있는 나라에는, 만일 그들이 마음만 먹으면 언제라도 매우 거액의 화폐를 정부에 선대할 수 있는 능력을 갖추고 있는 다수의 사람들이 반드시 있다. 그러므로 상업국의 국민들에게는 대부할 능력이 있는 것이다.

정규 사법행정의 혜택을 누리지 못하고, 국민이 재산 소유를 보장받고 있다고 느끼지 못하며, 계약의 신의가 법률에 의해 보호되지 않고, 국가의 권위가 지불 능력이 있는 모든 사람들에게 언제라도 채무지불을 강제할 수 있는 것으로 생각되지 않는 나라에서는, 상업과 제조업이 오래도록 번영하는 일은 매우 드물 것이다. 요컨대 상업과 제조업은, 정부의 정의에 대한 어느 정도의 신뢰가 없는 국가에서는, 어디서든 좀처럼 번영할 수 없는 것이다. 대상인이나 대제조업자로 하여금, 통상의 경우에 자신의 재산을 특정한 정부의 보호에 맡길 수 있게 하는 신뢰가, 비상의 경우에 그 정부에 자신의 재산 사용을 맡길 수 있게 만드는 것이다.

정부에 돈을 빌려 주었다고 해서, 한 순간이라도 그들의 상업과 제조업을 영위해 가는 능력이 감소하는 일은 없다. 오히려 그들은 흔히 그것을 증가시킨다. 국가가 필요에 쫓기고 있기 때문에, 정부는 대부분의 경우, 대부자(貸付者)에게 매우 유리한 조건이라도 적극적으로 빌리려고 한다. 정부가 최초의 채권자에게 건네주는 채무증서는, 다른 어떤 채권자에게도 양도가 가능하고, 또한 국가의 정의에 대한 보편적인 신뢰에 의해, 이 증서는 일반적으로 최초의 불입액보다 높은 값으로 시장에서 거래된다. 상인이나 부자는 정부에 돈을 빌려줌으로써 돈을 벌어, 자신의 영업자본을 줄이기는커녕, 늘리는 셈이 된다. 따라서 만일 행정부가 신규기채(新規起債 : 새로이 공채를 모집함)를 최초로 모집할 때, 그의 참여를 인정한다면 보통 그는 그것을 은혜로 여긴다. 그리하여 상업국의 국민은 기채에 응하는 성향이나 의사를 가진다.

그런 국가의 정부는, 비상시에 자신들의 화폐를 빌려 주는 국민의 능력과 의욕에 매우 의존하기 쉽다. 정부는 쉽게 돈을 빌릴 수 있다는 것을 예견하고, 따라서 저축 의무를 스스로 포기해 버리는 것이다.

사회가 미개한 상태에서는, 대규모 상업자본이나 제조업자본이 없다. 개개인이 절약할 수 있는 화폐를 모두 보유하고 보유물을 은닉하는 것은 정부의 정의에 대한 불신 때문이며, 또 만일 보유한 사실과 그 장소가 알려진다면 당장 약탈당할 것이라는 두려움 때문이다. 그런 상황에서는 비상시에 정부에 자신의 화폐를 빌려 줄 수 있는 자는 거의 없고, 또 기꺼이 빌려 주는 자도 없을 것이다. 주권자는 저축에 의해 그런 비상시를 대비하지 않으면 안 된다고 느끼는데, 그것은 빌리는 것이 절대로 불가능하다는 것을 예견하고 있기 때문이다. 그리고 이 예견이 그의 자연적인 저축 성향을 더욱 키우게 되는 것이다.

현재 유럽의 모든 국민을 억압하고 있고, 장기적으로는 아마 파멸시켜 버리게 될 거액의 채무 진행 과정은 상당히 일률적이었다. 여러 국민은 일반적으로, 개인들과 마찬가지로 부채의 지불을 위해 특정한 원자(原資)를 전용하거나 저당잡히지 않고, 이른바 대인신용(對人信用)으로 돈을 빌리기 시작했다. 그러나 이 정책이 순조롭게 진행되지 않게 되었을 때, 특정한 원자를 전용하거나 저당잡혀서 빌리게 되는 것이다.

그레이트브리튼의 이른바 무담보 공채는, 그런 두 가지 방법 가운데 전자의 방법으로 계약되는 것이다. 그 일부는 무이자이거나 무이자로 여겨지는 채무로, 그것은 개인이 대차계정으로 계약하는 채무와 비슷하고, 또 일부는 이자가 붙는 채무로, 그것은 개인이 자신의 어음 또는 약속어음을 근거로 계약하는 채무와 비슷하다. 비상업무 또는 지급준비 없이 시킨 업무, 수행할 때 지불하지 않은 근무를 근거로 하는 채무, 즉 육군·해군·군수품부의 특별수당의 일부, 외국의 왕후에 대한 보조금의 미불잔액, 선원 급료의 미불금 등이 흔히 이 제1종 채무의 내용이다.

때로는 그런 채무의 일부를 지불하기 위해, 또 때로는 다른 목적을 위해 발행되는, 해군어음과 국고증권이 제2종의 채무이며, 국고증권은 발행 당일부터, 해군어음은 발행 6개월 뒤부터 이자가 붙는다. 잉글랜드 은행은 자발적으로 그런 어음을 시가로 할인함으로써, 또는 정부와 협정하여 국고증권을 유통시키는 것에 대해 일정한 배려를 하는 것, 즉 그때 만기가 된 이자를 지불하고 그 증권을 액면가로 인수함으로써, 그 가치를 유지하고 유통을 쉽게 하며, 그로 인해 또 정부가 이런 종류의 매우 거액의 채무를 계약하는 것을 때때로 가능하게 한다.

은행이 없는 프랑스에서는, 국채(billets d'état)*5가 때로는 60 내지 70퍼센트

---

*5 Examen des Reflexions politiques sur les finances [vol. 1, p. 225]를 참조할 것.(스미스 본인의 주)
　　이 책에 대해서는 이 역서 제2편 제2장 〈주〉 14 참조.

할인되어 팔렸다. 국왕 윌리엄 시대의 대규모 개주(改鑄 : 고쳐 , 주조함) 기간에, 잉글랜드 은행이 통상의 거래업무를 정지하는 것이 적절하다고 생각했던 당시, 국고 증권과 계산서는 25퍼센트에서 60퍼센트 할인되어 팔렸다고 한다. 그것은 의심할 여지없이 혁명에 의해 수립된 새 정부가 불안해 보였기 때문이지만, 한편으로는 잉글랜드 은행에 대한 지지가 없었기 때문이기도 하다.

이 수단도 다하여, 자금을 조달하기 위해 공공수입의 어떤 특정한 부문을 그 채무지불의 담보로 제공하거나 저당잡히는 것이 필요해지면, 정부는 경우에 따라 두 가지의 다른 방법으로 그렇게 해 왔다. 정부는 이 담보 또는 저당을, 때로는 예를 들어 1년 또는 몇 년의 단기간으로 하고, 때로는 무기한으로 했다. 전자는, 그 기금이 한정된 기간 안에 차입금의 원금과 이자를 모두 상환하는 데 충분하다고 생각되는 경우이다. 후자는 기금이 이자 또는 이자에 상당하는 무기연금만 지불하는 데 충분하다고 생각되는 경우로, 그때 정부는 차입한 원금은 돌려 주고 이 연금은 언제 상환하든지 자유였다. 전자의 방법으로 자금이 조달되는 경우에는, 전차(前借 : 어떤 조건 아래 갚기로 하고 앞당겨 빚을 얻어 씀)에 의한 조달이라 하고, 후자의 방법으로 조달되는 경우에는 무기공채(無期公債 : 원금상환 기한을 미리 정하지 않은 공채)에 대한 차환(借換 : 새로 증권을 발행하여 그 돈으로 이미 발행한 증권을 반환함)에 의한 조달, 또는 더욱 간단하게 차환에 의한 조달이라고 했다.

그레이트브리튼에서는 매년의 지조(地租)와 맥아세는 그런 세금을 부과하는 법률에 항상 삽입되는 차입조항에 의해 해마다 규칙적으로 전차되고 있다. 잉글랜드 은행은 일반적으로, 혁명 이래 8퍼센트에서 3퍼센트로 변화해 온 이자를 받고, 앞으로 들어올 세금을 양도받는 조건으로 그 금액을 전대(前貸 : 미리 꾸어줌)하고, 세수가 차츰 들어옴에 따라 지불을 받는 것이다. 만일 늘 있는 일이지만, 결손이 발생하면 이듬해의 세입으로 충당된다. 공공수입 가운데 아직 저당잡히지 않은 유일한 중요 부문도, 이렇게 하여 수납도 되기 전에 규칙적으로 소비되고 만다. 필요에 쫓겨 자신의 수입이 규칙적으로 들어오는 것을 기다릴 수 없는 무분별한 낭비가와 마찬가지로, 국가도 자신의 지배인이나 대리인에게서 빚을 얻고 자신의 돈을 쓰는 데 이자를 지불하는, 끊을 수 없는 습관에 빠져 있는 것이다.

무기공채에 대한 차환이라고 하는 관행에 지금처럼 익숙하지 않았던, 국왕 윌리엄 시대와 앤 여왕 시대의 대부분을 통해, 새로운 세금은 거의 모두 단기간(4·5·6 또는 7년 동안만)밖에 부과되지 않았고, 매년의 지출예산액은 대부분 그런 세수의 전차에 의한 차입금이었다. 그 세수는 때때로 차입금의 원금과 이자를 한정된 기간 안에 지불하기에는 충분하지 않아, 부족이 발생했고, 그것을 메우기 위해 기한 연장이 필요해졌다.

1697년에 윌리엄 3세 8년의 법률 제20호에 의해, 몇 가지 세금의 결손액이 당시 제1차 일반저당 또는 기금이라 불리고 있었던 것의 부담이 되고 있었는데, 그것은 더욱 단기간에 기한이 닥쳐올 예정이었던 몇 가지 세금의 과세 기간을 1706년 8월 1일까지 연장하고, 그 세수를 축적하여 하나의 공동기금으로 만든 것이었다. 이 기한이 연장된 세금에 부담시킨 결손액은 516만 459파운드 14실링 9펜스 4분의 1에 이르렀다.[*6]

1701년에 그런 세금은 다른 몇 가지 세금과 함께, 같은 목적을 위해 1710년 8월 1일까지 연기되어, 제2차 일반저당 또는 기금으로 불렸다. 그것이 부담하게 된 결손액은 205만 5999파운드 7실링 11펜스 2분의 1에 이르렀다.

1707년에 그런 세금은 신규차입금을 위한 기금으로서 다시 1712년 8월 1일까지 연기되어, 제3차 일반저당 또는 기금으로 불렸다. 그것을 근거로 빌릴 수 있었던 금액은 98만 3254파운드 11실링 9펜스 4분의 1이었다.

1708년에 그런 세금은 모두(다만, 절반만이 이 기금의 일부가 된 톤세 및 파운드세라는 옛 상납금과, 합방의 여러 조항에 의해 폐지된 스코틀랜드산 마직물의 수입세를 제외하고) 신규차입금을 위한 기금으로서, 다시 1714년 8월 1일까지 계속되어, 제4차 일반저당 또는 기금으로 불렸다. 그것을 근거로 빌릴 수 있었던 금액은 92만 5176파운드 9실링 2펜스 4분의 1이었다.

1709년에 그런 세금은 모두(이제 이 기금에서 완전히 제외된 톤세 및 파운드세라는 옛 상납금을 제외하고) 같은 목적을 위해 다시 1716년 8월 1일까지 계속되어, 제5차 일반저당 또는 기금으로 불렸다. 그것을 근거로 빌릴 수 있었던 금액은 92만 2029파운드 6실링 0펜스였다.

1710년에 그런 세금은 다시 1720년 8월 1일까지 연장되어, 제6차 일반저당 또는 기금으로 불렸다. 그것을 근거로 빌릴 수 있었던 금액은 129만 655파운

＊6 여기서부터 1717년까지의 자료는 James Postlethwayt, *The history of the public revenue, from the revolution in 1688, to Christmas 1753 ; with an appendix completing the same to Christmas 1758…* London, 1759(ASL 1350), pp. 38, 40, 59, 63, 68, 71, 303, 305.

드 9실링 11펜스 4분의 3이었다.

1711년에 같은 여러 세금은(이때는 이렇게 하여 네 가지의 다른 전차에 충당되고 있었다) 다른 몇 가지의 세금과 함께 영속하게 되었고, 남해회사 자본의 이자를 지불하기 위한 기금이 되었다. 이 회사는 그 해에 채무지불과 결손 보전용으로 917만 7967파운드 15실링 4펜스를 정부에 대출했고, 그것은 당시로서는 일찍이 없었던 최대의 대출금이었다.

이 시기 이전에는, 채무의 이자를 지불하기 위해 항구적으로 부과된, 중요한, 그리고 내가 아는 한으로는 유일한 세금은 잉글랜드 은행과 동인도 회사에 의한 정부에 대한 대출금 및 계획 중이었던 토지은행*7에 의한, 기대했지만 실현되지 않았던 정부에 대한 대출금의 이자를 지불하기 위한 것이었다. 그 당시 잉글랜드 은행에서의 기금은 337만 5027파운드 17실링 10펜스 2분의 1이고, 그것에 대해 20만 6501파운드 13실링 5펜스의 연금, 즉 이자가 지불되었다. 동인도 회사에서의 기금은 320만 파운드이고, 그것에 대해 16만 파운드의 연금, 즉 이자가 지불되었다. 잉글랜드 은행에서의 기금 이율은 6퍼센트, 동인도 회사에서의 기금 이율은 5퍼센트였기 때문이다.

1715년에는, 조지 1세 1년의 법률 제12호에 의해 잉글랜드 은행에 대한 연금을 지불하기 위해 저당잡혔던 여러 가지 세금은, 이 법률에 의해 마찬가지로 영구화된 다른 몇몇 세금과 함께, 집적기금(集積基金)으로 불리는 하나의 공동기금이 되어, 잉글랜드 은행 연금의 지불뿐만 아니라 다양한 종류의 다른 몇 가지 연금과 부담금도 인수하게 되었다. 이 기금은, 나중에 조지 1세 3년(1717)의 법률 제8호 및 조지 1세 5년(1719) 법률 제3호에 의해 증액되었고, 그때 추가된 다양한 세금과 마찬가지로 영구화되었다.

1717년 조지 1세 3년 법률 제7호에 의해, 다른 몇 가지 세금이 영구화되었고, 총액 72만 4849파운드 6실링 10펜스 2분의 1이 되는 일정한 연금지불용으로 통합되어 일반기금이라 불리는 또 하나의 공동기금이 조성되었다.

그런 다양한 법률의 결과, 전에는 짧은 연수를 한정하여 전차되고 있었던 세금의 대부분이, 다양하고 계속적인 전차에 의해, 그런 세금을 담보로 빌린

---

*7 토지은행(land bank)은 지주가 토지를 담보로 융자를 받을 수 있는 은행으로, 휴 챔벌렌(Hugh Chamberlen, 1630~1720)이 1693년에 National Land Bank를 제안하여, 1696년에 의회법이 생겼으나 잉글랜드 은행 등의 반대로 좌절되었다.

자금의 원금이 아니라 이자만 지불하는 기금으로서 무기화한 것이다.

만일 자금이 전차에 의해서만 조달된다면, 공공수입은 몇 년 만에 채무에서 해방되었을 것이다. 그 경우, 정부는 한정된 기간 안에 지불할 수 있는 것 이상의 채무를 기금에 지게 하여 과중한 부담이 되지 않게 하기 위해, 최초의 전차 기간이 만료되기 전에 제2의 전차를 하지 않도록 주의하면 되었다. 그러나 대부분의 유럽 정부는 그런 주의를 기울일 수가 없었다.

여러 정부는 맨 처음에 전차할 때도 기금에 과중한 부담을 지게 한 적이 때때로 있었고, 어쩌다가 그렇게 하지 않았을 때도, 일반적으로 최초의 전차 기한이 끝나기 전에, 제2·제3의 전차를 함으로써, 기금에 과중한 부담을 지도록 처리한 것이다. 이렇게 하여 기금은 그것을 담보로 빌린 자금의 원리금을 상환하는 데는 턱없이 부족해졌기 때문에, 기금에는 이자만, 또는 이자에 상당하는 무기연금만 부담시킬 필요가 생겼고, 그런 무분별한 전차는 필연적으로 무기공채에 대한 차환이라는 더욱 파괴적인 관행을 낳았다. 그러나 이 관행은 공공수입의 채무로부터의 해방을 확정적인 시기로부터 언제 이를지 모르는 매우 불확정한 시기로 필연적으로 연기하기는 하지만, 이 새로운 관행에 의한 것이, 전차라는 오래된 관행에 의한 것보다, 모든 경우에 더 많은 금액을 조달할 수 있기 때문에, 새로운 관행은 사람들이 일단 그것에 익숙해지고 나면, 국가에 위급한 사태가 발생하면 어디서나 오래된 관행보다 선호되었다. 당면한 긴급사태를 벗어나는 것이, 언제나 정국의 운영에 직접 종사하는 사람들의 주된 관심사이다. 공공수입의 채무로부터의 해방을 그들은 후손의 처리에 맡기는 것이다.

앤 여왕 시대, 시장이자율은 6퍼센트에서 5퍼센트로 떨어지고, 그녀의 시대 12년(1713)에는, 5퍼센트가 개인보장을 근거로 한 차입금에 대해 합법적으로 징수할 수 있는 최고의 비율이라고 포고되었다. 그레이트브리튼의 임시세는 대부분 영구화되고, 집적기금·남해기금·일반기금으로 배분되고 나서, 곧 공공에 대한 채권자도 개인에 대한 채권자와 마찬가지로 자기들의 자금에 대한 이자로 5퍼센트를 받게 되었다. 그것은, 그리하여 무기공채로 차환된 채무의 원금 대부분의 1퍼센트, 즉 위에서 말한 3대 기금에서 지불되는 연금 대부분에 대한 6분의 1의 절약을 가져왔다. 이 절약에 의해 누적되어 그런 기금이 된 다양한 세금의 수입은, 이제 그런 기금의 부담이 된 여러 가지 연금의 지불에 필요한 금액을 초과하여 상당한 잉여를 남기게 되었고, 그때부터 감채기금(減債

基金 : 국채·회사채를 갚기 위해 마련해 놓은 기금)으로 불리게 된 것의 기초를 마련했다. 1717년에는 그 잉여가 32만 3434파운드 7실링 7펜스 2분의 1에 이르렀다. 1727년에는 대부분의 공채이자는 다시 4퍼센트로, 1753년과 1757년에는 각각 3.5퍼센트와 3퍼센트로 인하되었다. 그 인하는 감채기금을 더욱 증대시켰다.

감채기금은 묵은 부채를 갚기 위해 마련된 것이지만, 신규기채를 매우 쉽게 만든다. 그것은 국가의 어떤 비상사태에 있어서, 어떤 깃이든 디른 의심스러운 기금에 근거하여 자금 조달을 시도할 때, 그것을 도와서 언제든지 저당잡힐 수 있는 보조적인 기금이다. 그레이트브리튼의 감채기금이 그 두 가지 목적 가운데 어느 쪽에 자주 쓰였는지는 차츰 충분히 밝혀질 것이다.

전차와 무기공채에 대한 차환이라는 두 가지 차입 방법 외에, 그런 것들 사이의 이른바 중간 위치를 차지하는 두 가지 방법이 있다. 유기연금에 의한 차입과 종신연금(終身年金 : 권리자가 사망할 때까지 매년 일정 금액을 탈 수 있는 연금)에 의한 차입이 그것이다.

월리엄 왕과 앤 여왕 시대에 때때로 유기연금에 근거하여 거액의 차입이 있었는데, 그 기한은 때에 따라 그 장단이 다양했다. 1693년에 100만 파운드를 14퍼센트의 연금, 즉 1년에 14만 파운드의 연금으로, 16년 동안 차입하는 법률이 통과되었다. 1691년에, 100만 파운드를 종신연금에 의해, 현재라면 매우 유리하게 생각될 만한 조건으로 차입하는 법률이 통과되었다. 그러나 응모액은 미달이었다. 이듬해, 14퍼센트의 종신연금, 즉 7년이 조금 넘는 구매 연수의 종신연금에 의한 차입으로 그 부족이 보충되었다. 1695년에는 그런 연금을 구입한 자는 액면가 100파운드당 63파운드를 국고에 불입하면, 96년 기한의 다른 연금과 교환하는 것이 인정되었다.

즉, 종신의 14퍼센트와 96년 동안의 14퍼센트의 차이를 63파운드, 즉 4년 반의 구매 연수로 팔기로 한 것이다. 이런 조건으로도 적은 구매자밖에 얻지 못했을 만큼, 정부는 불안하게 생각되고 있었다. 앤 여왕 시대에는 종신연금과 32년·89년·98년·99년의 유기연금에 의해 다양한 경우에 자금이 차입되었다. 1719년에는 32년의 유기연금 소유자와, 그 연금을 대신하여 11년 반의 구매 연수의 연금에 상당하는 금액의 남해회사 주식을, 마침 당시에 지불 기한이 도래해 있었던 연금 원금의 미불액과 같은 양의 주식을 추가하여 인수해야 했다. 1720년에는 그밖의 장기 및 단기연금의 대부분이 같은 기금에 편입되었다. 그때의 장기연금은 연액으로 쳐서 66만 6821파운드 8실링 3펜스 2분의 1에 이르렀다. 1775년 1월 5일에는 그 잔액, 즉 그때 남해기금에 편입되지 않았던 금액은 13만 6453파운드 12실링 8펜스밖에 되지 않았다.

1739년과 1755년에 시작된 두 번의 전쟁 사이에, 유기연금 또는 종신연금에 의해 차입된 자금은 조금밖에 되지 않는다. 그러나 98년 또는 99년의 연금은 무기연금과 거의 같은 금액의 자본에 상당하는 가치가 있었고, 따라서 거의 같은 금액을 차입하는 기금이 될 것으로 생각한 사람이 있었을지도 모른다. 그러나 가족 재산을 조성하여 먼 장래에 대비하기 위해 정부주(政府株)*8를 사는 사람들은, 가치가 계속 감소해 가는 것은 사려고 하지 않을 것이며, 그런 사람들이 그 주식의 소유자와 매수자의 매우 큰 부분을 차지한다. 따라서 장기연금은 그 내재적 가치는 무기연금의 내재적 가치와 거의 같지만, 그것과 거의 같은 수의 구매자는 얻지 못할 것이다.

일반적으로 자신의 응모분을 될 수 있는 대로 빨리 팔고 싶어하는 신규차입 응모자는, 액면만 같은 금액이고 중도상환이 없는 연금보다, 의회의 결정에 따라 상환 가능한 무기연금을 훨씬 더 선호한다. 무기연금의 가치는 항상 같거나 거의 같다고 생각할 수 있으며, 따라서 장기연금보다 편리하고 양도가 가능한 주식이다.

위에서 설명한 두 번의 전쟁 동안, 연금은 유기연금이든 종신연금이든 신규차입의 응모자에 대한 프리미엄으로서 외에는, 다시 말해 그 신용을 근거로 차입이 이루어진 것으로 여겨지는 상환연금, 즉 이자를 초과하여 주어지는 것 외에는 좀처럼 없었다. 그것은 자금을 빌릴 수 있는 기초인 본디의 기금으로서가 아니라, 대주(貸主 : 돈을 빌려주는 사람)에 대해 추가적으로 장려금으로서 주어진 것이다.

종신연금은 경우에 따라 두 가지의 다른 방법으로 주어져 왔다. 즉 개개의 생명에 대해서, 또는 한 무리의 생명에 대해서이며, 후자는 프랑스에서는 발명자의 이름*9을 따서 톤틴이라고 불리고 있다. 연금이 개개인의 생명에 대해 주어지는 경우에는, 개개인의 연금수령자가 죽으면 공공수입의 부담은 그 연금에 관한 한 가벼워진다. 톤틴 연금의 경우는, 공공수입이 부담으로부터 해방되는 것은, 20명이나 30명으로 구성되어 있는 경우도 있는 단체 연금수령자가 전원 사망하기 전에는 시작되지 않는다. 그 가운데 생존자가 자신들보다 먼저

---

*8 정부주(public stock)는 공채(public debt)의 딴이름.

*9 로렌초 톤티(Lorenzo Tonti, 1620~1690)는 나폴리 출신의 금융업자.

죽는 사람들의 연금을 물려받으며, 마지막 생존자가 전원의 연금을 물려받게 되어 있기 때문이다. 같은 금액의 공공수입을 기초로 하고 있어도, 톤틴 연금이 개별 종신연금보다 항상 많은 자금을 조달할 수 있다.

잔존자의 권리가 있는 연금은 같은 금액의 개별 종신연금보다 실제상으로 가치가 있고, 누구든지 자기 자신의 행운에 대해 자연히 품고 있는 자신감, 즉 모든 복권 당첨의 기초가 되는 원리에서, 그런 연금은 어느 정도 실질적인 가치보다 비싸게 팔리는 것이 보통이다. 정부가 흔히 연금을 줌으로써 자금을 조달하는 나라에서는, 따라서 톤틴 연금이 개별 종신연금보다 일반적으로 인기가 높다. 최대의 자금을 조달할 수 있는 수단이 공공수입의 해방을 가장 빨리 가져다 줄 것으로 예상되는 수단보다 거의 언제나 선호되는 것이다.

프랑스에서는 공채 속의 종신연금의 비율이 잉글랜드보다 훨씬 높다. 1764년에 보르도 고등법원이 국왕에게 제출한 보고서*10에 의하면, 프랑스의 공채 총액은 24억 리브르로 견적되어 있고, 그 가운데 종신연금이 주어진 원금은 3억 리브르, 즉 공채 전체의 8분이 1이 된다고 계산되어 있다. 연금 자체는 1년에 3000만, 즉 공채 전체의 추정이자 1억 2000만의 4분의 1로 계산되어 있다. 이런 견적이 정확하지 않다는 것을 나는 잘 알고 있지만, 매우 존경스러운 단체에 의해 진실에 가까운 것으로 제출된 것이므로, 그런 것으로 여겨도 무방할 것으로 생각된다. 프랑스와 잉글랜드, 두 정부의 각각의 차입 방법에 이런 차이가 생기는 것은, 공공수입의 부담으로부터의 해방에 대한 양쪽의 열의의 차이 때문이 아니다. 그것은 오로지 대주의 견해와 이해관심의 차이에서 생기는 것이다.

잉글랜드에서는 정부 소재지가 세계 최대의 상업 도시이므로, 자금을 정부에 대부하는 사람들은 일반적으로 상인이다. 자금을 빌려 줌으로써 그들은 자신들의 상업자본을 줄이려는 것이 아니라 반대로 늘리려는 것이고, 신규 차입에 응모하는 것도 자신들의 응모분을 조금의 이윤을 붙여서 파는 것을 기대하

---

*10 스미스는 1764년 3월에 보르도를 거쳐 툴루즈에 도착, 이듬해 10월까지 머물렀다. 그의 장서 속에는 보르도 고등법원의 다음과 같은 문서가 들어 있다. *Mémoire sur la libération de l'état et le soulagement des peuples, présenté par le parlement séant à Bordeaux, en conséquence de la déclaration du roi du mois de novembre 1763, & de l'article V. des lettres-patentes du 12 juillet 1764*, n.p., 1764(ASL 1247).

기 때문이며, 그렇지 않다면 그들은 결코 응모하지 않을 것이다. 그러나 자신들의 자금을 빌려 주어도, 무기연금이 아니라 종신연금을 구입하게 될 뿐이라면, 그 종신연금이 자신들의 것이든 타인의 것이든 그들은 반드시 이윤을 붙여서 그것을 팔 수 있는 가능성이 높다고 할 수 없다.

자기 자신의 생명에 대한 종신연금이라면, 그들은 그것을 팔면 반드시 손해를 보게 된다. 왜냐하면 자기 자신의 나이나 건강 상태와 거의 같은 타인의 생명을 대상으로 하는 연금에, 자기 자신의 생명을 대상으로 하는 연금에 지불하는 것과 같은 값을 지불할 사람은 아무도 없을 것이기 때문이다. 분명히 제3자의 생명에 대한 연금이라면, 의심할 여지없이 구매자에게도 매도자에게도 같은 가치를 가지지만, 그 실질가치는 연금이 교부된 순간부터 줄어들기 시작하여, 그것이 존속하는 한 계속 줄어든다. 따라서 이런 연금은 결코, 그 실질가치가 항상 같거나 거의 같다고 볼 수 있는 무기연금만큼 편리하고 환금이 가능한 주(株)는 될 수 없는 것이다.

프랑스에서는, 정부의 소재지가 대상업 도시는 아니므로 정부에 자금을 빌려 주는 사람들 가운데 상인은 그리 큰 비율을 차지하지 않는다. 국가의 모든 비상시에 자신의 자금을 빌려 주는 사람들은 대부분 재정관계의 사람들, 즉 징세 청부인, 청부제를 채택하지 않은 세금의 수납관, 궁정 은행가 등이다. 그런 사람들은 보통 출신은 비천하지만, 큰 재산을 이루어 때때로 매우 교만한 사람들이다. 그들은 자신들과 같은 신분의 사람들과 결혼하기에는 자부심이 너무 강하지만, 신분이 높은 여성은 그들과의 결혼을 경멸한다. 그래서 그들은 때때로 독신으로 살기로 결심한다. 그들은 가족도 없고, 친척에 대해 그다지 아랑곳하지도 않으며, 또 친척으로 인정하는 것을 결코 좋아하지 않기 때문에, 자신의 삶을 화려하게 보내기만을 원하고, 자신의 재산이 자기 대에서 끝나는 것을 마다하지 않는다. 게다가 결혼을 싫어하거나, 생활 사정에서 결혼하는 것이 부적당하거나 불편한 부자의 수는, 프랑스 쪽이 잉글랜드보다 훨씬 많다. 자손을 위한 배려를 거의, 또는 전혀 하지 않는 사람들로서는, 자기 자본을 자신이 원하는 동안만 존속하게 하고 그 이상은 존속하게 하지 않는 수입과 교환하는 것만큼 편리한 것은 없다.

거의 모든 근대 정부의 평시의 경상지출은, 경상수입과 같거나 거의 같기 때문에, 전쟁이 일어나면 정부는 그 비용의 증대에 따라 수입을 증가시키는 것을 좋아하지 않고, 또 그럴 능력도 없다. 좋아하지 않는 것은 국민의 분노를 사는 것이 두려워서인데, 국민들은 그렇게 크고 갑작스러운 증세에 의해 곧 전쟁을 싫어할 것이기 때문이다. 정부에 그럴 능력이 없는 것은, 필요한 수입을 올리기 위해서는 어떤 세금이 있으면 되는지 잘 모르기 때문이다. 차입의 쉬움은, 그렇지 않은 경우 이 두려움과 무능력이 불러일으킬 당혹감으로부터 정부를 해방시킨다. 정부는, 차입을 통해 매우 가벼운 증세로 전쟁을 속행하는 데 충분한 자금을 해마다 조달할 수 있고, 또 무기공채에 대한 차환이라는 관행을 통해 최대한 적은 증세로 해마다 최대한 많은 자금을 조달할 수 있다.

대제국에서는 수도에 사는 사람들이나 전쟁터에서 멀리 떨어진 속주에 사는 사람들은, 대부분 전쟁에서 거의 아무런 불편도 느끼지 않으며, 자국의 함대와 군대의 전과를 신문으로 읽는 즐거움을 편안하게 만끽한다. 그들에게 이 즐거움은, 전쟁 때문에 지불하는 세금과 평시에 늘 지불하고 있던 세금 사이의 조금의 차이를 보상해 준다. 그들은 보통 평화의 회복에 불만을 느낀다. 그렇게 되면 자신들의 즐거움은 사라지고, 또 전쟁이 더 오래 계속되는 데서 오는 정복과 국민적 영광이라는 수많은 환상적인 희망도 끝나버리기 때문이다.

사실은 평화의 회복이 그들을 전쟁 중에 부과된 세금의 대부분으로부터 해방시키는 일은 거의 없다. 이런 세금은 전쟁을 수행하기 위해 일으킨 부채의 이자를 위해 저당되어 있다. 만일 지금까지의 수입과 새로운 세금을 합친 것이, 이 부채의 이자를 지불하고 정부의 통상경비를 충당하고도 조금의 잉여 수입을 남긴다면, 아마 그것은 부채를 상환하기 위한 감채기금으로 전환될 것이다. 그러나 첫째로 이 감채기금은 설령 다른 목적에는 쓰이지 않는다고 가정하더라도, 평화가 계속될 것으로 기대되는 기간 안에 전쟁 중에 계약된 모든 부채를 상환하는 데는 일반적으로 매우 불충분하며, 둘째로 이 기금은 거의 언제나 다른 여러 가지 목적에 쓰인다.

새로운 세금은 그것을 근거로 차입된 자금의 이자를 지불하는 것만을 목적으로 부과된 것이다. 만일 그것이 이자보다 많은 것을 나오게 하더라도, 그것은 일반적으로 의도되거나 예상된 것이 아니며, 따라서 많은 금액인 경우는 좀처럼 없다. 감채기금은 일반적으로 새로운 세금 가운데 본디 그 세금에 부담시킨 이자 또는 연금을 지불하는 데 필요한 금액을 초과한 잉여에서 나온다기보다, 그 뒤의 이자 인하에서 나온다. 1655년 네덜란드의 감채기금도 1685년 교황령의 그것도, 모두 이렇게 하여 조성된 것이다. 이런 기금이 언제나 불충분한 것은 그 때문이다.

가장 평화로운 시기에도 통상을 초월한 비용을 필요로 하는 다양한 사건들이 일어나는데, 정부는 언제나 새로운 세금을 부과하는 것보다 감채기금을 유용함으로써 그 비용을 충당하는 것이 편리하다고 생각한다. 어떤 새로운 세금도 국민들은 즉각적으로 다소나마 느낀다. 그것은 언제나 무언가의 불만을 불러일으키고, 무언가의 반대에 부딪힌다. 세금의 종류가 늘어나면 늘어날수록, 각각의 과세 대상에 부과되는 것은 높아질 것이고, 모든 새로운 세금에 대한 국민의 불평의 소리가 높아지면 높아질수록, 새로운 과세 대상을 발견하거나, 또는 지금까지의 과세 대상에 이미 부과되어 있는 세금을 크게 인상하는 것도 차츰 어려워진다.

채무상환을 일시적으로 정지해도, 국민에게는 금방 느껴지지 않으므로 불평과 불만도 불러일으키지 않는다. 감채기금에서 차입하는 것은 언제나 당면한 어려움을 극복하기 위한 명백하고 쉬운 수단이 된다. 공채가 누적되면 될수록 공채를 줄이기 위한 연구가 필요하면 할수록, 감채기금을 조금이라도 남용하는 것이 위험하고 파멸적인 것이 되면 될수록, 공채를 상당히 줄일 수 있는 가능성은 차츰 감소하고, 평시에 발생되는 모든 임시비를 충당하기 위해 감채기금이 남용될 가능성은 차츰 높아지고 차츰 확실해진다.

국민들이 이미 너무 무거운 세금을 부담하고 있을 때, 새로운 전쟁이 필요하다면 몰라도, 즉 국민 전체의 복수를 향한 적의나 국가의 안전에 대한 불안이 있다면 몰라도, 그 외에는 어떤 것도, 국민을 상당히 인내심을 가지고 새로운 세금에 복종하도록 만드는 것은 불가능한 일이다. 감채기금이 남용되기 쉬운 것은 이 때문이다.

그레이트브리튼에서는, 우리가 맨 처음 무기공채에 대한 차환이라는 파멸적인 방법에 호소했을 때부터, 평시의 공채의 감액은 전시의 그 누적에 비해 결코 균형을 이룬 적이 없었다. 그레이트브리튼의 지금과 같은 막대한 공채의 기초가 처음으로 마련된 것은, 1688년에 시작되어 1697년의 라이스바이크 조약*¹¹으로 끝난 전쟁 때였다.

---

*11 라이스바이크(Rijswijk)는 네덜란드의 덴하프 근교의 도시. 1697년의 조약에 의해, 프랑스는 윌리엄 3세가 영국 국왕인 것을 인정했다. 스미스는 Ryswick라고 쓰고 있다.

1697년 12월 31일에 그레이트브리튼의 공채는 차환된 것과 차환되지 않은 것을 합쳐서 2151만 5742파운드 13실링 8펜스 2분의 1에 이르렀다. 그 공채의 상당한 부분은 단기의 전차(前借)에 의해 기채(起債)된 것이고, 일부분은 종신 연금에 근거한 것이었기 때문에, 1701년 12월 31일까지, 즉 4년이 지나기 전에 일부는 상환되고 일부는 국고에 복귀하여, 감소 총액은 512만 1041파운드 12실링 0펜스 4분의 3에 이르렀으며, 그 이후로 그렇게 단기간에 그렇게 많은 금액의 공채가 감액된 적은 한 번도 없었다. 그리하여 공채의 잔고는 불과 1639만 4701파운드 1실링 7펜스 4분의 1이 되었다.

1702년에 일어나 위트레흐트 조약으로 끝난 전쟁 기간 중에*12 공채는 더욱 누적되었다. 1714년 12월 31일에, 그것은 5368만 1076파운드 5실링 6펜스 12분의 1에 이르렀다. 장기 및 단기연금을 모집하여 그것을 남해기금에 넣었기 때문에 공채 원금은 증가했고, 그로 인해 1722년 12월 31일에는 5528만 2978파운드 1실링 3펜스 6분의 5가 되었다. 부채의 감소는 1723년에 시작되어 매우 느슨하게 계속했기 때문에, 1739년 12월 31일, 즉 오랜 평화가 계속된 17년 동안, 상환 총액은 832만 8354파운드 17실링 11펜스 12분의 3에 지나지 않았고, 그 시점의 공채 원금은 4695만 4623파운드 3실링 4펜스 12분의 7이었다.

1739년에 시작된 에스파냐 전쟁과, 곧 그것에 이어진 프랑스 전쟁*13은 부채를 더욱 증가시켜, 엑스 라 샤펠 조약으로 전쟁이 끝난 뒤인 1748년 12월 31일에는 7829만 3313파운드 1실링 10펜스 4분의 3에 이르렀다. 17년의 가장 오랜 평화가 계속되는 동안 감액된 것은 832만 8354파운드 17실링 11펜스 12분의 3밖에 되지 않았다. 그런데 9년이 채 안 되는 전쟁이 거기에 3133만 8689파운드 18실링 6펜스 6분의 1을 추가한 것이다.*14

펠람*15의 정권 중에, 공채이자는 4퍼센트에서 3퍼센트로 인하되었다. 또는

---

* 12 1702~1712년의 에스파냐 계승 전쟁.
* 13 에스파냐 전쟁은 카리브 해의 식민지 쟁탈 전쟁으로, 젠킨스의 귀 전쟁이라고 불리며, 프랑스 전쟁은 오스트리아 계승 전쟁 중의 영국과 프랑스의 대립(1744년에 프랑스는 영국과 오스트리아에 대해 선전포고)을 가리키는 것인지, 동시에 시작된 식민지 쟁탈 전쟁을 가리키는 것인지 확실하지 않다.
* 14 James Postlethwaite's history of the publick revenue을 참조할 것.(스미스 본인의 주)
* 15 펠람(Henry Pelham, 1696~1754)은 영국의 정치가로, 1743~1754년의 수상. 본문에 있는 것처럼 공채이자의 인하를, 재계를 적으로 돌리고 제안했다.

적어도 인하하기 위한 조치가 강구되었다. 즉 감채기금은 증가하고, 공채의 일부는 상환되었다. 최근의 전쟁이 일어나기 전인 1755년에는, 그레이트브리튼의 무기공채는 7228만 9673파운드였다. 1763년 1월 5일, 강화조약을 체결할 때, 무기공채는 1억 2260만 3336파운드 8실링 2펜스 4분의 1에 이르렀다. 일시차입금은 1392만 7589파운드 2실링 2펜스로 명시되었다. 그러나 전쟁에 의한 비용은 강화조약의 체결과 함께 끝나지는 않았다. 그래서 1764년 12월 5일에는, 무기공채는(일부는 신규차입에 의해, 일부는 일시차입금의 무기공채에 대한 전환에 의해), 1억 2958만 6789파운드 10실링 1펜스 4분의 3으로 증가했지만, 그래도 여전히 《그레이트브리튼의 무역과 재정에 관한 고찰》의 매우 박식한 저자에 의하면) 일시차입금이 남아 있었고, 그 금액은 이듬해에는 997만 5017파운드 12실링 2펜스 44분의 15라는 계산이 나왔다.*16

따라서 1764년에는 무기공채와 일시차입금을 합친 그레이트브리튼의 공채는, 이 저자에 의하면 1억 3951만 6807파운드 2실링 4펜스가 되었다. 나아가서 1757년에 신규차입에 대한 응모자에게 프리미엄으로 주어진 종신연금은, 14년 구매로 견적되어 47만 2500파운드로 평가되었고, 나아가서 1761년과 1762년에 마찬가지로 프리미엄으로 주어진 장기연금은, 27년 반 구매로 견적되어 682만 6875파운드로 평가되었다. 약 7년 동안 계속된 평화 기간에, 펠람의 신중하고 진실로 애국적인 정치도 600만 파운드의 옛 부채를 상환할 수는 없었다. 거의 같은 기간 계속된 전쟁 동안, 7500만 파운드가 넘는 신규부채가 기채된 것이다.

1775년 1월 5일, 그레이트브리튼의 무기공채는 1억 2499만 6086파운드 1실링 6펜스 4분의 1이었다. 일시차입금은 거액의 왕실 비용의 부채를 제외하고 415만 236파운드 3실링 11펜스 8분의 7이었다. 그 둘의 합계는 1억 2914만 6322파운드 5실링 6펜스가 된다. 이 계산에 의하면, 11년 동안 오랜 평화를 누리던 기간에 상환된 부채는 불과 1041만 5474파운드 16실링 9펜스 8분의 7밖에 되지 않는다. 그러나 부채의 이 소액의 감소조차 그 모두가 국가의 경상수입에서의 절약에서 얻은 것이 아니었다. 그 경상수입과는 전적으로 무관한 다른 종류의 금액들이 이 감소에 이바지한 것이다. 그 중에는 3년에 걸친 1파운드당 1실링

---

* 16 [Thomas Whately], *Considerations on the trade and finances of this kingdom*, London, 1766(ASL 1772), p. 22. 이 책의 저자는 G. Grenville이라는 설도 있다.

의 추가 지조와 동인도 회사에서 영토 취득에 대한 면책권으로서 수령한 200
만 파운드, 잉글랜드 은행에서 특허장 갱신을 대가로 수령한 1만 파운드도 계
산할 수 있다. 여기에는 다른 몇 가지의 금액이 추가되어야 하는데, 그런 금액
은 최근의 전쟁에서 나온 것이므로, 아마 그 경비에서의 공제로 여겨져야 할
것이다. 그 주요한 것은 다음과 같다.

	파운드	실링	펜스
프랑스에서의 전리품 매각수입	690,449	18	9
프랑스인 포로 배상금	670,000	0	0
할양제도 매각수입	95,500	0	0
합계	1,455,949	18	9

만일 이 금액에 채텀 백작과 캘크래프트의 회계 잔액*17 및 이것과 같은 종
류의 다른 군사비의 절약분을 추가하고, 다시 잉글랜드 은행과 동인도 회사에
서의 수령금, 지조 1파운드당 1실링의 추가를 합치면 총액 500만 파운드가 크
게 넘을 것이 틀림없다. 따라서 화평 이후 국가의 경상수입에서 절약한 것으
로 상환된 부채는 연간 평균하여 50만 파운드가 못 되었다. 화평 이후 감채기
금이 매우 증가한 것은 사실이지만, 그것은 상환된 공채가 있었던 것, 상환되
어야 하는 이자를 4퍼센트에서 3퍼센트로 인하한 것, 만기가 된 종신연금이
있었던 것에 의한 것으로, 만일 평화가 계속되었더라면 아마 지금쯤 연간 100
만 파운드를, 거기서의 절약으로 부채상환에 충당할 수 있었을지도 모른다.

따라서 실제로 작년 1년 동안 다시 100만 파운드가 상환되었지만, 동시에
거액의 왕실 비용의 채무가 미불로 남아 있을 뿐만 아니라, 우리는 현재 새로
운 전쟁에 휘말려 있으며, 그 전쟁은 진전됨에 따라, 우리가 지금까지 겪은 어
떤 전쟁에도 못지않게 값비싼 것임이 드러날 것이다.*18 다음 전투가 끝날 때

---

*17 채텀 백작(Earl of Chatham, William Pitt, 1708~1778)과 캘크래프트(John Calcraft, 1726~1772)
  는 둘 다 영국의 정치가. 채텀 백작은 대(大)피트로 유명하지만, 캘크래프트는 군의 지불
  총감으로서, 당대 최고로 일컬어진 축재를 한 일로 유명하다. 회계잔액이라는 것은 당시
  의 국가 예산이 각 책임자의 개인 회계로 운영되고 있었던 것을 가리킨다.
*18 그것은 우리가 지금까지 치른 어떤 전쟁보다 값비싼 전쟁이었음이 드러났고, 우리를 1억
  (파운드) 이상의 부채로 몰아넣었다. 11년의 깊은 평화 동안 1천만이 조금 넘는 부채가 상
  환되었고, 7년 전쟁 동안 1억이 넘는 빚을 졌다. (이것은 제3판에 추가된 스미스 본인의 주)

까지 새롭게 기채될 부채는, 아마 국가의 경상수입에서 절약한 것으로 상환해 온 묵은 부채의 총액과 거의 같을 것이다. 따라서 현 상황의 경상수입에서 가능할 것으로 보이는 절약에 의해 공채를 완전히 상환할 수 있기를 기대하는 것은 터무니없는 망상이라고 할 수 있다.

어떤 저자가 말한 바에 따르면,[19] 유럽의 다양한 채무국, 특히 잉글랜드의 공채[20]는 그 나라의 다른 자본에 더욱 추가된 큰 자본의 축적이며, 그로 인해 그 나라의 교역은 다른 자본만으로는 도저히 하지 못했을 정도로 확대되어, 제조업은 증가하고, 토지도 경작되고 개량되었다고 한다. 그는 다음과 같은 것은 고려하지 않았다. 공공에 대한 최초의 채권자들이 정부에 빌려 준 자본은, 그들이 빌려 준 순간부터, 연간 생산물 가운데 자본 기능을 하는 것에서 수입 기능을 하는 것으로, 생산적 노동자를 유지하는 것에서 비생산적 노동자를 유지하는 것으로 바뀌며, 장래의 재생산에 대한 희망도 없이, 보통 그해 안에 소비되고 낭비되는 부분이라는 점이다. 그들이 자신들이 빌려 준 자본을 대가로, 대부분의 경우, 그것보다 가치가 큰 공채에서 연금을 취득한 것은 틀림없는 사실이다. 이 연금은 의심할 여지없이 그들에게 자본을 회수하게 해 주었고, 이전과 같은 정도 또는 그 이상으로, 그들이 자신들의 상업과 사업을 영위할 수 있게 했다. 즉 그들은 이 연금의 신용을 근거로 다른 사람들에게서 새로운 자본을 빌리거나, 또는 그것을 팔아서, 정부에 빌려 준 것과 같거나 그 이상의 새로운 자기 자신의 자본을 다른 사람들에게서 얻을 수가 있었다.

그러나 그들이 이렇게 하여 다른 사람들에게서 사거나 빌린 새로운 자본은, 전부터 국내에 존재하고 있었던 것이고, 또 모든 자본과 마찬가지로 생산적 노동의 유지에 쓰이고 있었던 것임이 분명하다. 그것이 자신의 자금을 정부에 빌려 준 사람들의 수중에 들어왔을 때, 그것은 그들에게는 어떤 면에서 새로운 자본이지만, 그 나라에 있어서는 그렇지 않으며, 다른 용도로 돌리기 위해 어떤 용도에서 빼낸 자본에 지나지 않았다. 그것은 그들에게는 정부에 빌

---

* 19 [Jean François Melon], *Essai politique sur le commerce*, Nouvelle édition, augmentée de sept chapitres,…n.p., 1761(ASL 1145). A political essay upon commerce. Written in French by monsieur M*****. Translated with some annotations and remarks by David Bindon, Dublin, 1739(ASL 1146), p. 330.
* 20 여기서는, 공채를 public fund라 불리고 있다.

려 준 것을 회수해 주었다 해도, 나라에 대해 그렇게 한 것은 아니었다. 만일 그들이 이 자본을 정부에 빌려 주지 않았더라면, 그 나라에는 하나가 아니라 두 개의 자본, 즉 연간 생산물의 두 부분이 생산적 노동을 유지하는 데 쓰였을 것이다.

정부의 비용을 충당하기 위해 그 '연도 안에 저당되어 있지 않은 자유로운 세금'에서 수입을 올릴 수 있는 경우에는, 개인 수입의 일정한 부분이 어떤 종류의 비생산적 노동 유지에서 다른 종류의 비생산적 노동 유지로 돌려지는 것일 뿐이다. 그들이 그런 세금으로서 납부하는 것 가운데 어떤 부분은 의심할 여지없이 축적되어 자본이 되고, 따라서 생산적 노동 유지에 쓰일 수 있었을 것이다. 하지만 그 대부분은 아마 소비되고, 따라서 비생산적 노동 유지에 쓰였을 것이다. 그러나 공공비용은, 이런 방법으로 충당되는 경우에는 말할 것도 없이 새로운 자본의 더 많은 축적을 조금이나마 방해하지만, 반드시 현존하는 자본의 어느 것인가를 파괴하는 것은 아니다.

공공비용이 공채로 전환함으로써 충당되는 경우에는, 공공비용은 그때까지 국내에 존재했던 약간의 자본을 해마다 파괴함으로써, 즉 이전에는 생산적 노동을 유지하도록 되어 있었던 연간 생산물의 일부분을 비생산적 노동의 유지에 악용함으로써 충당된다. 그러나 이 경우에는, 같은 비용을 충당하는 데 충분한 수입을 연도 안에 조달하는 경우보다 세금은 가벼우므로, 개개인의 사적인 수입에 대한 부담은 더 적어지고, 따라서 개인의 수입의 어떤 부분을 절약하고 축적하여 자본으로 하는 능력도 조금밖에 손상되지 않는다. 전환에 의한 방법이 공공비용을 연도 안에 조달되는 수입으로 충당하는 방법보다 오래된 자본을 더 많이 파괴한다 해도, 그것이 새로운 자본의 축적 또는 취득을 방해하는 일은 훨씬 적다. 공채전환 제도하에서는 개인의 절약과 부지런함이, 정부의 낭비와 남용이 사회의 총자본에 이따금 불러일으키는 균열을 좀더 쉽게 복구할 수 있다.

그러나 공채전환 제도가 다른 제도*²¹에 비해 이렇게 유리한 것은, 전쟁이 계속되고 있는 동안뿐이다. 만일 전쟁 비용이 항상 그 연도 안에 조달되는 수입에 의해 충당된다면, 그 임시수입이 염출되는 세금이 전쟁보다 오래 계속되

*21 '다른 제도'란 앞에서 말한 '연도 안에 저당되어 있지 않은 자유로운 세금에서 수입'을 얻는 제도.

는 일은 없을 것이다. 개인의 축적 능력은 공채전환 제도에 비해 전쟁 중에는 작다 해도 평시에는 더 컸을 것이다. 전쟁은 반드시 오래 된 자본을 파괴하지 않았을 것이고, 평화는 훨씬 많은 새로운 자본 축적을 불러일으켰을 것이다. 전쟁은 일반적으로 더 빨리 끝날 것이고, 마음 내키는 대로 시도되는 일도 적어질 것이다. 국민은 전쟁이 계속되는 동안 완전한 부담을 느끼므로 곧 전쟁에 지칠 것이고, 정부는 그들의 비위를 맞추기 위해, 필요 이상으로 전쟁을 오래 끌지 않게 될 것이다. 전쟁의 부담이 무겁고 또 피할 수 없는 것을 예견한다면, 국민은 싸워야 하는 진실하고 확실한 이익이 없는데도 함부로 전쟁을 일으키고 싶어하지는 않게 될 것이다. 개인의 자본 축적 능력이 조금이나마 손상되는 시기는 더욱 뜸하게 찾아오고, 그 기간도 더욱 짧아질 것이다. 반대로 그 능력이 가장 활발한 시기는, 공채전환 제도하에서보다 훨씬 오래 계속될 것이다.

뿐만 아니라, 공채전환이 어느 정도 진행되고 나면, 그것과 아울러 세금도 증가하므로, 평시에도 전시에서의 다른 제도와 마찬가지로 때로는 개인의 축적 능력을 손상시킨다. 그레이트브리튼의 평시의 공공수입은 현재 연 1000만 파운드가 넘는다. 만일 이 수입을 자유롭게 쓸 수 있고 저당되어 있지 않다면, 적절하게 운용할 경우, 새로운 공채는 1실링도 발행하지 않고, 가장 격렬한 전쟁도 충분히 수행할 수 있을 것이다. 그레이트브리튼 주민의 개인적인 수입이 현재 평시에 부담해야 하는 정도, 즉 그들의 축적 능력이 손상되어 있는 정도는, 새로운 공채로의 전환이라는 해로운 제도가 결코 채용되지 않았을 경우의, 가장 비용이 드는 전쟁 시기와 같다.

공채이자의 지불에 대해서는 오른손이 왼손에 지불한다는 말이 있다.*22 화폐는 그 나라에서 빠져 나가는 것이 아니며, 주민 가운데 어떤 사람들에게 옮겨질 뿐, 국민은 조금도 가난해지는 것이 아니라는 것이다. 이 변명은 오로지 중상주의의 궤변을 근거로 하고 있으며, 나는 이미 그 체계에 대해 길게 검토한 바가 있으므로, 여기서 그것에 대해 다시 설명할 필요는 없을 것이다. 게다가 그것은, 공채는 모두 그 나라의 주민에게서 빌리는 것으로 상정하고 있지만, 그렇지 않은 경우도 있다. 네덜란드인과 다른 몇몇 외국인들도 상당한 거액의 우리 공채를 가지고 있기 때문이다. 그러나 공채를 모두 자국의 주민으로부

---

*22 믈롱의 앞의 책, 영역, 329쪽.

터 빌렸다 하더라도, 그것 때문에 해로운 정도가 줄어드는 것은 아니다.

토지와 자금*23은 공사(公私) 양쪽의 모든 수입의 근원적인 두 가지 원천이다. 농업·제조업·상업의 어디에 고용되어 있든, 생산적 노동임금을 지불하는 것은 자본금이다. 수입의 그런 근원적 두 가지 원천의 운영은, 다른 두 부류의 사람들, 즉 토지소유자와 자본금소유자 또는 사용자에게 속한다.

토지소유자는 자기 자신의 수입을 위해 자신의 차지인의 집을 건축하고 수리하며, 필요한 배수구와 담장, 그 밖에 지주가 본디 해야 하는 비용이 드는 개량을 실시하고 유지하여, 자신의 소유지를 될 수 있는 대로 좋은 상태로 유지하는 데 관심을 기울인다. 그러나 다양한 지조 때문에 지주의 수입은 크게 줄어들고, 또 생활필수품이나 편의품에 대한 온갖 세금 때문에 그 감소한 수입의 실질가치는 얼마 안 되기 때문에, 그는 그렇게 비용이 드는 개량을 실시하거나 유지하는 것이 완전히 불가능하다는 것을 안다. 그러나 지주가 할 일을 하지 않으면, 차지인도 자신의 역할을 계속해서 해 나갈 수가 없게 된다. 지주의 어려움이 증대할수록, 그 나라의 농업은 필연적으로 쇠퇴한다.

자금의 소유자와 사용자가, 거기서 어느 정도의 수입을 얻고 있든지, 생활필수품과 편의품에 대한 갖가지 세금 때문에, 어떤 특정한 나라에서는, 그와 같은 금액의 수입으로는, 다른 거의 모든 나라에서 구매할 수 있는 양의 필수품과 편의품을 구매할 수 없다는 사실을 안다면, 그들은 어디든 다른 나라로 떠나 버리고 싶은 마음이 들 것이다. 또 만일 그런 세금을 징수하기 위해, 모든 또는 대부분의 상인과 제조업자, 즉 여러 가지 커다란 자본을 사용하고 있는 사람들 모두 또는 대부분이, 수세 관리의 굴욕적이고 번거로운 입회를 끊임없이 받게 된다면, 다른 나라로 떠나고 싶은 마음은 곧 실제의 행동으로 발전할 것이다. 그 나라의 산업은 그것을 지탱하고 있던 자본의 이전과 함께 반드시 쇠퇴할 것이고, 상업과 제조업의 파멸은 농업의 쇠퇴로 이어질 것이다.

토지와 자금이라는 수입의 2대 원천의 소유자들, 즉 토지의 모든 특정한 부분을 좋은 상태로 유지하고, 자금의 모든 개별 부분을 잘 운영하는 데 직접적인 관심을 가진 사람들에게서 다른 사람들(그런 특별한 관심을 가지지 않은 공공의 채권자)에게, 그런 두 가지 원천의 어느 것에서든 생기는 수입의 대부분

---

*23 여기서 자금(capital stock)이라는 말이 사용된 것은, 그 사회의 토지 이외의 자본 전체를 나타내기 위한 것으로, 뒤에 '사회 총자본(general capital of society)'이라는 말이 나온다.

을 옮기면, 장기적으로는 토지가 방치되고 자금은 낭비되거나 이전되지 않을 수 없다. 공공의 채권자는 의심할 여지없이 그 나라의 농업·제조업·상업의 번영에, 따라서 그 나라 토지의 좋은 상태와 그 나라 자금의 좋은 운영에 일반적인 이해관심을 가지고 있다. 만일 이런 것의 어딘가에서 일반적인 실패나 쇠퇴가 일어나면, 갖가지 세금 수입은 더 이상, 그가 얻을 수 있는 연금과 이자를 그에게 지불하는 데 충분하지 않게 될 것이다. 그러나 공공의 채권자는, 단순히 그런 것으로서 본다면, 토지의 어떤 특정한 부분의 좋은 상태나, 자금의 어떤 특정한 부분의 좋은 운영에 이해관심을 가지지 않는다. 공공의 한 채권자로서는, 그는 그런 개별 부분의 어느 것에 대해서도 지식을 가지고 있지 않다. 그는 그것을 감독하는 것도 아니고, 그것에 대해 배려할 수 있는 것도 아니다. 그것이 파멸하더라도, 그에게는 알려지지 않는 경우도 있고,*24 그것이 그에게 직접 영향을 주는 일은 결코 없다.

무기공채로의 전환이라는 관행은, 그것을 채용한 모든 나라를 차츰 약화시켰다. 그것을 시작한 것은 이탈리아의 여러 공화국이었던 것 같다. 제노바와 베네치아는 그런 것들 가운데 아직도 독립국이라고 부를 수 있는 단 두 나라이지만, 그것 때문에 모두 약체화하고 말았다. 에스파냐는 이 관행을 이탈리아의 각 공화국에서 배운 것 같은데(그 세금은 이탈리아 각 공화국의 세금보다 사려가 부족했기 때문에), 이 나라가 가진 본디의 힘에 비해서는 이탈리아의 각 공화국보다 더욱 약화되었다. 에스파냐의 부채는 매우 오랜 기원을 가지고 있다. 그것은 16세기 말 이전, 즉 잉글랜드가 1실링의 빚도 지지 않았을 때보다 약 100년이나 전부터 빚더미 속에 푹 파묻혀 있었다. 프랑스는 그 자연적인 자원이 풍부함에도 불구하고, 이와 같은 종류의 무거운 부담 아래 허덕이고 있다. 연합제주 공화국은 공채 때문에 제노바나 베네치아와 마찬가지로 약해져 있다. 다른 모든 나라를 약화시키고 황폐시킨 관행이, 오직 그레이트브리튼에서만 전혀 무해할 리가 있을까?

그런 여러 나라에서 마련된 과세제도는, 잉글랜드의 그것보다 뒤떨어져 있다고 말할지도 모른다. 나도 그렇게 믿고 있다. 그러나 아무리 현명한 정부라도 적절한 과세 대상을 다 써 버리고 나면, 긴급히 필요할 때는 부적절한 과세 대

---

*24 '알려지지 않는 경우도 있고'는 초판에서는 '대부분의 경우 알려지지 않는다'.

상에 의존하지 않을 수 없다는 것을 상기해야 한다. 현명한 네덜란드 공화국에서도, 경우에 따라서는 에스파냐의 거의 모든 세금과 마찬가지로 불합리한 세금에 의존하지 않을 수 없었다. 브리튼의 과세제도도, 공공수입의 해방이 어느 정도 실현되기 전에 다른 전쟁이 시작되어, 그 진전에 따라 최근의 전쟁과 마찬가지로 많은 비용이 들게 되면, 어쩔 수 없는 필요에서 네덜란드의 그것과 마찬가지로, 나아가서는 에스파냐의 그것과도 마찬가지로, 억압적인 것이 될지도 모른다. 분명히 현재 우리의 과세제도에서 명예로운 것은, 이제까지 그것이 산업에 피해를 준 적이 매우 적었기 때문에, 가장 비용이 드는 전쟁 기간에도 각 개인의 검약과 훌륭한 행동은, 저축과 축적에 의해, 정부의 낭비와 남용이 사회의 총자본(general capital of society)에 초래한 모든 균열을 복구할 수 있었던 것이라고 생각된다.

그레이트브리튼이 지금까지 싸운 중에서 가장 많은 비용이 든 최근의 전쟁이 끝났을 때, 그때까지 결코 그런 적이 없었을 만큼, 이 나라의 농업은 발전하고, 제조업은 수없이 늘어나서 완전히 조업하고 있었으며, 사업은 드넓게 영위되고 있었다. 따라서 그런 다양한 산업 부문을 지탱하고 있었던 자본은, 이전과 같은 금액이었을 것이 틀림없다. 평화가 찾아온 뒤, 농업은 더욱더 개량되었고 집세는 그 나라의 모든 도시와 시골에서 상승했는데, 이것은 국민의 부와 수입이 증대하고 있다는 증거이다. 그리고 옛 세금의 대부분, 특히 소비세와 관세의 주요 부문의 연간 금액은 끊임없이 계속 증가했고, 이것 또한 소비 증가의, 따라서 그 소비를 지탱하는 유일한 것인 생산 증가의 명백한 증거이다. 그레이트브리튼은 반세기 전에는 아무도 지탱할 수 있을 것으로 믿지 않았던 부담을 힘들이지 않고 지탱하고 있는 것으로 생각된다. 그러나 그렇다고 해서 그레이트브리튼이 아무리 무거운 부담도 지탱할 수 있다고 속단하지는 않도록 하자. 아니, 그레이트브리튼이 이미 지탱해 온 것보다 어느 정도 무거운 부담도, 별다른 괴로움 없이 지탱할 수 있다고 지나치게 자신해서도 안 될 것이다.

국채가 일단 어느 정도 축적되면, 내가 믿는 바로는 공정하고도 완전하게 상환된 예는 한 번도 없다. 공공수입의 채무로부터의 해방은, 그것이 이루어진 적이 있었다 해도 그것은 언제나 파산에 의해서였다. 즉 때로는 공언된 파산에 의한 적도 있었지만, 때때로 상환을 가장하지만 사실은 언제나 파산에 의해 달성된 것이었다.

주화의 명목가치를 인상하는 것은, 진정한 공적 파산을 거짓 상환이라는 외관으로 위장하는 가장 흔한 편법이었다. 이를테면 의회법이나 칙령에 의해, 6펜스를 1실링의 명목으로 인상하고, 6펜스 20개*25를 영국 정화 1파운드의 명목으로 인상한다면, 옛 명칭으로 20실링, 즉 은 약 4온스를 빌린 사람은, 새로운 명목으로는 6펜스 20개, 즉 2온스를 약간 밑도는 은으로 상환할 것이다. 약 1억 2800만 파운드의 국채, 즉 그레이트브리튼의 무기공채와 일시차입금의 원금에 가까운 국채를 이렇게 하면, 우리의 현재의 화폐 약 6400만 파운드로 상환할 수 있다. 그것은 분명히 이름뿐인 상환에 지나지 않으며, 공공에 대한 채권자는 실제로, 당연히 자신에게 지불되어야 하는 금액 1파운드당 10실링을 사취낭하는 셈이 된다. 이 재앙은 또 공공 채권자를 훨씬 넘어서 확대될 것이고, 모든 개인 채권자도 그에 상응하는 손실을 입을 것이다. 더욱이 이것은 공공 채권자에게 아무런 이익도 되지 않고, 대부분의 경우, 큰 추가적 손실이 될 것이다. 분명히 공공 채권자가 일반적으로 다른 사람들에 비해 큰 채무를 지고 있다면, 그들은 공공이 그들에게 상환한 똑같은 주화로 자신의 채권자에게 지불함으로써, 어느 정도 자신의 손실을 메우게 될지도 모른다.

그러나 대부분의 나라에서는, 공공 채권자는 거의 모두 부유한 사람들이고, 그들 이외의 동포에 대해 채무자라기보다 채권자의 관계에 있다. 따라서 이런 종류의 표면적인 상환은 공공 채권자의 손실을 경감시키기는커녕, 대부분의 경우 가중시키며, 공공에 아무런 이익도 가져다 주지 않고, 다수의 다른 죄 없는 사람들에게 재앙을 퍼뜨린다. 그것은 개인들의 재산에 전반적이고도 가장 해로운 전복을 불러온다. 그것은 대부분의 경우에, 부지런하고 검약한 채권자의 희생으로 게으르고 낭비가 심한 채무자를 살찌우고, 국민자본의 큰 부분을 그것을 증가시키고 개량시킬 수 있는 사람의 손에서, 그것을 낭비하고 파괴할 사람의 손으로 옮기기 때문이다. 국가가 자신의 파산을 선언할 필요가 있을 때는, 개인이 그렇게 하는 경우와 마찬가지로 공정하고 공개적으로 파산을 선언하는 것이, 항상 채무자에게는 불명예의 정도가 가장 적고, 채권자에게는 피해의 정도가 가장 적은 방법이다. 실제로 파산한 불명예를 은폐하기 위해,

---

*25 옛 화폐제도에서는 12펜스가 1실링이고, 20실링이 1파운드였다. 따라서 6펜스 20개라는 것은 파운드의 가치를 반감시킨 셈이 된다.

이렇게 쉽게 간파할 수 있고, 동시에 이렇게 해로운, 마치 요술 같은 이런 술책에 의존한다면, 국가의 명예에 대해서는 거의 배려하고 있지 않은 것이 틀림없다.

그러나 근대는 물론이고 고대에도 거의 모든 국가는, 이런 필요에 쫓기면, 때때로 이런 매우 요술 같은 술책을 부려왔다. 로마인은 제1차 포에니 전쟁이 끝났을 때, 그들이 다른 모든 주화의 가치를 산정하는 기준으로 삼고 있었던 주화 또는 명칭인 아스를, 구리 함유량 12온스에서 불과 2온스로 인하했다. 즉, 그들은 구리 2온스를, 전에는 항상 12온스의 가치를 표현하고 있었던 명칭으로 인상한 것이다. 이 공화국은 이렇게 하여 계약한 거액의 채무를 실제로 빌린 금액의 6분의 1로 상환할 수 있었다. 이렇게 급격하고 이렇게 큰 파산이 일어나면, 현재의 우리는 틀림없이 매우 격렬한 민중의 소동이 일어났을 것이라고 상상하기 쉽다. 그러나 아무런 소동도 일어나지 않았던 것 같다. 그것을 제정한 법률은, 주화에 관한 다른 모든 법률과 마찬가지로 어떤 호민관에 의해 민회에 제출되어 거기서 성립한 것으로, 매우 인기가 높은 법률이었다.

로마에서는 다른 모든 고대 공화국과 마찬가지로, 빈민은 부유하고 유력한 사람들로부터 늘 빚을 얻고 있고, 후자는 해마다 선거 때 빈민들의 표를 확보하기 위해 매우 높은 이자로 그들에게 자금을 빌려 주고 있었다. 그 이자는 결코 지불된 적이 없었기 때문에, 곧 채무자나 또는 누구든 그를 대신하여 지불하려고 하는 자도 도저히 지불할 수 없을 정도로 거액이 되었다. 채무자는 매우 엄격한 징수를 두려워하여, 그 이상 어떤 보수도 받지 않고, 채권자가 추천하는 후보자에게 투표하지 않을 수 없었다. 뇌물과 매수를 단속하는 모든 법률에도 불구하고, 후보자로부터의 선물은 원로원이 수시로 명령하는 곡물 배급과 함께, 로마 공화국의 후반기에 비교적 가난한 시민들이 얻고 있었던 생계 수단의 중요한 원자(原資)였다.

채권자에 대한 이런 복종 상태에서 벗어나기 위해, 비교적 가난한 시민들은 채무의 전면적인 폐기나, 그들의 이른바 새 포고, 즉 누적 채무의 일정 부분을 갚으면, 완전한 변제의 자격을 그들에게 주는 법률을 끊임없이 요구했다. 모든 명칭의 주화를 이전 가치의 6분의 1로 인하하는 법률은, 실제로 빌리고 있는 금액의 6분의 1로 채무를 상환할 수 있게 했으므로, 가장 유리한 새 포고나 마찬가지였다. 국민을 만족시키기 위해 부유하고 유력한 사람들은 몇 가지의 다른 경우에, 채무를 탕감하는 법률과 새 포고를 도입하는 법률에 동의하지 않을 수 없었다. 그들이 이 법률에 동의하기로 한 것은, 하나는 같은 이유에 의한 것이고, 또 하나는 공공수입을 해방함으로써, 그들 자신이 주도권을 쥐고 있는 정부에 활력을 회복시킬 수 있을지 모르기 때문이었다.

이런 종류의 조작은 1억 2800만 파운드의 채무를 즉시 2133만 3333파운드 6실링 8펜스로 줄인 것이다. 제2차 포에니 전쟁 동안 아스는 다시 인하되어, 처음에는 구리 2온스에서 1온스로, 나중에는 1온스에서 반 온스로, 즉 처음 가치의 24분의 1로 인하되고 말았다. 로마인의 이 세 가지 조작을 합치면, 우리의 현재의 화폐로 1억 2800만 파운드의 채무도, 이렇게 하여 당장 533만 3333파운드 6실링 8펜스로 줄일 수 있다. 그레이트브리튼의 막대한 채무도 이렇게 하면 곧 상환할 수 있을 것이다.

내가 믿는 바로는, 이런 수법에 의해 모든 국민의 주화는 차츰 처음의 가치 이하로 인하되어, 명목가치는 같지만 은의 함량은 차츰 더 줄어든 것이다.

많은 국민들이 이와 같은 목적을 위해, 이따금 자국 주화의 표준품위를 저하시켜 왔다. 다시 말해 합금의 양을 늘려온 것이다. 이를테면, 무게 1파운드의 우리의 은화 속에, 현행 표준품위에 의한 18페니웨이트*26가 아니라 8온스의 합금이 들어 있다고 한다면, 영국 정화 1파운드, 즉 그런 주화 20실링은 우리의 현재의 화폐 6실링 8펜스 강(強)의 가치밖에 없을 것이다. 우리의 현행 화폐 6실링 8펜스에 들어 있는 은의 양이, 이리하여 거의 영국 정화 1파운드의 명칭으로까지 인상될 것이다. 표준품위를 저하시키는 것은, 프랑스인이 말하는 주화의 가격 인상, 즉 주화 명칭의 직접적인 인상과 완전히 똑같은 효과를 가진다.

주화의 가격 인상, 즉 주화 명칭의 직접적인 인상은 언제나 공공연하게 선언된 조작이며, 또 그 성격상 그렇지 않으면 안 된다. 그로 인해 무게와 부피가 감소한 주화가, 전에는 무게와 부피가 그보다 컸던 주화에 붙여져 있었던 것과 같은 명칭으로 불리는 것이다. 반대로, 표준품위를 저하시키는 것은 일반적으로 비밀 조작이었다. 그로 인해, 전에 유통하고 있었던 훨씬 큰 가치의 주화와 호칭이 같고, 또 연구할 수 있는 한, 무게와 부피와 외관도 거의 같게 한 주화

---

*26 페니웨이트(penny-weight)는 영국의 금속 무게단위로, 20분의 1온스. 따라서 8온스는 160 페니웨이트.

가 조폐국에서 발행되었다.

프랑스의 장 왕[*27]이 채무를 갚기 위해 자신의 주화의 품위를 떨어뜨렸을 때, 조폐국의 모든 관리는 비밀을 지킬 것을 서약해야 했다.[*28] 양쪽의 조작은 모두 부정이다. 그러나 단순한 주화의 증액이 공공연한 폭력이라는 부정인 것에 비해, 품위 인하는 배신적인 사기라는 부정이다. 따라서 후자의 조작은 그리 오래 숨겨 둘 수 없었고, 발견되는 대로 항상 전자보다 훨씬 큰 격분을 불러일으켰다. 주화의 값을 일단 상당히 인상한 뒤에, 본디의 무게로 되돌려지는 일은 매우 드물지만, 가장 터무니없는 품위 인하 뒤에는, 거의 언제나 본디의 순도로 되돌려졌다. 그 밖의 방법으로는 국민의 분개와 분노를 거의 진정시킬 수 없었기 때문이다.

헨리 8세 시대 말기와 에드워드 6세 시대 초기에, 잉글랜드 주화는 그 명칭이 인상되었을 뿐만 아니라 표준품위도 떨어졌다. 이 같은 사기행위는, 제임스 6세가 미성년이었을 때 스코틀랜드에서도 일어났다. 그런 행위는, 다른 대부분의 나라에서도 이따금 일어나고 있었다.

그레이트브리튼의 공공수입의 잉여, 즉 평시 편성에서 연간 비용을 충당한 뒤에 남는 것이 매우 소액인 데도, 그 공공수입이 채무에서 완전히 해방될 수 있는 것, 또는 그 해방을 향해 큰 진전이 이루어질 수 있다고 기대하는 것은, 완전히 무익한 것으로 생각된다. 그런 해방은 공공수입이 매우 큰 폭으로 증가하거나, 공공지출이 마찬가지로 매우 큰 폭으로 감소하지 않는 한 결코 기대할 수 없는 것은 명백하다.

지조와 집세에 대한 세금을 더욱 공평하게 부과하고, 현행 관세와 소비세를 앞 장에서 설명한 것처럼 개혁한다면, 아마 국민 대부분의 부담을 늘리지 않

---

* 27 King John of France란 장 2세(재위 1350~1364)를 가리키는 것으로 추정되는데, 그는 영국과의 백년 전쟁에서 에드워드 흑태자에게 패배하고, 푸아티에 전투(1356)에서 포로가 된 채, 영국에서 사망했다.

* 28 Du Cange Glossary, voce Moneta ; the Benedictine edition을 참조할 것.(스미스 본인의 주) 이 주는 스미스가 비교 문헌 판(베네딕트 교단 판)을 명시하고 있는 진기한 예로, 브리티시 라이브러리 소장본의 정확한 서명은 다음과 같다. *Glossarium ad scriptores mediae et infimae Latinitatis*, auctore Carolo Dufresne, Domino Du Cange, regi à consiliis, & Franciae apud Ambianos Quaestore. Editio nova locupletior et auctior. Opera et studio monachorum ordinis S. Benedicti à Congregatione S. Maruri. 6 vols., Paris, 1733~1736(cf. ASL 548), vol. 4, col. 898~1008.

고, 다만 그 무게를 전국민에게 더욱 평등하게 배분하는 것만으로도 상당한 증수(增收)를 가져올 것이다. 그러나 아무리 낙관적인 입안자라도, 이런 종류의 증수가 공공수입을 채무에서 완전히 해방하거나, 아니면 다음 전쟁에서 공채가 더 이상 누적되는 것을 방지 또는 보상할 만큼, 평시에 채무에서의 해방을 위해 전진하는 것조차, 합리적인 기대를 갖게 할 수 있다고 자부하는 것은 거의 불가능한 일이다.

그레이트브리튼의 과세제도를 브리튼 또는 유럽에서 나온 사람들이 사는 제국의 모든 속주까지 확대하면 훨씬 큰 증수를 기대할 수 있다. 그러나 이것은 브리튼 의회가, 또는 만일 여러분이 원한다면 브리튼 제국의회*[29]가, 그런 다양한 속주의 공정하고 평등한 모든 대표를 인정하지 않는 한, 즉 각 속주의 대표가 각 속주의 세수(稅收)에 대해, 그레이트브리튼의 대표가 그레이트브리튼에 부과할 수 있는 세수에 대해 가지고 있는 것과 같은 비율을 가지는 것을 인정하지 않는 한, 그레이트브리튼의 국가제도의 원리와 어긋나지 않게 실행하는 것은 아마 불가능할 것이다.

많은 유력자의 개인적인 이해관심과 국민 다수의 지울 수 없는 편견은, 현재로서는 분명히 그런 큰 변화에 반대하고 있어, 극복하기가 매우 어려운, 어쩌면 전적으로 불가능한 장애가 되고 있는 게 아닌가 하는 생각이 든다. 그러나 그런 통합이 실행 가능한지 불가능한지 결정하려는 것이 아니라, 이런 종류의 사변적인 저작(著作)에서, 어느 정도까지 브리튼의 세제(稅制)를 제국의 모든 다양한 속주에 적용할 수 있는지, 만일 적용한다면 어떤 수입을 기대할 수 있는지, 또 이런 종류의 전반적인 통합은 거기에 포함되는 다양한 영역의 행복과 번영에 어떤 방법으로 영향을 가져다 줄 수 있는지에 대해 고찰하는 것은 아마 그리 부적절한 것은 아닐 것이다. 그런 사변은, 최악의 경우에도 하나의 새로운 유토피아*[30]로 여길 수 있을 것이며, 그것은 분명히 재미라는 점에서는 옛날의 유토피아보다 못하지만, 그것보다 더 무용하거나 공상적인 것은 아니다.

---

*29 브리튼 제국의회라고 번역한 것은, the states—general of the British Empire이다. states general 이라고 할 때, 스미스는 아마 저지연합제주 의회를 생각했을 것이다. 거기에 대응하여 국민 다수도 great bodies of people이라고 복수로 되어 있다.

*30 유토피아가 Utopia 라고 대문자로 시작된 것은 물론 토머스 모어의 《유토피아》를 가리킨다.

지조·인지세, 여러 가지 관세와 소비세가 브리튼의 세금의 네 가지 주요 부문을 구성한다.

아일랜드가 그레이트브리튼과 마찬가지로, 그리고 우리의 아메리카와 서인도의 식민농원이 그 이상으로, 지조를 납부할 수 있는 것은 확실하다. 지주에게 10분의 1세도 구빈세(救貧稅)도 부과되지 않는 곳에서는, 지조 외에 그런 두 가지 세금이 부과되는 곳보다, 지조를 납부할 수 있는 지주의 능력은 확실히 클 것이다. 10분의 1세는, 대납제가 없고 현물로 징수되는 곳에서는 1파운드당 실제로 5실링이나 되는 지조 이상으로, 그렇지 않은 경우 지주의 지대가 되어야 하는 것을 감소시킨다. 그런 10분의 1세는 대부분의 경우, 실질지대, 즉 농업 경영자의 자본을 그의 타당한 이윤과 함께 완전히 회수한 나머지의 4분의 1이 넘는다는 것을 알 수 있다. 만일 대납 10분의 1세와 교회령 속인소유(俗人所有)*31가 없었다면, 그레이트브리튼과 아일랜드의 완전한 교회 10분의 1세가 600만 내지 700만 파운드 이하로 추정될 수는 결코 없을 것이다. 만일 그레이트브리튼에도 아일랜드에도 10분의 1세가 없다면, 지주의 대부분은 현재 부담하고 있는 것 이상으로 부담을 늘리는 일 없이, 600만 내지 700만 파운드의 추가 지조를 지불할 여유가 있을 것이다.

아메리카는 10분의 1세를 납부하고 있지 않고, 따라서 지조를 납부할 여유가 충분하다. 분명히 아메리카와 서인도에서는 일반적으로 토지를 소작에 부치지도 않고 농업 경영자에게 임대하지도 않는다. 따라서 지대 장부를 근거로 사정할 수는 없다. 그러나 그레이트브리튼의 토지도, 윌리엄과 메리 시대 4년에는 지대 장부를 근거로 하지 않고 매우 대략적이고 부정확한 평가에 의해 지조가 사정되었다. 아메리카의 토지도 이것과 같은 방법이나, 아니면 최근에 밀라노 공국과 오스트리아·프로이센·사르데냐의 영토에서 시행된 것과 같은 정확한 측량의 결과인 공정한 평가에 의해 사정할 수 있을 것이다.

인지세는 소송 절차의 형식이나 동산 및 부동산을 양도할 때의 서식이 같거나, 거의 같은 나라에서는, 어디서나 아무런 변경 없이 징수할 수 있는 것은 명백하다.

그레이트브리튼의 관세법을 아일랜드와 식민농원으로 확대하는 것은, 당연

---

*31 교회령 속인소유(俗人所有, impropriations)는 교회령이 10분의 1세를 받을 자격이 없는 세속인의 손으로 옮겨갔기 때문에, 모두 교회 수입에서 10분의 1세의 감소를 뜻한다.

히 그렇게 해야 하는 것처럼 무역자유의 확대가 따른다면, 양쪽에 있어서 더할 수 없이 이로울 것이다. 현재 아일랜드의 무역을 압박하고 있는 모든 불공평한 제한과 아메리카의 열거상품과 비열거상품의 구별도 완전히 없어질 것이다. 피니스테레 곶보다 북쪽에 있는 나라들도, 그 곳보다 남쪽에 있는 나라들이 아메리카 생산물의 일부분에 대해 현재 그렇게 하고 있는 것처럼, 아메리카 생산물의 모든 부분에 대해 문호를 개방할 것이다. 브리튼 제국의 모든 지방 사이의 무역은 관세법*³²이 이와 같이 통일되는 결과, 현재 그레이트브리튼의 연안무역과 마찬가지로 자유로워질 것이다. 그리하여 브리튼 제국은, 제국 내의 모든 속주의 모든 생산물에 대해 드넓은 국내 시장을 제공할 것이다. 시장이 그렇게 커지고 넓어지면, 아이랜드와 식민농원은 관세의 증가에서 입는 모든 손해를 곧 보상받을 것이다.

소비세는 브리튼의 세제 가운데, 제국의 여러 속주에 적용되는 경우에 따라, 나름대로 변경을 필요로 하는 유일한 부분이다. 아일랜드에는 아무런 변경도 없이 적용할 수 있을 것이다. 그 왕국의 생산과 소비는 그레이트브리튼의 그것과 완전히 같은 성질의 것이기 때문이다. 그것을 아메리카와 서인도에 적용하려면, 그곳에서의 생산과 소비가 그레이트브리튼의 생산 및 소비와 매우 다르기 때문에, 잉글랜드의 사과주와 맥주를 산출하는 각 주에 그 세금을 적용하는 경우와 같은 방법으로 조금의 수정이 필요하다.

이를테면 아메리카에서는, 맥주라고 부르고는 있지만, 당밀로 만들어지기 때문에 우리의 맥주와는 거의 닮지 않은 양조주가 일반적인 음료의 상당한 부분을 차지하고 있다. 이 음료는 불과 며칠밖에 보존되지 않으므로, 우리의 맥주처럼 큰 양조장에서 판매용으로 제조하고 저장할 수는 없으며, 각 가정에서 음식을 조리하는 것과 마찬가지로 자가소비용으로 양조하지 않으면 안 된다. 그러나 시판을 목적으로 하는 술집 경영자와 양조업자에게 하는 것처럼, 각 가정에 세금징수원의 번거로운 입회와 검사를 받게 하는 것은 자유와 전혀 양립하지 않는다. 만일 공평을 기하기 위해 이 음료에 과세할 필요가 있다고 생각한다면, 그것의 제조 원료에 과세하면 될 것이다. 즉 그 제조 장소에서 과세하거나, 그렇지 않으면, 거래의 사정상 그런 소비세가 부적당하다면, 원료

---

*32 관세법(custom—house laws)는 초판에서는 세관(customhouse).

가 소비되는 식민지에 수입될 때 관세를 물게 하면 된다.

당밀이 아메리카에 수입될 때, 브리튼 의회가 부과하고 있는 1갤런당 1페니의 수입관세 외에, 다른 식민지의 배로 매사추세츠 베이에 수입되는 당밀에 대해 부과되는, 한 통당 8펜스의 이런 종류의 속주세가 있고, 또 북부 식민지에서 사우스캐롤라이나로 당밀을 수입하는 데 부과되는 1갤런당 5펜스의 다른 속주세가 있다. 또 만일 이런 방법이 모두 불편하다면, 각 가정이 이 음료의 소비에 대해 대납금을 지불하는 것도 좋을 것이다. 그 경우, 잉글랜드의 개인 가정이 맥아세에 대해 대납금을 지불하는 것과 마찬가지로, 가족의 인원수에 따르거나, 또는 네덜란드에서 몇 종류의 세금을 부과할 때처럼 가족의 나이별과 성별에 따르거나, 아니면 잉글랜드에서 소비재에 부과해야 하는 모든 세금에 대해 매슈 데커 경이 제안한[33] 것과 거의 같은 방법에 따르면 될 것이다. 이미 설명한 것처럼, 이 데커의 과세 방법은, 급속하게 소비되는 물건에 적용하기에는 그리 편리한 방법이 아니다. 그러나 그것보다 좋은 과세 방법이 없을 때는, 그것을 채용해도 무방할 것이다.

설탕·럼주·담배는 모든 것에서 생활필수품인 것은 아니지만, 거의 보편적인 소비 대상이 되어 있고,[34] 따라서 매우 적절한 과세 대상이다. 만일 식민지와의 합방이 이루어진다면, 그런 상품은 그 제조업자와 재배자의 손을 떠나기 전에 과세하는 것도 좋고, 또 만일 이 관세 방법이 그들의 사정에 맞지 않는다면, 그 상품을 제조지와, 제조한 뒤에 수송되는 제국 안의 모든 항구에 있는 공설 창고에 맡겨 그 소유자와 세금징수원의 공동 보관으로 하고, 그런 상품이 소비자나 국내 소비를 위한 소상인, 또는 수출상에게 인도될 때까지 그대로 둔 채, 인도되기 전에는 세금을 선납하지 않는 방법도 무난하다. 수출을 위해 인도될 때는, 실제로 제국 밖으로 수출된다는 적절한 보증이 제시되면 세금을 면제해 주는 것이다. 이런 품목은 아마, 식민지와의 합방이, 그것에 관해 브리튼의 현행 과세제도에 상당한 변경을 필요로 하게 될 주요 상품일 것이다.

이 과세제도를 제국의 다양한 속주의 모두에 확대한 경우에, 어느 정도의 수입을 올릴 수 있을지 매우 정확하게 확인하는 것은, 말할 것도 없이 전혀 불가능한 일이다. 이 제도에 의해 그레이트브리튼에서는 800만 명이 안 되는 사

---

*33 본편 제2장 제2절 제4항 참조.
*34 '되어 있고'는 have become일텐데, 스미스는 are become이라고 쓰고 있다.

람들로부터 1000만 파운드가 넘는 공공수입이 징수되고 있다. 아일랜드에서는 200만 명 이상의 국민을 거느리고 있고, 아메리카 의회에 제출된 보고에 의하면 아메리카의 12연합 속주는 300만 명이 넘는 인구를 거느리고 있다. 그러나 그런 계산은 아마 아메리카의 민중을 격려하기 위해서이거나, 아니면 우리 국민을 위협하기 위한 과장일 것이다. 따라서 우리는 아메리카와 서인도의 우리 식민지를 합쳐서 300만 명이 넘지 않는, 즉 유럽과 아메리카의 브리튼 제국 전체에는 1300만 명의 주민밖에 없는 것으로 가정할 수 있다. 만일 이 과세제도가 800만 명이 안되는 주민으로부터 영국 정화 1000만 파운드 이상의 수입을 올리고 있다면, 1300만 명의 주민으로부터는 영국 정화 1625만 파운드 이상의 수입을 올리는 것이 당연하다. 이 제도가 그만한 수입을 올릴 수 있다고 가정하고, 이 수입에서 각각의 국내 통치 비용을 충당하기 위해 아일랜드와 식민 농원에서 늘 조달되고 있는 수입이 공제되어야 한다. 아일랜드의 민정비와 군사비는 공채이자를 합치면 1775년 3월에 끝나는 2년을 평균하여 연액 75만 파운드를 조금 밑도는 것이 된다.

아메리카와 서인도의 주요 식민지의 공공수입에 대한 매우 정확한 보고서에 의하면, 그것은 현재의*35 동란이 시작되기 전에 14만 1800파운드에 이르러 있었다. 그러나 이 보고서에는 메릴랜드·노스캐롤라이나 및 대륙과 제도에서 우리가 최근에 획득한 전 지역의 수입이 누락되어 있어서, 그로 인해 약 3만에서 4만 파운드의 차이가 있다. 그래서 끝수를 줄여, 아일랜드와 여러 식민농원의 국내 통치를 유지하는 데 필요한 수입을 100만 파운드로 가정하자. 그 결과, 제국의 일반경비를 충당하고 공채상환에 충당하는 데 충분한 1525만 파운드의 수입이 남을 것이다.

그러나 그레이트브리튼의 현재의 수입에서 그 부채상환을 위해, 평시에 100만 파운드를 염출할 수 있다면, 이 개선된 수입에서 625만 파운드를 충분히 거둘 수 있을 것이다. 또 이 거액의 감채기금은 전년에 상환한 공채의 이자만큼 해마다 증가할 것이고, 그렇게 하여 매우 급속하게 증가하면, 몇 년 뒤에는 부채 전액을 상환하고 현재 쇠약해져서 시들어 가고 있는 제국의 생기를 충분히 회복할 수 있게 된다. 그 동안 국민은 가장 견디기 힘든 몇 종류의 세금, 즉 생

---

*35 '현재의'가 초판에서는 '최근의'로 되어 있었던 것을 보면, 스미스는 초판 때는 아메리카 문제가 일단락되었다고 생각했던 것으로 추정된다.

활필수품과 제조업의 원료에 부과되고 있는 세금에서 해방될 것이다. 그리하여 노동빈민은 더 나은 생활을 하며, 더 싸게 일하고 자신들의 재화를 더 싼 값에 시장에 낼 수 있게 된다. 그들의 재화가 싸면, 그것에 대한 수요가 증가하고, 따라서 재화를 생산하는 사람들의 노동에 대한 수요도 증가한다. 노동에 대한 수요가 이렇게 증가하면, 노동빈민의 수도 증가하고, 그 처지도 개선될 것이다. 그들의 소비는 증가하고, 그것과 아울러 종전과 같은 세금을 부과해도 지장이 없는 그들의 모든 소비 물품에서 생기는 수입도 증가할 것이다.

그러나 이 과세제도에서 생기는 공공수입이, 그 제도하에 있는 사람들의 수에 비례하여 바로 증가하는 일은 없을 것이다. 이리하여 지금까지 익숙하지 않았던 부담 아래 놓이게 되는 제국의 여러 속주에 대해서는, 한동안 매우 너그럽게 다루는 것이 당연하며, 같은 세금을 모든 곳에서 될 수 있는 대로 엄밀하게 징수하게 되었을 때도, 어디서나 국민의 수에 비례하여 수입을 낳지는 않을 것이다. 가난한 나라에서는 관세와 소비세가 부과되는 주요 상품의 소비가 매우 적고, 주민이 적은 나라에서는 밀수의 기회가 매우 많다. 스코틀랜드의 하층민들 사이에서는 맥아주의 소비가 매우 적으며, 맥아·맥주·에일에 대한 소비세도 인구과 세율에 비해 스코틀랜드가 잉글랜드보다 적다. 다만, 맥아에 대한 세율은 품질에 차이가 있는 것으로 여겨지고 있기 때문에 다르다. 소비세의 이런 특정 부문에서는 한쪽의 나라가 다른 나라보다 훨씬 밀매가 많은 것은 아니라고 나는 생각한다.

양조장에 대한 세금과 관세의 대부분은, 각 나라의 인구와의 비율에서는 스코틀랜드가 잉글랜드보다 적은데, 그것은 피과세 상품의 소비가 적기 때문만이 아니라, 밀매가 훨씬 쉽기 때문이다. 아일랜드에서는 하층민들은 스코틀랜드보다 더 가난하며, 또 이 나라의 많은 지방에서는 스코틀랜드와 거의 비슷하게 인구가 적다. 따라서 아일랜드에서는 피과세 상품의 소비는 인구에 비해서는 스코틀랜드보다 더 적지만, 밀매의 쉬움은 거의 비슷하다. 아메리카와 서인도의 백인은, 가장 낮은 계층의 사람조차 잉글랜드의 같은 계층의 사람들보다 훨씬 좋은 처지에 있고, 그들이 평소에 흥청망청 쓰고 있는 사치품의 소비도 아마 훨씬 많을 것이다.

이 대륙의 남부 식민지와 서인도 제도 주민의 대부분을 차지하는 흑인은 노예 상태에 있으므로, 말할 것도 없이 스코틀랜드나 아일랜드의 가장 가난한 사람들보다 나쁜 상황에 있다. 그러나 그렇다고 우리는, 그들이 더 나쁜 음식을 먹고 있으며, 가벼운 세금이 부과되고 있는 재화의 소비가 잉글랜드 하층민의 소비와 비교해도 적을 거라고 생각해서는 안 된다. 그들이 일을 잘하게 하기 위해서는, 그들을 충분히 먹여서 건강을 유지하게 하는 것이 그들의 주인의 이익이며, 그것은 그의 가축에게 그렇게 하는 것이 그의 이익이 되는 것과 마찬가지이다. 따라서 흑인은 거의 모든 곳에서, 백인 하인과 마찬가지로 럼주와 당밀주 또는 프러시아 맥주[*36]를 수당으로 받고 있으며, 그런 재화에는 가벼운 세금이 부과되기 때문에 이 수당이 철회되는 일은 아마 없을 것이다. 따라서 주민 수에 비교한 피과세 상품의 소비는, 아메리카와 서인도에서는 브리튼 제국의 어떤 곳과도 아마 비슷할 것이다. 그리고 밀매의 기회는 분명히 훨씬 더 많을 것이다.

아메리카는 나라의 넓이에 비해서는 스코틀랜드나 아일랜드보다 훨씬 인구가 적다. 그러나 맥아와 맥아주에 대한 갖가지 세금에 의해 현재 조달되고 있는 수입을, 맥아에 대한 단일한 세금으로 징수하기로 하면, 소비세 가운데 가장 중요한 부문에서의 밀매 기회는 아마 거의 완전하게 제거될 것이다. 또 만일 관세가 거의 모든 수입품에 부과되는 것이 아니라, 가장 널리 쓰이고 소비되는 소수의 수입품에 한정되고, 또 만일 그런 세금의 징수가 소비세법에 근거하여 시행된다면, 밀매의 기회는 완전히 사라지지는 않는다 하더라도 크게 감소할 것이다. 이런 두 가지의, 명백하게 매우 간단하고 쉬운 변경을 가하면, 그 결과, 관세와 소비세는 아마 인구가 가장 적은 지역에서도, 현재 인구밀도가 가장 높은 지역에서 올리고 있는 것과 같은 정도의 수입을 소비에 비례하여 올릴 것이다.

확실히 아메리카 사람들은 금화도 은화도 가지고 있지 않다. 그것은 그 나라의 내부 상업이 지폐로 이루어지고 있고, 어쩌다가 들어오는 금은도 모두 우리한테서 받는 상품에 대한 대가로 그레이트브리튼으로 보내 버리기 때문이라고 사람들은 말해 왔다. 그리고 금은이 없으니 세금을 납부할 수도 없다고 덧붙였다. 우리는 이미, 그들이 가지고 있는 금은을 모두 손에 넣었다. 그들이 가지고 있지 않은 것을 어떻게 그들한테서 거둘 수 있단 말인가.

---

*36 프러시아 맥주(spruce beer)는 어린 종비나무 수액을 발효시킨 흑맥주. 단치히(지금의 그다니스크) 원산이기 때문에 이렇게 불렸다.

현재 아메리카에 금화와 은화가 적은 것은, 그 나라의 가난, 즉 아메리카 사람들이 그런 금속을 구입할 능력이 없어서가 아니다. 잉글랜드보다 노동임금이 그렇게 높고 식료품값이 그렇게 싼 나라에서는, 대부분의 사람들은 만일 그것이 필요하거나 편리하다면, 그만한 많은 양의 금은을 구입할 수단을 가지고 있는 것이 확실하다. 따라서 금은이 희소한 것은 선택의 결과이지 필요성의 결과는 아닌 것이 분명하다.

금은화가 필요하거나 편리한 것은 국내 또는 국외의 사업을 처리하는 데 있어서이다.

모든 나라의 국내 상업은 이 연구의 제2편에서 밝힌 것처럼, 적어도 평시에는 금은화와 거의 같은 정도도 편리하게 지폐로 처리할 수 있다. 쉽게 입수할 수 있는 것보다 많은 자본을 토지개량에 투자하여 늘 이윤을 올릴 수 있었던 아메리카 사람에게는, 금은처럼 매우 값비싼 상업 용구에 비용을 쓸 수 있을 만큼 절약하여, 자신들이 잉여 생산물 가운데 그런 금속을 구입하는 데 필요한 것을, 직업상의 용구와 의복의 재료, 각종 가구, 그리고 자신들의 정주지와 식민농원의 건설과 확대에 필요한 철제품을 구입하는 데, 즉 죽은 자산이 아니라 살아 있는 생산적인 자산을 구입하는 데 쓰는 것이 편리하다. 식민지의 여러 정부도, 그들이 국내 사업을 처리하는 데 충분한 만큼의, 또 대부분은 그 이상의 양의 지폐를, 국민에게 공급하는 것이, 여러 정부의 이익이라는 것을 알고 있다. 그런 정부 가운데 어떤 것, 특히 펜실베이니아 정부는, 그 국민에 대해 타당한 비율의 이자를 붙여 이 지폐를 대출하는 데서 수입을 이끌어 내고 있다.

다른 여러 정부 가운데 어떤 것, 이를테면 매사추세츠 베이의 정부는 긴급한 비상사태 때 공공의 비용을 충당하기 위해 이런 종류의 지폐를 발행하고, 나중에 그 식민지에 있어서 형편이 좋을 때, 차츰 떨어진 가치로 그 지폐를 되사고 있다. 1747년[*37]에 그 식민지는, 이런 방법으로 발행액의 10분의 1로 공채

---

[*]37 Hutchinson's Hist. of Massachusett's Bay, Vol. Ⅱ. page 436 & seq.를 참조할 것.(스미스 본인의 주) 토마스 허친슨(Thomas Hutchinson, 1711~1780)은 보스턴의 상인으로 매사추세츠 베이 식민지의 총독대리. Thomas Hutchinson, *The history of the colony of Massachusets-Bay, from the first settlement thereof in 1628, until its incorporation with the colony of Plymouth, province of Main,* &c···The second edition, London, 1760(ASL 855), vol. 2, pp. 436~437. 허친슨은 여기서 더글러스의 앞의 책을 인용하고 있다.

의 대부분을 상환했다. 국내 거래에 금은화를 쓰는 비용을 절약하는 것이 식민농원주의 편의에 합당하고, 또 식민지의 여러 정부에 있어서도, 약간의 매우 큰 불이익을 감수해야 하기는 하지만, 그들에게 그 비용을 아낄 수 있는 수단을 제공해 주는 것은 편리한 점이다. 지폐가 과잉이 되면, 식민지의 국내 거래에서 반드시 금은은 구축되며, 그것은 지폐의 과잉이 스코틀랜드의 대부분의 국내 거래에서 금은을 몰아낸 것과 같은 이유에서이다. 그리고 어느 쪽 나라에 있어서도, 지폐의 이런 과잉을 초래한 것은, 국민의 가난이 아니라 기업적이고 기획적인 정신, 즉 손에 들어오는 모든 자산을 활동적이고 생산적인 자산으로 사용하고자 하는 욕망이다.

다양한 식민지가 그레이트브리튼과 영위하는 대외 상업에서는, 쓰이는 금은의 많고 적음은 금은의 필요도에 정확하게 비례한다. 그런 금속이 필요하지 않은 곳에서는 그것은 좀처럼 모습을 드러내지 않지만, 필요한 곳에서는 일반적으로 널리 발견되고 있다.

그레이트브리튼과 담배식민지 사이의 상업에서는, 브리튼의 재화는 일반적으로 매우 장기의 신용으로 입식자에게 선지급(先支給)되며, 나중에 일정한 값으로 평가된 담배로 지불된다. 입식자에게는 담배로 지불하는 것이 금은으로 지불하는 것보다 편리하다. 어떤 상인이든, 거래 상대가 자신에게 판 재화에 대해 화폐로 지불하는 것보다, 자신이 그때 다루고 있는 뭔가 다른 종류의 재화로 지불하는 것이 편리하게 마련이다. 그런 상인은 때때로 있는 청구에 응하기 위해, 자기 자산의 일부분을 쓰지도 않고, 게다가 현금을 가까이 둘 필요도 없는 것이다. 그는 언제든지 더 많은 양의 재화를, 자신의 가게와 창고에 보관해 둘 수 있고, 더 큰 규모로 거래할 수 있다. 그러나 한 상인의 모든 거래 상대가, 그에게 파는 재화에 대해, 그때 그 상인이 다루고 있는 뭔가 다른 종류의 재화로 받는 것이 편리한 경우는 좀처럼 없다.

버지니아나 메릴랜드와 거래하는 브리튼의 상인은, 우연히 특수한 종류의 거래 상대이며, 그들로서는, 그런 식민지에 파는 재화에 대한 지불을 금은보다 담배로 받는 것이 편리하다. 그들은 담배를 팔아 이윤을 챙기는 것을 기대하고 있는 것이다. 금은을 팔아 이윤을 올리는 것은 불가능하다. 따라서 그레이트브리튼과 담배식민지 사이의 상업에서는 금은은 좀처럼 등장하지 않는다. 메릴랜드와 버지니아는 국내 상업에서와 마찬가지로, 대외 상업에서도 금은이 거의 필요하지 않다. 그 때문에 두 식민지는 아메리카의 다른 어느 식민지보다 보유하고 있는 금은의 양이 적다고 한다. 그런데 두 식민지는 인근의 어느 식민지에 못지않게 번영하고 있고, 따라서 부유한 것으로 생각되고 있다.

북부 식민지, 즉 펜실베이니아·뉴욕·뉴저지 및 뉴잉글랜드*³⁸의 네 정부에서는, 그레이트브리튼에 수출하고 있는 자국 생산품의 가치는, 자신들이 쓰기 위한, 또 자신들이 중계 역할을 하는 다른 몇몇 식민지가 쓰기 위한 수입제조품의 가치에 뒤떨어진다. 그래서 차액을 모국에 금은으로 지불해야 하는데, 그런 식민지는 일반적으로 이 차액의 금은을 가지고 있다.

설탕식민지에서는, 그레이트브리튼에 해마다 수출되는 생산물의 가치는, 그레이트브리튼에서 수입되는 모든 재화의 가치보다 훨씬 크다. 만일 해마다 모국으로 보내는 설탕과 럼주에 대해 그런 식민지에서 지불이 이루어진다면, 그레이트브리튼은 해마다 막대한 차액을 화폐로 보내지 않을 수 없고, 서인도 무역은 어떤 정치가들에 의해 매우 불리한 것으로 여겨질 것이다. 그런데 설탕 농원의 주요한 소유자의 대부분은 그레이트브리튼에 살고 있다. 그들의 지대는 설탕과 럼주, 즉 그들의 소유지에서 생산된 재화로 그들에게 지불된다. 서인도 상인이 그런 식민지에서 자기 돈으로 구입하는 설탕과 럼주는, 그들이 해마다 그곳에서 파는 재화가치에 미치지 못한다. 따라서 차액은 반드시*³⁹ 금은으로 그들에게 지불해야 하는데, 이 차액 또한 일반적으로 메워지고 있다.

다양한 식민지에서 그레이트브리튼에 지불하는 것의 어려움이나 불규칙함이, 그런 식민지의 각각이 지불해야 하는 차액의 크기에 비례한 적은 거의 없었다. 지불은 대체로 북부 식민지 쪽이 담배식민지보다 규칙적이었다. 게다가 전자는 대개 매우 큰 차액을 화폐로 지불한 것에 비해, 후자는 차액을 지불하지 않거나, 지불하더라도 훨씬 소액이었다. 우리의 다양한 설탕식민지에서 지불을 받는 어려움은, 그런 식민지의 각각이 지불해야 하는 차액에 비례하기보다는, 각각의 식민지가 가지고 있는 미경작지의 넓이, 다시 말해 식민농원주가 받고 있는 과잉 영업의 유혹, 즉 그들의 자본의 크기에 걸맞지 않은 드넓은 황

───────────────

*38 현재 뉴잉글랜드라고 불리는 곳은 코네티컷·매사추세츠·로드아일랜드·버몬트·뉴햄프셔·메인의 6주이지만, 스미스가 네 정부(four governments)라고 한 것은 1643년에 뉴잉글랜드연합을 결성한 플리머스·매사추세츠·코네티컷·뉴헤븐을 가리키는 것일 것이다.

*39 '반드시(necessarily)'는 초판에서는 '일반적으로(generally)'.

무지에 정주지와 식민농원을 만들고 싶은 유혹의 크기에 비례한다. 아직도 드넓은 미경작지가 있는 거대한 자메이카 섬에서의 수익이 바베이도스·안티가·세인트 크리스토퍼 같은, 더 작은 섬들에서의 수익보다 일반적으로 불규칙하고 불확실한 것은 이 때문이다. 이런 섬들은 이제까지 오랫동안 완전히 경작되어, 그로 인해 식민농원주의 투기를 위한 여지가 더 적었던 것이다. 그레나다·토바고·세인트 빈센트·도미니카가 새롭게 수중에 들어 왔기 때문에, 이런 종류의 투기를 위한 새로운 여지가 열리고, 그런 섬들에서의 수익은 최근에 거대한 자메이카 섬에서의 수익과 마찬가지로 불규칙하고 불확실했다.

따라서 식민지의 대부분에 현재 금은화가 적은 것은, 식민지의 가난 때문이 아니다. 그런 식민지는 활력이 있는 생산적 자산을 크게 필요로 하고 있기 때문에, 죽은 자산은 될 수 있는 대로 조금밖에 가지지 않는 것이 편리하며, 따라서 금은보다 편리함은 덜하지만 더 값싼 상업 용구로 만족할 수 있었다. 그로 인해 그런 식민지는 그 금은의 가치를, 직업 용구와 의복 재료, 가구, 그리고 정주지와 식민농원의 건축과 확대에 필요한 철제품으로 전환할 수 있다. 금은화가 없으면 운영할 없는 사업 부문에서는, 언제든지 그런 금속의 필요량이 수중에 들어오는 것 같고, 만일 수중에 들어오지 않는 일이 때때로 있다 해도, 그런 실패는 일반적으로 피할 수 없는 가난의 결과가 아니라, 피할 수 있는 지나친 기업열의 결과이다. 식민지에서의 지불이 불규칙하고 불확실한 것은, 그들이 가난하기 때문이 아니라, 터무니없이 부유해지고 싶어하는 갈망이 너무 강하기 때문이다. 식민지의 세수 가운데 식민지 자체의 민정 및 군사 시설비를 충당하는 데 필요한 금액을 초과하는 금액은, 모두 그레이트브리튼에 금은으로 보내야 한다 하더라도, 식민지는 그런 금속의 필요량을 구입할 수 있는 수단을 충분히 가지고 있다.

분명히 이 경우, 식민지는 잉여 생산물 가운데 현재 활동적이고 생산적인 자산을 구입하고 있는 부분을, 죽은 자산과 교환하지 않으면 안 될 것이다. 식민지 내부의 사업을 처리하기 위해 식민지는 값싼 상업 용구 대신 값비싼 상업 용구를 사용하지 않을 수 없을 것이고, 이 값비싼 용구를 구입하는 비용은 토지개량에 대한 지나친 사업의 활기와 열의에 어느 정도 찬물을 끼얹게 될 수도 있다. 그러나 아메리카의 공공수입의 어떤 부분이든, 그것을 금은으로 보낼 필요는 없을지도 모른다. 그것은 아메리카의 잉여 생산물 일부가 이미 보내지고 있는 그레이트브리튼의 개개의 상인과 회사 앞으로 발행되어 인수된 어음으로 송금될 수 있을 것이기 때문이다. 그들은 아메리카에서의 세수의 가치를 재화로 받은 뒤에, 그 가치를 화폐로 국고에 납입할 것이고, 모든 업무는 아메리카에서 단 1온스의 금이나 은*40을 수출하는 일 없이, 되풀이하여 처리될 것이다.

아일랜드와 아메리카가 함께 그레이트브리튼의 공채상환에 협력하는 것은 정의에 어긋나는 일은 아니다. 그 공채는 혁명에 의해 수립된 정부를 지탱하기 위해 모집된 것이고, 그 정부 덕분에 아일랜드의 프로테스탄트는 현재 자국에서 누리고 있는 모든 권위뿐만 아니라, 자신들의 자유·재산·종교에 대해 가지고 있는 모든 보증도 얻었으며, 또 그 정부 덕분에 아메리카의 몇몇 식민지는, 현행 특허장을, 따라서 현행 국가제도를 얻었고, 또 그 덕분에 아메리카의 모든 식민지는 그때부터 줄곧 누려 온 자유와 안전과 재산을 얻은 것이다. 그 공채는 그레이트브리튼뿐만 아니라, 제국의 여러 속주의 방위를 위해 모집된 것이고, 특히 최근의 전쟁 때 모집된 거액의 공채와, 그 전의 전쟁 때 모집된 공채의 상당한 부분은, 모두 바로 아메리카 방위를 위해 모집된 것이었다.

그레이트브리튼과의 합방에 의해 아일랜드는 무역자유 외에, 그보다 훨씬 중요하고 그 합방에 뒤따를지도 모르는 세금 증가를 보상하고도 남는 다른 이익을 손에 넣을 것이다. 잉글랜드와의 합방에 의해, 스코틀랜드의 중류와 하급 신분의 사람들은, 그 이전에 항상 그들을 억압하고 있었던 귀족제도의 권력에서 완전히 해방되었다. 그레이트브리튼과의 합방에 의해, 아일랜드의 모든 신분의 사람들은 대부분, 훨씬 억압적인 귀족제도에서도 마찬가지로 완전히 해방될 것이다. 이 귀족제도는 스코틀랜드의 그것처럼 출신이나 재산이라는 자연스럽고 존중할 만한 구별에 의하지 않고, 모든 구별 중에서 가장 불쾌한 구별, 즉 종교적 및 정치적 편견에 의한 구별에 의한 것이다. 이 구별은 다른 어떤 구별보다 더욱 억압자의 교만과 피억압자의 증오와 분개를 자아내며, 같은 나라의 주민들 사이를 다른 나라와 나라의 주민을 사이에서도 볼 수 없는 적대적 관계로 만들어 버리는 것이 통례이다. 그레이트브리튼과 합방하지 않는 한, 아일랜드의 주민은 아무리 세월이 흘러도 자신들을 하나의 국민으로

---

*40 '금이나 은(gold or silver)'은 초판에서는 '금과 은(gold and silver)'.

생각하지 않을 것 같다.

식민지에서는 억압적인 귀족제도가 지배적이었던 적은 없었다. 그러나 그런 식민지에서도, 그레이트브리튼의 합방에 의해 행복과 평온이라는 점에서 많은 것을 얻을 것이다. 그것은 적어도, 소민주국과 떼려야 뗄 수 없는 악의와 적의에 찬 분열과 항쟁에서 식민지를 해방할 것이다. 이 분파 항쟁은 그와 같이 때때로 국민의 애정을 단절하고, 형태에 있어서는 그와 같이 민주적인 것에 가까운 정부의 평화를 어지럽혀 왔다. 이런 종류의 합방에 의해 막지 않으면 그레이트브리튼에서 완전히 분리되겠지만, 그렇게 되면 이런 분파 항쟁은 이제까지보다 열 배나 해로운 것이 될 것이다. 현재의 동란이 시작되기 전에는, 모국이 항상 강제적인 힘으로, 이런 분파 항쟁이 격화되어 터무니없는 야만과 모욕보다 더욱 나쁜 상태가 되는 것을 억제할 수 있었다. 그 강제적인 힘이 완전히 제거되어 버리면, 분파 항쟁은 아마 이내 격화하여 공공연한 폭력과 유혈을 부르게 될 것이다. 하나의 통일 정부하에 통합되어 있는 모든 큰 나라에서는, 당파심은 멀리 떨어진 지방에서는 제국의 중심보다 힘을 얻지 못하는 것이 보통이다.

그런 속주의 수도로부터의 거리, 즉, 분파와 야심의 큰 다툼의 주무대로부터의 거리는, 그런 속주를 항쟁하는 어떤 당파의 사고 방식에도 그다지 물들지 않고, 모든 당파의 행동에 대해 특별한 관심이 없는 중립적인 관찰자로 있게 한다. 당파심은 잉글랜드보다 스코틀랜드가 덜하다. 합방이 이루어지면, 그것은 아일랜드에서는 아마 스코틀랜드보다 확산되지 않을 것이고, 그리고 식민지는, 아마 브리튼 제국의 어떤 지방에도 현재 알려져 있지 않은 정도의 일치와 통일을 곧 누릴 것이다. 아일랜드에도 식민지에도 틀림없이, 실제로 지불하고 있는 어떤 세금보다 무거운 세금이 부과될 것이다. 그러나 공공수입을 부지런하고도 충실하게 국채의 상환에 충당하기만 한다면, 그런 세금의 대부분은 오래 계속되지 않을 것이고, 그레이트브리튼의 공공수입은 곧 적절한 평시의 편성을 유지하는 데 필요한 금액까지 축소될 것이다.

동인도 회사가 획득한 영토는, 그레이트브리튼의 왕권, 즉 국가와 국민의 의심할 여지없는 권리이며, 아마 이미 설명한 모든 수입원보다 윤택한 또 하나의 수입원이 될 수 있을 것이다. 그런 나라는 그레이트브리튼보다 기름지고 드넓으며, 또 그 넓이에 비해서는 훨씬 부유하고 인구도 많은 것으로 알려져 있다. 거기서 커다란 공공수입을 올리기 위해서는, 이미 충분히, 또 충분한 것 이상으로 과세되고 있는 나라들에 새로운 과세제도를 도입할 필요는 아마 없을 것이다. 그런 불운한 나라들의 부담을 가중하기보다는 경감하는 것이, 그리고 새로운 세금을 부과하는 것이 아니라, 이미 납부하고 있는 세금의 횡령과 낭비를 방지함으로써 공공수입을 올리도록 노력하는 것이 아마 너욱 적질할 것이다.

그레이트브리튼이 위에서 말한 모든 재원의 어느 것에서도 공공수입을 상당히 증가시키는 것은 실행 불가능하다는 것을 알면, 그것에 있어서 남을 수 있는 유일한 재원은 비용의 감소뿐이다. 공공수입을 징수하는 방법에 있어서나 지출하는 방법에 있어서도 아직 개선의 여지는 있겠지만, 그레이트브리튼은 적어도 어떤 이웃 나라에 못지않게 절약에 힘쓰고 있는 것으로 생각된다. 그레이트브리튼이 평시에 자국의 방위를 위해 보유하고 있는 군사 시설은, 부(富) 또는 힘에서 그레이트브리튼에 필적한다고 주장할 수 있는 유럽의 어떤 나라의 군사 시설보다 많지 않다. 따라서 그런 비목(費目 : 지출하는 비용의 경리 과목상 명목)의 어떤 것에도 상당한 비용 삭감의 여지가 있다고는 생각되지 않는다. 식민지의 평시 시설의 비용은 현재의 동란이 시작되기 전에는 매우 컸으며, 그것은 절약할 수 있는 비용, 그리고 만일 식민지에서 수입을 올릴 수 없는 경우에는 완전히 절약할 수 있는 비용이다. 평시의 이 끊임없는 비용은 매우 크지만, 전시에 식민지를 방위하는 데 든 비용에 비하면 하찮은 정도이다. 오로지 식민지를 위해 치러온 전쟁을 위해 그레이트브리튼이 쓴 비용은 이미 말한 대로 9000만 파운드가 넘었다.

1739년의 에스파냐 전쟁은 주로 식민지를 위해 치러졌고, 이 전쟁과 그 결과인 프랑스 전쟁에서 그레이트브리튼이 소비한 것은 4000만 파운드가 넘었지만, 그 상당한 부분은 당연히 각 식민지에 부담시켜야 하는 것이었다. 그런 두 전쟁에서 식민지는 첫 번째 전쟁이 시작되기 전의 국채 총액의 2배가 훨씬 넘는 비용을 그레이트브리튼에 부담시킨 것이었다. 만일 그런 전쟁이 없었다면 그 부채는 완전히 상환되었을지도 모르고, 아마 지금까지 상환되었을 것이다. 또 만일 식민지가 없었다면, 그런 전쟁 가운데 전자는 일어나지 않았을지도 모르고, 후자는 확실히 일어나지 않았을 것이다. 이 비용이 식민지에 투입된 것은, 식민지를 브리튼 제국의 속주로 생각했기 때문이다.

그러나 제국을 유지하기 위해 공공수입과 군사력을 갹출하지 않는 나라를 속주로 여길 수는 없다. 그런 나라들은 아마 제국의 부속품, 일종의 보기 좋고 화려한 도구로 생각해도 무방할 것이다. 그러나 만일 제국이 이 도구를 갖추고 유지하는 비용을 더 이상 감당하기 힘들다면 명백하게 그것을 포기해야 하고, 그 비용에 대응할 수 있는 공공수입을 올릴 수 없다면 적어도 그 비용을 수입에 맞춰야 한다. 만일 식민지가 브리튼의 세금에 따르는 것을 거부하는 데도 불구하고 여전히 브리튼 제국의 속주로 생각해야 한다면, 장래의 전쟁에서의 그 방위는, 이전의 어떤 전쟁에 든 것 못지않은 비용을 그레이트브리튼에 부담시킬 것이다.

브리튼의 지배자들은 지난 1세기 이상, 대서양 서쪽에 커다란 제국을 가지고 있다는 생각만으로도 국민들의 마음을 즐겁게 해 주었다. 그러나 이 제국은 지금까지 상상 속에서만 존재했다. 이제까지는 그것은 제국이 아니라 제국에 대한 계획이고, 금광이 아니라 금광에 대한 계획이었다. 즉 아무런 이윤도 가져다 줄 것 같지 않은 것에 거대한 비용을 들였고, 계속 들이고 있으며, 또 만일 지금까지와 같은 방법으로 추구된다면, 앞으로도 계속 들 것 같은 계획이다. 왜냐하면 식민지 무역에 대한 독점의 결과는 이미 설명한 것처럼, 대다수 국민에게 있어서 이윤이 아니라 단순한 손실일 뿐이기 때문이다. 지금은 틀림없이, 우리의 지배자들이 국민과 마찬가지로 아마 자신들도 꿈꾸어 왔던 이 황금의 꿈을 실현하거나, 그렇지 않으면 그 꿈에서 깨어나서, 국민들을 깨우도록 노력해야 할 때이다. 만일 이 계획을 완수할 수 없다면 계획을 단념해야 한다. 만일 브리튼 제국의 어떤 속주도 제국 전체를 유지하는 데 이바지하게 할 수 없다면, 이제야말로 그레이트브리튼이 전시에 그런 영역을 방위하는 비용, 평시에 그 민사적·군사적 시설의 모든 부분을 유지하는 비용에서 자신을 해방하고, 자신의 장래의 전망과 계획을 자신의 그야말로 평범한 처지에 합치시키도록 노력해야 할 때이다.

애덤 스미스의 생애와 사상

I 애덤 스미스의 시대와 생애

1. 로흐 로먼드의 노래

로흐 로먼드의 노래

작은 새가 지저귀고
풀꽃이 싹을 틔우네.
반짝이는 햇살 속에 호수는 잠들어 있구나.
하지만 희망 없는 내 신세,
봄은 두 번 다시 돌아오지 않네.
슬픔이 봄이 오는 걸
가로막았으니까.

오, 그대는 높은 길을
나는 낮은 길을 가는구나.
나는 그대보다 먼저
스코틀랜드에 도착하리.
하지만 사랑하는 친구여,
그 아름다운 로먼드 호숫가에서
우리 다시는 만나지 못하네.

이것은 오늘날에도 사랑받는 스코틀랜드 민요, 로흐 로먼드의 노래의 후반
부이다. 로흐 loch는 스코틀랜드어로서 '호수'를 의미하는데, 여기에는 절망과
영원한 이별의 깊은 슬픔을 노래하고 있다. 내가 가지고 있는 가사는 모두, 멀
리 타국에 나와 있는 자가 고국을 그리워하며 노래한 것으로 이해되고 있어서,

칼라일 성

여기에 번역한 것과는 느낌이 상당히 다르다. 실은 이 노래는 1745년에 일어난 재커바이트 반란 가운데 다음과 같은 사건을 다룬 것이다.

1745년 말. 주로 스코틀랜드인으로 구성된 재커바이트군은 정부군에 쫓겨 스코틀랜드 국경과 가까운 도시 칼라일에 도착했을 때, 부상자들을 일부 수비대와 함께 남겨두고 떠나야 했다. 이 도시는 약 10일 후 정부군에게 점령되었고, 그때 남았던 스코틀랜드 병사들 가운데 일부는 석방되고 일부는 처형되었다. '로흐 로먼드의 노래'는 이때 처형이 결정된 자가 석방되는 친구에게 남긴 말이었던 것이다. '오, 그대는 높은 길을/나는 낮은 길을 가는구나/나는 그대보다 먼저/스코틀랜드에 도착하리'라는 것은, 죽은 자는 지하의 길을 지나 빨리 고향으로 돌아갈 수 있다는 켈트의 전설을 바탕으로 한 것이며, 그래서 로먼드 호숫가에서 '다시는 만나지 못하는' 것이다.

로먼드 호수는 글래스고에 약간 북쪽에 있는 호수로, 스코틀랜드 사람들이 더없이 사랑하는 아름다운 호수이다. 애덤 스미스도 이 호수를 찬미하여 1784년 봄, 글래스고 대학 총장에 이제 막 취임한 에드먼드 버크를 그곳으로 안내했다. 스미스와 동시대인이자 작가인 토비아스 스몰릿은 이 호수 일대를 '스코틀랜드의 이상향'이라고 썼을 정도이다. 재커바이트의 비극을 이 아름다운 호

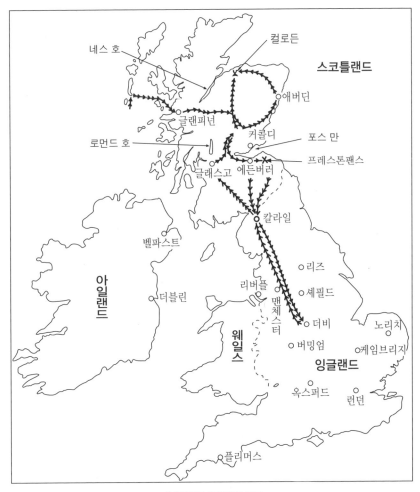

재커바이트 반란군의 경로

수에 부친 노래가 만들어졌고, 어느 사이에 사람들의 입을 통해 민요가 되었
다는 사실에서, 이 반란이 스코틀랜드 사람들 속에 지닌 무게를 느낄 수 있다.
스미스는 이 반란을 옥스퍼드 대학 베일리얼 칼리지의 창문에서 목격했다. 22
세의 감수성이 풍부한 청년 스미스의 마음에는 이 반란이 어떻게 비쳤을까?
그것은 원래 어떠한 성격의 반란이었을까?

재커바이트의 반란

재커바이트라는 말은 제임스의 라틴어식 표기인 야코부스 Jacobus에서 유래한다. 즉, 명예혁명으로 추방된 제임스 2세와 그 자손을 지지하며 스튜어트 왕조를 부활시키려 한 사람들을 그렇게 불렀던 것이다. 제임스 2세는 1701년에 세상을 떠났지만, 그 아들인 제임스 프랜시스 에드워드 스튜어트와 손자 찰스 에드워드 루이 캐시미어가, 1715년과 1745년에 각각 반란을 일으켜 왕위회복을 꾀했다. 그래서 전자는 늙은 왕위 요구자(The Old Pretender), 후자는 젊은 왕위 요구자(The Young Pretender)로 불렸는데, 이들의 반란은 모두 실패로 끝났다. 재커바이트의 반란이란 바로 이것을 가리키는 것으로, 여기서 다루고 있는 것은 1745년의 반란이다.

1745년의 반란은 프랑스의 지원을 기대한 찰스 에드워드가 단 7명의 동조자를 데리고 스코틀랜드 서해안에 은밀하게 상륙하여, 주로 고지 지방에 사는 씨족의 지원을 얻어, 8월 19일에 상륙지와 가까운 글렌피넌에서 거병한 것으로 시작되었다. 바로 오스트리아 계승전쟁 때라 잉글랜드 정규군의 병력 부족 덕을 본 것이리라. 찰스군은 한 달이 채 안 되어 스코틀랜드 수도 에든버러를 점령한 뒤, 12월 초에는 런던 북서쪽으로 182킬로미터에 있는 더비까지 육박했다. 찰스군의 전격적인 진격은 잉글랜드 사람들의 위기의식을 순식간에 높여 놓았다. 에든버러 근교의 프레스턴팬스에서 정부군이 패주했다는 뉴스가 런던에 전해진 9월 28일, 유명한 드루리 레인 국립 극장에서, 그날의 연주 예정에는 없었던 '국왕 폐하 만세 God save the king'이 연주되어 사람들을 흥분의 도가니로 몰아넣은 것이 그 한 예였다.

사람들은 스튜어트 왕조의 절대주의와 가톨릭 부활에 반대하여, 현 국왕 조지 2세를 지지하는 마음을 담아 이 노래를 불렀던 것이다. 이것이 나중에 영국 국가가 되는 이 노래의 최초 공연이었는데, 이것이 다른 극장에도 퍼져서 사람들의 사기를 높여주었다. 요크셔처럼 지주와 성직자들이 재커바이트에게 저항하기 위해 연합을 결성하는 지방도 나타났다. 정규군이 대륙에서 돌아오고 있었는데도, 찰스가 기대한 잉글랜드의 재커바이트와 가톨릭 교도의 전면 봉기의 기미는 그 어디에도 없었고, 프랑스가 원군을 보내는 기색도 보이지 않았다. 찰스군은 더비에 들어간 지 이틀 만에 패주로 돌아서지 않을 수 없었다. 칼라일을 지나 글래스고를 통해 패주한 찰스군은, 이듬해인 1746년 4월 16

일 인버네스 부근의 컬로든 습지대에서 벌어진 격전에서 궤멸했다. 로흐 로먼드의 비극이 이 패주 중에 빚어진 사건인 것은 앞에서 살펴본 바와 같다.

재커바이트의 반란은 이렇게 끝났지만, 그 반란은 절대주의적인 스튜어트 왕조의 부활을 지향했다는 점에서는 복고적이고 반동적인 것이었다. 문제는, 그러한 반란에 왜 스코틀랜드 사람들이 많이 관련되었는가 하는 것이다. 스튜어트 왕조가 원래 스코틀랜드의 왕가였던 것뿐만 아니라, 거기에는 다음에 살펴볼 '잉글랜드와 스코틀랜드'라는 문제가 있었던 것이다.

잉글랜드와 스코틀랜드

잉글랜드와 스코틀랜드는 엘리자베스 1세가 사망한 뒤, 스코틀랜드 왕 제임스 6세가 잉글랜드 왕 제임스 1세를 겸하게 된 이래, 같은 인물을 함께 국왕으로 두게 되었는데, 1707년 합방법이 성립되기 전까지는, 크롬웰에 의한 일시적인 합병을 제외하면 각각 독립된 별개의 나라였다. 그런데 명예혁명 뒤 명예혁명정부는, 스코틀랜드를 지배하에 두기 위해 적극적인 정책을 펼치기 시작했다. 스코틀랜드에서는, 명예혁명 때 오렌지 공 지지파와 제임스 지지파, 즉 재커바이트의 대립이 무력 충돌로까지 발전했다. 결국 오렌지 공 지지파가 재커바이트를 힘으로 제압하여, 1692년 1월 1일까지 각 씨족 족장들에게 윌리엄과 메리에 대한 충성서약에 서명할 것을 요구했다. 그리고 이 서명의 기한을 놓친 맥도널드 일족을 학살했다. 유명한 글렌코 학살사건이다. 경제적으로도 명예혁명정부의 중상주의 정책은, 잉글랜드의 대프랑스 관계를 악화시켜 전통적인 스코틀랜드와 프랑스의 무역을 위험에 빠뜨렸고, 항해법에 의해 스코틀랜드를 잉글랜드의 식민지 무역에서 배제했다. 그리하여 씨족제도가 아직도 강하게 남아 있는 고지 지방을 떠안고, 비교적 진보해 있었던 저지 지방에서도 공업은 불과 에든버러 주변의 아마직물과 모직물 정도일 뿐, 인구 대부분이 농민이었던 스코틀랜드 경제는 독자적인 국민경제를 형성할 역량도 지니지 못한 채, 갈수록 곤궁에 빠져 합방으로 내몰리게 된 것이다. 물론 합방을 둘러싸고 찬반양론이 격렬하게 들끓어 합방반대 폭동이 여러 번 일어났을 정도였다.

이러한 과정 끝에 끝내 합방이 성립된다. 경제적으로 발달한 부유한 잉글랜드와 경제적으로 뒤처진 가난한 스코틀랜드의 합방이 잉글랜드 사람들에게는 우월감을, 스코틀랜드 사람들에게는 굴욕감을 낳은 것은 당연한 일이었다.

잉글랜드 사람들의 우월감은, 이를테면 다음과 같은 에피소드에서도 나타나 있다. 스미스가 옥스퍼드 대학 식당에서 처음으로 저녁을 먹었을 때의 일이다. 그가 식탁 앞에서 생각에 빠져 있으니, 급사가 다가와서 이렇게 말했다.

"스코틀랜드에서는 이렇게 많은 고기를 보신 적이 없을 겁니다. 사양말고 많이 드십시오."

우월감은 종종 차별의식을 낳는다. 고전적인 《애덤 스미스전》의 저자 존 레이에 의하면, 스미스가 말한 베일리얼 칼리지에서는 스코틀랜드 출신자는 '외국인 침입자'로 취급받았다고 한다. 스미스는 옥스퍼드에 있었던 6년 동안, 잉글랜드 출신자 가운데 평생의 친구를 만드는 것은 결국 불가능했다. 잉글랜드 사람들의 이러한 우월감과 차별에 대한 반감과, 합방에 의해 스코틀랜드의 허약한 산업이 잉글랜드의 진보된 산업과 가혹한 경쟁을 하게 된 것 때문에 생긴 불만이 많은 스코틀랜드 사람들을 반란으로 내몰았을 것이다. 그들은 재커바이트 반란에 스코틀랜드 독립의 꿈을 걸었다. 그렇다면 스미스는 이 반란을 어떻게 보았을까?

스미스가 본 재커바이트

3년 뒤에 재커바이트 시인 윌리엄 해밀턴의 시집에 서문을 쓴 스미스는, 반란에 참여한 스코틀랜드 사람들의 심정을 이해했을 것이 분명하다. 그러나 그는 스튜어트 왕조 부흥이 바람직한 일이라고는 생각하지 않았다. 실은 스코틀랜드 출신자를 차별하고 있었던 옥스퍼드의 교사와 학생들도 대부분 재커바이트였던 것이다. 그들은 물론 스코틀랜드 독립을 생각했던 것은 아니고, 명예혁명 뒤의 왕권에 대한 의회 우위 체제와 시민적 자유 확대에 반감을 품고 있었던 귀족적인 반동주의자에 지나지 않았다. 스미스는 이러한 재커바이트주의의 위험한 성격을 잘 알고 있었다. 스코틀랜드에서도 반동적인 성격은 내셔널리즘과 굳게 결부되어 있었고, 그것은 반란 참여자의 대부분이 고지 지방 씨족이었다는 사실에도 나타나 있다. 스미스가 학생 생활을 보낸 글래스고처럼, 합방 뒤 경제적으로 발전하고 있었던 지방은 반란을 지지하지 않았다. 합방은 잉글랜드의 산업과 경합하는 스코틀랜드 허약 산업에는 타격을 주었으나, 반면에 스코틀랜드의 특산물에 대해 잉글랜드의 시장을 제공하고 아메리카 식민지와의 무역을 가능하게 하여, 스코틀랜드의 새로운 경제적 발전의 길도 준비하고 있었던 것이다. 나중에 스미스는 《국부론》에서, 합방은 스코틀랜드 중류 및 하층계급 사람들을 귀족의 권력으로부터 해방시켰다고 썼지만, 22세 스미스에게 과연 그러한 인식이 있었는지는 알 수 없다. 그러나 아메리카와의 무역으로 번영의 길을 가고 있었던 글래스고를 자신의 눈으로 보면서 합방의 긍정적 효과를 인식하고 있었을 것은 충분히 짐작할 수 있다.

스미스는 1746년 8월 중순에 옥스퍼드를 졸업하지 않고 고향 커콜디로 돌아갔다. 재커바이트의 반란과 옥스퍼드에서의 차별 체험은, 스미스의 마음에 부와 빈곤, 경제적으로 진보한 나라와 뒤처진 나라, 우월감과 열등감, 그 차별, 열광적인 애국심의 위험 같은 여러 가지 문제를 깊이 새겨 넣었을 것은 틀림 없다.

2. 고향 도시

자치도시 커콜디

애덤 스미스는 1723년에 스코틀랜드 동부 파이프 주의 항구도시 커콜디에서 태어났다. 생일은 알려져 있지 않지만, 1723년 6월 5일에 세례를 받은 기록은 남아 있다. 아버지는 같은 이름인 애덤 스미스로, 가계는 애버딘셔의 소지주로 거슬러 올라간다. 애버딘 대학에서 공부한 뒤 스코틀랜드의 국무상이 된 라우든 백작의 비서관과 스코틀랜드 군법회의 서기관을 지내고, 마지막에는 커콜디의 세관감독관이 되었으나, 차남 애덤 스미스가 태어나기 전에 세상을 떠났다. 어머니 마거릿 더글러스는 파이프 주의 지주 출신으로, 아버지 애덤 스미스의 두 번째 아내였다. 아버지처럼 공직에 오른 사람 중에는 그 무렵 중소지주의 가계를 물려받은 사람이 많았다. 아버지의 유산은 그렇게 많지는 않았으나, 전처의 아들 휴와 애덤에게 좋은 교육을 받게 하는 데는 충분한 금액이었던 것 같다.

스미스가 태어나 소년시절을 보낸 커콜디 시는 포스 만을 사이에 두고 에든버러의 건너편에 있는 칙허 자치도시의 하나였다. 칙허 자치도시란 국왕의 칙허장에 의해 시장개최권 같은 특권을 인정받은 자치도시를 말한다. 이 도시는 19세기 중엽부터 리놀륨 산업 도시로 발전하여 지금은 인구 5만 명에 가까운 공업도시가 되었지만, 그때는 인구 2천 명 전후의 항구도시였다. 근처에 《로빈슨 크루소》의 모델로 유명한 알렉산더 셀커크가 태어난 도시 라르고가 있다.

다니엘 디포는 스미스가 태어나기 조금 전에 전국을 구석구석 걸으며 《대브리튼 기행》을 썼는데, 그 속에서 잉글랜드와 네덜란드의 무역을 통해 번영하고 있는 커콜디의 모습을 생생하게 그렸다. 주요 수출품은 곡물, 아마포, 석탄, 소금으로 모두 커콜디와 그 주변에서 생산된 것이다. 그 밖에 조선소가 있고, 석탄을 사용하는 제철소도 있으며, 못과 철기류 제조업도 활발했다. 소년 스미스는 못 제조소를 방문하는 것을 좋아했다고 한다. 이 무렵에 관찰한 못 만드는 공정에 대한 기억이 《국부론》에서 유명한 핀 제조업을 예로 들어 분업을 설명한, 오랜 구상의 원천이 되었을지도 모른다. 커콜디가 어린 스미스에게는 인간과 사회를 관찰하는 데 참으로 좋은 고장이었던 셈이다.

'그곳에는 농촌에서는 볼 수 없는 여러 종류와 처지의 인간들이 있으며, 그 각각이 대도시보다 훨씬 완전하게 자신들의 습관과 고달픔과 성격을 드러낸다. 스미스는……이 작은 고장의 모든 사람들, 즉 이 도시 귀부인들부터……그 무렵 아직 예속된 신분이었던 가난한 광부와 제염부(製塩夫)에 이르는 사람들에 대한 모든 지식을 얻으면서 성장했을 것으로 추정된다.'(J. 레이 저 《애덤 스미스전》)

그러나 커콜디의 번영의 뒤안에서는 쇠퇴와 곤궁의 그림자가 다가오고 있었다. 디포는 부근의 다이저트 시의 쇠퇴를 묘사하면서 '이러한 항구도시의 쇠퇴는……스코틀랜드의 궁정과 귀족이 잉글랜드로 이주했기 때문이라고 생각한다'고 썼는데, 쇠퇴는 항구도시뿐만 아니라 농촌에서도 진행되어 부랑자의 증대라는 사회문제가 발생하고 있었다. 스미스는 어려서부터 일찌감치 이 사회문제를 체험하게 된다.

스미스 유괴사건

그것은 스미스가 세 살이 된 어느 날, 어머니와 함께 숙부 집에 놀러 갔을 때 일어났다. 숙부 존 더글러스는 어머니의 오빠로, 스트라센드리 성의 성주였다. 그 성 근처에서 놀고 있다가 틴클러라고 하는 여자 집시에게 유괴되고 만 것이다. 수색대가 출동하여 스미스는 곧 구출되었는데, 유괴의 목적은 어린이의 옷 때문이었던 것으로 추측되었다. 커콜디 부근에 집시 촌이 생겨, 그곳으로 통하는 '집시의 길'이 성 근처에 있었던 것 같다.

원래 빈민은 친척들이 돌봐 줄 수 없는 경우에는 거지 허가장이 주어져, 주로 교회의 자선에 의해 부양되었는데, 17세기 말이 되자 허가장을 가지지 않은 부랑자들이 눈에 띄게 늘어났다. 죄를 저지르고 도시에서 추방된 자와 평판이 나쁜 떠돌이에게는 교회 회의에서 허가장을 교부하지 않았으므로, 그리한 부랑자가 늘어난 것이다. 직접적인 원인은 여러 가지가 있지만, 근본 원인은 농촌의 피폐함에 있었다고 해도 무방할 것이다. 그 시절 스코틀랜드 농업은 비교적 생산력이 높았던 저지 지방에서도, 런리그제(制)라고 하는 비능률적인 분산경지제(分散耕地制)하에서 잉글랜드에 비해 훨씬 유치한 농기구로 경작되고 있었다. 농민은 대부분 경작권이 불안정한 소작인으로, 농업개량 의욕이 거의 없는 상태에 놓여 있었다.

물론 어느 정도 생산력의 발전은 있어서, 일부에서 부농의 출현도 볼 수 있었지만, 대부분의 농민들은 스코틀랜드 귀족이 부유한 잉글랜드 귀족의 생활을 따라 하기 위해 수탈을 강화한 탓에, 또 프랑스와의 전쟁 때문에 갈수록 곤궁해지고 있었다. 고지 지방에서는 45년의 반란에서 패배하여 씨족제가 해체될 때까지, 사람들은 족장의 전제적인 재판권하에서 병역조차 의무화되어 있었다. 그곳에서는 가축 약탈이 마치 스포츠처럼 횡행했다고 한다. 나아가서, 스코틀랜드 농민에게 매우 잔인한 타격을 가한 것은, 17세기 말부터 18세기 초에 걸쳐 되풀이해서 발생한 기근이었다. 때로는 굶어죽는 사람이 대량 나왔고, 추위와 굶주림으로 가축을 잃고 파산한 농민은 농장을 떠나 부랑자 소굴에 몸을 던졌다.

합방법은 이미 살펴본 것처럼 귀족 지배를 약화하고, 잉글랜드와 아메리카 식민지와의 무역을 가능하게 함으로써, 스코틀랜드의 새로운 경제적 발전을 위한 조건을 제공했다. 그 효과가 스미스가 태어난 무렵부터 나타나기 시작했지만, 부랑자들을 노동력으로 흡수하기에는 아직 때가 일렀던 것이다. 스미스 유괴사건은 이러한 시대를 상징하는 사건이었다고 할 수 있다.

시립학교 입학

스미스는 7세에 커콜디 시립학교에 입학했다. 이 학교는 6년제로, 전반 2년은 '영어 내지 국어학교'라 불리고, 후반 4년은 '문법학교'라 불리고 있었다.

당시 스코틀랜드 사람들은 일상생활에서는 게일어에 영어가 혼합된 독특한 스코틀랜드어를 사용했다. 그들에게 영어는 외국어였지만 학교에서 반드시 배워야 되는 언어였다. 스코틀랜드 사람들에게 영어 습득이 매우 어려운 일이었던 것은, 1760년대가 되어서도 흄과 스미스 등의 그 시대 스코틀랜드 최고의 지식인 클럽이, 배우 셰리던처럼 말하는 법을 배우는 영어 공개강좌를 연 것에서도 엿볼 수 있다.

후반 4년 '문법학교'에서는 라틴어를 배웠다. 그 무렵, 대학 강의는 모두 라틴어로 진행되었기 때문에, 학생이 대학에 들어가 어려움을 겪지 않도록 하기 위해서였다. 이 전통을 깨고, 스코틀랜드의 대학에서 처음으로 영어로 강의한 것은, 나중에 스미스가 배우게 되는 글래스고 대학의 도덕철학 교수 프랜시스 허치슨이었다.

커콜디의 시립학교는 30명 정도의 학생을 수용할 수 있는 교실이 두 개밖에 없는 작은 학교였지만, 스미스의 친구 중에는, 나중에 뛰어난 건축가로 유명해지는 로버트 애덤과, 경제 관련 문제에 밝은 국회의원으로 유명해지는 제임스 오스월드, 스코틀랜드 장로교 온건파의 지도자가 되는 존 드라이즈데일이 있었다. 스미스는 책을 좋아하는 공부벌레이자 기억력이 뛰어난 눈에 띄는 학생이었으나, 몸이 약하고 얌전하며 누구에게나 친절하고 모든 사람이 좋아하는 아이였다고 한다. 그러나 혼잣말을 하는 습관과 방심하는 버릇은 이 무렵부터 나타났던 것 같다.

글래스고 대학 시절

시립학교를 졸업하자 스미스는, 14세에 글래스고 대학에 진학했다. 밀수범 처형에 대한 민중의 반감에서 발생한 '포티어스 폭동'으로 에든버러가 크게 뒤흔들렸던 이듬해의 일이다. 14세라면 지금의 중학생이지만, 당시에는 12세 전후에 대학에 진학하는 것이 보통이었으므로, 스미스는 몸이 허약해 늦어진 듯하다. 당시 스코틀랜드에는 애버딘·세인트앤드루스·에든버러·글래스고 등 네 개의 대학이 있었는데, 스미스가 글래스고를 선택한 이유는 확실하지 않다. 그곳에 친척이 있었거나 스넬 장학금을 얻어 옥스퍼드 대학에 유학할 수 있는 가능성이 있었기 때문으로 추측되고 있지만, 합방 뒤 아메리카 식민지와 서인도 제도와의 무역으로 급속하게 발전하고 있었던 글래스고 시와 그 대학

18세기의 글래스고

의 활기에 매력을 느꼈기 때문일지도 모른다.

글래스고는 클라이드 강 하구에 위치하며, 대서양으로 통하는 좋은 항구를 가지고 있었기 때문에, 합방 뒤 즉시 아메리카 식민지 무역의 중심지가 되었다. 서인도 제도와의 설탕과 럼주 거래도 활발했지만, 무역의 중심은 담배였다. 그 무렵 '담배경(卿)'으로 불렸던 신흥 담배부자들이 진홍색 망토에 끄트머리에 금을 씌운 지팡이를 든 모습으로 거리를 활보하는 것을 볼 수 있었다. 제조업은 아직 유년기에 있었고, 담배 대신 수출하는 물품의 대부분을 맨체스터에서 들여왔는데, 그래도 아마포를 비롯하여 농기구, 가구, 피혁 등의 산업이 성장하고 있었다. 귀족적인 수도 에든버러와는 대조적으로, 글래스고는 '비즈니스 도시'(디포)로 성장하고 있었던 것이다.

이러한 도시의 성격은 대학에도 반영되어, 글래스고 대학은 생활비를 포함하여 학비가 싸고, 종교적으로도 비교적 자유로우며, 학생의 출신 가정은 귀족·차지농업인·지주·성직자·상인·노동자, 아일랜드의 근면한 소작인 등 다양했다. 특히 아일랜드 출신(스코틀랜드에서 온 이민의 자손)이 많은 것이 이 대학의 특색의 하나였다고 한다. 스미스가 '잊을 수 없는 허치슨 선생'으로 존경했던 프랜시스 허치슨도 아일랜드 출신이었다.

이렇게 다양한 학생들이 모여 있었던 것도 대학생활을 풍요롭게 해 주었을 것이 틀림없지만, 글래스고 대학의 학문수준을 급속하게 높이는 데 공헌한 것의 하나는, 스미스가 입학하기 10년 정도 전부터 시작된 일련의 대학개혁이었다. 개혁의 중심은 입학에서 학위취득까지 같은 클래스에서 한 사람의 교사한테서 모든 과목을 차례로 배우는 리전트제(制)를 폐지하고 전문교수제를 채용한 것이었다. 이에 의해 교사는 자신의 전문 영역을 깊이 연구하여, 그것을 토대로 학생을 교육할 수 있게 되었다. 또 같은 무렵, 학생의 요구를 받아들여 총장선거권을 준 것도, 학생에게 대학의 바람직한 모습에 대해 생각하게 하여, 대학생활에 생기를 부여하는 데 도움이 되었을 것이다. 스미스는 《국부론》 속에서 글래스고 대학의 학문적 수준을, 학생의 청강료에 많은 것을 의존하는 교수 급여의 바람직한 모습에서 구했는데, 이러한 일련의 대학개혁의 중요성을 간과할 수는 없다. 스미스가 입학한 무렵의 글래스고 대학은, 그리하여 발랄한 학문적 분위기로 넘치게 되었던 것이다. 그 중심에 프랜시스 허치슨이 있었다.

허치슨은 아일랜드 장로교 목사 집안에서 태어나 글래스고 대학에서 공부하고, 더블린의 아카데미에서 교사로 재직한 뒤, 1729년에 모교의 도덕철학 교수가 되었다. 허치슨은 존 로크의 제자인 제3대 샤프츠버리 백작이 창시한 도덕감각 학파의 흐름을 이어받고 있었다. 도덕감각 학파는 홉스와 로크의 이기심 중심의 인간론과 사회계약론을 비판하여, 인간은 이기심 외에 이타심을 가지고 있으며, 타인의 행복 증진을 선으로 느끼는 도덕감각을 갖추고 있으므로, 저절로 사회를 만들며, 신에 대한 지식이 없어도 선악을 판단할 수 있다고 주장했다. 허치슨의 강의도 이 생각을 바탕으로 하고 있었기 때문에 스코틀랜드 장로교의 맹렬한 공격을 받았다. 스미스가 입학했을 때, 대학은 이 문제로 흥분에 싸여 있었다. 대학 내부에는 진보파와 보수파의 대립이 있었는데, 허치슨을 지지하는 학생들을 중심으로, 대학은 결국 교회의 압력을 물리쳤다. 이제 막 입학한 스미스가 그 사건에 어디까지 관여했는지는 알 수 없지만, 강렬한 인상을 받았을 것임은 분명하다.

허치슨 외에 그 무렵, 학생들에게 인기가 있었던 교수 가운데, 그리스어의 던롭과 유클리드 기하학의 난문을 합리적으로 설명한 로버트 심슨이 있었다. 수학과 자연철학에 흥미를 느끼고 있었던 스미스는, 이 심슨을 특별히 존경했다. 나중에 스미스는 심슨과, 그 제자이자 에든버러 대학의 수학 교수가 된 매튜 스튜어트를 '내 시대에 살았던 두 사람의 가장 위대한 수학자'라고 썼는데,

유럽에서 처음으로 경제학 강의를 하고 스미스의 첫 번째 전기를 남긴 두갈드 스튜어트는 이 매튜의 아들이었다.

옥스퍼드 대학 유학

1740년, 글래스고 대학을 졸업한 스미스는, 스넬 장학금을 얻어 옥스퍼드의 베일리얼 칼리지에서 공부하게 된다. 6월에 스미스는 글래스고에서 칼라일 시를 거쳐 옥스퍼드까지 열흘이 넘도록 말을 타고 여행했다. 스코틀랜드에서 잉글랜드에 들어선 순간, 스미스는 잉글랜드의 농업이 스코틀랜드보다 훨씬 더 진보한 것에 눈이 휘둥그레졌다고 한다.

스미스는 7월 7일에 칼리지 입학을 허가받았다. 가난한 스코틀랜드 출신 학생이 옥스퍼드에서 어떤 대접을 받았는지에 대해서는 이미 얘기한 바와 같다. 가난하다고 하지만, 스넬 장학금은 연 40파운드를 11년 동안 보장하고 있었다. 이 장학금은 원래 스코틀랜드의 감독파 교회(잉글랜드 국교회 계통)의 성직자를 양성하기 위한 것이었으나, 1690년 이후 스코틀랜드 교회가 장로제에 정착했기 때문에, 학생들은 이미 그 목적에 구애받지 않게 되어 있었다. 스미스는 그 밖에도 워너 장학금을 1년에 8파운드 5실링 받았으므로, 그것을 모두 합친 48파운드 5실링이 스미스의 연수입이었다. 그것은, 나중에 스미스가 모교 교수가 되었을 때 받은 고정급이 44파운드 10실링이고, 《국부론》에 나오는 런던 일용직 노동자의 643일분 임금에 해당했으니 상당히 많은 금액이었다. 그러나 그 무렵 옥스퍼드 자비학생의 경우, 일반적으로 60파운드 이상을 사용했다고 하니, 그 정도라도 스미스는 검소한 생활을 하지 않을 수 없었다.

그러나 문제는 대학생활의 알맹이였다. 입학한 지 얼마 안 되어, 스미스는 사촌인 윌리엄 스미스에게 '이곳에서 하는 일이라고는 하루에 두 번 예배에 나가고 주 2회 강의를 듣는 것 뿐'이라고 썼다. 나중에 스미스는 《국부론》에 '옥스퍼드 대학에서는 정교수의 대부분은 최근 몇 년 동안 가르치는 시늉을 하는 것조차 완전히 그만두고 말았다'고 썼는데, 매일 강의가 있는 글래스고 대학에서 온 스미스는 그것을 보고 크게 놀라지 않을 수 없었다. 당시 옥스퍼드 대학은 유명대학의 권위와 높은 급료에 안주하여, 서로 짜고 서로의 태만을 감싸주는 교수들과, 부유하여 졸업한 뒤 높은 지위가 보장되어 있어서 공부할 마음이 없는 학생들로 인해 침체의 극에 달해 있었다. 그런 사람들은 학문적으로도 낡은 권위에 기대고 새로운 진보에는 눈을 감는다. 스미스는 흄의 《인성론》을 읽다가 교사에게 들킨 적이 있는데, 무신론자의 악서(惡書)를 읽는 불량 학생으로 찍혀 질책을 받는 경험도 했다.

그러나 그러한 옥스퍼드에도 스미스에게 있어서 딱 한 가지 좋은 점이 있었다. 그것은 충실한 도서관이 여러 개 있었던 점이다. 베일리얼에도 뛰어난 도서관이 있어서, 아마도 스미스는 그곳에서 그리스와 라틴의 고전을 탐독하면서 이탈리아·프랑스·영국의 문학작품과 친숙해졌을 것이다. 지나치게 열심히 공부하다가 병에 걸린 적도 있지만, 스미스는 이 시절에 폭넓은 학문적 기초를 쌓은 셈이다. 1744년 학사 학위를 받았다. 이 무렵 그는 고질적인 괴혈병(壞血病)에 시달렸다고 한다. 비록 옥스퍼드에서 평생의 학문적 기초는 쌓을 수 있었지만 대학에 대한 실망과 지병 등으로 몸과 마음이 지쳐 있었던 스미스는 1746년 베일리얼을 떠나 커콜디로 돌아갔다.

스미스는 커콜디의 어머니 곁에서 2년 가량 지낸다. 해밀턴의 시집에 서문을 쓰거나, 나중에 스미스의 유고집 《철학논집》에 수록되는 논문 〈천문학사(天文學史)〉를 쓰면서, 이따금 에든버러에 일자리를 구하러 나가곤 했다. 그리하여 소년시절부터 친구인 제임스 오스월드한테서, 당시 스코틀랜드 문예부흥운동의 중심인물이자, 나중에 재판관으로서 로드 케임스 경이 되는 변호사 헨리 홈에게 소개된 것이 스미스의 운명을 결정했다. 홈의 도움으로 스미스는 에든버러에서 일련의 공개강의를 하게 되었고, 이 강의를 성공적으로 이끎으로써 글래스고 대학 교수가 되는 길이 열린 것이다.

3. 문예부흥

도덕철학과 문예

스미스의 에든버러 공개강의는 1748년 겨울부터 1751년 초까지 겨울철마다 모두 세 번에 걸쳐 열렸다. 처음의 두 번은 '문예와 문예비평'(또는 '문예와 수사학')에 대한 것이고, 마지막 한 번은 법학 또는 도덕철학에 관한 것으로 추정된다. 상세한 내용은 모르지만 호평을 받은 이 연속 강의는, 아마 1751년 모교인 글래스고 대학의 윤리학 교수로 초빙을 받게 되는 유력한 요인이었을 것이다.

이듬해 도덕 철학 교수였던 크레이기가 병사하자, 스미스는 그 강좌로 바꾸는 것을 희망하여, 6년 전에 52세로 사망한 은사 허치슨의 뒤를 잇게 된다. 어쨌든 그의 강의는 문예가 주요부분을 이루었던 것 같다. 스미스는 도덕철학 교수가 된 뒤에도 문예 강의를 계속했고, 영국의 대학에서 처음으로 영문학 강의를 한 것도 스미스였다는 말도 있다. 도덕철학은 오늘날의 윤리학과 사회과학에 해당하는데, 그러한 것에 대한 관심과 문예에 대한 관심은 어떻게 결부될 수 있을까. 이 문제를 이해하기 위해서는 18세기 영국의 문예부흥 상황을 살펴볼 필요가 있다.

새로운 문예부흥

명예혁명 이후의 문예에 대해 우선 주목할 만한 것은, 1694년에 출판물 사전 검열이 폐지되어 저널리즘이 급속하게 발전한 것이다. 그 전까지는 뉴스지는 거의 관제에 가까운 〈런던 가제트〉 하나뿐이었다고 한다. 그러나 그 이후에는 여러 가지 정기간행물이 각지에서 발행되었고, 1702년에는 〈데일리 쿠란트〉라는 세계 최초의 일간지가 나오기에 이르렀다. 디포의 〈리뷰〉, 애디슨과 스틸의 〈태틀러〉와 〈스펙테이터〉 등이 18세기 초기의 유명한 정기간행물이다. 종합 월간잡지로는 1731년에 〈젠틀맨스 매거진〉이 나왔다. 조금 뒤에 스코틀랜드에서도 1718년에 〈에든버러 이브닝 쿠란트〉, 1720년에 〈칼레도니안 머큐리〉, 그리고 1739년에는 종합잡지 〈스코츠 매거진〉이 나왔다. 이러한 정기간행물은 뉴스뿐만 아니라, 에세이·평론·서평·극평·음악평 등 문화의 모든 문제를 다루며, 새로운 시대의 문화 창조에 중요한 역할을 했다.

다음으로 주목할 만한 것은 소설이라는 산문예술의 성립이다. 디포의 《로빈슨 크루소》(1717), 스위프트의 《걸리버 여행기》(1726), 리처드슨의 《파멜라》(1740) 등이 널리 인기를 끌어, 소설이 문예 속에 지위를 차지하게 된 것이다. 그때까지는 시, 즉 운문이 문예의 중심이었다. 운문예술은 일상어와는 거리가 있기 때문에, 감상하는 쪽에도 어느 정도 훈련이 필요하다. 소설의 세계는 글만 읽을 줄 알면 누구나 쉽게 들어갈 수 있는 세계이므로, 귀족과 달리 나날의 직업 활동에 바쁜 시민계급도 쉽게 즐길 수 있는 세계였던 것이다.

저널리즘과 산문예술은 이른바 여유를 가지기 시작한 시민계급이 낳은 문화였는데, 이러한 문화의 성립에 의해 문필가는 패트론이라는 '거만하게 도움을 주고 추종을 얻는 비열한 사람'(존슨 《영어사전》)으로부터 독립할 수 있게 되었다. 한편, 그 무렵 대부분이 참정권을 가지지 않았던 시민계급은, 문필가 중에서 그들의 대변자를 찾아내어 여론 형성에 영향을 주려고 했다. 문필가는 귀족으로부터는 독립했지만 상업주의에 대한 타협이라는 새로운 위험에 처하게 된 것인데, 중요한 것은, 이러한 문화의 성립을 통해 정치와 사회 속에서 여론이 결정적으로 중요한 의미를 가지게 되었다는 점이다. 즉, 권위와 폭력이 아니라 설득이 중요한 시대가 된 것이다. 스미스의 문예에 대한 관심은, 스미스가 이러한 새로운 시대의 특질을 포착하고 있었던 것에 뿌리내리고 있었다.

스코틀랜드의 문예부흥

잉글랜드에 비해 경제적으로나 문화적으로 뒤처져 있었던 스코틀랜드의 문예부흥은 특별히 계몽운동의 성격을 가졌다. 스코틀랜드에서도 잉글랜드보다 약간 뒤늦게 저널리즘이 성립했다는 것은 이미 말했지만, 산문예술 세계에서도 토비아스 스몰릿이나, 약간 늦게 월터 스콧과 존 고트가 등장한다. 그러나 스코틀랜드 문예부흥의 특징은 애덤 스미스를 비롯하여 철학자인 데이비드 흄과 역사가인 윌리엄 로버트슨 등, 오늘날 스코틀랜드 계몽사상가로 불리고 있는 일군의 학자들을 낳은 것이다. 그들의 작품은 좁은 의미에서의 문예 즉 문학은 아니지만 넓은 의미에서는 문예라고 할 수 있다.

스코틀랜드 계몽사상가들의 학문은, 스코틀랜드 역사학파라고도 일컬어지고 있듯이, 역사 감각이 날카롭고 풍부한 것이 특징이다. 그것은 그들이 1745년의 재커바이트 반란까지 씨족제가 남아 있었던 후진 지역을 배후에 두고, 앞쪽에는 풍요롭게 발달한 잉글랜드를 조망할 수 있는 위치에 놓여 있었던 것과 무관하지 않을 것이다. 그들은 스코틀랜드의 '후진성'과 '가난'의 극복이라는 문제를 항상 의식하지 않을 수 없었고, 종종 진보된 잉글랜드에 대한 대항의식이 그들의 학문적 활동의 정신적 추진력이 되었다고 할 수 있다. 경제적으로 뒤처진 가난한 곳에서 오히려 풍부한 정신문화가 꽃핀 실례이지만, 물론 극단적으로 가난한 곳에서는 학문적 활동이 성립되지 않는다. 뒤처져 있었다고는 하지만, 합방한 뒤 글래스고는 아메리카 식민지 무역에서 영국 최대의 거점이 되어, 글래스고 주변의 각종 산업 발전에 견인차 역할을 해 오고 있었고, 잉글랜드 시장의 개방은 아마포 등의 스코틀랜드 특산물 산업을 확대시키고,

고지 지방을 주산지로 하는 흑우(黑牛)의 가격을 높여 농업개량을 촉진하고 있었다. 또 1745년 반란 뒤, 고지 지방의 씨족제는 해체되었고, 저지 지방에 남아 있던 봉건제도도 급속하게 힘을 잃어 갔다. 그리고 18세기 말에는 글래스고 일대가 산업혁명 중심의 하나가 된다.

그러나 스코틀랜드 계몽사상가의 대부분은 근대사회를 향한 빌걸음, 즉 사회적 분업과 상품교환의 발전을 거의 필연으로 인정하면서도, 그것을 무조건 환영한 것은 아니었다. 그들은 근대사회의 명암을 동시에 보고 있었다. 분명히, 사회적 분업과 상품교환의 발전은 사람들을 신분적 종속에서 해방하여 자유와 독립을 가져다 주고, 독립심과 깊은 사려의 덕목을 이끌어 내어 부를 가져다 준다. 그러나 부는 종종 인간을 타락시키고, 분업은 노동을 단순화함으로써 인간을 우둔하게 만든다. 따라서 스코틀랜드의 근대화를 생각할 경우, 그들에게 '부와 덕목'은 커다란 문제가 되었던 것이다. 그들의 학문적 활동은 다방면에 걸쳤는데, 중심이 도덕철학이었던 것은 그 때문일 것이다. 스미스도 도덕철학자로 출발했지만, 그 속에서 경제학을 낳음으로써 스코틀랜드 계몽사상가들의 근대적 인간과 사회 파악의 한계를 극복한다.

그런데 스미스가 공개강의를 위해 에든버러에 왔을 때, 스코틀랜드의 문예부흥은 전성기를 맞이하고 있었다. 당시의 에든버러는 인구 3만 몇천 명으로, 런던에 이은 영국 제2의 도시였다. 합방 뒤 의회가 없어져 정치적 야심을 가진 자는 런던으로 이주했으나, 법률가를 비롯하여 대부분의 지적 전문직업인들이 모여들어 '천재의 온상'(T. 스몰릿 《험프리 클링커의 원정》)이 되어 있었다. 에든버러 대학도 우수한 대학으로, 세계에서 최초로 뉴튼의 《프린키피아》 강의가 이루어진 것도, 일찌감치 전문 교수제를 도입한 것도 이 대학이었다. 도시 속의 문화활동도 활발하고, 다양한 클럽과 협회가 설립되어 법률가·대학교수·의사·성직자·상인·제조업자 등 다양한 사람들의 지적 교류의 장이 되고 있었다. 1754년에 창설되어 스미스도 그 회원이 된 선량협회(選良協會)에 대해 《케임스 경과 그 시대의 스코틀랜드》라는 책을 쓴 이언 심프슨 로스 교수는 '그것은 에든버러의 지식인들의 아고라였다'고 썼다. 아고라는 그리스의 도시 시민들의 시장을 겸한 광장이었다. 에든버러는 이윽고 장대한 도시계획을 토대로, 건축에 그리스 양식을 도입한 아름다운 거리를 조성하여 북쪽의 아테네로 불리게 되는데, 거기에 앞서 많은 지적·정신적 아고라가 성립되어 있었던 것이다.

스미스의 공개강의도 그 중의 하나로, 에든버러 철학협회가 주최한 것으로 추정되고 있으며, 헨리 홈은 그 유력한 회원이었다.

에든버러에서의 공개강의

처음에 스미스의 강의의 주요부분은 문예였던 것 같다고 썼지만, 이 공개강의에 대해서는 자료가 남아 있지 않아 사실을 확인할 수는 없다. 그러나 두갈드 스튜어트가 《애덤 스미스의 생애와 저작》 속에서 스미스의 뛰어난 제자의 한 사람인 존 밀러의 문장으로 전하고 있는 바에 의하면, 스미스가 1751년에 글래스고 대학의 논리학 교수가 되어서 강의한 논리학의 주요부분이 수사학과 문학이었다고 하며, 아마 에든버러 공개강의가 이용되었을 거라고 추측할 수 있을 뿐이다. 그러나 스미스의 문학에 관한 강의 내용이 '수사학과 문학'이었다는 것은, 스미스가 1762년부터 1763년에 걸쳐 강의한 내용을 어느 학생이 극명하게 필사한 《수사학과 문학 강의노트》가 1958년에 발견됨으로써 밝혀졌다. 논리학 강의의 주요부분이 수사학과 문학이었다는 건 어떻게 된 일일까?

논리학은 사고 양식과 법칙의 학문으로, 사고는 언어로 이루어지므로 표현과 전달의 문제도 포함된다. 따라서 스코틀랜드의 대학에서도 논리학과 수사학은 서로 관련이 있는 학문으로 다루어져 왔다. 그러나 그때까지는, 강의가 라틴어로 진행되어, 여러 학파의 형식적이고 번거로운 분류 등으로 시종일관했던 것 같다. 스미스는 영어로 강의를 진행하며 영어의 수사학을 창시하려고 한 것이었다. 앞의 《강의 노트》에서 문학작품, 역사서, 법정변론 등을 다루고 있지만, 스미스의 관심은 사상과 감정의 정확하고 적절한 표현과 전달에 있었고, 그것은 그가 사회에서의 여론과 설득의 중요성을 인식하고 있었던 것과 무관하지 않다.

제3회의 법학이나 도덕철학 강의의 주제에 대해서는, 스미스가 1755년에 쓴 것으로 스튜어트가 전하고 있는 다음과 같은 문장이 있다.

"인간은 일반적으로 정치가와 계획가에게, 일종의 정치적 기계의 재료로 간주되고 있다. 계획가는 인간적 사상(事象)에 대한 자연의 작용의 흐름을 교란시킨다. 자연이 그 의도를 달성할 수 있기 위해서는, 자연을 방임하여 자연에 그 목적을 공명정대하게 추구하게 하면 충분하다. …… 한 나라를 최저의 야만 상태에서 최고도의 부(富)로 이끄는 데는, 평화와 가벼운 세금 및 감당할 수 있는 정도의 정의의 집행 외에는 아무것도 필요하지 않다. 다른 모든 것은 사물의 자연적인 흐름에 의해 초래되기 때문이다. 이 자연의 흐름을 방해하거나, 다른 수로로 억지로 밀어 넣거나, ……사회의 진보를 특정한 점에 묶어 두려고 하는 모든 정부는, 반자연적이고, 자기를 유지하기 위해 억압적이고 전제적이 되지 않을 수 없다. ……여기에 거론되고 있는 의견의 대부분은, ……나의 모든 강의의 불변하는 주제를 이루어 왔다. 그것은 모두 내가 에든버러를 떠나기 전의 겨울에, 그곳에서 한 강의에서 이미 주제로 다루었던 것이다.”

여기에는 나중의 《국부론》에서 볼 수 있는 생각이 이미 나타나 있다고 해도 무방할 것이다.

스미스의 공개강의는 대성공이었다. 이 강의에서 스미스는 해마다 100파운드 이상을 벌었다고 한다. 이런 종류의 강의에 대한 청강료는 1기니(1파운드와 1실링)였다고 하니, 100명이 넘는 청강생이 있었다는 얘기가 된다. 그리고, 이 강의의 호평 덕분에 스미스는 모교의 논리학 교수로 영입되었다.

〈에든버러 평론〉 간행

글래스고 대학 교수가 된 뒤에서도, 스미스는 종종 에든버러를 방문하여 클럽과 협회 모임에 참석했다. 그러한 클럽과 협회 가운데, 스미스에게 중요한 의미를 가졌던 것은 선량협회였다. 이 협회는 화가 앨런 램지의 발안으로 창립된 것으로 알려져 있는데, 과학·제조업·농업을 장려하기 위해 상을 주거나 영어력 향상을 위한 강습을 열기도 했다. 정례회에서의 토론의 높은 수준이 호평을 받아, 처음에는 16명이었던 회원이 금세 130명으로 늘어났다고 한다. 회원에는 지식인 외에 농업인도 포함되어 있어서 구체적인 농업문제도 활발하게 화제에 올랐다. 스미스는 글래스고의 경제 클럽에서는 상업과 제조업의 지식을 얻고, 이 선량협회에서는 농업에 관한 구체적인 지식을 얻었을 것이 분명하다.

에든버러에서 스미스가 펼친 가장 중요한 활동은, 1755년에 친구 알렉산더 웨더번과 함께 〈에든버러 평론〉을 간행한 것이다. 창간호 서문에서 편집자는, 스코틀랜드는 문화적으로는 ‘소년의 단계에 있으며’, 더 큰 전진을 위해서는 과학이 필요하다고 주장하고, ‘과학이 점차 전진하고 있음을 사람들에게 보여주는 것은, 그들을……더욱 열심히 학문을 추구하도록 이끄는 방법이 될 것'이라고 간행 의도를 설명했다. 이 잡지는 2호까지밖에 나오지 않았는데, 그 이유는 교회의 압력이었던 것 같다.

스미스는 창간호에 그 해 4월에 나온 존슨의 《영어사전》에 대한 비평을 썼는데, 중요한 것은 제2호에 실린 '편집자에게 보내는 편지'이다. 거기서 스미스는 유럽 전체를 둘러보아 최근에 학문적으로 볼 만한 성과를 올린 것은 프랑스와 잉글랜드뿐이라 하고, 이 두 나라의 문화를 비교하면서, 특히 프랑스 학계에 주목했다. 스미스가 높이 평가한 것은 디드로 등의 《백과전서》, 뷔퐁의 《박물지》, 루소의 《인간불평등 기원론》, 볼테르의 《중국의 고아(孤兒)》 등으로, 특히 루소에게 많은 지면을 할애했다. 스미스의 주의를 끈 것은 루소의 자연 상태와 문명사회의 대비였다.

루소에 의하면, 자연 상태에서의 인간은 자기보존의 감정인 자기애와 타인에 대한 연민의 정을 가지고 있었지만, 사유재산과 불평등이 발생하여 사회를 형성하게 되자, 인간은 이해관계에 사로잡혀 연민의 정을 잃어버리고 이기주의자로 타락한 것이다. 그러나 루소는 문명의 발달이 인간의 정신적 능력을 발전시킨 것은 인정하고 있으며, 자연 상태로 돌아갈 것을 주장한 것은 아니다. 그는 문명사회 속에서 연민의 정을 되찾음으로써, 억압과 전쟁을 없애기 위한 정치와 교육 본연의 모습을 추구한 것이다. 스미스는 루소와는 달리, 보통 사람들이 이기심에 따라 움직이고 있는 현실을 바탕으로, 사람들이 이기심을 추구하면서 평화롭게 살 수 있는 사회와 국가의 모습을 모색한 것이다.

4. 대학교수로서

상업 도시 글래스고

스미스는 1751년 1월에 글래스고 대학 논리학 교수에 임명되었는데, 대학 기숙사에 어머니와 사촌누이인 재닛 더글러스를 동반하여 이주한 것은 그해 10월이었다. 옥스퍼드 대학에 유학하기 위해 이 도시를 떠난 지 약 10년의 세월이 흘러 있었다. 옛날에 스미스가 배운 교수들 가운데 살아 있는 사람은 불과 두 사람뿐이었다고 한다. 글래스고 시 또한 크게 변해 가고 있었다.

글래스고는 아메리카 식민지와 시인도 제도에서 담배와 설탕과 럼주를 가져와 유럽 각지로 재수출하는 중계무역으로 번영해 왔다. 아메리카 독립전쟁이 시작될 무렵에 정점에 달하는 이 중계무역은, 관련된 여러 산업의 발달을 촉진하지 않을 수 없었다. 글래스고의 외항으로, 제임스 와트가 태어난 도시 그리녹은 조선업으로 번영했고, 글래스고와 그 주변은 1771년 무렵까지는 영국의 중요한 아마직물 산업 지대가 되었다. 메릴랜드의 흑인노예용 농기구를 제조하는 스미스필드 철공장과 아메리카의 농장용 신발과 안장을 제조하는 글래스고 제혁공장도 설립되었다.

1759년 여름, 정치가 찰스 타운센드가 글래스고를 방문했을 때 그를 제혁공장으로 안내한 스미스는, 그 공정을 열심히 설명하다가 발을 헛디뎌 악취가 코를 찌르는 유혁(鞣革 : 가죽을 무두질함) 용액 속에 빠져 하마터면 목숨을 잃을 뻔한 일화가 남아 있지만, 피혁산업은 아마직물에 이어서 중요한 글래스고의 산업이었다. 금속가공업, 도자기제조업, 은행의 대부분도 이 무렵에 설립되었고, 스미스의 대학교수 시절의 글래스고는 중계무역 도시에서 산업 도시로 변신하는 과정에 있었다.

스미스가 글래스고에서 경제 클럽을 통해 상업과 제조업에 관한 지식을 얻었다는 것은 이미 말했지만, 이 클럽은 1745년의 재커바이트 반란 때 글래스고의 시장으로 재직하면서 재커바이트에 저항한, 클라이드 최대의 상인 앤드류 코호란이 40년대에 만든 것이었다. 존 레이에 의하면, 클럽의 중요한 화제의 하나는 무역상 제한 철폐에 대한 것이었다. 이 경우, 제한 철폐는 원료 수입의 자유화를 의미했다. 이를테면 글래스고의 상인과 제조업자는 1756년에 아마사의 수입세 철폐에 성공했지만, 아마포 수입을 금지하고, 아내가 수입 아마포로 지은 옷을 입고 있으면 남편에게 벌금을 물리는 1748년의 법률을 철폐하는 것은 꿈에도 생각지 못한 일이었다. 이것이 바로 스미스가 혹독하게 비판해 마지 않았던 중상주의자의 모습이었다. 스미스는 상인과 제조업자와 교류하면서 이미 일정한 거리를 느끼고 있었을 것이다.

스미스는 교조적인 자유무역론자는 아니었다. 그는 이 아마사의 수입자유화에는 반대했다고 한다. 왜냐하면, 그 무렵 아마사는 전국에 산재해 있는 가난한 오두막집 안에서 수많은 여자들이 생산하고 있었는데, 수입세 철폐는 그러한 여자들로부터 생계수단을 빼앗는 것을 의미하고 있었기 때문이다. 나중에 스미스는 《국부론》에서 이 문제를 논한 뒤 다음과 같이 끝맺었다.

'우리나라의 중상주의 정책에 의해 장려되고 있는 것은 오로지 부자와 권력자를 위해 영위되는 산업이며, 가난하고 궁핍한 자의 이익을 위해 영위되는 산업은 너무나 자주 무시되거나, 아니면 억압당하고 있다.'

글래스고는 이상과 같이 근대적인 산업 도시로 성장하고 있었으나, 길드 규제와 교회의 규율 등 여전히 낡은 관습이 남아 있었다. 이를테면, 1762년에 5명의 상인이 상설극장을 건설하려 하자, 시의회와 대부분의 시민들, 그리고 대학조차 거기에 반대했다. 미와 쾌락에 마음을 빼앗겨서는 안 된다는 칼뱅주의 풍조가 강했기 때문이다. 스미스는 대학을 대표하여 반대운동에 관여했지만, 스미스 자신은 연극 애호자로서, 나중에 《국부론》에서 '타인을 중상하거나 외설에 이르지 않는 한' 민중오락은 자유에 맡겨야 한다고 주장했다. 스미스가 반대운동에 관여한 것은 대학평의회의 결정에 따랐을 뿐인 것일까?

흄의 이해자

도덕철학 교수였던 토마스 크레이기가 사망하자, 스미스는 1752년 봄에 본인의 희망에 따라 도덕철학 교수가 되었다. 그가 논리학보다 도덕철학에 더 강한 학문적 관심을 가지고 있었기 때문일 것이다. 이때 그는 논리학 후임교수로 존경하는 벗 데이비드 흄을 추천했다.

스미스가 옥스퍼드 시절에 흄의 《인성론》을 읽다가 질책당한 이야기는 이미 소개했지만, 흄은 스미스보다 12세 연상으로, 이때에는 이미 학자로서의 지위를 확립하고 있었다. 두 사람의 만남은 아마 에든버러 철학협회에서였던 것 같다. 빈과 토리노의 영국 대사관 근무를 그만두고 귀국한 흄은, 1751년 말에 이 협회의 간사로 선출되었는데, 스미스는 그 이듬해에 입회했다. 흄은 무신론자로서 교회관계자로부터 비난과 경계를 받고 있었다. 그래서 1744년에는 에든버러 대학의 윤리정신학 교수에 응모했으나 거절당했다. 그 무렵 에든버러 대학에서는 교회와 시의회가 교수임명에 직접 영향력을 행사하고 있었던 모양이다. 그 점에서는 글래스고 대학이 한 걸음 진보해 있어서, 스미스는 동료 의학자인 윌리엄 컬렌과 함께 흄을 열렬히 추천했으나, 이번에는 대학 내부에서 반대하여 결국 실패하고 만다.

흄의 주장은 경험론 철학의 사고방식을 철저화한 것으로, 인간의 감각으로 파악할 수 없는 신은 존재한다고도, 존재하지 않는다고도 말할 수 없다, 그러므로 그런 인간의 능력을 넘어선 것을 생각하느라 골몰하기보다는, 인간생활을 주의 깊게 관찰함으로써 인간을 고찰하고, 인간의 본성을 밝히는 것이 중요하다는 것이었다. 도덕을 신으로부터 분리한 허치슨도 인간의 행복을 원하는 신의 존재는 의심하지 않았으므로, 교회에 있어서 흄은 허치슨보다 더 위험한 사상가였던 셈이다. 전에는 허치슨을 교회의 공격으로부터 보호했던 글래스고 대학도, 그러한 흄을 받아들일 만큼 자유롭지는 않았던 것이다. 세상의 불평을 사는 것을 우려했기 때문이라는 말도 있지만, 대학만이 자유를 완전히 누리는 일은 있을 수 없다고 해야 할지도 모른다.

그리하여 스미스는 흄을 동료로 맞이할 수는 없었지만, 흄의 좋은 이해자로 계속 남아 있었다. 흄도 또한 스미스의 가장 좋은 이해자로서 《국부론》의 간행을 누구보다 기뻐했는데, 그 몇 달 뒤인 1776년 8월 25일에 세상을 떠나고 만다. 죽음을 앞두고 흄은, 《자서전》을 비롯하여 미공간(未公刊) 원고의 관리를 스미스에게 맡겼으나, 스미스는 그 가운데 하나인 《자연종교에 관한 대화》를 자신의 손으로 공간하는 것은 찬성할 수 없었다. 불모의 신학논쟁에 끼어들고 싶지 않기 때문으로 추정되는데, 그토록 조심했던 그도 결국 불쾌한 비난을 피하지는 못했다. 《자서전》을 위해 쓴 짧은 문장이 문제가 된 것이다. 거기서 스미스는 친구의 인품을 찬양하고, 평온하게 죽음을 맞이하던 모습을 전했다. 그 비난은 무신론자가 스미스가 말하는 선량하고 덕망 높은 인간이 될 수는 없으며, 평온하게 죽을 수도 없다는 것이었다.

좋은 평판을 받은 스미스의 강의

그 무렵 대학 학기는 10월 10일부터 이듬해 6월 10일까지로, 강의는 아침 일찍부터 시작되었다. 강의 시작에 앞서서 기도하는 관습이 있었는데, 스미스는 취임했을 때 그 기도를 하지 않아도 되게 해 달라고 평의회에 요청했으나 허락되지 않았다는 얘기가 전해진다. 스미스의 도덕철학 강의는 일반강의로, 아침 7시 반부터 8시 반까지 월요일부터 금요일까지 매일 있었다. 그리고 그 아침 강의를 과연 잘 이해했는지 알기 위해 매일 11시부터 테스트를 했다. 그 밖에 다른 주제의 강의, 이를테면 수사학과 문학강의를 특별강의로 주 3회 정오부터 1시간씩 했다. 그 시절 글래스고 대학의 학생은 300명 정도로, 일반강의 수강자는 90명 전후, 특별강의 수강자는 20명이 채 안되었다고 하지만, 교사의 부담은 상당이 컸다.

스미스의 강의를 들은 존 밀러가 전하는 바에 의하면, 스미스의 도덕철학 강의는 네 부문으로 나뉘어 있었다. 자연신학, 윤리학, 정의(법과 통치)론, 그리고 정치경제론이라고 할 수 있는 부문이다. 이 가운데 자연신학에 대해서는 전혀 단서가 남아 있지 않지만, 윤리학은 《도덕감정론》으로 결실을 맺었고, 정치경제론은 《국부론》으로 발전했다. 법학에 대해서는 학생이 기록한 노트가 2점 발견되었다. 하나는 1762~63년의 강의노트이고, 또 하나는 1763~64년의 강의노트로 추정된다. 이러한 노트를 통해, 스미스는 1759년에 《도덕감정론》을 간행한 뒤부터는 도덕철학 강의의 역점을, 원래의 도덕철학은 이 저서에 맡기고 법학으로 옮긴 것을 알 수 있고, 또 정치경제론은 아직 미성숙한 형태로 법학 속에 포함되었음을 알 수 있다.

스미스의 강의는 좋은 평판을 받았으며, 청강생 중에는 대학 졸업과 상관없이 다니는 부유한 시민의 자제도 볼 수 있었다고 한다. 《도덕감정론》이 출판되자, 국제적으로도 명성이 높아져서, 볼테르의 친구이자 제네바의 명의(名醫)인 트론샨이 자기 아들을 스미스에게 유학시켰고, 1755년에 갓 창립된 모스크바 대학에서는 데스니키와 트레차코프라는 두 사람의 유학생이 찾아왔을 정도였다.

대학운영과 스미스

대학교수의 주요업무가 연구와 교육인 것은 말할 필요도 없지만, 그것만 하면 끝나는 것은 아니다. 대학은 다른 길드와 마찬가지로 자치권을 가진 자치단체로, 그 구성원은 그 운영에 책임을 지지 않으면 안 된다.

그 무렵의 글래스고 대학은 교수가 12~13명, 학생 300명 정도 되는 작은 대학이었지만, 그 운영은 상당히 복잡했다. 교수임명만 해도 대학이 독자적으로 임명할 수 있는 강좌와 칙임강좌라는 것이 있었다. 총장과 학부장은 대부분의 경우 교회관계자와 법조계에서 선출되었다. 총장은 대학법정과 평의회를 주최했다. 평의회는 총장, 학부장, 글래스고 교회의 목사가 주요 멤버로, 교수들은 배석(陪席 : 윗사람을 모시고자리를 같이함)으로 출석하는 것에 지나지 않았다. 한편, 교수단에는 학장이 있어 교수회를 주최했다. 즉, 그 무렵의 글래스고 대학은 평의회와 교수회의 이중관리 아래 있었던 것이다. 그리고 평의회는 흔히, 외부에서 대학에 압력을 가하는 창구가 되었다.

그러나 스미스가 교수로 있던 시절에는 상황이 변해 가고 있었다. 학부장은 교수 가운데 임명하게 되었다. 스미스도 1760~62년에 학부장을 역임하고 1762년에는 부총장이 되었다. 그리하여 외부 압력이 작용할 수 있는 가능성을 크게 봉쇄해 버린 것이다. 그러나 평의회와 교수회의 관할 범위와 부총장과 학장의 권한 범위가 불명확하여 종종 분쟁이 일어났다. 스미스는 학부장 때, 그 문제를 해결하기 위한 위원이 되어, 이미 시민법 교수가 되어 있었던 존 밀러와 함께 보고서를 작성했다. 스미스는 그 보고서에서, 재무와 인사는 평의회, 학위수여와 도서관 관리 등은 학부장이 주최하는 교수회의, 그 밖의 일상업무는 학장이 주최하는 교수회의 등 각각의 권한으로 함으로써 문제를 해결하려고 했지만 잘 되지 않았던 것 같다.

또 스미스는 대학의 자치문제를 교수의 자율성 문제와 관련시켜 생각함으로써, 교수들 사이의 공모에 엄격한 태도를 취했다. 1759년에 종교사(宗敎史) 교수인 윌리엄 루에가 호프턴 경 아들의 가정교사가 되어 외유하기로 약속하고, 그 귀족이 루에 교수에게 휴가를 내주도록 요청해 온 적이 있었다. 평의회는 그것을 거부했지만, 루에는 사임도 하지 않은 채 가 버렸다. 이 교수는 칙임교수였기 때문에 그만두게 하는 데 시간은 걸렸지만, 대학은 결국 루에를 사임시켰다. 스미스는 루에와 가까운 사이였음에도 불구하고, 단호하게 그만두게 하는 쪽에 선 것이다. 이것은 한 예에 지나지 않지만, 스미스는 대학교수의 자율성 결여야말로 대학을 부패시키고 외부 간섭을 불러오는 것이라고 생각했을 것이다.

스미스는 1758년부터 교수를 사임할 때까지, 재무위원으로서 대학의 재산관리와 시설 충실을 위해 힘썼다. 스미스는 그 방심벽에서 연상할 수 있는, 사무적으로 무능한 인물상과는 달리, 대학행정에도 매우 유능한 수완을 발휘했다. 제임스 와트도 아마 그러한 스미스의 수완으로 혜택을 본 한 사람일 것이다.

스미스와 와트

1736년 조선업의 도시 그리녹에서 태어난 와트는 제도용 기계 등의 수학용

매튜 볼턴의 소호공장(버밍엄)

기구 제조업자로서 살아갈 생각이었으나, 7년 동안의 도제생활(徒弟生活)을 하지 않았기 때문에 대장장이 길드에 가입하지 못하고, 글래스고와 런던에서도 개업 허가를 받지 못했다. 곤경에 빠진 와트에게 일자리와 주거를 제공한 것은 글래스고 대학이었다. 1756년 가을의 일로, 대학에는 길드 규제가 미치지 않았기 때문이다. 생활은 상당히 어려웠던 것 같지만, 그곳에는 와트의 재능을 꽃피울 수 있는 조건들이 갖춰져 있었다.

우선, 자연철학의 존 앤더슨 교수가 있었다. 이 교수는 노동자와 기술자들을 위해 대학 안에 자연철학 야간강의를 열어, 노동자 교육과 성인 교육의 선구자로 일컬어지는 사람인데, 와트도 아마 그 강의를 들었을 것이다. 실은 앤더슨 교수야말로 와트에게 뉴코멘 엔진 수리를 부탁하여, 증기기관을 개량하는 계기를 만들어 준 사람이었다. 또 와트가 분리 콘덴서를 고안하는 데 이론적 전제가 된 잠열 원리를 발견한 화학의 조지프 블랙 교수도 있었다. 블랙은, 코크스를 사용하는 스코틀랜드 최초의 대형 제철소인 카론 제철소(1759년 설립)를 건설한 한 사람이었던 존 로벅의 친구로, 와트는 이 로벅의 도움으로 증기기관을 개량하는 데 성공한다. 와트는 프랑스·이탈리아·독일 등 3개 국어를 공부하여 각국의 과학문헌을 독파한 외에도, 철학서를 읽고 시와 음악을 사랑했으며, 고대사와 법률과 예술에 대한 지식도 풍부했다고 하니, 아마 스미스의 강의도 청강했을 것이다.

그러나 와트가 증기기관의 개량을 완
성한 것은 스미스가 글래스고 대학에서
사임한 뒤였다. 와트는 그것을 로벅과 공
동으로 사업화하려고 했지만, 로벅이 73
세에 파산하여 빚 대신 그 권리를 버밍
엄의 친구 매튜 볼턴에게 양도하자, 이듬
해 버밍엄으로 옮겨서 그곳에서 상업적
성공을 거두게 된다. 스코틀랜드는 와트
의 재능을 키워 줬지만, 그것을 사업화
할 경제적 역량을 그때까지도 갖추고 있
지 않았던 셈이다.

제임스 와트

《도덕감정론》의 평판

스미스의 첫 번째 저작 《도덕감정론》은, 1759년 3월에 런던에서 출판되자마
자 높은 평판을 얻는다. 7년전쟁이 한창이던 때였다. 중상주의 정책하에서 식
민지를 둘러싼 전쟁이 거듭되는 가운데 점차 팽창하는 국가 재정과 권력에 미
간을 찌푸리면서, 스미스는 국가의 역할을 한정하고 개인의 자유를 확보하는
것을 멀리 내다보며 이 책을 썼을 것이다. 이 책에서 스미스는 봉건사회에서
해방된 개인이 각자 자유롭게 자신의 이익을 추구하면서, 어떻게 하여 사회관
계를 만들고 유지해 가는가 하는 문제를 다룬 것으로, 그 내용은 나중에 살펴
보기로 하고, 여기서는 당시의 반향에 언급하고자 한다.

당시 런던에 있었던 흄이 4월 12일 자로 보낸 편지는, 이 책이 출판된 지 아
직 2, 3주일밖에 되지 않았는데도 얼마나 큰 호평을 받고, 사람들의 인기를 끌
고 있는지를 보여 주고 있다. 흄은 익살스러운 말투로 그 평판을 전하고, 출판
인 밀러가 '이 3분의 2가 팔렸고 성공이 바로 눈앞에 있다고 자랑하더라'고 전
한 뒤, '잉글랜드에서 가장 현명한 사람으로 인정받고 있는' 찰스 타운센드가
이 책을 읽고 감명을 받아, 버클루 공작이 이 책 저자의 지도를 받을 수 있게
하고 싶다고 오스왈드에게 말했다는 것이었다. 이 책으로 스미스의 명성이 국
제적으로 높아진 것에 대해서는 앞에서도 말했지만, 일찍감치 1764년에 파리
에서 프랑스어 번역이 나온 것을 비롯하여, 세기 말까지 프랑스어 번역 3종, 독

일어 번역 2종이 나오기에 이르렀다. 국내에서도 스미스 생전에 6판을 거듭하여, 스미스는 그 개정과 증보를 위해 계속 펜을 잡고 있어야 했다.

타운센드는 풍향계라는 별명이 있을 정도로 변덕이 심한 사람으로 알려져 있었으나, 흄의 편지에 있는 얘기는 충동적인 발상이 아니었다. 그해 여름, 타운센드는 직접 글래스고로 스미스를 찾아와서, 버클루 공작의 가정교사가 되는 약속을 받아낸 것 같다. 스미스가 타운센드를 제혁공장으로 안내하여, 설명에 몰두하다가 유혁 용액 속에 빠진 이야기는 바로 이때의 일이다. 조건은 프랑스 여행비용 외에 연 300파운드, 임무가 끝난 뒤에는 종신연금 300파운드를 받는 것이었는데, 연금이 없는 대학교수의 연수입을 훨씬 넘어서는 수준이었다. 그랜드투어(그 무렵, 귀족들이 자식을 대학에 보내는 대신 학자를 가정교사로 초빙하여 이탈리아와 프랑스로 유학(遊學)시킨 것을 말한다)를 그다지 효과적인 교육방법으로 인정하지 않았던 스미스가 가정교사를 맡은 것은 이러한 수입 때문이기도 하겠지만, 여름방학의 4개월밖에 연구에 몰두할 수 없는, 대학교수의 바쁜 생활에서 벗어나고 싶었기 때문일지도 모른다. 그러나 그보다도, 《에든버러 평론》에서 프랑스 학계를 주목하고 있었던 스미스는, 아마 직접 프랑스 학자들을 접하고 싶었을 것이다.

5. 프랑스 여행

윌크스 사건

청년 공작 버클루는 타운센드의 양아들로 당시 이튼 학교에 다니고 있었다. 버클루 공작이 이튼 학교를 졸업하고 프랑스 여행을 떠나기까지는 4년이란 시간이 걸렸다. 그 4년간 스미스는 학부장이나 부총장이라는 요직을 맡아서 매우 바쁜 나날을 보냈다. 그 동안에도 역사는 움직이고 있었다. 1760년 조지 3세가 즉위했고, 1762년에는 토리당의 뷰트 백작이 수상 자리에 오르면서 기나긴 휘그당 시대가 막을 내렸다. 또 1763년에는 7년전쟁도 끝났다. 이처럼 역사는 새로운 단계로 넘어가고 있었다.

스미스는 조지 3세가 즉위할 때 대학교의 의뢰를 받아 글을 썼다. 그는 이 글에서 22세의 국왕에게, 국민의 권리와 자유를 소중히 하는 것이야말로 국왕이 품어야 할 '고매한 큰 뜻'이라고 말했다. 그러나 조지 3세는 자신의 가정교사인 뷰트 백작—스코틀랜드 출신—을 수상 자리에 앉히고 왕권 강화를 꾀했다. 이 토리당 정부를 강하게 비판한 자가 있었으니, 바로 휘그당 소속 국회의원인 존 윌크스였다.

윌크스 보가스의 동판화

당시 뷰트 백작은 스몰릿(영국 작가)이 펴내는 〈브리튼〉을 선전용 잡지로 이용하고 있었다. 윌크스는 이에 대항하여 〈노스 브리튼〉이라는 잡지를 펴냈다. 그런데 1763년 4월 23일에 발행된 〈노스 브리튼〉 제45호에서, 윌크스가 국왕의 의회 개회 연설을 빌미삼아 정부를 공격하는 사건이 일어났다. 이로 인해 윌크스는 명예훼손죄로 고소를 당했다. 정부는 용의자 전원 체포를 허가하는 일반 체포영장을 발부해서, 윌크스는 물론이고 인쇄업자까지 포함하여 49명을 체포해 버렸다. 그러자 런던 시민들이 '윌크스와 자유'라는 슬로건을 내걸고 항의 운동을 펼쳤다. 덕분에 체포된 사람들은 곧 풀려날 수 있었다. 하지만 이 때문에 윌크스는 이듬해 파리로 망명해야만 했다.

이것이 그 유명한 윌크스 사건들 중 첫 번째 사건이다. 하지만 스미스는 이 사건의 흥분이 아직 가라앉지 않은 런던을 뒤로 한 채, 1764년 2월 초순 버클루 공작과 함께 파리로 떠났다. 스미스가 윌크스 사건에 관심을 가졌다는 증거는 무엇일까. 우선 스미스가 소장한 책 중에는 〈노스 브리튼〉 합본이 있었다. 또 그는 《국부론》에서도 일반 체포영장에 대해 '의심할 여지없이 악용된 수법'이라고 비판했다.

글래스고 대학교를 떠나다

스미스는 학기 중간에 대학교를 그만두었다. 그래서 나머지 강의는 다른 강사—대학에서 지정해 줬다—에게 맡겨야 했다. 스미스는 이 강사에게 급료를 직접 지불해 주었다. 그리고 학생들에게는 수업료를 돌려줬다. A. F. 타이틀러는 그 감동적인 장면을 《케임스 경 전기》에서 묘사했다.

"그는 마지막 강의를 마친 뒤, 이제 헤어져야 할 시간이라고 정식으로 학생들에게 말했다. 이때 그는 학생들을 위해 그가 최선을 다해 마련한 방책을 설명했다. 그러고는 주머니에서 하나하나 따로 포장한 수업료를 꺼내더니 수강생들의 이름을 순서대로 불렀다. 첫 번째 학생이 앞으로 나가자, 그는 그 학생의 손에 수업료를 건네 주었다. 하지만 학생은 그 돈을 단호히 거절했다. 그는 자신이 받은 교육에 매우 만족하고 있다고 말했다. 그리고 오히려 그 가르침에 보답해야 할 판국이지만, 아무래도 이 은혜는 평생 갚지 못하리라는 것이었다. 교실에 있던 학생들 모두가 이구동성으로 그렇게 말했다. 하지만 스미스도 자기 뜻을 굽히지 않았다. 그는 감사하는 마음과, 젊은 친구들이 보여 준 경의에 감동했다는 사실을 밝힌 뒤 이렇게 말했다. 이것은 자신과 자기 마음 사이의 문제라고, 자신이 옳다고 생각한 일을 실행하지 않는다면 스스로 만족할 수가 없다고. '여러분은 나에게 이 만족을 줄 수 있습니다. 거절하면 안됩니다. 신에게 맹세하건대, 훌륭한 신사인 여러분들이 그런 행동을 해선 안 됩니다.' 말을 끝마친 그는 곁에 서 있던 청년의 웃옷 주머니에 수업료 봉투를 넣었다. 그 모습을 본 다른 학생들은 거부해 보았자 소용없다는 사실을 깨닫고, 그가 원하는 대로 해 줄 수밖에 없었다." (J. 레이의 《애덤 스미스 전기》에서 인용)

이것이 '이기심'의 철학자 애덤 스미스가 살아가는 방식이었다.

칼라스 사건

1746년 2월 13일, 스미스 일행은 파리에 도착했다. 파리 대사관 서기관이자 스미스의 친구인 흄이 그곳에서 일행을 맞아 주었다. 하지만 스미스 일행은 파리에서 단 열흘 정도 머물렀을 뿐이다. 그들은 당시 프랑스를 방문하는 영국인들이 즐겨 찾던, 프랑스 남부의 툴루즈라는 곳으로 향했다.

툴루즈는 랑그도크 지방의 주도(州都)로, 당시 프랑스에서 파리에 버금갈 정도로 큰 도시였다. 게다가 이 도시에는 왕국 제2의 고등법원과, 13세기에 창설된 유서 깊은 대학교나 아카데미도 있었다. 그러나 산업은 거의 발전하지 못했다. 스미스는 《국부론》에서 고등법원 소재지의 이러한 성격을 상업 도시인 보르도 등과 비교했다.

'하층계급 사람들은 주로, 재판소나 소송 때문에 이 도시로 찾아오는 사람들이 지출하는 비용 덕분에 살아간다. 그래서 이곳 하층민들은 일반적으로 게으르고 가난하다.'

스미스 일행은 툴루즈에서 1년 반 가까이 머물렀다. 하지만 초반 몇 달 동안에는 아는 사람도 별로 없고 언어도 잘 통하지 않아서 지루했던 모양이다. 오죽했으면 스미스가 흄에게 '심심풀이로 책을 쓰기 시작했다'라는 편지를 보냈을까. 그 책이 《국부론》인지 아닌지는 알 길이 없다. 하지만 점점 사람을 사귀고 몽펠리에 주의회(州議會)에 견학하러 가는 등 스미스도 공작도 프랑스 생활을 점차 즐기게 되었다. 스미스는 이렇게 프랑스에서 머무르며 풍부한 견문을 얻었다. 그리고 뒷날 이 견문을 《국부론》에서 십분 활용했다. 이런 견문 중에서도 스미스의 마음에 가장 강렬한 인상을 남겼던 것은 아마 '칼라스 사건'이었으리라. 이 사건은 종교적 편견과 관련된 면죄 사건이었다.

툴루즈는 과거 '이단의 도시'라고 불렸을 만큼 종교적 대립이 격렬하게 일어나던 도시였다. 1685년에 낭트칙령이 폐지되자, 가톨릭 교도가 신교도를 박해하기 시작했다. 그리하여 옛날에는 2만 명이나 되던 신교도가, 18세기 중반에는 인구 5만 명 가운데 200명도 안 될 정도로 줄어들고 말았다. 칼라스 사건의 주인공인 장 칼라스는 이런 신교도들 중 한 사람이었다.

장 칼라스는 옷감 등을 다루는 상인이었다. 그런데 그의 장남인 마르크 앙투안은 장사에 재주가 없었다. 마르크는 변호사가 되고 싶어했는데, 그러려면 가톨릭 교도임을 증명해 주는 교구 교회의 증명서를 받아야 했다. 당시 프랑스 법률은 신교도에게도 가톨릭 세례를 받으라고 강요할 정도였다. 따라서 가톨릭 교도 증명서쯤이야 쉽게 발행해 줄 터였다. 그런데 목사가 마르크에게 증명서를 주려는 장면을 한 여성이 우연히 목격했다. 그녀는 마르크가 신교도인 칼라스의 아들이라는 이유로 증명서 발행에 반대했다. 이리하여 변호사의 길이 꽉 막혀 버리자, 마르크는 결국 자살하고 말았다. 1761년 10월 13일 밤의 일이었다.

당시 자살한 사람은 공공장소에 전시했다가 쓰레기장에 버리고, 그의 재산도 몰수하는 것이 관례였다. 그래서 마르크의 아버지 칼라스는 아들이 자살했다는 사실을 필사적으로 숨겼다. 그러자 사실이 왜곡되어, 가톨릭으로 개종하려던 아들을 신교도인 가족들이 죽여 버렸다는 소문이 나돌기 시작했다. 이 소문 때문에 그날 밤 칼라스가 있던 사람들은 전원 체포되었다. 그리고 최종적으로 장 칼라스는 아들을 죽였다는 이유로 사형 판결을 받았다. 형은 1762년 3월 10일에 집행되었는데, 칼라스는 끝까지 무고를 주장하며 죽어 갔다.

그런데 이 사건은 여기서 끝나지 않았다. 이야기를 들은 볼테르가, 이 사건의 배후에는 광신과 불관용(不寬容)이 버티고 있다면서 진상 규명에 나선 것이다. 볼테르의 정신적 재심청구 운동은 결실을 거두었다. 스미스가 툴루즈에 온 지 1년쯤 지난 1765년 3월 9일, 칼라스의 무죄가 확정되었다. 그의 명예가 회복된 것이다.

스미스는《도덕감정론》제6판—그의 생전 마지막 판이기도 하다—을 대폭 수정하면서 칭찬과 비난에 대해 논했는데, 참기 어려울 만큼 부당한 비난의 가장 잔혹한 예로 이 사건을 들었다.

프랑스 사상가들과 나눈 교류

1765년 8월 말. 스미스 일행은 툴루즈를 떠나 한동안 프랑스 남부 지방을 여행했다. 그 뒤 그들은 제네바에 가서 2달 남짓 머물렀다. 스미스는 루소의 고향이자, 루소가《인간불평등 기원론》을 헌정한 이 작은 공화국을 자기 눈으로 봐 두고자 했다. 또한 스미스의 재능을 높이 평가해서 자기 아들을 먼 글래스고 대학교까지 보낸, 볼테르의 친구 테오도르 트롱샴도 제네바에 살고 있었다. 아마 트롱샴은 스미스를 볼테르에게 소개해 줬을 것이다. 2달 동안 스미스는 볼테르와 몇 번이고 만나서 이야기를 나눈 듯하다. 스미스는 볼테르를 평생 존경했다.

또한 스미스는《잠언집》으로 유명한 로슈푸코의 손녀이자, 경제학자인 튀르고와도 친한 당빌 공작부인이나 그녀의 아들인 로슈푸코와도 사이좋게 지냈다. 사실 스미스는《도덕감정론》에서《잠언집》의 저자와 맨더빌을 나란히 비판했다. 악덕과 덕의 구별이 모호한 체계를 주장했다는 이유였다. 그러나 스미스는《도덕감정론》제6판을 낼 때, 이 청년 귀족의 부탁을 받아들여 로슈푸코의 이름을 지웠다. 참고로 제6판은 프랑스혁명이 한창이었던 1790년에 출판되었는데, 이 청년 귀족은 혁명 와중에 돌을 맞아 숨을 거두고 말았다.

스미스 일행이 파리로 돌아온 시기는 1766년 1월 초순으로 추정된다. 아마 서기관 임무를 마친 흄이 루소와 함께 귀국한 뒤였을 것이다. 루소의 경우《에밀》때문에 파리에서도 제네바에서도 체포영장이 발부된 상태였다. 게다가 루소가 아이를 버린 사건이 볼테르를 통해 밝혀지는 바람에, 루소는 철저히 고립된 처지였다. 하지만 흄은 그런 루소에게 함께 가자고 제안했다. 영국에서 안락한 삶을 제공하겠다는 것이었다. 그러나 박해와 고립을 겪으면서 의심에 사로잡혀 있던 루소는, 흄의 호의를 점점 곡해하기 시작했다. 루소에게는 흄의 호의가 자신을 함정에 빠뜨리려는 책략으로 보였다. 결국 두 사람은 서로를 '배신자', '악마'라고 욕하게 되었다. 이처럼 둘의 관계는 소위 '철학자 추문'으로 막을 내렸다. 당시 파리에 머무르던 스미스는 흥분한 흄에게 위로와 충고를 담은 편지를 써 보냈다.

그런데 흄은 파리를 떠나기 전에, 파리 사교계 사람들 앞에서 스미스를 소개해 주었다. 파리 사교계에서 흄의 위치는 절대적이었다. 또한 스미스 자신의 명성도 꽤 높았다. 마르크 앙투안 에드가 프랑스어로 번역한《도덕감정론》초판이 이미 1764년에 파리에서 출판되었던 것이다. 그 무렵에는 상류 명사의 살롱 및 만찬회가 프랑스 문화의 중심부에 자리하고 있었다. 그래서 스미스는 파리에 머물던 몇 달 동안, 인생에서 가장 많은 사교계 경험을 겪었다. 스미스는 이런 살롱에서 튀르고와도 만났다. 당시 튀르고는《부의 형성과 분배에 관한 성찰》을 한창 집필하던 중이었다. 또 스미스는 뒷날《국부론》프랑스어 번역을 기획해 주는 아베 모를레와도 이때 만났다.

스미스가 참석했던 살롱 중에는 프랑수아 케네의 살롱도 있었다. 그것은 스미스에게 가장 중요한 의미를 지닌 살롱이었다. 근대 외과의학의 확립에 큰 공을 세운 케네는, 당시 국왕의 시의(侍醫)로서 베르사유 궁전 2층에서 살고 있었다. 그는 그 방에서 문인들을 위한 살롱을 열었다. 케네는 이미 72세였지만 왕성한 문필 활동을 펼치고 있었다. 케네는 늘 수많은 제자들로 둘러싸여 있었는데, 이 집단은 중농주의 학파라고 불렸다. 스미스는 이 집단을 별로 탐탁지 않게 여겼던 모양이다. 제자들이 스승의 학설을 받아들이는 자세가 영 비굴하다는 것이었다. 하지만 스미스는《경제표》의 저자인 케네는 매우 존경했다. 케네를 '매우 독창적이고 학식이 풍부한 저자'라고 평가했으며,《국부론》을 케네에게 바치려 했을 정도다. 물론 스미스는 '농업만이 생산적이고 상공업은 비생산적이다'라는 학설에는 찬성할 수 없었다. 하지만 그는 중농주의 학설에 자극을 받아, 생산적 노동과 비생산적 노동에 대해 깊이 고찰할 수 있었다. 또한 《경제표》는 '생산물이 어떤 식으로 각 계급에 분배되며, 다음 해 생산의 전제조건을 만들어 내는가?'라는 문제를 연구하는 시점(視點), 즉 재생산의 시점을 스미스에게 가르쳐 주었다.

스미스의 사랑

스미스는 파리에 머물면서 연극 관람이나 가벼운 여행을 즐겼다. 스미스는 프랑스 고전극을 높이 평가했다. 그는 연극을 본 뒤에는 리코보니 부인 등 주위 사람들과 자주 대화를 나누었다. 리코보니 부인은 배우에서 작가로 전직한 여성이었다. 그녀의 작품으로는 《파니 비틀러 부인의 서간집》, 《제니 아가씨 이야기》 등이 있다. 그런데 스미스는 《도덕감정론》 제6판에서 이 여성을, 라신이나 볼테르나 리처드슨과 더불어 '애정과 우정 및 다른 모든 사적이고도 가정적인 마음을, 세련되고 섬세하고 가장 훌륭하게 표현한 시인들 및 작가들' 중 한 사람으로 소개했다. 리코보니 부인은 스미스의 요청 때문이었는지 영국 배우인 데이비드 개릭에게 소개장을 썼는데, 거기서 그녀는 다음처럼 말했다.

"악마가 이 나라(프랑스) 문학자나 철학자를 전부 잡아간들 저야 상관하지 않겠지만, 스미스만큼은 제게 돌려달라고 할 겁니다." (J. 레이의 《애덤 스미스 전기》)

스미스의 인간적 매력에 끌린 여성은 리코보니 부인뿐만이 아니었다. 스미스가 버클루 공작 및 몇몇 친구들과 함께 프랑스 북부를 여행할 때 일어났던 일을 살펴보자. 그때 호텔에 머무르던 한 후작 부인이 스미스를 유혹하려고 무던히 애를 썼다. 그러나 스미스는 그저 당황할 뿐 그 유혹에 응하지 않았다. 왜냐하면 스미스는 같은 호텔의 어느 영국 여성을 사랑하고 있었기 때문이다. 이것이 스미스의 3번째 사랑이었다고 한다. 하지만 이 사랑은 이루어지지 않았다.

그 무렵 프랑스에 살던 한 영국 사람은, 버클루 공작 앞으로 보낸 편지에서 스미스에게 이런 말을 했다.

"글래스고의 철학자, 지적인 여성들의 영웅이자 우상인 애덤 스미스 군! 어떻게 지내십니까? 당빌 부인이나 부플레 부인은 어떻게 모시고 있습니까. …… 아니면 당신이 그토록 사랑했던 파이프 여성의 아름다운 모습에 아직도 홀려 있습니까?"

파이프란 스미스의 고향인 커콜디에 있는 한 주(州)의 이름이다. 두갈드 스튜어트의 말에 따르면, 스미스는 젊은 시절에 매우 아름답고 교양 있는 여성을 몇 년 동안 사랑했다고 한다. 하지만 그 여성이 스미스의 마음을 과연 얼마나 받아들였는지, 또 두 사람이 왜 이루어지지 못했는지에 대해서는 알려진 바가 없다. 이 여성의 이름은 '진'이었다고 하는데, 그녀가 위 편지에 나오는 '파이프 여성'과 동일 인물인지는 알 수 없다. 스튜어트는 "이때 실연한 뒤로 스미스는 결혼 생각을 완전히 버렸고, 그녀도 평생 결혼하지 않은 채 세상을 떠났다"라고 적었다. 《학생 및 교수로서의 애덤 스미스》의 저자인 W. R. 스콧이 말하기를, 뒷날 스미스는 에든버러에서 이 여성과 재회했을 때 그녀를 알아보지 못했다고 한다. 사촌 누나인 더글러스가 "애덤, 너 정말 모르겠어? '진'이잖아!"라고 핀잔 듣고서야 비로소 그가 그녀를 알아봤다는 것이다. 정말이지 학자다운 일화다.

6. 《국부론》 탄생

슬픈 귀국

파리 생활이 끝나 갈 무렵, 스미스는 예상치 못했던 고생을 하게 된다. 버클루 공작과 그의 동생인 휴 스콧이 병에 걸린 것이다. 스콧은 툴루즈에서 스미스 일행과 합류한 뒤 줄곧 그들과 함께 여행해 왔다. 먼저 앓아누운 사람은 버클루 공작이었다. 1766년 8월의 일이었다. 스미스는 케네에게 치료를 부탁하고 공작 곁에 꼬박 붙어서 간호했다. 그 덕분인지 공작은 얼마 뒤 건강을 회복했다. 그런데 10월에는 스콧이 병에 걸려 버렸다. 스콧의 병은 매우 무거웠다. 케네는 물론이고 영국 대사관 부속 의사인 리처드 잼도 스콧을 치료하려 애썼다. 이때 스미스는 제네바의 명의(名醫)인 트롱샴에게도 도와달라고 부탁했다. 그러나 이 모든 노력에도 불구하고 스콧은 10월 19일에 요절하고 말았다. 지금까지 나온 스미스 전기들은 당시의 오보(誤報)를 바탕으로, 스콧이 암살당했다고 말해 왔다. 하지만 최근 완결된 《스미스 전집》에서 스미스의 편지가 공개되면서, 스콧의 죽음은 병사였음이 밝혀졌다.

스미스 일행은 휴 스콧의 유해와 함께 1766년 11월 1일에 런던으로 돌아왔다. 슬픈 귀국이었다. 스미스의 가정교사 일은 여기서 막을 내렸다. 하지만 스승과 제자의 굳은 우정은 스미스가 세상을 떠날 때까지 이어졌다.

격동의 시대에

스미스가 귀국할 무렵 영국은 격동의 시대에 막 들어서고 있었다. 산업혁명의 태동이 시작되고, 중상주의 체제는 막다른 골목의 끝에 다다른 상태였다.

산업혁명에서 주도적인 역할을 한 것은 섬유산업이었다. 1765년에는 하그리브스가 제니 방적기를, 1767년에는 아크라이트가 수력(水力) 방적기를 발명했다. 이 기계들이 산업에서 실제로 이용되어 광범위한 변혁을 가져온 것은 스미스의 《국부론》이 간행된(1776년) 뒤의 일이었지만 말이다. '스미스는 기계의 사회적 역할이나 작용을 파악하지 못했다'라고 비판하는 사람이 종종 있는데, 사실 그가 《국부론》을 쓸 무렵에는 산업혁명이 아직 제대로 일어나지 않은 상태였다.

한편 한계에 다다른 중상주의 체제는 심각한 재정(財政) 문제를 일으켰다. 영국은 7년전쟁으로 미국 식민지와 인도에서의 지배권을 확립했다. 하지만 이를 위해 지출한 전쟁 비용은 만만찮았다. 게다가 넓은 식민지를 지배하는 데에도 막대한 돈이 필요했다. 스미스가 《국부론》에서 밝힌 1764년의 정부 부채액은 무려 1억 3956만 1807파운드 2실링 4펜스였다. 일반 소비품에는 5%의 추가 종가세(從價稅)가 붙었으며, 토지소유자의 부담도 커져서 지조(地租)가 토지 임대 수입의 20%에 달할 정도였다. 국민의 세금 부담이 한계에 도달했던 것이다. 이때 정부는 미국 식민지에 무거운 세금을 물리는 데 생각이 미쳤다. 식민지 주민들에게 온갖 부담을 지운 것이다. 하지만 이 방법은 주민들의 강한 반발을 불러일으켰다. 주민들은 특히 대학교 졸업증서에까지 2파운드의 세금을 매기는 인지조례(印紙條例)에 분노했다. 그들은 '대표 없이 조세 없다'라는 기치 아래 뭉쳐서 강력한 반대 운동을 전개했다. 그 결과 영국 정부는 조례를 철회했다. 이 사건은 스미스가 아직 파리에 머무르던 1766년 3월에 일어났다.

식민지 사람들의 슬로건이 '대표 없이 조세 없다'였다는 점에서, 그들에게 '본국(영국) 의회에서 대표를 선출할 권리'만 주면 되지 않았겠느냐고 생각하는 사람도 있을지 모른다. 하지만 그 시대에는 본국에서도 몇몇 특별한 사람들만이 참정권을 가졌다. 이런 상황에서 식민지 사람들이 내건 슬로건은, 때마침 고개를 들기 시작하던 의회 개혁론자들에게 힘을 실어 주어 혁명을 불러일으킬 위험이 있었다. 그래서 영국 정부는 대표 선거권을 주지 않고 세금만 물리는 방법을 연구했다. 이 임무를 맡은 사람이 재무장관인 찰스 타운센드였다. 타운센드는 국내의 지조는 조금 내려서 토지소유자들의 환심을 사고, 항해법이 엄격한 여행에서는 세율을 높였다. 그는 타운센드법을 제정하여 식민지가 수입하는 물품에 수입세를 부과했으며, 이로써 총독의 급여 등 식민지 경영비용을 충당했다. 요컨대 영국 의회는 과세해서 거둬들인 돈으로 식민지 총독 및 다른 사람들을, 식민지 대의회로부터 독립시켜 본국의 지배 아래에 두려 했던 것이다. 이 법은 식민지 사람들의 맹렬한 분노를 초래했다. 타운센드는 1767년 가을에 급서했지만 식민지 주민들의 반영(反英) 운동은 멈출 줄 몰랐다. 그들은 독립을 향해 움직이기 시작했던 것이다.

타운센드가 식민지 문제로 스미스의 의견을 구했다는 증거는 없다. 하지만 내무장관인 셸번은 스미스에게, 로마 식민지 행정에 대해 알아봐 달라고 의뢰했던 바 있다. 이 셸번 경이야말로 뒷날 수상 자리에 올라 미국의 독립을 승인한 인물이다. 스미스는 미국 식민지 문제를, 당시의 가장 중요한 정치문제로 보았다. 그는 《국부론》에서도 다음과 같이 말했다.

"사태가 이렇게까지 되었는데 아직도 '우리 식민지는 무력으로 쉽게 제압할 수 있다'라고 생각하는 사람이 있다면, 그는 어지간한 저능자일 것이다."

또 그는 이렇게 덧붙였다. 위정자가 정책의 기본적인 방침을 전환해야 한다고. 이제는 식민지에 대표 선거권을 주어 합방하든지, 아예 식민지 독립을 인정해 버리든지, 결단을 내려서 둘 중 하나를 선택해야 한다고.

스미스는 귀국한 뒤 반 년 동안 런던에 머물렀다. 이때 그는 《도덕감정론》 제3판을 교정하고 《국부론》 집필에 쓸 문헌을 수집했다. 그리고 1767년 5월 3일에 버클루 공작이 결혼한 뒤, 스미스는 스코틀랜드로 돌아간 듯하다. 6월 7일 커콜디에서 흄에게 편지를 보냈으니 말이다. 편지에는 거의 1달간 일에 몰두하고 있다는 내용이 쓰여 있었다. 드디어 스미스가 본격적으로 《국부론》을 쓰기 시작한 것이다.

《국부론》 집필

"제가 여기서 하는 일은 연구입니다. 그리고 저는 근 한 달 정도 이 일에 완전히 몰두하고 있습니다. 제 즐거움은 홀로 해안을 거닐며 먼 곳까지 산책하는 것입니다.…… 저는 매우 행복하고 쾌적하고 만족스럽게 지내고 있습니다. 이렇게까지 충실한 나날을 보내기는 생전 처음입니다. (하략)"

스미스가 흄에게 보낸 편지의 한 구절이다. 스미스는 이로부터 약 6년 동안 커콜디에 틀어박혀 《국부론》 집필을 위한 연구에 몰두했다. 채텀 내각의 콘웨이 장군 밑에서 국무차관을 지내던 흄은, 장군이 사임하자 함께 물러나 1769년 8월에 에든버러로 돌아왔다. 이때 흄은 스미스에게 하루 빨리 만나고 싶다며 편지를 썼다. 하지만 흄의 소망은 이루어지지 않았다. 이듬해인 1770년 초, 흄은 스미스에 대한 소문을 들었다. 스미스가 완성한 원고를 출판하려고 조만간 런던으로 온다는 소문이었다. 그래서 흄은 이렇게 편지를 썼다.

"당신이 런던에 갈 때 이 지방에는 1~2일밖에 머무르지 않을 거라는 소문을 들었습니다. 대체 어떻게 된 겁니까?"

하지만 위 소문은 그저 소문으로 끝났다. 그로부터 2년쯤 지난 뒤인 1772년 9월 5일, 스미스가 W. 풀트니에게 보낸 편지에는 그가 과로로 건강까지 해쳤다는 이야기가 적혀 있었다.

"(전략) 제 책은 이번 겨울 초까지 인쇄에 넘길 예정이었습니다. 하지만 오락도 아닌 하나의 일에 사고를 너무 집중한 나머지 건강이 나빠지고 말았습니다. 또 앞서 말했듯이 다른 일을 처리하느라 시간이 걸려 버렸습니다. 그래서 할 수 없이 간행을 몇 달 뒤로 미루게 됐습니다."

'다른 일'이란 무엇일까. 그것은 스미스의 제자인 버클루 공작이 대주주로 있는 은행이 1772년의 상업공황 때문에 도산하자, 버클루 공작과 성심성의껏 상담해 준 일이었다. 이 은행은 무한책임 제도를 취하고 있었으므로 버클루 공작으로서는 난처하기 이를 데 없었다. 스미스는 이 은행의 파산 문제를 자신의 경제학 문제로도 받아들여, 적극적으로 나서 조사하고 고찰했다.

게다가 국회의원이었던 풀트니는 스미스를 동인도회사의 특별감독위원회 위원—당시 설치될 예정이었음—으로 추천했던 듯하다. 7년전쟁의 결과 동인도 회사는 인도 대부분 지역의 정치적 지배자가 되었다. 하지만 이로 인해 부와 권력이 급격히 늘어나자, 사원들이 부패해서 회사를 곤궁에 몰아넣기 시작했다. 그래서 정부는 이 곤궁을 타개하기 위해 특별감독위원회 설치를 검토했다. 앞서 소개한 편지는, 그 자리에 추천해 줘서 감사하다는 내용을 담고 있다. 하지만 이 이야기는 실현되지 않았다. 만약 실현되었다면 《국부론》은 세상에 나오지 못했을지도 모른다.

이처럼 도중에 여러 가지 일들이 있긴 했지만, 그래도 스미스는 저술에 온 힘을 기울였다. 스미스는 선 채로 문장을 생각하고 그대로 구술해서 비서에게 기록케 하는 것이 습관이었던 모양이다. 이때 스미스는 난로 불빛을 등지고 서 있다가, 생각에 잠기면 무의식적으로 맨틀피스 윗부분의 벽에 머리를 박고 비비듯 흔들었다고 한다. 그래서 그곳이 움푹 파였다는 후문이다. 또 어느 일요일 아침 스미스는 실내복을 입은 채 정원을 걸어 다니면서 생각에 잠겨 있다가, 그대로 큰길까지 나가서 15마일 떨어진 던펌린까지 갔다고 한다. 그곳에서 그는 낯선 교회 종소리를 듣고서 겨우 정신을 차렸다는 것이다. 흄은 그런 스미스에게 편지를 써서, 기분 전환으로 에든버러에 놀러 오라고 권했다. 하지만 두 사람이 실제로 만난 것은 1773년 4월 중순의 일이었다.

런던에서 보낸 3년

1773년 봄에 스미스는 일을 거의 끝마쳤다. 마침 해밀턴 공작의 가정교사 자리를 맡겠느냐는 제안도 받은 참이라, 스미스는 드디어 런던에 나올 결심을 했다. 그는 먼저 에든버러에 들러 흄을 만났다. 이때 스미스는 《국부론》에 몸과 마음을 다 소진한 상태라, 스스로도 급사할까 봐 두려워할 정도로 몸이 약해져 있었다. 그래서 스미스는 런던으로 떠나기 전에 흄을 만나, 그에게 유고(遺稿)의 처분을 부탁했다.

런던에 온 스미스는 그곳에서 3년쯤 머물렀다. 그는 해밀턴 공작의 가정교사 자리를 결국 맡지 않았다. 스미스에게 보다 유리한 상황을 제공하려고 애쓰던 버클루 공작이 그 일에 반대했던 것이다. 게다가 《국부론》의 최종 작업에 생각보다 시간이 많이 걸리기도 했다. 당시 런던에는 온갖 정보가 집중되어 있었다. 그곳에서 스미스는 《국부론》 전체를 다시 한 번 재구상했던 것이리라. 스미스는 1장 완성할 때마다 프랭클린이나 프라이스 박사 등에게 찾아가, 그들의 의견을 듣고 원고를 고쳐 썼다고 한다.

하지만 런던에서 그는 의외로 여유롭게 지냈다. 작업이 일단락되었다는 기분이 강했기 때문이다. 스미스는 스코틀랜드 출신자들이 모여드는 콕스퍼 거리의 영국식 커피숍에도 종종 얼굴을 내미는 등 사교 생활을 즐겼다. 또 스미스는 지난 1767년에 왕립학회 회원으로 선출되었는데, 이 학회에도 정식으로 입회했다. 그리고 존슨의 문학클럽에도 가입했다. 존슨은 옥스퍼드의 재커바이트 정도의 반동 세력은 아니었지만, 그래도 스코틀랜드를 싫어하는 보수주의자였다. 그런 까닭에 스코틀랜드의 자유주의자인 스미스와 종종 대립했다고 한다. 하지만 스미스와 존슨은 서로의 깊은 학식을 제대로 인정하고 경의를 표했던 듯하다.

1776년 2월 8일이 되자 흄은 스미스에게 편지를 보냈다.

"다들 당신의 책이 훨씬 전에 인쇄되었다고 말합니다. 하지만 아직까지 그 책의 광고조차 본 일이 없습니다. 이유가 뭔가요. 혹시 미국의 운명이 결정되기를 기다리고 있는 겁니까? 그렇다면 꽤 오래 기다려야 할지도 모릅니다."

그로부터 한 달쯤 지난 3월 9일. 마침내 《국부론》이 런던의 스트라한 카델 서점에서 출판되었다. 그리고 약 네 달 뒤인 7월 4일에 미국의 독립선언이 발표되었다. 미국의 독립선언은, 스미스가 《국부론》에서 비판했던 중상주의 체제의 성대한 붕괴를 알리는 신호탄이었다.

널리 퍼진 《국부론》

《국부론》의 출판 소식에 누구보다도 기뻐한 사람은 흄이었다. 흄은 4월 1일에 보낸 편지에서 다음과 같이 기쁨을 표현했다.

"정말 잘 했습니다. 훌륭합니다, 친애하는 스미스 군! 저는 당신이 해낸 일의 완성도에 크게 만족했습니다. (중략) 이 책을 읽으려면 물론 대단한 주의력이 필요한데, 세상 사람들은 대개 그런 일에 주의를 기울이지 않습니다. 그러니 이 책이 처음부터 인기를 얻을 거라고는……. 저는 감히 단정하지 못하겠군요. 하지만 이 책은 심원하고 견고하고 예리합니다. 호기심을 자극하는 풍부한 사실들로써 예증하고 있고요. 그러므로 이 책은 언젠가 전 세계 사람들의 주의를 끌 것입니다."

흄뿐만 아니라 휴 블레어, 조지프 블랙, 윌리엄 로버트슨, 애덤 퍼거슨, 에드워드 기번 등 스미스의 친구들도 이 책을 칭찬하는 편지를 썼다. 그러나 잡지 등에서 이 책을 서평(書評) 형식으로 칭찬해 준 일은 별로 없었다. 〈젠틀맨즈 매거진 The Gentlemen's magazine 〉은 《국부론》을 완전히 무시했으며, 〈애뉴얼 레지스터 Annual Register 〉는 이 책에 관한 이야기를 2쪽 정도만 게재했다. 1776년에 《국부론》을 다룬 잡지는 〈런던 리뷰 London Review 〉, 〈런던 매거진 London magazine〉, 〈크리티컬 리뷰 Critical Review 〉 등 전부 무명잡지였다. 그것도 내용 소개가 대부분이었다.

이와 같이 논단의 반응은 냉담했다. 게다가 책값은 당시 노동자의 한 달치 임금보다 더 비싼 1파운드 16실링이었다. 더구나 책 내용도 쉽지 않았다. 이런 상황에서 《국부론》이 얼마나 팔릴지 친구들이 걱정했던 것도 당연하다. 그러나 의외로 이 책은 잘 팔려 나갔다. 처음에 몇 부를 인쇄했는지는 알 수 없지만, 그래도 초판이 반 년 만에 전부 팔렸을 정도였다. 2년 뒤에는 제2판이 나왔다. 《국부론》은 스미스 생전에 제5판까지 출판되었다. 그리고 이내 독일어·프랑스어·덴마크어 등으로 번역되어 국제적 독자층을 얻게 되었다.

논단에서는 찬밥 신세였던 《국부론》이, 어떻게 물이 지면에 스며들듯 널리 퍼질 수 있었던 것일까. 그 까닭은 《국부론》이 시대 문제를 가장 깊이 파악하고 해결 방향을 제시했기 때문이다. 게다가 그 해결 방향은, '개인의 해방'이라는 당시 사람들의 시대 정신과도 맞아떨어졌다.

《국부론》은 단순한 경제학 전문서적이 아니었다.

"애덤 스미스는 학문의 넓은 영역을 무시하지 않으면서도, 한정된 문제에 온 마음을 집중한 사람처럼 이 책을 썼다. (중략) 이 책에서 정치경제학은, 추상적인 학설에 바탕을 둔 고립된 연구가 아니다. 그것은 처음부터 마지막까지 인류에 대한 연구의 일부분으로서, 인류의 생활양식이나 관습을 고찰하고 국민의 역사·행정·법을 비판하는 연구이다." (F. W. 허스트, 《애덤 스미스》)

7. 만년의 나날

흄의 죽음

《국부론》이 간행된 지 한 달쯤 지난 1776년 4월 어느 날, 블랙이 스미스에게 편지 한 통을 보냈다. 흄의 건강이 안 좋다는 편지였다. 마침 팔순이 넘은 어머니의 건강도 염려되던 차라, 스미스는 극작가인 존 흄과 함께 곧장 스코틀랜드로 돌아갔다. 그들은 뉴캐슬을 지나 모페스 마을에 도착했을 때 철학자 흄 일행과 우연히 만났다. 흄은 친구이자 의학자인 존 프링글 경에게 진찰받기 위해 에든버러를 떠나 런던으로 가는 참이었다. 스미스와 흄은 재회를 기뻐했지만 이내 헤어질 수밖에 없었다. 존 흄은 철학자 흄과 함께 런던으로 향했지만, 스미스는 어머니의 건강이 염려되어 커콜디로 갔던 것이다.

어머니의 건강한 모습을 보고 안심한 그는 커콜디에 그대로 눌러앉아 몇 달을 보냈다. 한편 흄은 7월 3일에 에든버러로 돌아왔다. 그때 스미스는 에든버러에서 흄을 만났는데, 흄의 병세는 더욱 나빠져 있었다. 프링글 경이 가르쳐 준 요법(광천욕)도 효과가 없었다. 결국 흄은 8월 25일에 세상을 떠났다. 대장암 및 간암 때문이었다. 그의 시신은 칼튼 힐(Calton Hill)의 새로운 묘지에 매장되었다. 그리고 흄이 남긴 유언에 따라, 로버트 애덤스가 설계한 원탑이 그 위에 세워졌다. 스미스는 이 원탑을 좋아하지 않았다. 그것을 가리켜 '내 친구 흄에게서 발견한 최대의 허영심'이라고 말했을 정도다. 흄이 스미스에게 자기 유고를 관리해 달라고 부탁했다는 사실은 이미 이야기한 바 있다.

스미스는 이듬해인 1777년 1월에 런던으로 갔다. 주된 목적은 《국부론》 재판(再版) 준비였다. 그곳에서 그는 약 10달간 머무른 뒤 돌아와서 모방예술에 관한 논문을 썼다. 그가 젊은 시절에 쓴 이 논문을 이때 수정한 것이라는 설도 있다. 하지만 블랙과 허턴이 편집해서 1795년에 출판한 스미스의 유고집 《철학논집》에는, 이 논문이 〈천문학사(天文學史)〉 등과 더불어 실려 있다.

스미스는 이 논문을 쓸 때, 자신이 스코틀랜드 세관 공무원으로 임명되었다는 낭보를 들었다. 세관 공무원은 수입이 매우 많은 지위였다. 당시 토리당의 수상이자 재무장관이었던 노스 경은 예산안을 작성할 때 스미스의 저서를 많이 참고했다고 한다. 그래서 노스 경은 감사하는 뜻에서 스미스를 그 자리에 임명한 것이다. 물론 그 뒤에서는 버클루 공작의 지원도 큰 영향력을 발휘했으리라 짐작된다. 당시 세관 공무원은 곧 염세(鹽稅) 공무원이었다. 따라서 이 관직에 오른 스미스는 세관 공무원 임금인 500파운드, 염세 공무원 임금인 100파운드를 합해 총 600파운드를 벌게 되었다. 고소득자가 된 스미스는 버클루 공에게서 받는 300파운드의 연금을 거절하려 했다. 하지만 버클루 공은 물러서지 않았다. 이리하여 스미스는 1년에 900파운드라는 제후 같은 수입을 얻게 되었다. 이는 대학교수 시절 스미스의 1년 수입보다 3배나 많고, 민사 공소

흄의 무덤
왼쪽의 원탑

원—스코틀랜드 최고의 민사재판소— 판사의 수입보다도 200파운드나 많은 액수였다.

스미스는 1778년 2월 2일에 정식 임명을 받았다. 그는 에든버러의 상류층 거주 지역인 캐논게이트에서 집을 한 채 빌렸다. 이 집은 예전에 팬뮤어가(家)가 살던 곳으로 팬뮤어 저택이라 불리고 있었다. 당시 스미스의 가족 구성원은 어머니, 사촌 누나인 재닛 더글러스, 1769년에 태어난 스미스의 조카 데이비드 더글러스였다. 데이비드는 뒷날 레스턴 경이 되어 스미스의 유산을 상속받는다. 스미스는 이윽고 이 소년을 자신의 애제자인 존 밀러에게 보냈다. 에든버러를 방문한 유명인들은 대개 팬뮤어 저택에서 식사 대접을 받았는데, 스미스 집안은 간소하고 소박한 손님 대접으로 유명했다고 한다.

세관 일은 비교적 단순했다. 하지만 월요일부터 목요일까지 매일 위원회가 열렸다. 위원회는 매년 180회 정도 열렸는데, 스미스는 취임한 뒤 4년 동안 단 한 번도 이 위원회에 빠지지 않았다.

그는 취임 4년째에 처음으로 4달간 휴가를 냈다. 《국부론》 제3판 간행을 준비하기 위해서였다. 이때 스미스는 《국부론》을 대폭 증보하고 개정했다. 제3판은 1784년에 출판되었다. 4달 동안의 휴가를 끝낸 스미스는 또다시 부지런히 출석했다. 그는 건강을 크게 잃은 1887년까지 단 24번만 결석했다. 그중 6번은 모친상 때문에 할 수 없이 결석한 것이다. 이를 예외로 친다면, 그는 연간 180번이나 열리는 회의에 겨우 3~4번만 결석한 셈이다. 따라서 스미스를 비롯한 소수의 성실한 공무원들은 온갖 일을 떠맡았다. 그들은 다른 사람들과 달리,

귀찮은 일을 피하려고 결석하거나 하진 않았기 때문이다.

스미스는 왜 이토록 열심히 일했을까. 세관 일이 경제학 연구에 유익하다고 그가 생각했기 때문일 수도 있다. 하지만 그보다는 스미스의 직업윤리가 더 큰 이유였을 것이다. 물론 때로는 실수도 했다. 예의 방심하는 버릇 때문이었다. 하루는 공문서에 서명할 때 자기 이름 대신, 앞서 서명한 세관 공무원의 이름을 그대로 써 버린 적도 있었다. 또 하루는 정문 앞에서 경비원이 총을 받들어 세우며 스미스에게 경례하자, 스미스도 덩달아 지팡이를 세우면서 매우 엄숙하게 경례했다. 당황한 경비원은 의장을 내리고 우향우 해서 스미스에게 길을 내 주었는데, 스미스도 경비원과 똑같은 행동을 했다. 경비원은 더욱 당황했지만 애써 총을 엄숙하게 받든 채로, 회의장으로 향하는 계단을 올라갔다. 그러사 스미스도 지팡이를 받든 채 그 뒤를 따랐다. 그는 회의장에 들어설 때까지도 자신의 기행을 눈치 채지 못했다고 한다.

오이스터 클럽

"어머니와 친구와 책, 이것이 스미스의 세 가지 큰 기쁨이었다."

J. 레이가 한 말이다. 그 어머니는 《국부론》 제3판이 나온 1784년 5월 23일에 향년 90세로 세상을 떠났다. 이때 스미스는 매우 슬퍼하여 급격히 기운을 잃었다고 한다.

스미스는 에든버러에 막 이사했을 무렵, 친한 친구인 블랙과 허턴과 함께 '오이스터 클럽'을 결성했다. 이것은 금요일마다 그래스마켓의 술집에 모여서 점심을 같이 먹는 클럽이었다. 이미 말했듯이 블랙은 잠열을 발견한 사람이고, 제임스 허턴은 근대 지질학의 창설자이다. 또한 허턴은 스코틀랜드에 처음으로 '말 두 마리로 끄는 쟁기'를 도입한 농업 개량학자이기도 했다. 그 밖에도 오이스터 클럽에 참가하는 사람은 많았다. 클럽 단골손님은 소설가 헨리 매켄지, 두갈드 스튜어트, 수학자인 존 플레이페어, 로버트 애덤스 등이었다. 오이스터 클럽이란 이름이 무엇을 뜻하는지는 알 수 없다. 미식을 뜻한다고 보기도 어렵다. 왜냐하면 허턴은 금주가였고 블랙은 채식가였으며 스미스는 설탕 덩어리를 좋아하는 사람이었으니까.

스미스는 1787년 초부터 7월 말까지 휴가를 얻었다. 5년 만의 긴 휴가였다. 4월에는 생애 최후로 런던을 방문했다. 그 무렵 건강이 나빴던 스미스는 친구

이자 의사인 존 헌터에게 진찰을 받으려 했던 것이다. 그는 쇠약해져서 뼈와 가죽밖에 안 남은 상태였다. 런던으로 출발하기 전, 그는 블랙과 허턴을 유언 집행인으로 지명했다. 그가 남긴 유언은 초고 대부분을 태워 버리라는 것이었다.

스미스는 방광염과 치질을 앓고 있었다. 하지만 헌터의 수술 덕분에 상태가 많이 좋아졌다. 6월에는 문학 클럽의 만찬회에 출석했을 정도이다. 이번에 런던을 방문하는 동안, 스미스는 피트 내각의 스코틀랜드 담당 장관인 헨리 던다스의 저택에서 머물렀다. 28세의 젊은 수상인 피트와 스미스의 만남도 이 저택에서 이루어졌다. 그 자리에는 애딩턴, 윌버포스, 그렌빌 등 몇몇 정치가들도 함께 있었다. 그런데 스미스가 던다스 저택에 들어서자, 그 모든 사람들이 일어나 스미스를 환영했다. 스미스가 다들 앉으라고 말했지만 피트는 "아니요, 저희는 다 선생님의 문하생이니 선생님께서 앉으실 때까지 서 있겠습니다"라고 대답했다 한다.

에든버러에 돌아간 스미스는 얼마 뒤 글래스고 대학교 총장으로 선출되었다. 사실 이 자리는 앞서 말했듯이 명예직에 가까웠다. 하지만 스미스는 아치볼드 데이비슨 학장에게 감사의 마음을 담아 승낙 편지를 썼다. 그 편지에서 스미스는 자신을 가르쳐 주고 옥스퍼드에 유학까지 보내 줬으며, 이제 '그 위대한 허치슨 박사'가 얻었던 명예로운 지위까지 자신에게 주려 하는 글래스고 대학교에 깊은 은혜를 느낀다고 밝혔다.

식민지 문제에 관해

던다스 저택에서의 일화를 보면 알 수 있듯이, 스미스는 《국부론》을 통해 당대 정치가들에게 상당한 영향을 주었다. 하지만 그들 사이의 관계는 그뿐만이 아니었다. 스미스는 당시의 주요 정치 문제와 관련된 유명한 정치가들과 친하게 지냈다. 그런데도 구체적인 정치 문제에 관한 스미스의 직접적인 발언 기록은 찾아보기 어렵다. 그래서 스미스의 정치적 입장은 단정하기 어렵다. 하지만 실마리가 아주 없는 건 아니다. 그것들을 바탕으로, 당시의 주요 정치 문제에 대한 스미스의 생각을 살펴보자. 그러면 그의 정치적 입장도 추측할 수 있을 것이다.

18세기 중반의 가장 큰 정치 문제는 역시 미국·아일랜드·인도 등 식민지 문제였다. 식민지 문제는 '전쟁과 평화'의 문제이자 '재정과 세금 부담'의 문제였다. 앞서 말했듯이 스미스는《국부론》마지막 부분에서 평화와 부담 경감을 중시하며, 정치가들에게 결단을 내리라고 촉구했다. 미국 식민지 사람들에게 본국 의회 선거권을 줘서 합방하든지, 식민지 분리 독립을 인정하든지 하라고 말이다. 그런데 스미스는, 전자의 방법은 불가능하진 않아도 너무 이상주의적인 방안이라고 말했다. 왜냐하면 많은 사람들이 반대할 게 뻔했기 때문이다. 스미스는 전자를 못 하면 후자라도 선택해야 한다고 말했다. 참정권을 안 줄거면 분리 독립을 인정하는 게 유일한 길이라는 것이었다.

한편 스미스는 아일랜드 문제에 대해, 스코틀랜드와 마찬가지로 합방하는 게 낫다는 의견을 냈다. 스미스는 스코틀랜드와 영국의 합방이 가져다 준 제일 큰 이섬을 다음 2가지로 보았다. 즉 중하층 사람들이 귀족제로부터 해방된 것과, 무역 자유를 얻은 것이었다. 그는 아일랜드 합방도 같은 효과를 낳으리라고 보았다. 실제로 아일랜드와 영국의 합방은 1801년에 이루어졌다. 하지만 이때 영국 자본주의는 약 90년 전 스코틀랜드와 합방하던 시절보다 비교할 수 없을 만큼 발전한 상태였다. 따라서 이 합방은 시인 바이런 말마따나 '상어와 먹이의 합동'(1812년 4월 21일 의회에서 한 발언)에 불과했다.

그럼 스미스는 인도에 대해선 어떻게 생각했을까. 그는《국부론》제3판을 증보할 때 동인도 회사를 역사적으로 검토하고, 인도 통치의 부적절함을 논증했다. 또 1783년 '동인도 회사에 대한 의회 감독권' 강화를 꾀하는 찰스 제임스 폭스의 법안이 하원에서 통과되었을 때, 스미스는 웨더번의 정치적 맹우인 윌리엄 이든에게 보내는 편지에서 법안 통과의 기쁨을 표현했다. 그러나 이 법안은 피트 파(派)의 반대에 부딪쳐 상원에서 통과되지 못했다. 피트 파는 이듬해에 새로운 법안을 제정했다. 그것은 동인도 회사에 대한 의회의 감독권이 아닌, 국왕의 감독권을 강화하는 법안이었다.

국내 문제에 관해

국내에서는 재정 문제와 관련된 의회개혁이 큰 문제로 대두되고 있었다. 1770년대 말부터 1780년대 중반에 걸쳐 요크셔의 자유 토지보유자들을 중심으로, 최초의 조직적인 의회개혁 운동이 전국적으로 일어났다. 그 운동의 요구 조건은 참정권 확대, 부패 선거구 폐지, 선거구 평등화, 의원 임기 단축 등이었다. 요컨대 의회개혁과 재정개혁이었다. 재정개혁의 기본 목적은 한직(閑職)을 폐지하는 등 '값싼 정부'를 만드는 것이었지만 사실 다른 의미도 있었다. 의원 매수 자금으로 쓰는 궁정비(宮廷費)에 대한 의회의 감시권을 강화함으로써, 왕권을 감시하려는 목적도 있었던 것이다. 그럼 스미스는 이런 문제를 어떻게 생각했을까.

스미스는 조지 3세가 즉위할 때 대학교의 의뢰를 받아 축사를 썼다. 그는 이 글에서 국민의 권리와 자유를 소중히 해 달라고 당부했다. 그러므로 그는 아마 조지 3세의 행동─왕권 강화를 꾀하는 모습─을 보고 괴로워했음에 틀림없다. 그리고 재정개혁 요구에 동의했을 것이다. 그런데 스미스는 버크와 친하기도 했으므로 종종 휘그당의 로킹엄 파(派)로 간주되어 왔다. 버크를 이론적 대표자로 삼는 로킹엄 파의 주류는, 문제를 재정개혁에 한정짓고 의회개혁에는 반대했다. 이에 맞선 세력이 '성인남자 보통선거권'을 주장하는 존 카트라이트의 웨스트민스터 위원회였다. 그리고 같은 로킹엄 파라도 찰스 제임스 폭스는 웨스트민스터 위원회에 속했다. 이러한 두 세력 사이에는 점차적 참정권 확대를 주장하는, 크리스토퍼 와이빌이 속한 요크서 위원회가 존재했다. 의회개혁에 관한 스미스의 직접적인 발언은 남아 있지 않다. 하지만 그는 1762~63년에 쓴 《법학 강의》에서 다음과 같이 말했다.

"국민의 자유를 보증하려면 우선 재판관이 국왕으로부터 독립해야 하고, 하원이 국왕의 대신에 대한 '실정(失政) 탄핵권'을 가져야 하며, 인신보호법이 제정되어야 하고, 선거가 자주 이루어져야 한다. 그리고 선거 방법도 바꿔야 한다."

그 무렵 의원 임기는 7년이었다. 스미스는 이것을 1~3년 정도 단축해서 선거를 자주 실시함으로써 민중의 뜻이 의회에 잘 반영되게끔 하자고 했다. 이는 의회개혁의 요구사항 중 하나였다. 또 그는 선거 방법에 대해서도 의견을 냈다. 당시 스코틀랜드에선 선거권의 재산 자격 제한이 연수(年收) 600파운드(400스코틀랜드─파운드) 이상이었다. 이처럼 제한선이 높다 보니 소수 귀족들이 선거를 좌지우지하는 판국이었다. 스미스는 스코틀랜드의 이런 선거제도와, 연수 40실링 이상의 모든 자유 토지보유자에게 선거권을 주는 영국 선거제도를 비교했다. 그리고 영국 선거제도가 보다 민주적이며, 그것이야말로 국민의 자유에 대한 영국 특유의 보증이라고 주장했다. 그러므로 스미스가 의회개혁에 반대했다고 보기는 어렵다.

물론 스미스는 급격한 개혁은 원치 않았다. 급격한 개혁에는 희생이 따르기 때문이다. 이 사실은 《도덕감정론》 제6판을 보면 알 수 있다. 여기서 스미스는 어떤 이상적인 정책이나 법이라도, 모든 반대를 짓누르고 단숨에 시행해서는 안 된다고 했다. 그는 그것을 오만한 행동이라고 비판했다. 아마 그는 프랑스 혁명을 염두에 두고 이렇게 말했을 것이다. 그리고 스미스는, 국민의 관습이나 편견을 고려해서 그들이 받아들일 수 있는 최선의 법을 수립해야 한다고 주장했다. 따라서 스미스의 정치적 입장은 '보수'가 아니라 '점진적인 개혁'으로 추측된다. 그는 아마도 와이빌이나 셸번의 입장에 비교적 가까웠을 것이다.

노년의 게으름

"저는 2가지 대작(大作)을 준비하고 있습니다. 하나는 온갖 부문의 문학, 철학, 시, 수사법에 대한 일종의 '학문 역사'입니다. 그리고 다른 하나는 법과 통치에 대한 이론 및 역사입니다. 양쪽 다 자료는 대부분 모아 놓았습니다. 또 그중 일부는 잘 정리해 두었고요. 다만 노년의 게으름—저는 이것과 열심히 싸우고 있습니다만—이 저를 짓누르는군요. 과연 둘 중 하나라도 완성할 수 있을지 의문입니다."

1785년 11월 1일, 스미스는 로슈푸코에게 보낸 편지에서 위와 같이 말했다. 하지만 세관 공무원 일을 게을리할 순 없었다. 그것은 스미스의 직업윤리에 어긋나는 행동이었으니까. 게다가 스미스는 얼마 뒤 건강을 크게 잃었다. 체력이 바닥난 그는 위의 2가지 학문적 야심 중 하나도 이루어 낼 수 없었다. 스미스는 최후의 학문적인 노력을, 오랜 세월 동안 속으로 계획하고 있던 《도덕감정론》의 대대적인 개정·증보 작업에 쏟아 부었다. 스미스는 1788년 봄에 4달 동안 휴가를 얻어 이 작업에 착수했다. 하지만 작업이 완료된 것은 이듬해인 1789년 여름이 끝날 무렵이었다. 즉 끝나기까지 약 1년 반이 걸린 것이다. 이 제6판은 1790년에 간행되었다. 이것이 스미스가 낸 마지막 판이었다.

스미스는 만년에도 힘이 닿는 한 세관위원회에 꼬박꼬박 출석하고, 《도덕감정론》 개정과 증보에 마지막 노력을 쏟아 부었다. 그리고 교우관계에도 신경을 썼다. 일주일에 한 번씩 모이는 오이스터 클럽에도 여전히 참석했으며, 일요일 밤에는 자기 집에서 만찬회를 열어 친구들을 부르기도 했다. 때로는 에든버러

캐논게이트 교회
스미스의 묘가 있음

의 학사원 회합에도 참가했다. 가마를 타고 산책이나 외출도 종종 했던 모양이다. 하지만 스미스의 건강은 날이 갈수록 나빠져만 갔다. 《도덕감정론》제6판은 5월 하순에 출판되었는데, 6월이 되자 스미스의 용태는 심각해졌다. 친구들도 절망적이라고 말했을 정도였다.

죽음이 코앞에 다가왔음을 깨달은 스미스는, 친구인 블랙과 허턴에게 유고 관리를 부탁했다. 공표할 가치가 있는 몇몇 원고만 남기고 나머지는 전부 태워 달라는 것이었다. 스미스가 공표할 가치가 있다고 인정한 원고들은, 뒷날 블랙과 허턴의 손에 《철학논집》으로 출판되었다. 그리고 이때 16권 정도의 원고가 소각되었다.

스미스는 이 원고들이 소각되자 마음이 편해졌는지 기운을 되찾았다. 그날은 마침 일요일이어서, 저녁 무렵이 되자 친구들이 평소처럼 식사를 하려고 그의 집에 모였다. 스미스는 친구들을 기분 좋게 환영했다. 그는 밤이 되어도 좀처럼 자려 하지 않고, 친구들과 함께 있으려 했다. 하지만 친구들이 그런 그를 말렸다. 결국 스미스는 9시 30분쯤에 침실로 갔다. 그런데 그는 자리를 떠나면서 이렇게 말했다.

"여러분, 저는 여러분과 함께 있고 싶습니다. 하지만 이제는 헤어져서 저세상으로 갈 수밖에 없군요."

스미스는 다음 일요일을 맞이하지 못했다. 그는 1790년 7월 17일 토요일에 저세상으로 떠났다. 그는 팬뮤어 저택 가까이에 있는 캐논게이트 교회 묘지에 묻혔다.

스미스는 생전에 많은 돈을 남몰래 자선 활동에 썼던 듯하다. 제후와 같던 생전 수입에 비해 남겨진 재산은 별로 많지 않았다. 그러나 독서를 만년의 즐거움으로 삼았던 스미스는 수천 권의 책을 남겼다.

스미스의 장서는 뒷날 레스턴 경(데이비드 더글러스)이 물려받았다. 레스턴 경은 그것을 두 딸에게 물려줬다. 두 딸 가운데 한 명인 배너먼 부인이 상속한 책들은, 그 아들 대에서 에든버러 대학교에 기증되었다. 다른 한 명인 커닝엄 부인이 상속한 책들은 대부분 어디론가 팔려 나갔다. 하지만 그중 일부는 벨 파스트의 퀸스 대학교 교수였던 그녀의 아들 R.O. 커닝엄이 물려받았다. 커닝임 교수는 일부 서적을 대학교에 기증했다. 하지만 그가 사망한 뒤 나머지 책들은 팔려 버렸다.

Ⅱ 애덤 스미스의 사상과 학문

1. 인간관

인간과 사회에 대한 깊은 통찰

사회 사상의 역사적 고전이라 불리는 것들은, 일반적으로 시대 문제와 싸우는 과정에서 탄생한다.

"시대 문제를 얼마나 근원적·체계적으로 파악해서 기본 해결 방침을 제시하는가."

이것이야말로 어떤 글이 고전으로 남을지 못 남을지 판가름하는 기준이다. '근원적·체계적'인 고찰이란, 인간과 사회에 대한 깊은 통찰을 바탕으로 시대 문제를 다루는 것이다. 그렇기에 고전은 시대를 뛰어넘어서 사람들의 마음에 호소한다. 스미스가 남긴 2권의 책도 그런 고전에 속한다. 이제 나는 스미스의 사상 및 학문의 세계로 여행을 떠날 것이다. 그럼 스미스가 인간을 어떻게 파악했는지부터 알아보자.

인간은 이기적인 존재다

스미스는 《도덕감정론》 제2판에서 인간의 '자비심'에 대해 다음과 같이 말했다.

"저 먼 청나라에서 대지진이 일어나 수많은 사람들이 죽는다면, 유럽 사람들은 그들의 비운을 애도하는 데 그칠 것이다. 그런데 내일 만약 내 새끼손가락이 잘릴지도 모른다면 어떨까. 아마 그는 그 일을 걱정하느라 밤에도 잠을 못 이룰 것이다."

이처럼 스미스는 인간을 이기적인 존재라고 보았다. 그 무엇보다도 자기 자신을 우선시한다는 점에서 말이다. 하지만 스미스는 《도덕감정론》에서 이렇게도 말했다.

"인간이 아무리 이기적인 존재로 보인다 해도, 인간의 본성에는 분명 몇 가지 원리가 존재한다. 이 원리는 인간이 타인의 운이나 불운에 관심을 가지도록 해 주며, 타인의 행복을 빌게 해 준다. 사실 인간은 타인의 행복에서 '그것을 보는 기쁨'밖에 얻지 못한다. 그런데도 인간은 그것을 필요로 한다. 무엇이 인간을 이렇게 만드는가. 동정이나 안타까움 등이 이에 속한다. 이것은 우리가 타인의 비극을 직접 보거나 매우 생생하게 느꼈을 때, 그에 대해 느끼는 감정이다. 우리는 타인의 슬픔에 전염되어 같은 슬픔을 느끼곤 한다. 이는 명백한 사실이므로 따로 증명할 필요도 없다. 그렇다면 이 감정은 인간 본성의 다른 모든 근본적인 감정들과 마찬가지로, 모든 인간에게 존재하는 것이리라. 다시 말해 인도적이고 덕 있는 사람뿐만 아니라 천하의 악당에게도 존재하는 것이다."

요컨대 인간은 이기적이지만 본능적으로 타인의 행복이나 불행에도 관심을 갖기 때문에, 타인의 행복을 원한다는 것이다.

도덕철학의 두 줄기

스미스는 위와 같이 인간을 파악했다. 이런 파악 방식은, 그가 18세기 전반 도덕철학의 두 줄기를 확실하게 고찰했음을 보여 준다. 하나는 홉스→로크→맨더빌→흄으로 이어지는, 이기심을 중심으로 인간을 파악하는 것이었다. 그리고 다른 하나는 로크의 제자인 제3대 샤프츠버리 백작→스미스의 은사였던 허치슨으로 이어지는, 인간을 이타적인 존재로 파악하는 것이었다. 그런데 이들에게는 공통점도 있었다. 두 학파는 모두 현세에서의 인간 행복 실현을 중심으로, 대상을 경험적인 관점에서 고찰하려고 했다.

그러나 18세기의 문턱에 선 로크는, 인간 도덕의 궁극적인 기준을 신(神)의 법—경험적으로 검증할 수 없는—에서 구하려 했다. 그리고 인간의 사회 형성 원리도, 경험적으로 검증할 수 없는 '계약'에서 찾으려 했다. 이런 로크의 한계를 뛰어넘으려 한 인물이 제3대 샤프츠버리 백작이었다. 그는 "인간에게는 외적 자극에 반응하는 외적인 감각 이외에도, 미추(美醜)나 선악을 느끼는 도덕 감각이 존재한다"라고 주장했다. 인간은 이 도덕감각을 바탕으로 이타적인 감정에 따라 스스로 사회를 만든다는 것이다. 이리하여 샤프츠버리는 인간의 도덕과 신의 법을 분리하고, 사회계약이라는 이론적 허구에서 벗어날 수 있었다.

이 사상은 이성에 뒷받침되는 감정의 역할을 중시한다는 점에서, 이성 중심으로 인간을 파악하던 로크의 방식보다도 경험적이고 구체적이었다. 하지만 이 사상에는 문제점이 남아 있었다. 생득적인 도덕감각의 존재를 인정한다는 점이었다.

샤프츠버리의 이러한 아름다운 인간관을 비판한 인물이 있다. 바로 네덜란드 출신의 의사 맨더빌이었다. 맨더빌은 인간을 다양한 정념의 복합체이자 대단히 이기적인 존재로 보았다. 그 다양한 정념이나 욕망은 상공업의 번영에 꼭 필요한 요소이다. 그리고 '욕망의 다양성' 및 인간이 그것을 만족시키고자 할 때 부딪치는 '장해' 등이 인간을 사회적으로 만든다. 하지만 맨더빌이 생각하는 덕(德)이란, 사적 욕망을 극복하여 공공의 이익을 지향하는 것이었다. 그러므로 사적 이익 추구는 사회적으로는 필요하지만, 도덕적으로는 나쁜 일인 셈이다. 여기서 '개인의 악덕, 사회의 이익'—맨더빌이 집필한 《꿀벌의 우화》의 부제—이라는 유명한 말이 나온 것이다. 그러나 개인의 악덕을 사회의 이익으로 바꾸기 위해서는 정치가의 능숙한 관리가 꼭 필요하다. 맨더빌은 "이타적으로 보이는 행위의 밑바닥에는 대개 이기적 정념이 숨겨져 있다. 따라서 그건 위선에 불과하다"라고도 말했다.

실은 샤프츠버리도 대부분의 사람들이 이기적 감정에 근거해서 행동한다는 사실을 인정했다. 그래서 그는 결국 귀족주의에 빠지고 말았다. 사회의 이익을 정확히 판단해서 이타적 감정에 따라 행동할 수 있는 사람은, 소수의 지식인 귀족뿐이라는 것이다. 이러한 샤프츠버리의 도덕감각 이론을 계승해서 민주적으로 만든 인물이 허치슨이다. 허치슨은 교양이나 교육 없이도 도덕감각이 존재할 수 있다고 주장했다. 그에 따르면 선(善)이란 도덕감각에 즐거움을 주는 것이며, 이는 이타심에 바탕을 둔 행위이다. 그의 이론에서 최고의 선은 '최대 다수의 최대 행복'을 낳는 행위이다. 이 말은 벤담이 사용했다고 알려져 있는데, 실은 허치슨이 그보다 먼저 《미와 덕의 관념의 기원》(1725)에서 사용했다. 그런데 최고선에 해당하는 이타적 행위를 하려면, 우선 질서부터 전체적으로 파악해야 한다. 하지만 그럴 능력이 있는 사람은 결국 소수에 불과하다. 말하자면 허치슨도 귀족주의에서 완전히 벗어나진 못했던 것이다.

그런데 허치슨은 누구나 이타심과 더불어 이기심도 가지고 있다고 주장하며, 경제 활동에서 이기심이 맡는 역할을 적극적으로 평가했다. 다만 허치슨은 "이기심에서 비롯된 행위는 이성의 인도를 받아 사회의 이익과 조화되어야 한다"라고 주장했는데, 그럴 수 있는 사람은 또 소수뿐이라고 말했다.

샤프츠버리나 허치슨의 이러한 사상은 도덕감각 학파라고 불린다. 그런데 스미스는 이 학파가 주장하는 생득적 도덕감각을 인정하지 않았다. 그는 맨더빌의 사상에 대해서도 "덕과 악덕의 구별을 모호하게 만든다"라며 비판했다.

"인간은 자기 자신을 우선시하는 이기적 존재이긴 하지만, 타인의 행운·불행에 신경 쓰는 능력을 근본적으로 지니고 있다."

이것이 스미스의 인간관이었다. 이러한 그의 인간 파악 방식은, 위의 두 가지 인간관에 대한 비판을 바탕으로 성립된 것이다.

천부적이지 않은 능력·성격

그런데 스미스는 도덕감각의 생득적 성질만을 부정한 게 아니었다. 그는 《국부론》에서 이렇게 말했다.

"온갖 사람들이 지닌 천부적인 재능의 차이는, 사실 우리가 생각하는 것보다 훨씬 작다. 직업이 다른 성인들은 천부적 재능에 따라 크게 구별되는 듯 보인다. 하지만 그 차이는 대개 분업의 '원인'이라기보다는 '결과'이다. 예를 들어 철학자와 평범한 운반업자의 성격은 서로 전혀 달라 보이는데, 실은 이 차이도 천부적인 게 아니다. 그것은 관습이나 풍습이나 교육의 차이에서 발생한다."

이는 《국부론》의 분업에 관한 부분에서 인용한 말이다. 여기서 스미스는, 인간의 능력이나 성격 차이는 천부적이라기보다도 후천적인 것이라고 지적했다. 즉 습관, 풍습, 교육, 직업 등에서 차이가 발생한다는 것이다. 그 주장을 요약하자면 다음과 같다.

"인간은 태어날 때부터 똑똑하거나 어리석은 게 아니다. 또 천부적으로 덕이 있거나 품성이 나쁜 것도 아니다. 그런 차이가 발생하는 까닭은 습관, 풍습, 교육, 직업 등 환경이 다르기 때문이다."

이처럼 능력이나 성격 차이의 생득적 성질을 부정하는 인간관은, 갓 태어난 인간은 마치 백지와도 같다는 로크의 인간관과 비슷하다. 이런 인간관은 다음의 중요한 인식 3가지를 낳는다.

첫째, 모든 인간은 근본적으로 평등하다.

둘째, 인간은 지적으로나 도덕적으로나 변할 수 있다.

셋째, 자연적·사회적 환경은 인간에게 매우 중요하다.

스미스는 성선설이나 성악설 등 고정적 인간관과는 무관했다. 그는 인간을, 여러 가지 가능성을 지닌 존재라고 보았다. 모든 인간은 지적으로나 도덕적으로나 성장할 수도 타락할 수도 있다는 것이다. 따라서 당시 스코틀랜드 계몽사상가들이 가지고 있던 '계몽적 엘리트주의'와 '대중을 무시하는 태도'는, 스미스에게선 찾아볼 수 없다. 나중에 살펴보겠지만 스미스가 생각하는 대중은 성장할 수 있는 존재이다. 그리고 스미스의 양심에 따르자면, 그는 자신을 철저하게 대중의 일원으로서 다뤄야 했다. 따라서 그는 '엘리트주의'나 '대중 무시'와 결별해야 했다.

사실 이것이야말로 스미스가 고유의 경제학을 만들어 낼 수 있었던 근본 요인이었다. 일반적으로 스미스는 경제학의 아버지라 불린다. 여기서 나는 '고유'라는 말을 일부러 사용했는데, 그 까닭은 스미스 이전에도 중상주의나 중농주의 등 경제학 비슷한 것이 존재했기 때문이다. 그런 것들과 스미스 경제학의 차이점 및 의의에 대해서는 나중에 알아보겠다.

이미 살펴봤듯이 스미스는 인간을 '자기 안전이나 이익을 우선시하는 이기적 존재'로 보았다. 하지만 스미스는 인간의 이기적인 성격을 악하다고 보지 않았다. 이것이 그와 맨더빌의 차이점이었다. 이기심은 인간에게 주어진 자연적 본성이므로, 이기심에서 비롯된 행위 자체는 덕도 악덕도 아니라는 것이다. 다만 스미스는 다음 사실을 인정했다. 이기심은 자기 환경을 개선하려는 욕구를 낳아 인간으로 하여금 노력하게 만드는데, 이런 노력이 어떤 제도적 조건과 결합해서 사회적 해악을 초래하기도 한다는 사실을.

예컨대 스미스는 《국부론》에서 동인도 회사의 인도 통치를 논할 때, 동인도 회사 사람들의 난잡한 행위나 수탈을 비판한 뒤 이렇게 말했다.

"내가 규탄하는 대상은 통치제도와, 그들의 지위뿐이다. 나는 그 안에서 행동한 사람들의 인격을 규탄할 맘은 없다. 그들은 저마다의 지위가 지시하는 바에 따라 자연스럽게 행동한 것에 불과하다. 그들에게 비난을 퍼붓는 사람들도 막상 그 상황에 처하면 거의 비슷한 행동밖에 못할 것이다."

가정이 평화로울 때에는 상냥하고 좋은 남편이자 아버지인 사람도, 전쟁터에서는 자신을 지키기 위해서나 공포심에 사로잡혀서 잔혹한 일을 저지를 수 있다. 그러므로 사람을 그런 상황으로 몰아넣지 않는 것이 중요하다. 이런 논리는 위에서 살펴본 스미스의 논리와 일맥상통한다. 사람들이 각자의 이익을 추구하며 살아가도 사회적 해악이 발생하지 않는 평화로운 인간관계의 형태, 더 나아가 그런 사회 및 국가의 형태, 그것이야말로 스미스가 탐구하려 했던 대상이다.

2. 사회형성 원리

사회형성론의 발전

홉스나 로크의 사회계약론은, 신께서 사회 질서나 국가 권력을 부여하셨다는 사고방식을 완전히 뒤집는 이론이었다. 이것은 민주주의 사상의 발전을 크게 도운 획기적인 학설이었다. 하지만 사회계약론에도 문제는 있었다. 앞서 지적했듯이 사회계약이란 경험적으로 검증할 수 없는 '이론적 허구'인 것이다. 18세기 들어 사람들의 사고방식이 좀 더 경험적·실증적으로 변하자, 사회계약론은 점점 비판을 받게 되었다. 이때 사회계약설에서 벗어나려는 시도를 최초로 한 인물이 샤프츠버리이다. 그는 "인간은 도덕감각에 따라 스스로 사회를 만든다"라고 주장했다. 그에게 있어 '국가'란, 전체 질서와의 조화를 목표로 가족→부족→국가라는 과정을 거쳐 발전해 가는 공동체였다. 하지만 같은 도덕감각 학파인 허치슨의 견해는 달랐다. 그는 사회와 국가의 문제를 보다 구체적으로 논했는데, 국가에 관해서는 오히려 로크의 사회계약론에 의존했다. 사회계약론에 최종적으로 결별을 고한 사람은 바로 흄이었다. 그는 경험론이라는 입장을 보다 철저히 관철했다.

흄은 인류애 같은 감정이 애초부터 인간의 마음 속에 존재하지 않는다고 말했다. 그는 이기심을 중심으로 인간을 파악했다. 그러나 그는 이렇게도 말했다.

"인간은 이기적이다. 하지만 타인에 대한 애정이 전혀 없는 사람은 없다. 도덕감각은 이 애정에서 비롯된다."

이런 자연스러운 애정은 육친이나 친구 등 좁은 범위에서만 작용한다. 따라서 그 자체는 사회형성 원리가 될 수 없다. 하지만 흄은 이 자연스러운 애정이 부족하고 이기심이 강할수록, 사람들 사이에서 재산 싸움이 발생한다고 말했다. 그러나 사람들은 이윽고 자기 재산을 평화롭게 사용하는 일에 동의한다. 그것이 모두에게 이익을 주기 때문이다. 사람들은 타인의 재산에 손대지 않으려고 스스로를 억제한다. 이것이 습관화되어 인습(convention)으로 굳어진다. 그 결과 사회가 형성된다.

이상이 흄이 주장한 사회형성 과정이다. 즉 사람들 사이에서 경험적으로 형성되는 공통적 '이해 감각'에 바탕을 둔, 습관적 인습이야말로 사회형성 원리라는 것이다.

흄은 도덕감각에 즐거움을 주는 행위를 덕, 불쾌함을 주는 행위를 악덕이라고 했다. 그리고 '효용성'을 즐거움과 불쾌감의 근거로 삼았다. 또 모든 인간에게는 타인의 기쁨과 고통을 자기 것처럼 느끼는 공감 능력이 있다고도 말했다. 이 능력이 바로 공통된 이해감각을 낳는다. 더 나아가 흄은, 사회가 성립되면 정의와 불의의 관념이 발생한다고 주장했다. 정의란 타인의 권리—이를테면 소유권—를 침해하지 않고 공공 이익에 보탬을 주는 것이다. 그러나 흄은 사람들이 약해서 눈앞의 이익에 자주 사로잡힌다고 말했다. 그래서 공정함에 반발하고 불의에 빠지기 쉬우며, 모든 사람은 그런 약점을 지니고 있다. 그러므로 사회 질서가 유지되려면, 정의를 준수하는 사람들이 직접적 이익을 얻는 상황이 조성되어야 한다. 흄은 그 일을 하기 위해 만들어진 것이 정부라고 했다. 즉 통치를 분업의 일환으로 본 것이다. 그리고 정부에는 정의를 수행하고, 모든 분쟁의 시비를 가릴 권한이 주어진다.

지금까지 흄의 사상을 살펴봤다. 그는 신이나 사회계약에 의지하지 않고, 사회의 형성 및 정부의 기원을 설명했다. 그러나 흄의 정부는 공공 이익의 증진 임무를 맡고 있으며, 더구나 그 공공 이익은 사람들의 '사적 이익 추구'라는 영역 밖에 존재한다. 따라서 흄의 이론은 아무래도 전체주의에 가깝다. 이는 중상주의 정책을 펼치던 당시의 국가 사정을 반영한 것이리라. 스미스는 인간·사회·국가에 관한 흄의 이론을 바탕으로 경험적인 방법을 보다 강하게 관철했다. 사람들의 사적 이익 추구가 공공 이익으로 연결되는, 억압적이지 않은 사회 및 국가 형태, 스미스는 그 형태를 추구해 나갔다. 이때 출발점이 된 것이 흄의 '공감 이론'이었다.

공감원리

흄은 타인의 기쁨과 고통을 자기 것처럼 느끼는 공감 능력이 모든 인간에게 있다고 주장했다. 스미스는 이런 공감이 어떻게 성립되는지를 좀 더 깊이 탐구했다. 어떤 사건이 발생했을 때 기뻐하거나 슬퍼하거나 화내거나 하는 사람을 당사자라고 하고, 그걸 보는 사람을 관찰자라 하자. 이때 관찰자가 당사자의 감정을 공유하려면, 관찰자는 상상력을 발휘해 당사자의 입장에 스스로 서봐야 한다. 이것이 스미스의 주장이다. 요컨대 관찰자가 만약 자신이 같은 사건을 겪었을 때 당사자와 마찬가지로 기뻐하거나 슬퍼하거나 화낼 거라고 생각할 경우, 비로소 관찰자는 당사자에게 공감할 수 있는 것이다. 공감은 영어로 sympathy 라고 한다. 이 단어는 사실 '동정'이란 뜻도 지니고 있다. 동정이란 단어는 불행한 사람을 보고 불쌍하게 여기는 뉘앙스를 풍긴다. 하지만 스미스가 사용한 sympathy 에는 동정의 뜻이 전혀 없다. sympathy 란 같은 감정을 공유하는 행위이며, 희로애락이라는 모든 감정을 아우르는 것이다. 스미스는 같은 의미로 fellow-feeling, 즉 '동포 감정'이라는 말도 사용하곤 했다.

그렇다면 왜 인간은 상상력을 발휘해서 타인의 입장이 되어 보려고 노력하는 걸까. 이 물음에 스미스는 다음처럼 대답했다.

"우리가 공감해 주면 당사자는 기뻐한다. 공감이 부족하면 당사자는 상처받는다. 게다가 우리도 그에게 공감하는 데 성공하면 기뻐하고, 실패하면 상처받는다."

즉 공감의 기쁨을 얻으려는 욕구 때문에, 관찰자가 당사자의 입장이 되어보려고 노력한다는 것이다. 그러나 관찰자는 당사자가 겪은 사건을 직접 경험하진 못하므로, 관찰자의 감정은 당사자의 감정보다 아무래도 약하게 마련이다. 따라서 당사자가 감정을 그대로 드러내면 관찰자는 보통 "너무 심한 거 아닌가?"라고 생각한다. 그러면 공감은 이루어지지 않는다. 공감을 얻으려는 당사자의 욕구 역시 만족되지 못한다. 공감을 얻기 위해서는 당사자가 감정을 억제해야 한다. 그래야 관찰자들이 공감할 수 있다. 다시 말해 당사자는 "만약 내가 관찰자 입장이었다면 어디까지 공감할 수 있을까?"라고 냉정하게 자문하면서 상상력을 발휘해야 한다.

'공감'은 기본적으로 당사자와 관찰자가 서로 입장을 바꿔 생각함으로써 성립된다. 하지만 스미스의 주장에 의하면, 관찰자가 당사자의 감정과 그에 따른 행동을 그럴듯하다고 인정할 때 비로소 공감이 이루어진다. 즉 공감은, 행위를 인정하는 원리인 것이다. 그리고 모든 사람은 상황에 따라 당사자도 되고 관찰자도 된다.

공평한 관찰자의 시선

그런데 당사자가 감정을 얼마나 억제해야 관찰자가 그에게 공감할 수 있을까. 그 대답은 당사자와 관찰자가 어떤 관계냐에 따라 달라진다. 관찰자가 당사자의 가족이나 친구일 때보다는 그냥 아는 사람일 때, 당사자는 자신을 억제하려고 더 많이 노력해야 한다. 만일 관찰자가 생판 모르는 사람이라면 더욱 큰 노력을 기울여야 할 것이다.

"우리는 친구가 곁에 있을 때보다 그냥 아는 사람이 곁에 있을 때, 더 침착하게 행동하려고 노력한다. 그리고 그냥 아는 사람 앞에서보다는 모르는 사람들 앞에서 더욱 그렇게 행동한다."

스미스는 이 '모르는 사람들'과의 공감을 중시했다. 친구나 가족은 쉽게 당사자의 처지를 이해하고 그를 편드는 법이다. 게다가 당사자도 그들에게 호의를 기대할지 모른다. 그러나 모르는 사람들에게는 이것이 안 통한다. 스미스는 편파성이나 기대감과는 전혀 무관계한 모르는 사람의 시선, 즉 세간의 시선이야말로 공평한 관찰자의 시선이라고 말했다. 또 그는 당사자가 그런 시선으로 자기 자신의 감정 및 행동을 살펴봐야 한다고 주장했다. 스미스의 이런 생각이 가장 잘 드러나 있는 《도덕감정론》의 일부를 여기 소개하겠다.

"우리가 스스로를 보는 자연스러운 시선보다는, 타인이 우리를 보는 자연스러운 시선에 따라 자신을 살펴봐야 한다. (중략) 다른 사람들이 자신을 어떻게 볼지 생각하라. 그런 태도로 자신을 살펴보면, 내가 남보다 특별할 게 없다는 사실을 깨달을 수 있다. 결국 나도 대중의 한 사람에 불과한 것이다. 만약 어떤 사람이, 공평한 관찰자가 받아들일 만한 원리에 따라 행동하고자 한다면 어떨까. 그는 자애심(自愛心)과 자존심을 잠시 버리고, 자신의 감정 및 행동 수준을 타인이 이해할 수 있는 정도까지 떨어뜨려야 한다. 그러면 다른 사람들은 관대한 마음으로 그를 이해할 것이다. 그가 자기 행복을 다른 누구의 행복보다 더 우선시하고, 자신의 행복을 얻기 위해 최선을 다한들 아무도 뭐라 하지 않을 것이다. (중략) 사람은 재산과 명예와 지위를 둘러싼 경쟁에서, 다른 모든 경쟁자들보다 앞서기 위해 온갖 노력을 할 수 있다. 또 온 신경과 근육을 사용할 수도 있다. 하지만 그가 만약 다른 경쟁자들 중 누군가를 밀치거나 때리거나 한다면, 관찰자들은 관대한 마음을 버릴 것이다. 그것은 정당한 대결이 아니기 때문이다."

스미스가 "이기심을 자유롭게 추구해야 한다"라고 주장했다는 설이 종종 등장한다. 그러나 스미스는 이기심의 자유로운 추구에 전제 조건을 달았다. 바로 공평한 관찰자의 시선—세간의 눈—이 허용하는 한도를 벗어나선 안 된다는 것이다. 모든 사람은 결국 대중의 일원이다. 대중의 일원으로서의 특권만 가지고 만족해야 한다. 그 이상을 바라는 것은 오만한 이기심이다.

사회 법칙과 개인의 양심

스미스는 모르는 사람들과의 공감을 중시했다. 왜냐하면 근대사회는 혈연이나 지연으로 묶인 공동체가 아니기 때문이다. 사람들은 좀 더 유리한 직업을 찾아 끊임없이 이동한다. 따라서 우리는 전혀 모르는 사람들과 관계를 맺어야 한다. 즉 근대사회는 모르는 사람들로 이루어진 것이다. 그러나 모르는 사람들의 입장, 즉 공평한 관찰자의 입장이 되어 보는 것은 퍽 어려운 일이다. 공평한 관찰자의 입장에 서려면, 행위자는 일방적인 상상력을 발휘해야만 한다. 따라서 행위자는 감정의 강도를 잘못 판단할 수도 있다. 스미스는 이 약점을 다음 방법으로 극복할 수 있다고 말했다.

"다른 사람들의 행위를 계속 관찰해라. 그것이 우리를 자연스럽게 인도해 줄 것이다. 그 결과 무엇을 해도 되고 또 무엇을 삼가야 할지에 대한 일반적 규칙이 형성된다."

사람들은 상황에 따라 당사자도 되고 관찰자도 된다. 그리고 그때마다 다른 사람들과 공감을 형성해 나간다. 이 과정에서 우리는, 어떤 상황에서 어떤 행동이 공감을 이끌어 내는지 경험적으로 깨닫는다. 그리고 다른 사람들의 행동을 지속적으로 관찰하는 동안, 어떤 행위에 사람들이 일반적으로 혐오감 또는 호의를 표시하는지 알게 된다. 이리하여 자연스럽게 도덕성에 관한 일반적 규칙이 우리 내부에 형성된다.

한편 스미스는 "사람들은 자기 행동을 스스로 심판하는 양심을 형성해 나간다"라고도 말했다. 처음에는 그 어떤 사람도 자신의 행동을 심판하지 못한다. 스스로는 그게 옳은지 그른지 잘 모르는 것이다. 자기 행동이 상황에 적절했는지 여부는, 세간의 반응을 보았을 때 비로소 알 수 있다. 세간이란 말하자면 개인의 행동을 비추는 거울이다. 개인은 그 거울을 통해 자기 행동을 파악한다. 그리고 점점 자기 행동의 적절성을 스스로 판단할 수 있게 된다. 스미스가 말하는 '양심'이란, 개인의 가슴 속에 스며든 공평한 관찰자의 시선이다.

우리는 지금까지, 모르는 사람들로 구성된 '세간 시선'이 곧 공평한 관찰자의 시선이라고 말해 왔다. 하지만 스미스는 새로운 사실을, 세간의 시선이 늘 공평한 관찰자의 시선이지만은 않다는 사실을 깨달았다. 세상에는 편견이 가득 차 있다. 그래서 개인적인 양심과 여론이 대립하는 경우도 있다. 여론과 대립할 때 개인을 지탱해 주는 존재가 양심이다. 따라서 스미스는 《도덕감정론》제2판(1761년 간행)에서 여론을 하급법원, 양심을 상급법원으로 구별했다. 하지만 그는 양심이 폭주하는 일을 경계하여 이렇게 못박아 두었다.

"상급법원의 재판권은 사실 '세간'이라는 하급법원의 권한에서 비롯된 것이다."

스미스는 평등하고 이기적인 일반인들이, 서로 공감하는 가운데 스스로 도덕적 규칙 및 양심을 만들어 내서 사회관계를 형성·유지해 나간다고 설명했다. 이는 정부나 행정기관이 나서서 도덕교육 지침을 제정하는 세상과는 전혀 다른 세계이다. 스미스가 주장한 '공감이론의 세계' 주민들은 매일 자율적인 인간으로 성장한다. 이 세계에는 '능숙한 관리'를 실시하는 정치가(맨더빌)도, 공공의 이익을 운운하는 정치가(도덕감각 학파)도 필요 없다. 이처럼 스미스의 자유주의는 자율적인 인간상에 바탕을 두고 있다.

3. 부와 도덕과 법

계층적인 사회 안에서

스미스가 당사자와 관찰자 입장의 상호교환에 의한 공감 성립으로부터 사회의 형성과 유지를 설명할 수 있었던 것은 상품교환 관계의 발전 속에서 독립심 강한 신중한 사람들이 성장해 왔기 때문이었다. 나중에 보듯이, 스미스는 상품교환의 발전에 그러한 사람들을 만들어 내는 작용이 있다고 보았다. 하지만 그 무렵 영국에서는 스미스가 기대하는 자율적인 사람들은 소수파에 지나지 않았다. 정치세계에서는 매수가 예사였고 종교세계에서는 편견과 차별이 여전히 강했으며 경제세계에서는 중상주의 정책 아래서 특권적 상공업자가 위세를 뽐냈다. 주로 특권을 갖지 않는 신흥 상공업자에 많은 독립심 강한 신중한 사람들은 이러한 낡은 관계와 싸우면서 성장해 가야 했으며, 그런 사정이 스미스에게 양심과 여론의 대립 문제를 깨닫게 했다.

그런데 스미스는 처음에 보았듯이 인간을 본질적으로 평등하다고 파악했으나, 현실에는 사람들 사이에 부와 지위와 명예 면에서 차이가 있고 역사적 현실로서의 사회에는 계층적인 질서가 있음을 시야에 넣고 있었다. 사람들은 그런 계층적인 사회 안에서 부와 지위와 명예를 원해서 서로 경쟁한다. 부와 지위와 명예 속에서 스미스는 부에 중심적인 위치를 주었다.

어째서 부를 원하는가?

스미스는 '건강하고 부채가 없으며 양심에 거리낄 일이 없는 사람의 행복에 무엇을 더할 수가 있을까?'라고 썼다. 이것은 스트레스와 과로로 건강을 해치고 각종 대부금에 신음하는 현재의 많은 사람들에게는 부러운 상태지만, 스미스는 이 정도 행복이라면 하층 노동자의 임금으로도 달성할 수 있다고 한다. 그럼 왜 사람들은 그 이상으로 부를 추구할까? 스미스는 그 이유를 다음과 같이 설명한다.

인류는 슬픔에 대해서보다는 기쁨에 공감하기 쉬운 경향을 갖고 있기 때문에 사람들은 자신의 부유함을 과시하고 가난함을 감춘다. 누구나 자신의 어려움을 사람들 앞에 드러내야 하는 것을 분하게 생각하며 아무도 자신의 괴로움의 반도 이해해 주지 않는다고 느끼는 것이다. 사람들이 '부유를 추구하고 빈곤을 꺼리는 것은 주로 인류의 여러 감정에 대한 이 고려에서이다' 즉, 부가 가져오는 안락이나 쾌락도 그렇지만 많은 사람들에게 인정받고 싶어서 사람들은 부를 추구한다고 스미스는 말한다. 이 경우 부는 사람들의 허영심을 충족시키는 수단이다. 부를 획득하려면 수단이 필요한데, 보다 효율적으로 부를 획득하기 위해 수단을 마련해 가는 동안에 사람들은 부를 획득하는 것 자체가 목적인 것처럼 생각하기 시작한다. 다시 말해 수단의 목적으로의 변환인데, 스미스는 이 변환을 자연이 인간을 속이는 것이지만 좋은 것이라고 해서 다음과 같이 말한다.

'인류의 근면을 불러일으켜서 계속적으로 운동을 하게 만드는 것은 이 기만이다. 처음에 그들을 재촉해서 토지를 경작시키고 가옥을 건축시키고 도시와 공공사회를 건설시키고 인간생활을 고귀하고 아름답게 만드는 모든 과학과 기술을 발명, 개량시킨 것은 이것이며, 지구의 표면을 완전히 변화시켜 자연그대로의 황폐한 숲을 쾌적하고 비옥한 평야로 변환시키고 인적미답(人跡未踏)의 불모지인 대양을 생활 자료의 새로운 자원으로 지상 다양한 국민 교통의 커다란 공중도로로 만든 것은 이것이다'

각 개인이 저마다 자신의 부의 획득을 목적으로 행동하는 결과 생산력이 발전해서 사회 전체가 풍족해진다는 것이다. 아무도 사회 전체를 풍족하게 하는 것을 목적으로 행동한 것이 아니므로 이것은 사람들이 의도하지 않은 결과이다. 유명한 '보이지 않는 손'의 인도라고 하는 말은 이 문맥에서 오는 것이다. 스미스는 어떤 결과에 대응하는 목적을 목적원인이라고 부르고, 의도하지 않은 결과를 만들어 내는 원인을 작용원인이라고 불러 구별했다. 작용원인은 사람들의 의도가 아니므로 그 구명은 사회 구조의 객관적 분석밖에는 없다. 스미스가 작용원인을 목적원인으로부터 구별한 것은 스미스가 경제학 연구로 향하는 것을 거의 필연으로 생각한 것이다.

부와 계층질서

나아가 스미스는 사람들이 부를 추구하는 근거로서 '인류가 기쁨에 공감하기 쉬운 경향을 갖는다'고 하는 것에서 사람들이 계층질서를 유지하는 것의 근거를 구한다. 스미스에 의하면 대중은 상류 사람들의 생활을 거의 완전한 행복 상태로 생각하기 쉬워서 '그 상태에 있는 사람들의 만족에 대해 어떤 특수한 공감을 느낀다'는 것이다. 사람들은 보통 사람의 불행한 이야기보다 왕자나 공주의 불행한 이야기에 보다 많은 눈물을 흘린다. 민중이 부유한 사람들이나 세력 있는 사람들을 따라가려고 하는 것은 은혜에 대한 기대에서가 아니라 그런 사람들의 경우에 대한 감탄에서라고 스미스는 말한다.

'그들의 은혜는 소수자에게 밖에 미치지 않지만 그들의 행운은 모든 사람의 관심을 끈다. 그들이 그렇게 완전에 가까운 행복 체계를 달성하는 것을 우리는 돕고 싶어하고, 우리는 그들이 고맙게 생각한다는 허영 또는 명예 외에는 아무런 보상도 없이, 그들에게 봉사하고 싶어 한다'

사회 계층질서는 이렇게 유지되지만 스미스는 사회를 실질적으로 움직이는 것은 민중이라고 보며 다음과 같이 썼다. 즉, 상류 사람들은 몸가짐이나 행동으로 사람들을 끌어당기는 것에 만족해서 곤란함이나 곤고함을 동반하는 것에 관계된 마음을 갖지 않으므로 '모든 정부에 있어서, 모든 왕국에 있어서조차 일반적으로 최고의 직무를 손에 쥐고 또한 행정의 모든 상세한 내용을 움직이는 것은 생활상의 중류 또는 하류 신분으로 교육을 받고 자기 자신의 근면과 능력에 의해 두각을 나타내 온 사람들이며, 나면서부터 자신들의 상사인 모든 사람들의 질투심에 시달리며 복수심에 적대시된다고는 해도 변함은 없다' 스미스는 왕정이나 귀족정의 내부를 억세게 헤쳐 나가는 민중의 모습을 보았던 것이다.

하지만 스미스는 경제학 연구를 거친 뒤에 낸 《도덕감정론》 제6판에서 도덕 질서 부패를 논한 1장을 추가해서 부유한 자나 힘있는 자에 감탄하고 가난한 자를 경멸한다는 사회 계층질서를 떠받치는 이 성향은 동시에 도덕감정 부패의 보편적인 원인이기도 하다고 논했다. 그리고 인류의 존경과 감탄을 획득하는 두 가지 길을 구별했다. 즉, '지혜의 연구와 도덕의 실행'이라는 길과 '부와 상류 지위의 획득'이라는 길이다. 사람들은 이 두 가지 길을 종종 혼동하여 '재산으로의 지원자들은 너무나도 종종 덕성으로의 길을 버린다'고 스미스는 말한다. 그럼에도 불구하고 스미스는 다음과 같이도 쓴다.

'중류 및 하류 생활상의 지위에 있어서는 덕성으로의 길과 재산으로의 길, 적어도 그런 지위에 있는 사람들이 획득을 기대해도 타당할 재산으로의 길은 행복하게도……정말로 동일하다. 모든 중류 및 하류 직업에 있어서는 참으로 견고한 직업적 능력이 신중·정의·부동·절제의 행동과 결합하면 성공하지 못하는 일은 좀처럼 없다.……그러한 사람들의 성공은……그들의 이웃과 동년배의 호의와 호평에 의존한다. 그러므로 정직은 가장 좋은 방책이라는 예로부터의 속담은 이러한 경우에 있어서는……늘 완전한 진리로서 타당하게 여겨진다.

스미스가 문제로 한 도덕감정의 부패는 주로 큰 재산을 가진 상류계급의 문제이며 대중이 부를 추구하는 노력은 일반적으로 건전했던 것이다.

도덕과 법의 관련
마지막으로 도덕과 법의 관련에 관한 스미스의 고찰을 살펴보자.

스미스에 의하면 자신의 행복에 대한 관심과 타인의 공감을 얻고 싶어하는 당사자의 입장에서 신중·자기억제·자기부정 등의 덕성이 당사자 입장에 있으려고 하는 관찰자의 입장에서, 관용이나 자애 등 인류애의 덕성이, 그리고 침해에 대한 분개와 처벌에 대하 공감으로부터는 정의의 덕성이 저마다 성장한다. 이들 덕성 가운데, 신중함 등은 자기 자신의 행복에 관계하는 것이지만 자애와 정의는 타인의 행복에 관계하는 것이다. 스미스는 이들 자애와 정의의 성격을 다음과 같이 논한다.

'사회 구성원은 상호 원조를 필요로 하며, 마찬가지로 상호 침해 상태에 있다. 그 필요한 원조가 애정, 감사, 우정과 존경에서, 서로에게 제공되는 경우 그 사회는 번영하고 행복하다.……

하지만 필요한 원조가 그러한 관대하고 이해관계가 없는 여러 동기에서 제공되지 않는다고 해도 그 사회는 행복함과 쾌적함은 뒤떨어지지만 필연적으로 해체하는 일은 없을 것이다. 사회는 다양한 사람들 사이에서 다양한 상인들 사이에서처럼 서로의 애정 또는 애착이 없어도 사회에 대한 효용의 감각에서 존립할 수 있다.……

하지만 사회는 서로에게 해를 주고 침해를 해도 언제라도 대기하고 있는 사람들 사이에서는 존립할 수 없다.……그러므로 자애는 정의보다도 사회의 존재에 있어서 불가결하지 않다.……그것은 건물을 아름답게 하는 장식이지, 건물을 떠받치는 토대가 아니며, 따라서 그것은 권장되면 충분하며, 결코 억지로 떠맡길 필요는 없다. 반대로 정의는 큰 건축 전체를 떠받치는 커다란 기둥이다'

이처럼 스미스는 자애는 사회의 장식이므로 강제해야 할 것은 아니지만 정의는 사회의 중심 기둥이므로 그 침범에 대해서는 처벌이 필요하다고 생각한다. 정의라는 것은 생명·신체·재산 등에 대한 침해의 방지이다. 흄이 '공공 이익'의 증진을 정의 안에 넣었던 것에 대해서 스미스는 정의를 침해 방지에 한정한 것에 주의해 두자. 정의는 따라서 법과 통치의 문제일 것이다. 《도덕감정론》에서 인간의 사회관계의 원리적인 고찰을 끝낸 스미스는 이 책의 마지막을 다음과 같이 맺었다.

'나는 또 다른 논술에 있어서 법과 통치의 일반원리에 대해서 및 그것들이 사회의 다양한 시대와 시기에 있어서, 정의에 관한 것만이 아니라, 정치 공공 수입, 군비, 나아가서는 법의 대상인 다른 모든 것에 관한 것이 있어서도 지나

쳐 온 다양한 변혁에 대해서 설명을 부가하도록 노력할 작정이다'

4. 새로운 역사관

2권의 공책

스미스는 1759년에 《도덕감정론》을 냈으나 그 뒤는 도덕철학 강의의 역점을 법학으로 옮겼다. 스미스는 결국은 법학에 관한 저작을 남기지 못했으나 강의에 대해서는 학생이 적은 공책이 2권 발견되어서 그것들에 의해 법학에 관한 스미스의 사색을 어느 정도는 엿볼 수 있다.

2권의 공책 가운데 1권은 1762~63년 강의의 것으로, 이것을 A공책이라고 부르기로 한다. 또 1권은 1763~64년 강의의 것으로 추정되며, 이것을 B공책이라고 부른다. B공책은 강의 내용의 매우 뛰어난 요약인데, A공책은 강의를 그대로 필기한 것으로 B공책보다도 훨씬 상세하다. 차이는 그것뿐만이 아니다.

B공책의 강의는 정의·정치·국가수입·군비, 국제법순으로 이루어지며, 정의 부분에 대해서는 공법·가족법·사법순으로 이루어진다. A공책 쪽은 정치에 관한 강의의 중간까지밖에 없으며 정의에 관한 강의의 순서가 사법·가족법·공법으로, B공책과는 거꾸로 되어 있다. 정치에 관한 강의의 중간까지밖에 없는 것은 뒷부분이 소실되었기 때문인데, 정의 부분 강의의 순서가 변경된 것에는 일정한 의미가 있다. 즉 스미스의 스승이었던 허치슨의 도덕철학 강의 순서가 A공책과 같다. A공책에서 B공책으로의 변화는 스미스가 법학에 있어서도 허치슨을 넘어서고 있었음을 나타내는 것이다. 앞으로 그 2권의 노트에서 법학에 관한 스미스의 고찰의 특징을 찾아보자.

자연법의 연구

우선 스미스는 자신이 연구하려고 하는 법학의 성격을 다음과 같이 규정한다. '법학은 그것에 의해 시민정부가 이끌어 가야 하는 모든 규칙의 이론이다. 그것은 다른 나라들에 있어서 통치조직의 기초를 밝히고 그것들이 얼마만큼 이성에 기반하고 있는지를 나타내려고 시도한다'(A공책), '법학이란 모든 국민의 법 기초가 되어야 할 일반적인 여러 원리를 연구하는 과학이다'(B공책).

보이는 것처럼 스미스의 법학은 인간이 작성한 실정법의 연구가 아니라 그것들이 의거해야 할 일반적인 여러 원리, 즉 자연법의 연구이다. '실정법의 여러 체계는 다양한 시대와 국민에 있어서 인류의 여러 감정의 기록으로서 가장 큰 권위에 위치한다고는 해도……자연적 정의의 여러 규칙의 정확한 체계'《도덕감정론》)라고 간주할 수는 없다.

다음으로 스미스는 법의 4대 목적은 정의·정치·국가수입 및 군비지만, 이들 4개 가운데 침해로부터의 방지를 목적으로 하는 정의가 시민정부의 기초라고 한다. '정치의 목적은 여러 상품의 저렴한 가격, 공공의 안녕, 청결이다' 하지만 이것들은 정의의 실현을 전제로 하기 때문이다. 즉 스미스의 법학 중심은 정의론인 것이다.

스미스는 정의를 3개 시점에서 고찰한다. 즉 인간으로서 누리는 여러 권리와 가족의 일원으로서 누리는 여러 권리, 국가의 일원으로서 누리는 여러 권리의 침해 방지이다. 인간으로서 누리는 여러 권리는 신체·명예·재산을 둘러싼 것이다. 가족 일원으로서 누리는 여러 권리란 남편이나 아내로서, 아버지나 어머니로서, 자식으로서 누리는 여러 권리이다. 국가 일원으로서 누리는 여러 권리는 압정(壓政)이나 저항을 둘러싼 여러 권리이다. 이들 3개의 시점 가운데 인간으로서 누리는 여러 권리의 시점이 가장 기초적이다. 이들 3개의 시점에는 사법·가족법·공법을 일단은 대응시킬 수 있으나, 인간으로서 누리는 여러 권리에는 공법(公法)도 깊게 관계된다. 실은 스미스가 B공책에서 정의론의 논술 순서를 변경한 것은 인간으로서 누리는 여러 권리 안의 재산을 둘러싼 권리, 즉 소유권의 특수성을 깨달았기 때문이다. 스미스는 다음과 같이 말한다.

"인간이 그 신체와 명예를 침해로부터 지키는 권리를 가지는 것은 자명하며 그 권리는 자연법이라고 불리는데, 하지만 '소유권 같은 후천적인 권리는 더욱 더 설명이 필요하다. 소유권과 시민정부는 서로에게 의존하는 부분이 크다. 소유권의 유지와 소유권의 불평등이 우선 처음으로 정부를 형성했다. 그리고 소유권의 상태는 늘 정부 형태와 함께 변화함이 틀림없다. 시민법 학자들은 우선 첫째로 정부를 고찰하고 다음으로 소유권 및 다른 여러 권리를 논한다. 그들 외에 이 문제에 대해 쓴 사람은 우선 뒤의 문제부터 시작해서 계속해서 가족 및 시민정부를 고찰한다. 이들 방법에는 저마다 특유의 다양한 장점이 있으나 대체적으로 시민법의 방법이 바람직하다' "

프랑스 혁명 때의 인권선언 등에서는 자연권에 넣고 있는 소유권을 스미스가 자연권에 넣지 않은 것이 주목되지만, 이 논술의 순서 변경에 의해 스미스는 개인의 권리에서 시작하는 사회계약론적 방법에서 한층 멀어져서 경험적이고 역사적인 방법으로 나아갔다고 해도 좋을 것이다. 그 경우, 소유권 상태와 정부 형태와의 깊은 관련을 깨달은 것은 중요하다.

권위의 원리와 공리(公利)의 원리

스미스는 사람들을 정치사회에 들어가게 하는 일반적인 원리로서 권위의 원리와 공리의 원리 2개를 든다. 사람들을 이끌어 위정자에게 복종하도록 하는 첫 번째 원리는 '권위'이며, 두 번째 원리는 '공리'라는 것이다. 첫 번째 원리인 권위에 대해 특정 인물에게 권위를 부여해서 정치적 지도자로 만드는 것은 완력, 정신적 능력, 연령 등의 개인적 자질이나 오래된 가문 등을 생각할 수 있으나 뭐니뭐니해도 커다란 의미를 가진 것은 부(富)라고 스미스는 말한다. 그것은 반드시 부유한 자에 대한 가난한 자의 종속성 때문이 아니라 《도덕감정론》에서도 지적되었듯이 부유한 자에 대한 공감 때문이다. 바로 뒤에 보게 될 내용처럼 스미스는 정부의 발생을 부유한 자가 가난한 자를 경제적으로 의존시키는 것부터 설명한다. 하지만 경제적 종속만으로는 가난한 자가 부유한 자에게서 신체적으로 독립해서 자신의 노동으로 생활하고 있는 근대 정치사회의 존속을 설명할 수 없다.

한편 두 번째 원리인 공리에 대해 스미스는 사람들은 '국가제도에 따라 가장 가난한 자도 가장 부유한 자나 유력한 자에 의한 침해로부터 벗어날 수 있는' 효용을 알고 있어서 다소 불편하더라도 국가제도에 따른다고 말한다. 스미스는 이 경우 사람들의 공리감은 사적인 것이기보다는 공공적인 공리감이라고 한다. 왜냐하면 어떤 사람에게 있어서는 '정부에 복종하지 않고 전복'하는 편이 이익이 되는데도, 그 사람은 대부분의 사람이 자신의 계획을 지지하지 않는 것을 알기 때문에 전체의 이익을 위해서 정부에 복종하는 편이 좋다고 생각하기 때문이다.

스미스는 이러한 권위의 원리와 공리의 원리는 모든 통치에서 공통적으로 작용하고 있으나 '군주정치에 있어서는 주로 권위의 원리가 지배적이고 민주정치에 있어서는 주로 공리의 원리가 지배적이다'고 한다. 다음으로는 통치 형태가 문제가 된다.

통치 형태의 변천

스미스는 정치권력은 입법권, 재판권, 화전(和戰) 결정권을 포함하는 행정권의 3가지로 이루어지는데, 사유재산이 없는 수렵사회에서는 지도자는 전체의 동의 없이는 아무것도 할 수 없었으므로 이들 3개의 권력은 인민 전체에 속해 있었다. 하지만 목축사회가 되면 가축 무리의 사유가 발생해서 재산의 불평등을 가져오고 가난한 자는 부유한 자에 의존하지 않으면 살아갈 수 없게 되어 부유한 자는 가난한 자에게 자선을 베풀되 그 반대급부로 봉사와 종속을 요구하게 된다. 스미스는 이렇게 해서 정규 정부가 발생했다고 한다. 이 경우 부자는 3권을 한 손에 쥐는 수장이며 전제 군주라고 해도 좋다. 그 전제정치에 공화정치가 도입되는지 여부는 스미스에 의하면 그 나라의 산업 발전의 가능성에 의한다. 지리적 상황에서 보아 개량 불능인 타타르나 아라비아에서는 공화정치가 도입될 가능성은 우선 없다. 따라서 그 이후의 정치 형태의 전개 무대는 그리스나 유럽이 된다.

우선 경작이 시작되고 사람들이 정주하게 되면 사유재산은 가축 무리에서 토지로 확대되고 잉여 생산물이 교환된다. 교환은 사람들의 근면을 자극하여 한층 부유를 권장하지만 그렇게 되면 주변 민족의 침략을 불러일으켜, 사람들은 방위를 위한 요새 도시를 만들어 도시생활을 영위한다. 이에 도시국가가 성립하는데 시민이 서서히 풍족해지고 그 부유가 수장 수준에 가까운 자가 나오면 수장은 권위를 잃어 부유한 소수에 의한 귀족정치가 이루어지게 된다. 이렇게 해서 군주정은 공화정으로 이행한다. 나아가 상공업이 발달하고 부자가 그 부를 종자(從者)를 기르는 데 쓰기보다도 자신의 사치에 쓰게 되어 노예에게 일을 시켜서 여가를 가지게 된 자유민이 늘어나면 귀족정은 공화정의 또하나의 형태인 민주정으로 이행한다. 그런데 부유함은 시민의 상식의 정신을 쇠약해지게 만들어, 군비를 용병이나 해방노예에 의존시키게 된다. 여기에서 일종의 상비군이 발생하고 그 군사 지도자가 힘을 얻어 군사적 군주정을 성립시키는 일이 발생한다. 정복에 의해 광대한 제국을 쌓은 로마가 결국은 게르만민족의 침입을 허락해서 몰락한 것은 속주에서 미개인을 용병으로 삼고 그 수장에게 강대한 힘을 허락했기 때문이다.

로마제국 몰락 뒤에는 정복과 약탈로 상업은 끊어지고 정복 시의 지도자가 대규모 토지지배자가 되어 지배한다. 그들의 토지는 세금이나 그 밖의 부담이 없기 때문에 자유보유지라고 불린다. 그들은 연공이나 군역을 조건으로 토지를 종사하는 동안에 나누어 주고 다수의 집단을 맡았다. 그들은 끊임없이 세력을 다투고 있어서 그 때문에 강한 자에게 토지를 바쳐서 보호를 받는 관계 등이 발달해 10세기 전후에는 봉건제가 성립했다. 봉건제는 국왕을 정점으로 하는 신분제 사회로 최하층에는 농노가 있었다. 국왕은 있었으나 정치는 일종의 귀족정치였다. 봉건제가 성립해서 어느 정도 평화가 회복되면 상공업이 발전해서 도시가 생긴다. 상공업자는 조합을 결성해서 차츰 자유를 확보하고 도시의 자치권을 확립해 갔다. 국왕은 귀족의 힘을 약하게 하기 위해서 도시 자유의 성장에 힘을 빌려 주었다. 영국에서는 도시민은 13세기 말에는 기사계급과 함께 의회에 대표를 보낼 수 있을 정도까지 성장했다. 한편, 귀족은 상공업의 발전에 따라 그 재산을 가정적 사치에 쓰게 되어 무리를 해고하고 정치적 권위를 잃었다. 반대로 국왕은 권력을 증대시켜 이에 절대왕정이 성립한다.

영국의 절대왕정은 헨리 7세부터 헨리 8세 무렵에 확립하는데 그것은 중앙집권적인 정치이므로 그 이전에 비해서 왕실 재정을 불어나게 한다. 인기에 신경 썼던 엘리자베스 1세는 백성에게 세금을 부과하는 데 욕심을 내지 않고 필요한 경비를 왕령지 매각으로 마련했다. 따라서 그녀의 후계자들은 추가 경비가 필요해졌을 때는 의회에 호소해야만 했다. 그 경우 국민 전체를 대표했던 평민원(平民院)은 '어느 정도 국왕의 특권을 침해하지 않고서는' 국왕의 요구를 받아들이지 않았다. 이렇게 해서 의회에 있어서 언론의 자유나 입법권이 확립되었다. 영국은 정치·귀족정·민주정의 혼합정체의 나라지만 특히 명예혁명 뒤에는 왕실 경비를 완전히 평민원에 의존하게 된 것이 자유 보장의 한 가지가 되었다. 그 밖에 오늘날에는 재판관이 종신관으로서 국왕에게서 독립한 것, 국왕의 대신들에 대해서 평민원이 실정탄핵권을 가진 것, 인신보호법, 선거 방법에 대한 판단 권한을 평민원이 가진 것 등이 영국의 자유 보장이 되었다. 스미스는 국민에게 저항권이 있음을 인정한다.

발전 4단계설

이상과 같이 스미스는 소유권 내지 재산 상태와 정치 본연의 모습과의 연관성을 역사적으로 고찰했다. 정치 형태를 재산 상태와의 관련에서 고찰한 사람으로 이미 17세기에 제임스 해링턴이 있다. 하지만 해링턴이 문제로 삼은 재산 상태는 주로 토지소유 상태였다. 그에 비해 스미스는 가축·토지·상품·화폐 등 모든 형태의 재산 내지 부의 상태와 정치의 관련을 문제로 삼았다. 따라서 스미스는 그 사회의 주요한 산업이 무엇인지 그것이 어떤 상태인지를 역사적으로 고찰했다. 그리고 인류사회는 물론 예외는 있지만 대체적으로 수렵→목축→농업→상업의 4단계를 거쳐 발전해 왔다는 새로운 역사관에 도달했다. 스미스가 이 발전 4단계설에 도달한 시기를 좀 더 빠른 시기로 추측하는 연구자도 있으나 증거는 없다. 다만 수렵→목축→농업이라는 단계적으로 발전해 왔다는 단계설적 사고 방식은 이미 나와 있다. 예를 들어 1758년에 나온 케임스 경의 《역사적 법률론집》에서는 그런 사고 방식을 볼 수 있다. 하지만 스미스 역사관에서 결정적으로 중요한 점은 농업단계의 다음 단계를 상업단계라고 파악한 점이다. 인류가 지금 도달하려는 단계를 분업이 전면 개화한 상업사회로 파악한 것이다. 스미스는 역사의 새로운 단계인 상업사회가 인류에게 있어서 어떤 의미를 지니는지, 그 자연적인 모습은 어떠한 것이며 그것을 왜곡하는 것이 무엇인지를 문제로 삼았다. 《국부론》은 이들 문제에 전면적으로 답하려 한 것이었다.

끝으로 법학 강의에서 스미스가 상공업의 발전을 어떻게 보아 왔는지를 살펴보자. 스미스는 런던과 파리를 비교해서 정치에 관한 여러 규칙이 훨씬 많은 파리에서 런던보다도 범죄가 많은 것은 귀족이 식객을 많이 거느리는 봉건적 풍습이 여전히 파리에서 뿌리가 깊기 때문이라고 하며, 종속만큼 인간을 부패시키는 것은 없다고 한다. 그리고 사람들의 정직을 증진시키는 것은 독립인데 상공업 발전이야말로 이 독립을 가져오는 것이며 범죄를 방지하는 최선의 정치라고 한다. 민중이 상공업에서 독립해서 생활하게 되어 성실한 태도가 전면적으로 고루 미치며 상공업 발전이 늦어진 파리 민중은 런던 민중보다도 훨씬 종속적이며, 같은 이유에서 스코틀랜드 민중은 잉글랜드 민중보다도 종속적이라고 본다.

이처럼 스미스는 상공업 발전이 민중의 생활 양식과 의식을 바꿔 민중을 성장시킨다고 보았으나, 그 부정적인 효과도 간과하지는 않았다. 스미스가 지적하는 것은 3가지 점이다. 첫 번째는 분업이 사람들의 시야를 좁혀서 우둔하게 한다는 점이다. 두 번째는 분업이 일을 단순한 작업으로 분해했기 때문에 어린아이들도 할 수 있는 일이 되어 사람들은 일찍부터 아이들에게 일을 시키고 교육을 무시하게 되었다는 점이다. 아이들이 교육을 받지 않고 성장했을 때 '자신을 위로하는 아무런 사상도 갖지 않는다. 그러므로 그는 일을 하지 않게 되었을 때 술과 헛된 놀음에 빠진다'는 점이다. 세 번째는 상무(尙武) 정신의 소멸이다.

마르크스는 애덤 퍼거슨이 1767년에 낸《시민 사회사론》에서 퍼거슨이 분업의 부정적인 효과를 지적한 것을 읽고, 퍼거슨을 스미스의 스승으로 불렀으나, 그보다도 몇 년 전 강의에서 스미스는 이미 그것을 지적했다.

5. 상업사회

중상주의 정책 비판

스미스는 상업사회로의 이행이 인간을 신분적 종속에서 해방해서 독립시키고 성실한 태도를 널리 퍼뜨려 인간생활을 풍요하게 만든다고 생각해서 환영했다. 그 부정적인 면은 뒤에 보겠지만 정책적으로 교정이 가능했다. 그것보다도 스미스에게 있어서 문제는 상업사회의 자연적인 발전을 왜곡하고 그것을 억압적인 것으로 만드는 중상주의 정책이었다. 스미스는《국부론》에서 자연적인 자유 체계라고 부르는 상업사회의 자연적인 모습을 탐색하면서 중상주의 사고 방식과 정책을 기초에서부터 비판했다.

명예혁명 이후 본격적으로 취해지게 된 중상주의 정책은 무역통제 정책을 중심으로 한 자국 산업보호 정책이었다. 그것은 중점을 완성품 수출산업에 두고 완성품 수입을 억제해서 국내 시장 독점을 도모했다. 한편으로 수출상품의 생산비를 낮게 억제하기 때문에 원료에 대해서는 수출을 막고 수입을 자유화하고 노동자에 대해서는 저임금 정책을 취했다. 대외적으로는 식민지 확산 정책을 취해 종종 전쟁에 휩쓸렸다. 스미스가《도덕감정론》을 쓰고 있었을 때, 영국은 미국 식민지를 둘러싸고 프랑스와 사투를 벌이고 있었다. 전쟁에는 이겼으나 이미 보았듯이 전쟁비용 때문에 공채(公債) 누적이 거액에 달해 국민의 어깨를 무거운 세금이 되어 짓눌러 와서 정부는 그 일부를 미국 식민지 사람들에게 대신 떠맡기려고 해서 반발을 불렀다. 정부는 식민지 사람들의 불만을 힘으로 억누르려고 했다. 이미 보았듯이 스미스는 《국부론》에서 그 어리석음을 지적한다. 또한 중상주의 정책은 밀수를 늘려 그 단속이 시민생활을 숨막히게 만들었다. 왜 이런 억압적인 정책이 취해져 왔을까?

중상주의 정책은 수출과 수입의 차를 가능한 한 크게 해서 그 차액을 귀금속으로 유입시키려고 했다. 중상주의자가 귀금속 유입을 문제삼은 것은 그것이 정책 효과를 가늠하는 척도였기 때문이며, 또한 상품생산 증대에 의해 증대하는 유통수단으로서의 화폐나 화폐자본의 수요를 채우려고 했기 때문이다. 가능한 한 많은 귀금속, 즉 화폐를 얻으려는 것은, 부유해지는 것은 부자가 되는 것이라는 통속적인 '상식'과도 합치했다. 스미스는 우선 그곳에서 문제를 보기 시작한 것이다.

참된 부(富)

스미스는 부(富) 개념의 코페르니쿠스적 전환을 이루었다고들 한다. 스미스는 참된 부는 돈이 아니라 생활필수품이나 편의품 등 노동 생산물이라고 생각했다. 돈은 그 자체로는 아무런 인간의 욕망도 필요도 채워 주지 않는다. 돈으로 식료나 의복 등을 구입해야 비로소 우리들은 욕망이나 필요를 채울 수가 있는 것이다. 생활필수품이나 편의품이 풍부하게 시장에 있어야 비로소 돈을 갖는 것에 의미가 생긴다. 그래서 스미스는 생활필수품이나 편의품 등 노동 생산물이야말로 참된 부이며 돈, 즉 화폐는 단순한 유통수단에 지나지 않는다고 생각했다.

부의 개념을 화폐에서 노동 생산물로 바꿈으로써 스미스는 사람들의 경제를 보는 눈을 유통과정에서 생산과정으로 전환시켰다. 그리고 그렇게 함으로써 '한 쪽의 이익은 다른 한 쪽의 손실'이라고 하며 유통과정에 있어서의 수탈을 당연시하는 상업관에서 등가교환에 기초한 상업으로 상업관의 전환을 가능하게 했다. 상업은 싸게 사서 비싸게 파는 것으로 이익을 얻으므로 거기에 이윤의 원천이 있는 것처럼 보여 부등가교환이 당연하게 여겨진다. 하지만 사실은 그것은 생산과정에서 만들어진 잉여가치(상품의 가치에서 그 상품을 생산하는 데 사용한 생산수단의 가치와 노동자에게 지불한 임금을 뺀 잉여)를 생산과정을 떠맡은 산업자본과 유통과정을 담당하는 상업자본이 서로 나누는데 지나지 않는다. 과정을 전체로 보면 상품은 가치대로 판매되고 따라서 등가교환이 이루어지고 있는 것이다. 스미스는 이윤과 구별해서 잉여가치를 파악하지 못했고 따라서 이 산업이윤과 상업이윤의 관계를 바르게 설명했다고는 할 수 없으나 이윤의 원천을 생산과정에서 구해 등가교환을 전제해서 논의를 진행시키고 있는 것은 틀림이 없다.

한편, 스미스는 참된 부는 생활필수품과 편의품 등 노동 생산물이므로 그것들이 풍부하게 공급되는지 여부는 다음의 2가지 사정에 의한다고 한다. 첫 번째는 국민의 노동이 이루어질 때의 숙련·기능·판단력이며, 두 번째는 노동력 인구 가운데 생산적 노동에 종사하는 사람들의 비율이다. 스미스는 이들 2가지 사정 가운데 첫 번째 쪽을 보다 중시한다. 그리고 미개사회와 문명사회를 비교해서 다음과 같이 말한다. 미개사회에는 일할 수 있는 사람은 모두 일을 하고 있는데도 매우 가난해서 허약한 자를 방기하거나 굶어죽게 하고 있으나, 문명사회에서는 다수의 사람이 전혀 노동을 하지 않으면서 일하는 사람의 몇 배나 되는 생산물을 소비하고 있는데도 생산물이 풍부하기 때문에 가장 가난한 층인 노동자도 그 어떤 미개인보다도 많은 생활필수품과 편의품을 향유하고 있다고. 스미스는 미개사회와 문명사회의 이 차이의 원인을 노동 생산력의 차이라고 보고 그 노동 생산력 개량의 원인을 분업의 발달로 보았다.

분업과 기계

스미스는 한 사람의 직공이 핀 제조의 모든 공정을 혼자서 하는 경우에는 하루에 1개의 핀을 만드는 것도 어렵지만, 10명의 직공이 분업 체제로 작업을 한 경우에는 한 사람당 하루에 4,800개나 되는 핀을 만들 수가 있다며 핀 제조공장의 다음과 같은 유명한 예를 들었다.

'한 사람이 철사를 길게 늘이고 다음 사람이 그것을 똑바로 펴고 세 번째 사람이 그것을 자르고 네 번째 사람이 그것을 뾰족하게 만들고 다섯 번째 사람이 머리를 붙이기 위해 그 끝을 깎는다. 머리를 만들려면 2~3개의 다른 작업이 필요하다. 그것을 붙이는 것이 한 가지 독자적인 일이며, 핀을 하얗게 빛나게 하는 것이 또 한 가지 일이다. 그것들을 종이로 싸는 것만으로도 한 가지 일이다. 이렇게 해서 핀을 만든다는 중요한 일이 약 18가지 각각의 작업으로 분할되어 있다……'

핀 제조공장

　그러면 분업은 어떻게 해서 노동 생산력을 끌어올릴까? 스미스는 그 이유를 3가지 지적한다. 첫 번째는 분업이 일을 단순한 작업으로 분해해서 그 단순한 작업을 노동자의 평생 직업으로 함으로써 노동자의 기능을 향상시키기 쉽게 하는 것이며, 두 번째는 어느 일에서부터 다른 일로 옮겨갈 때, 예를 들어 도구를 바꾸거나 해서 보통 잃어버리는 시간을 절약하는 것이며 세 번째는 노동자가 단순한 작업에 종사함으로써 그 작업을 능률적으로 하는 방법을 발견하는 것으로 사고가 향하기 쉽게 해서 도구 개량이나 기계 발명이 이루어지는 것이다. 현대의 우리들은 노동 생산력의 발전이라고 할 때 우선 떠올리는 것이 과학 기술의 발전인데 스미스의 경우 분업이라는 인간 쪽 노동 본연의 모습을 중심으로 생각했던 것에 유의하길 바란다. 기계 등의 발명은 분업의 결과였다.

　그런데 분업에는 작업장 내 분업과 사회적 분업이라는 2종류의 분업이 있다. 핀 제조공장의 예는 작업장 내 분업이지만 사회적 분업은 인간생활에 필요한 여러 가지 것들이나 서비스를 사람들이 다양한 산업 부문이나 직업으로 나누어 생산하고 그것들을 서로 교환해서 사람들이 필요를 충족시키는 상태를 의미한다. 스미스는 이 2가지 분업을 파악하고 있었으나 둘 모두 노동 생산력을 높인다는 점에서 공통성을 지니기 때문에 이론적으로 구별하지 않았다. 하지만 스미스는 사회적 분업 쪽을 보다 본원적으로 보고 있었다. 왜냐하면 스미스는 분업의 발생과 발전을 인간 지혜의 결과가 아니라 인간 본성 안에 내재된 교환 성향의 결과라고 생각했기 때문이다.

　한편 '분업이 한 차례 완전히 확립하면 사람이 자기 자신의 노동 생산력으로 채울 수 있는 것은 그의 욕구 가운데 매우 적은 부분에 지나지 않는다. 그는 자신의 노동 생산물 가운데서 자신의 소비를 웃도는 잉여 부분을 타인의 노동 생산물 중에서 자신이 필요로 하는 부분과 교환함으로써 자기 욕망의 대부분을 채운다. 이렇게 누구나가 교환에 의해 생활을 하며, 바꿔 말하면 어느 정도는 상인이 되는 것이며 사회 자체가 상업사회라고 불리는 게 어울리도록 성장하는 것이다.' 그리고 상업사회에서는 사람들의 '저마다의 재능의 다양한 생산물이 거래되고 교환하는 일반적 성향에 의해 이른바 공동재산이 되고 누구나 거기서부터 다른 사람들의 재능의 생산물 가운데 자신이 필요로 하는 부분을 어느 것이나 살 수 있는 것이다'

이미 보았듯이 스미스는 사람들의 재능의 차이를 후천적인 것으로 보았으나 분업은 사람들 사이에 재능의 차이를 만들어 내고 그 차이를 유용한 것으로 만든다. 상업사회에서는 어떠한 재능도 사회적 분업의 한쪽 끝을 떠맡고 있는 한 동등한 것이며 직업에 귀천은 없는 것이다.

상품교환부터 화폐의 발생으로

상품교환은 물물교환으로 시작했으나 이윽고 화폐가 만들어졌다. 화폐의 발생에 대한 스미스의 설명은 다음과 같다.

'정육점 주인은 그 가게에 자신이 소비하는 이상으로 많은 고기를 가지고 있고, 술집 주인과 빵집 주인은 그 고기의 일부를 저마다 구매하고 싶어한다. 그런데 그들은 저마다의 직업 생산물 외에는 교환에 제공할 것을 갖고 있지 않으며 정육점 주인 쪽은 이미 그들이 당장 필요로 하는 빵과 맥주를 모두 마침 가지고 있다. 이 경우에는……교환은 일어날 수 없다' 이런 불편을 회피하기 위해 '누구나 자신들의 노동 생산물과 교환하는 것을 거부하지 않을 거라고 생각되는 특별한 상품의 일정량을 자신의 근로의 특수한 생산물 외에 수중에 넣어 두어야 하는 방식으로 문제를 처리하려고……노력했음에 틀림없다'

이처럼 스미스에 의하면 화폐는 물물교환의 불편을 회피하기 위해 사람들이 공동으로 만들어 낸 것이다. 역사 안에서는 다양한 것이 화폐로서 사용되었으나 결국 귀금속, 즉 금은으로 결말이 난 것은 금은은 부패하지 않고 분할해도 변질되지 않고 용해에 의해 재결합하기도 쉬워서 '유통 도구'로 적합했기 때문이다. 처음에는 거칠게 만들어진 금속 막대기인 채로 화폐로서 사용된 듯하나 그래서는 일일이 무게를 달거나 순도를 조사하는 큰 불편이 있다. 그래서 일정한 순도의 금·은의 일정량에 공적인 각인을 찍는 주조화폐가 고안되었다.

스미스는 이렇게 발생한 화폐에서 가치척도와 유통수단 이외의 기능을 찾지 못했다. 스미스는 '진정한 부는 화폐가 아니라 노동 생산물'이라고 부의 개념을 바꿈으로써 생산과정으로 눈을 돌려 경제 인식을 심화시킬 수 있었으나 화폐를 경시하게 되어 버렸다. 스미스는 화폐를 '누구나 자신들의 근로 생산물과 교환하는 것을 거부할 리 없다고 생각되는' 특정 상품이라고 파악할 수 있었으나 어째서 누구나 교환을 거부할 리 없는지를 밝혀야 했다. 화폐는 모든 상품가치를 통일적으로 표현하는 일반적 등가물이므로 무엇과도 교환이 가능하며, 따라서 사람들은 화폐를 가지려고 한다. 게다가 질적으로는 무엇과도 교환 가능하지만 양적으로는 제한이 있으므로 될 수 있는 한 많은 화폐를 갖고 싶어하는 정념을 인간에게서 이끌어 낸다. 스미스는 그런 화폐의 본질을 인식할 수 없었던 것이다. 어찌 되었든 화폐가 발생하자 상품가격, 즉 가치는 화폐로 표현되게 된다. 분업의 발전→상품교환의 발전→화폐의 발생이라고 고찰을 진행해 온 스미스는 상품가치와 가격을 고찰해야만 하는 곳에 발을 들여놓았다.

상품가치와 가격

스미스는 상품가치에는 2종류가 있다고 한다. 하나는 인간의 어떠한 필요 내지 욕망을 채워 주는 상품의 성질로 이것을 사용가치라고 한다. 또 하나는 다른 재화를 구매하는 힘으로 이것을 교환가치라고 부른다. 교환가치는 사용가치를 전제로 한다고는 하지만 이 두 가지는 전혀 다른 것으로서, 예를 들어 물은 인간 생활에 빠뜨릴 수 없는 것으로, 사용가치는 매우 크지만 교환가치는 거의 없다. 한편 다이아몬드는 생활필수품도 편의품도 아니어서 사용가치는 거의 없지만 교환가치는 매우 크다. 경제학이 연구대상으로 하는 것은 이 교환가치이다. 그럼 교환가치의 크기는 어떻게 결정될까?

노동 생산물의 교환은 결국 노동의 교환이라고 생각하는 스미스는 '상품의 가치는 그것을……다른 상품과 교환하려는 사람에게는 그 상품으로 그가 구매 또는 지배할 수 있는 노동의 양과 같다'고 한다. 이 문장은 일반적으로 스미스의 지배 노동가치론을 나타낸다고 하지만 《도덕감정론》의 양심론에서 사람은 세간이라는 거울에 비추어서밖에 자신의 모습을 알 수 없다고 논했던 스미스는 상품이 스스로는 자신의 가치를 표현할 수 없다는 것을 깨달았기 때문에 이런 표현을 취한 것이다. 그래서 스미스는 바로 이어서 '따라서 노동은 모든 상품의 교환가치의 참된 척도'라고 쓴 것이다. 가치척도 문제는 가치표현의 문제이다. 스미스의 경우 '상품가치의 크기는 무엇에 의해 규정되는가'라는 가치규정 논의는 그 바로 뒤에 이어진다. '모든 사물의 참된 가격, 모든 사물이 그것을 획득하고 싶어하는 사람에게 정말로 지불하게 것은 그것을 획득할 때의 노력과 수고이다⋯⋯그것들은 일정량의 노동가치를 포함하고 있으며, 그것을 우리들은 그 때에 같은 양의 노동가치를 포함하고 있다고 생각되는 것과 교환하는 것이다. 노동은 모든 것에 대해 지불되는 첫 가격, 즉 본원적인 구매화폐였다.' 이것은 상품가치는 그 상품을 생산하는데 필요로 했던 노동량으로 결정된다는 투하 노동가치론의 사고 방식이다. 스미스의 가치론은 혼란스럽기는 하지만, 이 투하 노동가치론이 기초가 되어 있다.

스미스는 이상과 같이 가치표현과 가치규정의 차이라는 이론적으로 중요한 문제를 깨달으면서 그 입구에 머물렀다. 따라서 스미스는 우선 가치척도의 문제에서 방황을 한다. 스미스는 '노동이 모든 상품의 교환가치의 척도라고는 하지만 그들 상품가치가 평범하게 평가되는 것은 노동에 의해서가 아니다'라고 한다. 그 이유는 노동에는 단순한 노동도 있는가 하면 습득에 오랜 시간이 걸리는 복잡한 노동도 있고, 또 밀도가 높은 노동도 있는가 하면 그렇지 않은 노동도 있으므로 서로 다른 종류의 노동 사이의 양적 비율을 확정하는 것은 어렵기 때문이다. 물물교환의 경우는 시장의 흥정 속에서 일상생활에 불편하지 않을 만큼의 대략적인 등가교환이 이루어지지만, 화폐가 나오면 모든 상품가치는 화폐로 평가되게 된다. 하지만 화폐, 즉 금은은 다른 모든 상품과 마찬가지로 그 가치가 변동하며 '그 자체의 가치가 끊임없이 변동하는 상품은 결코 다른 상품의 정확한 척도일 수가 없다'고 스미스는 말한다. 스미스는 화폐로 평가된 상품가치, 다시 말해서 가격은 명목적인 것에 지나지 않는다고 말하고 싶은 것이다. 그에 대해 '동등한 양의 노동은 언제 어디서라도 노동자에게 있어서는 동등한 가치이다⋯⋯. (같은 양의 노동에 대해서) 그는 늘 자신의 안락, 자유, 행복의 동일한 양을 버려야만 한다. ⋯⋯획득하는 데 많은 노동을 필요로 하는 것은 값이 비싸며⋯아주 적은 노동으로 손에 넣을 수 있는 것은 값이 싸다. 그러므로 노동만이 그것 자신의 가치가 결코 변동하지 않기 때문에⋯⋯모든 상품가치를 평가하고 비교할 수 있는 궁극적이고 참된 표준인 것이다. 노

동은 그들 상품의 실질가격인 것이다.'

여기서 스미스가 가치를 바꾸지 않는 노동이라고 하는 것은 투하노동을 말하는데 '하지만 같은 양의 노동은 노동자에게 있어서는 언제나 같은 가치를 갖는다고 해도 그를 고용하는 사람에게 있어서는 때로는 크고 때로는 작은 가치를 가지는 것처럼 보인다'고 투하노동과 임금을 동일시해 버린다. 스미스는 노동가격에도 화폐량인 명목가격과 그것으로 구매되는 생활 자료의 양인 실질가격이 있다고 하고 이 생활 자료의 가치가 변동하기 때문에 노동가치가 변동하는 것처럼 보인다고 한다.

투하노동가치와 노동력가치의 혼동

지금까지 스미스를 따라 '노동가격'이라는 표현을 써왔으나 정확하게는 노동능력인 노동력과 그 작용인 노동을 구별해야 한다. 노동자가 자본가에게 파는 것은 노동력이기 때문이며 임금은 노동력의 가격이다. 한 사람의 노동자가 하루에 8시간 일하고 원료에 8만 원의 가치를 붙여서 생산물을 생산했다고 하자. 이 8만 원이 투하노동가치이다. 임금은 노동력의 재생산비, 즉 노동자의 생활비이므로 노동자의 하루치 생활비를 4만 원이라고 하면 고용주는 노동자에게 4만 원을 지불하면 된다. 이것이 노동력의 가치이다. 이 경우 투하노동가치와 노동력가치의 차액 4만 원이 잉여가치로서 고용주의 주머니로 들어간다. 스미스는 투하노동가치와 노동력가치를 구별하지 못하고 혼란스럽게 사용했다.

그렇지만 스미스의 경우 역사적·발생사적 고찰이 종종 이론적 혼란을 보충해서 진실을 포착하게 한다. 《국부론》 제1편 제6장의 다음과 같은 논의도 그중 하나이다.

자본축적과 토지점유에 앞서는 초기 미개사회에서는 '노동의 모든 생산물은 노동자에 속하고 어떤 상품을 획득 내지 생산하는 데 보통 사용되는 노동의 양이, 그 상품이 통상구매하고 지배하고 또는 교환되어야 할 노동량을 규제할 수 있는 유일한 사정이다' 그런데 일부 사람들의 손에 자본이 축적되고 다른 사람들이 고용되어 일을 하게 되면 노동자는 그 생산물을 자본소유자와 서로 나누어야 한다. 노동자가 원료에 붙인 가치가 임금과 이윤으로 분해된다. 거기서는 더 이상 '어떤 상품의 획득 또는 생산에 보통 사용되는 노동량은 그 상품이 보통 구매하고 지배하고 또는 교환되어야 할 노동량을 규제할 수 있는 유일한 사정은 아니다' 자본의 이윤 때문에 어떠한 추가량이 주어져야 한다. 또한 '토지가 모두 사유재산이 되어 버리면 지주들은 ……토지의 자연 생산물에 대해서마저 지대를 요구한다. ……그렇게 되면 노동자는……그의 노동이 수집 내지 생산하는 것의 일부를 지주에게 건네줘야 한다. 이 부분이……상품가격에 있어서 제3의 구성 부분을 이룬다……'

이처럼 여기에서도 투하노동가치와 임금을 동일시하는 잘못을 볼 수 있다. 여기에서 스미스가 말하는 초기 미개사회는 자신의 노동으로 얻은 것이 전부 자기 것이 되는 소상품 생산자의 사회라고 해도 좋을 것이다. 거기서는 투하노동량과 지배노동량은 일치한다. 하지만 자본가나 지주가 등장하면 노동자는 그가 생산한 것을 자본가나 지주와 서로 나누어야 한다. 그 경우 스미스는 한편으로는 노동자가 원료에 붙인 가치가 임금과 이윤으로 나뉜다는 올바른 표현을 취하면서 다른 편으로는 투하노동량이 지배노동량을 규제하는 유일한 사정이 아니게 되어, 이윤이나 지대 때문에 어떤 추가가치가 부여되어야 한다고 잘못된 표현을 취하고 있다. 그럼에도 불구하고 계급사회에 있어서 착취의 사실을 파악하고 있는 것이다.

이렇게 노동자·자본가·지주라는 3개 계급이 존재하면 매해 생산물은 임금·이윤·지대의 형태를 취해서 이들 계급에 배분된다. 따라서 스미스는 대부분의 생산물 가치는 임금·이윤·지대로 분배된다고 말하며 이들 셋을 '모든 수입의 본래적 원천'이라고 한다. 이자 등은 그 파생소득이다. 인류가 도달하려했던 상업사회는 사실은 임금노동자·자본가·지주라는 3대 계급으로 이루어지는 사회였으며, 스미스는 새로운 시대의 사회가 그러한 계급사회인 것을 처음으로 파악했던 사상가였다.

6. 3대 계급사회

스미스의 중요한 현실 인식

스미스의 상업사회는 언뜻 보기에 독립 소상품 생산자의 사회인 것처럼 보인다. 하지만 분업 설명의 예로 든 '핀 제조공장'처럼 많은 사람들이 자본가에게 고용되어 일하는 관계, 즉 자본주의 관계가 내포되어 있었던 것이다. 독립

근면과 태만 호가스의 일련의 판화. 주인공이 직물공장의 도제에서 노력하여 런던 시장에까지 출세한다는 이야기. 이 장면은 축하 퍼레이드의 장면.

소상품 생산자의 사회는 자기 노동에 바탕을 둔 소유 사회이다. 자본주의 사회는 타인의 노동의 성과 취득이 인정되는 사회이다. 스미스에게 명확한 '착취'의 의미가 있었다고는 말하기 어렵지만 '초기미개' 사회에서 자본 축적과 토지 소유가 성립한 사회로의 이행을 그림으로써 자기 노동에 바탕을 둔 소유로부터 타인의 노동 취득으로의 변화를 사실상 파악한 것이다.

그러나 그때 스미스는 투하노동량과 노동력의 가치를 혼동했으므로 이윤과 지대를 투하노동량을 넘는 추가가치로 설명해서 가격구성론을 향한 길을 열었다. 가격구성론이라는 것은 우선 임금·이윤·지대가 저마다 독립적으로 결정되고 그것들이 합계되어 상품가격이 결정되는 것으로 자본가가 생산비를 계산하는 경우의 의식에 따른 가격론이라고 할 수 있다. 그에 대해서 우선 상품가격이 결정되고 그것이 임금·이윤·지대로 분해된다는 가격론을 분해가격론이라고 한다. 투하노동가치론의 입장에서는 분해가격론이 올바른 것이 된다. 앞 단락의 끝에서 보았듯이 스미스에게는 분해가격론적인 서술도 있어서 다른 2개의 가격론이 함께 존재한다. 이것은 이론적으로는 모순이지만 스미스의 중요한 현실 인식을 반영한 것이다. 그것은 노동력·자본·토지 저마다에 시장이 성립했던 것의 인식이다. 임금·이윤·지대의 변동과 상품가격의 관련을 스미스는 문제로 삼는다.

자연가격과 시장가격

스미스는 어느 시점에서의 한 사회 또는 지역을 들어 보면 임금·이윤·지대 저마다에 대해서 평균율이 존재한다고 하며 그것을 자연율이라고 부른다. 그리고 어느 상품의 가격이 임금·이윤·지대에 '자연율에 따라서 지불하기에 알맞게 과부족이 없는 경우' 그 가격을 자연가격이라고 부른다.

하지만 상품이 실제로 매매되는 경우의 가격은 시장가격이며 수급관계에서 변동한다. 수요보다도 공급이 크면 시장가격은 자연가격을 밑돈다. 그러면 임금·이윤·지대 중 한 가지가 자연율 이하로 떨어질 수밖에 없다. 그것이 임금이면 노동자가 그 상품의 생산 부문에서 더욱 임금이 높은 부문으로 이동해서 그 상품의 생산량이 저하하고 공급이 감소해서 시장가격은 상승한다. 시장가격이 자연가격 이상으로 상승하면 우선 이윤이 늘어나므로 자본가는 생산을 확대하려고 한다. 노동자 고용도 늘어나므로 임금도 상승할지 모른다. 하지만 생산이 증가하고 공급이 증가하면 그 상품 가격은 상승에서 하강으로 바뀐다. 즉 시장가격이 자연가격을 중심으로 상하로 변동하는 것을 통해 노동력·자본·토지를 다양한 산업 부분 사이에 적절하게 배분해서 사회 전체의 다양한 생산물의 수급 조정이 이루어진다.

스미스는 이상처럼 가격의 자동 조절 작용을 밝히고 그 작용을 막는 3개의 원인을 지적한다. 우연한 사건, 자연적 원인, 행정상의 규제 3가지이다. 우연한 사건이라는 것은 상업상의 비밀에 관한 것으로, 예를 들어 어느 특정 상품의 시장가격이 자연가격 이상으로 뛰어오른 경우 그 상품을 공급하는 자본가는 될 수 있는 한 그 변화를 감추려고 하고, 또한 생산비를 싸게 할 수 있는 신기술을 개발한 경우 될 수 있는 한 그것을 비밀로 해두려는 것 등을 가리킨다. 두 번째인 자연적 원인은 프랑스의 포도농장처럼 '매우 특수한 토양과 위치를 필요로 하기 때문에 어느 큰 나라에서 그 생산에 적합한 모든 토지를 가지고 일을 해도 유효수효를 채우기에 부족한' 경우 등이다. 세 번째인 행정상의 규제는 개인이나 상사회사에 주어진 독립권이나 동업조합의 배타적 특권이나 도제법 등 '경쟁을 소수자로 제한하고 그렇지 않으면 거기에 참가할 수 있는 자를 배척하는' 모든 규칙이다. 이상 3가지의 원인은 어느 것이나 독점 효과를 가지며 시장가격을 자연가격 이상으로 끌어올리는 것이지만, 첫 번째인 영업상의 비밀은 그리 오래 계속되는 것이 아니고 두 번째의 자연적 원인은 어쩔 수 없는 것이다. 나중에 보듯이 스미스의 엄격한 비판은 당연히 세 번째 원인을 향하게 될 것이다.

한편 자연가격 자체는 임금·이윤·지대라는 그 구성 부분 저마다의 자연율과 함께 변동한다. 그들 자연율은 그 사회가 부유를 향해 진보하고 있는 상태인지 정체하고 있는 상태인지 그렇지 않으면 쇠퇴하고 있는 상태인지에 의존한다. 스미스는 이렇게 말하고 다음으로 임금·이윤·지대의 분석에 들어간다.

사람의 도리에 맞는 최저임금

스미스의 임금에 관한 고찰은 주로 《국부론》의 제1편 제8장에서 이루어진다. 거기서 스미스는 '노동 생산물은 노동의 자연적 보수 즉 자연적 임금을 형성한다. 토지점유와 자본축적에 앞서는 사물의 본원적인 상태에 있어서는 노동자의 모든 생산물은 노동자에 속한다'고 쓰기 시작해서 토지소유와 자본축적에 따라 노동자가 생산한 것이 임금·이윤·지대로 나뉘어 가는 과정의 설명을 다시 한 번 되풀이한다. 그리고 이제는 '유럽의 어느 부분에서도 독립한 노동자 한 사람에 대해, 한 사람의 주인 아래서 일하는 노동자는 20명'이라고 고용관계가 넓게 성립한 것을 지적하고 '노동임금이라고 할 때 노동자와 그를 고용하는 자본소유자가 저마다 다른 사람인 경우의 보통 임금을 가리킨다'며 독립한 노동자의 수입과 구별하고 있다.

스미스는 실질임금은 주인과 노동자의 계약에 따라 결정된다고 하지만 양자의 이해는 같지 않다고 대립을 인정한다. 노동자은 임금을 올리려고 하고 주인은 그것을 내리려고 하기 때문이다. 하지만 쟁의가 일어나면 어느 쪽이 이길지는 쉽게 예측할 수 있다고 한다. 수가 적은 주인은 단결하기 쉽고 법률도 그들의 단결을 금지하지 않았으나 노동자 쪽의 단결은 금지하기 때문이며 또한 여유 있는 주인은 오랫동안 쟁의에 견딜 수 있으나 많은 노동자는 일 없이는 일주일도 살 수 없기 때문이다. 그럼에도 불구하고 스미스에 의하면 임금에는 상당한 기간에 걸쳐서 그 이하로는 내릴 수 없는 최저율이라는 것이 있다.

스미스는 임금은 노동자가 가족을 구성하여 다음 세대의 노동자를 육성할 수 있는 것이어야만 한다며 다음과 같은 캉티용의 계산을 예로 들고 있다. 노동자 인구를 유지하기 위해서는 한 쌍의 부부가 평균 2명의 자식을 길러야 하지만 당시는 어린아이의 반은 성인이 되기 전에 사망했으므로 가장 가난한 노동자라 해도 4명의 자식을 키울 각오가 필요하다. 아내도 일을 하지만 아이들의 돌보는 데 노동력이 분배되므로 수입은 자기의 유지비 정도이다. 따라서 남자 노동자의 임금은 자기 유지비의 2배는 필요하다.

이 캉티용의 계산이 타당한지 아닌지는 차치하고, 스미스는 '최저 종류의 노동이 경우에조차, 한 가족을 부양하기 위해 남편과 아내가 함께 노동을 해서 그들 자신의 생활유지에 정확히 필요한 것보다 어느 정도 많이 벌어야 하는 것은 적어도 확실하게 여겨진다'고 하며, 이것을 '보통 사람의 도리에 맞는 최저율'이라고 했다. 또한 스미스의 임금론에서는 아내도 일하는 것이 당연하다고 되어 있는 것에 유의해 두자.

임금의 변동 요인

다음으로 스미스는 어떤 경우에 임금이 이 최저율을 넘어 상승하는지 또는 거꾸로 낙하하는지를 분석한다. 스미스에 의하면 임금의 장기적 변동의 기본적인 요인은 노동력에 대한 수요의 동향이었다. 따라서 임금은 생산의 계속적인 확대가 급속히 이루어지는, 따라서 '가장 급속히 부유해지고 있는 나라들'에서 가장 높으며 생산 축소 경향이 있는 쇠퇴하고 있는 나라들에서는 최저율 이하가 되어 굶어죽는 사람까지 나온다. 스미스는 가장 급속히 부유해지고 있는 나라로서는 미국 식민지를, 정체하고 있는 나라로서는 중국을, 쇠퇴하고 있는 나라로서는 동인도 식민지를 꼽는다. 그리고 미국 식민지와 동인도 식민지의 이 차이를 '북아메리카를 보호하고 통치하는 브리튼의 정치기구 정신과 동인도에서 억압과 권세를 마음껏 누리는 상사회사 정신'의 차이로 본다.

스미스는 영국도 미국 식민지만큼 급속히는 아니지만 부유해지고 있는 비교적 임금이 높은 나라로 본다. 그 경우 스미스는 화폐임금의 상승만이 아니라 생산력의 발전에 동반되는 싼값으로 좋은 품질의 생활필수품과 편의품 공급의 증대를 지적하고 있고, 그렇게 해서 노동자의 생활수준이 상승하는 것을 환영했다. 잘 알려져 있듯이 스미스는 당시 지배적이었던 중상주의자의 저임금론에 대해 고임금론을 주장했다. 임금 인상은 근면을 자극하는 것이며 '임금이 높은 곳에서는 그것이 낮은 곳에서보다도 노동자가 수고를 아끼지 않고 행동이 빠른' 것을 볼 수 있다.

이윤에 대해서

스미스는 이윤 변동도 사회의 부의 전진·정체·쇠퇴 상태에 의존한다고 하지만 그 영향 방향은 임금의 경우와는 반대라고 한다. '자본의 증가는 임금을 상승시키지만 이윤을 낮추는 경향이 있다' 여기서 스미스가 이윤이라고 말하는 것은 사실 투하자본액과 그에 의해 얻어지는 이윤액과의 비율인 이윤율이다. 스미스는 이윤의 파생소득인 이자의 시장이자율이 헨리 8세 시대 이후 저하해 온 것은 이윤율이 저하해 온 증거라고 한다. 그 사이 임금은 상승하고 부는 계속 증가해 왔다. 그럼 자본의 증가는 어째서 이윤율을 저하시키는 걸까? 스미스의 설명은 자본이 증가해서 개발이 진행되면 유리한 투자 면이 적어지고 경쟁이 격화하기 때문이라는 것이었다.

이것은 스미스의 경쟁에 의한 이윤율 저하론이라고 불리는 것이다. 스미스는 북아메리카 식민지에서는 예외적으로 임금과 이윤이 모두 높다는 것을 인정하고 있으나 이 상태는 '영토의 넓이에 비해서 자본이 부족하고 그 자본에 비해서 인구가 부족하다' 잠시 동안의 일에 지나지 않는 것이다. 하지만 스미스는 '큰 자본은 작은 이윤을 가져온다고 해도 일반적으로 큰 이윤을 가져오는 작은 자본보다도 급속히 증대한다'고 하며 이윤율은 저하해도 이윤량은 증대하므로 부유를 향한 전진은 자본가에게 있어서도 결코 나쁜 일은 아니라고 생각한다. 게다가 스미스에 의하면 자연이 허용 한도만큼 모두 개발된 나라는 아니며, 중국처럼 정체 상태에 있는 나라도 오래된 '법률과 제도와 양립하는 한의 부유한 여지만큼을 모두 획득한 것'에 지나지 않아서 법률과 제도를 변혁하면 한층 부유해질 수 있다. 여기에 낡은 사회제도가 생산력 발전을 저해한다는 생산력과 생산관계의 모순이라는 사고 방식의 싹을 간파할 수 있을지도 모른다.

스미스는 동인도 식민지처럼 쇠퇴하고 있는 곳에서는 자본이 감소하고 임금은 저하하지만 이윤과 이자는 상승한다고 말한다. 잔존자본의 소유자는 이전보다도 싸게 노동자를 쓸 수가 있으므로 생산비를 싸게 할 수 있고, 한편 전체로서 자본이 감소해서 공급량이 감소했으므로 시장에서는 높은 가격으로 팔리기 때문이다. 이것이 인도 벼락부자들의 기반이며 이런 곳에서는 '거대한 재산을 갑작스레 쉽게 얻는다'고 스미스는 말한다. 스미스가 동인도 쇠퇴의 원인을 동인도 회사의 억압적인 통치로 본 것은 이미 앞에서 본 바와 같다.

스미스는 부유를 향한 전진은 임금을 올리지만 이윤율을 떨어뜨리므로 상품가격을 상승시켜서 해외에서의 경쟁력을 약하게 하는 일은 없을 거라고 한다. 고임금보다도 고이윤 쪽이 유해하다고 스미스는 주장한다.

지대(地代)에 대해서

스미스는 이제까지 분해가격론의 입장에서도 구성가격론의 입장에서도 지대를 임금이나 이윤과 동등하게 취급해 왔다. 스미스가 지대를 논하는 것은 《국부론》 제1편 제11장인데 여기서 스미스는 '임금과 이윤의 높고 낮음은 가격의 높고 낮음의 원인인데 지대의 높고 낮음은 그 결과'라며 지대의 특수성을 깨닫는다. 이것은 무슨 뜻일까?

농업이건, 광산업이건, 자본주의 사회에서는 이윤을 목적으로 경영된다. 자본가는 이윤이 조금이라도 높은 사업에 자본을 투하하려고 하기 때문에 자유경쟁 아래에서는 평균이윤이 형성된다. 평균이윤을 얻을 수 없으면 자본가는 그 사업에서 자본을 거두어들인다. 따라서 생산물값이 자본가가 노동자에게 임금을 지불해서 평균이윤을 확보하는 수준을 넘은 경우에만 지대를 지불할 수가 있다. 생산물값이 그 수준을 넘을지 여부는 수요에 의존하는 것이다.

이 논의는 구성가격론에 모순되지만 이론적으로는 옳은 것이다. 광산지대를 예로 들어보자. 보다 풍부한 새 광산이 개발되어 보다 싼 비용으로 생산물이 공급되면 그 생산물의 시장가격은 저하하고 뒤처지는 옛 광산에서는 평균이윤 확보도 겨우 될지 모른다. 옛 광산의 자본가는 만약 지주에게 지대를 지불해야만 한다면 광산에서 자본을 거두어들여서 다른 사업에 투자할 것이다. 하지만 스미스는 인간의 식량을 생산하는 농업에서는 인구 증가에 의한 수요의 증가와 함께 경작지가 확대되어 가므로 식량은 언제나 수요가 있으며 농산물 값은 언제나 지대를 지불할 수 있는 수준으로 결정된다고 생각한다.

농업지대에는 절대지대와 차액지대라는 두 가지 지대 형태가 있는데 스미스는 이 두 가지를 이론적으로 구별하지 못했다. 하지만 그것들의 인식으로 통하는 풍부한 관찰은 할 수 있었다. '토지 사용에 대해서 지불되는 가격으로 여겨지는 지대는 독점가격'이라는 관찰은 절대지대로 통한다. 절대지대는 한정된 토지의 사유로 인해 농업에서는 상공업만큼 자유롭게 자본이 참여할 수 없기 때문에 생기는 일종의 독점 상태에서 발생한다. 또한 스미스가 지대가 토지의 비옥도와 위치(시장인 도시와의 거리 등)에 따라 변화한다고 관찰했을 때 이것은 차액지대로 통한다. 지금 시장으로부터의 거리는 같지만 비옥도가 다른 AB 2개의 토지가 있다고 하자. 비옥도가 떨어지는 B의 생산비는 우량지 A보다도 높아지지만 수요가 있으므로, 농산물의 시장가격은 B의 생산물에 의해 규정되어 생산비가 싼 A에는 초과이윤이 발생한다. 이것이 차액지대가 되기 때문이다.

한편 스미스에 의하면 자본축적의 전진은 임금을 상승시켜서 인구 증가를 촉진하고 인구 증가는 식품수요를 증대시켜서 경지확대나 농업개량을 진척시킨다. 농업 생산력이 발전하고 농공 분리가 발생하여 사회적 분업이 전개되면 식품 이외의 다양한 토지 생산물에 대한 수요가 발생하여 다양한 토지에 지대를 발생시킨다. 이처럼 스미스는 부유를 향한 전진은 지대를 증대시킨다고 한다.

3개 계급

이상과 같이 고찰해 온 스미스는 《국부론》 제1편을 3대 계급에 관한 고찰로 매듭짓는다.

우선 스미스는 지주계급의 이익은 사회의 일반적 이익과 이어져 있다고 한다. 지대가 부유를 향한 전진과 함께 증대하기 때문이다. 그리고 '공공이 상업 또는 치안에 관한 어떠한 규제에 대해 토의할 때, 토지소유자들이 그들 자신의 특정 계급의 이익을 촉진하려는 목적으로 그것을 잘못 이끄는 것은 적어도 그들이 그 이익에 대한 어떤 대략적인 지식을 가지고 있다면 있을 수 없다'고 썼다. 하지만 그들은 노동도 배려도 소비하는 일 없이 수입을 얻을 수 있으므로 자연히 태만해지고 그 때문에 무지해져서 공적 규제의 결과인 예측이나 이해에 필요한 정신의 집중조차 할 수 없어지는 일이 많아서 종종 이 '대략적인 지식'이 빠져 있다고 한다.

다음으로 스미스는 노동자의 임금도 부유의 전진과 함께 상승하므로 노동자계급의 이익도 사회 이익과 이어져 있다고 한다. 하지만 노동자도 자신의 이익이나 사회의 이익을 이해하지 못한다. '그의 생활 상태는 그에게 필요한 정보를 받아들이기 위한 시간을 남기지 않고 가령 충분한 정보를 얻었다고 해도 그의 교육과 습관은 그것에 대해 판단을 내리는 능력이 없는 사람으로 만든다'

마지막으로 자본가계급인데, 스미스에 의하면 이윤율은 '사회의 번영과 함께 상승하고 쇠퇴와 함께 하락하지 않는다. 거꾸로 그것은 부유한 나라에서 낮고……급속히 파멸하고 있는 나라에서 가장 높다' 그러므로 이 계급의 이익은 사회의 이익에 대해서 다른 2개 계급의 이익과 같은 연결을 갖지 않는다. 그리고 이 계급은 늘 계획이나 기획에 관여하고 있기 때문에 대부분의 토지소유자보다도 예민한 이해력을 가지고 있고 자신들의 이익을 잘 알고 있기 때문에 시장의 확대나 경쟁의 제한을 위한 정책 등 자신들의 이익을 위한 정책을 공공의 이익을 위해서라고 주장하며 실현시켜 왔다. 스미스는 이상과 같이 말하며, 나아가 다음과 같이 경고한다. '상업상의 어떠한 새로운 법률 내지 규제에 대한 제안으로 이 계급에 생겨나는 것에 대해서는 늘 큰 경계심을 갖고 귀를 기울여야 하며, 가장 면밀하고 의심 많은 주의를 기울여 오랫동안 신중히 검토한 다음이 아니면 결코 그것을 채용해서는 안 된다'

이제까지 단순화 때문에 자본가라는 말을 사용해 왔으나 스미스에게는 자본가라는 말은 없다. 스미스가 쓰는 것은 '이윤으로 생활하는 사람들'이며 '상인과 제조업자'이다. 또한 자본주의라는 말도 없으나, 이제까지 보아 온 것에서 스미스의 상업사회가 자본주의적 계급사회인 것은 분명하다. 하지만 스미스의 계급사회는 더욱 유동적이었다. 노동자에게는 독립 지향이 남아 있어서 식품이 싼 해에는 독립 노동자가 증가하고 비싼 해에는 감소한다고 스미스는 사회적 대류 현상을 지적한다. 스미스에 의하면 독립 소상품 생산자는 누구보다도 근면했기 때문에 스스로 고용주로 성장하는 데 성공한 자도 있었을 것이다. 산업혁명이 끝날 때까지는 그런 가능성은 다분히 남겨져 있었다.

7. 부로 향하는 길

자본축적과 사회의 부유화
'직조공이 그의 특유한 일에 전념할 수 있는 것은 그가 그 직물을 완성해서……매각할 때까지 그를 부양하고 일의 재료와 도구를 그에게 공급하는 데 충분한 만큼의 자재가 그 자신의 소유이건 타인의 소유이건 어쨌든 어딘가에 미리 저축되어 있었던 경우로 한정된다.……

자본축적은 일의 성질상, 분업에 선행되어야만 하므로 자본이 선행적으로 점점 많이 축적되는 것에 비례해서 만이, 노동도 점점 세분될 수 있다. ……각 노동자의 작업이 단순화되어 감에 따라……여러 가지 새로운 기계가 발명되게 된다.'

사회의 부유를 향한 전진은 자본축적의 전진을 의미했다. 스미스는 《국부론》 제2편을 자본축적 메커니즘 해명에 부쳤다. 분업론부터 시작한 스미스는 여기에 이르러서 사실 자본축적은 분업에 선행한다고 말한다. 자본축적은 화폐나 재물을 모아서 저축하는 것이 아니라 해마다 생산이 확대해 가는 것을 의미한다. 따라서 그 메커니즘을 해명하기 위해서는 어느 해의 모든 생산물이 어떤 식으로 여러 계급들 사이로 배분되고 사용되어 다음 해의 생산확대 조건을 만들어 가는지가 밝혀져야만 한다. 스미스는 그 작업을 사회 총자재의 분류에서부터 시작한다.

고정자본과 유동자본

스미스는 사회의 총자재는 셋으로 나눌 수 있다고 한다. 첫 번째는 소비자의 손에 건너가서 소비를 기다리는 소비재이다. 두 번째는 고정자본이고, 세 번째는 유동자본이며 이윤을 낳는 데 사용되는 것은 이 두 가지이다. 이윤·임금·지대 가운데 하나로부터 파생소득을 가져오는 데 지나지 않는 집세와 같은 것은 자본에 들어가지 않는다.

스미스의 고정자본의 정의는 소유주를 바꾸지 않고 이윤을 가져오는 것으로 기계, 도구, 영업용 건축물, 개량된 토지, 인간이 획득한 능력이 거기에 들어간다. 인간의 능력을 고정자본에 넣은 것은 흔히 말하는 '몸이 자본'이라는 의미가 아니라 자본가가 구매한 노동력이 공장 안에서는 다른 생산재와 함께 생산요소의 형태를 취한 생산자본의 일부를 이루는 것을 스미스가 깨달았기 때문일 것이다.

스미스의 유동자본의 정의는 소유주를 바꿈으로써 이윤을 가져오는 것으로 그 안에 스미스는 화폐, 식료품, 의복·가구·건물 등의 재료, 완성상품을 넣

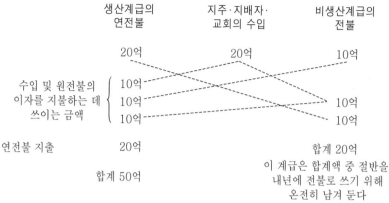

생산계급의 연전불	지주·지배자· 교회의 수입	비생산계급의 전불
20억	20억	10억

수입 및 원전불의 이자를 지불하는 데 쓰이는 금액 { 10억 / 10억 / 10억

10억
10억

연전불 지출 20억 합계 20억

이 계급은 합계액 중 절반을 내년에 전불로 쓰기 위해 온전히 남겨 둔다

합계 50억

〈카네의 경제표〉 숫자 단위는 리브르이다. 이 표는 다음 사항을 가정한다. 생산계급(농업종사자)은 원전불(고정자본) 100억과 연전불(유동자본) 20억을 가지고 50억의 농산물을 생산한다. 그리고 점점 떨어지는 고정자본의 가치는 매년 10억의 현물을 통해 보충된다(이것이 원전불의 이자이다). 지주·지배자·교회의 수중에는 지대(地代)로 받은 20억의 화폐가 존재한다. 또 비생산계급(상공업자)의 수중에도 10억의 화폐가 있다. 이런 가정하에 표를 살펴보자. 점선은 교환 관계를 나타낸다. 예를 들어 비생산계급은 10억이란 화폐(전불)를 써서 생산계급으로부터 10억의 식료품과 원료를 구입한 뒤, 10억의 사치품을 제조한다. 지주들은 20억의 지대 수입 가운데 10억을 사용해 생산계급에게서 식료품을 사고, 남은 10억으로 비생산계급의 사치품을 구입한다.

고 있다. 화폐를 따로 본다면 '소유주를 바꿈으로써 이윤을 가져온다'는 정의에서 보면 이것들은 모두 상품의 형태를 취한 상품자본이라고 해도 좋을 것이다. 스미스가 화폐를 여기에 넣은 것은 소유주의 변환을 매개함으로써 간접적으로 이윤의 실현에 기여한다고 생각했기 때문일 것이다. 또한 이것은 스미스가 화폐의 형태를 취한 화폐자본을 깨달았음을 의미한다고도 할 수 있으나 스미스는 화폐자본과 단순한 화폐를 이론적으로 구별하지는 못했다. 여기서 자본 운동의 설명을 해두자.

자본가는 우선 화폐자본으로 기계나 원료 등의 생산수단과 노동력을 구매한다. 화폐자본은 생산요소의 형태를 취한 생산자본으로 모습을 바꾼다. 생산이 이루어지고 새로운 상품이 만들어져서 생산자본은 상품자본으로 모습을 바꾼다. 이 상품자본을 판매해서 화폐로 바꾼다. 처음과 끝이 화폐이므로 얼마만큼 이윤이 발생했는지를 알 수 있다. 회수한 화폐에서 처음의 자본과 같은 금액을 다음의 생산에 투하하면 같은 규모의 생산이 되풀이되므로 단순재생산이 된다. 이윤의 일부를 추가해서 보다 많은 자본을 투하하면 확대재생산

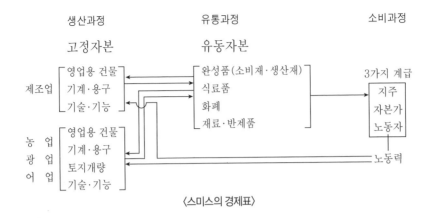

〈스미스의 경제표〉

이 된다. 자본축적이란 확대재생산을 말하는데, 자본은 이상과 같이 3개의 형태를 되풀이하면서 그 가치를 증식시킨다.

그런데 생산자본에서 상품자본으로 이행할 때 생산자본의 가치가 한 번에 전부 상품자본으로 이전하는 것은 아니다. 한 차례의 생산에 투하되는 원료의 가치는 새로운 상품에 전부 이전되지만, 장기에 걸쳐서 몇 번이고 생산에 사용되는 기계와 같은 것의 가치는 일부밖에 이전되지 않는다. 현재 사용되고 있는 유동자본과 고정자본의 개념은 이러한 가치이전 방식의 차이에 바탕을 둔다. 건물·기계·도구 등이 고정자본에 들어가고 원료나 노동력은 유동자본이다.

하지만 스미스의 고정자본과 유동자본은 이러한 현재의 개념과는 다른 것이다. 무엇보다 고정자본은 중복되고 있다고 해도 좋지만 스미스의 유동자본은 거의 상품자본이다. 그러므로 스미스에 의하면 유동자본의 일부는 끊임없이 사람들의 생활 자료로서 소비 과정에 들어가고 일부는 고정자본의 보전과 확충에 사용되므로 유동자본에는 끊임없이 보급이 필요하다. 이 보급은 주로 농업·광업·어업에 의해 이루어진다고 스미스는 말한다.

알기 어려운 재생산론

스미스의 재생산론은 매우 알기 어렵다. 왜냐하면 스미스는 케네의 재생산론(케네 경제표 참조)을 염두에 두고 자신 나름의 재생산론을 구축하고자 고투했기 때문이다. 케네는 농업만이 생산적이라고 보았다. 그는 먼저 사회계급을 생산계급(농업종사자)·지주·비생산계급(상공업자) 세 가지로 구분했다. 그리고 농업에 사용되는 자본 중 씨앗처럼 1년 단위로 움직이는 것을 연전불(年前拂 : 선불금이 1년 단위로 회전되는 돈), 토지개량 투자 등 장기간에 걸쳐 움직이는 것을 원전불(原前拂)로 나누어 재생산의 구도를 그렸다. 그런데 스미스는 농업만이 아니라 상공업도 생산적이라고 생각했다. 그는 사회계급을 노동자·자본가·지주로 구분하고, 모든 산업에서 사용되는 자본을 고정자본과 유동자본으로 구분하여 새로운 재생산론을 만들려고 했다. 케네에서 스미스로의 인식 변화는 자본주의 인식의 발전을 보여 준다. 그러나 이에 따라 문제가 복잡해지면서, 스미스는 결국 재생산론의 구축에 실패하고 만다. '스미스의 경제표'는 스미스의 서술을 표로 만든 것이다. 화살표는 생산물·상품의 흐름을 나타낸다.

사실 스미스의 재생산론에는 또 하나의 난점이 있었다. 그는 모든 상품의 가치를 임금·이윤·지대(地代)로 분해하려 했다. 그것이 바로 문제였다. 이래서는 원료나 기계 등 생산수단에 들어간 자본이 회수되지 못하므로, 재생산이 불가능해져 버린다. 스미스도 이 사실을 알아차리고 다음과 같이 말했다.

"국민의 총수입에는, 그들의 토지와 노동력을 통해 매년 생산되는 생산물 전체가 포함된다. 순수입은 첫째로 그들의 고정자본 유지비, 둘째로 그들의 유동자본 유지비를 총수입에서 공제한 것으로, 이는 그들에게 자유롭게 맡겨진다. 이 두 가지는 구별되어야 한다."

총수입은 국민총생산에, 순수입은 국민순생산에 해당한다. 그러나 유동자본이 전부 화폐와 상품자본인 경우에는 이런 구별도 불가능해진다.

마지막으로 스미스는 화폐에 대해 이렇게 말했다.

"대단히 비싼 재료인 금은의 일정량과 대단히 정교한 노동의 일정량이, 직접적 소비를 위한 자재—개인의 생활 자료·편의품·오락물—를 늘리는 일에 사용되지 않고, 고가의 상업적 용구를 유지하기 위해 사용된다."

그는 이렇게 말하면서 귀금속 화폐를 지폐로 바꾸자고 주장했다. 그렇게 절약한 귀금속으로 외국에서 추가적인 원료·도구·식량 등을 사들이면 그만큼 유동자본이 증가해서 노동자 고용이 늘어난다는 것이다. 스미스는 '태환(兌換 : 지폐를 정화와 바꿈) 가능한 지폐발행, 소액지폐 금지'를 지폐발행 조건으로 내세웠다. 전자는 지폐의 과잉발행을 방지하기 위해서이고, 후자는 파산할지도 모르는 소규모 은행이 지폐를 발행하는 것을 방지하기 위해서이다. 또 스미스는 화폐 절약의 관점에서 은행이 맡는 역할에 관해서도 말했다. 그는 유휴화폐를 모아 생산적인 자본으로 바꾸는 은행의 역할도 중시했다.

생산적 노동과 비생산적 노동

스미스는 재생산론을 전개한 뒤 생산적 노동과 비생산적 노동의 설명에 들어갔다. 한 나라에 노동 생산물—진정한 부(富)—이 얼마나 풍부하게 공급되는지를 규정하는 첫 번째 요인은 노동자들의 숙련도·기능·판단력이다. 그리고 두 번째 요인은, 한 나라의 노동인구 중 얼마만큼이 생산적 노동에 종사하느냐는 것이다. 그럼 생산적 노동이란 무엇일까.

스미스는 생산적 노동을 이중으로 규정했다. 하나는 노동 대상의 가치를 증가시켜 고용주의 이윤을 낳는 노동이고, 다른 하나는 물적 상품이란 형태로 고정되는 노동이다. 비생산적 노동은 첫째로 대상의 가치를 증가시키지 못하고, 둘째로 상품으로써 고정되지 않고 수행된 그 순간에 소멸되고 마는 노동—이를테면 가사도우미의 노동—이다. 이 규정을 보면 당시에는 서비스 노동이 상품화되지 않았음을 알 수 있다. 오늘날에는 서비스 노동도 자본에 대한 이윤을 낳기 때문에 생산적 노동으로 간주된다. 하지만 서비스 노동이 가치를 낳는다는 의미에서 생산적인지 어떤지는 아직 논란의 여지가 있는 문제이다.

생산적 노동과 비생산적 노동의 이러한 구별은, 그것이 사회적으로 유용한 노동인가 아닌가 하는 문제와는 별개이다. 따라서 사회적으로 유용한 대부분의 노동도 위의 구별에 따르면 비생산적 노동이 되어 버린다. 스미스가 비생산적 노동으로 간주한 직업은 가사사용인 이외에도 많이 있다. 주권자, 사법관, 모든 군인, 성직자, 법률가, 의사, 문필가, 배우, 어릿광대, 음악가, 오페라 가수, 오페라 무용수 등등.

그런데 스미스에 따르면 매년 생산물 중에서, 투자자본을 회수한 부분은 생산적인 노동자를 유지하는 데 쓰인다. 그러면 남는 것은 이윤과 지대라는 두 가지 수입인데, 이 부분이 바로 비생산적 노동자와 전혀 노동하지 않는 사람들을 유지하는 데 쓰인다. 임금이란 노동자 개인의 입장에서는 수입이지만, 재생산의 관점에서 보면 자본인 것이다. 그러므로 한 나라의 노동인구 중 얼마만큼이 생산적 노동에 종사하는지는, 자본과 수입(이윤 및 지대)의 비율에 따라 규정된다. 당시 대지주와 대상인은 가사도우미를 많이 고용했는데, 스미스는 이런 가사도우미를 게으른 비생산적 노동자로 보았다. 그는 "어떤 분야에서든 자본과 수입의 비율은 곧 근면과 태만의 비율이다"라고 말하며, 절약에 의해 수입을 자본으로 바꿔야 한다고 주장했다.

그런데 스미스는 개인의 낭비에 대해서는 낙관적이었다. 개인을 낭비로 몰아넣는 힘은 일시적인 정념에 불과하다는 것이었다. 반면 개인을 저축으로 인도하는 근원적인 힘은 자신의 생활 상태를 개선하고자 하는 욕구로, 평생 소멸하지 않는 욕구이다. 한편 스미스는 공적 낭비에 대해 경고했다. 예컨대 웅장하고 아름다운 궁전, 거대한 종교적 건물, 대 함대나 대 육군 같은 낭비 말이다. 이러한 낭비가 도를 넘으면 자본이 탕진되어 축소재생산이 발생하기 때문이다. 하지만 스미스는 이런 경고를 하면서도, 민중의 생활 상태 개선 욕구에 대해서는 굳게 신뢰하면서 밝은 예측을 내놓았다.

"개인은 자신의 생활 상태를 개선하고자 부단히 노력한다. 그런데 이 노력은 개인의 풍요는 물론이고 공적인 국민적 풍요까지 가져다 준다. 이러한 근원적인 힘은 대개, 정부의 낭비나 행정상의 가장 큰 과오조차 물리치고 개량을 향한 사물의 자연스런 진보를 유지할 정도로 강력하다."

자본을 투자하는 자연적 순서

다음으로 스미스는, 한 나라에 자본이 충분하지 않을 때 어떤 순서로 자본을 투자하는 것이 효율적인지를 검토했다.

스미스는 자본의 사용 방법을 넷으로 구별했다. 첫 번째는 농업·광업·어업 등 자연 생산물을 조달하는 산업, 두 번째는 자연 생산물을 가공하는 제조업, 세 번째는 도매 상업, 네 번째는 소매 상업이다. 스미스는 같은 양의 자본으로 얻을 수 있는 '생산적 노동의 양'과 생산할 수 있는 '가치의 양'이라는 두 가지 면에서 위의 산업들을 검토했다. 스미스가 실제로 검토한 것은 농업, 제조업, 도매 상업, 소매 상업인데, 여기서 도매 상업은 또 3개로 나뉜다. 즉 국내 상업, 소비를 위한 외국무역, 중계무역이다. 소비를 위한 외국무역이란, 자국에서 소비하기 위해 외국 생산물을 자국 생산물로 구매하는 무역이다. 스미스는 가장 생산적인 것은 농업이고, 그 다음이 제조업, 국내 상업, 외국무역 순이라고 했다. 따라서 이 순서로 자본을 투자하는 것이 가장 효율적이고 자연스런 방법이라고 주장했다.

자본 투자에 관한 스미스의 '자연적 순서론'은, 농업이 가장 생산적인 이유로 다음 두 가지를 들고 있다. 첫째로 농업은 이윤뿐만 아니라 지대까지 낳으며, 둘째로 농업에서는 가축도 생산적 노동자라는 것이다. 이 논리는 사실 이론적으로 옳지 않다. 하지만 '자연적 순서론'은 풍부한 역사 감각에 바탕을 둔 논의이고, 역사적으로도 이 순서에 따른 발전이 곧 풍요로 향하는 자연스러운 길이라는 게 스미스의 주장이다. 그래서 그는, 무역을 중시하는 중상주의가 얼마나 이 '풍요로 향하는 자연스러운 발걸음'을 왜곡했는지를 문제삼았던 것이다.

도시 발달과 농업

생활 자료는 특성상 편의품과 사치품보다 더 중요한 존재이다. 전자를 얻는 산업은 후자를 공급하는 산업보다 선행되어야 한다. 따라서 도시의 산업 발전은 농업 발전에 달려 있다.

스미스의 주장에 따르면, 인위적인 정책이 없고 이윤이 공평할 때 사람들은 자연스럽게 농업에 투자한다고 한다. '토지에 자본을 사용하는 사람은 그 자본을 (제조업과 외국무역에 비해) 보다 잘 감독하고 지배할 수 있다. 따라서 그의 재산은 무역상인의 재산에 비해 잘못될 위험이 적다.' 게다가 '농촌의 아름다움, 농촌생활의 즐거움, 그에 따른 마음의 평정, 그리고 인위적인 법률의 부정의가 방해하지 않는 한 농촌생활이 주는 독립성, 그런 요소들은 크든 적든 모든 사람을 끌어들이는 매력을 가지고 있다.' 농업은 대장장이, 목수, 자동차 수리공, 석공, 무두장이, 구두장이 등을 필요로 하고 또 만들어 낸다. 그리고 그런 사람들이 도시를 형성한다. 말하자면 도시란, 농촌 주민들이 자신들의 자연 생산물을 제조품과 교환하기 위해 만들어 낸 상설 시장인 셈이다. '인위적인 여러 제도가 만물의 형성 과정에 혼란을 야기하지 않았더라면, 모든 도시의 발달 및 부의 증진은 모든 정치사회에 있어, 농촌개량과 경작의 결과로서 그에 비례하여 생겨났을 것이다.' 이처럼 스미스는 농업, 제조업, 국내 상업, 외국무역이라는 순서에 따라 발전하는 것이 자연스럽다고 주장했다.

그런데 스미스는 이렇게도 말했다.

"이러한 사물의 자연적인 순서는, 영토를 소유한 사회라면 어디에서나 어느 정도 형성되었을 터이다. 그런데 근대 유럽의 모든 나라에서는 이 순서가 많은 점에서 완전히 뒤집혀 있다. 이러한 도시들 중 몇몇 군데의 외국 상업은 모든 고급품 제조업, 즉 원격지(遠隔地)를 대상으로 한 판매에 알맞은 제조업을 도입했다. 이리하여 제조업과 외국 상업이 손을 잡고 농업개량의 주요 부분을 주도하게 되었다."

왜 이런 전도 현상이 일어난 것일까. 스미스는 다음 두 가지 이유를 들었다.

첫째, 로마제국의 몰락 이후 '대토지소유제'와, 경작권이 보장되지 않는 '농노제'가 성립되었기 때문이다. 이 제도들이 농업 발달을 방해했다. 대토지소유제에서 도입된 장자상속제와 한사상속제(권리자가 상속인을 한정해 소유지를 온전히 상속하는 제도)는 오늘날 토지분할을 방해하고, 토지시장에서의 토지 공급을 제한해서 땅값 상승을 유발하고 있다. 다시 말해 농업에 대한 투자를 불리하게 만들고 있는 것이다.

둘째, 도시가 각종 특권을 획득하거나 부여받거나 했기 때문이다. 즉 도시의 상공업 발전이 인위적으로 조장된 것이다. 이 경우 도시의 상업은 외국무역을 중심으로 발전한다. 이때 외국무역과 함께 성장하는 제조업을, 스미스는 '외국무역의 자손으로서의 제조업'이라고 불렀다.

풍요를 향한 자연스러운 변천은 그대로 나아간다

하지만 스미스는 도시 발달이 농촌의 경작 및 개량에 어느 정도 공헌했다고도 말했다. 공헌 방식은 크게 세 가지였다. 도시 발달은 첫째로 큰 시장을 제공했다. 둘째로 많은 상인들이 토지를 구입해서 지주가 되었는데, 이 상인들이 대개 좋은 개량자로 활약했다. 셋째로 상업과 제조업은 농촌 주민들에게 질서와 뛰어난 통치를 선물했으며, 이와 더불어 개인의 자유와 안전을 가져다 주었다.

스미스는 이 세 번째 공헌이야말로 '뛰어나고 가장 중요한 것'이라고 주장했다. 그는 '현시점에서 내가 아는 한, 흄은 그 중요성을 눈치 챈 유일한 저작가이다'라고 말했다. 스미스는 봉건영주제의 해체를 중시하고 있다. 스미스는 《법학 강의》에서, 영주가 자신의 부(富)를 '공적인 대우'에서 '개인적 사치'로 바꾸려다가 그 권력을 잃었다고 말했다. 스미스는 이 같은 영주제 해체론을 《국부론》 제3편에서도 전개하고 있다. 자세한 내용은 이미 살펴보았으므로 설명하지 않겠다.

영주가 권력을 잃으면 농민은 독립성을 얻는다. 이제는 영주가 개인적인 사치를 위해 지대 인상을 요구할 때, 농민들도 조건을 내걸게 되었다. 그들이 토지개량에 들인 자본을 이윤과 함께 회수할 수 있도록, 충분한 기간 동안 토지를 보유하게 해 달라고 했다. 영주가 이를 보장했을 때만 농민은 영주의 요구를 인정했다. 이리하여 장기 차지계약이 성립되면서 농민의 경작권이 안정을 찾았다. 농민은 안심하고 농업에 힘쓸 수 있게 되었다.

스미스는 이렇게 말했다.

"공공의 행복에 있어서 가장 중요한 혁명은, 이처럼 공공을 위해 봉사할 마음이라곤 전혀 없었던 두 가지 계급 사람들에 의해 일어났다. 가장 유치한 허영심을 만족시키는 것. 그것이야말로 대토지소유자들의 유일한 동기였다. 상인 및 수공업자들도 자신의 이익이라는 관점에서 행동한 것에 지나지 않았다. 전자의 어리석은 행동과 후자의 근면함이 불러일으킨 그 위대한 혁명에 대해서는, 전자도 후자도 미처 알거나 예상하지 못했다."

농민은 이렇게 독립했다. 그러나 당시 유럽에서는 장자상속법과 각종 영대(永代)소유권이 거대한 소유지의 분할을 방해하고, 토지 시장에 대한 토지 공급을 줄여 땅값 상승을 초래하고 있었다. 이런 현실이 '모든 개량자들 가운데 가장 근면하고 가장 총명하고 가장 성공하기 쉬운 사람들'인 소규모 토지소유자의 광범위한 성립을 방해한다고 스미스는 말했다. 참고로 북아메리카 식민지에서는 누구나 토지를 쉽게 얻을 수 있다. 그래서 그곳에는 독립 자영농민이 많다. 이런 북아메리카 식민지가 빠르게 풍요로워지는 것을 본 스미스는, 유럽에도 평등한 분할상속을 도입해야 한다고 생각했다.

하지만 스미스는 유럽의 모든 나라 중에선 영국이 가장 선진적이라고 생각했다. 물론 영국에서도 전도 현상은 일어나고 있었다. 그러나 중요한 사실은, 영국의 독립 자영농민 계층은 법률상 최대한의 안전·독립 및 존중을 보장받고 있었다는 것이다. 따라서 스미스는 이렇게 말했다.

"장자상속권이나 십일조가 존재하고 영대소유권도 어느 정도 인정되는 나라들 가운데, 영국 이상으로 농업을 장려할 수 있는 나라는 어디에도 없다. 또 소규모 토지소유자들 중에서는 보다 풍요롭고 거대한 농업자(농업자본가)가 주요 개량자인데, 영국에는 이러한 사람이 유럽 어디보다도 많이 존재한다."

이처럼 스미스는 영국 농업의 현 상황을 긍정적으로 보았다. 스미스는 영국의 농업 발전이 '외국무역의 자손으로서의 제조업'과는 다른 형태의 제조업을 이미 만들어 내고 있다고 생각했다. 그는 이를 '농업의 자손으로서의 제조업'이라고 불렀다. 이러한 농촌공업은 리즈·핼리팩스·셰필드·버밍엄·울버햄프턴 등에서 발전했다. 이들 지역은 뒷날 산업혁명의 중심 도시가 된다.

스미스는 다음과 같이 주장했다.

"풍요로움을 향한 자연스러운 변천은, 인위적인 정책의 방해를 받아도 결국 스스로를 관철한다."

8. 독점과 특권 비판

자연의 변천을 방해하는 '상업 체계'

사물의 자연스런 변화 과정에 어긋나는 모습을 보이긴 했지만, 유럽에서도 풍요로움을 향한 자연스런 변천은 분명 관철되고 있었다. 스미스는 이 사실을 논증하면서 그 자연스런 변화를 방해하는 요소에 대해 비판했다. 예를 들면 장자상속제와 한사상속제 비판이 그것이다. 그런데 당시 사물의 자연스런 변천을 방해했던 요소는 그뿐만이 아니었다. 동업조합·도제법·정주법 등도 이에 해당했다. 특히 스미스가 '상업 체계'라 이름 붙인, 이른바 중상주의 사고방식 및 정책이 핵심 요소였다. 여기서는 이들에 대한 스미스의 비판을 보도록 하자. 다만 장자상속제와 한사상속제 비판은 이미 살펴봤으니 다시 볼 필요는 없을 것이다.

동업조합·도제법·정주법 비판

스미스는 동업조합, 즉 길드가 경쟁을 제한한다고 비판했다. 동업조합이 확립되어 있는 도시에서는, 직업을 얻으려면 우선 정규 자격을 가진 스승 밑에서 도제로 일해야 했다. 즉 그것이 직업적으로 독립할 자유를 얻기 위한 필요조건이었다. 또 동업조합은 스승 한 명이 거느릴 수 있는 도제 수나, 도제 기간 등을 규제했다. 이를테면 셰필드의 칼 제조인은 한 번에 한 명의 제자밖에 받을 수 없었으며, 노리치의 직물공도 기껏해야 두 명밖에 못 받았다. 게다가 도제 기간은 보통 7년이었다. 동업조합의 이 모든 규약들은 경쟁을 제한하여, 그 직업에 종사하는 사람의 수를 억제하는 효과를 지니고 있었다. 이에 관해 스미스는 "도제 수의 제한은 그것을 직접적으로 억제한다. 긴 도제 기간은 교육비를 증대시킴으로써 그것을 간접적으로, 그러나 충분히 효과적으로 억제한다"라고 말했다.

도제법(1563년 제정)은 그때까지 존재하던 개별적 동업조합의 규약들을 일반법의 형태로 만든 것이었다. 하지만 그 법의 실제 적용은 시장도시에 제한되고, 법이 제정되기 전부터 존재했던 직업에 한정되었다. 따라서 다음과 같은 우스운 일이 생기기도 했다. 예컨대 사륜마차 제조자는 자신이 만든 마차의 수레바퀴를 스스로 제작할 수 없었다. 그는 스승—차 제조자—이 제작한 바퀴를 사서 써야 했다. 왜냐하면 '차 제조자'라는 직업이, 도제법 제정 이전부터 존재했기 때문이다. 그런데 차 제조자는 사륜마차 제조자 밑에서 도제로 일한 적이 없어도, 사륜마차를 마음껏 만들 수 있었다. 사륜마차 제조업은 도제법 제정 당시 영국에 존재하지 않았기 때문이다.

앞서 언급한 '농업의 자손으로서의 제조업' 중 대부분은, 이런 황당한 길드 규제의 손길이 미치지 않는 곳에서 성장했다.

동업조합은 그 직업을 보다 잘 관리하기 위해 필요하다는 의견도 있었다. 이에 대해 스미스는 다음처럼 반박했다.

"직인을 효과적으로 단련해 주는 것은 고객들이다. 직인들에게 배타적 특권을 주어서는 안 된다. 그들이 믿을 것이라곤 오직 자신의 평판뿐이어야 한다. 이런 상태를 조성하는 게 중요하다."

그리고 스미스는 동업조합의 배타적 특권을, 모든 인간이 자신의 노동력에 대해 가지고 있는 소유권을 침해하는 특권이라며 비판했다.

"우리는 각자 자신의 노동에 대한 소유권을 가지고 있다. 이것은 다른 모든 소유권의 근본적 바탕이자 가장 신성하고 불가침한 기초이다. 가난한 사람의 세습재산은 그들의 기술이다. 그는 누구를 방해하는 일 없이 자신이 적당하다고 생각하는 방법으로 이 기술을 사용할 수 있다. 이 행위를 방해하는 것은 가장 신성한 소유권의 명백한 침해이다."

게다가 영국에는 노동자의 자유로운 이동을 방해하는 정주법이 있다. 이것은 교구가 빈민구제를 책임진다는 영국 특유의 구빈법 체계의 일환으로, 1603년 엘리자베스 구빈법 이후 몇 번이나 변하면서 18세기까지 이어졌다. 그런데 빈민구제 비용은 교구민이 부담하므로, 어느 교구도 다른 교구에서 빈민이 이주해 오는 것을 좋아하지 않았다. 18세기 영국 사람들은 현재 살고 있는 교구의 교구 위원과 빈민 감독관이 서명하고, 치안판사가 승인한 증명서를 가지고 있으면 다른 교구로 이주할 수 있었다. 하지만 증명서를 발행한 교구는 그 빈민의 송환비와 부양비를 부담해야 했기 때문에, 그들은 쉽게 증명서를 발행하지 않았다.

증명서 없이 이주한 사람은 추방당해야만 했다. 스미스는 '비행을 저지른 적도 없는 사람을, 그가 살고자 하는 교구에서 추방한다는 것은 자연적 자유와 정의에 대한 명백한 침해'라고 말했다. 그래서 그는 동업조합의 배타적 특권을 타파하고 도제법과 정주법을 폐지해야 한다고 주장했다.

"가난한 직인이 하나의 업종 혹은 한 장소에서의 제한된 고용에서 벗어나, 다른 업종이나 다른 장소에서 고발 또는 추방의 두려움 없이 직업을 찾을 수 있어야 한다."

수입억제책 비판

중상주의는 자본주의 초기의 국내산업 보호정책이었다. 하지만 스미스는 토마스 먼의 저서 《외국무역에 의한 영국의 재화》를 토대로 중상주의를 이해했다. 즉 "가능한 한 수출을 늘리고 수입을 억제해서, 그 차액이 귀금속의 형태로 나라에 유입되게끔 하는 것이야말로 국가를 풍요롭게 하는 길이다"라는 사고방식 및 정책을 곧 중상주의라고 본 것이다. 스미스는 《국부론》 제4편에서 중상주의 정책 하나하나에 각각 1장씩 할애해서 그 효과를 검토했다. 그럼 지금부터 그것들을 무역통제정책 비판, 식민지정책 비판의 순으로 살펴보겠다.

우선 첫 번째 수입억제책을 보자. 높은 관세나 절대적 금지를 무기삼아, 국내에서 생산 가능한 재화가 외국으로부터 수입되는 일을 억제하는 정책이 있다. 이것이 시행되면 관련 산업이 국내 시장을 독점하게 되어 그 산업의 이윤이 높아진다. 따라서 이 정책에는 자본과 노동력을 인위적으로 끌어올리는 효과가 있다. 그러나 사회의 총자본과 총노동을 증대시키지는 못하므로, 스미스는 이것을 쓸데없거나 유해한 규제라고 말했다. 이 정책이 국산품을 동종의 외제품만큼이나 싸게 만든다면, 그것은 쓸데없는 규제다. 만약 이것이 국산품을 외제품보다 더 비싸게 만든다면 유해하기까지 하다. 뭔가를 사는 것보다도 만드는 데에 더 많은 비용이 든다면, 어떤 가장(家長)이 그것을 스스로 만들려고 하겠는가?

두 번째 수입억제책은, 자국에 불리한 무역차액을 가져다 주는 특정 국가를 상대로 펼쳐진다. 즉 이 국가로부터 들어오는 거의 모든 재화의 수입에 특별 제한을 더하는 것이다. 일반적으로 무역차액설이란, 각 나라와의 무역차액에서 이따금 손해가 발생한다 해도 전체적으로 볼 때 이익을 얻으면 된다는 사고방식을 가리킨다. 그런데 이 수입억제책은 개별적인 무역차액설에 따른 정책이다. 이것은 상대국의 보복을 초래한다. 당시 영국과 프랑스 사이에서는 공정한 거래가 거의 이루어지지 않고 밀무역만이 횡행하고 있었다. 스미스는 이 억제책이 국민적 편견과 증오에서 비롯되었으며, 그런 국민감정을 부채질하기까지 한다고 비판했다. 스미스는 다음과 같이 말했다.

"이 억제책에 의해 각 국민은 자국과 무역하는 상대국의 번영을 질투어린 눈으로 보고, 그들이 이득을 올리면 자신들이 손해를 본다는 듯이 굴었다. 상업은 개개인 사이에서나 모든 국민들 사이에서나 결합과 우호의 상징이 되어야 한다. 그러나 상업은 현재 불화와 증오의 최대 원인이 되고 말았다. 오늘날 상인이나 제조업자들의 목표 차이에 따른 질투는, 국왕이나 신하들의 야심보다도 더 평화에 치명적일 정도이다."

스미스는 이처럼 수입억제책을 비판하고 자유무역을 주장했지만, 자유무역으로의 이행(移行)에는 신중을 기해야 한다고 말했다.

"국내 시장이 갑자기 외국인 자유 경쟁을 향해 개방되는 바람에 하나의 큰 제조업 경영자가 그 장사를 때려치워야 할 지경에 이른다면, 그는 의심할 여지도 없이 큰 타격을 받을 것이다. 그 경영자의 자본 중에서 원료 구입 및 직인들 임금지불에 사용되던 부분은, 큰 문제없이 다른 일에 투자될 수 있다. 하지만 작업장이나 영업 용구에 투자된 고정자본을 처분하려면 대개 상당한 손실이 뒤따른다. 그러므로 국가는 그 경영자의 이해관계를 당연히 고려해야 한다. 이런 식의 변화는 결코 갑자기 도입해선 안 된다. 그 경영자에게 되도록 오랫동안 경고하면서 매우 천천히 도입해야 한다."

수출장려책 비판

우선 수출에 관한 첫 번째 방책은 수출장려금제도이다. 이에 관해 스미스는

"장려금의 지원 없이는 이루어질 수 없는 무역이란, 손해 보는 무역임에 틀림없다"라고 말했다. 그런데 영국에서는 농업 보호를 위한 곡물 수출장려금제도가 공업제품 수출장려금제도보다도 먼저 실시되고 있었다. 농업을 중시하는 스미스의 관점에서 보면 이것은 좋은 정책이 아닐까. 스미스에 따르면 곡물 수출장려금제도는 풍년에 수출을 장려함으로써 국내 시장의 곡물값을 높게 유지하는 정책이며, 흉년의 곡물 부족을 완화하기 위한 비축 행위마저 없애는 제도이다. 이 제도가 실시되면 곡물값은 높게 유지되고 명목임금이 급등한다. 그런데 곡물값도 화폐에 의한 명목가격이기 때문에, 곡물값이 올라가면 화폐인은 가치는 떨어진다. 이는 일반적인 물가 상승을 초래한다.

스미스는 "만물의 본질은, 인간의 제도로는 어쩌할 수 없는 실질가치를 곡물에 부여했다. 그 실질가치란 그것이 유지할 수 있는 노동의 양과 같다"라고 말했다. 따라서 곡물의 명목가치가 아무리 높아져도, 농업 관계자가 같은 양의 곡물로 전보다 많은 노동을 유지할 수 있는 건 아니다. 따라서 장려금제도로는 곡물재배 촉진이라는 목적을 달성할 수 없다. 이것이 스미스의 주장이다.

수출에 관한 두 번째 방책은 특정 외국과 통상조약을 맺고, 일반적으로는 수입을 억제하는 특정 상품 수입을 그 조약체결국에 한해서만 인정하는 것이다. 상대국에 특혜를 줌으로써 그들이 많이 사기를 기대하는 것이다. 영국이 포르투갈의 배후에 있는 브라질 금을 노리고 1703년에 맺은 '메수엔조약'이 좋은 예이다. 스미스는 이런 조약이 결국 특정국 상공업자에게 독점권을 줌으로써 자국 상공업자를 불리하게 만든다고 말했다. 게다가 이렇게 얻은 귀금속의 대부분은 외국으로부터 소비재를 구입하는 데 사용된다. 따라서 스미스는 이런 우회무역보다는 자국 상품으로 직접 거래하는 쪽이 자본을 절약하는 방법이라고 주장했다.

수출에 관한 세 번째 방책은 세금 환급이다. 이 정책만은 스미스도 긍정적으로 평가했다. 이것은 어떤 상품에 이미 부과했던 세금을, 그 상품이 도로 수출될 때 환불하는 제도이다. 이 정책은 특정 사업에 대한 자본 집중을 유발하지 않는다. 스미스는 이 정책이 '사회의 모든 사업들 사이에서 자연스럽게 확정된 균형'을 파괴하기는커녕, 오히려 '세금으로 인해 그 균형이 무너지는 일'을 막는다고 말했다.

이처럼 스미스는 세금 환급을 제외한 모든 무역통제정책에 비판적이었다. 그것은 국내의 자연스런 산업구조를 파괴한다. 또 그러한 정책 덕분에 다량의 귀금속이 국내로 들어와 봤자 물가가 상승해 화폐가치가 하락하므로, 귀금속은 자연스럽게 흘러나가 버린다. 누구도 그것을 붙잡을 수는 없다.

이러한 사고방식을 화폐수량설이라고 한다. 스미스의 자유무역론은 이러한 사고방식과도 연결되어 있다.

'신성한 권리에 대한 명백한 침해'

고대 그리스나 로마의 경우에는 인구문제 해결을 위해 식민지가 필요했다고 스미스는 말했다. 하지만 그는 '미국이나 서인도에서의 유럽 식민지 건설은 필요에 의해서가 아니다'라고 말한다. 14, 15세기 베네치아 사람들은 이집트인의 매개로 동인도의 재화를 유럽에 들여와서 큰 이익을 올렸다. 이 사실은 포르투갈, 에스파냐 등 여러 나라의 지배자 및 상인들의 욕망을 자극했다. 그들은 동인도와 직접 무역할 수 있는 길을 찾으려 했다. 그 과정에서 생겨난 부산물이 바로 서인도와 미국의 발견이다. 최초의 모험가들이 원주민으로부터 얻어 가지고 돌아온 황금은 유럽 사람들의 주의를 서인도와 미국으로 쏠리게 했다. 이리하여 시작된 식민에 관해 스미스는 이렇게 말했다.

"어리석음과 부정, 이것이야말로 식민지 건설의 첫 계획을 지배하고 지도했던 원리였다. 즉 금은 광산을 찾아 헤매던 어리석음이 한 원리요, 유럽인에게 해를 끼치지 않는—오히려 최초의 모험가들을 친절하고 따뜻하게 환영했던 — 원주민들의 국토를 탐욕스럽게 차지하려 했던 부정의가 다른 하나의 원리였다."

식민은 이렇게 시작되었다. 그런데 스미스는 다음과 같이 말했다.

"국토가 아예 황무지든지, 인구가 희박한 원주민들이 새로운 주민들에게 쉽게 자리를 양보하든지. 그중 어떤 이유로 성립되었든 간에, 문명국의 식민지는 다른 어떤 인간사회보다도 빠르게 부와 강대함을 향해 나아간다."

식민지처럼 토지를 얻기 쉬운 곳에서는 이윤도 임금도 높아진다. 이에 대해서는 이미 살펴본 바 있다. 그런데 여기서 스미스는 각 개척자들이 모국의 법과 통치 방법을 가져와 저마다 다른 식민지사회를 만드는 모습을 관찰했다. 예를 들면 에스파냐나 포르투갈의 식민지에는 독점적이고 양도가 불가능한 장자상속권이 들어왔고, 프랑스 식민지에는 기사 보유나 충성 보유 등 봉건적 보유권이 도입되었다. 그런데 영국 식민지는 이와 달랐다. 그곳에서는 식민지법으로 토지의 독점이 제한(일정 기간 동안 경작하거나 개량할 수 없는 토지는 타인에게 수여되었다)되었고, 균분상속제를 취하는 곳도 나타났다(펜실베이니아). 또 장자상속권이 인정되는 곳에서도, 토지 보유는 모두 양도하기 쉬운 자유농 봉사 보유(기사 봉사 보유와는 달리 예속적이지도 불명예스럽지도 않은, 일정한 농사적 봉사를 바침으로써 인정받는 토지 보유) 방식으로 이루어졌다. 게다가 무역 방법도 달랐다. 어떤 나라는 자국의 식민지 무역 전부를 특정 회사가 독점하게끔 했다. 또 어떤 나라는 식민지 무역을 실시하는 자국의 항구를 한정했다. 식민지 무역을 하려면 특정 기간 내로 선단을 짜고, 무역 면허장에 거액을 지불해야 하는 나라도 있었다. 하지만 영국의 경우는 누구라도 자유롭게 식민지와 무역을 할 수 있었다. 이러한 무역 자유와 비교적 자유로운 토지 보유, 그리고 싼 세금이야말로 영국 식민지가 어느 나라의 식민지보다도 번영한 이유라고 스미스는 말하고 있다.

물론 완전히 자유롭지는 않았다. 설탕·담배·면화·쪽(藍) 등 항해법이나 기타 법규에 열거되어 있는 상품은 영국에만 수출할 수 있었다. 하지만 어디에나 자유롭게 수출할 수 있는 비열거상품 중에는 중요한 상품들도 섞여 있었다. 게다가 영국의 미국 식민지와 서인도 식민지 사이에서는 모든 상품의 완전한 무역 자유가 허용되었다. 그 결과 거대한 국내 시장이 형성되었다.

그런데 영국이 식민지로부터 수입했던 것은 위에 열거한 상품처럼 원료, 조제품에 한정되어 있었다. 완성품이나 더욱 정교한 제조품에 대해서는 수입을 억제했고, 식민지에서 그 산업이 성장하는 일을 막으려고 했다. 이에 관해 스미스는 다음처럼 개탄했다.

"그들이 자신의 온갖 생산물로부터 만들어 낼 수 있는 것을, 만들지 말라고 금지하는 행위, 그들이 자신의 자본과 노동을 그들 자신에게 가장 유리하다고 판단한 방식대로 사용하는 일을 금지하는 행위, 이것은 인류의 가장 신성한 권리에 대한 명백한 침해이다."

하지만 무역을 빼면 영국의 미국 식민지사회에서는 자유와 자치가 확립되어 있었다. 이미 인민의 대표자 의회까지 형성되어, 식민지 사람들에게 과세할 권리를 가진 것은 이 의회뿐이라는 주장이 나올 정도였다. 이 의회는 영국의 서민원(하원)보다도 평등한 대표제에 가까웠으며, 유권자의 뜻에 영향을 받기 쉬웠다. 미국 식민지에는 세습 귀족이 없었으므로, 영국의 귀족원(상원)에 해당하는 평의회도 인민 대표에 의해 선발되었다. 스미스는 이러한 미국 식민지 사회를 가리켜 '이곳 사람들은 모국에서보다 평등하고 공화주의적이다'라고 말했다.

식민지정책 비판

스미스는 영국이 식민지를 건설하고 그 무역을 독점해 버린 점을 비판했다. 영국이 부자연스럽게 대량의 자본을 식민지 무역에 쏟아 붓는 바람에, 각종 산업들 사이의 자연적인 균형이 전면적으로 파괴되고 정치체제가 위태로워졌다는 것이다.

"자연스러운 크기를 넘어서 훨씬 크게 인위적으로 확장된 혈관이 있다고 하자. 나라의 산업·상업의 부자연스런 부분이 유통되는 큰 혈관 말이다. 이 혈관이 조금이라도 막히면 그 정치체제에 있어 가장 위험한 무질서가 초래될 가능성이 크다. 따라서 영국이 식민지를 잃어버릴지도 모른다는 예상은, 과거 에스파냐 무적함대와 프랑스인의 침입에 대해 느꼈던 것보다 더 큰 공포와 충격을 그들에게 주었다."

스미스의 이 지적은 현재에도 유효하다. 모든 사람은 자신과 관련된 산업이 번영하기를 바란다. 예컨대 정부의 군비증강 정책에 의해 군수산업이 비대해져 그 산업을 통해 살아가는 사람들이 많아지면, 군사비가 국민생활을 압박하게 되어도 군수산업을 축소하기란 어려워지는 법이다.

스미스는 정치체제의 건강을 회복하려면, 독점을 허락하고 있는 법률을 점차적으로 폐지하는 수밖에 없다고 생각했다. 그러나 식민지에 대한 권리를 전면 포기하라는 제안은 하지 않았다. 그런 제안은 영국 국민의 긍지에 상처를 입힐 뿐만 아니라 일부 지배자의 이익에도 반하기 때문에, 영국이 받아들일 리 없다고 생각했던 것이다. 그래서 스미스는 앞서 살펴봤듯이 합방이란 방안을 내놓았다. 즉 식민지 사람들에게 본국 의회에 대한 대표 선출권을 주고, 무역 자유를 허락하는 대신, 그들로부터 세금을 거둬들이는 방법을 제안한 것이다. 대표의 수는 식민지 사람들이 공공 수입에 기여한 정도에 따라 정하면 된다고 그는 말했다. 스미스는 미국의 지도자들에게 중요한 새 지위를 주어, 그들의 자존심을 만족시키는 것이 분쟁 해결에서 중요하다고 생각했던 것이다.

하지만 식민지 사람들에게 참정권을 주는 것에 반대하는 의견도 있었다. 그 것이 영국의 제도를 파괴한다는 주장이었다. 그러자 스미스는 파괴는커녕 완 전하게 만든다고 반박했다. 그리고 "제국의 모든 부분의 문제에 대해 심의하고 결정하는 집회는, 적절한 정보를 얻기 위해서라도 모든 부분에서 대표를 뽑아 야 한다"라고 주장했다. 한편 "우리는 정치의 중심에서 멀리 떨어져 있으니 억 압받을 가능성이 높지 않겠느냐" 하는 미국 측의 걱정에 대해서도 그는 의견 을 내놓았다. 우선 미국을 모든 억압으로부터 보호하는 데 충분한 대표자 수 를 확보해야 한다고, 그리고 풍요로움을 향한 미국의 진보 속도는 매우 빠르 기 때문에, 1세기 안에 미국의 납세액은 영국보다 커질 터이며 제국의 중심은 미국으로 이동할 것이라고도 말했다. 여기서 우리는 국가에 대한 냉정하고 유 연한 스미스의 사고방식을 엿볼 수 있다. 스미스는 이 합병이 실현되지 않을 경우, 영국은 식민지로부터 과감히 손을 떼야만 한다고 주장했던 것이다.

한편 동인도는 북아메리카 다음가는 영국의 중요한 식민지였다. 여기서는 동인도 회사가 통치권을 가졌다. 그들은 이익을 얻기 위해 통치권을 행사했다. 그들은 유럽에서 팔아 치운 것 이상의 생산물을 소각하거나, 특정 분야의 생 산자를 줄이거나 하는 등 파괴적인 악정을 실시했다. 스미스는 '상인들로 이루 어진 회사는, 자신이 주권자가 된 뒤에도 주권자로서의 자각을 갖지 못한다'라 고 말하며 동인도 회사의 통치권 보유가 얼마나 부적당한지를 주장했다. 게다 가 동인도 회사 직원들은 마음대로 개인적인 장사를 할 수 있었으므로, 회사 자체는 파산에 직면하게 되었다. 이러한 직원들의 행동에 대한 스미스의 의견 은 이미 살펴봤기 때문에 반복하지 않겠다.

마지막으로 스미스는 《국부론》 제2판(1784)에 '중상주의의 결론'이라는 1장 을 추가해서 중상주의에 관한 논의를 총괄했다. 여기서 스미스는 중상주의 정 책을 역사적으로 돌아다보면서, 그것이 얼마나 가난한 사람들에게 억압적이 었던가를 고발하고 있다. 가난한 여자들이 뽑은 아마사 수입 자유화에 대한 스미스의 언급은 제1편에서 이미 살펴본 바 있다. 스미스는 원료 수출 금지와 수입 장려의 입법 역사를 더듬어 가면서 "이 법률은 드라코(고대 아테네의 가 혹한 집행관)의 법처럼 피로 쓰여 있다"라고 말했다. 이 서술은 마르크스가 쓴 《자본론》 제1권 24장의 유명한 '피의 잔혹 입법' 부분을 떠오르게 한다.

스미스는 다음과 같이 결론지었다.

소비는 모든 생산의 유일한 목적이다. 생산자의 이익은, 그것이 소비자의 이익을 촉진하는 데 필요할 때에만 의미가 있다. 하지만 중상주의 체계에서는 소비자의 이익이 대개 생산자의 이익 때문에 희생된다. 이 체계에서 산업과 상업의 궁극적인 목적은, 소비가 아니라 생산이라고 생각되어진다.

스미스는 이런 목적과 수단의 전도 현상에 부정적이었다.

9. 국가의 역할

자연적 자유제도의 유지

중상주의 정책과 제도를 완전히 제거하면, 단순한 자연적 자유 제도가 모습을 드러낸다. 이에 관해 스미스는 다음과 같이 말했다.

"이 제도 아래에서 개인은 정의의 법을 위반하지 않는 한, 자신의 이익을 자기 나름의 방법으로 추구하는 행위를 완전히 자유롭게 할 수 있다. 그리고 개인이 자신의 근로 및 자본을 가지고 다른 어떤 사람이나 어느 계급의 사람들과 경쟁하는 일도 완전히 자유롭게 할 수 있다. 주권자는 개인의 근로를 감시하여 사회 이익에 가장 적합한 사업으로 향하게 하는 의무에서 완전히 벗어나게 된다."

스미스는 이러한 자연적 자유 제도 아래에서의 국가 역할을 세 가지로 한정했다. 바로 국방·사법·개인의 이익과는 무관한 공공사업·공공시설 설립 및 유지이다. 누구도 특권을 갖지 않는 사회에서, 자율적인 개인이 자신의 행복을 찾아 서로 경쟁하는 자연적 자유 제도가 유지되려면 몇몇 조건이 필요하다. 이런 조건을 정비하는 일이 국가의 역할이다. 그런데 국가는 이 역할을 어떻게 다할까. 또 그 비용은 얼마나 들까. 《국부론》마지막 편인 제5편은 이들 문제를 검토하고 있다.

국방에 대하여

국방 문제는 군사력 형태와 비용의 문제이다. 따라서 사회의 발전 단계에 따라 달라진다.

스미스에 의하면 수렵 단계부터 농업 단계까지는 모든 사람이 전사였다. 단

일정한 장소에 자리잡고 사는 것이 일반화된 농업 단계에서는, 전사 역할은 거의 성인 남자가 맡았으며 나머지 가족들은 거주지에 남아 농사를 지었다. 전사로서 일하기 위한 비용은 개인 자신이 부담했다. 영주도 부하들을 거느리고 자기 돈을 써 가면서 국왕의 군무에 복종했다. 그러나 농업과 공업의 분리가 진행될수록, 전사가 자기 비용을 부담하며 종군하는 일은 점점 불가능해진다. 이것이 스미스의 주장이었다.

"농부가 원정에 동원될 경우, 그의 수입이 반드시 감소하리란 법은 없다. 그 원정이 파종 뒤에 시작되고 수확 전에 끝난다면 말이다. 하지만 직인—예컨대 대장장이나 목수나 직조공—이 일하는 장소를 떠나는 순간, 그들의 수입을 낳는 유일한 원천은 완전히 말라 버리게 된다."

따라서 스미스는 그들이 공공방위 때문에 전쟁터에 나갈 때에는, 전쟁비용을 공비로 조달해야 한다고 말했다.

사회적 분업의 발전은 이러한 경향에 한층 박차를 가한다. 농경 분야에서의 개량이 진행되면 농부도 종군할 여유가 없어진다. 게다가 상공업이 발전할수록 사람들은 호전적인 성질을 잃는다. 한편 전쟁기술은 문명의 진보에 따라 한층 복잡하게 발전한다. 군사기술도 '군사'라는 역할이 특정 시민들의 직업이 될 때 더욱 발전한다. 그런데 다른 직업 분야에서의 분업은 개인들이 자신의 이익을 추구하는 가운데 자연스럽게 도입되지만 군인의 경우는 다르다.

"군인이란 직업을 다른 직업으로부터 독립된 개별적인 특수 직업으로 만들 수 있는 주체는, 오직 국가의 지혜뿐이다."

스미스는 이렇게 주장하며 상업사회에서는 상비군제도가 적당하다고 했다.

당시 스코틀랜드에서는 민병제도 부활론이 강했다. 1745년 재커바이트의 반란이 진압된 이후, 타탄·킬트 등의 민족의상 착용과 더불어 무기 휴대가 금지되었다. 하지만 1759년에 프랑스 해적이 스코틀랜드 해에 나타난 사건이 계기로 스코틀랜드 국민군을 만들자는 목소리가 커졌다. 이런 현실 때문에 1762년에 포커 클럽이 만들어지고, 스미스도 그 회원이 되었다. 여기서 포커(poker)란 부지깽이를 가리킨다. 의론의 불씨를 일으킨다는 의미에서 이런 이름이 붙여졌다고 한다. 흄, 케임즈, 퍼거슨 등도 이곳 회원이었다. 하지만 스미스는 《국부론》에서 상비군제도를 지지했다는 이유로 퍼거슨 측의 비판을 받았다. 사실 스미스는 화기 발명을 계기로, 전쟁 및 군대의 성격이 다음 단계로 변했다고 보았다. 즉 병사 개인의 기량보다도 규율 있는 집단이 중요한 의미를 갖게 되었다는 것이다.

실제로 퍼거슨 측의 주장에는, 상공업의 발달에 따라 쇠퇴해 가는 상무(尙武 : 무예를 중히여겨 숭상함) 정신을 민병제도로 유지하고자 하는 목적도 있었다. 스미스도 이 목적에는 반대하지 않았다. 단 그 목적은 민병제도보다도 교육을 통해 달성하는 것이 좋다고 생각했다. 다시 말해서 고대 그리스나 로마처럼, 군사 교련과 체육 훈련을 국민에게 장려하는 편이 바람직하다고 본 것이다. 시민 한 사람 한 사람이 군인 정신을 지닌다면, 상비군은 비교적 소규모로 구성되어도 충분할 것이라고 스미스는 말했다. 이런 사회에서는 외적의 침략에 맞서 군대가 작전 활동을 펼치기도 쉽고, 또 군대가 국가 헌법에 위배되는 움직임을 보일 때 시민들이 그 행동을 저지할 수도 있다는 것이다. 당시 상비군을 자유에 대한 위협이라고 보는 의견도 있었는데, 스미스는 이렇게 반박했다.

"주권자 스스로가 장군이고 그 나라 귀족이나 지방 명사가 군대의 핵심 장교인 경우를 생각해 보라. 이들은 정치적 권위의 가장 큰 수혜자들이다. 그러므로 최대의 이익을 얻기 위해 그 권위를 유지하려 할 것이다. 이런 사람들이 군사력을 지배한다면, 상비군은 결코 자유에 대한 위협이 될 수 없다."

스미스는 이런 상황이 오히려 주권자에 안심감을 준다고 했다. 게다가 주권자들을 종종 괴롭히는 '의심'이란 감정도 사라지므로 자유가 더욱 증진될 것이라고도 말했다.

사법에 대하여

국가의 두 번째 역할은 사법이다. 우선 스미스는 시민정부가 어떻게 사법적 권위를 가지게 되었는가를 역사적으로 설명했다. 시민정부가 사법적 권위를 얻으려면 사람들의 복종이 전제되어야 한다. 스미스는 그들의 복종을 유도하는 원인으로 4가지를 들었다. 바로 개인적 자질, 연령·태생·재산이다. 법학 강의 노트에 실린 '권위의 원리와 공리의 원리'는 《국부론》에는 나오지 않는다. 이 4가지 원인 중 스미스가 중시한 것은 태생과 재산인데, 역사적으로는 재산이 앞선다고 보았다.

스미스에 의하면 정부는, 사회 발전의 두 번째 단계인 목축 단계에 발생했다. 재산 불평등이 커지면서 재산의 안전을 지키는 일이 필요해졌기 때문이다. 이 단계에서는 큰 재산을 가진 자가 그것을 베풀어서 많은 사람들을 종속시키고 군사적으로도 큰 힘을 갖는다. 재산이 적은 사람은 재산이 많은 사람에게 충성을 맹세하고 보호를 받게 된다. 이리하여 자연스럽게 계층 질서가 생기고, 재산을 많이 가진 사람이 행정 권력을 쥐게 되는 것이다. 이때 정부, 즉 주권자가 발생한다. 사람들이 다툼을 벌일 때 중재를 부탁하거나 침해받았다고 느낄 때 호소할 수 있는 상대는 그러한 인물이다. 이런 상황이 자연스럽게 그에게 사법적 권위를 주었다. 그리고 시간이 지나감에 따라 '고귀한 태생'의 의미를 갖게 된다. 이 요소는 주권자에 대한 사람들의 존경과 숭배를 강화한다.

이리하여 재판권을 가지게 된 주권자는 재판 때 가해자에게 배상을 요구하는 것 외에 벌금도 물리고, 재판을 원하는 자에게 재판 비용을 청구하고, 한쪽에 유리한 판결을 내려 주겠다며 뇌물까지 받게 된다. 이처럼 재판권이 주권자의 수입원으로 변하면서 부패가 발생했다. 분업이 진행되고 재판이 주권자의 대관(代官 : 대리로 일하는 관리)에 의해 행해지게 된 뒤에도 이 점은 변하지 않았다. 따라서 스미스는 "재판의 공평한 운영이야말로 각 개인의 자유를 보장하며 개인에게 자신은 안전하다는 느낌을 준다"라고 말했으며, 그러기 위해서는 사법권을 행정권으로부터 분리할 뿐 아니라 독립시켜야 한다고 주장했다.

"행정권의 변덕 때문에 재판관이 어떤 직무에서 제외되어 버릴 위험이 존재해서는 안 된다. 재판관의 봉급은 올바르게 지불되어야 한다. 이것이 행정권의 호의나 경영 능력에 좌우되어서는 안 된다."

이처럼 스미스는 사법권의 재정적 독립을 강조했다.

스미스에 의하면 재판의 모든 비용은 법정수수료로 마련할 수 있다.

"재판관이란 직업은 그 자체로 명예롭다. 그래서 수입이 적다는 걸 알면서도 사람들은 재판관이 되고 싶어한다."

그러므로 재판비용이 적게 든다는 것이다. 스미스는 법정수수료의 바람직한 납부 방법도 제시했다. 사람들은 규칙으로 정해진 법정수수료를 각 소송의 일정한 시기에 회계사에게 납부한다. 그 뒤 회계사는 그것을 정해진 비율에 따라 각 재판관에 배분한다. 즉 결심(結審) 때까지는 법정수수료를 재판관에게 지불하지 않는 것이다. 이 경우 법정수수료는 자극제 역할을 맡아, 법정이 그 문제를 열심히 심의하고 결정하도록 돕는다.

공공사업과 공공시설(1)—상업을 조성하는 것

공공사업과 공공시설로서 스미스가 든 것은 '사회 상업을 조성하는 것과 인민 교육을 진흥하기 위한 것'이다. 여기서는 전자를 살펴보자.

상업을 조성하는 것으로는 도로·다리·운하·항구 등의 건설, 유지가 있다. 이것들은 이윤을 추구하는 개인의 손에 맡길 수 없다. 하지만 이 사업, 시설들은 '사회의 일반 수입에는 어떤 부담도 지우지 않으면서 그 자체가 스스로 경비를 마련'한다고 스미스는 말한다. 그러므로 이것들을 운영하면서 충분한 수입을 올릴 수 있다는 것이다. 예를 들어 도로·다리·운하는 그 시설을 이용하는 마차와 배에 소액의 통행세를 부과함으로써 건설도 유지도 가능하다. 이 경우 사치스런 마차에 부과하는 통행세가 '짐마차처럼 생활에 필요한 마차의 통행세보다 높게 매겨지면, 그 나라 곳곳의 무거운 재화 운송비가 저렴해질 것이다. 즉 부자들의 게으름과 허영이 빈민 구제에 도움이 될 것이다.' 스미스는 이런 부분에도 소득 재분배 기능을 부여하는 배려를 잊지 않았다.

스미스는 이렇게도 말했다. "그 사업 자체에서 나오는 수입 이외의 돈으로 공공사업을 행할 경우, 상업도 거의 발달하지 않은 시골에 그저 정치가의 별장이 있다는 이유로 도로가 만들어질 수가 있다."

스미스는 이처럼 공도(公道) 등은 통행세와 같은 세금으로 건설, 유지가 가능하며, 정부가 이를 책임지고 관리해야 한다고 주장했다. 그리고 런던의 도로 포장이나 조명 설치처럼 특정 지역에만 편의를 제공하는 사업에 관해서는, 지방이나 주(州)의 행정기관에 맡기는 편이 좋다고 했다. 다시 말해 스미스는 공공사업에 지방분권이란 사고방식을 도입했던 것이다.

게다가 스미스는 《국부론》 제3편에서, 이런 공공시설을 다룬 제5편 1장 3절 1항에 '상업의 특정 부문을 조성하기 위해 필요한 공공사업 및 공공시설에 대해'라는 문장을 추가해서 무역회사와 국가의 관계를 논했다. 그에 따르면 무역 전반을 보호하는 일은 국가 방위의 필수 임무에 속하는데, 때로는 특정 부문을 보호해야 하는 경우도 있다고 말했다. 야만적인 나라나 정치적으로 무질서한 나라와 무역할 때는 창고나 상점에 방호시설을 설치해야 하며, 질서가 유지되고 있는 나라와 무역할 때도 현지에서 이따금 일어나는 다툼을 처리하기 위해 대사·공사·영사 등을 둘 필요가 있다는 것이다. 그의 주장을 정리하면 다음과 같다.

특정 부문을 보호하는 비용은 그 부문에 대한 수출입 관세로 처리하는 것이 적당하다. 관세징수 및 관리는 정부가 책임져야 한다. 하지만 유럽의 많은 나라에서는 정부 대신 상사회사가 그 일을 맡고 있다. 그래서 그쪽 분야가 무질서해진 것이다. 스미스는 이런 식으로 상사회사와 국가의 관계를 역사적으로 해명하고 중상주의에 대한 비판을 보강했다.

공공사업과 공공시설(2)—교육을 진흥하는 것

스미스는 대학경비를 수업료로 충당할 수 있다고 말했다. 그는 대학이 공적 수입이나 기부재산에 전면적으로 의지하는 일을 반대했다. 그러면 옥스퍼드의 경우처럼 교수들이 게을러진다는 것이었다. 물론 스미스는 교수를 교회나 문화부장관 등 외부 권위에 굴복하게 만드는 일에도 반대했다. 스미스에 의하면, 이런 외부로부터의 관리권은 멋모르는 사람의 변덕 때문에 행사되는 일이 많으므로, 교수를 권위에 아부하는 비굴하고 경멸스러운 인간으로 전락하게 만든다. 스미스는 교육기관의 자치 옹호자였다. 그는 교육기관이 타성에 젖는 일을 막으려면 경쟁원리를 도입해야 한다고 말했다. 그래서 학생이 내는 청강료에 따라 교수의 급여를 지급해야 한다고 주장했던 것이다.

한편 스미스는 '교수의 가치나 평판과 상관없이 기숙사 또는 대학에 일정수의 학생을 억지로 집어넣는' 것이나 '인문학·법률·의학 및 신학 관련 대학 졸업자의 모든 특권을, 어느 대학에 몇 년 재적하는 것만으로 받을 수 있는' 제도에도 반대했다. 또 스넬 장학금이 스미스를 베일리얼 칼리지에 묶어 두었듯이, 당시 장학금과 같은 자선적 기금은 학생들을 일정 기숙사에 붙들어 매는 족쇄였다. 이에 관해 스미스는 학생들이 기숙사와 지도교수를 자유롭게 선택할 수 있어야 한다고 말했다. 그것은 학생에 대한 그의 신뢰에서 비롯된 주장이었다.

"기숙사나 대학의 규율은 일반적으로 학생들의 편의를 위해 만들어진 것이 아니라 교사들의 안락을 위한 것이다. 그 목적은 언제나 교사의 권위를 유지하고, 교사가 마치 근면성과 능력을 최대한 발휘해서 의무를 다한 덕분에 학생들이 잘 지내는 것처럼 포장하는 일이다. 실제로는 교사가 그 의무를 게을리하든 말든 상관없이 말이다. 그렇지만 교사들이 정말 그 의무를 다하는 동안에는, 대부분의 학생들도 그들의 의무를 게을리하지 않는다. 적어도 나는 이와 반대되는 실례가 없다고 믿는다. 정말 출석할 만한 강의에는, 출석을 강요하는 규율 따위는 필요가 없다. 12~13세가 넘은 학생들에게는 구속이 필요 없다. 교사가 그 의무를 다하는 한, 강제나 구속은 교육의 어떤 부분을 수행하는 데에도 필요가 없다."

당시 대학교육은 중류 이상의 사람들이 주로 받았으므로 그 비용은 학생의 수업료에서 마련할 수 있었다. 하지만 민중의 교육은 그렇게 되지 않았다. 노동자의 경우에는 아이에게 초등교육조차 받게 할 여유도 없고, 아이들은 일하게 되자마자 자신의 식비를 벌어야 했다. 이미 보았듯이 스미스는 법학 강의에서, 분업이 노동자를 우둔하게 만든다는 점을 지적했다. 《국부론》 제1편에서 분업이 생산력을 높인다는 사실을 오로지 강조했던 스미스는, 제5편에서는 민중교육을 다루면서 처음으로 분업의 유해성을 문제삼았다. 스미스는 분업의 유해한 영향을 교육으로써 방지하고자 했다.

스미스는 이렇게 말했다.

"교육의 가장 기본적인 부분인 읽기·쓰기·계산은 생애의 매우 빠른 시기에 터득할 수 있는 것으로, 최하의 직업에 종사하는 사람들조차 대개 그것들을 배울 시간을 가지고 있다."

따라서 국가는 각 교구, 지구에 학교를 설립하고 싼 수업료로 교육을 제공해야 한다. 즉 국가가 모든 인민에게 교육을 장려하거나 아예 의무화하는 것이다. 스미스의 이 주장은 가장 빨리 등장한 '국민교육론'일 것이다. 스미스는 여기서도 교사의 급여 전액을 공공비용으로 부담하는 일에는 반대했다. 조금이라도 수업료에 따라 급여를 지급함으로써 교사에게 근면을 장려해야 한다고 말했다. 또 스미스는 학교에서 읽기·쓰기·계산뿐 아니라 기하학과 기계학 기초를 가르칠 것을 권장했다. 스미스는 그것들을 '가장 숭고한 과학에 나 가장 유용한 과학에나 꼭 필요한 입문이다'라고 생각하고 있었다.

이처럼 스미스는, 민중이 사려 깊은 민중으로 성장하는 데 필요한 최소한의 교육을 보장하라고 국가에 요구했다. 스미스는 민중이 교육받으면 받을수록 열광이나 미신에 사로잡히는 일이 적어지고, 당파나 반동 세력의 의도를 간파하는 힘이 커지고, 질서를 중시하는 성향이 강해진다고 말했다. 《국부론》 제1

편 총괄에서 나오는 노동자는 공공의 이익과 자신의 이익이 어떤 관계인지조차 이해하지 못하는, 판단력이 없는 노동자였다. 하지만 여기서 스미스는, 그들이 판단력을 갖춘 민중으로 성장하리라는 전망을 내놓았다.

국교회 제도에 대한 반대

마지막으로 스미스는 성인교육을 종교와 관련지어 논했다. 여기서 스미스는 대담하게도 국교회제도에 반대하고, 정교 분리를 내세우고, 성직자들의 자유경쟁을 주장했다. 정치가 종교와 손을 끊으면 작은 종파들이 난립할 것이라고 스미스는 예상했다. 그러면 성직자들은 신자를 끌어들이려고 경쟁하는 과정에서 자신이 고독하다는 사실을 깨닫고, 상호 존경과 양보의 중요성을 알게 된다. 그 결과 그들의 교의(教義) 자체도 부조리나 기만이나 광신에서 벗어나 자유를 얻을 것이다. 즉 '단순하고 합리적인 종교'가 탄생하는 것이다. 스미스의 말에 따르면, 작은 종파들의 활발한 활동이 가져다 주는 혜택은 그뿐만이 아니다. 그는 이 현상에 또 다른 역할을 기대했다. 바로 시골에서 도시로 나오는 대중을 돕는 역할이다. 우리는 주위 사람들에게 주목받을 때에는 자신의 행동에 신경을 쓴다. 그런데 시골에서 갓 올라온 이름도 없는 사람에게는 누구도 주목하지 않으므로, 그는 함부로 행동하여 질 낮은 도락(道樂 : 유흥에 취하여 빠짐)과 악덕에 몸을 맡기기 쉽다. 스미스는 이런 사람이 작은 종파에 들어가면 그 위험한 상황에서 벗어날 수 있다고 말했다.

그 밖에 스미스는 '열광과 광신의 해독제'인 과학과 철학 연구를 열심히 하자고 제안했다. 그리고 '타인에 대한 중상이나 음란' 수준까지 가지 않는 한, 사람들에게 대중 오락을 즐길 자유를 주어야 한다고 주장했다. 광신과 열광의 온상인 음침한 분위기를 이런 대중 오락으로 해소하자는 것이었다.

4가지 조세 원칙

국방, 사법, 공공사업과 공공시설에 들어가는 모든 비용, 여기에 주권자의 권위를 보호하기 위한 비용을 더한 것이 국가의 경비이다. 그런데 이 경비는 어떻게 조달될까? 이미 보았듯이 사법비는 법정수수료로, 공공사업 및 시설 비용도 통행세 같은 세금으로 꽤 많은 부분이 조달된다. 고등교육도 수업료로 운영된다. 따라서 이것들을 제외한 나머지 필요경비는 국가 수입을 통해 마련되어야 한다.

스미스에 의하면, 국가가 수입을 얻는 방법은 두 가지이다. 하나는 독자 수입원을 가지는 것이고, 다른 하나는 조세이다. 국가가 독자 수입원을 가지려면 사업을 운영해야 한다. 하지만 '상인의 성격과 주권자의 성격'만큼 양립하기 어려운 존재는 없을 뿐더러, 사업 수입 자체도 불안정하다. 지대수입은 안정적이지만, 공유지보다는 사유지가 좀 더 빨리 개량되므로 공유지는 차라리 공매에 붙이는 게 낫다. 따라서 스미스가 국가 수입으로서 생각한 것은 조세였다.

스미스는 먼저 유명한 네 가지 조세 원칙을 확립했다. 첫 번째는 개인 수입에 비례한 세금이라는 '공평의 원칙', 두 번째는 개인 납세액이 확정적이고 납부 시기, 방법, 금액이 누구를 상대로든 확실해야 한다는 '확정성의 원칙', 세 번째는 납세자의 사정에 맞는 시기와 방법으로 징수되어야 한다는 '편의의 원칙', 네 번째는 징수에 들어가는 비용을 최소한으로 줄이는 '최소징수비의 원칙'이다. 스미스는 이 네 가지 원칙에 비추어 각종 세금을, 그 사회적·경제적 온갖 효과를 고려하면서 검토했다.

우선 임금 과세는 어떨까. 임금은 노동자의 빠듯한 생활비이기 때문에, 여기서 세금을 징수하면 임금이 급등한다. 이때 자본가는 상품가격을 올려 그 임금을 마련하므로, 결국은 소비자가 부담을 지게 된다. 그럼 이윤과 이자 과세는 어떨까. '자본의 소유자는 세계시민'이므로, 이 경우에는 자본의 국외 도피 현상이 일어날지도 모른다.

스미스는 지대 과세가 가장 바람직하다고 말했다. 지대의 크기에 비례한 세금이 가장 공평하므로 국가의 기본법으로서 적당하다는 것이다. 물론 국가가 노력해서 그 과세의 불확정성과 징수비를 줄여야 하겠지만 말이다. 스미스는 이 경우 국가의 배려가 필요하다고 주장했다. 계약 갱신 때 지주가 일시금을 받거나 특정한 경작 방법을 상대에게 강제하거나 하는 등 악습을 수반한 토지에는 무거운 세금을, 지주가 땅의 일부를 자작하는 경우에는 장려 차원에서 가벼운 세금을 부과해야 한다고 말했다. 스미스가 타당하다고 본 또 하나의 과세가 사치품 과세다.

그러나 스미스는 생명 유지에 꼭 필요한 재화뿐만 아니라 '그 나라의 관습상 최하층의 사람이라도 명예로운 인간으로서 살아가려면 꼭 갖춰야 할 재화'(생활필수품)에 세금을 부과하는 것은 임금 과세와 동일한 부작용을 낳기 때문에 반대했다. 그러나 앞에서도 말했듯이 사치품 과세는 괜찮다고 했다. 빈민의 사치품—담배나 맥주는 부자와 빈민의 공통 사치품이었다—에 과세한다 해도, 임금 상승 현상은 일어나지 않을 것이라고 스미스는 말했다. 그는 또 관세를 '독점 수단'이 아닌 '사치품을 중심으로 부과되는 세금제도'로 개선해야 한다고 주장했다.

스미스의 공채론

스미스는 《국부론》 제5편 마지막 장에서 공채론(公債論)을 펼쳤다. 스미스에 의하면 상공업이 발전하고 주권자가 수입의 대부분을 사치품에 사용할 경우, 비상시에는 국민으로부터 돈을 빌려야만 한다. 한편 사치품을 생산할 정도로 발전한 상공업은 국민에게 대부(貸付) 능력을 주었다. 그리고 상공업의 번영은 정부의 훌륭한 통치 아래에서만 가능하므로, 이런 믿을 만한 정부에게 국민은 비상시에 자신의 재산을 빌려 준다. 여기서도 스미스는 발생사적 태도를 취했다.

당초 정부는 개인처럼 대인신용(對人信用 : 채권자가 채무자의 인물·지위 등을 믿고 따로 담보물을 취하지 않는 일)으로 돈을 빌렸지만, 결국 공공수입의 특정 부분(감채기금, 즉 국채를 천천히 상환하기 위해 적립하는 기금)을 저당으로 빌리게 되었다. 1년이나 수년 정도의 단기간에 원금과 이자를 상환하는 경우는 그래도 괜찮았다. 하지만 이윽고 이 기금으로 이자만 지불하면 되지 않겠냐는 사고방식이 생겨났다. 그리하여 영구공채(永久公債 : 정기적으로 이자만 지급하고, 일정기일에 원금을 상환할 의무가 없는 정부 발행 공채) 방식의 상환이 시작되었다. 영국의 경우, 18세기 무렵의 조지 1세 시대에는 이미 영구공채 관행이 뿌리내렸다. 스미스는 이것을 경계했다. 이 관행이 생기면 최소한의 증세로 최대한의 자금을 조달할 수 있으므로, 정부는 이 제도를 남용하기 쉽고 국민은 전쟁 부담에 둔감해진다. 만약 국가가 전쟁비용을 직접 증세라는 형태로 국민에게 부담시킨다면, 국민은 바로 전쟁을 싫어하게 될 것이다. 하지만 국가가 전쟁비용을 공채로 마련한다면 이야기는 달라진다. 그 상황을 스미스는 이렇게 말했다.

"(전쟁터에서 멀리 떨어져 있는 대부분의 사람들은) 전쟁에 의한 불합리를 거의 느끼지 않는다. 그들은 마음 편히 육해군의 전과를 신문에서 읽고 즐긴다. 그들에게 있어 이 즐거움은, 그들이 전쟁 때문에 지불하는 조세와 평소 지불하는 조세 사이의 작은 차이를 메워 주는 요소이다. 그들은 대개 평화 회복을 싫어한다. 평화 회복은 그들의 그런 즐거움과, 전쟁으로써 정복지 및 국민적 영광을 얻는다는 꿈같은 희망을 없애 버리기 때문이다."

스미스가 《국부론》을 쓸 무렵 영국의 국채는 이미 거액이었다. 그럼에도 불구하고 영국은 미국 식민지와의 전쟁을 시작하려 했다. 이 전쟁에 대해 스미스는 '지금까지 우리나라가 벌였던 어느 전쟁에서도 뒤지지 않을 만큼 큰돈이 들어갈 게 분명하다'라고 예상했다. 그리고 독립전쟁 종결 이후에 출간한 제3판에서는 이렇게 말했다.

"예상대로 이 전쟁에는 지금까지 우리나라가 벌였던 어느 전쟁보다도 큰돈이 들어갔다. 이 사실이 밝혀진 지금, 우리는 1억 파운드가 넘는 새로운 공채를 짊어지게 되었다."

이처럼 《국부론》의 목적 가운데 하나는, 미국과의 전쟁을 피하자고 정치가와 국민을 설득하는 것이었다.

게다가 공채로 국민의 화폐를 끌어 모아 전쟁비용을 충당하는 것은 위험한 일이다. 이것은 '자본 기능을 하는 존재를, 수입(收入) 기능을 하는 존재로' 대체하는 행위이다. 국가가 전쟁비용을 조세로 조달하는 한, 스미스의 이론에 따르면 과세 대상은 지대와 사치품이기 때문에 별 문제가 없다. 이 경우에는 애초부터 비생산적으로 사용되던 요소가, 전쟁이라는 다른 비생산적 용도로 쓰일 뿐이니까. 하지만 공채는 생산적인 부분에 투자될 수 있었던 화폐자본을 흡수해서 전쟁이라는 사회적 낭비에 쏟아 부어 버린다. 게다가 공채가 누적될수록 증세(增稅)의 움직임이 서서히 일어난다. 스미스는 당시 영국의 공채 누적에 따른 증세가, 지대와 이윤이라는 2대 원천을 감소시켜 지주와 자본가의 축적 능력에 해를 끼치고 있다고 판단했다. 때문에 '지나친 자신감을 가지는 일은 그만두지 않겠는가' 하고 호소했다.

사태가 이대로 진행되면 국가는 파산한다. 그런 파멸의 길을 회피하려면 공공수입을 대폭으로 늘려야 한다. 그러기 위해서는 미국 식민지나 아일랜드와 합방해서 현행 세금제도를 제국 전역으로 확대하는 것이 좋다고 스미스는 말했다. 단 동인도에서는 횡령과 낭비를 막는 게 먼저지만. 하지만 스미스는 이 '합방 제안'이 많은 사람들의 지지를 얻지 못하리란 사실을 알고 있었다. 그래서 '쓸모없지도 몽상적이지도 않은 새로운 유토피아 정도로는 보아 달라' 하고 썼다.

합방을 통해 식민지 사람들에게 제국 유지비를 부담시키지 않는다면, 남는 것은 경비를 대폭 줄이는 방법뿐이다. 그러려면 식민지를 방치(독립 승인)할 수밖에 없다. 파멸의 길을 회피하는 방법은 식민지를 합방하느냐 방치하느냐, 이 2가지뿐이다. '지금이 그 결단을 내릴 때'라고 스미스는 위정자에게 호소하면서 《국부론》을 끝맺었다.

스미스는 자본주의의 장래에 상당히 낙관적이었다고 한다. 그 무렵에는 아직 시작에 불과했던 자본주의의 모순을, 스미스가 이론적으로 파악할 수 없었던 것은 확실하다. 스미스에게는 자본주의라는 개념이 없다. 하지만 스미스가 낙관적으로 보았던 대상은 자본주의라는 사회제도가 아니라, 자신의 처지를 개선하고자 하는 욕구를 바탕으로 노력해서 지적·도덕적으로 성장해 가는 민중의 모습이었던 것은 아닐까.

옮긴이의 말

1. 《국부론》 200주년

금년은 애덤 스미스가 그의 대저작 《국부론》을 펴낸 지 꼭 200주년이 되는 해이다. '국부론 200주년'을 기념하기 위한 행사가 세계의 거의 대부분의 나라에서 경제학자들의 당연한 의무인 듯 다채롭게 펼쳐지고 있다.

우리나라에서도 여러 경제학자들의 모임에, 그리고 각 대학에서 '국부론 200주년'을 기념하는 행사가 있었다.

스미스를 낳은 영국에서는 각 지방에서 다채로운 기념행사가 열렸으며, 특히 스미스가 공부하였고 후에 12년간이나 교수로서 도덕철학을 강의하였으며 또한 만년에는 총장으로 봉직하였던 글래스고 대학에서는 '전집' 출판과 '전기' 집필에 열중하고 있다. 뿐만 아니라 지난 4월 2일에서 5일까지 4일간 세계 각처에서 약 250명의 경계학자가 참석한 '국제경제학회'가 개최된 바도 있다.

이 학회에서는 영·미의 경제학자 11명이 연구 발표를 하였는데, 그들은 공통적으로 혼미한 현대 경제에 대한 해답을 《국부론》에서 찾고자 하는 자세를 취했다고 한다. 더욱이 개최교인 글래스고 대학의 월슨 교수는 《국부론》의 하부구조라 할 수 있는 스미스의 도덕철학 속에 이미 자유방임의 원칙과 함께 복지국가의 싹이 움트고 있었다는 견해를 밝힘으로써 스미스와 케인즈의 유사성이 주목되었다고 한다.

2. 《국부론》으로의 회귀

《국부론》은 그 출판에서 50년, 150년 등으로 구획될 때마다 그 시대의 환경을 반영한 여러 가지 해석이 부여되어 왔다. 200년을 맞이하는 지금 또다시 새로운 빛이 고전파 경제학의 시조인 스미스에게 비치려 하고 있다.

어떤 면에서 본다면 현대는 《국부론》과는 너무나 다른 반대의 세계가 된 것 같기도 하다. 가령 자유방임의 원칙은 끊임없는 통제와 개입에 의하여 대치되었으며, 이상으로 그렸던 느슨한 야경국가(夜警國家)는 국민경제에 거대한 지위를 점하는 복지국가로 바뀌었고, 경제학은 정치와 도덕과 인연을 끊고 순수이론으로 변신하였다. 그리고 더 큰 변화는 자유방임 사상을 낳게 한 산업혁명 출발기의 활달한 영국 경제가 이제는 치유되기 어려운 노숙기에 돌입하였다는 점이라 하겠다.

그러나 한편 국가의 역할, 개입의 기준, 복지국가의 바람직한 모습 등에 대한 새로운 검토도 이루어지게 되었다. 여기서 '애덤 스미스로의 회귀'가 시작되는 점을 찾을 수 있다. 《국부론》의 매력을 되살리는 것은 무엇보다도 근대경제학이 전문화와 세분화 그리고 교도화의 길을 돌진한 나머지 이제야 자신감을 잃고 말았다는 웃지못할 현실이라 하겠다.

스미스가 개척한 거대한 골격의 《정치경제학》으로 돌아가지 않고서는 현대가 직면하고 있는 '경제의 혼미'를 씻을 수 있는 실마리가 찾아지지 않을 것이라는 점이 더욱더 명백해지고 있는 오늘이다.

3. 위대한 진보사상가 애덤 스미스

스미스는 진보적 부르주아(중산계급)의 위대한 사상가이며 고전파 정치경제학의 창시자이다. 사회진보에 위대한 공헌을 한 스미스의 업적은 너무나 크다.

엥겔스의 표현을 빌리면 '영국의 산업혁명은 와트의 발명만이 아니고 스미스 사상의 표현이기도 하다'고 한다. 즉 와트의 증기기관은 영국 자본주의의 물질적 기초를 창조하였으며, 동시에 가부장적인 물질적 재화의 생산 방법이 가지는 불활발·정체·세대의 천편일률성에 결정적인 타격을 주었다. 한편 스미스의 학설은 자본주의 경제가 기능한 메커니즘을 창조하고 또한 경제정책의 기초를 형성할 것을 촉진하였다.

확실히 두 사람은 당시의 영국이 물질적 생산에 있어서 혁명적인 변혁을 이룩하는 데 있어서 크게 이바지를 하였다. 우리들은 사회진보의 창조자이며 동시에 예언자이기도 하였던 위대한 사람들의 생애를 통하여 사회진보의 물질력과 정신력의 상호작용을 알 수 있다(두 사람의 관계를 보면 두 사람은 다 같이 스코틀랜드 사람이며 같은 시대에 살았을 뿐만 아니라 끊을 수 없는 관계에 있었다. 스미스는 와트에게 글래스고 대학교 안에 피난처를 찾아 주고 그곳에서 증기기관을 창조하는 연구를 할 수 있도록 도왔다).

스미스는 당시 사회적 생산 조직에 관한 가장 합리적인 경제학적 기초를 세웠을 뿐만 아니라 봉건제도에 반대하는 투사이기도 하였으며, 또한 그 당시 사회 발전의 진로에 있어서 거대한 전진의 첫걸음이었던 부르주아 민주주의의 사상적 대표자이기도 하였다.

스미스에 있어서 특징적인 것은 국가에 대한 비판적인 태도였다. 그는 국가 경비를 사회의 비생산적 지출 속에 넣고 있다. 그의 이상은 부르주아 경제하에서 야경의 역할을 벗어나지 않은 느슨한 정부였다. 이런 스미스의 입장을 이해하고 평가하기 위해서는 무엇보다 스미스는 국가권력이 이미 그 생명을 다한 봉건적 여러 계급 특히 토지귀족 계급의 이익을 위하여 이용되는 데 반대하여 투쟁하였다는 점을 상기하지 않으면 안 된다.

스미스는 궁정·토지귀족·상인이 식민지에 있어서 그들의 권력을 강화하고자 시도하는 데 대하여 단호히 반대하였다. 그는 식민지를 본국을 위하여 농산물과 원료를 공급하는 부속물 상태에 머물게 하려는 중상주의적 정책이 영국 스스로의 이익에 얼마나 어긋나는 것인가를 통찰하였다. 그리하여 그는 그의 진보적 사상의 당연한 발로로서 당시의 지배계급의 잘못된 정책에 반대하였으며 새로이 전개되려는 시민사회를 이룩하기 위한 투사로서의 논술을 전생애에 걸쳐 펼쳤으며 위대한 학문적 업적을 남겼던 것이다.

그 대표적인 업적이 다름 아닌 1776년 3월에 출판되어 조그마한 책방에서 판매되고 있던 《여러 국민의 부의 성질과 원인에 관한 연구》(《국부론》이라고 요약되어 불리어진다)이다. 이 《국부론》 초판의 속표지에는 책이름 아래 '전 글래스고 대학 도덕철학 교수·왕립협회 회원·법학박사 애덤 스미스 지음'이라고 적혀 있으며 4절판의 두툼한 두 권으로, 1파운드 16실링으로 판매되었던 책이다.

4. 한국어 판에 대하여

옮긴이는 이 《국부론》의 번역에 관한 결정을 할 때 동서문화사의 편집책임자에게 두 가지 조건을 제시하였다.

그 하나는 아무리 늦어도 1976년 말까지는 출판을 완료하도록 서로가 최대한의 노력을 한다는 것이었다. 그때 옮긴이의 생각으로는 동서문화사측에서 늦추어지게 되어서는 안 되겠다는 점을 염려하였던 것이다. 그러나 실상 출판

사측보다 오히려 옮긴이의 '게으름'으로 인해 1976년도 얼마 남지 않은 이제 와
서 마무리짓게 되고 말았다.

옮긴이가 1976년을 내세울 때의 말은 이러하였다. '얼마 후면 1976년, 이 해
는 우리들 경제학을 공부하는 사람들에게 있어 두 가지 커다란 역사적 사실
과 연결되는 해이다. 다름 아닌 《국부론》이 출판되어 200주년이 되는 해이며,
또한 우리나라가 타율적으로 개항을 하게 된 100주년이 되는 해이므로 어떻
게 하든지 이 해와 맞춤으로써 번역하는 의의를 찾겠다'는 일종의 강변(強辯)
이었다.

다른 하나의 조건은 책이름을 《국부론》이라고 하지 않고 《여러 국민의 부》
라고 하기로 합의하여 서류를 작성하였다. 그러나 상당한 기간에 걸쳐 작업이
진행되는 동안 옮긴이의 머리는 어느 이름이 좋을까, 과연 《여러 국민의 부》라
고 붙였을 때 독자들은 어떤 느낌을 받을 것인가, 고전으로서 이미 《국부론》
이라는 이름으로 인식이 박혀 있는 머릿속에 다른 이름으로 넣으려면 얼마나
큰 고역이 출판사를 괴롭힐 것인가, 이런 생각이 머리를 어지럽혔다. '고등학교
교과서에서부터 바꾸지 않고서는 알 수 없는 책이름이 되고 말 것이다'고 한
출판사측의 말이 '결국은 경제적 손실로 직결되는 것이 아닌가'라고 말하는
것 같아 더욱 괴로웠다.

결국 양보하여 《국부론》이라는 잘못 붙여졌다고 생각되는 책이름으로 하고
말았다. 그러나 지금 단계로서는 잘못 붙여졌다고 생각되는 책이름이 옮긴이
로서는 오히려 다행스럽게 생각되기도 한다. 그 변명 같은 이유인즉 다름이 아
니라 번역에 있어서는 몇 가지 번역본을 참고로 하였음에도 불구하고 끝마치
고 보니 만족스럽지 못한 감정을 감출 수 없다. 마침 동서문화사에서도 초판
이 매진되고 재인쇄할 때는 옮긴이의 요망을 받아서 조판도 다시하고 책명도
바꾸도록 노력하겠다는 약속이 있고 보니 불만스러운 번역과 책이름이 곧 씻
어질 수 있으리라 생각된다.

'옮긴이의 말'을 맡으면서 꼭 한 가지 남겨야 될 말은 이 책이 출판되기까지
는 옮긴이의 노력에 비할 수 없는 '수많은 힘과 땀'이 동서문화사로부터 제공되
었다는 사실이다. 그분들의 많은 노력이 보태지지 않았던들 1976년은 고사하
고 그 다음 해에도 출판되기 어려웠을 것이다.

이 《국부론》이 200주년을 맞이하는 경제학에, 그리고 개항 100주년을 맞이

하는 우리나라 경제 연구에 더 큰 도움이 되고, 또한 스미스 사상의 진보성이 오늘의 양상에서 재현되었으면 하는 생각 간절하다. 스미스가 세운 거대한 골격의 정치경제학, 오늘의 혼미의 해답을 거기에서 찾으려는 시도, 이것은 결코 1976년 4월 2일 글래스고에 모인 250명의 경제학자에 한하는 것만은 아닐 것이다.

1976년 9월 6일

옮긴이

애덤 스미스 연보

1723년   스코틀랜드 동쪽 해안 포스 만 근처의 에든버러와 마주보는 커콜
            디에서 유복자로 태어나다. 아버지 애덤은 커콜디 세관원이었고,
            어머니 마거릿은 애덤의 후처로 같은 파이프 주 스트라센드리의
            명문 더글러스 집안 출신이었다.

1726년(3세) 스트라센드리의 더글러스 집 근처에서 집시에게 끌려갔으나 다행
            히 구조되다.

1730년(7세) 커콜디 시립학교에 입학하다. 독서력·기억력에는 뛰어났으나 이 무
            렵부터 방심(放心)하는 버릇과 혼잣말하는 버릇이 나타나기 시작
            하다.

1737년(14세) 가을 학년 초, 글래스고 대학교에 입학하다. 도덕철학의 허치슨,
            수학의 심슨 등 당대 최고 학자에게 가르침을 받다.

1740년(17세) 7월, 스넬 장학금으로 옥스퍼드 대학교에 입학하다. 대학이 매우
            침체해 있어, 도서관에서 고전과 근대문학을 탐독하다.

1744년(21세) 학사 학위를 받다.

1745년(22세) 찰스 에드워드가 스코틀랜드에 상륙, 재커바이트의 난이 일어나
            다. 옥스퍼드 대학교는 재커바이트를 지지했지만 그는 비판적이
            었던 것으로 추정됨. 이 무렵 무신론자로 불린 흄의《인성론(人性
            論)》을 읽다가 감독에게 들켜 꾸짖음을 받다.

1746년(23세) 학업을 그만두고 고향으로 돌아가다.

1748년(25세) 가을까지 어머니와 지내면서 면학에 전념. 이 무렵〈천문학사〉를
            집필한 것으로 추정됨. 재커바이트 시인 해밀턴의 시집을 편집, 머
            리말을 써서 출판하다. 가을에 에든버러로 가 겨울 공개강의를 시
            작하다.

1750년(27세) 1748년 이래, 해마다 겨울 철학협회가 주최하는 공개강의를 에든

버러 대학교에서 행하다.

1751년(28세) 1월, 모교인 글래스고 대학교의 논리학 교수에 임명되다.

1752년(29세) 도덕철학 교수로 전임되다. 글래스고 문학협회가 창립되어 초대 회원이 되다.

1753년(30세) 문학협회에서 흄의 상업론에 대해 강연하고, 월레스 《고대와 근대의 인구》로 흄과의 인구논쟁 시작하자, 이에 많은 학자가 참여해 1770년대까지 논쟁을 벌이다.

1755년(32세) 친구와 〈에든버러 평론〉지를 창간하다. 존슨의 《영어사전》 서평을 쓰다.

1756년(33세) 〈에든버러 평론〉 제2호 발행. 종교계 간섭이 심해 제2호로서 폐간하다. 이 책에 편집자에게 보내는 편지 형식으로 유럽 학계의 전망을 쓰다.

1758년(35세) 대학 출납관이 되다.

1759년(36세) 4월, 《도덕감정론》을 간행, 호평을 받다.

1760년(37세) 글래스고 대학교 인문학부장에 취임하다.

1761년(38세) 《도덕감정론》 제2판 간행. 런던에서 존슨과 회견하다.

1762년(39세) 글래스고 대학교 부총장이 되다.

1763년(40세) 《국부론》 초고를 쓰다.

1764년(41세) 1월, 런던에서 버클루 공작을 만나, 2월 초 프랑스로 건너가서 대학에 사표를 제출하다. 3월, 파리에서 툴루즈로 가서 2년 반 머물다. 《도덕감정론》 최초의 프랑스어역 나오다.

1765년(42세) 마르세유를 거쳐, 8월에 제네바로 가서 볼테르를 방문하다. 연말 파리로 돌아오다.

1767년(44세) 로열소사이어티 회원으로 추천되다. 《국부론》의 본격적으로 초고 집필에 착수하다.

1770년(47세) 《국부론》 초고 거의 완성. 이후 병약한 몸으로 퇴고를 계속하다.

1773년(50세) 4월, 《국부론》 출판을 위해 런던으로 향하다. 도중에 흄을 만나 유언을 하다. 이후 런던에서 계속 퇴고를 하다.

1776년(53세) 3월, 《국부론》 초판 펴내다. 《국부론》 최초의 독일어 번역판이 나오다.

1777년(54세) 스코틀랜드 세관위원에 임명되다. 이 무렵부터 《국부론》의 영향
　　　　　이 국가 정책에 여러 가지 형태로 나타나기 시작하다.

1778년(55세) 에든버러에 정착하다. 《국부론》 제2판 펴내다.

1779년(56세) 《국부론》 최초로 프랑스어역 잡지에 연재되다. 덴마크어 번역판도
　　　　　나오다.

1784년(61세) 《국부론》 제3판 펴내다(대폭 개정증보). 어머니 90세로 세상을 떠
　　　　　나다.

1786년(63세) 《국부론》 제4판 펴내다. 건강 몹시 악화되다.

1787년(64세) 글래스고 대학교 총장에 선출되다(명예총장). 4월, 런던으로 가서
　　　　　의사의 진찰을 받다.

1788년(65세) 총장에 재선되다.

1789년(66세) 《국부론》 제5판 간행되고, 최초의 미국판 나오다.

1790년(67세) 《도덕감정론》 제9판(대폭 수정) 펴내다. 7월 17일 지병으로 세상을
　　　　　떠나다. 에든버러의 캐논게이트 묘지에 묻히다.

일본 리쓰메이칸대학교(立命館大學校) 경제학부 졸업, 같은 대학 대학원에서 경제학을 전공했다. 동국대학교 교수·중앙대학교 정경대학 교수 등을 역임하였다. 한국농어촌사회연구소 이사장, 공해추방운동연합 고문, 한국협업농업연구소장을 지냈다. 지은책《경제학》《경제정책론》《경제정책원리》《민중경제론》《민중과 경제》《한국경제의 재평가》《한국경제의 실상과 허상》《나의 경제학 : 수난과 영광》 등이 있고, 옮긴책 틴버겐《경제정책의 이론》,《현대경제학의 위기》 등이 있다.

세계사상전집022
Adam Smith
AN INQUIRY INTO THE NATURE AND
CAUSES OF THE WEALTH OF NATIONS
국부론Ⅱ
애덤 스미스 지음/유인호 옮김
동서문화사창업60주년특별출판
1판 1쇄 발행/2016. 9. 9
1판 3쇄 발행/2021. 7. 1
발행인 고정일
발행처 동서문화사
창업 1956. 12. 12. 등록 16-3799
서울 중구 마른내로 144(쌍림동)
☎ 546-0331~6 Fax. 545-0331
www.dongsuhbook.com

＊

사업자등록번호 211-87-75330
ISBN 978-89-497-1430-1 04080
ISBN 978-89-497-1459-2 (세트)